万宁市华侨志

苏 斌 卢裕浪 主编

中国華僑出版社
·北京·

图书在版编目(CIP)数据

万宁市华侨志 / 苏斌，卢裕浪主编. —北京：中国华侨出版社，2022.12
ISBN 978-7-5113-8878-0

Ⅰ. ①万… Ⅱ. ①苏… ②卢… Ⅲ. ①华侨事务-万宁 Ⅳ. ①D634

中国版本图书馆 CIP 数据核字(2022)第 125245 号

●万宁市华侨志

主　　编 / 苏　斌　卢裕浪
责任编辑 / 桑梦娟
经　　销 / 新华书店
开　　本 / 889 毫米×1194 毫米　1/16　印张/28　字数/498 千字
印　　刷 / 北京天正元印务有限公司
版　　次 / 2022 年 12 月第 1 版
印　　次 / 2022 年 12 月第 1 次印刷
书　　号 / ISBN 978-7-5113-8878-0
定　　价 / 198.00 元

中国华侨出版社　北京市朝阳区西坝河东里 77 号楼底商 5 号　邮编：100028
发 行 部：(010)64443051　传　真：(010)64439708
网　址：www.oveaschin.com　E-mail：oveaschin@sina.com

《万宁市华侨志》编纂委员会

主　任：王志恺（万宁市委常委、统战部部长）
副主任：倪业高（兴隆华侨旅游经济区书记）
委　员：卢裕浪（万宁市侨联主席）
陈星界（万宁市史志办主任）
陈少雄（万宁市统战部副部长、侨务办公室主任）
陈　超（万宁市财政局副局长）
吴诗亚（万宁市史志办副主任）
黄　辉（万宁市侨联副主席）
梁森奎（兴隆华侨农场原党委书记）
苏　斌（万宁市侨联原主席、万宁市外事侨务办原主任）
杜燕生（兴隆华侨农场侨办原主任、侨联原主席）
李香宁（万宁市医疗保障局原副局长）
冯学燕（万宁市侨联科员）
陈　霖（万宁市侨联科员）

曾任编委会领导（编委会自2015年成立至成书，因领导职务变动有过3次调整，历任领导以任职先后为序）：

主　任：卓林梅
副主任：张云鹏　王　立

《万宁市华侨志》编辑人员

主　编：苏　斌　卢裕浪
特约编审：陈星界　曾海声　吴诗亚
编　辑：苏　斌　卢裕浪　曾海声　杜燕生　黄　辉　梁森奎
郑文泰　冯学燕　陈　霖　吴聪聪　陈鸿远　林　叶
图片（含摄影、编辑）：杜燕生　曾海声
编　审：万宁市归国华侨联合会　万宁市地方志办公室

凡　例

一、本志以马克思列宁主义、毛泽东思想、邓小平理论、“三个代表”重要思想、科学发展观、习近平新时代中国特色社会主义思想为指南，坚持历史唯物主义和辩证唯物主义的立场、观点和方法，坚持求真务实的编纂原则，全面系统地记述万籍（祖）华侨华人、归侨侨眷以及侨务方面的历史和现状，努力使思想性、科学性和资料性相统一，突出时代特征和地方特色。

二、本志为万宁市首部华侨志。记事时限不受“关于华侨产生于何时”的学术争论制约，上溯不拘，下限至2018年年底。为使脉络分明，并顾及事物和过程的完整性，有些章节引用关联的历史，个别节目内容适当下延至搁笔（2020年）。

三、本志取“述、记、志、传、图、表、录”之体裁，结合事物的科学属性，横分门类，纵向记述。首为概述，次为专志，后为大事记，末为附录。行文采用规范的简化汉字、现代化语体文。以“篇、章、节”为架构，略古详今，重点记述中华人民共和国（以下简称新中国）成立后，特别是改革开放以来的侨情史实。

四、本志遵循“生不入传”之原则，入传者以本籍为主，兼顾客籍，按卒年先后为序。为兼顾现实，适当列入“人物名录表”和有突出贡献及获荣誉称号的健在者，附上照片。少数人物因时间久远，照片不清晰或照片无法寻找。

五、本志记述的历史朝代、机构、地名、单位等，均用当时的称谓，在文中首次出现时使用全称，并加简称括注。

六、本志统计数据，以市统计部门正式公布的数据为准，主管部门提供的数据为辅，行文一般不注明出处。

七、本志的纪年，新中国成立前，采用历史纪年括注公元纪年；新中国成立之后，均用公元纪年。国外史事，依照当地当时的纪年。

八、本志记述的主体为华侨华人、归侨侨眷，因诸多条件的限制，按现据资料，并遵循当地人称谓的习惯，华侨、华人、归侨、侨眷不分立记述。

万宁市地图

万宁市在海南岛的位置图
琼海市
琼中黎族苗族自治县
陵水黎族自治县
南海
万宁市
万城镇
龙滚镇
山根镇
和乐镇
后安镇
大茂镇
北大镇
三更罗镇
长丰镇
礼纪镇
东澳镇
南桥镇
东岭农场
东兴农场
三角水农场
新中农场
东和农场
兴隆华侨农场
南林农场
先进农场
前进农场
阳江镇
会山镇
东平农场
中平镇
南方农场
和平镇
乘坡农场
岭门农场
小海
大洲岛
加井岛
南洲仔
甘蔗岛
白鞍岛
大洲岛海洋生态自然保护区
尖岭热带雨林自然保护区
图例
县级政府驻地
乡、镇级政府驻地
国营农、林场
居委会
村委会
自然村、连队
山峰
港口
公路桥
高速公路及互通
在建高速公路及互通
国道
省道
县道
乡道、小路
地级市界
市、县级界
乡、镇级界
水库、河流
沟、渠、地下渠
高铁及车站
比例尺 1:300 000
编 制：海南测绘资料信息中心
审图号：琼S（2018）060号

万宁县清朝道光八年疆域总图

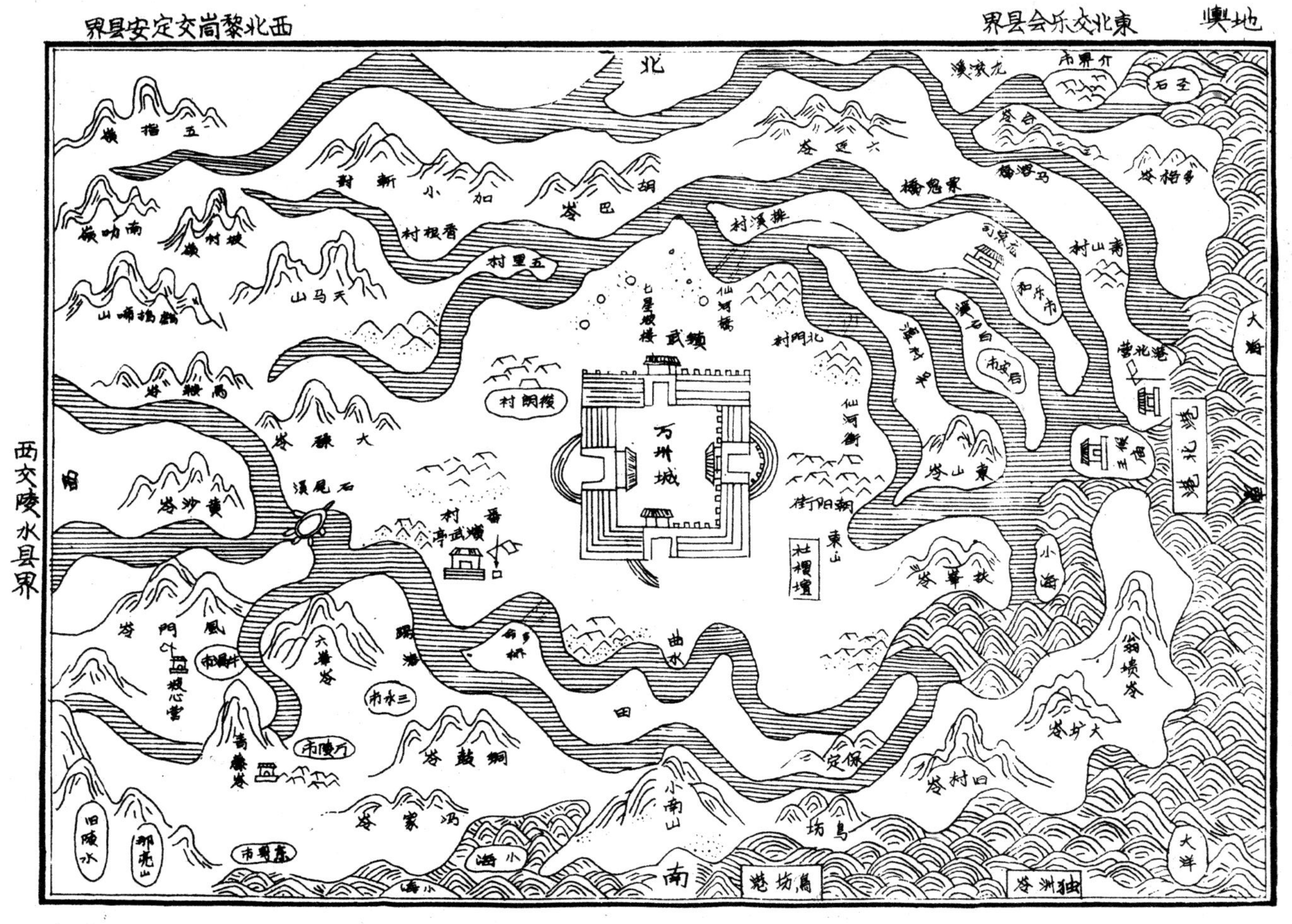

万宁撤县设市庆祝活动(市侨联供图 1996 年)

万城全景(市新闻办供图 2007 年)

繁华的万城街区(市新闻办供图　2009 年)

万宁市人民医院(市新闻办供图　2018 年)

万宁市人民公园(市侨联供图　2016 年)

华侨投资建设的华侨街(市侨联供图　2016 年)

华侨投资建设的万隆街(市侨联供图　2016 年)

兴隆全景（兴隆华侨农场供图　2014 年）

龙滚侨乡小镇（杜燕生摄　2015 年）

福塘村一角（市新闻办供图　2006 年）

溪边村三角梅园区一角（市新闻办供图　2017 年）

文通村农家乐（市新闻办供图　2017 年）

侨爱热带花园(杜燕生摄　2011 年)

兴隆侨乡驿站(杜燕生摄　2014 年)

中国咖啡第一小镇(杜燕生摄　2014 年)

兴隆特色建筑(杜燕生摄　2014 年)

兴隆敬老院新区(杜燕生摄　2014 年)

兴隆凤凰山国家森林公园(杜燕生摄　2016 年)

东山岭景区牌楼（杜燕生摄　2015 年）

和乐龙舟赛（市新闻办供图　2009 年）

日月湾冲浪基地(杜燕生摄 2017 年)

海南最美海湾石梅湾(杜燕生摄 2016 年)

龙滚山钦湾(杜燕生摄 2016 年)

太阳河大桥(市新闻办供图 2016 年)

巴厘村(杜燕生摄 2010年)

兴隆情侣瀑布(杜燕生摄 2012年)

咖啡谷(杜燕生摄 2018年)

绿道自行车赛（杜燕生摄　2015 年）

人民公园书法交流（市新闻办供图　2010 年）

龙滚菠萝（龙滚镇供图　2014 年）

侨乡美景（市新闻办供图　2016 年）

东环高铁绕镇而过（韩保献摄　2010 年）

兴隆热带花园海南村(杜燕生摄　2016 年)

兴隆热带植物园(杜燕生摄　2016 年)

兴隆东南亚风情园(杜燕生摄　2017 年)

兴隆亚洲风情园(陈景雨摄　2008 年)

万宁热带花园(杜燕生摄　2008 年)

东南亚歌舞（杜燕生摄　2018 年）

东山羊

和乐蟹

后安鲻鱼

港北对虾

四大名菜（市侨联供图 2018 年）

特色小吃(市侨联供图 2018 年)

特色菜肴(市侨联供图 2018 年)

兴隆咖啡

周恩来总理视察过的咖啡园(兴隆华侨农场展览馆供图　2018 年)

采摘咖啡(杜燕生摄　2016 年)

咖啡成熟时(杜燕生摄　2018 年)

咖啡晾晒(杜燕生摄　2018 年)

咖啡厂大门(杜燕生摄　2018 年)

热带水果

红毛丹(杜燕生摄　2018 年)

木奶果(杜燕生摄　2018 年)

金椰子(杜燕生摄　2018 年)

可可(杜燕生摄　2018 年)

莲雾(杜燕生摄　2018 年)

榴莲(杜燕生摄　2018 年)

面包果(杜燕生摄　2018 年)

木葫瓜(杜燕生摄　2018 年)

万城青龙（卓琳植摄　2003 年）

元宵节舞龙（市新闻办供图　2003 年）

潮州会馆（市新闻办供图 2001 年）

万安书院旧址（卓琳植摄 2004 年）

东山岭摩崖石刻（卓琳植摄 1994 年）

青云塔（市新闻办供图 1992 年）

东山岭摩崖石刻（市新闻办供图 2001 年）

六连岭烈士陵园（杜燕生摄　2018 年）

万城烈士陵园（市新闻办供图　2000年）

庄田将军塑像（卓琳植摄　2007 年）

龙滚镇仁造村烈士纪念亭（杜燕生摄　2018 年）

华侨旧居（市侨联供图　2016 年）

万城旧街（杜燕生摄　2017 年）

万城旧街（市侨联供图　2017 年）

20 世纪 50 年代初的兴隆（兴隆华侨农场供图）

20 世纪 50 年代初的兴隆（兴隆华侨农场供图）

龙滚墟老街（杜燕生摄　2018 年）

后安墟老街（市文化馆供稿　2006 年）

万宁中学（市新闻办供图　2000 年）

龙滚华侨医院（杜燕生摄　2016 年）

龙滚侨联大楼（市侨联供图　2020 年）

后安清坤小学（杜燕生摄　2017 年）

兴隆立华爱心小学（杜燕生摄　2017 年）

万宁华侨中学(杜燕生摄　2018 年)

和乐兴华小学(杜燕生摄　2016 年)

龙滚昭才小学(杜燕生摄　2016 年)

水坡华侨学校(市侨联供图　2012 年)

华侨捐建的水井之一(市侨联供图　2016 年)

序

万宁，古称万州。新石器时代就有人类在这块土地上生息繁衍。唐贞观五年(631)置县，乃琼崖古代四大州之一。

在悠久的历史轮盘上，这块钟灵毓秀的土地，犹如一颗璀璨的明珠，镶嵌在海南岛的东南部，哺育着勤劳、勇敢、智慧和淳朴尚义的万宁人。千百年来，他们不畏强暴，不甘落后，百折不挠地开拓、耕耘、创新，与自然抗争，与命运抗衡，反抗压迫，追求真理。在新民主主义革命时期，坚持二十三年革命红旗不倒，为海南人民的解放事业建立了不朽的功勋，为全面实现中华民族的伟大复兴谱写了新的篇章。同时，孕育了 30 多万籍(祖)华侨华人和港澳台同胞，他们遍布世界 26 个国家和地区，服务于世界，赢得了各国人民的赞誉，是海南省的著名侨乡之一。

万籍华侨，源远流长。早在唐代，万宁人就凭借着"海上丝绸之路"的区域优势，与波斯、阿拉伯商船频繁交往，开展海外贸易活动。而后，万宁乡民出洋谋生增多。第一次世界大战至中国抗日战争前后，由于当时的政治腐败，战乱频仍，自然灾害不断，万宁大批农民和手工业者纷纷背井离乡，漂洋过海，迁徙海外，逐渐出现"去番"高潮，并在南洋形成了地缘性群体。在海外，他们秉承着勤奋、克俭、勇敢的万宁人精神，以不畏艰险、坚韧不拔之志，扎根创业，融入社会，与当地人民和睦相处，传播中华文化，也为当地的经济建设和社会繁荣作出了积极的努力和贡献。

万籍华侨华人是万宁特殊的海外移民群体。在非凡的发展历程中，他们时刻关注着祖(籍)国的兴衰荣辱。当祖(籍)国处于危难关头，他们义无反顾，倾囊助饷，许多仁人志士弃业回国，投奔革命，血洒疆场。他们情牵故里，为家乡公益慈善事业慷慨解囊。万宁华侨史是一部充满着激情的血泪史、奋斗史、贡献史。他们的国际主义精神和爱国主义精神，闪耀着中华民族之光。

《万宁市华侨志》由万宁市归国华侨联合会编纂，在市委、市政府的大力支持下，在国内外侨界人士和相关单位的帮助下，现付梓面世。该志书上溯唐代，涵盖古今，记述了华侨、侨乡、侨务工作历史的沿革变化，记述了海外乡亲所创造的辉煌业绩和奋斗精神，以及可圈可点之事、可歌可泣之人。这是万宁市侨务工作者同心合力、勤奋耕耘的结晶，填补了万宁市华侨志书的空白，是万宁市侨界的一件大喜事。

盛世修志，志载盛世。修志是一项艰苦的工作，一项奉献者的事业。习近平总书记指出："重观历史、研究历史、借鉴历史，可以给人类带来很多了解昨天、把握今天、开创明天的智慧。”志书为一方地情史记，在阅志、用志的同时，我们也应铭记修志工作者不畏艰辛，严谨治学，为社会主义文化事业繁荣作贡献的精神。

修志的主旨是为了用志，以志为鉴，激励当代，启迪来者。在中国特色社会主义发展新的历史时期，侨情变化日新月异，侨务工作面临着新的机遇和挑战。该志的出版，不仅有助于读者了解万籍华侨华人的历史和内涵，同时也有助于侨务工作者熟悉历史和现状，继承和弘扬广大华侨拼搏创业、爱国爱乡、无私奉献的优良传统，掌握和运用规律，探索适应侨情变化、符合万宁实际的发展路子，打造具有万宁特色的为侨服务新平台，凝聚侨心侨力侨智，为全面实现中华民族伟大复兴的中国梦，奋力建设海南自贸港发挥独特的作用，颇具重要的现实意义。

《万宁市华侨志》编纂委员会

2022年3月

目 录

第三篇　华侨社团

第四篇　华侨贡献

第五篇 万宁侨乡

第六篇 侨务工作

第七篇 侨乡艺文

第八篇 侨界俊彦

绪 论

万宁市地处海南省的东南部，东经 110° 00′ 至 110° 34′ 、北纬 18° 35′ 至 19° 06′ 。东濒南海，西与琼中县交界，南与陵水县毗邻，北与琼海市接壤。市域总面积 4433.6 平方千米，其中陆地面积 1883.6 平方千米、海域面积 2550 平方千米，南海沿岸线长 109 千米。

万宁，古称万州，是琼崖古代四大州之一。考古发现并印证了新石器时代（公元前 7000－前 3000 年），就已经有人类在万宁这块土地上生产劳动、生息繁衍。

唐贞观五年（631）建县，初为万安县。龙朔二年（662）改为万安州，领万安、陵水、富云、博辽 4 县，州治于通化都（今大茂镇旧州村）。天宝元年（742）改为万安郡。至德初年（756）改为万全郡。乾元元年（786）复名万安郡。五代十国（907－960）复为万安州。北宋熙宁七年（1074）废万安州改为万安军。大观年间（1107－1110）移军治于后朗村水口（今万城镇）后废军为州。南宋高宗绍兴七年（1137），改为万宁县（万宁县名的最早记载）。南宋绍兴十三年（1143）至元代，为万安军。明、清两代为万州，清光绪三十一年（1905）改为万县。民国三年（1914）改为万宁县，属广东省。1950 年 4 月万宁县解放。设立万宁县人民政府。1958 年 12 月，琼东、乐会、万宁三县合并为琼海县。1959 年 11 月，琼海县拆分为琼海、万宁二县。

1988 年 4 月海南建省，万宁县属海南省辖。1996 年 8 月，国务院批准撤销万宁县设立万宁市。至 2018 年 12 底，万宁市下辖 1 个经济区（兴隆），12 个镇，212 个村（居）委会（原东和、新中、东兴、东岭、南林国营农场改设 5 个“居”）。全市常住人口总数 615,984 人，户籍人口 599,652 人，其中汉族占总人口 82.59％，黎、苗等 19 个少数民族占总人口 17.41％。

重点侨乡 源远流长

万宁市是海南省重点侨乡之一，据不完全统计，祖籍万宁的海外华侨、华人、港澳台同胞有 30 多万，分布在世界 26 个国家和港澳台地区。归侨侨眷和港澳台眷属 20 多万。

万宁人出洋源远流长。据族谱记载，万宁汉族居民大多数是秦汉以后，尤其是唐宋时期从东南沿海的福建、广东、广西等地迁来。他们有丰富的航海经验和敢于冒险的精神，这为海外迁徙提供了便利条件。

海南岛处于中国古代“海上丝绸之路”的交通航线上。马六甲海峡是古代阿拉伯、波斯和中国交通的枢纽。西汉时期，中东、南海诸国船舶，须途经海南进入中国。万宁 109 千米的南海沿岸线上，散布着港北港（莲塘港）、乌场港、坡头港、后鞍港、春园湾、南燕湾、石梅湾、日月湾、山钦湾等众多的自然港口及海湾。海域区有大洲岛(旧称独洲岛、独猪山、独珠岭)、白鞍岛、洲仔岛、加井岛等岛屿。贯穿境内的太阳河、龙滚河、龙尾河、龙头河等直入南海,水上行舟四通八达。大洲岛是海南沿海最大的岛屿,它是通往东南亚国家的海上必经要道,乃中国古代以来一直沿用的航海标志。自古流行一句民谚:“船过经大洲。”大洲岛是“海上丝绸之路”的驿站,距万宁东澳新群村仅 4 千米,距乌场港不足 8 千米。明代黄省曾著、谢芳校注的《西洋朝贡典录》记载:明朝郑和率领远洋船队下西洋时,七次经过万州。船队“由福州而往,……又四十更平独猪山。”或“由漳州而往,……又取铜鼓之山。又经独猪之山。”之后,往东南亚各国,均循着郑和下西洋的这条航线,沿海南岛东海岸一路逶迤南行。

万州人唐代就与波斯、阿拉伯人交往。据唐代日本真人元开著的《唐大和尚东征传》记载:天宝七年(748)冬十一月,唐高僧鉴真应日僧之邀,偕日僧荣浚、普照等东渡日本,于海中遇台风,被漂流至海南岛南端的振州(今三亚)宁远河口。“经四十余日至万安州。州大首领冯若芳请住其家,三日供养。若芳每年常劫波斯舶两三艘,取物为己货。”《万宁县志》(1994 年出版)载:“唐朝,万安州(今万宁)大首领冯若芳常在海上抢掠商船,劫夺波斯船只及其货物、奴婢,并且趁机与波斯、阿拉伯商人交往,一时货物堆积如山,财源充足。继而转输入西域、南海及广州。万安同外界贸易的大门开始打开了。”

宋朝,外国船只已频繁航行停泊万州港湾,万宁的土特产通过海上商贸渠道流向海外。部分随商船而来的阿拉伯人、占城人留居万州莲塘港(和乐港北),而后逐渐向万州城迁移聚居。万宁人把阿拉伯人、占城人聚居地称为“番村”(现万城西南)。

万宁人迁徙海外始于何时,虽没正史可考,未有准确的定论,但有文字记载,万州人与外国商船及洋人交往可追溯到唐朝。据史学专家推算,唐朝,万宁已有商人随“番船”出洋经商,而后部分商人“牟利异域,久假不归”成为万宁早期的华侨。

早期,万宁人出洋皆走水路。他们从境内的港口下船,有些经海口、文昌清澜转船,有些直往东南亚各地。据万宁历年侨情普查表明,至清政府解除海禁(1893 年)时,万宁已有华侨 2 万多人,主要分布于占城(越南)、真腊(柬埔寨)、三佛齐(印度尼西亚)、暹罗(泰国)、淡马锡(新加坡)、满剌伽(马六甲)、吕宋(菲律宾)等 7 个国家和香港,其中大部分为鸦片战争(1840 年)后移居境外的第一代移民。“海禁”解除后,海口被辟为通商口岸,万宁海外移民人数递增。特别是 1904 年禁止妇女往南洋的习俗解除后,万宁人迁徙东南亚形成了热潮。至 1956 年,万宁海外乡亲已逾 10 万人。

铤而走险 漂洋过海

“华侨”一词在清代首次出现。中华民国成立后,侨居海外的中国人被正式称为“华侨”。辛亥革命的成功主要依靠广大海外华侨的支持,孙中山先生赞:“华侨是革命之母。”故《中华民国国籍法》接受海外华侨同时拥有“双重国籍”身份,定义为“只要血统上具有华人的血缘皆为中华民国国民”。当时,“华侨”“华人”的概念并无区别。

新中国成立后,中国政府着手解决“双重国籍”问题。《中华人民共和国国籍法》废止了双重国籍身份。此后,祖籍万宁的海外华侨有 90%以上加入所居地国籍成为“海外华人”。万宁人把海外迁移称为“出洋”“去番”，凡居住海外的华侨、华人概称为“番客”“南洋客”“华侨”，见诸文字时被惯称为“万宁(海外)华侨华人”或“万宁海外乡亲”。

万宁人迁徙海外除了当时社会诸多因素外，可归属为两个主要原因。

一是经济原因。早期万籍华侨，除少数人是为经商出洋外，有 80%以上是出于经济负担过重，难于立足本土而出洋谋生的自由移民。旧中国，封建统治者腐败无能，连年兵乱，海盗猖獗，万宁沿海一带，历史上人稠地脊，可耕地少，自然灾害繁多，生产力极其落后，常年靠天吃饭，致使这一带农村残破，民不聊生。沿海地区的居民，较早就与海外商船洋人接触，为求生存，凭借地域优势和航海经验，不惜铤而走险，漂洋过海讨生活。

二是政治原因。历史上，每当发生一次王朝更迭、一次大动乱，必然导致一批人流亡海外。自西汉时期，万宁人民为反抗封建统治者的横征暴敛，举起义旗，攻城克郡。从那时起，经唐、宋、元、明、清直至海南解放，不畏强暴、敢于斗争的万宁各族人民，以武力抗争民族歧视、朝廷腐败、日寇入侵和推翻国民党政府、建立新中国，一次次前赴后继地起义，武装斗争不曾止歇。特别是新民主主义革命时期，万宁人民在中国共产党的领导下，坚持“二十三年红旗不倒”，一批又一批的仁人志士，为了坚持自己的信仰被迫流亡海外。万宁华侨中，有 10％是因为王朝更迭、政局动乱，为躲避异党追捕寓居异邦。

经历了几个世纪，以各种形式的迁徙、演变和繁衍，至 2018 年末，万宁约有 308,000 余位海外乡亲和港澳台同胞，分布世界五大洲 26 个国家和港澳台地区，成为海南省重点侨乡之一。

胼手胝足 崛起异邦

万宁第一代海外移民绝大部分是沿海农村的男性贫苦农民。他们孤身漂洋过海，在人生地疏、孤寂艰难的异邦胼手胝足讨生活，其目的是赚钱养家，没有“生根”的念头。

“二战”前，万籍华侨主要靠“三刀一锄”(菜刀、剪刀、剃刀，锄头)和当矿工谋生。他们主要从事垦荒种植、开山挖矿、当雇佣工、手工业及当厨工、小裁缝、剃头匠等传统行业，以苦力谋求自身生存，过着贫寒和简陋的生活。有一部分人入不敷出，筚路蓝缕，孑然一身，靠同乡收容。当时万宁就流传着“怕死不去番，住番不怕死”的民侃。

“二战”后，“三刀一锄”为万宁人立足国外、谋求发展赢得了契机。万籍华侨在海外创办的第一批企业，均属白手起家，其成功全凭任劳任怨、艰苦奋斗、勤俭节约。

万宁籍第一代华侨，备受没有文化及语言不通的痛苦，许多人只能生活在华人聚居的区域，从事强度高、收入少的体力劳动。因此，他们对知识的渴求十分迫切，青壮年纷纷参加夜校补习或创造条件半工半读，同时，他们对下一代文化教育极为重视。大多数家庭全力以赴，资助子女接受文化教育。家庭经济稍为宽裕的，都乐意送子女赴科技较发达的国家深造。此外，还有很多人把自己的子女带回或送回家乡就读。重视新生代的文化教育成为万宁海外乡亲的共识，其后裔的文化知识层次也在不断提高。20 世纪 60 年代后，海外万宁乡亲的就业领域较广，几乎遍及各行业。新一代很少从事先辈的传统行业，社会地位、经济实力普遍提高，参政的意识也日益增强，涌现出一大批工商巨子、政坛翘楚和学者名流。

搭建平台 联络乡情

万宁早期的海外移民，纯为谋生。他们背井离乡，最先考虑的是生存和立足。源于当时的思想意识，初到海外的万宁人首选与方言地域相同、习俗相近的群体为邻，以求彼此照应，因此，纷纷加入会馆、同乡会，很快就融入琼侨（海南籍华侨）之中。“二战”后，随着华侨社会向华人社会演变及所在国形势的变化，琼属社团由小规模、单一性团体向大规模、统一性团体演变。旅居各国的万宁乡亲，现已加入住在国家和地区300多个地缘、血缘、业缘性等华侨华人组织，很多人还分别参加几个社团，并在其中担任重要职务。

万宁海外乡亲秉承故土联络乡情、守望相助的优良传统，是一个较为团结的方言群体。他们在融入当地社会的同时，依然保留着那份难以割舍的乡愁。旅居马来西亚的万宁乡亲，在加入当地社团组织的同时，又自发成立万宁同乡会，这种以县（市）为单位成立的地缘性组织在世界各地为数不多，在琼籍侨胞中独占鳌头。现马来西亚有5个万宁同乡会：马六甲万宁社，成立于1926年；雪（兰莪）隆（吉隆坡）万宁同乡会，成立于1947年；槟榔屿万宁同乡会，成立于1948年；柔佛万宁同乡会，成立于1959年；1961年12月发起筹建新马万宁同乡会总会，1964年由于新加坡退出马来西亚，故更名为马来西亚万宁同乡会总会，1972年1月23日，马来西亚万宁同乡会总会在吉隆坡举行成立大会暨第一届代表大会。为搭建和提升叙乡情、联乡谊、促发展的平台，自1990年开始，每两年举办一次“马来西亚万宁嘉年华会”，分别由4个属会轮值。周而复始，至今从未间断。2016年6月11日至13日，由马来西亚万宁同乡会总会发起主办的“首届世界海南万宁联谊大会”，在吉隆坡万豪酒店举行。大会主题为“根在万宁，放眼世界”。来自故乡的万宁市政府和海南省侨联、工商联、华商会及广东省万宁促进会等代表团，与世界各国各地区千名万宁乡亲参加了盛况空前的大会。

报效籍国 不忘桑梓

万宁海外乡亲与当地人民和睦相处，艰苦奋斗，积极参与住在国人民反侵略、反殖民统治，争取自由独立的斗争，传播中华文化和技术，用汗水和生命为住在国的社会进步、经济繁荣及各项事业的发展作出了不可磨灭的贡献。他们不仅获得住在国人民的赞誉，而且经济、政治地位也得到全方位的提升，被各国各地政府授予各种勋衔的人数与日俱增。

万宁海外乡亲在为住在国作出贡献的同时，“根”的观念也没有因为迁徙海外而泯灭，一直与家乡、祖籍国保持着十分密切的联系，这种联系不仅表现在保留家乡的伦理道德和民风民俗上，还表现在与故乡休戚相关、荣辱与共。他们是万宁人文在海外的一个组成部分。

一、支持辛亥革命

自1894年孙中山先生在美国檀香山创立了中国资产阶级第一个革命组织“兴中会”

开始，万籍侨胞就积极捐款、捐物和“义演反清琼剧”，加入、组织“三点会”等开展反清活动，支持辛亥革命。1904 年至 1912 年间，侨领陈嘉庚在新加坡发动华侨输财、助饷帮助辛亥运动，万籍华侨表现极为活跃，曾出现捐款不漏户的局面。

二、参加抗日战争

1937 年卢沟桥事变后，旅居各国的万宁乡亲或加入各种救亡团体，或捐款捐物，义卖义演开展募捐活动，支持祖国、支持海南的抗日斗争。1939 年“南洋华侨筹赈祖国难民总会”（简称“南洋总会”）先后组织 9 批“南洋华侨机工回国服务团”（简称“南侨机工”），每批都有万宁人。1939 年“琼崖华侨联合总会”（简称“琼侨总会”）组织 4 个“琼崖华侨服务团”回乡参加抗日斗争，仅香港和星洲团中就有 14 名万宁人。据不完全统计，1937 年至 1944 年间，万籍侨胞回国、回乡参加抗日斗争的有 400 多人，许多人为抗日救国献出宝贵的生命，留下可歌可泣的动人事迹。

三、投资桑梓

1916 年，华侨冯运时、曾达泉、卢子明等投资万宁，分别创办了“南兴公司”“振兴公司”和“培林公司”，从事服务行业和橡胶种植业。1930 年，马来亚琼籍华侨王模仁、郭新、郭巨川、王兆松等人创办的“琼崖实业股份有限公司”，在万宁禄马购地 8 千余亩，开垦植胶，抗日战争爆发后，植胶才告停止。1948 年重植橡胶百亩，近万株。

新中国成立后，万宁侨胞在家乡投资、置业逐渐延伸、扩展。改革开放后，万宁海外乡亲投资家乡已形成新的格局。1985 年至 1998 年，龙滚镇海外乡亲集资 1.0332 亿元，建设龙滚新墟，为海南省集侨资建新墟开了先河。1992 年北坡镇海外乡亲黄桂春、黄成福、黄名镇及香港同胞李嘉伟等，集资创办“海南万隆房地产开发有限公司”，在万城建成了万隆、华侨两条新街。1993 年，后安旅马侨领祝清坤投资万宁，建起了第一间机械化养猪场。礼纪镇台胞陈台神投资家乡建成了日月湾度假村……据统计，1988 年海南建省至 1996 年万宁设市的 7 年间，万宁共批办的侨、港、台资企业共 47 家（不含合资成片开发项目），总投资 3.7 亿元。万宁撤县设市至今的 20 余年间，大企业、大财团、大项目相继投资万宁，并呈现成片开发的新格局。

四、捐赠故乡

万宁海外乡亲捐赠故乡办学的善举，可追溯至明代。明代华侨捐赠私塾办学已具雏形。1906 年，龙滚郭芳城等人发动海内外人士捐款筹建龙滚戎庙，创建戎庙高等学堂，均获龙滚籍海外乡亲和归侨、侨眷的慷慨捐助。与其前后，凡有海外侨胞的地区，诸如修桥筑路、纂族谱、建祠堂等都有侨胞的捐助事例。新中国成立后，特别是改革开放以来，万宁海外乡亲曾出现捐资捐物办学兴教、资助慈善公益事业的热潮，这股热潮至今方兴未艾。

至 1991 年来，由海外乡亲捐建并被万宁政府以个人名字命名的学校有：“和乐兴华小学”“后安清坤小学”“分界曾昭小学”。以个人名字命名的图书馆、教室、奖教学基金会等在侨乡随处可见。1992 年至 2006 年，海南省政府五次表彰有突出贡献的华侨华人、港澳台同胞人士中，万宁海外乡亲就有 28 人（次）受表彰并分别获得“赤子楷模”“赤子模范”“爱琼赤子”等称号。有 43 名海外乡亲，分别获得万宁市政府授予“特等荣誉市民”“荣誉市民”“爱乡模范”“爱乡赤子”等称号。

五、侨汇赡家

早期万籍华侨漂泊海外，他们的家庭一分为二，多数的亲属留在国内，因此，侨汇赡家和回乡省亲是情之必至，理所当然。旧社会，侨汇是侨眷直接的生活来源，赖以生存的依靠。侨汇正常时，一家温饱尚可维持，倘若侨汇中断，生活就发生危机。新中国成立后，特别是改革开放后，随着侨汇的增多，侨汇的作用也发生了“质”的变化，侨乡人民把侨汇当成产业资本，搞开发性生产，创办侨属企业。据银行部门统计，万宁县 1977 年至 1984 年，每年侨汇解付都在 70 万 -90 万元；1990 年，外币存款余额折合 366.78 万美元，解付外汇人民币 925.6 万元。2017 年本外币各项款余额 237.72 亿美元；2018 年本外币各项款余额 246.1 亿美元。1994 年，万宁县侨属企业发展到 649 家，实际投入资金 4637.5 万元，这些侨属企业的原产业资本 85%来自侨汇。进入 21 世纪，华侨华人及港澳台直接投资万宁数量增大。至 2018 年末，万宁地区生产总值 224.33 亿元，全市人均地区生产总值 38,940 元，全市固定资产投资 99.57 亿元，对外贸易进出口总值 2098.5 万美元。侨乡万宁城镇常住居民人均可支配收入 32,329 元，农村常住居民人均可支配收入 14,850 元。

侨乡分布 逐渐扩大

万宁市侨乡主要分布于沿海汉区一带。以龙滚镇为最，依次为万城、后安、和乐、东澳、礼纪、山根、大茂、长丰等镇。

一、华侨华人

早期万宁华侨去向和侨居地的分布具有较为集中的特征，以俗称“南洋”的东南亚国家为主。旅居马来西亚、新加坡的占总数 51%，其次为印度尼西亚、泰国和越南。龙滚、万城、后安、和乐 4 个镇的海外乡亲占总数的 86.79%。20 世纪 70 年代，东南亚各国及港澳台地区的万宁乡亲后裔到欧美等发达国家留学或工作，成为新移民。而后，万宁海外华侨华人的分布区域日趋扩大，遍布亚洲、美洲、欧洲、大洋洲、非洲 26 个国家和香港、澳门、台湾地区。

二、归侨侨眷

万宁侨务部门 1992 年普查统计：万宁（不含农场）健在归侨有 6438 人。归国时间大致可分为：1936 年前有 484 人，回乡成家置业；1937 年至 1949 年有 2724 人，大部分是青壮年，返乡参加抗日战争和解放战争，服务于祖国；1950 年至 1965 年有 2931 人，一是回国求学，二是受排华政策的影响被迫返乡，三是回乡参加祖国建设；1966 年以后有 299 人，部分受排华浪潮的影响回国，部分是第一代华侨“叶落归根”。此外，还有被分配或到本县落户的客籍归侨。至 2018 年，万宁市归侨、侨眷和港澳台属约 215,000 人，约占全市总人口的 31.46%。

以人为本 共圆侨梦

万宁的侨务工作始于抗日战争时期。1941 年 10 月 10 日，万宁县民主政府成立。内设秘书科、一科（民政）、二科（财粮）、军事科。侨务工作由一科兼管。其时，主要宣传、发动华侨支持抗日救国活动。

1956 年 6 月，万宁县归侨联谊会（筹备组）成立后，万宁侨务工作由归侨联谊会负责。1958 年琼东、乐会、万宁三县合并为琼海县，万宁归侨联谊会并入琼海县。1959 年琼海县折分为琼海、万宁二县，同年 11 月，万宁县归侨联谊会改称万宁县归国华侨联合会挂牌办公。1961 年 5 月召开第一次归侨侨眷代表大会，选举产生万宁县归国华侨联合会第一届委员会，同时成立了万宁华侨投资代办处。1961 年 11 月，万宁县侨务局成立。万宁侨务工作逐步进入专司机构管理，但因历次政治运动，侨务工作发展缓慢。1979 年 9 月，万宁县第二次侨代会召开，选举产生万宁县第二届侨联委员会。同年 12 月，万宁县设立侨务办公室。而后，万宁县的侨务工作本着“实事求是、有错必纠”的原则，全面开展拨乱反正，落实各项侨务政策，清除“左”的影响。

1991 年《中华人民共和国归侨侨眷权益保护法》《海南省实施中华人民共和国归侨侨眷权益保护法办法》颁布实施。万宁侨务工作以为侨服务、为经济建设服务、为祖国统一大业服务为宗旨，采取多种形式，开展侨法宣传、扩大海外联谊面，为万宁对外交流与合作穿针引线、提供良好服务。

2005 年，中共中央办公厅、国务院办公厅下发了《关于加强新形势下侨务工作的意见》。万宁侨务工作进入了科学发展新时期。

党的十八大召开后，海南省委办公厅和省政府办公厅颁布了《关于进一步加强和改进新形势下侨联工作的意见》，2013 年万宁市委、市政府出台了《万宁市关于进一步加强和改进新形势下侨联工作的实施意见》。在市委、市政府的领导和上级侨务部门的大力支持下，万宁侨务工作紧紧围绕全面建成小康社会，实现中华民族伟大复兴的“中国梦”的宏伟目标，坚持“以人为本，为侨服务”，坚持国内海外工作并重、老侨新侨并重，始终把维护海外侨胞、归侨侨眷的根本利益作为工作的出发点和落脚点，以改革创新的精神和依法治国理念推动侨务工作全面、协调、可持续发展。万宁市侨务工作正走向融入社会经济发展、充分调动侨界力量共圆共享中国梦的大侨务发展新格局。

首届世界海南万宁联谊大会合影（马来西亚万宁同乡会总会供图 2016 年）

第一篇　华侨溯源

华侨来源于海外移民。中国人移居国外，有说始于周秦时代，但有史可查为汉朝。公元前124年，汉武帝建立了中西交通，在很长的一个时期内，年年都有使者和人民来往。中国自汉朝已经开辟与东南亚的海上交通，由于开展海外贸易，商人、水手、杂役可往来东南亚，其中一部分人留居于当地，成了前期的海外移民。

唐朝，中国人移居国外逐渐增多，外国人称海外中国人（下称华侨）为"唐人""唐山人"，华侨回国也自称为回"唐山"。《明史·外国真腊传》载："唐人者，诸番呼之称也。凡海外诸国尽然。"而后，华侨聚居地也被称为"唐人街""华埠"等。学术界许多研究者对华侨的概念也作了时间上的界定，以唐朝为界，视唐朝开始的海外移民为华侨。

万宁，地处海南岛东南沿海。早在新石器时代（公元前7000年—前3000年），就有人类在这块土地上从事生产劳动、繁衍生息。唐贞观五年（631）折崖州增置琼州，折平昌县立万安县（万宁建县自此开始）。唐、宋、元、明、清各朝代，虽然多次更改县名，但总以"万"字命名。民国三年（1914）改为万宁县直至1996年。1996年8月6日，国务院批准撤销万宁县设立万宁市。

扩大生存、发展空间是汉族先民迁居万宁的初衷，同时，他们善于与海打交道，也为海外移民做好了铺垫。

第一章 华侨起源

万宁，古称万州，濒临南海，处于中国古代“海上丝绸之路”交通航线上。境内不乏天然河流与港湾，水上交通便利。唐代，已有外邦船舶往来万州，当地人涉外交往自唐朝开始。

第一节 出国时间

万宁华侨的产生源于出国经商。史籍记载，秦代，海南黎族先民尚处原始社会自给自足状况，其商业采取以物易物形式。但位于越地南部的海南岛，盛产奇珍异宝及热带果品等土特产，吸引了中原地区商人乘舟渡海上岛，开始了海南的古代贸易活动。明《正德琼台志》记载：“越处近海，多犀象、玳瑁、珠玑银钼果布之凑，中国商贾多取富焉，则秦有至者矣。”明·王佐《琼台外记》：“武帝置郡之初，已有善人三万之数。”所谓善人，“此皆远近商贾兴贩货利有积业者及土著受井受廛者”。其时，在珠崖郡、儋耳郡的汉人中已出现了不少的职业商人。

汉代，中国除了开辟从陆路到达西亚和欧洲的“丝绸之路”外，还开通了南向印度洋、波斯湾的海上丝绸之路。万州是海上丝绸之路必经之地。东汉后期，沿海上丝绸之路从事贸易的波斯人、阿拉伯人，或在万宁大洲岛休整，或进入万州自然港湾补给、避风、滞留。

唐朝，海南由于生产发展，流通扩大，万宁沿河、沿海一带也有了商贾阶层。唐代日本真人元开著的《唐大和尚东征传》记述：天宝七年（748）冬十一月，唐高僧鉴真应日僧之邀，偕日僧荣叡、普照等东渡日本，于海中遇台风，漂流至海南岛南端的振州（今三亚）宁远河口。在振州住一年后，由该州冯崇债（州郡次官）备甲兵八百余人从本岛东部陆路护送北上崖州（治所今琼山境内）。“经四十余日至万安州。州大首领冯若芳请住其家，三日供养。”

宋代，大批汉人迁入万州，民族杂居面积迅速扩大。玳瑁、槟榔、椰子、吉贝、香料等土特产，吸引着内地及异邦商人频繁往来从事贸易活动。宋末元初，海南岛是南海贸易的一个重要基地，万宁天然港湾也成为内陆、番舶商船常泊之所，万宁的土特产通过海上商贸渠道流向岛外海外，部分万州商人随番船扬帆海外经年，留居异地不归。

元代初期，为征服南洋，剿除南宋残余臣民，元朝继续派兵南下。有不少海南官兵随元军出征南洋。至元二十四年（1287）正月，元军征讨安南，海南四州（琼州、崖州、儋州、万州）共 15,000 人领诏从征。这些出征南洋的万州官兵，除战亡和撤回部分外，有相当一部分滞留散居于南洋各地。至元三十年（1293），元朝在琼州设立了“海南博易提举司”，海南的对外贸易远达马来亚半岛、印度尼西亚半岛等地。富有冒险精神和善于经商的万州人，或驾船或随他邦商船到海外开展商贸活动，部分商人、船民和杂役长居海外。

明代是万宁向海外移民增多的时期。明代初期履行海禁政策，严禁商民私自出海，不许海外的华侨归国。但万宁沿海地区的商人和农民，由于生活贫困、经商贸易、航海便利等因素，往往不顾海禁法令，私自偷越海域到东南亚各地谋生。明朝隆庆元年（1567）解除海禁，万州出洋谋生者逐渐增多。

明末清初，大规模的农民起义，满族人的入关，明朝的覆灭，郑成功及其所部在东南沿海一带的活动，这些都对海南产生很大的影响。为躲避战乱和谋生，又有一批万宁人逃往海外。

顺治十三年（1656）、康熙五十六年（1717）、雍正五年（1727）及乾隆七年（1742），清政府多次颁布禁海令，禁止国人移居外国，并限令移民者 3 年内返回国内，违令者一律严惩。但仍未能禁阻海南人继续移居海外。据日本人小叶田淳著《海南岛史》引文中记载：康熙十六年至四十六年间（1677—1707），曾有浙江、厦门、宁波、上海、潮州等地的商人来海南贸易，从海南载运货物往日本。乾隆年间，各地商贾在万州贸易相当频繁，货运遍及东南亚各国。为团结同乡商贾，集众协议商业发展，乾隆三十六年（1771），潮州商人在万州城朝阳街建起“潮州会馆”。其间，万州城、龙滚、北坡等地的许多商号、商家，派店员乘船带货物到东南亚一带为“住商”（长住海外），部分留居他邦，成为海外移民。

万城朝阳街潮州会馆（杜燕生摄　2017 年）

清朝中后期，随着海禁令的松懈、解除和清政府对外政策的改变，给海外移民提供了便利与机会，有些万宁商人“牟利异域，久假不归”，万宁大批破产农民和手工业者也纷纷搭乘商船，出洋谋生。咸丰八年（1858），清政府与英、法分别订立《中英天津条约》《中法天津条约》，琼州开设 10 处通商口岸，万宁移居海外的人数剧增。

万宁人“出洋”始于何时，尚缺正史可考。但据专家按史籍推算：万宁人移居海外最早为经商，始于唐朝天宝七年（748）至乾元元年（786）间，而后各个朝代均有不等的海外移民。从历史上大致可分为：第一，宋代以前为万宁华侨产生的初期；第二，清朝前半叶以前为万宁海外移民形成时期；第三，第二次鸦片战争后为万宁华侨立足东南亚时期；第四，第二次世界大战后，是万宁华侨走向世界，并由华侨向华人转变时期。

第二节 出国原因

移民海外，各个历史时期有不同的背景和原因。万宁人向海外迁徙可分为“自由移民”“赊单工”（赊欠旅费）和“契约华工”三种类型。他们漂洋过海，主要基于两大原因。

一、经济原因

（一）出洋经商

唐朝，自天宝七年（748）开始，万州人就与番船洋人有了交往。《万宁县志》记载：“唐朝，万安州（今万宁）大首领冯若芳常在海上抢掠商船，劫夺波斯船只及其货物、奴婢，并且趁机与波斯、阿拉伯商人交往，一时货物堆积如山，财源充足。继而转输入西域、南海及广州。万安同外界贸易的大门开始打开了。”

《舆地纪胜》（124 卷）记载：宋代，朝廷实行奖励对外贸易政策，“阿拉伯人之向琼州航行者甚盛。暹罗、日本、高丽等国均有商船往来琼州。”《万宁县志》：“宋代，外国船只已经航行万州各港湾，进行贸易活动。”

元朝，至元三十年（1293），琼州设立了“海南博易提举司”，海南对外贸易远达马来亚半岛和印度尼西亚半岛。宋代以来，万宁的土特产通过海上商贸渠道流向海外。有些泛舟而至的波斯人、阿拉伯人、占城人留居万州，而后在万州城聚居。万宁人把他们聚居地称为“番村”（现万城镇西南）。《诸番志》记载：“万安军城东有‘都纲庙’，往来船舶必祭后才离去。”《道光府志》《万州志》均记；“万安州东北三十五里的莲塘港门有‘昭应庙’，上立番神，祭时忌用猪肉。”《琼州府志》卷三记载：“番民本占城回教人，宋元间，因乱挚家泛舟西来，散居番村番浦。今编入户三亚、皆其和类也。”

港北港（杜燕生摄 2016 年）

港北港番神庙遗址（杜燕生摄 2017 年）

明朝，海南对外贸易更为发达。丘浚在《学士庄记》中就描述了当时琼岛港口商船趋至贸易的盛况：“海口是为港门，帆樯之聚，森如竹立。”《万宁县志》记载：“明代，本邑船只开始海上航运。位于东澳镇和礼纪桥海之间的坡头港，明代起航运就显繁忙。（县内）货物运输主要通过港北、坡头、乌场、博鳌四大港口往返航运。”

清《海国图志·外国史略》记载：“唐人之船亦载米糖卖与南海各岛，最多在新埠（马·

槟榔屿)。各海港所进中国之船,每年约九十只,小船甚多,俱由海南岛。"据约翰·克劳弗德斯《出使暹罗与交趾》记载:"暹罗湾之 KO-SAMUI 岛,海南岛人侨居不少,每年约有海南岛十只至十五只之船到该岛输出棉花及燕窝。"1826 年出版的《亚细亚杂志》中的《海南岛》一文记载:"当 19 世纪初,每年由海南开赴暹罗的民船不下四十只,开赴交趾支那南部的有二十只,开赴东京(越南北部)和交趾北部的通常有五十只。"《万宁县志》记载:"清代,港北港每年有百余艘船来回停泊,装卸货物。出港货物有万宁的土特产,直接通航岛内外商埠以及泰国、越南、马来亚等国家。民国初期至抗日战争前夕,每年港北港进口的货物有 1.2 万吨。"清代,乾隆二十九年(1764)冬十月,"番人商船毁于万宁港北,70 余人幸存,所载铅砖沉于海底。知州廖佑龄雇人捞起上报"。

独特的区域优势,使万宁人较早与海外商人频繁贸易,有些商贾带货随船出洋,有些商号在海外设立"住商"。有些破产农民和手工业者搭乘商船出洋营生。

(二)去番谋生

第一代万籍华侨,有 80%以上是出于经济负担过重,难于立足本土,孑然一身出洋谋生的自由移民。现为万宁侨乡的龙滚、山根、和乐、后安、万城、礼纪、东澳等镇,自古以来地理位置优越,水上交通方便。但是在封建社会,连年兵乱,朝代更迭,战火迭起。这些地区台风、洪水、干旱等自然灾害繁多,生产力极其落后,常年靠天吃饭,民不聊生。万宁相传民间歌谣:"六月来到人发窘,贫苦人家心里闷;男的有衣又没裤,女人有鞋又无裙。"

封建社会,万州天灾厄运。明正德七年(1512)冬,全州降雪。这是万州有史以来第一次降雪。嘉靖三年(1524)七月飓风,雨如刺,挟风而来,飘瓦拔木,坏房屋,伤禾稼;十八年(1539)洪水溺死数百人。隆庆年间(1572),七月二十二日,飓风大作,风中有火星散飞,拔树毁屋。州厅倒塌压死十余人,儒学圣殿、学署尽倾圮。海水涨溢,村民溺死者甚多。万历十七年(1589),大饥饿;二十二年至三十三年(1594—1605),多次大地震,地裂,涌出水沙数尺。清康熙五至六年(1666—1667),屡遭兵燹,民多流亡,田多荒芜;四十二年(1703)正月,地震、大旱,米价昂贵,农民叫苦不迭。乾隆五年(1740)瘟疫流行,伤人无数;十年(1745)七月,刮强台风,番人商船被风浪毁没,东澳、港北等海岸漂上许多货物和尸体。台风后,瘟疫流行,全州牛死殆尽,农民苦不堪言。

万宁濒临南海,海盗猖獗,战事频发,被迫性的移民者多。咸淳年间(1265—1274),海盗陈明甫、陈公发窃据崖州为基地,肆行于闽广及南洋一带,劫掠商旅,抢夺民财,"掠及濒海八州居民以鬻至外番""岁掠数百人入外番交易",被掠买到外番的人中,有一部分为万州人。

明洪武二十二年(1389),万州所拥 3 艘战船巡逻沿海一线,在南港、莲岐、莲塘、大塘、乌场、新潭、杨调、陵水 8 处设烽堠,每处有 2 名军人昼夜执勤,发现海寇,便放烟报警。永乐十一年(1413)百户尹敬等追击海寇至大州岛海面,船沉人没。嘉靖十七年(1538)海寇登陆新潭村抢掠,并掳去男女 17 人。隆庆五年(1571)五月,海寇李茂入境大掠,直抵城下,杀掳村民,劫掠财物,惨毒远远超过一般贼寇。顺治八年(1651),海寇从潭门登陆入境,率千余人攻入万州。同年八月,闽寇林禄驾船 30 艘入港北港周边村附近小海。顺治九年(1652),闽寇张士俊率海贼 300 余人入万州境占据州城。咸丰九年(1859),清政府解除海禁,海口辟为通商口岸,琼州门户敞开。因生活所迫,万宁龙滚、北坡、后安、和乐等地大批农民和手工业者扬帆泛舟,出洋谋生。

抗日战争时期，1939年10月14日，日军围剿龙滚乐礼、多格、大罗等10多个村庄，村民闻讯逃走。日军追到山钦岭，杀死400多人；是年10月19日凌晨，日军纠集万城、龙滚据点兵力100多人，对和乐西截村和东截村进行大屠杀，杀死西截村115人，伤10人，杀死东截村8人。1940年11月28日，日军出动100多人包围了不挂日本国旗的东澳丰丁村，挨家挨户杀死42人，伤3人，有些农户全家被杀绝。1945年5月2日，日军和伪军共300多人，以万城月塘村民"通共"为名，包围了月塘村，进行灭绝人性的大屠杀，仅3个多小时，就杀死该村老少286人，伤6人，烧毁民房70多间，村民财产被掠夺一空。

天灾人祸，致使万宁农村残破，农民饥寒交迫。为求生存，沿海地区的居民，不顾海禁法令，凭借濒海的区位优势和航海经验，不惜铤而走险，结伴漂洋过海往东南亚一带谋生。据万宁侨务部门侨情普查表明：至抗日战争爆发，万宁沿海的农村，村村有青壮年前往南洋，龙滚有数个村庄，几乎家家有人去南洋谋生，家庭留守的都是妇幼老弱病残者。

（三）契约华工

鸦片战争（1840）后，西方列强蜂拥而入中国，以五口通商为据点，疯狂掠夺华工。1858年，清政府与英法分别签订《中英天津条约》《中法天津条约》，当时正值东南亚英、荷、法殖民地大开发，垦荒、筑路、开矿需要大量劳动力。为猎取廉价劳工，当时，海口设有10所"招工馆"，招收来自崖州（海南）、高州、雷州等地的"契约华工"（俗称苦力、猪仔，泛指按照契约合同为海外雇主从事劳役的华工）。他们无选择职业的自由和人身自由，其境遇非常悲惨，许多华工葬身于"契约合同"期间。华工先被运到香港、新加坡的招工馆，再贩运到南洋及其他各国。作为"契约华工"的万宁人相对较少，大多数是以"赊单工"的形式出洋后被骗为"契约工"。鸦片战争后至清政府灭亡的半个多世纪，去番谋生成为万宁贫困地区农民的一条出路。想出洋但又苦于没有川资，因此，"赊单工"便应运而生。所谓"赊单工"，即由招募人（时称客头）为出洋者预付船费及伙食等费用，并签订合同，到达目的地后由"客头"介绍工作，以做满一定期限抵偿客头所预垫的费用。1876年至1886年间，万宁到马来亚旅费是七元至八元（光洋），与客头签约赊贷款的数目计为十元至十二元。有些不良客头，将"赊单工"直接买给海外雇主变成"契约华工"。契约期间，劳动强度大，其境遇苦不堪言。1889年秋季，北坡保定村李、王姓5人，未满15岁，被从海口到村里招募往南洋打工的客头带往马来亚，被骗到柔佛英属公司开荒种植橡胶，立约两年。在劳工期内，与外界隔绝，没有人身自由。满期后雇主欲续约，借故不发薪水，他们人生地不熟，欲借无门，而后相约冒险逃离，后流落街头，幸获同乡救助带往马六甲当咖啡店杂工，1906年相继回乡成家后再次前往马来亚。

"猪仔"华工在南洋（杜燕生供图 1890年）

据海南省侨务部门统计:1888 年至 1890 年间，就有 9851 名赊单新客由海南岛帆船载运往马六甲入境,转往各地种植园。1907 年,由香港、汕头、海南乘船至新加坡的"契约华工"为 24,089 人,其中海南人有数千人,他们绝大多数又被转运到英属马来亚及荷属殖民地等。万宁"契约华工"的人数不多,但通过"赊单工"形式流向东南亚及其他国家的不少于 1 万人。"赊单工"是当时万宁沿海地区乡民出洋谋生的捷径。"契约华工"制度在海南造成严重恶果,1913 年邓铿任琼崖镇守使时,查封了海口所有"猪仔馆"。海南的"契约华工"由此宣告结束。

(四)团聚继业

第二次鸦片战争后,随着迁徙海外者与年递增,万宁人在东南亚一带国家已初步形成小群体。1904 年禁止妇女去南洋的习俗解除后至民国时期,迁徙东南亚的万宁人从恒温状态逐渐出现高峰期。第一代华侨在国外事业有成之后,有些返乡成家,有的回乡把自己的妻儿及其眷属带往国外团聚,帮衬发展产业。新中国成立初期,万宁出洋者以侨眷为主,其目的是家庭团聚及继承产业。

"文化大革命"期间,通过正常渠道出洋,除特殊个案外,几乎为零。党的十一届三中全会后,随着侨务政策的落实、侨务工作的调整和对外开放不断深入,1980 年后,万宁侨乡人率先走向海外,出港、出国人数明显增加。其时,部分华侨华人直系亲属及侨眷被批准出国出境继承财产、探亲团聚;部分私费出国留学、技术移民;还有涉外婚姻、劳务输出等等。有的已获绿卡,有的已经加入当地国籍。

二、政治原因

(一)海外避难

万宁建县已有 1387 年,每当发生一次王朝更迭、一次大的动乱,都会导致一批人流亡海外。第一代万籍华侨中,约有 10% 是因为政局动乱、内忧外患或为躲避异党通缉追捕而寓居异邦。

旧中国政局动荡,战争频发。早在西汉时期,万宁人民为反抗封建统治者的横征暴敛,举起义旗,攻城克郡。从那时起,历经唐、宋、元、明、清、辛亥革命、抗日战争直至海南解放,勤劳勇敢、淳朴尚义、不畏强暴、敢于斗争的万宁各族人民,以武力抗争民族歧视、朝廷腐败、日寇入侵和推翻国民党政府建立新中国,一次次前赴后继的起义、武装斗争不曾止歇。特别是新民主主义革命时期,万宁人民在中国共产党的领导下,为建立新中国,坚持"二十三年红旗不倒",一批又一批的万宁人,为了坚持自己的信仰而逃亡海外。

著名艺人庆寿兰(李琼顺,龙滚人),早期在万宁创建"琼顺班",因编、导、演讽刺慈禧太后的琼剧引起官府非议。1850 年躲避星洲,并在新加坡创建"星洲剧社",继续编、演反清琼剧,成为南洋琼剧传播的先行者。后病逝于新加坡。

琼剧名武旦郑洪明，因受万州官府迫害,1893 年逃亡南洋，在南洋加入"三点会"。1903 年潜回万宁,在家乡组织"三点会"任"母亲"(首领),提出"红旗飘飘,人马征召,革命起义,推翻清朝"的纲领。1905 年集结义军 300 多人攻克万州城,开仓放粮,赈济贫民,后转战陵水时,因寡不敌众而被捕遇害。

民国六年(1917)龙济光派兵复克万州,仅当 7 天县长的王日新逃往南洋。

1927 年国共分裂,海南"四二二"白色恐怖,大批共产党员和革命群众被捕遇害。为保存革命骨干,万宁许多中共党员、仁人志士纷纷躲往南洋继续开展革命活动。中共万宁县委首任书记谢育才，曾任乐万县委书记、抗日民主政府县长、万宁县委书记兼县长陈克邱，曾任中共琼崖特委组织部副部长兼特委党校校长、琼山县委书记、澄临县委书记杨少民，曾任共青团琼崖特委员兼万宁县一二联区团委书记李启新等一大批中共党员、万宁革命先驱者，在革命处于低潮时，为躲避国民党追捕，受组织派遣往南洋避难或继续开展革命活动。

与此同时，一些受到牵连的家属、亲戚也纷纷漂洋过海躲避灾难。据(琼)海关的统计，1927 年出洋人数高达 48,744 人。因第一、第二次国内革命战争失败，万宁县就有 5000 多名中共党员、仁人志士避居南洋各地。1939 年 8 月，日军入侵万宁，肆意烧杀抢掠，万宁人民遭受空前的灾难。为了躲避劫难，又有 1 万多人逃到南洋或内地。

(二)受派出国

近现代，万宁有许多革命先驱者及仁人志士，被组织派往国外留学或开展工作。刘中悟，1907 年在中学读书时就追随孙中山投身革命，1909 年加入琼崖第一同盟会支部，曾两次东渡日本，受派遣回家乡万宁组织同盟会，发动武装起义，成为海南辛亥革命先驱者之一。曾任广东省公安厅副厅长、检察院检察长、民政厅厅长等职的郭曼果，1928 年受中共党组织派遣出国开展秘密工作。曾任琼崖纵队副司令、粤桂滇边部队司令员、桂滇黔边纵队司令员、云南军区副司令员、海南军区兼第 43 军司令员、广州军区副司令员、广东省副省长、省人大副主任，授中将军衔的庄田，1929 年受派前往莫斯科红军步兵学校学习，1947 年奉命赴越南担任越南国防部军事顾问。曾任中共琼崖纵队副政委兼政治部主任、琼崖区党委书记等职务的黄康，1932 年被中共中央派往莫斯科国际列宁学校留学。

(三)躲避兵役

1946 年，国民党政府为了扩充兵源，由军政部颁布《兵役法修正案》，将 1933 年颁发的《兵役法》规定“三丁抽一”“五丁抽二”的常备兵役(18—35 岁的壮丁为常备兵役)，改为“三丁抽二”“五丁抽三”。其间，万宁一批青壮年为躲避“抽丁”而逃往南洋。

(四)择地迁徙

1949 年至海南解放前夕，万宁县部分国民党幕僚、工商界人士，旧政府人员等，有的举家迁居东南亚各国，有的移往香港、澳门。国民党军队溃败台湾后，部分万宁籍国民党军政人员及家属从台湾迁徙其他国家及港、澳地区。

(五)境外移民

万籍华侨华人原来较多聚居于东南亚国家，“二战”后，东南亚各国政局动荡不安，多次发生排华浪潮，致使相当部分的华侨华人流向相对比较发达、安定的国家和地区。1951 年，马来西亚政府实施“人力动员令”；1959 年至 1961 年，印度尼西亚政府发布法令，禁止华侨在二级市场和县级以下市场营业；1977 年至 1986 年间，越南等印支三国掀起排华浪潮，随之中南半岛出现了华侨难民潮。旅居在这些国家的万籍华侨华人，除部分被我国接回安置外，更多人投奔世界各国及港澳地区，还有大批万籍华侨华人沦为难侨，被联合国安置到亚、欧、美、澳洲各国。20 世纪 50—70 年代，旅居东南亚祖籍万宁的华侨华人，又出现一股境外再移民的热潮。

经历了几个世纪，以各种形式的迁徙、演变和繁衍，至 2018 年末，万宁约有 30.89 万海外乡亲分布世界五大洲 26 个国家和港、澳、台地区，成为海南省著名侨乡市之一。

1928年—1929年
受中共党组织派遣赴海外开展工作(部分)人员表

姓 名	祖 籍	出国时党派	出国时间	侨居地
王道平	后安	中共党员	1928—1935年	马来亚、泰国
郭曼果	龙滚	中共党员	1928年	新加坡、马来亚
唐光辉	龙滚	中共党员	1928年	新加坡
顾维国	万城	中共党员	1928年	新加坡
何文汉	后安	中共党员	1928年	马来亚
叶 虎	和乐	中共党员	1929年	马来亚
李启新	后安	中共党员	1929年	马来亚
庄 田	龙滚	中共党员	1929—1947年	莫斯科、越南
吴邦康	和乐	中共党员	1929年	新加坡
吴运琳	龙滚	中共党员	1929年	新加坡
陈文荣	万城	中共党员	1929年	马来亚、中国香港
陈克邱	龙滚	中共党员	1929年	新加坡
杨少民	大茂	中共党员	1929年	马来亚
何 鸣	龙滚	中共党员	1929年	马来亚
罗绣春	万城	中共党员	1929年	马来亚
章 礼	礼纪	中共党员	1929年	马来亚
黄帮荣	万城	中共党员	1929年	新加坡
谢志德	龙滚	中共党员	1929年	新加坡
谢育才	龙滚	中共党员	1929年	新加坡
魏宗周	万城	中共党员	1929年	新加坡

第三节　出国途径

一、舟楫之便

早期,万宁人“去番”“出洋”主要走水路。

自古以来,万宁水上交通便利。在109千米的南海沿岸线上,散布着众多的天然港湾。贯穿境内集雨面积在100平方千米以上的河流有太阳河、龙滚河、龙头河、龙尾河等,均由西南向东北流入南海。从唐代开始,万宁人就利用境内天然河流和濒海港湾的地域优势与外邦船只交往,开展商贸活动。至新中国成立前,万宁县的运输主要靠河海航道。

(一)海上航运

万宁109千米的南海沿岸线上分散布着港北港(莲塘港)、乌场港、坡头港、后鞍港、春园湾、南燕湾、石梅湾、日月湾、山钦湾等众多的天然良港及海湾。境内有大洲岛(旧称独洲岛、独猪山、猪珠岭等)、白鞍岛、洲仔岛、加井岛等岛屿。大洲岛是海南沿海最大的岛屿,距万宁东澳新群村仅 4 千米,距乌场港不足 8 千米。大洲岛是“海上丝绸之路”必经要道,乃中国古代一直沿用的航海标志。万宁自古流传一句民谚:“船过经大洲。”明代,黄省曾著、谢芳校注《西洋朝贡典录》记载:明朝郑和率领远洋船队下西洋时,七次经过万州。船队“由福州而往,……又四十更平独猪之山(大洲岛)”。或“由漳州而往,……又取铜鼓之山。又经独猪之山”。之后,往南洋各国,均循着郑和下西洋的这条航线,沿海南岛东海岸一路逶迤南行。

《万宁县志》记载:“宋代,外国船只已经航行万州港湾。”“明朝以前,万州许多港湾已成为对外通商的港埠。”“位于东澳镇和礼纪桥海之间的坡头港,自明代起航运就显繁忙。”“至清代,港北港每年有百余艘船来回停泊,装卸货物。出港货物有万宁的土特产,直接通航岛内外商埠以及泰国、越南、马来亚等国家。民国初期至抗日战争前夕,每年港北港进口的货物有 1.2 万吨。”

(二)河道航运

贯穿万宁境内的河流星罗棋布。至新中国成立初期,万宁境内陆路交通不便,陆路运输靠人背肩挑。自古以来,河道是万宁主要运输途经。

1.太阳河

位于万宁西南部,新中国成立前,沿河两岸有运输船 20 多只,上游可达祖生村,下游出港北小海达港北港入南海,人货混载。新中国成立初期,两岸村庄运输船发展到 100 多只,年运输量有 1 万多吨。

太阳河大桥(杜燕生摄 2016 年)

2.龙滚河

位于万宁北部,设有码头,航道上游可达藤寨,下游出博鳌港,经万泉河直达加积、万泉、石壁等地。新中国成立前,沿河有运输船 60 多只,新中国成立初期,运输船发展到 100 多只,河道运输除了货运外,还有客运、人货混载。

3.龙首河

位于万宁中部,新中国成立前,该河段有运输船七八只,新中国成立初发展到 10 多只,下游经港北小海达港北港出南海。

龙滚河(杜燕生摄 2017 年)

4.龙尾河

位于万城北部,下游经白沙坡泻湖达港北港出南海,新中国成立前有运输船四五只,新中国成立初发展到七八只。

早期,万宁人“去番”均从万宁的港埠下船,有些乘船往海口、清澜转船,有些直往东南亚。往东南亚的帆船,大多于每年冬至前后启程,趁北风之势,扬帆随波漂流,抵达越南、泰国、马来亚等地。据琼海关资料统计,从 1876 年至 1898 年的 23 年间,仅通过客运出洋的琼侨人数就达 24.47 万人之多，平均每年 1 万人有余，最多年份可达 2 万多人，当中不乏万宁人。其间，万宁出洋的以龙滚人为最，他们通常与琼东、乐会等地人结伴前往，以图相互照应。

1902 年至 1911 年，海口已有洋轮开往曼谷、新加坡等埠，春夏每月对开两三次不等。其间，万宁的龙滚、山根、和乐、后安、万城、北坡等地区，每年约有 1000 多人买棹出洋谋生。万宁许多老华侨、归侨每每回忆去南洋之事，常常黯然失色。曾任马来西亚万宁同乡会总会主席、雪隆万宁同乡会主席的陈训才，祖籍东澳，因家境贫困，上学无望，受小学启蒙后，父母四处求助于亲戚朋友，东借西贷，凑齐川资，买棹送他随乡亲往南洋谋生，所欠下债务后来用他的侨汇还清。

抗日战争时期，万宁大批侨眷携儿带女，冒着生命危险，冲破日军封锁线，横渡琼州海峡，往广州湾赤坎、西霞（今湛江，当时为法租界）避难，而后转乘轮船到南洋各埠。据琼海关的统计，1937 年海南出洋 4.4 万多人。1939 年出洋达到最高潮，仅逃往广州湾的人数“几达五万之众”，后由琼侨总会的救济帮助，绝大部分转往新、马、泰等地 。

1950 年海南解放前夕，国民党大批军舰集结万宁大洲岛和乌场港数月，将一批批兵员、幕僚和被抓的壮丁、挑夫运往台湾。许多万宁人从台湾转居香港、澳门或赴其他各国定居。

河流、港湾为万宁人“出洋”“去番”提供了舟楫之便。

二、连带引领

以乡土为基础，以沿海地区为主体，是万宁第一代海外移民的特征。中国封建社会，动荡不安，战祸频发。万宁沿海一带人稠地瘠，海盗猖獗，自然灾害繁多，生产力极其落后，常年靠天吃饭，致使沿海地区的农村残破，民不聊生。乡民为了摆脱经济上的窘困，他们通过早期出洋的亲戚、同乡引领，凭借濒海的区位优势和航海经验，利用十分简陋的帆船，结伴冒险漂洋过海流寓异邦。1925 年，后安镇后安村林圣亭、林世峰、林世桂、林福吉、陈崇祥、陈福顺、陈秋良、陈养清、李石华、李关进等同宗、同族、同乡人，结伴往马来亚邦咯岛以捕鱼为业，成为邦咯岛捕捞渔业的先行者。19 世纪末至 20 世纪初，万宁人迁徙海外绝大部分是依靠亲戚、同乡引领。“亲带亲、邻携邻”形成了万宁人向海外迁徙的恒温模式，随后逐渐向周边地区辐射。

万宁市龙滚镇，村村有海外华侨华人，家家有海外关系，旅居国外的人口数倍于境内居民，这与龙滚镇所处的地理位置有关。龙滚镇与琼海交界，沿海沿河。龙滚河直通侨乡琼海，历史上龙滚部分地区归属琼海中原辖，龙滚镇的龙楼、水坡、排园等村委会出洋的，几乎都是由琼海乡亲引领，或与琼海乡亲结伴而往，早期出洋的与琼海华侨几乎都沾亲带故。据调查，万宁早期“去番”者，都有剪不断理还乱的裙带关系，这是因为万宁海外移民以乡土为基础的缘故，有些通过水客携带，有些随返里的华侨前往，有些典卖所有家产，筹措盘缠出洋投靠内亲外戚。清光绪三十年（1904）妇女去南洋的习俗解除后，万宁人迁徙东南亚逐步出现高峰期，许多华侨华人纷纷回乡携妻带子到南洋团聚，在异国生儿育女，繁衍后代。乡间也有不少家庭贫困的女子嫁给“南洋客”，成为“过埠新娘”。至 2018 年，龙滚镇凤园村委会仅居住新加坡的约有 264 户，1000 余人；福塘村委会旅居印度尼西亚华侨华人居多，也是因为该地区早期就有人迁徙印度尼西亚；与琼海中原接壤的排园村委会，现有海外乡亲分布在新西兰、英国、澳大利亚、美国、越南、德国、文莱、印度尼西亚、泰国、马来西亚、新加坡 11 个国家及香港、澳门、台湾地区；文郎村在 19 世纪 20 年代初，几乎家家有人出洋讨生活。

第二章　华侨历程

华侨,英文通常译为 The Overseas Chinese,翻译为“漂洋过海的中国人”,其含义是“中国旅居者”。华人,通常译为 Chinese Abroad。华侨、华人在法律身份上虽有本质的区别,但又有着历史的因果关系。外籍华人是从华侨演变而来，他们与祖籍国有着千丝万缕的联系,对故土怀着深厚的感情。这是侨乡特有的市情、独特的优势。万宁人习惯地把祖籍万宁的华侨华人统称为“万籍华侨华人”“万宁海外乡亲”,民间称之“番客”“南洋客”。

第一节　古代华侨

早在秦汉时期,中国已有“丝绸之路”通往西域,有船舶东航日本,其中就有人留居他乡。进入唐代,有较多的中国人定居国外,这是华侨史的开端。

唐代至南宋(618—1270),占城、交趾、真腊、爪哇、三佛齐等东南亚国家与中国保持从属关系,依例向中国入贡。这个时期,中国封建社会商品经济发达,而东南亚各国仍然比较落后,伴随着这种友好联系,有不少中外商船往来中国沿海地区开展贸易活动。唐朝天宝年间,万宁人就与外邦商船、商人交往,继而转输货物入西域、南海等。部分商人在当地定居下来,成为国外“唐人”(早期的华侨)。

元朝至清代中叶(1271—1840),东南亚部分地区已变为西方国家的殖民地或贸易中继地,吸引了更多的中国商人、破产农民和手工艺人出国。郑和船队七下西洋,途经万宁的海上航线,为万宁人扬帆海外创造了更好的条件。明清时期,万宁各港湾的航运就显繁忙,出港船舶直通岛内及泰国、越南、马来亚等国家。查阅万宁部分宗族谱牒,都可寻觅到清代中叶第一次鸦片战争前,万宁人出洋的零星记述。有些记述为:“带货去番,道光年卒于番”;有些记为:“当先导随洋船去番”;有些称“伴东家出洋,住番,卒年不详”。

中国华侨史通常把第一次鸦片战争(1840)前出国者称为“古代华侨”。万宁古代华侨以男性青壮年为主体,多为经商。因当时航海条件的限制,他们选择与海南海路交通相对方便的东南亚邻近国家。有些虽在原乡有妻儿,但因后来的“海禁”致使他们有家不能回。为了经商、生活等需要,部分早期的华侨在当地纳妾、通婚,使得具有华人血缘的后代融入侨居国社会。据元代出使真腊的周达观记载:“真腊国人交易,皆妇人能之,所以唐人到彼,必先纳一妇人者,兼亦利其能买卖故也。”古代华侨在居住国通婚,其后裔便是学术界统称“土生华人或海峡华人”的“峇峇娘惹”。祖籍万宁的“峇峇”(男性)“娘惹”(女性),虽然难以寻找具体的史料记载,但在早期的归侨追述中认为有之。

第二节　近代华侨

鸦片战争至新中国成立前(1840—1949)的百余年间,万宁乡民出国逐年渐增,分布的范围渐广,曾出现向海外迁徙的高潮。其主要原因有三。一是鸦片战争后,中国沦为半封建半殖民地社会,政治黑暗、祸乱频发,海盗横行,日寇肆虐、天灾人祸,自给自足的自然经济被破坏,封建主义、殖民主义的双重压迫和剥削,导致田园荒芜,民不聊生。二是清朝政府被迫解除华侨出国的禁令。1860 年和 1868 年《蒲安臣条约》规定华侨华工出国“听其自便,不得禁阻”。1893 年清政府又颁布法令:“除华侨海禁,自今商民在外洋,无问久暂,概许回国治生置业,其经商出洋亦听之。”出洋成为“合法化”。三是在国外,由于帝国主义对殖民地进行疯狂的经济掠夺和急需大量廉价劳动力从事开发,涌向海外成了万宁破产农民谋求生存的一条出路。

万宁近代华侨分为“自由移民”和“被迫移民”两部分。在西方殖民者入侵东南亚之前,万宁人往东南亚以自由移民为主。先是通商贸易,而后一些小商贩、小手工艺者、商船水手、杂役等相继追随而往。所谓通商贸易,其实大部分是被商号、东家聘派往国外为常驻代理,有的是负责接送货物往返于国内外,有些是随洋人商船到异域营销。这些人虽有点文化,能说会道,有经营头脑,但在海外也十分艰难。有些小商小贩、小手工业者终年累月早出晚归,除去住宿和生活费,所剩无几。有些为了多赚一点钱,奔波于城乡,动辄被当地警察、地痞驱逐、殴打,受尽凌辱。至鸦片战争爆发,万宁龙滚、万城、和乐、后安、山根等地约有 2000 余人侨居越南、马来亚、新加坡、泰国、印度尼西亚等东南亚一带国家和香港地区。

19 世纪,西方国家相继侵入,东南亚各国逐步沦为殖民地。当时殖民者缺乏廉价的劳工,而万宁可耕地开始严重不足,民间累积了过剩的劳力。太平天国运动平息前后,农村产业破败,农民饥荒,贫穷凸现。为改变贫穷窘迫的生活,万宁大批破产农民和手工业者搭乘商船,出洋投靠早期定居海外的亲戚、同乡,谋求出路。此外,万宁沿海居民还采取了一种“契约”方式结伴去番,即同伙公推一名有威望并在海外有亲戚的人为“客头”,由他负责大伙儿的事务,抵达目的地后委托他的亲戚介绍工作,契约规定,同伴在国外时从劳动所得中扣除一部分给客头及介绍工作的人。这种契约方式在一段时间内较为流行,许多早年出洋的华侨,也趁回乡探亲的机会充当“客头”。由此,万宁开始出现了移民热。

鸦片战争后至清政府灭亡的半个多世纪,万宁的海外移民,主要以“赊单工”或“契约华工”(苦力)的形式,向海外尤其是东南亚地区迁移,这时期是万宁近代华侨大量增加的历史转折点。

1858 年海口被辟为对外通商口岸,海口成为近代海南“契约华工”贩运、“苦力”贸易的主要口岸之一。当时在海口有为数不少的表面是小客栈,但实际上是“猪仔馆”的地方。“猪仔头”分散到乡下,以介绍出洋工作或南洋公司招工等各种手段骗拐“猪仔”,带往海口关进“猪仔馆”,船期一到,即绑架逼迫上船,送往预定的地方。《海南省华侨志》记载:“据不完全统计,从 1876 年至 1898 年的 20 年间,由海南到海外各地的客运人数约 24.47

万人,平均每年 1 万余人,其中大多数为契约华工。特别是 1887 年以后出洋的人数大量增加,每年为 1 万多人,1894 年和 1898 年分别达到 2 万人以上。在上述出洋人数中,以输往香港、海峡殖民地的为最多,分别为 103,853 人、89,041 人。”英属马来亚是海南契约华工输入最早且最多的地区。1860 年初,柔佛已有 1200 个甘蜜胡椒园和 15,000 名“猪仔”,其中绝大多数是潮州和海南人。荷属东印度殖民地也是海南契约华工的主要输入地之一。文岛、邦加、勿里洞等是海南契约华工较多的地方。在法属印度支那,也是海南契约华工输入地。交趾、安南、柬埔寨、老挝的矿山、种植园都有大量的海南劳工在艰苦的环境中工作。海南契约华工的境遇极为凄惨,在出国的途中,他们被关押在污秽而拥挤不堪的船底,食物、淡水稀少,疾病丛生,死亡频仍。抵达口岸后,他们被买主驱赶到种植园、矿山等地从事艰苦繁重的劳动,在热带荒原上砍芭垦植甘蔗、烟草、橡胶、胡椒、咖啡等经济作物,在深山老林挖坑采掘金、锡、铜矿,在荒野丛林中筑路架桥,每天在监工的棍棒、皮鞭监管下工作长达十多小时,缺衣少食,贫困不堪。许多人被残酷地折磨至死。

万宁作为“契约华工”出洋的人数相对较少,自 1876 年至 1912 年仅有 2 万余人,仅占海南“契约华工”总数的 0.6%。但以“赊单工”和订立契约结伙形式出洋的人数较多,约有 6 万多人。特别是海南禁止妇女往南洋的习俗解除后,一批批农民以“赊单工”形式随客头出洋,一批批侨眷变卖家产,筹集川资买棹出洋。1912 年至 1935 年间,万宁每年出洋人数约 3000 人,万宁人“出洋”“去番”形成了高潮。据 1985 年和 1987 年万宁侨情调查统计,至 1956 年,万宁已有 10 万多人侨居马来西亚、新加坡、泰国、印度尼西亚、越南、柬埔寨、菲律宾等国家及香港、澳门地区。祖籍万宁华侨在国外逐步形成了地缘性群体。

第三节 现代华侨

现代华侨是指 1949 年新中国成立以后旅居海外的中国人(也称“当代华侨”)。这个时期,大批出国的历史基本结束。但由于东西方经济的差异和一些国家移民政策的调整,仍有不少万宁人或祖籍万宁的华侨华人、港澳台同胞,通过各种方式移居国外。以 1978 年为界,分为两个阶段。前期,中国公民出国受到了严格限制,境内的万宁人移居海外者甚少。在东南亚万籍华侨华人,因政局动荡不安,一些国家多次发生排华浪潮,致使相当部分的万宁华侨华人流向相对比较发达、安定的地区,加上万籍华侨华人注重对后代的培养教育,大批的华侨华人子女竞相往科技发达、经济富裕的西欧、北美及澳洲等地留学、工作。特别是 1977 年间,以越南为首的印支三国实行排华政策,无情地驱逐华侨出境,大批华侨弃家逃亡各国。受排华浪潮的影响,在东南亚国家的万籍华侨华人出现了逐步从东向西转移的新趋势,又掀起了一次境外再移民的浪潮。香港、澳门、台湾等地区的万宁人,也有不少人迁居国外。随着华侨经济的发展和人口的自然增长,万宁海外华侨华人的分布不断扩大,人数也急剧增加。

1980 年后,万宁侨乡人率先走向海外,部分华侨华人直系亲属被批准出国境继承产业、团聚、探亲,而后万宁走出国门的有公派留学、自费留学、出境求学、技术移民、涉外婚姻及劳务输出等多种形式。万宁出国境人数明显增多,出现了一股新潮,是新中国成立后万宁人移居国外的绵延。据公安机关资料统计,1949 年至 1979 年,万宁县被批准出国定居发放出国护照人数计 475 人;1980 年至 2009 年，批准发放出国境护照证件（含旅游）22,402 人次;2010 年至 2018 年,批准出国境 143,568 人次。据不完整统计,1980 年至 2018 年从万宁出国(境)的人员中,约 13,600 余人定居国(境)外,成为华侨华人。

1949 年—1979 年万宁县出国(境)人数统计表

年份	发照人数(人)	年份	发照人数(人)	年份	发照人数(人)
1949	0	1960	3	1971	0
1950	0	1961	28	1972	0
1951	0	1962	39	1973	6
1952	5	1963	4	1974	9
1953	8	1964	2	1975	4
1954	12	1965	0	1976	7
1955	18	1966	0	1977	23
1956	21	1967	0	1978	92
1957	13	1968	0	1979	104
1958	35	1969	0		
1959	42	1970	0		
小计	154	小计	76	小计	245
合计	475				

1980年—2009年万宁县(市)出国(境)发照人数统计表

年份	发照人(次)	年份	发照人(次)	年份	发照人(次)
1980	98	1990	436	2000	1381
1981	67	1991	420	2001	1423
1982	82	1992	418	2002	1462
1983	83	1993	453	2003	1742
1984	195	1994	511	2004	1359
1985	185	1995	483	2005	1646
1986	192	1996	712	2006	1507
1987	201	1997	763	2007	1362
1988	213	1998	792	2008	1622
1989	228	1999	654	2009	1712
小计	1544	小计	5642	小计	15,216
合计	22402				

2010年—2018年万宁市批准出国(境)人数统计表

年份	出国(境)人(次)					
	总数	护照	旅游探亲	赴港澳台	商务	定居
2010	8376	3020	4815	318	19	22
2011	8523	3143	5008	329	17	26
2012	10,526	3976	6178	321	15	14
2013	13,164	5078	7482	573	19	12
2014	13,782	5650	7528	529	13	9
2015	21,506	11,777	8165	1538	11	15
2016	22,436	10,240	10,632	1472	22	11
2017	21,574	7473	12,780	1310	7	6
2018	23,631	9882	12,806	931	9	3
合计	143,518	60,239	75,394	7321	132	118

第三章　分布与结构

万籍华侨华人的分布及人口数量，一直没有精确的统计数据。不少华侨华人与当地各民族通婚，华裔血统关系较为复杂，人们对华人概念所涵盖的范围没有统一的标准。此外，受种种条件的限制，难以对散居世界各国的华侨华人进行全面、详尽的人口调查。现用的数据，仅源于有关部门在境内开展的侨情调查统计资料。

第一节　华侨分布

2018 年 12 月底，万宁海外华侨华人主要分布在世界五大洲 26 个国家。具体是亚洲 13 个国家，欧洲 6 个国家，美洲 3 个国家，大洋洲 2 个国家，非洲 2 个国家。万籍华侨华人的分布，其基本格局是在第二次世界大战后奠定的。之前，万籍华侨华人主要集中在东南亚国家，随着时间的推移，生存、发展环境的变化，华侨华人对居住地也不断进行调整。有些在当地安家立业，有些在所在国内迁移，有些返回故土，有些辗转到第三国发展。20 世纪 50 年代末至 60 年代中期，东南亚一些国家和地区如新加坡、马来西亚、印度尼西亚、缅甸，先后发生反华、排华事件，1975 年越南实行反华、排华政策，而后柬埔寨、老挝也开始全面排斥华侨，其间，万籍华侨华人再次移民现象极为突出。从 1979 年起，印支三国大批万籍华侨华人被迫返回中国或向世界各地迁移，或作为难民被其他国家接收，形成了历史上时间最长、规模最大、人数最多的再移民。由此，万籍华侨华人的分布产生了较大的变化。

万宁市华侨华人分布表

洲别	国家	人数	洲别	国家	人数
亚洲	马来西亚	99,379	欧洲	瑞士	254
	新加坡	87,224		英国	2740
	泰国	23,908		法国	774
	印度尼西亚	20,045		德国	343
	越南	9838		意大利	249
	菲律宾	4695		西班牙	268
	柬埔寨	2637	美洲	加拿大	833
	缅甸	1146		美国	5537
	文莱	1849		巴西	257
	日本	7379	大洋洲	澳大利亚	3458
	印度	2392		新西兰	209
	朝鲜	436	非洲	毛里求斯	75
	韩国	605		南非	32

第二节 人口结构

万籍华侨华人及港澳台同胞约308,920人。居住亚洲的华侨华人约261,540人,约占万宁海外乡亲总人数的84.67%。其次为居住美洲约有6627人,居住欧洲约4699人,居住大洋洲约有3667人,居住非洲约有106人。居住香港、澳门、台湾地区的同胞约有32,273人。境内有归侨侨眷和港澳台同胞眷属215,619人。

从人口构成看,万宁早期移民海外的第一代华侨,以男性青壮年为主,是典型的“单身汉社会”。自1904年海南禁止妇女出国的习俗解除至现代新移民中,男女比例趋于平衡,男女老幼都可以出国。出国人口结构的变化,反映了出国的目的不再是淘宝后衣锦还乡,而是为了在当地长期生存和发展。

从出国前的身份看,早期移民以摆脱困境的农民为主,而新移民则呈现出多样性,不仅有农民、工人、学生、商人,还有机关干部和事业单位工作人员。以改革开放以来为例,万宁出国境人数第一位的是农民,占出国总人数的75%左右;商人为第二位,占出国总人数的15%;学生、工人、干部及其他约占出国总人数的10%。

第三节 文化构成

虽然万宁教化较早，唐、宋就置学田、建学宫、办儒学，但在封建社会中，万宁读书人都是富裕户的子弟，布衣阶层读书者为数甚少。万宁第一代海外移民绝大部分是文盲、半文盲，他们“去番”的目的就是当劳力赚钱养家。新中国成立后，文盲人数逐渐减少，知识层逐步提升。新时期的海外移民受教育的程度远远高于老移民，他们大多具有初中或高中文化程度，有些是大中院校毕业生。在新移民中，还有一部分是公派或自费出国留学后定居国外人员。

1980 年—1990 年万宁批准出国(境)定居人员文化程度调查表

文化程度	出国人数(人)	百分比	备 注
文盲(半文盲)	8	1.94%	多为老人
小学	14	3.4%	随父母
初中	67	16.3%	
高中	285	69.2%	
大专院校	38	9.2%	
合 计	412 人		

第四节 华侨华人姓氏

(以笔画为序)丁、马、文、方、云、王、邓、孔、冯、邝、龙、石、叶、卢、丘、占、司、刘、庄、吕、关、麦、朱、任、纪、阮、孙、祁、宋、沈、汪、严、李、邢、苏、吴、肖、何、岑、汤、汪、邱、陈、张、欧、欧阳、官、庞、郑、范、林、杨、罗、吕、卓、周、余、邹、祝、洪、施、赵、胡、柳、符、钟、姚、贺、高、唐、郭、袁、秦、夏、莫、顾、倪、翁、殷、徐、钱、陶、姚、章、梁、曹、黄、梅、崔、龚、盘、曾、谢、温、覃、韩、彭、蒋、蒙、董、鲁、潘、赖、蓝、詹、廖、谭、裴、蔡、熊、翟、颜、黎、魏等。

万籍华侨华人姓氏摘录于历年侨情统计。万宁许多姓氏都有编修宗谱的习惯，在姓氏谱牒中可以寻觅到出洋的简要记载。

第四章 华侨演变

中国人移居国外，源远流长。唐朝以后，由于移居国外的华人急剧增多，他们多被居住国的人民称为“唐人”。《明史·外国真腊传》记载：“唐人者，诸番呼之称也。凡海外诸国尽然。”而后，中国人的聚居地也被称为“唐人街”“华埠”。

1878年，清政府驻美使臣陈兰彬在奏章中把中国寓居国外的人称为“侨民”。1883年，郑观应在其《禀北洋通商大臣李博相为招商局与怡和、太古订立合同》中，首先使用了“华侨”一词(《盛世危言后续》卷十，郑观应著)。1904年，清政府外务部奏请在海外设置领事馆的折子里提到：“在海外设领，经费支出无多，而华侨受益甚大。”此后，“华侨”一词被使用。晚清至民国时期，“华侨”泛指居住国外具有中国血统的人。孙中山先生赞：“华侨乃革命之母。”

“二战”后，华侨在经济、政治上逐步崛起，获得新的发展机遇，同时也面临着新的挑战，华侨社会随之发生了历史性的演变。

第一节 国籍转变

中国的国籍法，始于清朝宣统元年(1909)颁布的《大清国籍条例》、北洋军阀政府《修正国籍法》(1914年)、中华国民政府《国籍法》(1929年)三部旧的国籍法，均持血统主义原则，规定：“生而父为中国者，不论是否生于中国，均属中国国籍。”“对于‘数世不归’的华侨，继续保留其中国国籍，‘冀其后裔绵延’，无论若干世系仍属中国国籍。”这一基于血统主义原则的国籍法，由于与当时殖民统治者利益有矛盾，遭到东南亚殖民政府的反对。荷印殖民政府1910年颁布的荷兰属民地位法令，规定：“凡出生于荷兰属地的非原住民都是荷兰属民。”其他东南亚国家和殖民当局也先后颁布了类似的法令。中国血统主义原则的国籍法，与居住国殖民统治者出生地主义原则产生了矛盾，华侨的“双重国籍”的问题也由此产生。第二次世界大战后，东南亚各国先后摆脱殖民者的统治而独立，在政治上、经济上实行民族主义政策，先后颁布诸多法令，在多方面对华侨加以限制。迫使华侨归化当地，部分华侨为了自身的生存和权益，主动或被动地选择了所在国国籍。

新中国成立初期，中国政府就注意到了“双重国籍”问题，不仅不利于中国与这些国家关系的发展，而且不能保障华侨在国外的正当权益。为了解决历史遗留下来的华侨双重国籍问题，1955年周恩来总理在万隆亚非会议上，正式宣布中国不主张以血统为准的国籍法，并与印度尼西亚政府签订了《关于双重国籍问题的条约》，明确中国政府的原则是中国只承认一个国籍，鼓励华侨自愿加入所在国的国籍。1980年9月《中华人民共和国国籍法》颁布，废止了双重国籍身份，规定：“中华人民共和国不承认中国公民具有双重国籍(第三条)。”“定居外国的中国公民,自愿加入或取得外国国籍的,即自动丧失中国国籍(第九条)。”至此,双重国籍问题得到了妥善解决。为顺应形势,获取更好的发展机遇,享受应有的各项权益和义务。至1962年,祖籍万宁的海外华侨已有80%以上加入所在国国籍,至2018年,万籍华侨转变为外籍华人的已达95%。

第二节　落地生根

“二战”前出国的万宁第一代华侨,他们把所在国视为“异域他邦”,坚守“叶落归根”传统观念。绝大多数第一代华侨,由于生活所迫,他们把父母、妻儿留在家乡,单身出洋谋生,家庭一分为二,他们一般只作暂居的打算,一旦稍有积蓄,就回家乡与家人团聚,或建宅置业、娶妻生子或安度晚年。所以万宁有的华侨数十年在海外不加入居住地国籍,总希望能衣锦还乡。单纯的“叶落归根”传统文化,使万宁不少老华侨不愿把骸骨流落在外,年老返乡成为一种根深蒂固的观念。有些华侨哪怕在国外已有妻室儿女,到了晚年,也要离别亲人,返回故乡。甚至有些死在海外,临终前也要嘱咐家人亲友,倘若条件许可将其骨灰送回原乡入土安葬,使其魂归故土。

随着华侨社会发生变化,特别是海南禁止妇女出洋的习俗解除后,不少华侨回乡把妻儿亲属接往海外团聚,经过几代人在异国他乡的人生旅程,不仅子孙满堂,而且又有了自己的事业。他们在国外长期与当地民族和睦相处,攀亲结友,水乳交融,自然融入当地社会,加上中国政府明确表态废除双重国籍。因此,祖籍万宁的华侨纷纷加入侨居国国籍,成为当地公民。过去只是暂居地,而今成为他们永久的归宿地。这是万宁华侨从坚守“叶落归根”向认可“落地生根”现实的选择。万宁市龙滚、后安、北坡等侨乡村庄,几乎村村有许多当年的华侨回乡建造的房屋,因举家迁移国外,有的人去宅空。

万宁农村旧侨房(杜燕生摄　2016年)

第三节 融入当地

老一辈华侨“根”的观念十分明确。无论身居何处，乡音不改，中华民族文化已融入血脉，其生活方式、核心价值观念深深地打上中华的烙印。很多万籍华侨华人家庭，为文化传承费尽苦心。他们给孩子找中文学校，教育后代讲家乡话。至今许多万籍华侨华人的第二代、第三代、第四代都能说一口流利的华语和家乡方言。

万籍华侨是适应环境较强的一个族群。为了生存，不仅对日常生活习惯作出调整，而且在思维方式上也逐渐融入当地。

一、姓名

除马来西亚和新加坡的华侨华人喜欢使用中国姓名之外，其他国家的华侨华人平时一般都使用当地姓名。也有许多人既有中国姓名又有当地姓名。

（一）泰国

华人普遍使用泰文名字，而一些政治家、商人和知识分子一般都保留有自己的中文姓名，但很少使用。20 世纪 80 年代，祖籍万宁的泰国华侨华人，颇为流行给自己起一个泰文名字。

（二）菲律宾

万籍华人年轻一代都用菲律宾文（主要是指他加禄语）或用西班牙文起名字，但往往在这些名字后面加上其中国的姓，如 Binnito·Su，后面的 Su 就是他的姓氏（苏）。这也从一个方面说明，尽管菲律宾华人连名字都菲律宾化了，但是，他们还是念念不忘自己的祖宗。

二、居住

在各国的唐人街，中国式的房屋和建筑比比皆是。但在唐人街以外的地区，万籍华侨华人的住房与本地人基本上没有差别。在农村或郊外地区，华侨华人与当地人是混合居住的，单凭房屋的结构，根本分不出哪户是华人家庭。早年，万籍华侨华人一般都喜欢住在唐人街，楼下是店铺或工厂作坊，楼上则住人。现在的华侨华人，尤其是受过较高教育、有较高收入的中产阶级和年轻一代，一般都喜欢住在唐人街以外的地区。许多万籍华侨华人在唐人街仍然保留店铺和公司企业，另外在郊区或其他地区建房子居住。

三、穿着

现在万籍华侨华人一般都不穿中国传统服装，如女性的旗袍、男性的长袍马褂。大多数人都喜欢穿当地的服装或西装。在泰国、印度尼西亚和马来西亚的华人，喜欢穿纱笼。在泰国銮披汶第二次执政时期（1948—1957），曾经下令禁止华人穿着中国式的衣服。华泰两族的衣着已无太大差别。印度尼西亚土生华人妇女一般都以穿颜色鲜艳的纱笼和刺绣的短衫为时髦。在穿着方面，东南亚华人基本上是朝着两个方向发展演变的，一是西方化，在正式的场合，如喜宴、会议等，大部分都西装革履；二是本地化，在家里或其他一些非正式的场合，多半穿本地服装，主要是纱笼。

四、味蕾

唐人街可以消除无尽的乡愁，令人产生回归故里的幻觉。在各地的唐人街，中国餐馆林立，出售东方物品的杂货商店散发出家乡的气息，每年庆祝中国农历新年（春节）的舞龙舞狮表演极富东方韵味。唐人街虽大小不一，但都很精致，与居住国的气氛决然区别，移形换影一瞬间。街道上是标准中式牌楼和汉风唐韵式商亭，商铺林立，餐馆、商场、药店……门前挂着显眼的汉字。有人说：一个中国人，即使他不会说英语，但只要会说华语或者粤语便可在唐人街过一辈子。生活在异邦，多日不见的老乡常常会在电话里相邀："到唐人街喝咖啡品茶去。"三三两两地聚集在唐人街的中国式凉亭旁，一杯咖啡或香茗在手，再佐以家乡小吃，与老乡拉拉家常、排解乡愁、交换信息，海阔天空地神聊一通，已成为唐人街不可缺少的一块幕景。华灯初上的唐人街在夜色中霓虹闪烁，熙熙攘攘。

五、心态

"二战"以后，万籍华侨绝大多数已经加入居住国国籍，身份上从"客人"变成了"主人"，心态上从"落叶归根"到"落地生根"转变。为适应生存和发展，与主体社会的自然同化、自然融合是他们进入当地社会的主要方式。这种融合，既有积极主动的认同，更多的则是一种潜移默化的接受。年轻一代，从小接受所在国的语言、文化、环境的影响和熏陶，较之于祖辈、父辈疏离祖籍国、亲近住在国，他们从语言习惯到思维方式已经本地化，对中华文化及其风俗习惯也比较淡漠。但"根"的意识尚存，感情上对祖籍国、对祖籍地仍然有一种剪不断、理还乱的乡愁。

新加坡华校师生与万宁中学师生联谊交流
（市侨联供图 2010年）

泰国华裔青少年秋令营在万宁活动
（市侨联供图 2016年）

第二篇　华侨社会

20 世纪 50 年代后，万籍海外华侨社会已逐步过渡到华人社会。尽管在不同的国家和地区，过渡的速度和程度有所区别，但是万籍海外华侨社会已经发生了不可逆转的急剧演变。其主要表现在国籍、政治经济、文化教育以及思想观念等都发生了深刻的变化。

第一章 华侨概况

1858年琼州被辟为对外通商口岸至1945年前后的近百年间，万宁向东南亚迁徙人数快速增长，加上新老华侨的自然繁衍，在海外已经形成了一个地域性群体。但是，在各个历史时期，万籍华侨华人分布的地区及人口流动都是在动态变化中。据万宁侨务部门普查统计，至2018年底，万籍华侨已有95%以上加入所在国国籍，成为当地公民。

万宁市华侨华人（港澳台胞）调查统计表

单位：人

洲别	国家	海外华侨华人（及港澳台胞）			归侨（返乡）	侨眷	合计
		华侨	华人	合计			
亚洲（分布东亚、东南亚、南亚）	马来西亚	817	98,562	99,379	6892	67,385	74,277
	新加坡	785	86,439	87,224	5276	58,336	63,612
	泰国	361	23,547	23,908	875	18,362	19,237
	印尼	463	19,582	20,045	1425	11,326	12,751
	越南	107	9731	9838	1869	6384	8253
	菲律宾	34	4658	4692	487	1608	2095
	柬埔寨	156	2481	2637	82	864	946
	缅甸	134	1030	1164	350	536	886
亚洲（分布东亚、东南亚、南亚）	文莱	312	1537	1849	19	1042	1061
	日本	528	6851	7379	97	3656	3753
	印度	24	2368	2392	52	847	899
	朝鲜	–	436	436	9	382	391
	韩国	21	584	605	3	120	123
欧洲（分布北欧、中欧、西欧、南欧）	英国	236	2468	2704	–	649	649
	瑞士	16	238	254	–	72	72
	法国	125	759	884	3	485	488
	德国	27	316	343	9	56	65
	意大利	82	167	249	4	63	67
	西班牙	65	203	268	–	82	82

续表

洲别	国家	海外华侨华人(及港澳台胞)			归侨(返乡)	侨眷	合计
		华侨	华人	合计			
美洲（分布北美、中美、南美）	加拿大	196	637	833	6	326	332
	美国	218	5319	5537	28	3857	3885
	巴西	–	257	257	–	79	79
大洋洲	澳大利亚	172	3286	3458	1	1967	1968
	新西兰	11	198	209	2	46	48
非洲	毛里求斯	18	57	75	6	28	34
	南非	–	31	31	4	21	25
地区	香港	–	–	12,640	26	8629	8655
	澳门	–	–	8763	14	4572	4586
	台湾	–	–	10,870	47	6253	6300
合计	26+3	4908	271,742	308,923	17,586	198,033	215,619

（万宁市侨情普查统计）

第一节　聚居国家

东南亚国家是万籍华侨华人的主要聚居地。至 2018 年 12 月底，居住在东南亚（如下）9 个国家约有 248,890 人，占万籍华侨华人总数的 80.6%。

一、马来西亚

万籍华侨移居最多的区域是马来半岛。自 1786 年英国占领槟榔屿到 19 世纪末，马来亚各公国沦为其保护国。英国殖民当局为开发利用马来亚的丰富资源，从 18 世纪起采取鼓励华人移居入境的政策，不断输入大批华工。其间万籍华侨主要作为讨生活的劳力迁徙马来半岛，较多寓居于槟榔屿、马六甲等港口市区和马来亚西海岸盛产锡矿地区。19 世纪末至 20 世纪初，马来亚移植橡胶成功，需要更多的劳工，吸引更多的万宁人前往马来亚。1858 年海口通商口岸开放后，由于地理位置相近、海上航运便利等诸多因素，大批万宁人通过乡戚携带、水客引领等方式迁徙马来半岛。据海南省侨务、海关部门统计："仅 1885 年至 1898 年间，由海口往海峡殖民地的客运人数就有 8.9 万人。1902 年至 1911 年为 15 万至 20 万人，平均每年 1 万多人。特别是 1911 年，为避乱迁往新加坡的移民就达 32,431 人。"据《马来西亚国势调查报告》记载："1921 年，琼州人在英属马来亚总人数为 68,393 人。1931 年，马来亚琼州人总数增至 97,568 人。"二战"后的 1947 年，马来亚琼州人总数又持续上升至 157,649 人。"至 2018 年底，马来西亚约有万籍华侨华人 99,000 多人，遍布全马各州，相对较为集居在马六甲、雪兰莪、吉隆坡、槟榔屿、沓株巴辖、昔加末、吡叻、巴生、森美兰、彭亨、沙捞越等地。马来西亚奉行出生地原则，万籍华侨、华人的比例分别为 5%和 95%。

二、新加坡

新加坡是近代中国沿海港口运送华工的主要集散地，也是万籍华侨早期迁徙地之一，现有万籍华侨华人约 87,220 人。主要分布于海南街、美芝律、密驼律、淡申律、武吉知玛、东陵、实龙岗、巴爹里和樟宜 9 个区域。万籍华侨涉足新加坡以龙滚的排园、文渊、龙滚、文曲等村人为先。1850 年前，该地区已有陈、李、冯等姓氏族人在星洲坡渔村谋生活。1858 年至 1890 年，万宁的龙滚、后安、北坡等沿海村庄农民迁徙新加坡的明显增多。1904 年至 1928 年，特别是海南禁止妇女出洋的习俗解除后，早期华侨纷纷返乡携家带眷迁往新加坡。1919 年至 1928 年的 10 年间，万宁每年约有 1000 余人次迁徙新加坡或马来半岛。1931 年至 1947 年，万宁通过亲缘、地缘、业缘关系不断携带，出洋人数年均约有 2000 多人，形成了出洋的高峰期。新加坡万籍华侨华人的数量也逐年激增。

三、泰国

泰国有万籍华侨华人约 23,900 人，多数居住在各城镇。1782 年曼谷王朝建立后，一直保持着独立国的地位，是一个封建农业国。从 1855 年开始，为开发南部的锡矿、建造港口、运河与铁路等，迫切需要大量的劳动力，为此，采取鼓励华人移入的政策。自 19 世纪下半期始，万宁人移民暹罗(泰国)有 3 种形式，一是相邀集伴驾帆船渡海；二是以赊欠旅费的“赊单工”方式出洋；三是买棹乘船往新加坡再转泰国。1898 年至 1900 年间，万宁龙滚地区的文曲、排园、文渊、大格等村就有 100 余位乡民，以“赊单工”形式随客头往暹罗。北坡地区的南坡、保定、乌场、集庄等村庄有近 200 人以“赊贷”形式随当地回乡华侨前往泰国。20 世纪 20 年代以后，万宁人移居暹罗以自由移民为主。清朝覆灭后，从 1912 年至“二战”前后，万宁人移居暹罗人数逐年增多。《海南岛志》记载：1918 年至 1927 年的 10 年间，由海口至暹罗的船客约有 15 万，平均每年达 1 万人以上。1927 年国共两党关系破裂，国民党进行“清党”，1937 年日本侵华以及 1939 年日军侵琼，均导致万宁人向暹罗移民骤增。泰国政府对华侨华人长期实行同化政策，1913 年泰国颁布了第一部《国籍法》，确立了血统主义与出生地主义相结合的原则。1956 年修改的《国籍法》，放宽入籍的条件。同时鼓励华人与泰女通婚，由此，万籍华侨华人后裔混血儿相对较多。

四、印度尼西亚

印度尼西亚有万籍华侨华人约 20,040 人，其中 96%已加入印度尼西亚国籍，有些新侨尚未入籍。据族谱记载：1878 年至 1887 年间，万宁龙滚的福塘、仁造、文朗，北坡的南福、坝头，后安安坡，东澳四维等地区的村庄，已有华侨移居印度尼西亚的爪哇、婆罗洲、苏门答腊和西加里曼丹岛等地。他们从事种植和捕捞业。20 世纪以后，移居印度尼西亚的万籍华侨逐年增多，居住地也逐渐向各地扩散。据海南省侨务部门统计：1870 年印度尼西亚的华侨有 26 万；1930 年有 119 万；1940 年有 143 万。在 1930 年的 119 万人中，除福建籍、客家籍、广府籍、潮州籍华侨外，海南籍约有 9 万多人，万籍华侨约占海南籍华侨的 20%，约有 18,000 人。苏哈托时期，该国政府对华侨华人实行歧视、同化政策，华侨华人的政治与公民权利几乎被剥夺，排华事件不断发生。1960 年后禁止华侨华人在县级以下地区经商和居住，因而许多印度尼西亚万籍华侨华人纷纷向第三国迁徙，在排华浪潮中，大部分被中国政府接回安置和被联合国难民署遣送其他国家，印度尼西亚万籍华侨华人大幅度减少。

五、越南

越南为早期万籍华侨迁徙地之一。19 世纪中叶，越南沦为法国殖民地，殖民当局从海南输入大批劳工进行开发建设。由于海南岛与越南毗邻的地利关系和两国人民的历史渊源，故迁徙越南的海南人较多，往往也是迁徙东南亚国家的第一站。19 世纪 20 年代以前，越南西贡提岸联区已有相当数量的海南华侨聚居。据越南史书《嘉定通志》记载，当时（19 世纪 20 年代）该地“多通福建、广东、潮州、海南、西洋、暹罗诸音语”。那时，许多地区有海南村、海南会馆、海南华侨学校等，海南话已经成为当地的通用语言之一。1976 年至 1978 年排华浪潮中，大批万籍华侨华人举家迁往他国，有大部分被联合国难民署接送安置第三国，或被中国政府接回祖籍国，致使越南万籍华侨大量减少。至 2018 年底，越南仅有万籍华侨华人约 1 万人，居住较为集中于胡志明市、坚江、明海、河内、后江等地。

六、菲律宾

菲律宾约有万籍华侨华人 5000 人，主要集中在大马尼拉、宿务、达沃等地区。菲律宾政府对华侨华人实行同化政策。1975 年前严格限制华侨加入菲籍，1975 年后放宽了入籍归化的条件，万籍华侨均加入菲律宾籍，使用菲律宾名字。

七、柬埔寨

柬埔寨约有万籍华侨华人 3000 人，主要分布在金边、马德望、干丹、贡布、磅湛、磅同、波萝勉、茶胶等省，绝大多数已加入当地国籍。柬埔寨华侨华人按方言分为潮州、广肇、客家、海南、福建五帮。海南主要来自文昌、琼山、万宁等地。1979 年以后，金边政权对华人的政策有所放宽，随着 1991 年 10 月《柬埔寨和平协定》签署，在柬埔寨的万籍华侨华人的状况有了明显好转。1992 年，柬埔寨海南会馆成立，万籍华侨华人纷纷加入海南会馆。

八、缅甸

缅甸约有万籍华侨华人 2000 人，较多聚居于仰光、曼德勒、密支那、八莫等城市，绝大多数已加入缅甸籍，尚未入籍的仅是少许年龄较长者。1962 年以后，该国政府曾推行国有化政策，华侨华人经济受到极大的冲击，大批万籍华侨华人迁徙他国谋求发展。

九、文莱

文莱约有万籍华侨华人约 1800 人，较为聚居于穆阿拉区和白拉奕区（全国划分为 4 个区近 40 万人），前者是行政、商业、文化与服务中心区；后者是油田分布区。文莱政府对华侨入籍控制严格，规定必须连续居住 25 年以上的永久居民，经过考试合格才能获得公民权，每年只有一次入籍考试，过去每次只批准几个人入籍，近几年批准入籍人数达到两位数。因此，目前已取得文莱国籍的万籍华人仅 1500 余人，其余属于无国籍的永久性居民，或持其他国家和地区护照的临时居民。文莱政府规定未入籍的华族永久居民与当地公民一样享有免征个人所得税、免费医疗保健、免费教育等待遇；但没有公民权的居民不得购买和拥有土地，不得经营零售商业，华人不能当兵，但可以当警察，可以在政府中任职（主要是中低级官员）。万籍华侨华人与当地居民关系融洽、和睦相处，大部分从事工商业，居住产油区的多任油气工程技术人员和职员。

此外，万籍华侨华人较多的国家还有日本、美国、澳大利亚、英国、印度等。

第二节 政治地位

万籍华侨的发展,经过了一个漫长的历史阶段。数百年来,有过耻辱、血泪、也有欢笑,尝尽了甜酸苦辣涩。万籍华侨史是一部令人心酸的血泪史。

一、海外弃儿

万宁人侨居海外,并非一帆风顺。首先,受到祖籍国历代封建王朝的重重禁阻。唐、宋、元、明代特别是清代,都曾断断续续实行严厉的海禁令。但闭关锁国政策不仅锁不住因生活所迫往海外谋生的华侨,也锁不住帝国主义的坚船利炮。至第二次鸦片战争时,清廷仍然认为"天朝无须顾及这些弃民""敝国大皇帝之富,不可数计,何暇与此类游民计及锱铢"。第二次鸦片战争后,列强入侵,清政府被迫签订各种不平等条约,割地赔款,中国沦为半封建半殖民地,国弱民贫,农村破落,农民无法应付各种苛捐杂税,为了生存,万宁大批农民抛弃家园,背井离乡,漂洋过海寻求生存出路。无能的清廷自顾不暇,更难以顾及海外华侨。循查道光八年(1828)纂修的《万州志》,志书对万宁人"出洋"很少记述,但有些姓氏族谱如黄姓、陈姓、李姓、苏姓、文姓等谱牒中却有零星"出洋""去番"记载。可见,当时"出洋"仍然是个禁区,《万州志》主修者对出洋不认同的价值取向,也从侧面反映出早期万籍华侨的尴尬地位。

二、种族歧视

弱国无外交。从踏入异邦开始,万籍华侨与广大海外华侨一样,过着海外孤儿生活,既不受祖籍国待见,又备受种族歧视。1603 年、1639 年、1662 年西班牙在菲律宾借故制造 3 次屠杀苦力劳力的事件,5 万名华工被杀害。1740 年荷兰殖民者在巴达维亚(雅加达)制造种族矛盾,借端肇事,屠杀了近万名无辜华侨,鲜血染红了河水,史称"红溪惨案"。1873 年,美国旧金山通过一系列对华侨歧视法令,自 1878 年始,禁止华人在加州河内捕鱼;禁止华人在法庭作证;禁止华人从事贸易、小贩、购置产业等。1885 年 9 月 2 日,美国暴发了屠杀华工的"石泉事件",在中国城进行焚烧、抢掠。1900 年在檀香山火烧唐人街。1885 年加拿大众议院通过《华人入境条例》,决定对华侨开征"人头税",华人入境须缴纳人头税从 50 元增至 500 元,1913 年完全禁止华人入境。澳洲自 1901 年成立联邦政府之后,正式宣布实行"白澳政策",禁止有色人种入境,并限制有色人种权利。英国殖民者在马来亚迫害华侨也非常严重,仅 1948 年至 1951 年 3 年中,华侨被杀害、逮捕监禁、关人集中营、驱逐出境、受欺侮罚款等约 10 万人之众。在此期间,仅在马来亚就有大批万籍华侨遭逮捕、关押集中营或驱逐出境。在英属殖民地,华侨"只能与驴子同履车道,西人之行人道,可以牵犬随行,但不能与华人同路"。据《外务部档》载,"荷属南洋诸岛对华人有三项规定:(一)各税征之欧美、日本,则值百抽二,征之华人,则值百抽四。(二)烟局赌馆则欧美、日本人不许进入,唯华人不计。(三)爪哇各埠欧美、日本人,准许杂居,唯华人则划分界限居住。洋人之宾馆、酒馆、咖啡茶馆,均不许华人入座。"法国殖民者则只向华人征收各种税,其他人种皆免。苏哈托时期,印尼政府对华侨华人实行歧视、同化、限制、排斥政策。华侨华人的政治与公民权利几乎被剥夺,取缔华文报刊,关闭华人社团,禁止使用华语,禁止中文书刊的进口和发行,禁止保留中国文化习俗,提倡换名改教,排华事件不断发生。据海外会馆及海外史册相关资料不完全统计，万籍华侨约有 3500 余人在各国各地各时期种族歧视案件中死于非命。

三、反华排华

历史上，欧洲、美洲、大洋洲和亚洲的一些国家，在不同的时期都发生过反华排华事件。由于地缘政治、社会制度、经济利益、民族宗教等各方面错综复杂的原因，东南亚一些国家对华侨华人问题较为敏感。出于政治上各自的需要，进行过多次形式各异的反华排华事件，较为严重的是：1959 年至 1963 年，印度尼西亚的反华排华；1963 年印度和缅甸的反华排华；1978 年越南的反华排华。仅中国收容、安置的越南华侨和难民就有 25 万人。流向东盟五国、欧洲、澳洲、美洲的近 60 万人。在反华排华的浪潮中，万籍华侨华人向第三国及港澳地区再移民形成了新的高潮。

第三节　经济地位

万籍华侨华人的经济地位和发展水平，因居住地和时代不同均有明显的差别。就东南亚为例，以第二次世界大战为“分界线”，其发展轨迹大致是：“二战”前，万籍华侨为了谋求生存而漂洋过海，主要从事“三刀一锄”的低微职业；“二战”后，从事行业多元化，并向现代化、专业化、集团化高层次延伸和发展。

一、“二战”前万籍华侨经济活动

（一）经商

由于地理位置和交通等限制，万籍古代华侨主要集中在东南亚，少许在东北亚。华侨经济活动也只限这些地区。《万宁县志》载，唐朝，天宝七年（748）万安州（万宁）冯若芳常在海上抢掠商船，继而转输西域、南海等地交易。“宋代外国船只已经航行万州各自然港湾开展贸易活动。”万宁的商人随货出洋，有些商家在海外开设销售点，派“住商”（专驻海外）。部分人留居海外成为古代华侨，形成了万籍华侨早期的海外经济活动。

（二）苦力

“二战”前出洋的万籍华侨，绝大部分是生活在社会底层的穷苦百姓，文化水平低，寄人篱下，无缘赚大钱的行业，为了谋生存，一般以苦力为主，所涉足的行业主要为服务、餐饮、种植、当矿工（俗称“三刀一锄”）。如餐厅酒吧茶楼的服务员、徒工、侍者，富人家的佣人，轮船上的海员、厨师、杂役，垦荒种植、开路架桥、矿山劳工等。即便做生意，也只是开间咖啡店、鸡饭店、洗衣缝纫店、理发店或肩挑零售，一些经营祖籍地传统的打铁、藤竹制品、木工小手工业店等劳多利薄低廉行当。万籍华侨中还有不少人以路边摆摊、肩挑零卖为业，他们终年累月，早出晚归，走村串户，销售自家制作的小食，如花生糖、椰子糖、糕饼及小手工产品。除去住宿和生活费，所剩无几。相当部分万籍华侨，入不敷出，艰难度日，筚路蓝缕。当时，万宁民间就有“怕死不去番，住番不怕死”调侃。许多人自“去番”后就从未返乡，他们至老也没有攒够回乡的盘缠，孑然一身，靠同乡收容，客死他邦。据万宁侨务部门调查统计，至 2018 年底，万宁散居农村由政府供养的有 163 名归侨侨眷“五保户”，其中 92 人是在海外因贫困或鳏寡孤独的归侨，20 世纪 50—60 年代由同乡筹集路费遣送回乡的，万宁民间把他们称为“番公”“番婆”（意为一无所有的南洋客）。

二、“二战”后万籍华侨华人经济活动

“二战”后，特别是进入20世纪50年代后，万籍华侨华人经济整体得到很大的发展。随着华侨国籍的转变、经济实力的增强和文化素质的提高，万籍华侨华人从业结构发生了深刻的变化。苦力和小商贩逐渐消失，职业日趋多样化，形成了多种企业与产业并举的局面，并向知识型的职业发展。万籍华侨华人经济已从过去的劳工型、小行业、小规模、低收入逐步向多行业、大规模、高收益发展。其发展特点主要是：从餐饮业、小商业转向工业、金融业、旅游业、制造业等多方面，经营行业多元化；从家庭经济向家族经济、集团经济、跨国公司发展；从劳动密集型向科技密集型发展，形成了科技化；从单一资本转向多元资本相结合。至2018年，万籍华侨华人就业扩展到制造、金融、保险、工商、建筑、房地产、运输、旅游、科技、文化、教育、医务、法律等行业。

万籍华侨华人经济发展，以马来西亚、新加坡较为显著。他们从最底层起步，在贫寒和简陋的生活中任劳任怨，艰苦奋斗，攒三聚五，积蓄资本，从“三刀一锄”中脱颖而出，涌现出了一批实力雄厚的大企业、大财团，有的在当地行业中居于领先地位。

祖籍后安的祝清坤拿督，11岁往马来亚，初经同乡介绍在一家咖啡店当杂工，每天天未亮就起床，烧水、洗杯、泡咖啡，一直忙到深夜12点钟才休息，每月工资3元（英币），入不敷出。而后辗转多地当过咖啡店职员、咖啡厂工人、卖面卖饭、开垦种植等，不论工种，任劳任怨。抗日战争胜利后，他投其所有积蓄创办咖啡粉厂，生意如日中天，继而投资创办种植、酒店、建筑、金融、贸易、电脑科技等数十家公司，成为万籍华侨华人商业界巨擘。

祖籍龙滚村的李城燕，在家乡就读乐城简易师范毕业后，1939年下南洋，先在马来亚丁加奴一间商店当店员，后转新加坡新界文具书店当销售员，顶风冒雨、起早贪黑蹬着脚踏车销售书籍文具。抗日战争胜利后，他经营钟表生意，而后创建“大方表行有限公司”，曾任新加坡海南会馆副主席、新加坡钟表业公会名誉会长等。

祖籍龙滚南岸村的陈玉熊，20世纪30年代初往新加坡谋生，日本投降后，他倾其所有将原来经营的“爱好居”茶店扩建为酒店，而后又集资创办“三乐大酒店”“银星酒楼夜总会”。曾被选任广东会馆董事、琼州会馆副主席、琼崖陈氏公会会长等。

东澳新丹村的刘运添，出生于马来西亚，兄弟姐妹共14人。小学四年级时辍学，当过咖啡店员、工厂学徒、机械修理工。1960年创办“联发食品机械私人有限公司”，任董事长。自行设计制造食品面包机械数十种，产品进入国际市场，在东南亚、东北亚各国及中东、意大利、澳大利亚等国家设立销售点。被誉为“食品机械制造怪才”。

祖籍龙滚镇坡罗的吴世才拿督，出生于马来西亚，新加坡南洋大学毕业后，在金融界供职，从职员升至高管。20世纪90年代初辞去金融界高管职务，协助太太徐高雅博士创办“高雅国际美容集团”任总裁。该集团业务不仅遍及马来西亚各地，而且在世界各国成立了数十家美容护理治疗院，成为马来西亚美容行业的佼佼者。

“二战”后，万籍华侨华人就业多元化，经济地位不断提高。同时，华侨华人传统经营行业也有所保留和发生变化：中餐饮、商业是近代新加坡、马来西亚万籍华侨华人的主要职业，中式酒楼、茶馆、咖啡店、商行星罗棋布。马来西亚大小城市的街道小巷，随处可见

咖啡店，多数由海南华侨华人经营，他们一律把咖啡称为“Gobi”（哥比）。所称的“哥比”是加糖加炼乳的咖啡，否则称“咖啡乌”。马来西亚的咖啡店是“泡”咖啡的，不经过“煮”。即用一个小纱布袋盛咖啡粉，置于口盅中，将滚烫的开水冲下去，片刻倒入杯里加糖加炼乳搅拌均匀便妥。而后，再加入适量的咖啡粉连续冲之，直至布袋装满才将咖啡渣全部倒掉。咖啡的浓淡以海南方言“厚”“薄”加以说明，一般视客人的爱好习惯而定，主随客便。咖啡店也不单纯供应咖啡，还兼营各种小食、茶饮。因马来西亚无四季之分，年最低温度20度，故咖啡店昼夜备足冰块，需要加冰者，称“咖啡冰”“茶冰”。

万城镇月溏村曾任马六甲琼州会馆财政、马六甲咖啡商行主席、马六甲万宁社主席的朱鸿养，12岁随乡亲赴马来亚马六甲，当过童工、家庭佣人、餐饮店徒工、侍者，1943年在马六甲东佳纳街227号创办“琼南发咖啡店”，至今已有76年依然经营咖啡，系日治时代拥有执照的咖啡店，也是万籍华侨经营时间最长的咖啡店。

祖籍龙滚乐礼谢明庚少年时南渡，初为餐厅侍者，稍有积蓄后创办“海明茶室”，兼营卤面而驰名新加坡和马来西亚，其3个儿子现主持经营咖啡西餐馆，而后创办多间分店，成为家族集团企业。

祖籍后安镇、曾任雪隆万宁同乡会主席的吴叙江，退休后，至今仍然经营父辈在吉隆坡传承70多年的咖啡店“万丰茶室”，店面虽小，但门庭若市，冲泡咖啡的传统手艺不曾改变。他坦然直言：“这样的咖啡店已经是凤毛麟角，不为赚大钱，只为传承和了却那份乡愁……”

吉隆坡“万丰茶室”，右三为店主吴叙江（杜燕生摄 2016年）

第二章 文化习俗

万宁教化较早，唐、宋已置学田、建学宫、办儒学。明朝万州共有社学13所，其中民社学（没有官方拨款，以地方合作形式，设立在乡村的一种学校）8所均设在侨乡地区。明清至民国时期，万宁兴办私塾甚为普遍，人口集中的汉区，几乎村村办或联村办。清光绪三十一年（1905），清政府发表上喻：从丙午年（1906）起，废除科举制度。是年，兴建万州、龙滚戎庙、曲冲宏文、礼纪云兴4所高等学堂，随后，万宁其他乡也相继创办学堂。教育向来为万宁邑人所重视，但是早期出洋的第一代华侨，多为底层贫寒乡民和破产的劳动者，他们在故里上不了学堂，读不起书。因此，万宁早期“去番”的第一代华侨中，文盲、半文盲占总人数90%以上。当中所谓识字的，也只不过曾在村中私塾受过启蒙教育。“二战”前，相当部分的万籍华侨要与家人联系或“寄批”（汇款信件）回家，只有花钱或寻找识字的人代笔，由此，华侨聚居地代写书信行业也应运而生。

第一节 华文教育

一、兴盛时期

早期的万籍第一代华侨在异域深受没有文化及语言不通的痛苦，许多人只能生活在华人聚居的区域，从事强度高、收入少的的体力劳动，他们对文化的渴求十分迫切。19世纪末和20世纪初，往东南亚各国谋生的华侨源源不断，并形成了居住相对集中的华侨社会。早期出去的华侨，经过十几年的艰苦创业，经济许可时，有些就地成亲建立家庭，有些回乡娶妻，有些返里携家带眷往居住国团聚。当时殖民主义统治下的东南亚各国，教育落后，华侨后代读书困难。为了解决华侨子女就学读书问题，各个地缘性华侨社团承袭原乡习俗，依托华侨会馆、宗庙、商号或私人住宅纷纷办起了私塾。至20世纪50年代，华文学校、夜校及各式华文补习班迅速兴起，有些打破地缘性帮派门户，联合办学。辛亥革命后，琼侨掀起了办学高潮，海外华侨教育盛极一时。以独办和合办的形式，先后办起了新民、育民、育德、益民、益华、振华、琼侨、侨南、育英、培群、尊孔、三民、乐善、启光、大同等华文学校，许多学校还开设夜校补习班，华文教育趋向普遍化。其时，万籍华侨后裔进入华校，从小学直至中学毕业。大批第一代出洋谋生的青壮年，如祝清坤、朱鸿养、唐敏儒、崔士华、方克、王伍、符一青、韩健、谢翰华、曾若空、黎明辉、曾昭旭等，难计其数的万籍华侨也纷纷进入夜校补习或创造条件半工半读。据国内侨务部门不完全统计，至1940年海外华文学校高达3231所，其中东南亚占全球华校总数的80.6%。这时期不仅办学数量和规模空前，而且门类齐全、师资力量雄厚、教学质量和水平高。华文学校教育主要对象是华侨子女，教学内容包括中国语言文字、伦理，历史、地理和科学知识等课程；以中国语言文字（很多使用地方话）为教学媒介用语，按照中国教育的标准和要求，传播祖籍文化，为华侨社会培养人才。在华校兴盛时期，万宁第一代移民中的文盲、半文盲人数逐步减少，许多人在补习中文的同时，还修习当地语言和英文。

二、华教转轨

20 世纪 60 年代开始，华文教育在侨居国被纳入当地民族教育。印度尼西亚、马来西亚、新加坡等先后独立后，华文教育面临新的转轨。马来西亚、新加坡政府首先通过经费津贴等手段把华校置于当地教育部门管理之下。教育部门掌管了学校教职员的任免权、课程设置权、学制教育方法的决定权等，校董只是一个筹款和咨询机构，华教纳入了当地国家的教育体系，不再有华侨学校的实质。在马来西亚，当局迫使华校以马来文为教学语。他们不让华校称国民学校，而只称“国民型学校”，并规定所有升学考试都要使用马来语。由于华侨华人力争，才得以在小学保留华文教育，并保留一些华文中学，但这些是在马来西亚教育体系之外，被称为“独中”。早期，琼籍华侨在新加坡创办了“英汉”“醒华”“星华”“学蒙”“振群”“培群”“育英”等学校，1957 年华校接受政府改制转轨，仅存“育英”“培群”。新加坡南洋大学也与新加坡大学合并。泰国政府在一个相当长的时期内，限制华文教育和加强对华校的管制，不少华校名存实亡。至 1992 年，泰国政府才对华文教育实行有条件的开放政策，允许增设华文幼稚园、华文小学与中学，把华文列为选修课。

随着中国改革开放的深入和经济发展在世界的影响日益广泛，中国的国际地位的提高，使世界各国政府认识到华文的重要作用，开始对华文教育或华文学校给予重视，世界上许多国家纷纷与中国联合兴办“孔子学院”，或增加华文教育课程，或在本地大中学校增多华文授课时间，华文教育在世界快速发展。

万籍华侨华人在海外华文教育中作出了很大的贡献，朱桢华、文怀朗等均毕业于北京大学，20 世纪 20 年代初前往马来亚，毕生执教于多所华文学校，历任华校教师、教务主任、校长、中文导师、华文教师协会主席等职。林崇椰获英国牛津大学经济博士学位后，一直执教于新加坡南洋大学。许开校等一批万籍华侨华人，自学校毕业后终生执教于华校。

三、崇文重教

万籍华侨华人对下一代文化教育极为重视。第二次世界大战以后，大多数家庭都全力以赴，资助子女接受现代文化教育，家庭经济稍为宽裕的，都乐意送子女赴科技较发达的国家深造。如马来西亚祝清坤拿督，育有五男一女，分别留学美国、加拿大、澳大利亚等国家，获博士、硕士学位。马来西亚曾庆强，育有三男二女，在家庭经济并不宽裕的情况下，倾力支持 5 个儿女在国内完成了大学学业，次男、三男分别获奖学金出国留学。新加坡梁昆生，南渡新加坡时两手空空，现儿孙辈 30 人均大学毕业，26 人分别留学澳大利亚、英国、加拿大、美国等，有些已获博士、硕士学位。像这样满门俊秀的家庭在万籍侨胞中并不少见。有些家庭经济十分拮据，但也倾肠倒肚，送其子女上学。

新中国成立后，许多万籍华侨华人都乐意把子女或带回或送回家乡就读。王琨出生于新加坡，1952 年母亲带其回乡读书，1958 年中学毕业后重返新加坡；林明华 1951 年从马来西亚回乡插班就读海南中学，高中毕业后考取武汉水利电力学院本科；主任记者、高级编辑卢传标，1954 年从新加坡回乡在万宁中学插班就读，高中毕业后考取中山大学……

为鼓励、资助同乡子女接受文化教育，马来西亚 5 个万宁同乡会相继设立奖学金和贷学金，定期奖励品学兼优的同乡子女和资助同乡子女继续学习深造。重视新生代的文化教育已经成为万宁海外乡亲的共识。万籍华侨华人后裔的文化知识层次也在不断提高。

马来西亚万宁同乡会表彰同乡子女学生
（马来西亚万宁同乡会供图 2010 年）

20 世纪 60 年代后，万籍华侨华人的知识层面普遍提升，受过良好教育的新生代，多数从事文化教育、工商管理、律师、医生以及科学工程技术等方面的工作。万籍华侨华人的社会地位、经济实力普遍提高，参政的意识也日益增强，部分人已进入社会主流阶层，享有较高的职务和社会地位，涌现出一大批工商界巨子、政坛翘楚和学者名流。

祖籍北坡的顾兴光，1958 年被选为马来亚劳工党中央委员。1960 年当选马六甲市议员，出任水务局主席、小贩咨询局主席、公共工程局、卫生局、人事局、财政局常务委员会委员。1964 年当选为马六甲市议会主席。

祖籍后安的林崇椰，获英国牛津大学经济博士学位，曾任新加坡南洋理工大学经济学教授、南洋理工大学商业学院研究中心主任，新加坡国家工薪委员会主席、经济学会主席、国家太平洋合作委员会主席和东亚经济联盟首位副主席。

祖籍龙滚的谢门熙，是新加坡估价师与估算师学院首位院士，英国伦敦皇家特许估价学院会员，被誉为“世界第一位亚洲籍特许估价师、远东估价师之父”。

祖籍北坡的蔡镇华，是原子能专家，1976 年受聘任联合国原子能委员会顾问。

祖籍龙滚旅美生物化学博士符海青女士，是美国卫生研究总署国家免疫和传染性疾病所专家，她组建美国生物防卫药物发展科并任科研部部长，主持、启动和管理美国生物防卫药物的研发重点项目 20 多个。曾被美国派任驻华大使馆科技顾问。

万籍华侨华人随着文化知识层次、经济、政治地位的不断提高，接触面不断扩大，语言交流的方式也发生了特有的变化。一般来说，他们至少通晓五六种语言，能用英语、马来语、华语、官方语言和海南语、粤语、福建语（闽南语）等方言进行交流交往。这在特定历史、特定地域下所形成的中西文化合璧演绎出来的一种新生的、特有语言文化，也是中华文化和海南本土文化在海外的延伸。他们在融入主流社会的同时，充分发挥中外融通的优势，当好中外交流使者，为故乡的发展作贡献。

第二节 文化艺术

近现代，祖籍万宁的海外文化人、知识分子从事各种文化活动渐多。海外不少报纸、杂志及文艺团体都有万籍华侨华人的身影，文化人的队伍也在迅速成长和扩大。

一、琼剧

琼剧，也称"海南戏"，俗称"斋"，已有300多年历史，是海南地方特有的剧种，传播于东南亚的新加坡、马来西亚、泰国、印度尼西亚、越南等，被誉为"南海红珊瑚"。

琼剧诞生以来，万宁侨乡人就爱上这一乡土曲艺。他们爱看、爱听、爱唱，劳作间歇、傍晚时分都会哼哼几句，聊以自慰。在思念漂泊异邦的亲人时，也常常会自我填词，唱上一段。据史载，清乾隆四十四年（1779），万州城已有"甬道戏台"。民国初期，万城旧菜市场设有以石为基、竹棚搭成戏台的"琼剧戏园"供上演琼剧。自古以来，万宁琼剧名旦代不乏人。早期当红的有庆寿兰（旦角）、陈万金（净角）、黄瑞兰（旦角）、郑洪明（武旦角）、林洪秀、林春刚、李彩文、李积锦、陈乐春、陈乐元、三升半等。

《新加坡琼州会馆史料》记载："在莱佛士登陆（1819）时已经有琼人侨居新加坡。19世纪中叶新加坡就有了琼剧。庆寿兰是第一个到南洋传播琼剧的名旦。"庆寿兰（原名李琼顺），祖籍万宁龙滚镇龙滚村，他能编、能导、能演，早年在海南组织"琼顺班"，因编导、演出讽刺慈禧太后的《颐和园》和《北洋狗》，引起官府非议。1850年，在早年侨居新加坡的同乡帮助下，在新加坡组织南洋第一个琼剧团——"星洲剧社"。在南洋，他不仅演戏、编剧，还培养琼剧人才，促使新加坡梨园乡音羽生。

万宁琼剧名武旦郑洪明（郑大茂），1881年从艺，1893年在南洋搭班演出反清琼剧，并加入"三点会"。1902年潜回家乡组织"三点会"，拉起了一个30多人的戏班，在海南各地演出反清琼剧，开展反清宣传。在万宁黄竹塘鸡衣岭集结义军300多人，星夜攻破万州城，开仓放粮，赈济灾民。后转战陵水，因寡不敌众，被清军围剿，被捕殉难。

万宁琼剧名小生李积锦（龙滚文朗村人），容貌俊秀，嗓音清亮，文武双全，唱做俱佳。民国八年（1919）组织"积锦班"在泰国、马来亚巡演，声震南洋，推动琼剧在南洋的发展。

万宁琼剧名旦王秀明（三升半）组织的"国民乐班"，1932年往泰国、新加坡演出，场场爆满，蜚声海外，被华侨赠予"秀其文明"之锦旗。1935年，与李积锦、陈成桂等搭班再赴南洋各地演戏，并大量录制琼剧唱片，流传海外。

20世纪20年代初，战火纷飞，琼岛民不聊生，万宁大批琼剧艺人逃往南洋谋生。他们在南洋组班演出，把琼剧的种子撒在南洋。抗日战争爆发后，他们纷纷加入抗日救亡运动，开展义演活动筹款支援祖国抗战、接济难民。当时，琼侨学艺蔚然成风。日军侵占南洋后，琼剧陷入休眠期。日本投降后，南洋琼剧热又见端倪，当时，在新加坡小坡"永乐"和"同乐"两家戏院，天天演琼剧，场场爆满。许多琼籍华侨社团也纷纷组建琼剧演出团体，较著名的有新加坡"琼联声""琼联友""艺光""明天""二南""琼青会"；泰国的"繁花""南艺""金龙""琼侨""觉民"；马来西亚的"新爱群""雪兰莪"等，几乎每个琼剧团都有祖籍万宁人。每逢琼侨重大活动，琼剧团都会登场义演，为琼侨社团筹募奖贷学金、为琼侨慈善事业等作出了较大贡献。

琼剧，缭绕不绝的乡音琼韵，给闯荡海外的万籍华侨带来了精神的愉悦和心灵的慰藉，是思念故土、与家乡沟通的精神桥梁。党的十一届三中全会后至20世纪末，万宁海外乡亲返乡省亲、祭祖、捐助慈善公益事业时，往往会置办酒席答谢乡亲父老，“绑”（请剧团）几台戏，热闹几天，权当给乡亲奉上最好的礼物，表达他们对故乡的眷恋。

琼联声剧社——新加坡业余琼剧艺术团体。1956年由何子臣、陈玉熊、梁启民、黎德篆、王其雄等人组成筹备委员会理事会。他们起草章程、征集会员、筹募基金、申请注册等。1957年8月正式成立，开展剧社活动。

1958年9月，应新加坡琼州会馆邀请，为琼州会馆联合会筹募大学奖贷学基金，琼联声剧社与新加坡各琼剧团在新世界百乐汇演五晚，备受各界称颂。该社成立以来，茁壮成长，在全马巡回演出、参与华侨社区和社会公益慈善福利事业，作为显著，佳评空前。

1986年，时任剧社主席黄培茂（祖籍琼海）、名誉主席陈玉熊（祖籍万宁）率领琼联声剧社73人，首次访琼，在万宁访问演出期间，受到万宁县委、县政府主要领导的接见，并与万宁县琼剧团结为“姐妹团”。

1992年3月，琼联声剧团70人受邀来琼参加首届海南国际椰子节，3月29日，专程访问“姐妹团”万宁县琼剧团，当晚在万宁影剧院举行联欢演出，万宁县“四套班子”领导、当地干部群众近千人观看演出。

20世纪90年代以来，新加坡海南协会琼剧团先后受邀往文莱、马来西亚、美国等国家献艺，曾多次回海南访问演出。

2006年9月4日，新加坡琼剧团一行45人在万宁市文化广场交流演出传统琼剧《秦香莲后传》和《秦香莲〈闯宫〉选场》。当晚，万宁市党政主要领导在演出前分别致辞表示欢迎与祝贺，市“四套班子”成员及万宁市民2000多人观看演出，盛况空前。

2015年1月22日，新加坡琼剧团一行38人再次到万宁访问演出，当晚在万宁市多功能活动中心演出新编琼剧《江山美人》，演员们的精彩表演不时获得阵阵掌声。

琼联声剧社自成立始，每一届都有万籍华侨在理事会内担任要职。如陈玉熊共任11届主席，1971年后任社务顾问、信托人等，李会章1972年后任执行委员、总务等，何书经、李城和、冯增元等，曾在剧社任总务、秘书等。

二、文化人

朱桢华，祖籍万宁北坡（现万城）。毕业于北京大学文学院，1939年赴马来亚执教于华校，任教务主任、校长、教师协会主席、首席华文导师，为马来西亚著名教育家、作家、书法家，雪隆万宁同乡会首届并连任十届主席。作品、

新加坡琼剧团访问万宁（市侨联供图 1992年）

书法甚多,代表作有《逢龙截角,遇虎敲牙——谈先贤海瑞》《东山忆游》《鲍明远评传》《词海拾贝》《南洋游记》等。所撰并书《槟城琼州会馆百周年纪念碑序》《雪兰莪万宁同乡会筹备委员会宣言》《马六甲万宁社史略》等。

文怀朗,祖籍万宁后安镇。早年毕业于北京大学,抗战前赴马来亚任华校教师、校长等职,为马来西亚知名文化人、作家、侨领。常用笔名姜太公、老太婆、徽徽等,在《南洋商报》等报刊发表杂文、随笔,所著 40 多篇杂文被收入《文人的气质》并列为“南洋商报丛书”。

顾兴光,笔名梦彤、云匡等,祖籍万宁北坡。曾任马六甲议会主席、《新闻日报》董事总经理、《星洲日报》执行董事、《华商报》总编辑、《南洋商报》特约评论员,是一位资深作家,也是马来西亚华文作家协会永久会员。主要专著《新山桥的故事》《顾事知多少》等。

萧洋,原名李六曼,笔名沙洋、路漫、沙力夫等,祖籍万宁后安。马来西亚作家协会会员、理事,曾在山水影视公司任编剧,著有小说集《暮色渔村》、散文集《南海游踪》。小说《风尘劫》《没落的英国人》《从清水港到巴生港口》等被收入作协出版的小说选集《高林风响》等。

冯崇义,祖籍龙滚镇,澳大利亚墨尔本大学亚洲研究中心研究员、悉尼科技大学教授、国际研究学院中国部主任。在国内外发表学术论文及专著有百余篇部。主要专著《罗素与中国》《国魂,在国难中挣扎——抗战时期的中国文化》《走出轮回:农民意识与百年中国》《从中国化到全球化》《和解的智慧》《华北抗日根据地与社会生态》《二十世纪的中国》等。

蔡兆臻,笔名一介、明夷,祖籍万宁。马来西亚华文作家协会员,曾任华文学校教师,霹雳文艺研究会理事。常在《南洋商报》《星洲日报》等报刊发表散文、诗歌及杂文。专著有散文集《笔端》。

林玉蓉(女),笔名林李、林蓉,祖籍万宁后安镇。马来西亚华文作家协会永久会员。任职于马来西亚广播电台(第五台)、马华文学大系史料组。常在《南洋商报》和《光华日报》发表游记、散文等。其作品《欣见莹姿》《宁折不弯的中国作家萧军病逝》《海内外潮人作家研讨会纪要》等被收入新加坡海南会馆出版的《新马海南女作家选集》。

冯学良,笔名林野夫,祖籍万宁龙滚镇。1965 年出生于马来西亚,马来西亚华文作家协会永久会员。著有散文集《没有毕业典礼的大学》、诗集《一辈子的事》《破晓》,歌曲作品《迷情都市》《黄土上的故乡》等,被誉为“左手文学、右手音乐”的青年知名作家。

杨善勇,曾用笔名扬临,硕士学位,祖籍万宁。著有散文集《美丽的谎言》。常在《星洲日报》文艺副刊发表作品。

黄国良,号石公,祖籍万宁龙滚龙楼。其父黄锦东乃书法家,长于篆隶行草体。受父影响,酷爱书法。抗日战争前随家人南渡,在新加坡接受再教育,为新加坡著名书法家,擅长于隶书。早年服务于教育界,1947 年转任《南洋商报》秘书 30 余年,著有书法理论多篇,尤其《隶书概论》为突出。曾多次在新加坡、马来西亚及中国香港等地举办个人书法展。

马来西亚万宁籍(祖)作家部分作品
(马来西亚万宁同乡会供图 2018 年)

琼联声剧社历届正、副主席名表

届别	职务	姓名	祖籍
筹备理事会 1957 年	主席	何子臣	
	副主席	陈玉熊	万宁龙滚南岸
第一届 1958—1959 年	正主席	陈玉熊	万宁龙滚南岸
	副主席	何子臣	
第二届 1959—1960 年	正主席	陈玉熊	万宁龙滚南岸
	副主席	李会章	万宁龙滚龙楼
第三届 1960—1961 年	正主席	陈玉熊	万宁龙滚南岸
	副主席	李会章	万宁龙滚龙楼
	副主席	莫履瑞	
第四届 1961—1962 年	正主席	陈玉熊	万宁龙滚南岸
	副主席	李会章	万宁龙滚龙楼
	副主席	何子臣	
第五届 1962—1963 年	正主席	李会章	万宁龙滚龙楼
	副主席	莫履瑞	
	副主席	何子臣	
第十三届 1970—1971 年	正主席	陈玉熊	万宁龙滚南岸
	副主席	云逢宝	
	副主席	陈露布	
第十四届 1971—1972 年	正主席	云逢宝	
	副主席	李会章	万宁龙滚龙楼
	副主席	陈露布	

第三节 生活习俗

早期万籍华侨沿袭祖籍地的生活习俗颇为明显。如今万籍华侨华人生活习俗以中西融合为一体。

一、出行

早期的万籍华侨，非常重视动身起程的一套习俗仪式。动身前，全家团聚祭拜祖先，祈求佑护。亲戚朋友要赠送糕饼、红蛋、红包等礼品，以示顺风吉利。动身前拣吉日，若是结伴同行，忌直呼其名。有些地区的出洋者出了家门要一直往前走，不能回头观望。出行当天若遇雨，家人会说“贵人出门多遇雨”“财多如雨”等托言兆吉。进入 21 世纪，出行习俗简化，华侨华人新生代一般不在意繁琐的仪式。但是，不管是出洋还是返乡，出行前祭祀祖先的习俗一直不变。

二、信仰

早年万籍华侨沿袭故土的文化传统，信奉水尾娘娘、天后圣母、妈祖、关公等。他们还将故乡行业的崇拜观念带到海外，如经商的信奉财神，将赵公元帅画像悬挂堂店显目处，以祈求保佑。万籍华侨家中一般会设立祖宗牌位，供养灶神、观音、关公，四时敬拜。逢佛诞做佛事便到唐人街或天后宫烧香、点蜡烛，拜神祭祖，供水果、白酒、饮料。

随着“落地生根”的变化，东南亚的万籍华侨华人，政治上逐步形成忠诚国家意识，但在文化上，特别是在宗教文化上，仍然保留着浓厚的故乡色彩。他们提倡三代同堂，虽然有些家庭庞大不得不分居各地，但也往往通过古老的礼仪，比如清明上坟祭祀祖先、合家团聚过春节、认祖归宗等活动，来维系家族主义。这种价值观念还在自觉不自觉地一代一代地传递下去。即使是隔了好几代的华裔，仍然心眷宗邦，他们不远万里，辗转回到家乡寻根问宗，拜祭祖坟。在东南亚，传统宗教仍然是万籍华侨华人宗教信仰的主体，信奉的比例不低于80%。

万籍华侨华人新生代信仰自由，不拘一格。有些家庭并不限制约束其成员的信仰，宗教信仰表现出较强的融合性和开放性。但万籍华侨华人后裔都会受到传统文化的影响，受到儒家思想的熏陶，他们一代一代身教言传，使儒家思想和价值观潜移默化地在海外流传。

马来西亚马六甲万宁社（同乡会）会所大楼三楼供奉着“山钦海主温州侯王”（俗称“山钦公”）神祇，因原所在地为万宁市龙滚镇山钦海故得名。据民间传说：数百年前的一天，海上忽然漂来一支木梁、一座神像及一个印鉴，在山钦海附近海滩被当地渔民发现。其中一个渔民突然跳起“童”来（民间称神灵附身），说他就是“山钦海主温州侯王”显灵。众人打开印鉴一看，和“跳童”所说的果然符合。当时人们都非常迷信，他们便发动附近村民，捐献钱粮，建起一所庙宇，将海上漂流而来的木梁作为庙宇的主梁。此便是相沿几百年的“山钦庙”起源。

山钦湾古庙（杜燕生摄 2018年）

至于“山钦海主温州侯王”何时传到马六甲，又作为马六甲万宁社供奉的神祇，虽无正史可考，但不可置疑，这是由南而来的万宁同乡，依照故乡风俗，拜神求平安，马六甲万宁社成立后，正式设位膜拜。每年农历八月廿三日为神诞，也是万宁社周年纪念日，万宁社循例庆祝，大排宴席，欢宴同乡，演琼剧与酬神。

三、娱乐

万籍华侨对故乡特有的娱乐活动兴趣浓厚，至今依然。逢年过节，唐人街及同乡会馆欢腾之际，万籍华侨参与其间。舞龙耍狮、踩高跷、唱琼剧、锣鼓齐鸣、欢呼雀跃。

四、饮食

万籍华侨华人饮食已经融入当地。以吃辣椒为例。万宁人一般不是很爱吃辣椒，但是，他们移民到了东南亚之后，受当地饮食文化的影响，加上东南亚的气候比较潮湿，吃一点辣椒有利驱除湿气，于是，“吃点辣”便成了东南亚万籍华侨华人餐桌上必不可少的食品之一。此外，椰浆、椰丝也是东南亚万籍华侨华人食品中不可缺少的一种调料。如咖喱鸡、咖喱牛肉、咖喱饭、椰浆饭等，就是各式中国菜，通常也会加上点辣味。海外万籍华侨华人吃饭以家乡饭为主，大部分使用筷子，部分新生代不太习惯使用筷子，喜欢使用刀叉和汤匙。也有部分万籍华侨华人的饮食基本马来化了，用碟盛饭，用手吃饭，这些人绝大部分是华马通婚的后裔。此外，万籍华侨华人仍然钟情于家乡的海南鸡饭、番薯粥、咸鱼咸蛋、粽子、糯米糍等风味。

"峇峇娘惹"（也称巴巴娘惹）是南洋特有华人群体，在学术上被统称为土生华人或海峡华人。他们是明朝以前定居满剌伽（马六甲）、满者伯夷（印度尼西亚）和室利佛逝（新加坡）一带的华人与当地马来人通婚的后代。男性称"峇峇"，女性称"娘惹"，通称"峇峇娘惹"。20世纪60年代以前"峇峇娘惹"是土著身份，后被马来西亚政府归类为华人。"峇峇"的语言称峇峇话，他们的祖籍大部分在福建、广东、海南，属闽南方言体系。长期处在马来语环境里，也使他们下一代在语言上逐渐被同化，最后演变成独树一格的峇峇话（渗入马来语、泰语和闽南语混合语体）。"娘惹"爱穿色彩鲜艳的丝织上衣与围裙，搭配各式精美的针绣手提袋和镶珠鞋，看起来很像中国装扮，但又有其特色。婚礼上的"娘惹"礼服，恪守中国传统的凤冠霞帔，婚礼前后的礼数规矩，如过文定、过大礼、择吉日、迎亲、拜天地等，无论如何繁琐，都不恣意疏漏。很多"峇峇娘惹"家庭都保留着完整的祭祖习惯，并且会在家中神坛供桌前摆放关公和观音像，逢年过节也会到庙里敬香参拜，春节要贴春联，家庭成员必须出席除夕夜团圆饭，大年初一向长辈行跪叩礼。"娘惹菜"是结合华人与马来人烹饪精髓的马来西亚传统美食之一，以甜、酸、辣为主。"娘惹糕"是采用香草或花瓣等天然色素上色，鲜艳分明，种类繁多，有糕明加、九层糕、木薯糕、发糕、菜头糕、青米糕、粉糕、香草糕、娘惹薄饼等。

五、婚嫁

旧中国，受封建礼教的束缚，男女婚姻听从父母之命、媒妁之言。婚嫁的主要形式有定亲、纳聘、择吉、成婚。早年，万籍华侨的婚礼主体上是延续祖籍地婚礼习俗，现在"托媒""合命""定命""送油"等习俗已简化，但选吉日良辰举办婚礼，几乎与祖籍地近似。婚礼当天，早上新郎由男方的亲朋陪同到新娘家接新娘，在新娘家，新郎要向新娘父母、长辈敬茶。之后将新娘接到新郎家，祭拜祖先，新娘向新郎父母、长辈敬茶。婚宴通常在晚上6点后开始，席间会有一些庆典仪式，参加婚礼的人通常要送一个红包以示吉利。

"二战"前，万籍华侨漂泊异邦，没有华人妇女充当配偶，基本上是单身汉社会，又因"海禁"有家不能回，在没有同族配偶的情况下，不得已与异族通婚的现象较为普遍。"二战"后，万籍华侨与异族通婚的很少，大部分是回乡娶妻并将妻儿带到居住国团聚。老一辈华侨反对自己的后代与异族通婚，因此，"过埠新娘"也应运而生。如今，万籍华侨华人新生代，在择偶问题上受传统文化影响和家庭束缚大大减弱，婚姻自主。整体看来，万籍华侨华人与同族婚配比例约占70%以上。

六、丧葬

万籍华侨很看重丧葬，早期老华侨回乡颐养天年，叶落归根，以图去世后安葬故土。凡死在海外有条件的都尽量送回原乡安葬，万不得已才入葬居住国。在原乡安葬的，按当地旧俗一般为"做春城""浴尸""吊仪""孝榜"。其过程往往是佛教道教并举，其丧葬仪式主要有"小殓""大殓""出殡""设灵堂"等。每隔七天"做七"祭祀，做七次，还有百日、对年、三年都要祭祀，表示对死者的哀思。早期，万籍华侨认为客死他乡者也要魂归故里，否则会成为游荡异乡之"门外鬼"。因此，凡客死海外者，家乡亲人都要请道士为其招魂，建造"衣冠冢"，以示魂归故里。随着社会的发展，丧葬习俗也逐步简化和革新。

七、传统节日选介

(一)春节

马来西亚华人春节的气氛从“冬至”开始凸现。冬至是他们家庭团聚及祭拜祖先的节日,这一天,各家杀鸡宰鸭,搓汤圆,烧香点烛,焚烧冥币神纸,祭祀先灵,吃汤圆,共享天伦之乐。除家祭外,各地祠堂、同姓宗亲,都会举行非常隆重的“冬祭”仪式,有些祠堂、宗亲会在祭祖之时还邀请琼剧团演戏,有“冬至大过年”的说法。一般从除夕开始至元宵节结束。

购年货。唐人街、华人商铺张灯结彩,大红灯笼、春联、福字、腊梅花,各类年货应有尽有。万籍华侨华人过春节,秉承故乡传统,在购年货上从不吝惜。

祭灶送神。农历腊月廿三焚纸马祭灶;廿四焚纸钱寿金送诸神。送神日也为扫尘日,送神后,各家进行大扫除,将室内外清理一番,装饰布置,增添新气象,迎接新的一年。

贴春联。每年春节,张灯结彩、贴春联是一大要事。各家各户郑重其事地贴上对联,悬挂红灯笼。马来西亚华人较多的地区,几乎每年同乡会均组织书法家免费书写春联。

守岁拜年。大年三十,先祭天祭祖,再吃团圆饭,而后,全家围坐聊天品茶、守岁。大年初一不能扫地,有些人家在大年初一要吃斋饭。初二到亲戚家拜年,拜年时长辈会给晚辈红包。

舞龙耍狮贺年。马来西亚新春最流行的文化活动是舞狮。槟城大年初四举行春节巡游活动,舞龙、耍狮、吐火焰。队伍中聚集着华人、白人、黑人、印度人、马来人、混血儿,一个包裹着各色族群的春节巡游活动热闹非凡。华人会馆、祠堂、公会张灯结彩,喜气洋洋。

万籍的新加坡华侨华人春节各家各户蒸年糕、贴春联、逛花市,除夕全家吃团圆饭,晚辈给长辈拜年祝贺,从长辈那里得到压岁钱。扫帚统统收藏起来,不许扫地,以示吉祥。每逢中国喜庆节日,舞狮是不可缺少的节目。舞狮现在已成为新加坡华族文化的一个重要代表。

泰国、缅甸的万籍华侨华人,除夕各家各户都举行祭祖仪式,全家围坐吃团圆饭。大年初一,全家人都穿上新衣服,亲戚朋友互相拜访时,习惯拱手合十,互致“吉祥如意”。

(二)元宵节

马来西亚华侨华人过元宵节,除了全家团圆共进晚餐、吃汤圆外,更精彩的是“抛柑接蕉”的习俗。傍晚时分,街道上、公园内花灯璀璨,醒狮舞龙锣鼓喧天,青年男女向元宵灯会地点聚集,大多是华裔青年,他们陆续来到公园内的一个喷水池边,男青年沿水池左边而坐,女青年沿水池右边而坐。当主持人祝贺元宵节快乐的讲话之后,女青年们羞答答地向水池中丢下了写有她们手机号码的柑橘,迫不及待的男青年们则欢呼着跃入水池,争抢漂浮的柑橘,随后又蜂拥涉水过池,勇敢地将写有自己手机号码的香蕉送给站在水池边的女青年。“抛柑接蕉”活动是马来西亚元宵节的一道独特风景。2000 年,马来西亚华人组织开始举办这项活动,这个活动形式越来越受欢迎。中国传统的元宵灯会与马来西亚“抛柑接蕉”的风俗有异曲同工之妙。在闽南民俗中,冬至、清明、七月半(中元节)和春节是一年 4 个重要节日。广东、福建、海南是马来西亚华侨华人中的主要群体,自然融入这种习俗之中。

此外,清明、中元、中秋等节令,都是万籍华侨华人较为看重的节日,过节过程庚续祖籍地习俗。

新加坡舞狮(新加坡海南会馆供图 2018 年)

第三篇　华侨社团

近代以来，移居东南亚的海南人（下称琼侨）数量急速增加，构成了南洋华侨中的五大族群之一。南洋琼侨依据地缘、血缘、业缘等关系，结成了各种社团组织，这些社团组织奉行的是故乡的伦理规范和风俗习惯，在异国他乡成为南洋琼侨交流沟通的桥梁、相互扶助的工具、规避风险的场所和日常生活的精神寄托。

万宁分布世界各国各地的华侨华人，主要参加以祖籍地缘为基础的同乡会，以血缘为基础的宗亲会，以业缘为基础的工商行业、文化科技等社团组织。但是，旅居马来西亚的万宁华侨华人则自成一体，成立别具一格的县级地缘性组织“万宁同乡会”。这种以县（市）为单位成立的地缘性组织，在世界各地为数不多，在琼籍侨胞中独占鳌头。

第一章 初创与发展

19 世纪 50 年代,海禁解除,万宁人移居海外逐渐形成常态化。万宁东南平原地区村村有人“出洋”,沿海地区的许多村庄,家家有“番客”。主要迁徙地为东南亚国家,俗称“南洋”。

万宁人漂洋过海,背井离乡,其目的是“讨生活”,最先考虑的是生存和立足。但在旧中国,国家贫弱,政治腐败,国际地位低下,华侨被视为“海外弃儿”,受到殖民当局的歧视、欺凌和种族分子的威胁、抵制而得不到保护。“物以类聚,人以群分”,缘于当时的境遇和思想意识,初至海外的万宁人首先选择与方言相同,地域、习俗相近的群体为邻,以求彼此照应,因此,很快就融入琼侨之中。

第一节 初 创

一、社团雏形

早期,海南人移民海外,每到移居地就依据祖籍地的传统方式,修庙宇,建宗祠,供奉家乡的神祇,作为宗亲、同乡祭祀、议事和聚会的场所。

(一)庙宇

庙宇是琼侨社团的雏形,最早出现在“南洋”。

建于 1872 年的马来亚吉胆琼州会馆,原为琼籍乡贤陈耀天、黄良深、严福秋等发起修建的小型庙宇,供奉昭应公神位。随着琼籍乡亲增多,1892 年,在街场区兴建两间亚答板厝,前座有楼,以供同乡聚集和新客(新来同乡)暂住,后座供奉昭应公、天后圣母之神位,以供同乡膜拜祈求平安。

马来亚直落英丹(安顺)琼州会馆建于 1895 年。当时李其仁、苏志东先贤出钱出力购买亚昌街 6 号屋,设龛供奉天后、水尾圣娘、冼太夫人神像,后又增设关圣帝和一百零八兄弟神位。会务行炉主制。

古来海南会馆,原为 1902 年初建在古来大街的庙宇。乡贤从故乡带来天后、水尾圣娘、冼太夫人神像供奉于庙宇,并选定一位同乡负责管理。

(二)神庙

神庙是琼侨最早的社团组织形式。海南沿海地区的人信仰海神,据历史记录,海外最早的神庙,是 1841 年在泰国京都创立的三清水尾圣娘庙。随后又修建:呵叻水尾圣娘庙(1857),哒叻仔泰华圣娘庙(1866),北榄坡水尾圣娘庙(1870),勐叻昭应庙(1871)等。在泰国各地,凡有琼侨的县(市),必有水尾圣娘庙,作为海南同乡聚集的地所,每逢节日便是祭祀大典之场所,成为琼州乡土文化、传统美德的传播中心。

据新加坡记载:1821 年至 1826 年间，琼州的帆船（人货混载）已从海南到新加坡。1830 年,琼州帆船已往来槟城通商。当时,琼州帆船从海南启航,横过七洲洋,沿着印度支那海岸而到新加坡,全程大约 12 天。若遇到狂风巨浪,整只船便沉没海中,所以帆船上都安置着“天后圣母”(婆祖)神祇,以求保佑平安抵岸。

《新加坡琼州会馆·天后宫史略》记载:“考我琼同乡南来侨居本埠,当在新加坡开埠前 1819 年(根据地契文件记载——原注)。其时当地乃一未僻之渔村,人烟稀少,同乡居此者亦不多,且散居乡村隅角,而无组织。至 1857 年间,我乡先贤韩亚二(旺彝)、王志德等,邀集当地同乡,向英国东印度公司购买小坡马拉街六号相连之屋宇,一连三间,其中一间为政府征用辟为后巷,以其所存两间为同乡聚会及寄宿之所,琼州会馆自此诞生。馆内并设有天后宫,以崇祀天后圣母、水尾圣娘及昭烈一百零八兄弟诸神祇,盖当时我琼人南来者,多操航业,生活于惊涛骇浪之中,故奉祀神明,以祈保佑平安。”

马来亚太平琼州会馆初建于 1869 年。当时乡贤在太平立炉拜神以求保佑平安。1881 年先贤陈道山等人发起建“方便所”(公会),会务由庙祝主持,经费靠香油,不敷则募捐填补。“方便所”收容老弱病残及急需济助同乡。1929 年购地重建会所,1932 年改名为“琼州公所”,前厅供奉天后宫、水尾圣娘神位。

槟城海南会馆,原初因奉祀天后圣母而称天后宫,初创于同治九年(1870)。1895 年周衡山、王锡福、杨成茂等诸乡贤发起捐款购买地皮，兴建新馆宇,1920 年为方便同乡子女上学，创办益华学校,1925 年将天后宫易名为“琼州会馆”,馆内仍奉祀天后圣娘。

早期琼侨同乡会的雏形（马来西亚万宁同乡会供图 2018 年）

18、19 世纪创建的琼侨社团，均承祖籍地的传统方式,从建庙宇，供奉家乡的神祇开始，以信奉共同神缘为纽带，以庙宇作为海南同乡聚会的场所，形成了一种自成体系的宗乡社团。

二、社团形成

18、19 世纪产生的华侨团体,均以地域、方言关系为基础,称公所、会馆。19 世纪后期,殖民当局为管制秘密会社,颁布了《社团法令》,并在 1890 年正式施行,其间,一些会社便登记注册为慈善性公司(对内称会馆)。因此,历史悠久的会馆前身为“公司”。旧时,万宁人把同乡会社称为“公司楼”。初到海外谋生者,往往先找同乡会所,暂宿“公司楼”,通过会所的帮助,寻找亲戚朋友、介绍工作。万宁人之所以敢于只身出国谋生,有些尚属少年儿童,也可跟随乡亲或水客漂洋过海,是因为他们坚信:只要找到“公司楼”,就能落脚陌生地。

早期,万籍华侨没有自己的独立侨团。第一代旅居各国的万籍华侨,为求相互照应,纷纷加入琼籍华侨宗祠、会社,并相对集中于东南亚。

1824 年,新加坡第一次人口统计。当时,新加坡总人口 10,683 人,其中华人有 3317 人。至 1881 年后,人口统计才正式统计各籍华人人数。

新加坡琼籍人数统计表

年份	祖籍地	人数	年份	祖籍地	人数
1881	琼州	8319	1947	海南	52,000
1911	琼州	10,504	1958	海南	79,000
1931	琼州	19,896	1969	海南	125,460

（新加坡琼州会馆档案）

新加坡琼籍华侨早期最先居住密驼律，故称海南街。后来海南人越来越多，逐渐向周边发展，于是又有了海南二街（Purvis Street）和海南三街（Seah Street）。随着琼籍人数增多和区域的发展，现琼侨分布较为集中的地区为：美芝律、密驼律、淡申律、武吉知马、东陵、实笼岗律、巴爹里呇，樟宜、实里打等区。移居新加坡的海南人以文昌、琼海、万宁、琼山为多。

“二战”前，新加坡琼籍华侨地缘性团体仅有琼州会馆。业缘性专业团体有：琼侨咖啡酒餐商公会、琼侨汇兑公会、琼南客栈行、镇南俱乐部、琼联会等。第二次世界大战后相继成立了泰家南旅同乡会、武吉知马琼崖联谊会、后港琼崖同乡会、森巴旺琼崖同乡会、樟宜琼侨同乡会等 19 家地缘性同乡会及数家琼剧社、俱乐部、光武国术团等业缘性团体。

“二战”前后新加坡琼侨血缘性宗亲会发展较快。自 1887 年符氏社成立始，而后有韩氏祠、龙氏公会、琼崖黄氏公会、琼州梁氏公会、琼崖朱氏公会、琼崖王氏公会、琼崖陈氏公会、云氏公会、琼崖周氏公会、琼崖许氏公会、琼州吴氏公会、琼崖郑氏公会、琼崖林氏公会、琼崖翁氏公会、琼侨邢氏公会、琼崖谢氏公会、琼崖李氏公会、琼崖杨氏公会、卢氏公会、琼崖何氏公会、庄严宗亲会等相继成立。旅居新加坡的万籍华侨华人按姓氏对号入座，纷纷加入宗亲会。

万籍华侨加入新加坡较早成立琼帮地缘性社团简表

社团名称	成立年份	社团名称	成立年份
琼州会馆	1857	善志社	1955
泰家南旅同乡会	1937	新合盛同乡会	1957
沙港同乡会	1938	樟宜琼侨同乡会	1957
孟里南旅同乡会	1939	仙林同乡会	1958
南壁同乡会	1939	武吉知马琼崖联谊会	1958
琼崖溪北同乡会	1940	后港琼崖同乡会	1958
琼崖存信同乡会	1940	森巴旺琼崖同乡会	1958
琼崖南梅同乡会	1948	东陵琼崖同乡会	1959
琼乐同乡会	1948	杨厝港琼崖同乡会	1963
琼崖南湖同乡会	1949		
军港琼侨同乡会	1955		

（新加坡琼州会馆档案室）

马来亚马六甲和槟榔屿也是万宁人较早涉足的地域。马六甲琼州会馆成立于同治八年(1869)。《万宁县志》记载，唐代天宝七年(748)，万州货物，转输入西域、南海等地开展贸易。13 世纪初，马六甲已经有华人定居者的踪影。跟随郑和下西洋的费信，在他的《星槎胜览》中记述当时马六甲居民“身肤黑漆，间有白者，唐人种也”。这些“唐人种”，无疑就是早期迁居南洋的华人，而后演变为“海峡华人”“峇峇娘惹”。1613 年，在葡萄牙人绘制的马六甲地图中，就清楚地标明了“中国村”“中国溪”等地名。

槟城琼州会馆创建于 1870 年。1895 年购买地皮兴建馆宇为永久基业。1925 年更名为琼州会馆。1941 年，日寇南侵时，会馆中辍，1945 年 7 月复办。1958 年至 1959 年由符世智、冯业新任正副主席，执委会中祖籍万宁的有冯业新、祝清坤、赵宏广、冯朝芬、许开校等多位。1960 年至 1964 年冯业新连任主席。自 1965 年起祝清坤连任主席长达 24 年。

新山琼州会馆成立于 1881 年。为使华侨能有补习文化及半工半读机会，1917 年至 1925 年间开设工商补习学校。中国抗日战争爆发后，该会组织“筹赈祖国难民会”。开展募捐活动支援祖国抗日，日军侵占新山后，会馆被掠一空。日本投降后，1947 年会馆修复，宋子文为会馆题“琼州会馆”。

麻坡琼崖会馆创立于 1882 年 5 月 21 日。19 世纪中叶，麻坡正值大开垦，琼籍同乡移居麻坡者逐增。经乡亲共同倡议成立了“琼崖会馆”并选定麻坡二马路一间亚答屋(木板房)为馆宇，同时设立天后宫，奉祀天后圣母和南天圣娘。

古来海南会馆成立于 1902 年，其前身为庙宇(祠堂)，初始为南来此地谋生无亲无戚同乡提供暂时栖身之地，有的住上几个月，待觅得职之后方离去。会馆创办英才小学，1948 年合并育才、崇德小学创办古来中华公学(古来华文小学)。

峇株巴辖海南会馆成立于 1910 年。当时居住峇株巴辖海南人仅有 400 余人，万宁人较多，除少数经商者外，绝大多数是当苦力，开荒种橡胶、种椰子，虽然经济薄弱，但仍租赁苏牙街一间亚答屋作为馆宇。数年后该馆宇遭火灾夷为平地。随着迁徙而来的海南同乡逐年增多，会馆不断扩大。1940 年，在会员和同乡的努力下，会馆购置苏丹街一座店铺为永远产业并出租给他人，获取租金支撑会务活动。翌年，日寇南侵，会馆所租的馆宇又付诸一炬。1946 年祖籍万宁的曾昭炳、冯增光为会馆正副主席时，再次扩建馆宇。1977 年至 1990 年曾昭才(曾昭炳堂弟)任主席，冯增光任副主席。

马来西亚琼侨地缘性社团表

社团名称	成立年份	社团名称	成立年份	社团名称	成立年份
马六甲琼州会馆	1869	浮罗交怡琼州会馆	1910	龙运琼崖会馆	1936
太平琼州会馆	1869	丰盛港海南会	1911	江沙琼州公会	1938
槟城琼州会馆	1870	雪邦琼州会馆	1912	野部琼州会馆	1938
吉胆琼州会馆	1872	霹雳琼州会馆	1912	庇劳琼崖公会	1940
麻坡琼崖会馆	1882	令金琼州会馆	1912	北海琼侨社	1946
陈厝港琼州会馆	1882	笨珍琼州会馆	1916	威省琼崖同乡会	1947
新山琼州会馆	1883	宜力琼州会馆	1918	淡边琼州会馆	1953
古晋琼州公会	1888	新文龙琼州会馆	1918	波德申琼州公会	1955
雪隆琼州会馆	1889	万里茂琼州会馆	1921	邦咯岛海南公会	1956
永平琼州会馆	1890	美里琼州会馆	1924	华都牙也琼崖同乡会	1958
巴生琼州会馆	1894	丁加奴琼州会馆	1924	彭亨立卑琼州公会	1959
吉坡琼州会馆	光绪年间	淡马鲁琼州会馆	1924	吉南琼崖同乡会	1959
安顺琼州会馆	1895	亚庇琼州会馆	1925	彭亨文冬琼州会馆	1961
东甲琼崖会馆	1900	斗湖琼州会馆	1927	马六甲双溪琼州公会	1963
淡边琼州会馆	1902	三合港琼州会馆	1929	丹绒马林琼州公会	1967
森美兰琼州会馆	1903	天定琼州会馆	1929	乌鲁地南琼崖联谊会	1975
古来琼州会馆	1904	哥打丁宜琼州公会	1931	美里丹琼州会馆	1976
甘马仕琼州会馆	1906	甘马挽琼州会馆	1934	高乌仁丹琼州会馆	1976
吉兰丹琼州会馆	1906	诗巫琼州公会	1935	马登巴冷琼州会馆	1979
峇株琼州会馆	1910	居銮琼州会馆	1935	彭亨琼州会馆	1980
林明琼州会馆	1910	昔属琼州会馆	1936	瓜拉冷岳琼崖公会	1982
北加琼州会馆	1910	金宝琼州会馆	1936	仁保县琼州公会	1987

（马来西亚海南会馆联合会档案）

第二节 分 布

马来西亚华侨华人按方言群约可分为：福建、客家、广东、海南、广西、其他。据马来西亚官方统计：1901 年马来半岛有华人 393,400 人，海南人为 19,946 人（除部分统计在广东内）占第 4 位。1911 年有华人 698,000 人，占半岛总人口 49.6 巴仙（%）。据马来亚国势调查报告记载：1921 年琼州人在英属马来西亚总人数为 68,393 人，其中海峡殖民地有 28,455 人，马来联邦有 22,558 人，马来非联邦有 17,380 人。1931 年至 1947 年，华人增长率普遍提升，潮州人增长率为 70.45 巴仙；海南人跃居第二位，增长率为 61.6 巴仙。1931

年琼州人总数为97,568人，1947年升至157,649人；广东人占53.7巴仙；福建人占53.6巴仙；客家人占37.4巴仙。1970年人口统计，全马总人口为8,780,728人，其中华人总人口为3,117,896人。

早期，琼属华侨主要聚居于亚洲。在华侨人数众多的国家，如马来西亚、新加坡、泰国、印度尼西亚、柬埔寨、越南等国，琼属社团的机构网络较健全。在上述国家中，如马来西亚、泰国，每个州府（省）都有海南社团。当时万籍华侨没有自己的独立社团，旅居各国的万籍华侨，为求相互照应，纷纷加入琼籍华侨地缘、血缘、业缘等组织。在南洋各地的海南会馆中，都有祖籍万宁的华侨华人，许多人不仅是会馆的创始人之一，而且在社团中担任着主要职务。

祖籍万宁海外乡亲参加社团统计表

洲别	国家和地区	数量	备注（自主成立）
亚洲	马来西亚	91	马来西亚万宁同乡会（5个）
	新加坡	57	
	印度尼西亚	18	
	泰国	61	
	柬埔寨	23	
	越南	10	
	菲律宾	3	
	缅甸	4	
	文莱	2	
	日本	5	
	中国香港	5	香港万宁同乡会
	中国台湾	6	台北万宁同乡会
美洲	美国	7	
	加拿大	4	
大洋洲	澳大利亚	3	
	新西兰	2	
欧洲	英国	3	
	法国	3	
	意大利	1	
	德国	1	
合计	20	309	

第三节 发 展

“二战”结束后，战争时期被迫停办的社团纷纷恢复活动。华侨社团又进入一个新的发展时期，并且出现了新的变化。

第一，华侨社团演变为华侨华人社团。1955 年万隆会议后，中国政府宣布不承认双重国籍，鼓励华侨根据自愿原则加入居住国国籍。一些国家也陆续取消对华人移民的限制，华侨社会地位和处境有了较大的改善。由于大批华侨取得了所在国的国籍，华侨人数大为减少，多数华侨变成了外籍华人，原来的华侨团体也演变为华人团体，习惯称之为海外华侨华人社团。

第二，社团数量急剧增加。在“二战”中被迫停止活动的社团纷纷重整旗鼓、重新启动。过去没有华侨社团的地区也相继成立自己的组织。至 1960 年，仅马来西亚和新加坡就新成立了 31 个琼属华侨华人社团组织。

第三，社团的职能不断扩大。过去，华侨社团以联络亲情乡谊为主，如今除继承优良传统外，更注重社团自身事业的发展，维护同乡的正当权益，促进祖籍国与居住国的友好交往，关心祖国的统一大业等。

第四，社团之间联系日益密切。为了共同的目标利益，他们不分地缘、区域、行业、国境、政见，社团之间交往频繁，联系密切，共谋发展。

祖籍万宁的华侨华人是海外琼侨三大群体之一（文昌、琼海、万宁）。他们来自同一个祖籍地，具有传统的“根”文化与相近的背景遭遇。“二战”之后，华侨从“落叶归根”变为“落地生根”，“华侨社会”也向“华人社会”转变。为融入当地社会，有效地维护其合法权益，从而形成了组织县级地缘华侨社团的群体意识。经过数代人的共同努力，万宁海外社团组织历经无数的磨难，终于立足于海外。

1926 年成立的马六甲万宁社（同乡会），是海外唯一的一家万宁同乡会。成立时，旅居马六甲的万宁乡亲同心协力，筹集万余元，购置马六甲观音亭街五十八号为社址。抗战时期被迫停止活动。“二战”结束后，马六甲万宁社恢复社务活动，并相继筹备重建新馆宇，扩大会社组织机构和社员规模，健全、增设会务制度。1959 年，万宁社设立社员子女奖学金，1961 年增设大学贷学金，1977 年增设福利基金资助贫穷无依老同乡等。

1947 年，雪（兰莪）隆（吉隆坡）万宁同乡会成立。中国驻马领事主持开幕剪彩典礼。1959 年设立福利基金，1964 年成立青年部、妇女组。1968 年，新建 5 层楼新会所大厦。1971 年设立会员子女奖学金，1997 年，增设大学贷学金基金。

1948 年，槟城万宁同乡会成立，中国驻槟城领事主持剪彩典礼。创会初期先后设立了赞助金和福利金基金。1954 年，购置惹兰亚珍 136 号洋楼为永久会所。1961 年，成立康乐股，相继组织口琴队、乒乓球队、篮球队、羽毛球队及象棋队。1966 年设立奖学基金。1970 年重建会所。1996 年增设大学贷学金基金。

1959 年，柔佛州万宁同乡会成立。同年秋，设立会员子女奖学金和大学贷学金基金。1999 年，购置峇株巴辖罗加雅街门牌号 210B 一幢 3 层楼为新会所，2000 年初，新会所装修完成投入使用。

1961 年 12 月，万宁海外侨贤开始组织筹建“星（新加坡）马（来西亚）万宁同乡总会”。1964 年，由于新加坡退出马来西亚，同年 5 月 3 日，在召开筹建协商的会议上，决定更名为“马来西亚万宁同乡会总会”，并着手办理注册事宜，几经艰辛，至 1971 年 12 月 14 日才获社团注册。1972 年 1 月 23 日，马来西亚万宁同乡会总会在雪隆举行成立大会暨第一届代表大会。

马来西亚万宁同乡会总会欢迎海南省省长沈晓明
（马来西亚万宁同乡总会供图 2017 年）

进入 21 世纪，万籍华侨华人社团把弘扬中华传统文化、培育民族意识、促进居住国与祖籍国在科技、文化、经济上的交流合作为主要的工作。2013 年，马来西亚槟城万宁同乡会主席、槟城中华总商会会长、槟城海南友好协会主席祝友成，致力于中马交流，牵头促成了槟城与家乡海南缔结友好城市。

为适应当代急剧变化的国际形势，提高地缘性社团组织的地位，2015 年，马来西亚万宁同乡会总会发起筹建“世界海南万宁联谊会”。2016 年 6 月 11 日至 13 日，以“根在万宁，放眼世界”为主题的首届世界海南万宁联谊大会，在马来西亚吉隆坡万豪酒店隆重举行。来自故乡的有：万宁市政府副市长带队的家乡政府代表团、海南省侨联代表团、海南省工商联、华商会代表团和广东省万宁促进会、万宁龙滚教育文化促进会等代表团，以及世界各国各地区 1000 多名万宁乡亲代表参加大会。大会期间，马来西亚首相署部长马袖强、马来西亚交通部部长廖中莱的代表何国忠博士、中国驻马来西亚使馆参赞龚春森、马来西亚交通部前部长翁诗杰、马来西亚旅游和经贸部秘书长黄宏炳等应邀出席大会并致辞。

马来西亚茨厂街（杜燕生摄 2016 年）

万宁海外华侨华人社团和海外乡亲，热衷于世界性联谊，希望通过具有中华传统文化色彩的活动，增进新生代对“根”的了解与认同，为实现“一带一路”和共圆、共享“中国梦”而努力。

第二章 类型与功能

旅居海外的万宁乡亲约有30.9万人，分布在世界26个国家和港澳台地区，他们在居住地分别加入各类社团约309个。

第一节 类 型

万籍华侨是从加入社团开始，逐渐融入当地社会。从广义上分，万籍华侨华人主要参加如下几种类型的社团组织。

一、地缘性同乡社团

又称同乡会(馆)，是以乡、县(市)、省地缘为纽带组成的团体。它源于早期华侨华人社会由于语言隔阂和地区差异形成的“乡帮”。早期祖籍万宁的华侨华人，普遍加入海南会馆或广东会馆(海南建省前)，许多人在会馆中担任主要职务。如祝清坤，先后任马来西亚广东会馆、海南会馆联合会、槟城屿万宁同乡会、马来西亚万宁同乡会总会等30多个社团主席和名誉主席等要职；吴世才，先后任马来西亚海南会馆联合会、雪隆海南会馆、万宁同乡会、万宁同乡会总会等20多个社团主席、副主席；李城燕、陈玉熊、梁安云等，曾任新加坡海南会馆副主席；梁梅居、蔡居嵘，曾任澳大利亚新州海南同乡会副主席；王和源，曾任法国海南同乡会副会长；韩焕东，曾任阿联酋海南商会暨同乡会常务副会长兼秘书长、阿联酋中国和平统一促进会副会长；谢门钦为美国北加州海南同乡会永远名誉会长、创会人之一……

二、血缘性宗亲团体

又称宗亲会，是以血缘宗族为纽带，以姓氏为单位组成。海外血缘性团体起源于19世纪前期。随着移民人数的增加逐渐发展。据不完全统计，在海外115个姓氏宗亲会中均有祖籍万宁的华人华侨。祖籍龙滚的吴世才，曾任世界吴氏联谊会理事长、马来西亚吴氏宗亲会总会长、雪隆吴氏公会会长；梁安云，曾任新加坡琼州梁氏公会主席；冯朝端，曾任新加坡冯氏宗亲总文字、产业受托人、副主席；李城燕、李会章曾任新加坡琼崖李氏公会主席、副主席：陈玉熊，曾任新加坡琼崖陈氏公会主席；陈大鋆，曾任马来西亚陈氏宗祠财政、副主席；陈训才，曾任马来西亚陈氏书院董事长；林明贵，曾任马来西亚琼崖林氏公会副主席……

宗亲会不仅在各国华侨社会存在，而且逐渐发展成为世界性的宗亲团体，并轮流在一些国家和地区举办恳亲联谊大会。1993年全球苏氏宗亲总会在菲律宾成立，并决定每两年在各国或地区举行联谊大会。2018年第十二届世界苏氏宗亲联谊大会在菲律宾成功举办。来自世界各国各地的30多位万宁苏氏华侨华人参加大会，菲律宾正副总统均为大会发贺函。

三、业缘性团体

即行业商会、协会、公会等，是以同行业为纽带的专业社团组织。据新加坡统计，第二次世界大战前，新加坡的行业组织已有 123 个。如新加坡 1869 年成立的“北城行”，它是建筑工人的组织，崇奉鲁班；餐馆业团体“高楼行”成立于 1876 年；服装业团体“轩辕馆”成立于 1880 年；金器工人团体“文华行”成立于 1891 年；驳船业工人团体“驳船居”成立于 1893 年；等等。

“二战”后，业缘性社团逐渐增多。如新加坡钟表业公会、槟城社尾万山同业公会、马来西亚华校教师协会、华文作家协会、中文书法协会、马来西亚八打灵统武国术会、新加坡琼崖海员公会、南马咖啡粉厂商公会、“亚弄”(零售商)公会、米商、布商公会等等。许多祖籍万宁的华人华侨曾是公会的创始人，或在业缘社团中担任主要职务。崔士华，曾任马来西亚森美阑德教会永久名誉会长、紫兰阁德教会名誉主席；李城燕，曾任新加坡钟表业公会会长；朱桢华，曾任马来西亚华校教师协会主席；赵宏广，曾任怡和园暨大英义学路中元节委员会主席、头条路及柴皇前居民协会发起人及首任主席、槟城居士林名誉主席、社尾万山同业公会名誉主席；朱鸿养，曾任马六甲咖啡商行主席；王和源，曾任欧洲华人作家协会名誉会长；冯业新，曾任马来西亚槟威咖啡茶商会主席；莫礼谟，曾任新加坡琼崖海员同乡协会名誉会长；黄桂春，曾任马来西亚吉隆坡孟沙区孟胜会主席；许启甲，曾任马来西亚槟州厨业公会主席……

在业缘性团体中起主导作用且最有影响的是中华总商会。晚清时期，中国人在海外经商的为数不少。据文史记载，越南西贡“闽、广居此贸易者闻有五六万人”；新加坡市区“屋宇稠密，仿洋制，极高敞壮丽。市肆百货毕集，咸中华闽、广人也”；泰国曼谷“阖境华民约 30 万人，商务枢纽大半归之”；美国的华人餐馆“纽约市将三百余家，波士顿、费城等市各数十家，芝加哥市有一家，而投资本金十万者，陈设皆用华式，门如市焉”。华商发展已有相当的规模和实力。

清政府于 1903 年成立商部，颁布了《商会简明章程》。其条款中要求，除了在国内商务发达的省市建立商会外，还要在南洋以及日本、美国华商较集中的城市建立这类组织。1905 年，成立了槟城中华总商会、新加坡中华总商会。1906 年在清政府推动下，南越的堤岸、泰国曼谷、印尼爪哇等相继成立了中华总商会。此外，美国、日本、菲律宾、加拿大、墨西哥等国家也先后成立了相应的组织。中华总商会的领导层是因帮(广府帮、潮州帮、客家帮、海南帮、福建帮等)产生的，会董是由各帮侨领担任。

中华总商会对内协调华人社会的内部矛盾，对外则代表华人权益，在所有会馆和社团中，占有重要的地位，发挥着特殊的作用。祖籍万宁的祝清坤曾任槟州中华总商会会长、马来西亚中华工商联合会副会长等；祝友成(祝清坤长子)现任槟城中华总商会会长、槟城海南友好协会主席等；唐敏儒曾任马来西亚八打灵商会会长；曾昭炳曾任马来西亚峇株巴辖中华商会会长；曾昭才，曾任马来西亚峇株巴辖中华商会董事、财政；黄会彩曾任印度尼西亚总商会理事……

四、综合性社团

超越血缘、地缘、业缘的其他社团还很多，如中华大会堂、筹赈总会、校友会、俱乐部、善志互助社、同源社、体育会、龙狮会、马青公会等。如祖籍万宁后安的祝清坤曾任槟州华人大会堂主席、槟威金融贷款公会主席、槟城益群俱乐部主席等；祖籍万宁龙滚的吴世才，曾任马来西亚七大乡团协调联谊会副主任、马来西亚华人姓氏联谊总会副会长；王和源，曾任法国中华总会顾问、法国海青体育会副会长……

五、政治性或临时性社团

具有明显的政治性，为了某些应时性和特殊需要而成立的社团。历史上有过一些政治色彩较浓的秘密会党和社团组织，如成立于 1894 年的兴中会、成立于 1949 年的马华公会等。历史悠久的首推天地会、三点会、三合会及同盟会。早在 1799 年，英属槟榔屿政府就发现天地会活动的记载。在新加坡，1841 年已有天地会成员 1 万多人，1850 年发展到 2 万多人，参加会党的占当时当地华侨的 70%。1852 年，天地会已在美国旧金山矿区开山立堂了。1903 年梁启超在《新大陆游记》中写道："致公堂者，……各埠皆有，……全美十余万人中，其挂名籍于致公者，殆十而七、八。"孙中山先生与洪门的关系始于 1886 年，并于 1904 年 1 月 11 日正式加入致公堂。

祖籍万宁大茂的郑洪明，1893 年在南洋加入"三点会"，1903 年返乡组织"三点会"任首领；刘中悟，1909 年秘密加入琼崖第一同盟会，1911 年从日本归国被派往陵水县组织第二同盟支部；莫昌炳，曾任马华公会副会长；陈德波，曾任马华支会副主席、马青团长、马青团结运动支会主席；陈明文，曾任马来西亚马华支会主席。

祖籍万宁华侨参加的政治性社团还有："马来亚人民抗日同盟会""印尼抗日反法西斯同盟会""星马新民主主义青年团""星洲琼侨救乡会""新加坡抗日后援会""琼崖励志社""琼崖华侨服务团""旅德华侨反帝大同盟"……

据不完全统计，旅居各国的万宁乡亲，加入住在国家和地区 309 个社团组织。从狭义上可细分为：政治性、经济性、业缘性、地缘性、血缘性、学术性、艺术性、武术性、福利性、联谊性、体育性、教育性、慈善性等类型。

第二节 功 能

不同类型的社团，其功能有差异，活动的重点也不相同。即使同一类型的社团也会随着时代和环境的变迁而增加、更新其职能。

一、早期功能

"二战"前，琼侨的宗祠、会社延续家乡习俗，负责管理义山（华人坟地公冢），祭拜共同的祖先和神祇，为同乡举办祭祀活动，安顿、帮助陆续初到的同乡，建私塾、办义学，教育同乡子弟。同时，在不惊动政府的情况下，执行制裁和调解纠纷的工作。同乡之间的一些是非曲直，概以宗祠、会社裁定。海外宗乡社团在扶助弱小、联络感情、开拓事业、调解纠纷等方面发挥着极大作用。

早期琼侨社团可概括为：祭祀、福利、联谊、公益、国民外交等。其主要功能有：

（一）祭拜祖先和神灵，举办春秋二祭；

（二）接待、安置"新客"，帮助同宗同乡就业；

（三）救济贫寒病弱，资助困难而思乡者返梓；

（四）购义山、建义亭，安葬客死异乡的同宗同乡；

（五）兴办公益事业，建学校、医院；

（六）调解、排除宗乡间及会馆间的纠纷，代表本会馆或华人社会，与殖民统治者或当地政府交涉有关华侨事宜；

（七）当故乡祖籍国有灾难或遭受侵略时，发动华侨捐款捐物，支援家乡救灾和抗敌斗争，积极参与所在国的正义斗争和为所在国的繁荣昌盛而不懈奋斗。

二、现代功能

“二战”后，特别是新中国成立后，琼籍华侨华人社团虽然保留一些原来的主要功能，如敦睦乡谊，联络乡亲，慈善公益，祭拜祖先等，但是，社团的功能有了明显的更新。

（一）消失的功能

不同的国家有不同的变化。如东南亚国家新移民已几乎断绝，因此社团接待新客、安置新侨、帮助就业的任务基本消失。一些华校被当局取消或接管或合并，不存在建学校建医院问题。

（二）新增的功能

如兴办企业，参与经济活动；争取华人在当地的正当权益；社团参政、助选；促进中外经济文化交流合作，促进祖籍国和平统一；扩大社团阵容，建立青年团、妇女组；举办各种联谊文化活动，开展下一代“寻根认祖”传承中华优良传统活动；打破狭隘界限，带领社团“走出唐人街，融入主流社会”等。这些新功能是与日益变化的国际国内形势紧密相关，是华侨华人社团自身的适应性调整。

第三章 机构与活动

马来西亚 5 个万宁同乡会均有明确的章程、会员、会址，经民主选举产生的理事机构，开展正常活动。有来自会员无偿捐赠的经费，拥有固定的房产、物业等。

第一节 机构设置

一、社团章程

马来西亚 5 个万宁同乡会分别具有本会章程，章程须送当地社团注册官审核方获正式批准。

例如:《雪兰我暨联邦直辖区万宁同乡会章程》(现称雪隆万宁同乡会)。章程分为十章，即:总则;会员;权利与义务;组织;职权;常年会员大会;经费;产业及信托;惩罚与奖励;附则。章程规定，会员大会为最高机关，会员大会闭幕后，执行委员会将被授予最高权限，代行职权。执行委员会每届任期为两年，下设理事会(常委会)处理日常会务。其组织机构:主席、总务、财政、文书、福利、教育、青年、妇女、查账等部(各部设正副职);主席、总务及财政之职不得连任超过两届(本章程经修改，并于 1992 年正月 30 日及 1996 年 12 月 4 日获社团注册官正式批准)。

二、机构设置

万籍华侨社团机构设置，一般包括三大部分:议事机构，例如理事会、常委会;办事机构，例如财政、交际、文书、福利、教育;监督机构，例如查账、监察、监事部门等。

马来西亚万宁同乡会总会机构设置:

名誉主席、名誉顾问(若干名)

主席(1 名)、署理主席(1 名)、副主席(若干名)

总务(1 名)副总务(1 名)

财政(1 名)副财政(1 名)

文书(1 名)副文书(1 名)

交际(1 名)副交际(1 名)

稽查(1 名)副稽查(1 名)

教育部主任(1 名)副主任(1 名)

青年部(团)主任(1 名)副主任(若干名)

妇女组主任(1 名)副主任(若干名)

执行委员会委员(若干名)

总会青年部和妇女组内部增设理事会，理事会设正主任(1 名)，副主任(若干名)，财政、秘书、文教、查账（正副各一名）。其目的是充分发挥青年部和妇女组的作用，开展各项活动，吸纳更多的新生代加入同乡会，提升社团功能、拓展乡团发展之路。

三、运作模式

万籍华侨华人社团以会员大会为社团的最高权力机构，理事会或执行委员会为最高执行机构；常务理事会由理事会产生，负责开展各种会务。常务理事会或执行委员会由会长、署理会长、副会长以及各部门等组成，各司其职，各负其责。社团每两年（早期为一年）举行换届选举，会长只能连任两届（早期可连任多届）。民主选举、会务公开在万籍华侨社团已经形成了制度。马来西亚5个万宁同乡会都有自己的会所、物业财产，设有专项教育基金、奖助学金、大学贷学金和慈善基金。

第二节　社团活动

万籍华侨华人社团重视联谊、交流与合作。同乡会活动范围跨越所在地的界限，其内容丰富多彩。

一、联谊活动

会员及社团间的联谊活动是社团的基本活动。每逢节日或重大喜庆日子，万宁各个同乡会均开展联谊活动。如聚餐会，新春团拜会，春节宴会，中秋节、三八妇女节、五一国际劳动节联欢会以及春秋二祭活动等，并辅以文娱联欢、观看琼剧、舞龙耍狮等活动。通过举办各种活动，主动邀请当地血缘、地缘、业缘华侨华人社团参加活动，把万宁海外乡亲和各地华侨华人联络一起，交流信息，增进感情，发挥同乡会的积极作用。此外，还坚持适时组团返乡观光或举行各类活动。

1991年，马来西亚万宁同乡会总会组织4个属会130多名乡亲，带上舞狮队，回万宁参加万宁建县1360周年庆典活动。

1994年，该会组织各州500多名万宁同乡会会员回乡，在万宁举办马来西亚第三届万宁嘉年华会。

1996年，该会组织各属会代表120人返故乡参加万宁撤县设市庆祝活动。

1999年、2000年、2002年，该会组织马来西亚万籍青少年返乡开展以“千禧寻根旅，乡牵两地情”主题活动。

2013年至2018年间，该会5次组织马来西亚万（祖）籍青少年在故乡万宁开展“寻根之旅”、夏冬令营等活动。

组织新生代返乡开展夏（冬）令营和“寻根”活动，已经成为万籍华侨社团常态化。党的十一届三中全会以后，万籍华侨社团注重新生代“寻根”“认同”感，自1990年以来，几乎每年都组织万籍后裔回乡开展各种类型联谊交流活动。

平时，各个同乡会除每年举行会员大会外，各项活动层出不穷。如1989年8月3日，雪隆万宁同乡会举办第一届“吴世才杯”青少年乒乓球比赛；1993年9月举办会员子女中文书法比赛。

万籍华侨社团之间联谊活动频繁。自1990年开始，每两年举办一次“万宁嘉年华会”，由4个属会轮值，至2018年从未间断。万宁同乡会与东南亚各国的宗亲会、会馆之间的往来，像走亲戚一样，互相邀请，联络乡情，交流经验。

2016 年举行的世界万宁联谊大会

万宁琼剧演员表演琼剧片段(杜燕生摄 2016 年)

二、慈善活动

团结互助、扶贫济困是万宁同乡会的传统职能和一以贯之的活动。早年，万宁先民出洋谋生，初抵异邦，人生地疏，多为单身前往，且无本国政府作后盾，面对种种困难，为求生存与发展，他们只能依赖于社团。在维护同乡利益、安顿同乡新客、推荐就业、为乡亲排忧解难、提供服务等方面，社团起着重要的作用。一旦华侨内部发生争讼，社团出面周旋、调解，大事化小，息事宁人，避免对簿公堂或酿成暴力冲突。至于外侮、种族歧视和排华风潮，社团积极维护华侨的合法权益，据理抗争。一般而言，慈善公益事业办得如何，往往是衡量一个社团作用大小的重要标志。为把万宁同乡会办成同乡之家，马来西亚 5 个万宁同乡会，在成立之初就设立了福利专项基金，创办“乐善居”或“荣老院”，资助孤寡，扶持同乡，每逢重大节日，分派红包给予老弱病残或困难同乡，为困难同乡家庭的学生购赠学习用品。设立互助基金，协助去世会员的家属办理丧事等。这类活动，提高了会员、同乡在当地的福利待遇，有利于同乡长期生存和发展。

住在荣老院的同乡

三、文化传承

提倡教育，弘扬中华传统文化是华侨社团一大功能。宗亲会、同乡会祭祀祖先，各地会馆组织传统节庆，如春节、清明、端午、中秋等活动，都是带有浓厚的中华传统文化气息。早期的许多琼属宗亲会、同乡会设立私塾，创办华文学校，万籍华侨纷纷将子女送进华文学校就读。“二战”后，东南亚一些国家推行“同化”政策，关停转并中文学校，限制华文教育。20 世纪，新式华校的出现，逐步发展为独立、较为完整的教育体系。如马来西亚的怡保育才中学、崇德学校、益华中学，印度尼西亚的巴城中学等，均为华侨社团倡办。

马来西亚华人义山
(马来西亚万宁同乡总会供图 2016 年)

万宁同乡会为了支持、激励下一代继续深造，先后设立奖助学金及大学贷学金。为了弘扬中华传统文化，经常举办各种类型的中文讲座，开展中文书法、中文演讲、海南方言演讲、中小学生中文作文比赛等活动。许多万籍华侨华人家庭，坚持让下一代学中文、讲华语、讲海南话。每一次万宁同乡会聚会时都倡导与会者讲华语、讲海南话，开展丰富多彩的文娱活动，传播中华文明和继承中华优秀传统，鼓励新生代努力学习掌握祖籍知识和历史。因此，在马来西亚、新加坡的万籍华侨华人，一般通晓英、马、中、粤、闽、琼等五六种语言。

四、沟通交流

华侨移居异域后，他们与祖籍国、与家乡始终有着割不断的联系。社团是这种联系的桥梁和纽带。早期的宗乡社团，为同宗同乡提供临时住宿和聚会场所，同时又为他们提供有关家乡、亲属及家庭的各类信息。新时代，华侨社团起着“民间使者”作用。马来西亚万宁同乡会积极参与民间外交活动，他们与祖籍国派驻马来西亚的大使馆、领事馆有着密切的联系，成为中国使领馆与万籍华侨华人社区之间联系的桥梁和纽带，既是中国政府有关华侨政策、法令的宣传媒介，也是华人社会的代言人。2013 年，马来西亚槟城万宁同乡会主席、槟城中华总商会会长、槟城海南友好协会主席祝友成，致力于中马交流，牵头促成了槟城与家乡海南缔结友好城市，为中马政治、经济、文化交流起到了重要作用。

纵观历史，万宁海外社团为团结族群、促进华社联盟、扶弱济贫、敦睦宗亲、传承中华民族优秀传统文化和延续乡谊扮演着积极的角色，为住在国和祖籍国的社会进步、经济发展作出了重要的贡献。社团历届领导和执委们都有一个共同愿望：当我们生活得美好时，希望同乡也能生活得美好；当我们这一代过得幸福时，希望我们下一代过得比我们更幸福。

万宁同乡会总会举办中文专题讲座
（马来西亚万宁同乡总会供图 2016 年）

马来西亚万宁华侨华人社团表

社团名称	成立年份	2018~2020届	会址
马六甲万宁社	1926	主席:林明波 副主席:林昌成	58JALAN TOKONG 75200 MALACCA(观音亭街58号)
雪隆万宁同乡会	1947	主席:陈开府 副主席:王春全 廖朝敬	4,JALANSCOTTBRICKFIELDS 50470, KUALA LUMPUR (燕美律45号)
槟城万宁同乡会	1948	主席:许庆吉 副主席:谢是芳 黄运福 文合汇	136JALAN,HUTTON 10500 PENANG (惹兰亚珍106D号)
柔佛万宁同乡会	1959	主席:王平 副主席:文云龙	101-1JALAN RAHMAT, 83000,BATUPAHAT J0H0RE (罗加雅街210B号)
万宁同乡会总会	1971	主席:张才丰 副主席:林明波 陈开府 许庆吉	4JALAN SCOTT BRICKFIELDS 50470, KUALA LUMPUR (燕美律45号)
世界海南 万宁联谊会	2016	主席:吴世才	JALANSCOTTBRICKFIELDS 50470, KUALA LUMPUR (燕美律45号)

(马来西亚万宁同乡总会提供)

第四章　社团选介

第一节　马来西亚万宁同乡会总会

一、会徽、会旗、会歌

（一）会徽

图解：

“圆圈”象征万宁人之精神：真诚团结、共谋互助。

“双手”表示同乡拥护同乡会。

“小格子”表示万宁总会有四州属会。以颜色分别：白色（马六甲万宁社）；红色（雪隆万宁同乡会）；蓝色（槟榔屿万宁同乡会）；黄色（柔佛州万宁同乡会）。

（二）会旗

（三）会歌

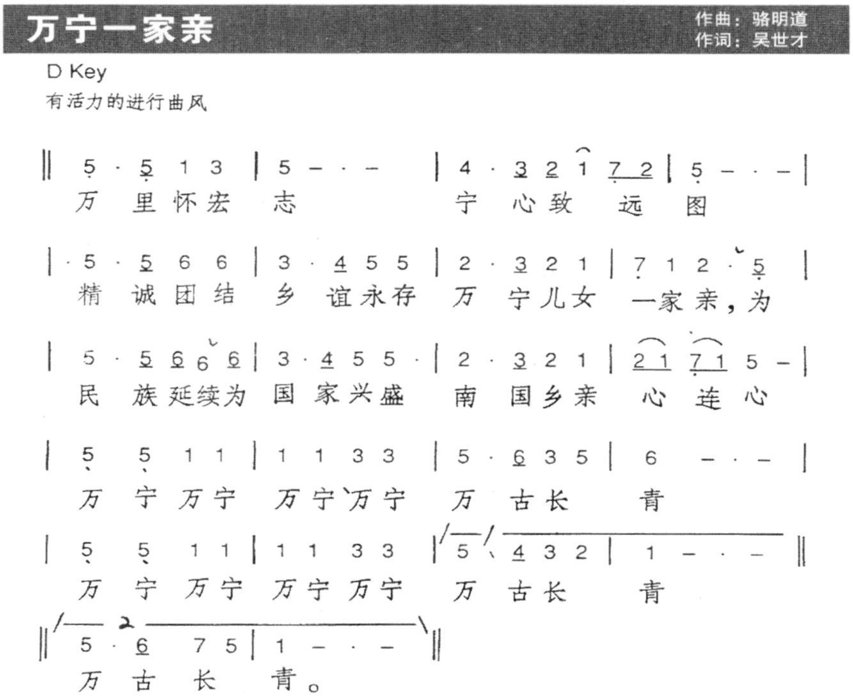

二、马来西亚万宁同乡会总会简史

鉴于万宁同乡散居新马各地，人数颇众，为联络乡谊，互助互惠，先后成立了马六甲万宁社（1926），雪隆万宁同乡会（1947），槟榔屿万宁同乡会（1949），柔佛州万宁同乡会（1959）。为了更好的发挥社团作用，众乡亲认为必须组织新马万宁同乡会总会，以联络感情，交换知识，共谋会员福利，以及协助同乡发展经济、文化、教育等事务。

马来西亚万宁同乡总会第一届理事会职员合影
（马来西亚万宁同乡总会供图 2017 年）

1961 年 12 月 9 日，在马来西亚首都吉隆坡（前称雪兰莪），万宁同乡会会所召集座谈会，商讨筹备成立万宁同乡会总会事宜。当时出席的代表者有马六甲州的陈大标、林国华、林国文、陈大鋆、陈为效；雪隆的朱桢华、陈训才、王大义、陈开日、施以经、韩祥光、王大悦、陈尊波、唐敏儒；槟榔屿的祝清坤、冯朝芬、梁居昭、黄昌荣、纪继番；柔佛州的曾昭经、曾昭炳、卢国川、吴鸿惠、陈明文；新加坡的林崇椰、莫宾科、李大楠，共 27 人。

与会乡贤一致议决：产生筹委会以成立万宁同乡会总会，即席公举林崇椰、朱桢华及文怀朗 3 位为筹委会顾问，陈训才为筹委会主席，并于 12 月 10 日第一次会议上由朱桢华起草宣言。当时众同乡慷慨解囊及 4 个属会各自拨款赞助筹委会经费，以利开展筹建总会具体工作。

1964 年，由于新加坡退出马来西亚，在 5 月 3 日的会议上，决定将名称改为“马来西亚万宁同乡会总会”（前名为星马万宁同乡会总会），并授权筹委会主席陈训才负责办理注册事宜。几经艰辛，于 1971 年 12 月 14 日获得社团注册官批准正式注册，马来西亚万宁同乡会总会宣告诞生。

1972 年正月二十三日，马来西亚万宁同乡会总会在首都吉隆坡举行成立大会暨第一届代表大会，选举产生 1972 年至 1973 年度职员。在首届主席陈训才的领导下，会务蒸蒸日上。总会主席有：陈训才、唐敏儒、曾昭才、祝清坤、朱开芳、黄桂春、黄东山、文亚苏、吴世才、张才丰……

总会于 1972 年经数次执委会议后，认为应设立大学贷学金，以扶助会员及其子女学业成绩优良者，完成大学课程，遂成立了以全体常务委员为贷学金委员会，专司其职，筹募基金。1984 年，正式成立大学贷学金委员会，并颁发首届大学贷学金，而后逐年进行。

万宁同乡会总会青年部职员合影

万宁同乡会总会妇女组职员合影
（马来西亚万宁同乡总会供图 2017 年）

1990 年开始举办万宁嘉年华会，由 4 个属会轮值，每两年举办一次，举办嘉年华会的目的是为促进 4 个属会同乡们的联系、交往，提供一个叙乡情、联乡谊的好机会。第一届万宁嘉年华会由雪隆万宁同乡会主办，于 1990 年 11 月 16 日至 11 月 18 日在马来西亚彭亨州福隆港举行；第二届由马六甲万宁社主办，1992 年 10 月 30 日至 11 月 1 日在马六甲爱极乐乡村度假村举行；第三届由槟榔屿万宁同乡会主办，于 1994 年 11 月 4 日至 11 月 6 日在家乡万宁市万城镇及兴隆举行，万宁县政府赞助；第四届由柔佛州万宁同乡会主办，1996 年 6 月 7 日至 6 月 9 日在马来西亚柔佛州刁曼岛举行。除第三届万宁嘉年华会在家乡举行之外，其余都在马来西亚轮值依次举办。

1999 年至 2018 年，总会 10 次组团回乡在万宁市举行青少年“夏令营”“秋令营”“冬令营”等活动。通过开展青少年喜闻乐见、形式多样化、乡情浓郁的活动，增进会员及青少年对祖籍家乡传统文化和人文景观的进一步认识与了解。此项活动深获海南省和万宁市政府及相关部门的赞扬，《海南日报》及当地多家报刊在显著版面作了详细报道。

三、马来西亚万宁同乡会总会理事会

第 24 届(2016—2018)理事会职员表

职务	中文名字	职务	中文名字
主席	张才丰	文书	张敬川
副主席	林明波	副文书	陈开春
副主席	陈开府	交际	冯宝琳
副主席	许庆吉	副交际	王春全
总务	莫雅霞	教育主任	吴清川
副总务	梁居壮	稽查	黄业光
财政	潘春发	青年团团长	杨作龙
副财政	陈开明	妇女组主任	林玉定

(马来西亚万宁同乡总会提供)

第二节 马六甲万宁社

马六甲万宁社(16 届)理事会职员合影

马六甲万宁社青年团理事会职员合影
(马六甲万宁社供图 2017 年)

一、马六甲万宁社史略

自海禁大开,吾万同乡,商旅於南洋各地者,为数日众。而尤以马六甲为盛。只以缺乏联络,致乡情无以团结;事业无由互助,此可为大愧恧者也。民国十五年(1926)秋,陈经谟、翁明吉、钟其致、李君龙、吴文志、王魁生、纪能义、廖燕梓、林幼翰君等有感于此,乃发起设立万宁社。旨在联络乡谊,谋同乡及桑梓福利。得诸同乡热心赞助。筹集万余元,购置马六甲观音亭街五十八号为社址。面积计广一九八六尺,呀兰二〇五三三号,连接有后尾空地,面积广五二六五尺,于民国十六年二月四日正式成立。选陈君经谟为总理。廿二年廖君燕藩继任。廿五至廿七年翁君明吉任正主席。刘君文瑞副之。其时社中经费拮据,翁、刘君等乃效各社团添设互助部。本社经费赖以挹注。廿八年至廿九年正主席文君怀朗,副主席刘君文瑞。后文君因就吉隆坡循人学校之聘,辞职离埠,遂由刘君文瑞代其职。卅一年春,马来亚沦陷,各职员纷纷避难,社务因之停顿,卅四年

秋，马来亚光复，本社旋亦复兴。当卅五年度全体社员大会普选时，刘君文瑞以年来功绩卓著，众望所归，被选为正主席。林君国文副之。同年五月廿七日，召开第一次职员会议时，佥以本社自成立迄今，倏逾廿十载，其经过事迹，非勒之金石，则何以彰示后人。而垂久远。即席成立本社建修复兴筹备委员会。六月一日各委员举行会议，选举刘文瑞、林国文、林世志、陈天祥、翁志道、陈大焕、卢业标、颜成懋、欧宗光、陈超武、萧志中、曾西周、刘文琨、陈大鋆、吴世卿、蔡文藕、卓钻英、崔芳秀、朱鸿养、文兰亭、文庆长君等为筹备建修委员，并推刘君文瑞为主任，进行建修牌坊复兴工作，暨修葺社宇。此本社创办经过之梗概也。凡吾同乡当念前贤创业之艰辛，懔守成不易，本爱社之热忱，各竭其力，共谋进展。俾本社得以发扬光大，而造福於乡侨，裨益於桑梓，是本社创立以来之所愿望也。

中华民国卅八年夏，邑人国立北京大学士朱桢华，谨述于吉隆坡尊孔中学。

（摘录自《马六甲万宁社纪念碑》）

二、马六甲万宁社简况

马六甲万宁社自1926年成立以来，素来贯彻先贤组社的宗旨，发扬互助精神，为同乡谋福利。由于历届理事推戴得人，全体社员竭诚合作，社务发展能够与日俱增。

1959年，马六甲万宁社为了鼓励同乡子弟求上进，提高学业成绩及学术水准，设立了社员子女奖学金，积极筹募基金，获得全体社员同乡的热烈支持，成绩斐然，使本社成功地购置属于阿逸依爹的20余亩胶园，作为长期入息的投资，提供奖金金予品学兼优的社员子女。

1961年，本社增设大学贷学金，使家境欠佳，而有志在马来西亚和新加坡大专学院深造的优秀社员子女，能够在经济上，获得实际的协助，实现他们成为专业人士的宏愿，这也是直接协助国家栽培专材，为社会人群服务。

为照顾同乡，协助贫老无依者以及家境清寒的社员子女，1977年，本社增设福利基金，筹获4万余元。除了每年春节前，分赠红包予贫苦无依的同乡外，也颁发购书与考试费津贴金予清寒社员子女。

由于万宁社1926年购置的社宇过于窳旧，不能适应社会发展需求。1982年3月28日，召开常年社员大会，与会者一致议决着手重建社宇，逐而成立了重建社宇委员会，负责积极募筹基金，以及监督建筑工程进行。

筹募重建社宇基金委员会职员：

主席：准拿督林国华

副主席：朱鸿养、顾兴光、陈大鋆、杨亚九、黄成福、颜成懋

总务：梁光明　副总务：冯荣日

财政：陈光华　副财政：文亚苏

文书：林国文　副文书：欧阳修利

查账：黄业光　副查账：陈大汪

委员：林斯保、卓琨英、刘运灼、朱开芳

建筑小组：

主任：林崇和

委员：杨亚九、陈光华、黄业光、欧阳修利、陈大汪、冯朝光、陈业振、颜成经

募捐小组：

主任：准拿督林国华　副主任：陈大鎏、梁光明

委员：朱鸿养、顾兴光、杨亚九、颜成懋、林国文、陈光华、陈大标、黄业光、叶必梁、刘明定、陈业振、陈业琳、刘运灼、陈大汪、林崇和、欧阳修利

在筹募重建社宇基金期间，本社先后痛失陈大鎏、林斯保、颜成懋与林国文4位乡贤，他们的逝世，实为本社的重大损失，尤其是陈大鎏，曾将一生心血用于本社的发展，在筹款方面，他的影响力最大，成绩最佳。

筹募重建社宇的工作获得同乡的热烈支持，一呼百应。同乡们的慷慨解囊，总共募集259350元。

万宁社新三层楼大厦于1984年12月由主席朱鸿养主持奠基礼，于1986年建峻，并于9月28日上午举行落成开幕典礼，恭请如下乡贤联合剪彩：

马来西亚万宁同乡会总会主席唐敏儒；槟榔屿万宁同乡会主席祝清坤；雪隆万宁同乡会主席许日强；柔佛州万宁同乡会主席曾昭才；本社主席朱鸿养；建委会主席林国华；总务杨亚九；财政黄成福。

（选自《马六甲万宁社庆祝60周年暨新社宇开幕特刊》原文）

万宁社青年团全体理事合影
（马六甲万宁社供图　2017年）

三、马来西亚马六甲万宁社理事会

第32届（2018—2020）理事会职员表

职　务	姓　名	职　务	姓　名
名誉顾问	陈东孙　陈石泉　陈业振 欧阳修利　刘文山 林昌德　林金兰		
法律顾问	梅德圣律师		
医药顾问	拿督黄明强医生		
主席	林明波	副主席	林昌成
总务	顾兴明	副总务	冯宝琳
财政	陈秋虹	副财政	黄圣良
文教	梁丽丽	副文教	林开舅
实业	黄业光	副实业	刘和安
福利	崔传日	副福利	林捷丰

续表

职 务	姓 名	职 务	姓 名
联络	吴金花	副联络	郭仁谦
青年	杨作龙	副青年	卓国强
妇女	林玉定	副妇女	符金美
查账	刘英珠	副查账	陈业邱
委员	王淑琼 黄名瑞 陈忠平 张炳光 陈业斌 刘运彬 汤慧妮		

第三节 雪隆万宁同乡会

一、雪隆万宁同乡会简史

雪隆万宁同乡会创立于 1947 年。在乡会成立之始，由于居住吉隆坡人数年年增加，但散居各地，不能联络乡情，实一憾事。时贤明之士，有鉴于此，乃籍十五啤海芳茶室举行座谈会，讨论创建同乡会事宜，大家一致赞成，特推举朱桢华、王大悦、朱齐良、黄中侨、殷开裕、黄中勇、李源振、许才经、黄斯义、李永裕、朱国琳、欧道增、王大奉、李学泰、崔高喜、苏章绪、李大俭、于际盛、钟德林、李之圣、王明凤等同乡为筹备委员负责筹组工作。

当年正月十九日召开第一次筹委会会议，即席推举朱桢华为主席，审查筹委会所拟之章程草案，届时提交全体会员通过以便开展筹组工作，唯建委会工作至繁且钜，乃推举苏章绪同乡等，负责征求同乡入会工作，同时得到各同乡大力协助，很快就于 1947 年 5 月 4 日，在吉隆坡十五碑东江加拉卯律 3 号门牌租一双层屋为会所，并举行同乡会成立开幕典礼。开幕当天，邀请中国驻马领事许孟雄先生举行开幕剪彩典礼。

光阴荏苒，由于会员逐年增加，理事会认为应设法筹建固定会所，以作为同乡会永久基地，因为原有会址系临时租赁，地方狭隘，不敷应用，若非建一较宽敞会所，则不足以应付将来之需求。同人等有鉴于此，乃召开会员大会，议决通过筹建会所事宜，并成立筹建委会。1961年 7 月 3 日，印发筹建会所筹款宣言，分发各埠同乡献捐，经过各地同乡热烈支持下，并

雪隆万宁同乡会理事会职员合影(雪隆万宁同乡会供图 1950 年)

雪隆万宁同乡会理事会职员合影(雪隆万宁同乡会供图 1997年)

得陈训才同乡不辞劳苦,四处宣传呼吁,陈训才等同乡劳苦功高,殊深敬佩。

该会在20世纪50年代后期,会员人数减至只剩200人左右,1959年陈训才出任主席后,不辞劳苦地奔驰于雪州各地大小乡镇,广招会员,以致会员人数增加到六七百名。同时也成立了互助金(福利金),为协助逝世会员的家属办理丧事,还充当更换身份证及办理公民证权的场所,不但为同乡,而且也为附近居民提供服务。

陈训才任主席期间,1961年,他在拍卖会上以22300元购下燕美律大厦地皮,奠定了置业的基础,逐尔他不遗余力四处筹款,开始筹建雪隆万宁同乡会新会所大厦,坐落45号门牌5层楼新大厦于1964年动土,1968年初竣工。1964年雪隆万宁同乡会成立了青年部,1971年设立会员子女学业优良奖学金。

1977年旧会所(3号门牌),被业主收回,只好在附近(门牌44号)暂时租来应用,唯因地方狭小不敷应用,1978年乃于十五碑谷律购置门牌4号双层店屋一间,作为会所办事处,以处理一切会务。当时决定要购买门牌4号之会所时,曾有会员反对,但在林明贵、唐敏儒等领导人的高瞻远瞩,完全以会员的利益为出发点的原则下,获得90%以上会员支持,乃买下该会所,从而奠定下相当稳固的基础。

(选自《雪隆万宁同乡会简介》)

雪隆万宁同乡会新会馆大厦落成典礼
(雪隆万宁同乡会供图 1997年)

雪隆万宁同乡会历届主席:

朱桢华、黄斯义、陈训才、林明贵、李育华、唐敏儒、许日强、吴世才、朱仕兴、黄桂春、李耀平、黄雄忠、吴叙江、陈开府。

历届主席建树良多。吴世才及朱仕兴主理会务时,为了进一步团结全体同乡,提倡每2年由马来西亚万宁同乡会总会4个属会,轮流主办全国性万宁嘉年华会,邀请家乡万宁市政府组团赴马参加嘉年华会,1990年由雪隆万宁同乡会举办首届嘉年华会,此项创举方兴未艾。

1997年3月23日,雪隆万宁同乡会举办庆祝本会成立50周年金禧纪念暨燕美律45号大厦落成开幕典礼。在庆典大会上正式成立大学贷学金。

(选自《雪隆万宁同乡会五十周年特刊》原文)

二、雪隆万宁同乡会筹备委员会宣言

自海禁肇开，吾万同乡商旅于雪兰莪者，为数日众祇以缺少联络，致乡情无以团结，事业无由互助，此可为大愧恧者也。同人等有感於此，现发起创立雪兰莪万宁同乡会。旨在联络乡谊，进德修业，谋同乡及桑梓福利。爰於民国卅六年一月十二日，假吉隆坡十五枝碑江东胶叻卯律海芳茶室举行万宁同乡座谈会，讨论建立雪兰莪万宁同乡会事宜。即席推举王大悦、朱齐良、黄中勇、殷开裕、黄中侨、李源振、许才经、李永裕、黄斯义、欧道增、朱国琳、李学泰、王大奉、崔高善、苏章绪、施汝经、钟德株、王明道、黄振禄、韩伯秋、李之圣、王明凤、李大俭、王蕃芹、王际孟、朱桢华、林进兴、王际盛、王兴、孙乡长等为筹备委员，从事建会工作。一月十九日，各筹委开第一次会议，由朱桢华君主席，审查筹委会员所拟之章程草案，俾届时提交全体会员大会通过。并推举殷开裕、王大悦、韩伯秋、苏章绪、李源振君等负责征求会员，日内分途出发与各同乡商洽，办理调查与登记事项。窃维建会工作，至繁且巨，所贵群策群力，不辞劳瘁，始克有成。敬希吾万旅雪同乡诸公，本爱乡之热忱，致力於建会工作，踊跃参加，共策进行，俾本会早日成立，此不独本会之幸，吾万同乡，咸利赖焉。谨此宣言。

雪兰莪万宁同乡会筹备委员会谨启

中华民国卅六年一月廿六日

（选自《雪隆万宁同乡会五十周年特刊》原文）

三、马来西亚雪隆万宁同乡会理事会

第 39 届（2018—2020）理事会职员表

职　务	姓　名	职　务	姓　名
主席	陈开府		
第一副主席	王春全	第二副主席	廖朝敬
总务	吴伟刚	副总务	陈忠贞
财政	吴春山	副财政	李觉明
查账	苏章绪	欧道增	陈德泮
青年团长	王家仁	副团长	王家胜
妇女组主任	陈丽英	副主任	黄玉卿
教育主任	吴清川	副主任	林玉蓉
福利主任	陈开德	副主任	陈劲文
公关主任	陈开明	副主任	黄幼明
执委	李顺发　廖熙钿　陈开德 林亚财　黄丽珠　蔡振孔 李雅雄　蔡亲宁　陈维宏 杨庆锦　林亚全　冯廷荫 杨辰昕		
稽查	吴国忠　陈爱民		

第四节 槟榔屿万宁同乡会

一、槟榔屿万宁同乡会史略

我邑乡人散居槟威两地为数不少，鉴于无联络乡谊之组织，难于守望相助，互助音讯，乡人遂萌创立乡会之宏志。

时值1948年，乡贤文怀朗、纪继蕃、李明华、林开芳、陈庆瑛、黄斯禄、萧士文、纪子宝、莫国良、许世初、李维盛、许福州、赵宏广、许启甲等人，登高一呼，招集乡人。多次座谈、商讨成立乡会事宜，并选出上述诸乡贤等30余人为发起人，专司筹备工作。

筹创乡会初俱眉目，诸乡亲全力以赴：征求会员、物色会所、申请注册。迨后，租赁本屿惹兰亚珍106 D号楼宇为会所，奠定了开展会务之基石。由于发起人积极筹备，乡亲们热烈支持，初入会者就达300余人。

1949年1月1日，筹备就绪，经推选文怀朗为首届主席，并举行成立典礼，恭请时任中国驻槟城领事李能梗主持剪彩，贺客盈门，情况殊盛。在首届主席文怀朗的筹谋下，会务蒸蒸日上。继任主席承前启后，领导有方，兼赖历届执委及乡亲的精诚团结，鼎力合作，会务逐步向前迈进。

创会初期，为了实现共谋乡亲福利之宗旨，本会平日除了敦睦乡谊、排难解纷外，又先后附设赞助金、福利金及奖学金等小组。同时联合雪隆、柔佛及马六甲三州万宁同乡会组成万宁同乡会总会，筹设社员子女大学贷学基金，提高免息贷款，协助会员子女深造。敬老慈幼，两皆兼顾。

1954年，会员增至800余人。鉴于会员剧增，租赁会所非长久之策。为了千秋大计，乡亲们咸认为应筹募建会基金，购置永久会所，以利会务。遂于次年成立建委会，在建委会主席冯业新、财政祝清坤、总务许启甲、募捐主任黄昌荣等乡贤的策划筹备下，获得同乡暨会员热烈支持，鼎力资助，共筹获10万余元，购置本屿惹兰亚珍136号洋楼，改为会所，完成建会大计。此时，会员人数跃增至1000余名。

1961年，为鼓励青年入会，培养新秀、促进会务，成立了康乐股，相继组织口琴队、乒乓队、篮球队、羽毛球队及象棋队，时有演奏或比赛，获得各界佳评。本会因而朝气蓬勃，极尽一时之盛。1966年设立奖学基金，嘉惠会员子女。

1970年，会所因年久失修，有碍观瞻，且内部设备亦欠完善；众会员皆赞成重建会所。唯兹事体大，非众擎无以为功。只有集中同乡之意志为意志，凝聚同乡之力量为力量，

槟榔屿万宁同乡会理事会成员合影
（槟城万宁同乡会供图 2003年）

万众一心，出钱出力，以期堂皇会所早观厥成。在这期间，正副主席拿督祝清坤局绅与冯业新率团访问星马乡亲，筹募重建会所基金。随团成员包括总务莫国良、杨业和、文书许开校等人。访问团费时2周，驱车走访星马各埠，蒙众乡亲慨然输将，筹得2万余元。重建会所工程于12月竣工；会所焕然一新，乡亲欣喜，外人赞赏。在购置及重建会所期间，执委冯朝芬、许开校筹谋有功，均被委为永远名誉主席，以示表扬，藉资鼓励。

1972年元旦，为庆祝新会所落成开幕暨25周年纪念。是日，各州万宁同乡会乡亲受邀参与其盛。

1990年，本会庆祝50周年金禧纪念，缅怀过去策励来兹，心手相连，齐步前进。

1991年12月29日，本会联同各州万宁乡亲100余人，组团出席万宁建县1360周年纪念。庆典场面宏大、节目丰富，宾主尽欢。唯行色匆匆，但为海外乡亲留下难忘的印象。

1994年，轮值本会主办第三届万宁嘉年华会，为令乡亲们，尤其是年青一代，有机会寻根拜祖、了解故乡风貌、延续乡谊，特订期于是年11月4日至5日，选址在家乡万城镇举办第三届万宁嘉年华会。此项意义重大，影响深远的活动，获得万宁县人民政府的大力支持，全马各州万宁同乡会500余名乡亲回乡参加嘉年华会，出席开幕式的有来自海南省政府及相关部门领导，万宁县各级领导及嘉宾1000余人，盛况空前。大会期间，大会主席拿督祝清坤局绅，马来西亚万宁同乡会总会及各州万宁同乡会主席等人，在海口市获得时任省长阮崇武的接见，双方交换意见，言谈甚欢。大会结束后，乡亲们或下乡探亲或旅游观光，各得其乐。他们在各自的故乡主动献捐学校、慈善、公益等项，为故乡发展略尽绵力，流露了海外赤子情。乡亲们回归故土，所到之处，均受到热烈欢迎与盛情接待，其情其景，铭感于心，终生难忘。

1996年，本会为培育英才，协助家境清寒学子求深造，经会员大会议决，授权执委会筹设会员子女大学贷学基金，筹款目标为50万元。主席拿督祝清坤局绅率先献捐10万元，其他执委乡亲也慷然响应。

2002年53周年会庆，本会第三副主席谢是芳资助全场酒席经费100余桌，计费35000多元，藉以继续筹募贷学基金。此次庆典活动共获认捐人民币242916.48元，成绩斐然。

先后荣膺主席者计有：文怀朗、纪继蕃、许启甲、冯业新、拿督祝清坤、谢是芳、祝友成等，他们热爱本会，关怀乡亲，出钱出力，难能可贵。尤值得一提者，蝉联本会主席十多届的拿督祝清坤局绅，为吾乡杰出人才，领导本会30多年，贡献良多，居功厥伟；其后继任主席、副主席、总务、财政及其各执委，亦多襄助，功不可没。岁月催人老，有者虽已作古，然音容宛在，令人怀念不已；有些已步入高龄，但对本会尚续作无私奉献，热忱不减当年，殊足钦式。

本会创立至今已逾70多年，素来除了贯彻联络乡谊、团结互助、共谋福利、发展会务之宗旨外，同时对社会公益、慈善、教育等活动亦尽绵力，并情系故里，不忘寻根拜祖。由于时代变迁与改革，客观环境的需要，乡团组织不能囿限于早期一己的活动，故步自封，必须参与华社，共谋整体权益，才是正途。为维持会务活力，所以每届执委会改选，乡亲们以老中青三结合为原则，委任适当的领导层，以和为贵而利会务。

本会会员人数逐年增加，现任主席拿督祝友成硕士，继承家严拿督祝清坤办会的宏图夙愿，屡见建树，经常偕同执委探访各州乡亲，联络乡谊，广招会员，以期“长江后浪推前浪”,承先启后,薪火相传,延续万宁人传统的团结精神。为改变乡团存在不足之现状,2012年,祝友成主席牵头创建槟城海南友好协会,并被推举为主席。该协会是一个不分种族、不分籍贯,也不带任何政治背景的民间组织。协会成立以来,他极力推广协会开展各种互惠互利的双赢活动,促进槟城与海南两地之间经贸、文化、旅游各领域的合作与发展。他极力向槟城首席部长林冠英举荐海南,为两地牵线,经多番努力,最终促成海南与槟城在2013年缔结为友好城市。是年,林冠英率队参加了在海口举行的第17届岛屿观光政策论坛。2015年博鳌亚洲论坛年会期间,林冠英又出席了“中国—东盟省市长博鳌对话”活动。2013年6月19日,祝友成组织并率领槟城万宁同乡会返乡恳亲团91人,回家乡万宁开展恳亲联谊活动,恳亲团参观、游览了东山岭、兴隆热带花园、神州半岛开发区等,受到海南省外事侨务办、万宁市政府及相关部门的热情接待。造福乡梓,惠及邦国,这里槟城万宁同乡会乃至广大海外乡亲的共同愿望!

(选自《马来西亚万宁同乡会总会特刊》原文)

链接:槟城琼州会馆百周年纪念碑序

昔昌黎韩子有言:“莫为之前,虽美弗彰;莫述之后,虽盛莫传”。旨哉言乎!本会馆之创建也,百年于兹矣。岁月悠久,胜事颇多,惜无翔实记载,不可得而传焉。乡人对于往事,每惓惓于怀,至今引以为憾。公元1966年4月13日(即农历三月廿三日)为本会馆成立百周年纪念日。缅怀先贤缔造之艰难,为表彰功德,策励未来,经由本会馆同人于1965年夏间,集会议决,组织庆祝筹备委员会,筹募经费,修葺馆宇,编印特刊,以示庆祝。由主席祝清坤君召集庆委会议,计划庆祝事宜。得诸馆员暨各同乡合力支持,热心赞助,乐捐三万余元,俾各项工作,得以顺利进行,而馆貌重新矣。是日也,天朗气清,惠风和畅,嘉宾莅临,济济一堂,觥斝纷呈,笙歌竞奏,其热烈情况,空前未有,诚百年之盛典,千秋之乐事。然年运而往,天人之际,有不可常者,则又当有以昭示来兹。乃建议制文立碑,刻乐捐者姓名于其上,以垂久远,而属序于予,予课馀得闲,秉笔书之。窃维花茂有根,洪流有源,前人种树,后人得荫。今日之欢怀庆祝,应笃念前贤创业之不易,作发皇之继承,以恢宏先绪,以垂裕后昆,乡人之卜居是邦者,必将有进于馆,有进于馆者,必将有读于碑,其尚知所勉焉。是为序。

1968年1月26日

国立北京大学文学士万宁 朱桢华撰并书

二、槟榔屿万宁同乡会

第63届(2018—2020)执行委员会职员表

职务	姓名	职务	姓名
会务顾问	拿督斯里祝清坤局绅 高级拿督斯里祝友成硕士		
主席	准拿督许庆吉		
副主席	准拿督谢是芳 黄运福　文合汇		
正总务	梁居壮	副总务	谢祖钦
正财政	许禄轩	副财政	许文秋
中文书	陈开春	国英文书	周永福
正交际	符树泉	副交际	吴世评
正调查	许开求	副调查	杨维凯
正查账	黄业雄	副查账	许静音
执行委员	陈秋福　郭谊翔　黄振钦 黄振吉　邢益福　许开明 李会安　冯崇哲		
妇女组主任	谢一莲	副主任	赵蕙心
发展基金主任委员	祝友成　许庆吉　谢是芳 黄运福　文合汇　梁居壮 谢祖钦　许禄轩　陈开春		
奖贷学金主任委员	许开求　许庆吉　黄运福 文合汇　梁居壮　谢祖钦 许禄轩　陈开春		
敦谊组主任委员	冯崇哲　周永福　符树泉 邢益福　吴世评		
万总代表	许庆吉　谢是芳　黄运福 文合汇　梁居壮　陈开春		
槟州华人大会堂代表	陈开春		

第五节　柔佛州万宁同乡会

一、柔佛州万宁同乡会史略

马来西亚柔佛州万宁同乡会成立于1959年。

马来西亚柔佛州位于马来西亚半岛的南端，与新加坡为邻。柔佛州的万宁乡亲为数众多，但散居各地，难以联络和凝聚，先贤们顾及于此，1959年，乡贤曾昭经、曾昭炳、曾昭才、陈文明、吴鸿惠、卢国川、何启良、梁俊东、王开怀、陈大轩等，为了团结同乡，联络情谊，共谋事业发展和造福桑梓，成立柔佛州万宁同乡会筹备委员会，立即得到全州万宁同乡的热烈支持，推举曾昭经为筹委会主席，着手筹备成立同乡会事宜。

同年秋，柔佛州万宁同乡会宣告正式成立。首届主席为曾昭经。会所设在峇株巴辖大马路门牌101号。从此会务不断发展，为同乡的文化、教育、慈善、福利事业，和热爱故乡、寻根问祖等方面做了大量工作。尤其是设立会员子女中、小学奖金和大学贷学金，使同乡子女读书成才，取得了显著的成绩。

1999年初，因租赁的会所地方狭窄，不敷应用，加上租赁期满，业主将收回店铺。为了购买一间新会所，作为永久的同乡之家，本会召开了全体会员大会通过购置新会所的决定，并成立了购置新会所筹备委员会，积极物色会所，发动筹募工作。同年，筹委会在峇株巴辖市中心寻得一间新建、宽敞、富丽堂皇的3层楼房，拟购为永久会所。但业主索价80万元，其价实非本会经济能力承受。为此，筹委会主席曾昭才、本会该届主席文清海、正副总务张才风、冯文尧、正副财政社国民、王平及筹委会委员刘运添、高芳泉、何君良、卢国川、符会政等，决定采取群策群力，众志成城的办法，发动各州万宁同乡筹募基金。此乃同乡会成立以来首次向外筹款，其善举获得本州同乡热烈响应，同时也获得雪隆、槟城和马六甲等州市同乡及万宁各同乡会的鼎力支持。在乡亲们踊跃解囊赞助下，终于购买了峇株巴辖罗加雅街门牌210B号一幢3层楼为新会所，完成了建会大计，乡亲们欢呼雀跃。1999年9月11日，本会隆重举行了“纪念柔佛州万宁同乡会成立40周年暨筹募新厦基金联欢宴会”，其场面热闹非凡，这是本会有史以来的一件大事。2000年初，新会所装修完成后，即行迁入使用。

柔佛州万宁同乡会2002至2003年度全体董事合照
（柔佛州万宁同乡会供图 2003年）

本会历届主席：曾昭经、陈明文、吴鸿惠、曾昭炳、卢国川、曾昭才、文海清、王平、杜国民等。他们团结同乡，艰苦奋斗，为实现“万里迢迢创伟业，宁心勃勃起鸿图”的远大理想，而作出了不可磨灭的贡献。

（选自《柔佛州万宁同乡会简介》）

二、柔佛州万宁同乡会（2020–2022）理事会职员表

柔佛州万宁同乡会（2020—2022）理事会职员表

职务	姓 名	职务	姓 名
主席	王 平	副主席	文云龙
总务	梁居强	副总务	张敬川
财政	潘春发	副财政	曾庆文
文书	莫雅霞	副文书	吴多文
交际	黄奕九	副交际	高芳泉
慈善	高源顺	副慈善	符蕙玲
稽查	杜国民	副稽查	廖朝诗
理事	张才丰 吴秀春 王贻丽 文清海 杜韵松 刘金美 梁居义		

链接一：马来西亚万宁嘉年华会

1990年，雪隆万宁同乡会发起每二年举办一次“马来西亚万宁嘉年华会”，马来西亚万宁同乡会总会4个属会(即雪隆万宁同乡会、马六甲万宁社、槟城万宁同乡会、柔佛州万宁同乡会)分别依次轮值。

第一届万宁嘉年华会由雪隆万宁同乡会主办，于1990年11月16日至18日在马来西亚彭亨州福隆港举行；

第二届由马六甲万宁社主办，于1992年10月30日至11月1日在马六甲爱极乐乡村度假村举行；

第三届由槟城万宁同乡会主办，于1994年11月4日至6日在家乡万宁市万城镇及兴隆举行；

第四届由柔佛州万宁同乡会主办，于1996年6月7日至9日在柔佛州刁曼岛举行。周而复始，至今从未间断。

举办嘉年华会，旨在加深马来西亚各地万宁同乡的联系，尤其是增进青少年一代彼此之间的交往和相互了解，培养新生代对故乡的认同感，激发老、中、青同心协力，推动同乡会的健康发展。为使嘉年华会丰富多彩，主办方都会根据实际情况，围绕“心怀故里，情系万宁”主题，精心策划、创设丰富多彩的活动项目。每一届主办方都会盛情邀请家乡省市政府及涉侨部门组团赴马参加嘉年华会活动。　　(选自《雪隆万宁同乡会会刊》)

马来西亚万宁嘉年华会活动
(马来西亚万宁同乡总会供图　1996年)

链接二：首届世界海南万宁联谊大会

2016年6月11日至13日，由马来西亚万宁同乡会总会(时任会长吴世才)发起主办的“首届世界海南万宁联谊大会”，于马来西亚吉隆坡万豪酒店举行。万宁市政府副市长王如龙带领的家乡政府代表团，海南省侨联副主席王小玉带领的侨联代表团，海南省工商联、华商会代表团、广东万宁促进会、万宁龙滚教育文化促进会等代表团，以及世界各国各地区近千名万宁、海南乡亲参加了盛况空前的大会。大会期间，马来西亚首相署部长马袖强、马来西亚交通部部长廖中莱及代表何国忠博士、中国驻马来西亚使馆参赞龚春森、马来西亚前交通部部长翁诗吉、马来西亚旅游和经贸部秘书长黄宏炳等应邀出席大会并致辞。中国驻马来西亚全权大使黄惠康、万宁市四套班子领导人、海南省归国华侨联合会、海南省华商联谊会、万宁市归国华侨联合会等分别为大会题词致贺。

(选自《马来西亚万宁同乡会总会会刊》)

大会主席、马来西亚拿督吴世才

马来西亚万宁侨领合影
(杜燕生供图 2016年)

链接三:香港万宁同乡会

香港万宁同乡会成立于2008年3月8日,同日,成立大会暨第一届会董就职典礼在香港九龙尖沙咀伦敦大酒店宴会厅隆重举行。万宁市组织代表团赴港参加成立大会,代表团团长李秀领(时任万宁市委书记)在大会上致辞。

第一届会董合影(香港万宁同乡会供图 2008年)

第一届香港万宁同乡会组织机构

荣誉会长:王俊武、郭远世

名誉会长:张泰超、韩阳光、李秉湧、陈赞荣、符儒圣、林玉珍、任良民、叶茂、陈光喜、王杰全、曾良、李海兴、李杰、黄名光、李亚明

荣誉顾问:李正慈、谭耀宗、史元林、潘国山、翁亚绪、黄宏泰、孙兴、陈素珍

会长:任良广

常务副会长:吴亚英

副会长:黄胜雄、李嘉伟、裴海岩、梁雅居、蔡小能

监事长:正黄胜雄(兼) 副监事长:周运福

法律顾问:王吉显

会务顾问:王业隆、周运福(兼)

司库:周秀姬(兼)许红杏(兼)

秘书处:梁雅居(兼)蔡小能(兼)文卫(兼)

常务会董:文卫、周秀姬、许红杏、李必学、孙弥文、司家胜、黄东晓、林诗奋、王光秋、梁秋娜、周正清、林镜明

会董:谢汉夫、吴洁文、陈希波、吴爱荣、谭翠英、蔡业民、谢南莲、陈珍、吴吉隆、王洪专、郭远旭、纪晓华、连霞、韩红定

第二届会董合影(香港万宁同乡会供图 2011 年)

香港万宁同乡会2011年11月日在龙堡国际宾馆举行第二届会董就职典礼暨联欢晚会。新任会长卓辽志、创会会长任良广先后在晚会上致辞。近600名嘉宾和会员聚首一堂。

应邀出席大会的有:海南省统战部巡视员陈琼月,海南省外事侨务办公室副主任折志凌,海南省商贸厅副厅长王克强,中联办港岛工作部处长陈旭斌,万宁市政协副主席、市委统战部部长林天学;出席的嘉宾还有海南省政协常委李正慈,香港海南商会会长张学修,海南省港区政协联谊会会长黄华康,香港琼海同乡会会长莫海涛,琼港青年交流促进会会长关锦添,香港三亚同乡联谊会副会长庄步云,马来西亚槟榔屿万宁同乡会主席准拿督谢是芳,马六甲万宁社主席准拿督文亚苏,广东省海南商会常务副会长邢增毅,广东省海南联谊会会长李卓章等。

第二届香港万宁同乡会成员

会长:卓辽志

创会会长:任良广

常务副会长:陈赞荣、李嘉伟、裴海岩、彭荣辉

副会长:许红杏、梁雅居、陈启云、司家胜、黄伟、萧斌、陈香婉

2015年6月12日,香港万宁同乡会第三届会董就职典礼暨乙未年盛夏联欢会假旺角弥敦道伦敦大酒楼三及五楼盛大举行。卓辽志连任会长。应邀出席大会的有:海南省万宁市委常委统战部部长卓林梅、中联办九龙工作部林琨琅处长等,参加联欢会的共有1200多人。卓林梅及林琨琅先后致辞祝贺,互赠纪念品。

(选自《香港万宁同乡会会刊》)

第四篇　华侨贡献

华侨的贡献，首先是对住在国的贡献，往昔如此，如今亦然。数百年来，万籍华侨与当地人民和睦相处，为住在国争取民族独立、经济发展、社会繁荣，默默耕耘，留下一行行闪光的足迹，谱写了可歌可泣的篇章，得到当地人民的赞誉。与此同时，他们不忘其“根”的观念，不为迁徙海外而泯灭，一直和祖籍国保持着密切的联系，这种联系尤其表现在与故乡休戚相关、荣辱与共方面。

第一章 对住在国的贡献

万籍华侨与当地人民，同受帝国主义、殖民主义者的压迫和剥削，彼此同舟共济，友好相处，密切往来。他们与当地人民为了共同利益，抵御帝国主义、殖民主义的侵略和统治，争取民族独立而流血流汗，甚至献出宝贵生命，为住在国立下了不朽功勋。

第一节 共御外侮

万宁旅居东南亚国家的华侨华人约 24.9 万人。历史上印度尼西亚受荷兰殖民统治 300 多年，马来西亚、新加坡受英国殖民统治有 200 多年。旅居这些国家的万籍华侨，长期在殖民者统治下，受尽奴役，苦不堪言。他们和侨居国人民紧密团结，共御外侮，抗击殖民者当局的斗争从不间断。进入 20 世纪以来，华工、矿工为了改善生活和劳动条件，反对殖民者和工头无理克扣工资和殴打工人等，举行一系列重大的罢工斗争。1941 年太平洋战争爆发后，东南亚各国先后被日军占领，日寇在东南亚各国疯狂掠夺，“敌视华侨”，对华侨进行大逮捕。面对日本法西斯的种种暴行，这些国家的万籍华侨纷纷参加各种抗日组织，建立抗日统一战线，与侨居国人民一道，为反对日本法西斯的掠夺，为民族独立、世界和平进行了可歌可泣的斗争。

一、越南

因地理位置和航海条件的缘故，越南是万籍华侨向海外迁徙的首站。早期，迁入越南堤岸经商者主要来源于广州、潮州、琼州、福州、泉州、徽州（宁波）七府，后以言语、习俗之区别，分为广肇、福建、潮州、海南、客家五帮，各设帮公所（同乡会）自行管理。这种制度当时被称为“七府五帮”。法国殖民者统治越南后，为便于管理华侨，仍沿用这种分帮管理制度。

从抵抗法国侵略者开始，旅越华侨与越南人民一起并肩战斗。1885 年至 1896 年，万籍华侨踊跃参加席卷越南北圻和中圻的“勤王抗法运动”。据《越南华侨概况》（台北编纂）记载，“琼崖约有数百人参加华侨梁俊秀率领的华越混合部队，在北圻一带活动。”《华侨论文集》第三辑述，当时两广总督张之洞曾奏报清政府：“……查近日越地游勇义民结营拒法者蜂起，谅山一带华越约六七千人，宣化以上华越约二万人。”

1946 年越南抗法战争全面爆发，同年 12 月，华侨进步青年建立了“越南华侨民主青年联盟”，发动华侨捐款、献田、节食、义卖等方式支援越南人民，组织青年先锋武装，奔赴战区，配合越南人民武装部队作战。曾明在越南西贡、堤岸参加印支共产党领导下的革命活动，是“新侨剧团”的创办人和负责人之一，曾任越南南部华侨青年解放联合会常委兼宣传部长、西堤华侨爱国民主联合会副主席兼宣传部主任。

1947 年 10 月，曾任琼崖纵队副司令员、中共中央代表庄田奉命赴越南，训练撤到越南的广东游击队，同时担任越南国防部军事顾问。

二、菲律宾

1942 年菲律宾华侨抗日游击支队（简称华支，又称四十八支队）成立，共有 700 多人，队员来自华侨、工人、店员、青年、学生和教育新闻界人士，他们与菲律宾各游击队并肩战斗，先后进行大小战斗 260 余次，歼敌 2000 多人，有近百名华侨在战斗中牺牲。后来在马尼拉华侨义山建有菲律宾华侨抗日烈士纪念碑。

三、印度尼西亚

据《明史·外国列传》记载，15 世纪初郑和下西洋时，在苏门答腊巨港上岸。当时此地华侨已有千余家。海禁解除后，到印度尼西亚经商的中国人逐渐增多。17 世纪初印尼受荷兰殖民者统治，1853 年荷兰殖民者开始在中国直接招募华工。1870 年后，万宁沿海一带的龙滚、后安、北坡等地村民开始往苏门答腊、邦加、勿里洞谋生。他们与当地人民披荆斩棘，开垦农田、修公路、建码头、种橡胶。而后，许多万籍华侨被荷兰殖民者招募到矿区开采锡矿。因荷兰殖民者长期役使华侨和当地人民从事繁重的劳动，把矿工视如牛马，百般凌辱，没有人身自由，为了维护人格的尊严，他们的反抗和斗争此起彼落，从未间断。

1914 年，勿里洞丹戎班丹矿区华工罢工。1927 年，丹锡矿矿工罢工。

1946 年 4 月 29 日，勿里洞锡矿华工，为要求荷兰矿主改善生活待遇和劳动安全，举行了历时 35 天的罢工活动。他们高呼“送我们回中国去”口号，罢工遭荷兰殖民当局和军警镇压而告失败。

1947 年 5 月 3 日，在“劳动总工会”的领导下，勿里洞锡矿华工再次举行大罢工，印度尼西亚各地华侨矿工闻风响应，罢工华工达 7000 多人，罢工坚持了 105 天。虽然荷兰锡矿主勾结殖民当局派军警镇压、逮捕矿工，罢工也告失败，但罢工使锡矿产量、公司利润锐减，大大挫伤了荷兰殖民主义者。

1941 年日寇入侵印度尼西亚后，出现了星罗棋布的抗日组织。爪哇及婆罗洲华侨成立了“抗日民族解放大同盟”；苏门答腊、棉兰等地成立了“华侨抗日协会”“反法西斯同盟”；泗水成立了“泗水战时华侨服务团”“泗水中华保安军”等。他们团结广大华侨、华商、工人、店员、教师、青年，开展抗日宣传，募捐支援抗日军队，发动华侨青年参军参战。

兴隆的杜澄波，出生越南，后移居印度尼西亚。1938 年，中日战争爆发后，他加入“中华国语会”任筹赈部副主任。1941 年初参加“三宝垄中华救护队”准备返回中国参加抗日救亡斗争。同年日寇侵占印度尼西亚，他以与朋友合办的“澄记商行”为掩护，积极开展抗日活动。日本投降后，负责救济安置印度尼西亚难侨工作，并组织成立“印尼中华教育协会”任总务主任。

清朝末年，有一部分万宁人乘帆船到荷属西婆罗洲（印度尼西亚）西加里曼丹省三发县沿海的邦戛镇登陆，当时，此地有数百户居民。1910 年该镇成立琼崖会社。万宁人陈达洲（家运）任主席。1942 年日寇入侵，会社受骚停办，时怕累及，理事将名册烧毁。因陈达洲与各界募款支持抗日，被汉汗（摇头龙）出卖，1944 年 8 月间与邦戛 64 位侨胞一起被日寇杀害。后被政府追悼于西加东万律纪念碑中记载。遗孀黎文艳（万宁人）抚育七小遗孤，2005 年在当地去世，享年 100 岁。1947 年至 1950 年间琼崖会社重建，推选翁绍贵（万宁人）为侨领。1959 年印度尼西亚政府排外法令实施后会社关闭。1960 年全镇遭火灾会所被毁，火灾后许多万籍华侨受排外冲击归国，琼崖会社告罄。

四、泰国

1937 年，“暹罗华侨抗日救国联合会”成立，旅居泰国的华侨纷纷加入抗日救国联合会。万籍华侨王德俊（王道平）是该组织主要领导成员之一。中国抗日战争爆发后，他积极发动琼籍华侨捐款捐物支援琼崖独立总队抗战。张小兀，曾任泰国抗日义勇军副队长；林放，曾任泰国南部地委专员、特委书记。

1939 年銮披汶政府执行亲日政策，泰国各种抗日活动均遭压制。1941 年 7 月，抗联解散，各抗日团体遂分散独立活动。同年 12 月，日军占领泰国后，抗联所有骨干和积极分子分别转入泰国抗日义勇军及其他地下抗日团体，开展抗日秘密活动。

五、马来亚

唐宋时期，已经有万宁人随阿拉伯商船到马六甲。据马来西亚史料记载，1641 年荷兰殖民者占领马六甲城时，该城有居民 2706 人，其中华人居民 400 余人，为保证马六甲的粮食和蔬菜供应，荷兰殖民者开始输入大批华人到马六甲开垦农田和菜园。至 1750 年，马六甲城华人增至 2161 人。因当时华人女性不出国，马六甲华人男性多娶信奉印度教的巴厘岛妇女为妻，其子女形成了马来亚土生华人（峇峇）社会。

1795 年英国占领马六甲后，又输入大批华人、契约华工开采锡矿，使华人人口迅速增加。19 世纪中后期，华人妇女开始移居马六甲，至 1937 年，马六甲城市人口中华人占 67%。

1896 年英国殖民当局将霹雳、雪兰莪、彭亨、森美兰 4 邦联合组成马来联邦后，未加入联邦的马来半岛北部吉打、丁加奴、玻璃市、吉兰丹和柔佛 5 邦被称为“马来属邦”。19 世纪，英国与暹罗（泰国）曾长期争夺吉打、丁加奴、玻璃市和吉兰丹 4 邦的控制权。英国殖民当局采取分化瓦解的方法，逐步向马来属邦扩张势力，迫使暹罗于 1909 年签订条约，同意将马来半岛北部的 4 邦宗主权移交英国，马来属邦也成了英国殖民地。

《马六甲万宁社史料》记载：“自海禁大开，万州同乡，商旅于南洋各地者，为数日众。而尤以马六甲为盛。”马六甲 1815 年创刊的《察世俗每月统计传》载：“马六甲为马来亚最重要的华人聚居区，建有许多华人寺庙、会馆等古迹。其中以青云亭、三保山、三保庙最为著名。” 1926 年，早期迁徙马来亚的万籍华侨陈经谟、翁明吉、钟其至、李君龙、吴文志、王魁生、纪能义、廖燕梓、林幼翰等发起成立了“马六甲万宁社”。

1930 年 4 月 30 日，马来亚共产党（简称马共，前身为“南洋共产党”）在森美兰州成立，成员多为华人，其政治纲领包括“驱逐英帝国主义出海峡殖民地与马来亚联合邦；建立马来亚共和国”等。

马共成立以来，万籍华侨在其中起到了重要作用。杨少民，1930 年至 1935 年担任马共麻坡地委书记、1938 年任马共中央常委兼槟城市委书记。罗绣春，1931 年任马共青加巴度区委书记。章礼，任马共中央常委、新加坡市委书记。何文汉，1932 年 8 月任马共中央书记。文德才，1933 年任马共中央总书记等大批万籍华侨在马共中担任重要领导职务。

1934 年，马共提出建立反法西斯统一战线的口号，组织领导雪兰莪煤炭山 5000 多名工人武装起义；1935 年组织领导森美兰州淡边地区马来农民武装起义。抗日战争爆发后，马共组织华侨和当地人民开展抗日斗争。

1937 年 8 月，马共在新加坡建立了“华侨各界抗敌后援会”。而后“马来亚新加坡华侨筹赈祖国伤兵难民大会委员会”(简称新加坡筹赈会)、“马来亚人民抗日同盟”、“马来亚民主同盟”、“马来亚华侨自卫军”、“新加坡华侨义勇军”、“马来亚人民抗日军”等抗日组织相继建立。

1941 年成立的“马来亚人民抗日军”，其核心成员为在新加坡成立的 101 军团特别训练学校(又名游击中学)学员。该校学员由各州马共选派的全马各民族、各阶层进步青年，而以华人为主体。1941 年第一批学员提前北上抗日，并于 1942 年 1 月在雪兰莪双文丹义山亭，联合当地的抗日队伍，组成人民抗日军第 1 独立队。随后，又有 3 批学员相继分赴森美兰、柔佛州分别成立各抗日军独立队。人民抗日军共 8 个独立队，总兵力 1 万余人，其中万籍华侨约有 500 人分布各个独立队。据马来亚人民抗日军公布，在 3 年 8 个月的抗日战争中，马来亚人民抗日军共作战 340 多次，击毙击伤日军 5500 余人，有 3000 多名战士和抗日后备队员壮烈牺牲。

马来亚人民抗日军简表

部队名称	成立时间	活动地区
第一独立队	1942.1.4	雪兰莪
第二独立队	1942.4	森美兰
第三独立队	1942.1.20	柔佛北、马六甲
第四独立队	1942.1.31	柔佛南
第五独立队	1942.5	霹雳
第六独立队	1943.8.13	彭亨西部
第七独立队	1944.9.1	彭亨东、丁加奴
第八独立队	1945.3	吉打玻璃市

(选自《马来亚抗日抗英纪念册》)

万籍华侨陈大智，1938 年加入马来亚共产党。1941 年参加马来亚抗日军第一独立队，曾任二十九中队副队长、模范中队队长、武工队队长、副司令等职务，是第一独立队领导人之一。1943 年他带领一支锄奸队深入吉隆坡执行任务时，因叛徒出卖而被捕，在狱中受尽酷刑。同年 5 月 7 日，他组织并带领狱中 106 位抗日志士，从吉隆坡半山芭监狱成功越狱，返回第一独立队。当时许多报纸都报道这一事迹，1948 年，马来亚抗英民族解放战争爆发后，他任民族解放军第一支队南区第二分队队长是“马来亚独立同盟”中心领导人之一。

万籍华侨林兴仁，1936 年在马来亚邦咯岛大丸区创建“侨兴工友互助会”。1938 年日本入侵中国时，他带领全体会员和发动琼崖华侨义演、义卖、募集捐款转送香港八路军办事处。1941 年他加入马来亚抗日同盟会，并在实天区与区委领导钟振康、陈天华组建了一支抗日特别流动队（特别行政队），每人配备两支左轮枪，常骑着自行车执行捉拿叛徒、汉奸、伏击日军等特别任务。

万籍华侨卢成，曾任马来亚抗日军第四独立队第一中队党代表、副队长，1944 年任第四独立队副队长。日本投降后，任新加坡总工会主席、全马总工会秘书长。1946 年 1 月 14 日被英殖民政府拘捕，3 月 31 日与 9 名工会领导人一同被驱逐出境。当时被马来亚、新加坡等多家报纸誉为“十君子”加以报道。

马来西亚华人抗日纪念碑
（马来西亚同乡总会供图 2018 年）

万籍华侨陈严克、冯崇琼，1941 年参加星洲华侨义勇军（也称华侨敢死先锋队），参加保卫新加坡战役，陈严克曾任班长；吴平浪，1941 年参加马来亚抗日军，当过战士、小队长、分队长、副中队长；黎明辉，曾任第三独立队三中队队长、政治主任；李有东，曾任第七独立队第十一中队队长；邢杰夫，曾任第七独立队三分队队长；萧继芬，曾任第四独立队第二分队队长；吴大森，1938 年任马来亚抗日后援会霹雳州主要领导人之一；曹桂亲，曾任新加坡华侨抗日后援队、琼崖华侨援冯（白驹）委员会主任和琼崖救乡会新世界区分会募捐组主任……

1948 年，马来西亚华人为表彰马六甲抗日斗争殉难者，在三保山建立了纪念碑，碑书“忠贞足式”四字，为蒋介石所题。

1952 年，马来西亚华人在亚依淡市建立“槟榔屿华侨抗日殉职机工及罹难同胞纪念碑”。各地纪念碑见证了华侨华人与当地人民在危急关头，为了挽救国家，同舟共济，浴血奋战的英勇壮举。每年清明节，当地华侨华人都举行公祭殉难烈士仪式。

日军投降后，1945 年 9 月英军登陆，重新建立殖民政府。1948 年 6 月，英国殖民政府实施“紧急法令”，宣布马共为非法组织。1949 年 2 月 1 日，马共各地武装力量统一组成“马来亚民族解放军”，转入农村开展抗英游击战争。据马来西亚官方数字统计，在抗英游击战中，马来亚民族解放军（后来改为马来亚人民军）共有 4000 多人或献出了自己的生命，或被捕关进监狱遭受酷刑，有大批华侨华人被驱逐出境。

马来亚抗日组织（马来西亚同乡总会供图 1940 年）

在海外参加抗日(英)组织的万宁归侨人员名表(东南亚部分)

姓名	侨居国	组织名称	曾任职务
庄 田	新加坡	中国共产党	中共党支部书记
陈大智	马来亚	马来亚共产党	第一独立队副司令员
谢章农	新加坡	南侨机工回乡服务团	南侨机工
黄会聪	马来亚	马来亚共产党	霹雳州地委委员
余进	马来亚	马来亚共产党	抗日同盟会会员
欧照汉	马来亚	马来亚共产党	马来亚工会负责人之一
章礼	新加坡	马来亚共产党	中央常委新加坡市委书记
陈文荣	马来亚	海员工会	秘书
罗绣春	马来亚	马来亚共产党	区委书记
李有东	马来亚	马来亚共产党	第七独立队中队长
文德才	新加坡	马来亚共产党	马共中央总书记
黄康	新加坡	中国共产党	新加坡东令区党委领导人
曾若空	新加坡	中国共产党	中共南委海员赤色工会
郭曼果	新加坡	中国共产党	新马中共地下党领导人
杨少民	马来亚	马来亚共产党	中央常委槟城市委书记
陈克邱	泰国	中国共产党	泰国特别委员会
何文汉	马来亚	马来亚共产党	马共中央书记
方克	新加坡	马来亚共产党	星洲洋务党总支书记
王伍	新加坡	马来亚共产党	星洲青年团一分团队长
王道平	泰国	抗日团体	负责人
王超(女)	马来亚	南洋救乡会	会员
冯崇琼	新加坡	马来亚共产党	星华抗日义勇军战士
卢成	马来亚	马来亚共产党	第四独立队副队长
叶虎	马来亚	马来亚共产党	地下党组织
李玉雄	新加坡	马来亚共产党	第四独立队宣传委员
许文书	马来亚	马来亚共产党	新加坡党支部宣传委员
吴平浪	马来亚	马来亚共产党	抗日军副中队长
吴运琳	新加坡	马来亚共产党	大坡小贩工会主席
陈坚	新加坡	抗日工人俱乐部	会员
陈严克	新加坡	马来亚共产党	星洲义勇团班长
罗绣春	马来亚	马来亚共产党	青加巴度区委书记
林明高	马来亚	马来亚共产党	邦咯分团副主席

续表

姓名	侨居国	组织名称	曾任职务
唐光辉	新加坡	中共第三党支部	委员
顾维国	新加坡	马来亚共产党	新加坡市委秘书长
曹桂亲	新加坡	马来亚共产党	抗日后援队主任
黄帮荣	新加坡	马来亚共产党	马共秘密联络站交通员
龚沉朴	新加坡	星洲青年抗日同盟会	会员
符一青	新加坡	抗日外围组织	工会会员
韩时光	马来亚	马来亚共产党	雪兰莪青年团组织委员
韩健	马来亚	学联青工反帝同盟会	雪兰莪团委负责人
谢志德	新加坡	中共党支部	码头工人运动成员
黎明辉	马来亚	马来亚共产党	抗日军第三独立队中队长
陈凤槐	新加坡	马来亚共产党	南侨抗日后援会负责人
莫国英	新加坡	马来亚共产党外围组织	新加坡洋业工会秘书
曹昭明	印尼	抗日后方运输处	运输站股长
叶娇	马来亚	马来亚民族解放军	交通情报员
李清泉	新加坡	马来亚共产党	地下武工队队长
吴金铎	马来亚	马来亚共产党地下民运队	队员
王文松	新加坡	南洋华侨机工回乡服务团	第二批副总务修机领队
陈水	马来亚	马来亚共产党	抗日军战士
萧英(女)	马来亚	马来亚抗日军	情报员
韦润荣	泰国	曼谷华侨工人联合会	会员
邢杰夫	新加坡	马来亚共产党	第七独立队三分队队长
杜考清	马来亚	抗日军	第三独立大队通信员
杜英	泰国	泰国侨党	抗日义勇总队部主席
张小兀	泰国	泰国侨党	抗日义勇军副队长
肖国良	马来亚	马来亚共产党	区委书记
林放	泰国	泰国侨党	南部地委专员特委书记
詹立辉	泰国	泰国侨党	曼谷航业工会骨干
王秀(女)	马来亚	马来亚抗日军	第七独立队护士
王亚兴	马来亚	马来亚抗日军	第四独立队战士
王金草(女)	马来亚	妇女抗日联合会	干事
叶妹(女)	马来亚	马来亚共产党	抗日军征收员
叶祺祥	马来亚	马来亚共产党	地下抗日工作者

续表

姓名	侨居国	组织名称	曾任职务
刘亚力（女）	马来亚	马来亚共产党	抗日组织
朱丁有	马来亚	马来亚抗日军	第一独立队战士
吴孝忠	马来亚	抗日军后备队	除奸队员
吴贺龙	泰国	抗日义勇队	战士
张群（女）	马来亚	马来亚共产党	第四独立队战士
张程彩（女）	马来亚	抗日交通联络站	交通员
杨亚习（女）	马来亚	抗日同盟会	征收员
苏志华	马来亚	地下抗英民运组织	征收员
陈坤	马来亚	马来亚共产党	第五独立队战士
陈汉良	新加坡	马来亚共产党	支委书记
顾明	马来亚	马来亚抗日军	分队长
陈金英（女）	马来亚	马来亚抗日军	第四独立队战士
卓战英	马来亚	马来亚共产党	抗日军民运工作
周娇（女）	马来亚	抗日军外围组织	抗日军联络员
郑桂玉（女）	马来亚	抗日同盟会	会员
蔡芳	马来亚	马来亚抗日军	战士
颜天迎	马来亚	马来亚共产党	区委书记
王开和	马来亚	马来亚抗日军	第二独立队战士
王志光	马来亚	马来亚抗日军	第四独立队后备队员
孔华兴	马来亚	地下民运队	队员
冯敬文	新加坡	马来亚共产党	琼崖华侨回乡服务团医疗队长
古合	马来亚	地下抗日民运队	队员
叶裕	马来亚	马来亚共产党	第三独立队警卫员
叶福	马来亚	马来亚抗日军	第一独立队战士
杜带（女）	马来亚	马来亚共产党地下交通站	地下交通员
田观发	马来亚	新民主青年团	团员
伦招娣（女）	马来亚	抗日地下组织	交通员
刘云	马来亚	劳勿地区工会	主席
刘信	马来亚	外围组织	情报员
刘美兰（女）	马来亚	马来亚抗日军	卫生员
刘振益	马来亚	马来亚共产党	第四独立队战士
刘添祥	马来亚	抗日军后备队	情报员

续表

姓名	侨居国	组织名称	曾任职务
刘道骤	马来亚	地下抗日联络站	交通员
汤玉成	马来亚	马来亚共产党	抗日宣传队员
许廷良	新加坡	琼崖华侨回乡服务团	基干队长
邬观水	马来亚	保卫团	团员
何瑞英(女)	马来亚	马来亚共产党	抗日同盟会交通员
余仲琦	马来亚	马来亚共产党	抗日外围组织
吴大森	马来亚	马来亚共产党	抗敌后援会主要负责人之一
吴秀容(女)	马来亚	马来亚抗日军	第七独立队卫生员
吴梅妹(女)	马来亚	地下抗日组织	征收员
张娣(女)	马来亚	马来亚共产党	地下交通站交通员
张亚顺	马来亚	马来亚抗日军	第八中队战士
张桂英	马来亚	地下抗英组织	情报员
李文山	马来亚	马来亚抗日军	第五独立队交通员
李秋平	马来亚	马来亚共产党	区党支部书记
李新满(女)	马来亚	抗日外围组织	军需供应站工作
杜考清	马来亚	马来亚抗日军	第三独立队通讯员
杨维坚	新加坡	中国共产党	琼崖华侨回乡服务团团员
沈佩美(女)	马来亚	马来亚共产党	第四独立队文化教员
苏昌云	马来亚	马来亚共产党	抗日同盟会会员
邱润金	马来亚	新民主青年团	团员
陆亚明	马来亚	马来亚抗日军	战士
陈水	马来亚	马来亚共产党	抗日地下组织民运工作
陈生	新加坡	马来亚抗日军	第四独立队印刷厂工作
陈春	新加坡	马来亚抗日军	第四独立队战士
陈真	马来亚	抗日地下组织	军需征收员
陈宝葵	马来亚	抗英同盟会	保卫团团员
陈房郁	马来亚	马来亚抗日军	第五独立队土坎特流队战士
陈秋娣(女)	马来亚	马来亚共产党	第一独立队交通员
陈景光	马来亚	抗日同盟会	地下机关报投递员
林兴仁	马来亚	马来亚共产党	实天区抗日特流队战士
林观水	马来亚	马来亚抗日自卫队	队员
林烈光	马来亚	马来亚青年团	团员

续表

姓名	侨居国	组织名称	曾任职务
欧盛容	马来亚	马来亚抗日军	第七独立队战士
郑清勇	马来亚	马来亚抗日外围组织	交通员
郑锦泉	马来亚	马来亚抗日军	第三独立队交通员
翁诗兴	马来亚	马来亚共产党	地下交通站交通员
翁秋安	马来亚	星洲华侨抗日义勇军	特流队战士
萧继芬	马来亚	马来亚共产党	第四独立队分队队长
黄玉	马来亚	马来亚抗日军	第五独立队战士
黄清	马来亚	民族解放军	战士
黄金保	马来亚	马来亚抗日同盟会	会员
黄清	马来亚	马来亚抗日军	第一独立队战士
王扁(女)	马来亚	抗日地下组织	交通员
黄桂英(女)	马来亚	民族解放军	第四支队护理员
彭少山	马来亚	马来亚共产党	第四独立队中队长党代表
曾玉珍(女)	马来亚	马来亚抗日军	第一独立队战士
谢旺	马来亚	马来亚地下抗日组织	情报员
谢门恒	马来亚	马来亚共产党	第三独立队战士
谢有侬	新加坡	马来亚共产党	抗日同盟会委员
韩时光	马来亚	马来亚共产党	马共地下抗日组织委员
蓝寿荣	马来亚	马来亚抗日军	第五独立队战士
廖铁	马来亚	马来亚抗日地下组织	民运交通员
林发(女)	马来亚	马来亚抗日地下组织	民运交通员
蔡钦	马来亚	马来亚抗日后备队	交通员
蔡如秋	泰国	南洋华侨机工回乡服务团	第九批团员
蔡常	马来亚	马来亚共产党	橡胶工友联合会会员
蔡赛	马来亚	马来亚共产党外围组织	征收员
蔡汉华(女)	马来亚	马来亚共产党	第五独立队护士
蔡桂花(女)	马来亚	地下抗英组织	情报员
钟发娣(女)	马来亚	马来亚抗日军	交通员
钟亚清	马来亚	马来亚抗日军	第五独立队护士
潘英(女)	马来亚	马来亚抗日外围组织	情报员

第二节 开疆拓业

一、崛起南洋

万籍华侨华人旅居东南亚国家的人数，占万宁海外乡亲总人数的 80.6%。深窥东南亚的历史，华侨华人对发展农工商经济活动，促进东南亚各国经济与西方工业国家接轨，融入世界经济体系和商品市场方面，功不可没。

2003 年 8 月 1 日，第七届世界华商大会在马来西亚首都吉隆坡举行。马来西亚总理马哈蒂尔在主持开幕中坦言："没有海外华人，东南亚的经济状况也许不会像东非般一蹶不振，但是肯定的也不像今天这般富有活力。自 18 世纪下半叶开始，经历了数代人的承前启后的勤劳耕耘，秉持和睦的精神，使到东南亚区域社会有华人的地方都获得较快速的发展，并逐渐跟上西方工业文明的前行步伐。今天，东南亚的马、新、泰、印等国成为世界发展中国家里的较成功者，各国华人在经济领域里的贡献是厥功至伟的。"（马来西亚《国际时报》）

（一）工农商界

万籍华侨最早出洋源于经商。

秦朝，海南黎族先民尚处于原始社会的自给自足状态，以物易物的形式为当时的所谓商业活动。《正德琼台志》载："越处近海，多犀象、玳瑁、珠玑银钼果布之凑，中国商贾者多取富焉，则秦有至者矣。"秦朝已有中原商人乘舟渡海上岛，开始了海南的古代商业活动，激活了古代海南先民与岛外的交往。

汉代，中国开辟了"海上丝绸之路"。沿海上丝绸之路贸易的波斯、阿拉伯人都在海南岛休整、补给、进港避风。万宁大洲岛及万宁沿海自然港湾常常是海外商船停泊首选。

唐龙朔二年（662）后，海南设立崖州、琼州、振州、万州 4 个州，汉人人口激增，农业生产和贸易活动有了较大的发展。一些随商船而来的波斯人、阿拉伯人也开始留居海南岛沿海一带。万宁逐渐形成了"番人村"。起初，万州沿海一带村民采取"物物相贸"的原始方式与波斯人进行交易，而后逐渐出现了作为经纪人的商业阶层。

天宝七年（748），"万安州大首领冯若芳常在海上抢掠商船，劫夺波斯船只及其货物，并趁机与波斯、阿拉伯商人交往。继而转输入西域、南海及广州。"万宁开始出现了海外商贸活动。

宋代，北方金兵入侵，汉人迁入海南形成高峰。海南的农业、手工业得于快速发展，民间集市贸易渐呈繁荣，墟市初步形成固定形式，海上贸易较为发达，沿海的港湾形成了固定的停泊点，商船航行甚盛。《万宁县志》（1994 年版）载："宋代，外国船只已经频繁航行万洲各港湾。"其时，沿海一些居民弃农下海，与洋人商船开展各种交流贸易活动。《正德琼台志》载："宋代，海南商贸勃兴。"南宋赵汝适《诸番志》卷下《海南》述：琼州"其中尤以槟榔、吉贝为主要货物，与外界交换"。宋朝设立琼州市舶司，隶广州市舶司，"市舶"主要负责从南洋返回船舶的监管检查，以船征税。

元朝至元三十年（1293），海口设立"海北海南博易提举司"。海南沿海地区与外贸易比较频繁，万宁的乌场港、莲塘港、坡头港等港口几乎成为客商往来船只和货物进出集散地。宋、元时期，县城为州(军)治所，东门口设市肆。明代，县城东门、南门逐渐发展成为土特产物资的集散市场。许多客籍商贾来此开店营业，大宗土特产经商人转手，从港门、南港水运而北上。

《正德琼台志》卷 21 载：明代，海南岛水运发达，岛内各大水系南渡江、万泉河、龙滚河，太阳溪(河)、陵水河之间，取海道彼此相通，均以海口港为起点，“郡东水路，半日至文昌铺前港，半日至清澜港，日至会同调懒港，半日至乐会博鳌港，半日至万州莲塘港，日至南山李村港，日半至崖州之临川港，俱无隐泊处。……俱有湾汉可泊舟。”对外，为“海上丝绸之路”，海南岛小帆船，每艘估计为 150 吨。“小舟远可往暹罗(泰国)、安南(越南)，满剌加(马六甲)、近可抵海安，上达苏杭，直渡日本长崎，无处不往，十分活跃。”

明朝，自洪武四年(1371)明太祖下令“禁濒海民不得私出海”始，屡施海禁令，致使海上贸易衰落，也使海外华侨与国内联系中断。

郑和下西洋将“海上丝绸之路”推向了鼎盛。持续时间长达 28 年之久的下西洋船队，7 次经停万宁大洲岛。此后，万州居民沿着这条航线出洋贸易、去番谋生，“夏去秋来，率以为常”。其时，万州对外贸易也从短途接续式贸易，向海外长途贩运式贸易发展。万州商贩往返周边国家进行经济活动，许多商家在海外设“号房”留居当地为“住商”。不设号房者，则年走一两回。

在西方殖民者入侵东南亚之前，万籍华侨主要是为了通商贸易的需要，移民中南半岛。当时，“海外诸国，日以通商”，“彼此互市，若比邻然”。据史料记载，万籍侨民中有不少人利用对侨居国商情的了解这一有利条件，从事进出口贸易。他们收购商货，有些转手外邦商船，有些带货往返于两地，从而架起了琼州、万州和侨居国之间的交流贸易桥梁，促进了双边贸易往来。

据统计正德年间(1506—1521)，琼州府有 122 个较大的商业墟市，其中万州 6 个、乐会 3 个(含龙滚)，这些墟市大多设在水陆交通便利之处，朝集午散，隔日或数日一集不等。其时，大多“陆路少通，多由海达”。万州的莲塘港、乌场港、坡头港为沿海商业港口，南渡江、万泉河、龙滚河、太阳河等之间，取海道彼此相通，为客商往来和物资流动提供便捷。明代，万城的东门、南门逐渐发展为土产物资的集散市场。更多客籍商贾来县城开店营业，大宗的土特产经商人转手，从港门、南港水运进入“海上丝绸之路”北上。

清康熙二十三年(1684)取消“海禁”，次年琼州设置海口总口，兼辖万州、乐会、铺前、清澜、沙口、儋州、北黎、崖州 9 个分口，负责征收沿海贸易和外国贸易船舶的关税。万州客籍商贾的货船往来增多，城东有直通白沙坡海的大路，水路贩运货物多从这里进出。东门、南门市场为街市，坐商增多。当时万州城的整个轮廓是“八街二市九巷”。道光年间(1821—1850)万州商业墟市增至 25 个、乐会县(含龙滚)12 个。清末，早年远渡南洋的华侨开始回乡投资兴办各种实业。万宁许多墟市铺店均为华侨兴建经营。如万城“永福堂”“乐兴昌”“源隆”“国记”“香英利”“天德”；龙滚“富裕”；后安“协和”等。

16 世纪后期，特别是 17 世纪，西方国家相继侵入东南亚，随之东南亚各国逐渐沦为殖民地，殖民者需求大量的劳工，这一时期，万籍华侨是作为主要劳动力移居东南亚。其中部分跟随已定居海外的亲戚朋友学做生意或从事小手工业，而绝大部分则垦荒种植，从事繁重的农业劳动和危险工作，如开山挖矿、架桥修路等，当中有被骗为“赊单工”和“契约华工”。据记载，被骗卖往殖民地的华侨，死亡人数逾半数以上，幸存者当中许多人契约到期也不能回家,没有人身自由。

民国时期,乡村集市贸易复苏,随着南洋侨汇和华侨回乡投资办实业的增多,商业进一步发展。许多外国产品纷纷上市,如洋油(煤油)、洋布、洋火(火柴)、红毛灰(水泥)等,销售洋货杂货店、商铺应时而生。民国初期,万宁输出的土特产主要有椰玉、椰油、赤白藤、兽皮、土糖、藿香、草仁、益智等。

民国二十八年(1939)2月,日本侵占海南。日军侵占万宁期间,商业为日军商胜间田商行和南学公司所垄断,大中商号纷纷倒闭,墟市商店关门停业,部分经营商铺的华侨携儿带女潜逃国外。

早期万宁出洋经商的华侨先辈,自踏进侨居国之始,就与当地人民和睦相处,把中华文化的道德规范和价值取向等精华,与当地思想文化相结合,通过双边或多边贸易活动,搭建了文化、经贸交流的桥梁,为侨居国经济发展作出了重要的贡献。印度尼西亚前总理阿里·沙斯特罗阿米佐约曾说:"中国的帆船不仅带来货物,随之而来的还有许多中国商人、工人、手工业者等,他们在我国定居下来,带来了中国的技术和古老的文化。直到现在,我们的许多岛屿还保留着这些中国文化的精华。"(《人民日报》1955年6月8日)《明史·外国列传》记载:加里曼丹"初用蕉叶为食器,后与华人市,渐用瓷器"。

万籍华侨的发展,经过了一个漫长的历史阶段。

万宁第一代海外移民,多为文盲半文盲,绝大部分是沿海农村的贫苦农民,他们为了摆脱困境,被迫"出洋"寻觅生路。旧中国,"行船河海三分命"。漂洋过海,本身就是一种九死一生的冒险行为。他们凭借着简陋的航海工具,离乡背井,卜居人生地疏的异邦,在社会的底层胼手胝足讨生活。当时,万宁民间就有"怕死不去番,住番不怕死"的调侃。

第一代万籍华侨因出身贫寒,文化较低,且又在异国他邦,竞争力疲软。"二战"前,他们主要靠"三刀一锄"(菜刀、理发刀、剪刀、锄头)和当矿工。有些耕农牧海,有的垦荒种植,有的以掮客为业,有的摆路边摊点,有的为餐馆当小工当厨师,有的走街串巷招徕理发、修面者,以苦力谋求自身生存。当矿工者多为"猪仔"(契约华工),他们生死存亡听天由命,部分契约华工,满期后仍然无法解约。自由移民者,所涉足的职业以垦荒种植、小饮食、手工业及家庭服务等传统行业为主。这些受雇于人的行业收入少,入不敷出。相当一部分人自身温饱尚难解决,无从顾及远在家乡的亲人,许多人自离开家乡后就从未返乡,有些人至老也攒不够回乡的盘缠,孑然一身,靠同乡收容,客死他邦。据万宁侨务部门2007年调查统计,万宁散居农村由政府供养的163名归侨"五保户"中,就有141名是在海外因贫困或鳏寡孤独者,20世纪50年代由同乡筹集路费遣送回国的。万宁民间称之为"番公""番婆"(其意为一无所有的南洋客)。

"二战"后,东南亚国家纷纷独立,世界形势和华人社会发生急剧而深刻的变化,"三刀一锄"为万籍华侨立足国外、谋求发展奠定了基础。他们依靠这些传统的职业,逐步积累财富,赢得了发展的机会,在工商业界崭露头角,为住在国的经济繁荣作出了一定的贡献。

祖籍后安的祝清坤,11岁辞别桑梓南渡,1937年卜居马来亚时,两手空空。他当过童工、店员,干过零碎杂活,直至1945年,每月工资仍在10元以下徘徊。他靠着坚强的毅力和锲而不舍的精神,克勤克俭,终于闯出了自己的路。1950年后,他步步为营,逐而投资于种植、酒店、建筑、金融、贸易等行业,拥有均记茶行咖啡粉厂、清坤实业有限公司、联达发展有限公司、鸿昌实业有限公司、怡胜策略控股有限公司、亚洲种植有限公司、通用电脑(马)有限公司等数十家私人公司和企业股份,成为马来西亚华人中的商界巨臂和著名侨领。

祖籍龙滚的李城燕,虽毕业于故乡师范学校,但1939年往马来亚丁加奴时也只能受雇于人当店员,辗转新加坡时,仍然蹬着脚踏车,顶风冒雨为店主销售书籍和文具。他凭借自己的辛勤工作和积蓄,创办了“大方表行有限公司”,逐渐奠定了稳固的商业经营基础。事业有成后参与社团工作,先后被新加坡海南会馆等6家社团选任副主席、主席等职务。

祖籍万城的朱鸿养,1924年跟随乡亲往马来亚,当过佣人、餐厅员工。1943年在马六甲东佳纳街创办“琼南发咖啡店”,系马来西亚日治时代拥有执照的少数咖啡店经营者之一,至今咖啡店仍在经营。马六甲咖啡商行的发展与他的创造精神是分不开的。1964年出任马六甲咖啡商行主席、马六甲琼州会馆财政、万宁社主席。

祖籍万城(北坡)唐敏儒,初在吉隆坡福隆港当佣工,工作之余潜心研习中英文。第二次世界大战后,投标经营食堂。1965年创立“永年茶室”,1970年投资创设“意难忘酒店”夜总会,事业有成后献身马华公司、琼侨社团,参加社团及政治活动。

祖籍龙滚的黄会彩,1912年出生于印度尼西亚,1931年大学毕业后进入印度尼西亚政府投资商务公司工作。“二战”后投资创办“友诚汽配城”公司任董事长。

祖籍龙滚的梁永安,1974年在新加坡创办“和发”机械工程(私人)股份有限公司,任执行董事长,公司发展到拥有500名员工。1988年,以中外合资方式,回国在上海创办“新天地”旅游酒楼,而后又在海口、万宁、加积、三亚等地投资房地产开发。

祖籍龙滚的梁安云,年少时买棹往新加坡,从工而商。后在新加坡美芝律创设交通旅行社,后将原店重新组建百伦商行,专营外国旅客用品。

祖籍礼纪的王和源,出生于柬埔寨,大学毕业后于1972年赴法国巴黎寻求发展。当过餐厅服务生。1977年倾其所有并在朋友的资助下,在巴黎“凯旋门”繁荣黄金地段开设餐馆,为示不忘家乡琼州之意,将其命名为“醉琼楼”。

在东南亚,特别是马来西亚、新加坡、泰国、印度尼西亚等国家,万籍华侨华人的工商业网点星罗棋布,大中小企业随处可见。

链接:马来西亚邦咯岛渔业先锋

邦咯岛是马来西亚霹雳州沿海岸的一个小岛,面积有20多平方公里,与红土坎皇家海军基地一衣带水。该岛气候温和,雨水充沛,四时皆春。周围水产资源丰富,盛产西刀鱼、甘梦鱼、鲳鱼、硬尾、刺壳鱼和红鱼等热带鱼类。陷为殖民地的邦咯岛本地人民,一无资本,二无技术,只能眼巴巴地看着那些游弋的鱼群而兴叹。

20世纪的30年代,最先到达邦咯岛的是祖籍陵水县新村港渔民郭春桂等人,接踵而至的是万宁、琼海、文昌籍华侨,其中万宁籍华侨为数颇多,他们以捕鱼为业。当时捕捞渔业的网具和技术,都是从家乡海南引进。渔工凭着一只指南针和一本“流水簿”,驾驶两艘大帆船,携带大围网从事捕鱼作业,渔工清一色是琼籍华人,而以万宁为主。大帆船是母船,带着两只大艇和一只小艇,大艇和小艇是以人工摇橹为动力,小艇是捕鱼的指挥船,一般出海3个星期才回港,凡获得好收成,渔船返港时均升红旗。

为促进渔业的发展，由祖籍万宁的华侨前辈林兴仁（山根人）、翁秋安（和乐人）、梁居卿、陈曼夫（龙滚人）、陈圣昌、林猷喜（后安人）等发起成立了代表华侨渔工利益的邦咯岛“侨兴工会”。侨兴工会的万籍华侨，在日本侵占马来亚时均参加马来亚抗日独立队，林兴仁、翁秋安等成为抗日独立队的领导。

（选自《马来西亚万宁同乡会总会特刊》）

当年的帆船（杜燕生供图 2018 年）

（二）科教文卫

万籍第一代华侨多为文盲，他们在异域备受没有文化及语言不通的痛苦，许多人只能生活在华人聚居的区域，从事强度高、收入少的体力劳动。因此，他们对文化的渴求十分迫切，纷纷参加夜校补习或创造条件半工半读。同时，他们对下一代文化教育极为重视。“二战”以后，大多数家庭都全力以赴，资助子女接受现代文化教育，家庭经济稍为宽裕的，都乐意送其子女赴科技较发达的国家深造。

除此之外，还有很多人把自己的子女带回或送回家乡就读。为鼓励、资助同乡子女接受文化教育，马来西亚万宁同乡会相继设立奖学金和贷学金，定期奖励品学兼优的同乡子女和资助同乡子女继续学习深造。重视新一代的文化教育已经成为万宁海外乡亲的共识。因此，万籍华侨、华人后裔的文化知识层次也在不断提高，其中成才者不少。这些在科学教育上的成才者，对住在国，甚至对世界科学教育、文化卫生等的发展都作出一定的贡献。

20 世纪 60 年代后，万籍华侨华人就业领域较广，几乎遍及各行业。新一代华裔及受过良好教育的华人，很少从事父辈或祖辈的传统行业，大多数从事文化教育、工商管理、律师医生以及科学工程技术等方面的工作，部分人已进入社会主流阶层，享有较高的职务和社会地位，涌现出一批学者名流。

谢门熙，祖籍龙滚。1928 年随母南渡马来亚与父团聚，1935 年迁居新加坡。1940 年获英国伦敦估价师学院特许估价师资格，被吸收为英国伦敦皇家特许估价学院会员，成为世界上第一位亚洲籍特许估价师。他主持起草的《建筑工程测量标准法》1960 年颁布，供新加坡、马来西亚和婆罗洲使用。1962 年任英国伦敦皇家特许估价学院新加坡分院主席；1965 年担任建屋发展局合同组成员，负责审查制定该局适当投票手续；20 世纪 70 年代末，他与新加坡设计学院会长和英国法律专家一同起草新加坡建筑合同新法令，该法令 1980 年公布，目前仍适用于该区域大多数建筑合同。1982 年，他被推选为新加坡估价师与估算师学院首位院士，被誉为“远东估价师之父”。

冯崇义，祖籍龙滚，历史学博士，澳大利亚墨尔本大学亚洲研究中心研究员，悉尼科技大学人文与社会科学学院教授、国际研究学院中国部主任，中国南开大学历史学院兼职教授、广州大学广州研究院特聘研究员、天津大学研究院特聘研究员等。1995 年，冯崇义在悉尼科技大学开设中国学学科，随后创办中国学研究生课程，培养可用中文撰写学位论文的中国学博士和硕士，在英语世界的高等教育中将中文提高到与英文同等的地位，为全球首创。

苏君斌，祖籍万城（北坡）。出生于台湾地区，台湾中央大学地球物理系毕业，继读美国密苏里州大学理学院地球物理研究所，获硕士、博士学位。曾供职于美国得州仪器公司（TI）地球物理部、曾任美国商业机械公司（IBM）电脑部（顾问级）工程师，并在IBM内部创立地球物理研究所。1991年始参与中国石油工业上游未来发展的研究，先后多次回台与相关部门商讨，研制中国石油高科技发展的战略方向。1997年辞去IBM职务，自创建PDC公司，从事石油勘探高级成像工作，现该公司已成为世界能源工业中较著名的高科技公司。

蔡笃恭，万宁市万城镇保定村人。"二战"期间留学德国，获机械工程学博士学位。返国后任教授。随国民党迁台后，任国民党兵工学院副院长（院长为军职人员）多年。

蔡都宁，祖籍万城，获西班牙中央大学政治博士，又获西德海德大学医学博士学位后，与夫人马一芳（医学博士）在马来西亚沙巴州创办私立医院，在医学界颇有建树，享有盛誉。

李会章，祖籍龙滚。其父李垣城（星川）是马来亚著名中医师。在父亲的影响下苦学中医，经考试被录用为新加坡同济医院驻院医师（1949年考获第三名，1953年获第二名，1956年获第一名）。在新加坡中医学界声名鹊起，1956年荣获同济医院颁发银盾奖杯。

从20世纪初到40年代末，华文教育遍及东南亚各国的城乡，其间，马来亚华文小学校有1000多所，独立中学近60所，学生不少于6万人。万籍华侨华人有许多人在侨居国终生从事教育事业，为住在国的教育发展、中外文化交流作出了贡献。

朱桢华，祖籍万城（北坡），1921年考取北京大学文学院中国文学系，为万宁县第一个北大学生。1938年，倭寇占据海口，次年朱桢华南渡避难，抵马六甲，始任公立益华学校教务主任。而后任吉隆坡尊孔中学任高中部主任兼国文（中文）科首席教师、吉隆坡侨南学校校长、林明中华中学校长和任芙蓉振华中小学教务主任、校长，兼任森美兰华校教师协会主席、森州华文师训班国文讲师、马来亚华校教育总会理事及立卑中华中学华文导师、校长，槟城韩江中学首席华文导师。

1947年初，朱桢华发起筹建雪兰莪万宁同乡会，被公举为首任主席，连任11届。其作品、书法甚多，代表作有《鲍明远评传》《词海拾贝》《南口游记》等。所撰并书的《槟城琼州会馆百周年纪念碑序》《雪兰莪万宁同乡会筹备委员会宣言》和《马六甲万宁社史略》等石刻珍藏于马来西亚。为雪兰莪万宁同乡会所撰并书的楹联"万里怀宏志，宁心致远图"，至今仍然悬挂于该会馆门口，并被录入会歌《万宁一家亲》，广为传唱。

文怀朗，祖籍后安，北京大学文学学士。赴马来亚后被聘任马六甲培风中学教师、居銮中华学校训育主任、古来中华公学校长及多所中学教师。1947年至1950年，执教于槟城钟灵中学，兼任教务主任。20世纪50年代，他写作甚勤收获颇丰，经常用姜太公、老太婆、徽徽等笔名，在《南洋商报》的"商余"副刊发表杂文、随笔等体裁文章。1955年5月，南洋报社印行其杂文集《文人的气质》，列为"南洋商报丛书"。文怀朗既是马来西亚教育者、知名文化人、作家，又是槟榔屿万宁同乡会创始人之一和首届主席。

许开校，祖籍龙滚，1938年出生于马来亚槟城，1963年于师训学院毕业，翌年如愿以偿，成为一名合格的正式小学教师，自此，迈步教涯足迹及马来各州。从普通教师擢升为副校长，服务华校30年。曾任马来西亚华校教师总会理事，槟城华校教师会总务、副主席。

萧洋，祖籍后安。1943 年出生于马来亚霹雳州。20 世纪 60 年代开始写作，擅写小说及杂文。曾用笔名有沙洋、路漫、沙力夫等。马来西亚作家协会早期会员，历任作家协会多届理事。1993 年，他的第一部短篇小说集《暮色渔村》，由马来西亚作家协会出版。《风尘劫》等短篇小说被收入作协出版的小说选集《高林风响》。1997 年荣获雪隆海南会馆的珠崖文学出版基金，出版游记散文集《南海游踪》。《我爱海南》一文，荣获第三届世界海南乡团联谊大会征文比赛三等奖。

冯学良，祖籍龙滚。1965 年出生于马来西亚沙捞越州，就读中华中学时开始写作短篇小说，1985 年创作音乐作品。为马来西亚知名青年作家，多家华文报文艺副刊联络人和组稿人。被誉为左手文学右手音乐的华文作家协会永久会员，著作颇丰。

黄国良，祖籍龙滚。早期服务教育界，1947 年进入文化界工作，任《南洋商报》秘书 30 余年。为新加坡书法家，中华书学会顾问、中华美术研究会职员、国际书法展成员，新加坡国庆美展及书法比赛评选员、新加坡国立大学校外进修系中文书法讲师。著有书法理论多篇，尤以《隶书概论》为突出，该篇论文分五部分论述：隶书的来源；隶书的种类；隶书的写法；临摹要领；隶书的“变”和“化”等。比较全面、系统的论述隶书的创作过程，为国大校外进修系学生授课的讲义，以及琼州青年会举办的中华书法学习班的课文，深受广大学生及书法爱好者的欢迎。他的书法作品被藏于新加坡、马来西亚、中国等地，书法造诣很深，具有大家风范。

新加坡史料记载，19 世纪中叶新加坡就有了琼剧。万宁庆寿兰是最早到南洋传播琼剧的名旦。在星洲组织南洋第一个琼剧团“星洲剧社”，他能编、能导、能演，培养了大批琼剧人才。

万宁琼剧名武旦郑洪明，1893 年在南洋演出反清琼剧。1902 年返回家乡组织“三点会”，并拉起一个 30 多人的戏班，在海南各地演出反清琼剧，开展反清宣传。

万宁琼剧名小生李积锦，容貌俊秀，嗓音清亮，唱做俱佳，1919 年组织“积锦班”往泰国、马来亚巡演，声震南洋，推动琼剧在南洋的发展。

万宁琼剧名旦王秀明（三升半）组织的“国民乐班”，1932 年往泰国、新加坡演出，场场爆满，蜚声海外，被华侨赠予“秀其文明”之锦旗。

20 世纪 20 年代初，万宁大批琼剧艺人往南洋逃难，在南洋组班演出，把琼剧的种子撒在南洋。抗日战争爆发后，他们纷纷加入抗日救亡运动，响应陈嘉庚的号召，开展义演活动，筹款支援祖籍国和当地抗战，接济难民。日本投降后，在新加坡小坡“永乐”和“同乐”两家戏院，天天演琼剧，场场爆满。万宁琼剧艺人在异国他邦传播梨园乡音，不仅给闯荡海外的华侨华人和当地人民带来了精神的愉悦和心灵的慰藉，也为当地多元文化的繁荣作出了贡献。

随着文化知识层次、经济、政治地位的不断提高，接触面不断扩大，居住东南亚国家的万籍华人华侨，语言交流的方式也发生了特有的变化。一般来说，他们至少通晓五六种语言。能用英语、马来语、华语、官方语言和海南语、粤语、福建语（闽南语）等方言进行交流交往。这是特定历史、特定地域下所形成的中西文化合璧演绎出来的一种新生的、特有语言文化，也是中华文化和海南本土文化在海外的延伸。

链接:越南海南村

在越南,有一个村庄,这里,上至耄耋老人,下至稚气孩童,都能说一口正宗的海南话。这个村叫"海南村"。位于越南坚江省河仙郡,距胡志明市约300公里。

村前两公里处,是一幢庙宇式建筑,正门上方写着"海南会馆",旁边有一副对联:"本读麟经传大义,头称虎将建奇勋"。会馆旁边是一个很大的院子,对面是一殿宇,神龛里供奉着关公的神像。左右两侧各有一排黄色的平房,上面书"上学礼,后学文,忠孝、仁爱、信义、和平"的字样,这是海南人创办的一所中文学校,名叫中德学校。

走进海南村,村口路边有一间汪蓝色瓦房,门口旗杆上挂着越南国旗,这里是村办公室。村里住着120户人家,逾1000人。他们的祖辈是20世纪20年代末为逃避战乱从海南流落越南,在此聚居,靠种田、种胡椒和出海打鱼为生,并与当地妇女组成了家庭,繁衍生息。村民中祖籍文昌(翁田镇和文教镇)的人中以符、陈、朱、林4个姓居多 ,此外是万宁籍和琼海籍人。现在村里居住的均为第二、第三、第四代华裔。村里有一条规矩,无论男女老幼,在村里都要讲海南话,外来的媳妇也不例外,长此以往,海南话便成了海南村的通用语言。

越南海南村的居民不仅能说一口正宗的海南话,而且仍然保留着先辈们从海南带过来的生活习俗。居住在海南村者如此,离开村庄到外地从业、任职或经商者也然。

(选自《越南海南同乡会会刊》)

(三)慈善公益

万宁人素有"穷则独善其身,达则兼济天下"优良传统。海外的万籍华侨华人仍然保存乐善好施、为当地人民谋福利之美德。长期以来,他们慷慨解囊,资助住在国兴办医院、学校、乐善居(老人院)、福利院、文化体育场馆等。这种热心社会公益事业的行动,不仅受到当地人民的尊敬,而且获得当地政府的褒奖。

1988年7月31日,马来西亚威省北海渡轮码头发生候台倒塌事故,酿成32人成亡、上千人受伤的惨剧。时任槟城万宁同乡会主席、槟榔屿广福宫信理部主席的祝清坤,第一时间宣布成立广福宫救济基金,并带领万宁同乡展开筹款,赈济受难家属,而后槟州政府成立州元首救济基金,统一处理救济金的收发,祝清坤被委任为该基金委员会委员。

杨明富,祖籍万宁龙滚,出生于马来西亚槟城。1961年进入森林金融(马)有限公司(后易名为国华金融),曾任槟城分行经理,新马区经理和丰隆金融有限公司房地产融资经理。他对社会慈善福利及教育活动,不遗余力。1977年主办槟州及全国(马来西亚,下同)儿童绘画比赛,并为全国主要城市医院筹募基金16万元;1978年赞助槟州华校教师主办"南华行",为槟州南华医院筹募基金16万元;1982年主办"槟城银禧老人院慈善行",筹获基金26万元;1984年后,曾赞助槟城狮子会所发动建立的槟城莱特街行人天桥以及华人大会堂青年团主办文娱晚会、学生华语歌唱、数学、讲故事、乒乓球等各项比赛等。1984年和1990年分别荣膺槟州元首封赐PJK、PKT勋衔。

谢门钦,祖籍万宁龙滚,1931年随乡亲往南洋谋生,初至异邦,受雇于人,干过杂工、店员,当过船员。1939年定居美国三藩市,离船从商,在旧金山经营餐饮业。20世纪80年代,投身社区公益慈善事业,先后赞助三藩市东华医院重建,赞助三藩市青年会活动经费,出资发起创建"美国北加州海南同乡会",带头捐款购买同乡会新会所,捐款充实教育基金等。至2015年,在三藩市为社会公益事业累计捐资115万美元。2015年,他被全美华裔名人精品刊物《美国名人录》录入珍藏版。

据不完全统计,仅马来西亚万籍华侨华人祝清坤、祝友成、顾兴光、冯业新、冯朝芬、朱鸿养、林国华、吴世才、文亚苏、陈训才、陈德波、杨明富、赵宏广、唐敏儒、莫昌炳、黄兴华、崔士华、曾昭炳、曾昭才、冯增光、陈德、陈开日等200多人次,荣获政府元首封赐的各种对社会贡献有功勋衔。

二、参政议政

古代,万籍华侨从政者,因缺少文字记载,无法考证。

进入近现代,万籍华侨华人经过不懈努力,逐渐融入住在国社会,开始涉足居住国的政治生活。在早期反法西斯斗争、支持并参加住在国的民族独立运动中,涌现出了一批有社会地位的杰出人物。进入20世纪60年代后,万籍华侨华人参政议政较活跃,许多人在政治领域发挥了举足轻重的作用。

林崇椰,祖籍后安镇。1932年出生于马六甲,新加坡大学毕业后赴牛津大学深造,获经济学博士学位。曾任新加坡全国工薪委员会主席、新加坡国立大学经济学教授、艺术及社会科学学院院长;担任创立三方咨询委员会首任主席。1973年后又任新加坡经济学会主席、新加坡国家太平洋合作委员会首任主席、新加坡驻太平洋经济合作委员会国际常设委员会代表、东亚经济联盟首位副主席,曾负责创建亚洲经济协作联盟,并为该联盟的发展作出了重大贡献等。

顾兴光,祖籍万城镇(北坡)。1939年出生于马六甲,1958年被选为马来亚劳工党中央委员,1960年代表劳工党参加马六甲市议会竞选,以高票当选为市议员,并出任织六甲政府水务局主席、小贩咨询局主席、公共工程局、卫生局、人事局及财政局等常务委员。在任期间,以出色成绩博得各阶层人士的称赞。1964年任满后再以高票当选为马六甲市议会主席。任期内,他积极推进市政建设,发展工农业和各项事业,扶持华文教育,取得显著的成就。退出政界后,他从事新闻事业,用笔杆子参政议政。曾任马来西亚《新闻日报》董事总经理、《星洲日报》执行董事、《华商报》总编辑,为马来西亚华文作家协会永久会员。

黄名光,祖籍万城镇(北坡)。曾任新加坡政府经济发展局、贸易发展局高级官员,1969年至1974年任新加坡政府驻日本大使馆管辖经济事务,1988年任新加坡驻中国首席商务代表,兼任新加坡贸易发展局亚洲局长,新加坡和中国建交后,出任新加坡驻中国大使馆馆长。

祝清坤,祖籍后安镇。为马来西亚著名侨领、商界之巨擘。曾任马来西亚广东会馆联合会会长、马来西亚海南会馆联合会会长、槟州中华总商会会长、槟州华人大会堂主席、槟榔屿广东暨汀州会馆会长、槟城琼州会馆主席、槟城南华医院主席、槟榔屿广福宫主席、马来西亚中华工商联合会副会长、马来西亚万宁同乡会联合会主席、槟威金融贷款公会主席、槟城益群俱乐部主席等。1968年获马来西亚最高元首颁赐PPM勋章;1970年获槟州州长封赐PJK勋章;1972年获槟州州长委任为太平局绅JP勋衔;1972年获马来西亚最高元首封赐KMN勋衔;1980年获槟州元首封赐DSPN拿督勋衔。任职期间,除对各会刊进行改革外,还经常在马华工商联合会《经济季刊》、槟州中华总商会《月报》、槟州华人大会堂、广联会、海南联会的《会讯》撰写有关政治、经济、文教与华社问题的文章,立论中肯，见解精辟，深受华人社会和当局的重视。

吴世才，祖籍龙滚镇。曾任马来西亚万宁同乡会总会主席、雪隆万宁同乡会主席、马来西亚海南会馆联合会副会长、雪隆海南会馆副会长，世界吴氏联谊理事会创会总理事长、马来西亚吴氏宗亲总会会长、雪隆吴氏公会会长、八打灵华团协调联谊会会长、马来西亚七大乡团协调联谊会副主任、马中经贸总商会理事、雪兰莪中华大会堂董事、马来西亚华人姓氏联谊总会副会长、马来西亚乐龄总会署理总会长等职务。

莫泽涵，祖籍龙滚镇，美国政府官员，曾在美国内政部任职。

王和源，祖籍礼纪镇。曾任法国中华总会顾问、法国海南同乡会副会长兼秘书长、法国海青体育会副会长、欧洲华人作家协会名誉会长等。

陈德波，祖籍礼纪镇。曾任柔佛州圣模那区州议员、马华支会副主席、峇株巴辖青年团结运动会副主席等。

曾昭炳荣获勋衔

曾昭才荣获勋衔后同乡祝贺
（柔佛万宁同乡会供图 2000 年）

第二章 对祖(籍)国的贡献

万籍华侨的爱国情感起源于他们对乡土的依恋和对血缘的认同。“故土难离”是万宁人根深蒂固的传统观念。离乡背井，漂洋过海，都是迫不得已而为之。早期，他们孑然一身在异国他乡谋生存、求发展，不免更加缅怀故乡和亲人，这种刻骨铭心的乡思、乡愁，自然而然地升华为爱国情感。

万籍华侨的爱国情感特别表现在与祖国和家乡休戚相关、荣辱与共的关系上。他们时刻关心中华民族的命运和前途，盼望祖国统一，民族昌盛。中国兴旺发达，海外华侨无不自豪，扬眉吐气；中国受到侵犯欺侮时，华侨也会愤怒痛恨，甚至挺身而出，维护祖国的利益和尊严。海外华侨积极参与了近代中国的一切进步事业，从戊戌维新、辛亥革命、五四运动到抗日战争、解放战争直至祖国现代化建设，都贯穿着华侨的有力支持。

第一节 对中国革命的贡献

清朝末期，戊戌变法打破了海外华侨社会沉闷的局面，孙中山先生致力于推翻清朝封建专制、建立民主共和的革命，唤醒了广大侨胞的爱国激情。万籍海外华侨在辛亥革命、建立民国的斗争中也作出了应有的贡献。

一、民族民主革命时期

(一)参加同盟会

1905 年 7 月，孙中山在日本东京成立中国同盟会。在辛亥革命期间，许多万籍华侨先贤受孙中山先生革命学说的影响，积极追随孙中山先生进行辛亥革命。万宁琼剧名旦郑大茂，从马来亚返回故乡组织“三点会”任首领，提出“红旗飘飘，人马征召，革命起义，推翻清朝”的纲领。1905 年，他集结义军 300 多人，星夜攻破万州城，开仓放粮，赈济贫民，宣布揭竿起义。1909 年万宁刘中悟同徐成章、梁秉枢等进步青年秘密加入琼崖第一同盟会支部，成为琼崖早期同盟会革命先驱者之一。翌年赴日本士官学校读书，1911 年受同盟会委派返琼同刘信初等在陵水县组织第二同盟会支部。

(二)组织武装斗争

武昌新军发动武装起义后，刘中悟带领本县同盟会会员和进步青年 30 余人，协同徐成章、赵仕槐、陈策等组织学生军、炸弹队共 200 余人的武装队伍，向府城道尹府、琼崖兵备署发起进攻。因为这支队伍中华侨占多数，故当时群众称之为“番勇”。由于敌我力量过于悬殊，这次战斗没有成功，有些华侨在战斗中被捕或英勇牺牲。但华侨的革命精神影响了全岛。

辛亥革命胜利之后不久，袁世凯以武力窃取大总统恢复帝制。孙中山组织力量，开展倒袁运动。当时孙中山重新组织中华革命党于东京，琼侨陈侠农奉令为中华革命党琼崖总司令，回琼组织革命军。1913年刘中悟参加组织“人民起义讨袁（世凯）军”。1914年5月至1915年12月，配合陈侠农领导的讨袁军，共招集动员3000余人，攻破崖县、陵水、万宁、琼东、乐会等县。刘中悟任陵水县临时县长。后离琼到上海拜见孙中山，被介绍到南京政法大学学习，旋赴日本早稻大学攻读政治经济学。学成归国任万宁县县长。

1923年，刘中悟调到广东省财政厅，在廖仲恺的直接领导下工作，1924年在国民党广东省第一次代表大会上当选为执行委员兼任商民部长。廖仲恺被杀时，他写下挽联“报国丹心照日月，先生风范入神州”，前往吊祭。1926年9月18日深夜，撰写檄文声讨万县惨案的制造者时，突然口吐鲜血，卒于任所。

在辛亥革命期间，万籍旅居东南亚各国的华侨，纷纷加入捐款支持辛亥革命的队伍。袁世凯恢复帝制后，琼侨陈侠农受孙中山的委派，曾到香港与在港的琼崖国民党革命军人密商组织琼崖讨袁军驻港联络机构。还派人到泰国、新加坡、马六甲等地，组织海外联络站，得到海外琼侨会馆、同乡会的大力支持。据马六甲万宁社史料记载，在讨袁期间，早期旅居新、马等地的万籍老华侨，积极奔走呼号，动员万籍海外乡亲捐款捐物，筹措经费，支持倒袁运动。

二、新民主主义革命时期

新文化运动时期，万籍华侨、归侨先辈捐建学校（私塾）、办报刊出现一股新潮，他们希望以宣传教育影响广大民众，对万宁的思想革命和文化革命起了积极传播和带头推动的先锋作用。

（一）声援五四运动

1919年5月4日，北京学生掀起爱国运动（简称五四）。5月9日消息传到海南，立即得到海南广大青年学生和群众的响应。府（城）海（口）地区的学生们一面开展募捐支持北京学生的英勇斗争，一面组织“琼崖十三属学生联合会”，号召海南各地学生、群众积极行动起来参加反帝爱国运动。当时在府海地区和外地就读的万宁学子刘中悟、翁桂清、陈文荣等纷纷参加罢课、大游行，对反动当局示威抗议，参加宣传检查队，检查、没收日货，并将其销毁。五四运动，掀起了海南青年运动的高潮。

1919年5月18日，万籍学子、时任广东省第十三中学（嘉积中学）学联主席的莫同荣，被选为琼崖学联常务理事，负责指导琼、乐、万县青年学生开展反帝反封建的爱国运动。其间，他回乡组织侨乡龙滚、万城地区的学生上街大游行，开展反帝反封建宣传，搜查销毁了万城“天空号”、后安“协和号”、龙滚“富裕号”等墟镇店铺的日货。就读十三中的官天民、王道平、陈克邱，谢育才、吴邦康等在五四运动民主思想的熏陶下，积极参加反帝反封建的爱国学生运动，并发起组织“青年同志会”，公开宣传“反帝反封建，不畏强权，建设新社会”的进步思想。

1920年夏，魏宗周、罗绣春、刘执戈、熊侠、杨学哲等组织万宁学生罢课、抗议，掀起择师运动。1925年，魏宗周被选为琼崖学联理事长，其间，组织学联通电全国揭露邓本殷以向美国银行借款3000万美元，换取开发琼崖实业特权的卖国行径。五卅惨案发生后，组织“琼崖五卅惨案后援会”，并掀起抵制日货，封锁琼崖至香港的航线，支援省港工人大罢工。

(二)回乡投身革命

万宁二十三年红旗不倒,万籍华侨的贡献巨大。《海南省志》载:“满清末叶,琼崖青年之革命思想,可算是南洋华侨输入的功绩。民国十余年来,琼崖每次的政治变动,华侨无不慷慨助饷,或回琼参加革命的运动,其奋斗牺牲精神,实在令人膜拜!”

万宁回国返乡参加革命运动的华侨,一是在海外从事艰苦行业的青壮年为多数,因为他们有刻苦耐劳的习惯,勇敢冒险的胆量,奋斗牺牲的精神;二是万籍华侨中有文化的青年学生或知识分子,他们愤于祖国的内忧外患,百姓的倒悬苦难,毅然抛弃优越的生活,赴归备受磨难的故国;三是部分在国外参加进步团体的万籍侨胞。

杨树兴,1921 年从新加坡返里求学,1924 年在广州加入中国共产党,同年 8 月进入广州农民运动讲习所,10 月,中共广东区委派遣杨树兴返琼参加革命,开展农村运动。1925 年秋,他在龙滚的山牛六村建立起万宁县第一个农民协会。1926 年,万宁县各地农民协会先后建立,轰轰烈烈的反封建、反压迫、反剥削的农民运动迅速掀起。

1926 年 3 月,杨树兴、符光东在万城万安书院召开党员会议,宣布建立中共万宁县第一个党书部,推举符光东为支部书记。而后,侨乡龙滚(万四区)的田头村也相继成立了中共万宁县第一个农村党支部。至 1926 年底,万宁县建立中共支部 17 个。1927 年 3 月成立中共万宁县委,谢育才担任书记。同年 4 月,国民党琼崖反动派发动革命政变,杨树兴和万宁党组织的领导人及时带领革命同志和万城、龙滚、礼纪农训所学员撤到六连岭北麓军寮村集中,建立了六连岭革命根据地。5 月 12 日,国民党琼崖警备司驻龙滚分界墟的黄镇球部纠集地方民团围剿六连岭,企图消灭刚刚建立起来的中共党组织和农民武装,杨树兴领导农民武装在军寮伏击进犯之敌,揭开了万宁人民武装斗争的帷幕。杨树兴成为琼崖农民运动先驱、中共万宁县地方组织的创始人之一。

庄田,就读龙滚戎庙高等学堂毕业后,1923 年往新加坡谋生,1926 年 8 月在新加坡加入中国共产党,10 月被派到英籍“丰平”轮任党支部书记,从事革命秘密活动。1929 年 11 月,赴苏联莫斯科学习,次年提前毕业返上海。1931 年后历任红军学校教官、团政治部主任、师政治部主任、纵队组织部部长、团长兼政委等,1934 年,任红九军团 3 师第 8 团政治委员时,率部参加举世闻名的长征。曾任抗日军政大学第三分校教育长,1940 年 4 月,受中共中央派遣返海南协助冯白驹领导敌后抗日战争,任中共琼崖特委常委、琼崖抗日独立第一总队副总队长、琼崖纵队副司令员、中共中央代表。其间,率部保卫美合和琼文抗日根据地,粉碎日军的“扫荡”“蚕食”;带领一支精干部队到万宁六连岭根据地,加强琼东南部地区抗日战争的领导;指挥部队自西南而东南向五指山挺进,开辟了白沙根据地,扩大解放区和琼崖革命武装。1947 年 10 月,奉命赴越南担任越南国防部军事顾问,后历任粤桂滇边部队司令员、桂滇黔边纵队司令员、云南军区副司令员、海南军区兼第 43 军司令员、广州军区副司令员、广东省副省长、广东省人大常委会副主任等职。

1955 年被授予中将军衔、二级“八一”勋章、一级独立自由勋章、一级解放勋章。著有《琼岛烽烟》《逐鹿南疆》长篇回忆录及《琼崖纵队史》《桂滇黔边纵队史》等。1992 年 4 月 25 日在广州因病逝世,享年 86 岁,依其生前遗嘱,骨灰撒在万泉河。

谢翰华,14 岁随同族伯父赴新加坡谋生。白天打工,晚上补习文化,接受进步思想。1922 年他回到家乡龙滚寻找革命组织,1924 年在杨树兴的引导下加入革命行列,1927 年参加了中国共产党,秘密创建农民组织,是万宁四区早期农民运动的主要领导人之一。

1928年秋，国民党军队对老苏区进行围剿，悬赏缉捕在六连岭坚持斗争的谢翰华，并以他父亲做人质。面对胁迫他毫不犹豫。1929年5月16日，中共广东省委指令官天民（万宁人）、黄善藩、冯世江、谢翰华（万宁人）、熊侠（万宁人）5人组成海南新特委，指定官天民为书记，谢翰华任特委委员。1929年秋，谢翰华在赴香港向广东省委汇报工作的途中不幸被捕，遇害时年仅31岁。

据不完全统计，自1921年中国共产党诞生至1949年新中国成立期间，从海外回国回琼参加革命的万籍侨胞约有1600余人，其中加入中国共产党的约有500多人。1927年"四·一二"反革命政变前，加入中国共产党的万籍华侨归侨有60多人。

（三）支持祖（籍）国抗日

抗日战争（War of Resistance Against Japan），国际上称为第二次中日战争（Second Sino-Japanese War），是指20世纪中期第二次世界大战中，中国抵抗日本侵略的一场民族性的全面战争。

中国抗日战争，是以国（国民党）共（共产党）合作为基础的一次全民族的抗战，是近代史上中国人民反对外敌入侵取得的威震寰宇、彪炳史册的伟大胜利。

1931年，侵华日军发动九·一八事变。1937年7月7日挑起卢沟桥事变。日寇猖獗，烧杀奸凌，祖国山河，疮痍满目。面临国家存亡、民族危难之际，不愿做亡国奴的炎黄子孙，同仇敌忾，共赴国难，用自己的血肉之躯凝成抗日悲壮史诗。

中国抗日战争全面爆发后，海外华侨抗日救亡的热情高涨。在陈嘉庚先生的倡议下，1938年南洋各地45个侨团成立了以陈嘉庚为首的"南洋华侨筹赈祖国难民总会"（简称南侨总会）。随后，新加坡、马来西亚、越南、柬埔寨、菲律宾、泰国、沙捞越、婆罗洲等地华侨先后成立了"华侨救国会""华侨援助抗战委员会"等300多个抗日救亡团体，其时，各地万籍华侨纷纷参加各种抗日团体。据不完全统计，1937年至1946年，万籍华侨回乡参加抗战活动的有486人，有的奔赴抗日战争第一线，有坚守隐秘战线，开展抗日秘密活动，有160人献出了宝贵生命。

1.募捐支援抗日斗争

海南党史资料统计：1939年至1949年间，南洋琼籍侨胞和港澳同胞，积极响应中共提出的"支援祖国、保卫家乡"的号召，先后组织了"华侨救济总会""琼崖华侨联合总会""琼崖回乡救护队""援冯（白驹）委员会""援八（路军）援新（四军）委员会""琼侨回乡服务团"等抗日爱国团体。这些团体在南洋各地积极开展募捐活动，通过各种渠道，募捐了大批药品、物资和金钱，支持琼崖抗日根据地军民开展对日斗争。仅新加坡侨胞发起的援助琼崖抗日游击队的捐献运动，就捐了30多万元现金。1939年5至6月间，抗日独立总队收到南洋侨胞捐款5万余元及一批药品和其他物资。1939年下半年，琼崖特委派代表到泰国、新加坡、马六甲慰问侨胞，获得侨胞的热情欢迎，并募得2万多元。1940年初，新加坡、马六甲已成立了"援冯（白驹）会"组织，他们采取月捐的方式，购买药品、军鞋等物资支援琼崖特委领导下的抗日独立总队。独立队总部医院所用的西药大半是华侨赠送。太平洋战争爆发，日本侵占东南亚和香港地区，琼侨支援家乡抗日的工作转入隐秘渠道。

"暹罗华侨各界抗日救国联合会"1937年底成立，万籍华侨王德俊为该组织主要领导成员之一。该会主要活动有：开展抗日宣传，征募救国捐，举办义演、义卖，推销救国公债，发动青年回乡参加八路军、新四军、琼崖纵队等。"暹罗华侨各界抗日救国联合会"成员单位有:华侨工人抗日救国会、华侨学生抗日救国会、华侨妇女抗日救国会、华侨民族抗日先锋队、抗日后援会等,其组织遍布泰国各地,会员共有 10 多万人,每月征募救国捐款约 20 万铢,按当时币值合 84,700 美元。

万籍华侨杨少民,曾任马来亚麻坡地委书记、马共中央常委兼槟城市委书记。中国抗日战争爆发后,他积极发动爱国华侨捐款捐物,交由“琼崖华侨回乡服务团”带回海南,支持琼崖抗日斗争。1939 年 6 月,琼崖特委派员到南洋做宣传组织工作,杨少民与特派员磋商建立华侨抗日团体问题。

万籍华侨曹桂亲,1937 年七七事变后, 他出任新加坡东友律工人警察大队长、新世界马共党支部书记、新加坡华侨抗日后援会、琼崖华侨援冯(白驹)委员会主任、琼崖救乡会新世界区分会募捐组主任等职,积极开展抗日宣传,发动华侨募捐支援家乡抗日斗争。他们募捐方式有月捐、节日捐、喜庆捐,还有义演、卖花等,所得收入分批汇到香港八路军办事处。

万籍华侨许文书,1931 年在马来亚槟榔屿加入“爱国会”,次年加入马来亚共产党。七七事变后,他改名为许务农,参加公开的“爱群体育会”“洋业社”“新加坡华侨抗日救国后援会”和“青年抗日救国后援会”活动,与郭曼果、梁文墀组织“琼崖励志社”,秘密组织了“新加坡援助八路军医药委员会”,募集 3000 多元叻币及一批药品寄回祖国。

在南洋各地的卖花救国活动丰富多彩,所卖的花一般分 5 种,名誉花不定价,买者自愿捐款,一等花 15 元,二等花 10 元,三等花 5 元,四等花 5 角。有的地方买花时登记姓名,有的地方是付 50 元以上送花又发证书。大街小巷都可听到卖花声:“先生、女士买朵花,这是爱国花。”“买朵花,救国家。”有的全家三代人出动卖花,有的唱着小曲卖花。万宁同乡会还组织会员子女、学生到剧院、歌厅、商场卖花,歌声、叫卖声震撼人心。侨胞们都以每天买朵花为荣。在全民族共同抗战的旗帜下,万籍华侨献物捐资不漏户,其“热烈情形,从未曾有,富商巨贾,既不吝金钱,小贩劳工,亦尽倾血汗”。

1941 年 11 月,中共琼崖特委在琼山县树德乡召开全琼人民代表大会,成立琼东北区抗日民主政府, 由冯白驹任主席。琼崖东北区民主政府在施政纲领中明确提出:“开展海外工作,提高华侨爱国爱乡思想,争取华侨积极支持琼崖抗战。”

1942 年 9 月,琼崖特委召开第九次扩大会议,在提出今后具体工作任务时特别指出“注意争取琼侨的援助”“加强对海外宣传工作”。由于琼崖特委对侨务工作的重视,抗日战绩显著,在海外侨胞中威望很高,受到广大海外侨胞的拥护和支持。

2.南洋华侨机工回国服务团

简称“南侨机工”,是抗日战争时期,“南侨总会”应国民政府招募,回国投身滇缅公路运输军需、物资及参与其他运输、机修技术工作,由东南亚各国华侨汽车司机与修理技术人员组成的回国抗日服务团。

1938 年,中国沿海城市相继沦陷,主要口岸先后被日寇侵占,对外交通要道濒临断绝。其时,地处大西南的云南,成了抗战的大后方。1938 年,云南省 20 万民众抢修于 1939 年 1 月 10 日正式通车的滇缅公路,是抗战时期我国唯一的一条国际通道,被称为“抗战生命线”“抗战输血管”。

当时的滇缅公路,从中缅边界起,经畹町、遮决、龙陵,过怒江上的惠通桥到保山,转沙坝、瓦窑,越澜沧江上的功果桥到永平,再跨漾濞江上的金涂桥到下关,经楚雄、禄丰到昆明，全长1146公里。内可联滇、黔、川、桂、湘等省，外可通缅甸、印度等国，是当时中国与东南亚联系的交通纽带，海外华侨捐赠的抗战物资和世界各国支援的军火武器均靠这条运输线输入。滇缅公路，呈“之”字形，蜿蜒在海拔3000多米的高山峻岭之中，沿途翻越横断山脉、怒山和高黎贡山等大山，横跨水流湍急的漾濞江、澜沧江和怒江等河流，还要穿越亘古荒凉、人烟稀少的“烟瘴之地”，地势险恶，崖壁陡峭，山路崎岖，每逢雨天，陡道泥泞。像这恶劣行车环境，非熟练的司机难以胜任。当时，国内司机和机工十分匮乏，能在滇缅公路上驾车的司机更为稀少，于是，国民政府致电“南洋华侨总会”主席陈嘉庚，商请南洋总会代为招募华侨汽车司机和汽车修理工，以解抗战燃眉之急。陈嘉庚于1939年2月7日至8月14日，仅半年时间，招募了3192名(加上从其他地方直接回国的机工总共3200名)“南侨机工”，分九批奔赴云南昆明。这是抗日战争时期一个最具规模，最有组织和影响最为深远的华侨抗日救亡群体，也是华侨历史上的伟大壮举。

滇缅公路24道拐

车队行驶在狭窄的滇缅公路上

英属马来亚婆罗洲华侨捐赠的汽车(杜燕生供图 2000年)

3200名南侨机工中，琼籍华侨有800余名，占南侨机工总人数25%。陈嘉庚当时给予高度称赞：“海南地方不大嘛，但参加的人数多，这说明海南华侨是最关心祖国的，是最爱国的。”

由于各种原因，现已无法统计万籍南侨机工的准确数字。但从原始档案记载的27名万籍华侨机工的资料中，可见每个万籍南侨机工都有一段感人至深的故事，每个故事都是一曲荡气回肠的爱国之歌。他们当中，有普通的司机、修理工、商人、学生，也有富家子弟、工程师。他们为了符合招募条件争取回国参加抗战，有的虚报年龄，有的更改姓名隐瞒实情，有的兄弟同行，有的相邀同乡、同学、亲朋好友自费取道回国。

王文松，祖籍万宁，侨居新加坡柔遮街48号，新加坡英国摩尼汽车公司机械工程师。他文化程度高，技术精良，能讲一口流利的英语，有丰厚的薪水、美满的家庭，在当地较有名望。1939 年 3 月 18 日，王文松告别父母、妻子和 3 个孩子，作为第二批回国“南侨机工”的副总务、修机队领队，带领 207 名南侨机工，从新加坡太古码头乘“风祥号”海轮启程，踏上了回国抗日的征程。陈嘉庚在其《南侨回忆录》中曾写道：“有一修机工（王文松）在洋十余年，每月收入坡币二百余元（注：坡币二百元折合当时国币 700 多元），自甘牺牲，并招同伴十余人，带其全副机器前往。”

1939 年 4 月 1 日，王文松被派到国民政府西南运输处设在缅甸仰光的汽车修配厂任厂长，任务是装配大批美国“道奇”“欧姆”“雪佛兰”“捷姆”大型卡车，加强滇缅公路的军事运输能力，以备抢运军需物资。在这里，王文松带领陈宗儒、黎家明、韩瑞丰、林鸿经等数十名琼籍机工，以娴熟的技术，将美国工程师原计划的每组 5 天装配 1 辆提升到 1 天装配 2 辆，最快时 1 天可装配 4 辆。惊人的速度和高超的技术，使美国工程师交口称赞。当西南运输处主任宋子良得知后，特地前往接见、嘉奖王文松及全体机工。并说：“我也是海南文昌人，你们琼侨机工为海南人争了光。”

经过半年的苦战，近千辆汽车逐批装配完成后，王文松又被调往西南运输处大理修理厂任厂长，抢修滇缅公路上的受损车辆。1943 年，在撤离的途中不幸因车祸以身殉职，时年仅 33 岁。王文松以抗日救国为己任，将生命留在了祖国西南边陲抗日前线。

谢川周，祖籍龙滚镇。1939 年年仅 18 岁，是 3200 名南侨机工中年龄最小的。为争取成为一名南侨机工，他把自己的年龄改为 20 岁，与胞兄谢森周瞒着家人，偷偷报了名，被同录为第八批南侨机工回国服务团。抵云南昆明后，被编入第 9 大队 26 中队 32 分队。初始，他驾车往返于芒市至马龙，行车单程要 7 天，途中道路曲折，山川阻隔，日军飞机狂轰滥炸，常遇塌方、桥断、路毁，沿途瘴疠肆虐、瘟疫流行，车毁人亡时有发生。其时当地有句民谣“要到芒市坝，先把老婆嫁”。他凭着高超技能夜以继日地奔驰在“抗战生命线”上，源源不断地往抗日前线运输军需。日军侵占仰光前夕，他奉命撤到八莫，抢运军用物资和运送中国远征军第六军赴缅作战。有一天，谢川周从八莫拉上一车军用物资赶回国内，途中得知云南勐汝已被日寇占领，为了不让军需物资落入敌手，他果断地将汽车连同车上的物资驶坠悬崖，然后跟随大批难民逃亡，历经 18 天的艰难跋涉，仅靠野菜野果维持生命，终于回到云南腾冲。1945 年，抗战胜利后，因为他在芒市成了家，则选择定居芒市。2003 年 1 月 3 日因病去世，享年 82 岁，所在单位专门为其召开了追悼会。

谢森周，祖籍龙滚镇，云南省档案馆所存档案注：“谢森周，籍贯：万宁；侨居地：太平；简历：西南运输处华侨先锋队司机。抗战胜利后复员返马来亚。”

祖籍龙滚的谢锦善是家里独子，1939 年仅有 19 岁，瞒着双亲和家人，耗尽自己的所有积蓄，速成学习汽车驾驶，增改年龄为 20 岁，改名为谢章农，如愿参加了第九批南侨机工回国

南桥机工谢章农（前排右二）（市侨联供图 2011 年）

服务。

抗日战争胜利后，他调到国军兵工厂的警卫大队三中队二分队任职。1949 年 11 月，他随军起义，被编入人民解放军队伍。1950 年复员返乡参加农村社会主义建设。2010 年 1 月 18 日，陈嘉庚的长孙陈立人先生和“陈嘉庚纪念馆”馆长、陈毅明教授一行到他家中慰问他时，他说：“当年我们从南洋回来，就是一个目的：把日本侵略者赶出中国去，不当亡国奴。我们对国家贡献不大，能活到今天，无怨无悔。”2011 年 6 月 6 日，谢章农去世，享年 91 岁。

蔡如秋，原名蔡美光，出生于泰国。1939 年他从报纸上看到陈嘉庚在新加坡号召南侨机工回国服务的消息，为了报效祖国，他求助当地《华侨日报》主编老丁，弄清了前往昆明路线，自筹旅费，邀集 4 位同学、朋友，按照老丁指引的路线，于 1939 年 8 月 3 日离开曼谷，途经柬埔寨金边、安南河内。8 月 15 日抵达昆明。被接纳并编入第九批南侨机工服务团参加集训，被誉为“编外机工”。

祖籍万宁的黄会卿，是南侨机工华侨先锋第二大队的司机，担任腊戍、遮放、芒市的运输任务。有一天，他运载一车炸药，行驶在距滇缅公路上的惠通桥 2 公里处，发现日本飞机向惠通桥俯冲，他立即驾车躲在大树下，只见炸弹落在惠通桥附近，弹片横飞，江面炸起水柱。他说：“如果不时时提高警惕，躲避敌机轰炸，我这辆载炸药的车，就会中弹引爆，后果就不堪设想了。”还有一次，他的车满载汽油，刚驶上功果桥不到 3 分钟，敌机又来炸桥，他急忙加大油门冲过桥面，避免了车毁人亡的悲剧发生。

据当时日本参谋本部推测，1939 年 9 月至 1940 年 6 月，每月通过滇缅公路运入中国的物资达 1 万吨；仅 1941 年一年中，运入中国的军用物资达 132,193 吨。

1942 年 3 月 8 日，日军在仰光登陆；4 月 30 日攻占腊戍；5 月 3 日侵占畹町；4 日遮放、龙陵沦陷后日军紧迫腾冲，下关、祥云岌岌可危。1942 年 5 月 4 日，国民党政府为了阻止日军东犯，炸毁了滇缅公路的咽喉大桥——惠通桥。于是，怒江天堑阻止了日军铁骑，同时也中断了滇缅公路这条“抗战生命线”。

惠通桥被炸后，南侨机工被切割成两个部分。大部分退回滇西撤至昆明一线的机工，仍然日夜奋战在国内运输线上。但有数百名南侨机工和数万名难民被怒江阻隔，滞留在缅甸境内。其时，怒江西岸，难民塞途，霍乱流行，病死者数千人，沿途哀鸿遍野。未及过桥的南侨机工，有的在战火中罹难，有的落入敌手被日军活埋，有的参加中国远征军退守印度，也有些冒险偷渡怒江逃回昆明。祖籍万宁市的谢川周，随难民徒步避难，经过 18 天历险终于回到云南腾冲，而后，又参加中国远征军奔赴印度。

滇缅公路中断后，南侨机工随之被国民党政府“遣散”。所谓“遣散”，实为被抛弃。国内的祖籍地，海外的侨居地都已陷入敌手，他们报国无门，求归无路，身处异乡，投奔无亲，无情地被推入了颠沛流离的苦海。

南侨机工的处境，引起社会的关注。1943 年 9 月，新加坡爱国华侨首先发起筹赈济施难侨医药，并派员赴下关、大理收容难侨工作。12 月，组织“云南华侨互助会”。“华侨互助会”既成为无家可归的南侨机工栖身之处，又为南侨机工培训技能，介绍工作、寻找报国之路。

1945 年 8 月 15 日，日本宣布无条件投降。抗战期间，3200 多名的南侨机工有三分之一牺牲在日军的炮火、交通事故和疾病之中，年轻的生命长留祖国的边陲；有三分之一重返南洋;有三分之一留在国内。大部分留在国内的南侨机工,仍然过着艰苦清寒的生活,直至新中国成立后,他们的才过上安定的生活。

东南亚国家 3200 名华侨、华人热血技术青年组成的“南洋华侨机工回国服务团”,他们以其特殊的身份,风餐露宿,以车为家,不分昼夜,奋战在滇缅公路上,扛起抗日救国的“生命线”。据《中华民国统计提纲》记载:1939 年至 1942 年,“滇缅公路 3 年运输物资 45.2 万吨。而当时所有的国际援助约 50 万吨,90%以上都是由南侨机工运回国内”。

南侨机工以自己的生命、鲜血和汗水,在华侨爱国史上谱写了可歌可泣的壮丽篇章,在中国抗日战争史和世界人民反法西斯战争史上建立了不可磨灭的功绩。南侨机工的英雄壮举和光辉业绩,乃中国与东盟国家共同的历史财富。

1989 年,云南省人民政府在昆明西山公园建立“南洋华侨机工抗日纪念碑”。碑座镌刻“赤子功勋”。碑文中写道:“他们以自己的生命、鲜血和汗水,在华侨爱国史上谱写出可歌可泣的壮丽篇章,也为中国人民抗日战争史和世界人民反法西斯战争史上建立了不可磨灭的功勋。”海外侨胞爱国无悔、报国无怨、矢志不渝的爱国主义精神与报国情怀,为中华民族的宝贵精神财富。

万宁籍(祖)南侨机工名录表

序号	姓名	侨居地	回国批次	简　介
1	王文松	新加坡	第二批	新加坡英国摩尼汽车公司工程师,第二批副总务,修机队领队,回国后任缅甸仰光修理厂副厂长,下关第八修理厂厂长。在抗战中因车祸殉职。
2	王东进	马来亚 彭享	第二批	随彭享队回国,西南中缅司机,曾在先锋大队二中队服务,在贵阳办理复员。
3	王兴吉	新加坡	第二批	随星洲队回国,西南运输处司机,在重庆区办理复员。
4	吴亚吉	马六甲	第二批	在马来亚马六甲参加机工队第二批回国,任西南运输处司机,未办复员手续。
5	黄良正	马来亚	第三批	随第三批回国,西南中缅司机,未办复员手续。
6	黄会卿	新加坡	第四批	万宁龙滚,西南运输处 12 大队 5 中队司机,与妻子及一子在昆明办复员手续。
7	冯玉田	印度尼西亚 亚庇	第四批	通过南侨总会回国参加南侨机工,被纳入第四批,在南京与妻及一女儿办理复员。
8	陈大华	马来亚 槟城	第五批	西南运输处司机,在昆明参加第三批复员办理手续。
9	王运锦	马来亚 坝罗	第五批	万宁(有说属琼海)西南中缅司机,在昆明区办理复员手续。

续表

序号	姓名	侨居地	回国批次	简　介
10	王国昌	马来亚	第五批	西南中缅司机，带病坚持工作而病故。
11	韩高元	马来亚 吉隆坡	第五批	西南中缅分队司机，在昆明与妻子一儿一女办理复员手续。
12	卢克东	新加坡	第五批	西南中缅司机，在昆明与妻子一儿一女参加第三批办复员手续。
13	王焕光	印度尼西亚 吉里低	第六批	汽车兵团驾驶员，在昆明办理复员手续。
14	吴上标	马来亚 太平	第七批	西南中缅川滇司机，在云南办理复员手续。
15	谢川周	马来亚 太平	第八批	祖籍龙滚凤园大魁村，西南运输处第9大队26中队司机，后转英缅军运输队司机，复员后留居云南。
16	谢森周	马来亚	第八批	祖籍龙滚凤园大魁村，西南运输处华侨先锋队司机，在昆明办复员手续。
17	黄振书	新加坡	第八批	西南运输处司机，在重庆区办理复员手续。
18	王修甫	新加坡	第九批	祖籍万城，参加新加坡第九批机工队回国，西南中缅司机，在昆明参加第三批复员登记。
19	蔡如秋	泰国 曼谷	编入第九批	兴隆农场，西南运输处第9大队27中队司机，后转缅甸，复员回侨居地后再返回祖国。
20	谢章农	新加坡	第九批	祖籍龙滚新市青山园村，陆军暂编汽车团司机，参加起义后到解放军云南分校学习后复员
21	许世河	新加坡	第九批	西南、中缅司机，在海口参加第三批复员办理手续。
22	吕和昌	马六甲	第九批	西南后勤司机，在昆明办复员手续。
23	王多喜	马来亚 森美兰	第九批	西南航委司机，昆明区办理复员手续。
24	谢式富	马来亚	第九批	西南运输处司机，未办理复员手续。
25	黄自由	泰国 曼谷	第九批	自行回国，纳入第九批，西南运输处一大队分队长，与妻一女在昆明办复员手续。
26	谢汉富		未纳批次	自行回国。
27	莫亚学		未纳批次	自行回国。

3.琼崖华侨回乡服务团

1938年，日寇魔爪蹂躏中华大地。侨居星洲、马来亚、泰国、越南等国的琼侨青年文竞平、符思之、冯敬文、朱明、范清、曾英儒、王禄春等，集结香港九龙上海街612号3楼“海生俱乐部”（进步社团），开展爱国抗日活动，他们响应宋庆龄领导的保卫中国同盟“关于发动国际友人组织医疗队参加战时救护工作”的号召，在“琼崖旅港同乡会”和“琼崖旅港商会”的支持下，迅速组织了一支“琼崖抗日救护队”，聘请张翼医生辅导、培训战场医疗救护；请韩托夫、文竞平为教师，讲授毛泽东的《论持久战》和时事、政治理论，拟定回琼投身抗日服务。

1938年10月，广州、武汉相继失守，华南抗战形势急转直下，海南危在旦夕。其时，由香港琼崖商会及宋子文、陈策、王毅、杨永仁、云震中、王谟仁、周文治、周成梅等发起，并发出通告，召集英、荷、暹各属琼商团体代表到香港召开琼侨联合会议。1939年1月20日，海外琼崖华侨代表会议依时在香港顺利召开，大会通过了成立“琼崖华侨联合总会”（简称琼侨总会）及其《章程》，由宋庆龄、宋子文、陈策为名誉会长，总会设在香港。统一领导南洋各地琼侨抗日救乡工作。

1939年2月10日凌晨，日寇魔爪伸向海口，全岛告急，“琼侨总会”号召琼侨开展募捐活动，支持海南的抗日斗争；同时发动组织“琼崖华侨服务团”回乡参加抗日，挽救危亡。琼侨总会的号召获南洋各埠琼侨热烈响应，先后组织了香港团（原“琼崖抗日救护队”扩建，110人，符思之、范世儒为领队）；安南（越南）团（43人，符克为领队）；星洲团（60人，陈琴为领队）；暹罗（泰国，后并入安南团）团（17人，杨文宛为领队）4个“琼崖华侨回乡服务团”共240人。

1939年4月16日，香港团第一批团员32人由符思之带领，冲破日军严密封锁的琼州海峡，在琼北冯家湾登陆成功，成为“渡海先锋”。此后，“琼崖华侨回乡服务团”分批沿着同样的路线，带着抗战物资，秘密渡海抵达琼岛，与家乡抗日军民并肩战斗。

“琼崖华侨回乡服务团”的壮举得到宋庆龄的高度赞扬：“此不独琼州官兵之幸，抑亦琼州抗战之幸也，诸君宗明大义，慷慨悲歌。临笔神驰，庆龄谨致抗战敬礼！”

“琼崖华侨回乡服务团”受琼侨总会和琼崖特委的双重领导。抵达琼岛后，首先在文昌、琼山等地开展活动，随后逐步深入万宁、乐会、琼东、定安、澄迈等县宣传发动民众抗日救国，为抗日军民送医送药，向海外介绍琼崖抗日情况，揭露日本侵略者在琼的暴行。

1940年6月19日，经琼侨总会同意，3个回乡服务团于琼山县树德乡联合组成“琼崖华侨回乡服务团总团”（简称琼侨服务团），由符克（符思之继任）任总团长，陈琴、梁文墀任副总团长。下设总务股、秘书股、宣传股、组训股、医务股等5个股。其活动经费由琼侨总会提供。琼侨服务团先后5次派员回香港汇报工作、领取经费及抗战物资等。他们先后在文昌、琼山、乐会、万宁等地开展活动。

1941年12月，日寇占领香港，琼侨服务团与琼侨总会的联系中断，活动中止。迄时，符克、陈琴等100多位服务团成员已遭日寇杀害。幸存者被分配到琼崖抗日纵队、特委机关及各县继续坚持抗日斗争。

冯敬文，祖籍龙滚镇文曲村。少年辍学跟随乡亲往新加坡。在新加坡加入了马来亚共产党。1938年，首批赴香港与琼侨青年文竞平、符思之、朱明等，集结香港九龙上海街612号3楼“海生俱乐部”开展爱国抗日活动，1939年“琼崖华侨联合总会”成立后，“琼崖抗日救护队”更名为“琼崖华侨回乡服务团”，同时扩充队员，成立团委会，冯敬文被推荐任团委员兼医疗队队长。他们冲破日军严密封锁的琼州海峡，在琼北登陆后，琼崖特委安排在文昌、琼山一带开展抗日活动。

1940 年 4 月，文昌县公坡乡农民符功济的母亲和妻子惨遭日军刺杀，母亲当场死亡，妻子被刺 8 刀，血流如注，生命垂危，时任医疗队队长冯敬文及时赶到抢救，经一个月的精心护理，符功济的妻子终于痊愈。被当地群众誉为“神医”。医疗队把抗日战场救护作为重点，派出随军医疗队。1939 年至 1940 年，医疗队先后在文昌、琼山、乐会、万宁等地开设了医疗所，送医送药，救死扶伤，分文不取。

1941 年，日寇侵占香港，琼侨服务团与琼侨总会联系中断，活动中止。冯敬文调往昌感县任县委宣传部部长。1943 年 9 月，琼崖特委将昌江、感恩、崖县组成联合县委（昌感崖联合县委），冯敬文继陶文光任宣传部部长；1945 年日本投降后，调回琼崖特委工作。1946 年，陵保县与崖乐县合为陵崖保联合县，12 月，成立陵保特别党支部，同月成立中共陵保特别区委，冯敬文任书记。1947 年调任乐万县委组织部部长，同年 6 月，乐会、万宁县分开，成立万宁县民主政府，冯敬文任民政科科长，后任县委书记。1949 年 6 月调任琼崖临时人民政府民政科科长至解放。海南解放后曾任海口市委书记，任上因患病治疗无效，于 1952 年去世，终年 46 岁。

曾昭旭，出生于龙滚镇分界村一个华侨家庭，1921 年，刚满 15 岁，同两位兄长随母亲买棹投奔父亲。在新加坡，他白天当童工，晚上入夜校读书，逐渐接受先进思想影响，1926 年，毅然从新加坡返回万宁参加革命活动。1928 年大革命进入低潮。曾昭旭因身份暴露，被迫潜往新加坡，继续从事革命活动。

1938 年秋，曾昭旭获悉琼籍侨胞在香港组织“琼崖抗日救护队”，他从新加坡赶回香港，辗转找到并加入了“琼崖抗日救护队”（琼崖华侨回乡服务团）。同年 4 月 12 日，他随“琼崖华侨回乡服务团”冲破日军海上严密封锁，秘密潜渡琼州海峡，在文昌成功登陆，踏上回乡抗战征途。

1940 年，曾昭旭所在的服务队挺进乐（会）万（宁）县开展抗日宣传和医疗服务工作，并在文市风树岭村设立医疗所，由蔡衡平坐诊，其余团员分为 3 个外勤组。曾昭旭任万宁组组长，他带领全组团员，回到家乡龙滚沦陷区的村庄，开展抗日宣传和医疗服务活动。1941 年春，应国民党游击队指挥部的要求，在乐万县活动的 3 个外勤组全部随军工作。3 个月后，他们离开国民党部队，秘密潜回龙滚，发动周边村庄的青年组织青抗会、妇救会，破坏日军通信线路、惩恶除奸，发动群众捐助中共领导的琼崖抗日独立队开展抗日斗争。

1941 年，刚刚加入中国共产党的曾昭旭，被分配到六连岭中共乐万县任民救会委员，后调任县青年抗日救国会主任。

1945 年 2 月 19 日，曾昭旭出发龙滚北龙乡黄岗村执行任务时，被该村汉奸告密，日军包围了黄岗村，曾昭旭冲出村外时，不幸身中数弹，光荣牺牲。时年 39 岁。

许廷良，出生于和乐镇乐群村。1934 年离琼到新加坡谋生。1938 年春，许廷良参加“琼崖华侨回乡服务团”回琼参加抗日，被编在警卫排工作，武装警卫排编入琼崖独立总队第一支队后，进军政学校学习。

1941 年，乐（会）万（宁）县联合抗日民主政府成立，许廷良被派任和乐乡乡长。1945 年基干队编为永胜队，后又改为永胜大队，许廷良负责大队政治工作，兼第一中队队长和指导员。1946 年 5 月,国民党 46 军 188 师两个团和地方武装包围六连岭根据地，第三支队主力挺出外线作战，由第一大队和永胜大队，在六连岭地区的槟榔园伏击,歼灭敌人一个连。此后,永胜大队编入第三总队，许廷良调回乐万县政府工作。先后任和乐、禄圹、南山联合乡乡长、区委宣传部、组织部干事,乐万县第三区委书记。1948 年夏调回东区地委组织部任科级干事。

矗立在海口市滨海大道的"琼崖华侨回乡服务团"雕塑
(《南华时刊》供图 2018 年)

海南岛解放后，许廷良先后调任琼东县总工会主席兼县政府劳动科长,海南垦殖处人事科长、海南农垦人事科长、海南邮电局人事科长、海口邮电局局长、海南邮电局副局长、代局长、局党委书记、海南外贸局副局长。1976 年离休,1997 年 9 月 24 日因病去世,享年 82 岁。

杨维坚,出生于龙滚镇端熙村。1934 年往新加坡谋生。1936 年在新加坡加入赤色工会。1938 年加入中国共产党。1939 年,参加"琼崖华侨回乡服务团"回琼参加抗日。1940 年在中共琼崖总队医务所工作,他应用中草药结合西药治疗伤病员,成为医务所的主要医生,在艰苦的环境里为伤病员治病,并培训了一批医务人员,传授中草药配制技术,从而使部队缺医少药状况得到改善。1945 年,调往琼纵第二大队任书记,1949 年调任琼总第三团团部科长。

新中国成立后,他曾任海南军区政治部秘书科科长,转业地方后,历任那大人民医院院长、海南人民医院秘书、海口市卫生局局长兼市防疫站站长、海南行政公署卫生处医疗药政科科长等职。

"琼崖华侨回乡服务团",这是一段由特殊年代、特殊人群和特殊际遇铸就的千秋历史印记。这一特殊群体,面对祖国危难、家乡沦陷、大敌当前,他们义无反顾,主动返乡奔赴抗日前线,用鲜血和生命与家乡军民共患难,坚持抗战直至解放战争的最后胜利,新中国成立后,又无怨无悔地投身到建设新中国的大热潮中,并为此奉献毕生,留下一页挥不去抹不掉的可歌可泣壮丽诗篇。

琼崖华侨回乡服务团万籍团员名单表

姓 名	性别	籍贯	团别	职务	附注
冯敬文	男	万宁龙滚乡	香港团	医疗队长	
莫履贵	男	万宁沙关村	香港团	队员	
林鸿英	男	万宁长礼乡七军村	香港团	队员	牺牲
曾绍旭	男	万宁龙滚分界	香港团	队员	烈士
李泽光	男	万宁龙滚乡	香港团	队员	烈士
许廷良	男	万宁和乐乡和乐村	星洲团	队长	
谢玉芳	男	万宁龙滚乡岭七园村	星洲团	队员	牺牲
林 民	男	万宁龙滚乡罗孝村	星洲团	队员	牺牲
杨维坚	男	万宁龙滚乡端熙村	星洲团	队员	
邢自修	男	万宁龙滚乡上坑村	星洲团	队员	牺牲
方 克	男	万宁兴隆	星洲团	队长	
林鸿仁	男	万宁和乐	星洲团	队员	
朱哲民	男	万宁龙滚乡	星洲团	队员	
林焕梅	男	万宁后安乡	星洲团	队员	

链接：

星洲团的组织、回琼及备案经过

许廷良　杨维坚

1937年，“七七”卢沟桥事变后，旅居新加坡的琼崖华侨也和全国各族华侨一样，积极组织各种抗日团体，动员各界侨胞抵制日货，进行集会和示威游行，声讨日本帝国主义的侵华罪行。同时，广泛发动各阶层群众开展募捐活动，组织各种文艺团体进行义演宣传和组织广大侨胞卖爱国花等，从各个方面积极进行筹款，支援祖国和家乡人民的抗日斗争。

1939年2月10日，日寇占领琼岛之后，新加坡、马来亚的琼侨进一步掀起抗日救亡的热潮。当时在海外“琼侨总会”的号召下，还广泛发动琼爱国青年参加回乡服务团。5月上旬，星洲团正式成立，团长陈琴、副团长梁文墀。当时经过报名考试共录取了60名青年。星洲团成立后在新加坡琼州会馆集中学习了一个月，学习内容主要是抗日民族统一战线、医疗救护知识和军事常识。学习结束后，服务团的同志还接受琼侨各抗日团体如工会、抗敌后援会等的欢送，并乘此机会进行抗日救国救乡宣传。服务团所到之处，均受到广大爱国华侨的热烈欢迎。

1939年6月上旬，星洲团全体同志肩负广大侨胞的重托，乘“海英”号英国客轮启程回国。离开新加坡时，琼侨著名侨领符致逢先后同数百名爱国华侨敲锣打鼓到码头欢送。

“海英”号经过4天4夜的海上航行，直达西营。登陆后我们在霞山暂住几天，就转到硇洲岛。在硇洲，我们继续进行学习。主要是请文竞平同志讲解“抗日民族统一战线”“论持久战”和研究回琼后如何开展民运工作的问题。另外，初始的十天八天我们还学习了一些军事常识，但后来因声势大，怕暴露目标，不利于渡海回琼，便停止了军事方面的学习。

我们在硇洲等风等船，等了一个多月，大约于7~9月。分期分批偷渡回琼。第一批20余人，由团长陈琴率领于7月底乘搭两三只木帆船秘密偷渡，拂晓前在铺前七星岭附近海岸登陆。当天中午在附近村庄用餐，并请群众用牛车帮拉药品、衣服和各种物品。太阳快下山时由陈琴同志带领，经龙马墟，连夜赶到他的家乡昌洒乡抱才村。第二批也20余人，由副团长梁文墀率领于8月底返琼。第三批大概有80~90人，于9月份同越南团一起，由张奋同志率领返琼，于文昌县锦山墟休息，第二天步行到翁田墟，住了一夜，第三天便赶到抱才村与星洲团第一批和第二批回来的同志会合。在抱才村，我们星洲团的同志前前后后大约住了一个月左右。在此期间，我们一边学习，一边就地开展抗日救国宣传，同时给农民群众送医送药，发动群众参加抗日斗争。

同年冬季，奉“琼侨总会”之命，我们星洲团全体同志从抱才村出发，前往定安翰林山区国民党九区专员公署和守备司令部驻地注册备案。沿途经过文昌县宝芳墟，琼山县树德墟、大坡墟、甲子墟，定安县居丁墟、龙门墟和岭口墟。到达定安翰林之后，我们向琼崖国民党当局汇报了星洲团回琼之经过，谈了我们返琼抗日救乡的愿望，并请示了有关问题。

在定安翰林山区，我们住了将近一个月。琼崖国民党当局为了达到限制和控制星洲团的目的，采取了种种手段，又是集中训话，又是个别谈话，企图分化瓦解我们。特别是吴道南的心腹行政科长何定之，又是拉宗族，又是道同乡，今天找这个谈话，明天又找那个谈话。说我们服务团无枪无炮，到敌后危险，要把我们分到五指山区的乐东、保亭一带去（这些地方日寇尚未占领），说在这些地方比较安全。对他们的陈词滥调，我们义正词严，一一加以驳斥。他们无奈，才不得不另作决定，开手令让我们到文昌、琼山、琼东和万宁一带侨乡敌后开展抗日服务工作。但当时星洲团也有少数不坚定分子，被国民党顽固派欺骗拉拢过去。后来发表了脱团声明，跟着吴道南之流做官去了。

1940年夏，我们接到星州团团部的通知后，便集中到琼山县树德乡的文林湖村，同香港团、越南团成立了总团。总团成立后，同志们有的参加了歌剧队，有的参加了工作队和医疗队。此后，便在总团的统一领导下，深入文昌、琼山、琼东、乐会、万宁等县敌后，放手发动群众，积极开展抗日斗争。

（作者系当时的万宁籍琼侨回乡服务团团员）

（四）支持祖（籍）国人民的解放事业

1946年，国民党发动全面内战，引起海外华侨的愤慨。

1946年7月中旬，马来亚马六甲、霹雳、槟榔屿、安顺等地在抗日战争时期成立的“抗日同盟会”“抗日后援会”“抗日救国会”等华侨团体及社团组织，举行群众大会，通电要求国民党立即停止内战，并要求美国撤出驻华海陆空军，停止干涉中国内政。

9月上旬，陈嘉庚领导的“南侨总会”发出通电，抗议美国帮助国民党打内战，要求美国政府迅速改变对华政策，停止干涉中国内政，撤出美国驻华海陆空军和一切武装，声明不承认国民党政府同美国政府签订的各项卖国条约，等等。其时，在马来亚还掀起了反对内战、反对美军留华的数万华侨签名运动。至9月下旬，马来亚有200多个华侨社团集会，一致支持南侨总会的通电。

10月10日，暹罗70多个华侨团体也通电反对国民党发动内战，并致电杜鲁门，反对美国侵略中国主权；11月中旬，曼谷华侨社团发出通电，呼吁国民党停止召开违反民意的“国民大会”。

早在1945年11月，中共中央鉴于国民党蓄意制造摩擦，内战可能爆发的情况，对琼崖区党委当前的中心工作作出重要指示。琼崖区党委坚决贯彻执行中央的指示，在侨务工作方面作了具体的工作部署，因此，琼籍华侨在反对国民党发动内战的活动中积极主动。1947年5月间，新加坡、马来亚包括万籍华侨在内的许多琼侨纷纷乘帆船返琼，参加解放战争。

1949年6月，琼崖民主政府召开第五次代表大会，在通过的《琼崖解放区施政纲领》中的第19条，明确提出“切实保护琼侨，保障其生命财产之安全，予其出入之方便，当缉私检查完税与战斗时均不得损害侨胞利益，应设法加以保护，欢迎侨胞来解放区经营企业，争取侨胞积极支援解放区”。这是琼崖民主政府最早关于保护侨胞利益、鼓励侨胞投资的正式法规。

据不完全统计，1946年至1949年解放前夕，旅居东南亚各国的万籍华侨及港澳同胞先后有520人回祖国、回海南、回万宁，参加解放战争。他们为解放战争、为解放区的发展、为二十三年红旗不倒，进行了英勇的斗争和艰苦的工作，不少人献出了宝贵的生命。自1926年到1950年(海南解放)，仅侨乡龙滚镇为中华人民共和国成立而献出宝贵生命，登记在册的烈士名单共有232人，其中归侨、侨眷及港、澳眷属烈士有182人，占龙滚镇烈士总数的78.2%。

侨乡龙滚镇革命烈士英名表

姓 名	性别	出生年月	籍 贯	参加革命时间	所在单位职务	牺牲时间、地点
王国黎	男	1902.2	龙滚	1926	龙滚联络站联络员	1926 龙滚多格
林逢森	男	1900.2	龙滚坡罗烟墩	1926	农军班长	1927 北埇岭
陈在元	男	1894.4	龙滚水坡乡南庄村	1927	琼崖工农革命军战士	1927 万宁县城
王学钦	男	1898.7	龙滚龙楼乡李排塘村	1926	琼崖工农革命军一连连长	1927 乐会县龙江
王加仁	男	1902.3	龙滚龙楼乡李排塘村	1927	琼崖工农革命军一连战士	1927 澄迈县加乐
谢南华	男	1906.3	龙滚福塘村	1926	万宁四区农民自卫军战士	1927 万宁上城
谢之家	男	1898.3	龙滚风园岭头村	1924	万四区农会主席	1927 龙滚岭头
莫礼清	男	1910.5	龙滚市青山园村	1926	万宁农军班长	1927 龙滚
林多成	男	1902.5	龙滚	1926	龙滚联络站联络员	1927 龙滚
符永炳	男	1903.4	龙滚和顺大群村	1926	琼崖农民自卫军交通员	1927 琼东加积
李召仁	男	1900.8	龙滚和顺青田村	1926	琼崖工农革命军连长	1927 龙滚
陈明秀	男	1902.2	龙滚上城田头村	1926	地下党员	1927 龙滚乐内
韩连淮	男	1880.5	龙滚治坡村	1927	琼崖工农革命军战士	1927 陵水县

续表

姓　名	性别	出生年月	籍　贯	参加革命时间	所在单位职务	牺牲时间、地点
陈传琼	男	1990.4	龙滚文曲文朗村	1926	万四区联络员	1927 龙滚
杨业兴	男	1902.4	龙滚端熙村	1926	琼崖农民自卫军战士	1927 乐会
张启福	男	1896.2	龙滚水坡乡南庄村	1928	琼崖红军五连战士	1928 万宁县
冯高兰	男	1886.5	龙滚水坡乡上坡村	1928	琼崖红军五连战士	1928 万宁上城
龚骆泰	男	1880.8	龙滚水坡乡上坡村	1927	琼崖红军五连政工员	1928 万宁上城
陈世春	男	1900.3	龙滚龙楼龙岗村	1927	琼崖红军战士	1928.2 六连岭
冯人明	男	1885.5	龙滚龙楼北雅村	1927	琼崖红军战士	1928 万宁门宅山
李瑞琼	男	1888.2	龙滚龙楼北雅村	1927	琼崖红军战士	1928.3 乐会排塘埠岭
杨　哉	男	1892.2	龙滚福塘德甫村	1927	万四区委书记	1928 陵水赤岭
谢汉华	男	1905.3	龙滚多格	1928	万四区苏维埃委员	1928 万宁
陈颖端	男	1890.8	龙滚水坡下捅	1927	琼崖红军五连连长	1928 万宁
许开炳	男	1906.6	龙滚市新赛村	1927	万四区苏维埃委员	1928 龙滚
卢家泮	男	1885.3	龙滚乐内教坡村	1927	琼崖红军战士	1928.1 万宁长丰
范会贤	男	1895.2	龙滚乐内下朗村	1927	琼崖红军战士	1928 万宁
莫汝忠	男	1903.3	龙滚坡罗边园村	1927	万四区苏维埃工作人员	1928 海口市
吕昌富	男	1882.10	龙滚	1927	琼崖红军三团战士	1928 陵水
符在道	男	1898.9	龙滚治坡心尾村	1927	琼崖红军三团战士	1928 琼山县
王家业	男	1890.4	龙滚文泗坡尾村	1927	万四区苏维埃事务长	1929.2 万宁分界岭
纪赞臣	男	1885.8	龙滚端熙文堆村	1926	万宁县农会主席	1929 万宁北埇岭
陈家云	男	1909.9	龙滚龙楼北吉村	1927	琼崖红军三团战士	1929.5 乐会谷花岭
吕时花	男	1904.3	龙滚福塘斗山村	1927	琼崖红军三团战士	1929.4 万宁上城
谢家颜	女	1910.6	龙滚福塘斗山村	1927	琼崖红军三团班长	1929 龙滚
杨树东	男	1898.4	龙滚凤园仁造村	1927	琼崖红军三团班长	1929 琼东县
梁华吉	男	1900.4	龙滚凤园文田村	1927	万四区委委员	1929 万宁县
谢云章	男	1900.10	龙滚凤园龙山村	1927	万四区苏维埃委员	1929 定安母瑞山
梁启华	男	1885.5	龙滚排园上村	1926	万四区苏维埃工作人员	1929.6 乐会县
黄文月	男	1888.4	龙滚市岭山村	1927	琼崖红军中队长	1929 乐会阳江
翁太舒	男	1880.8	龙滚市青山园村	1928	琼崖红军战士	1929 万宁港北
黄兆金	男	1880.7	龙滚市岭山村	1927	万四区北龙乡苏维埃主席	1929.8 龙滚
梁居勇	男	1909.3	龙滚龙楼北雅村	1927	琼崖红军三团战士	1929 万宁南牛岭
郭仁林	男	1897.7	龙滚乐内五金宛村	1927	琼崖红军三团班长	1929.8 乐会县
陈会卿	男	1880.3	龙滚乐内下朗村	1927	琼崖红军三团战士	1929.3 万宁和顺

续表

姓　名	性别	出生年月	籍　贯	参加革命时间	所在单位职务	牺牲时间、地点
陈家连	男	1899.5	龙滚和顺大群村	1926	琼崖红军三团五连连长	1929 临高加来
黄光伴	男	1904.10	龙滚上城长埇村	1926	万四区苏维埃文书	1929 龙滚长东村
黄光长	男	1901.10	龙滚上城长埇村	1926	琼崖红军三团排长	1929 万宁大塘岭
廖熙畅	男	1903.3	龙滚坡罗熊子村	1927	万四区苏维埃委员	1929 万宁长埇岭
邢定奉	男	1900.3	龙滚治坡排园村	1928	琼崖红军三团战士	1929 琼山府城
陈世元	男	1890.2	龙滚河头椰子园村	1928	琼崖红军三团连长	1929 乐东九所
陈德生	男	1902.2	龙滚河头上坡村	1927	琼崖红军三团排长	1929 六连岭
王春琼(贤)	男	1900.2	龙滚水坡南庄村	1928	琼崖红军五连战士	1930 万宁县
李修应	男	1890.8	龙滚端熙黄竹塘村	1927	琼崖红军三团副官	1930.2 六连岭
李大林	男	1907.7	龙滚端熙苏园村	1928	琼崖红军三团战士	1930 万宁上城
林应深	男	1898.4	龙滚文渊坡尾	1927	琼崖红军三团排长	1930 六连岭
何子荣	男	1890.5	龙滚端熙黄竹塘	1928	琼崖红军三团战士	1930.5 六连岭
王沼明	男	1900.5	龙滚福塘	1928	琼崖红军三团战士	1930 万宁龙滚
曹显泽	男	1910.4	龙滚福塘	1927	琼崖红军三团连长	1930 陵水县
陈学仁	男	1895.4	龙滚文曲文朗	1926	琼崖红军三团战士	1930 乐马岭
曾宪廷	男	1903.3	龙滚多格上坑村	1928	琼崖红军三团战士	1930 乐会中原
黄运炳	男	1880.2	龙滚凤园仁造村	1927	地下党员	1930 龙　滚
谢乙官	男	1906.2	龙滚凤园路叻村	1927	琼崖红军战士	1930 白沙县
林鸿清	男	1900.2	龙滚凤园长园村	1927	万宁县长线交通员	1930 崖县
符俄清	男	1900.2	龙滚乐内村	1927	琼崖红军连长	1930.9 琼东县长坡
莫开英	女	1895.5	龙滚乐内军寮	1928	琼崖红军三团战士	1930.2 万宁北大
郭经英	女	1903.7	龙滚上城	1926	琼崖红军三团战士	1930.2 琼山县
郭经曹	男	1900.2	龙滚上城	1926	万四区苏维埃委员	1930 琼东县加积
陈明德	男	1900.4	龙滚上城田头	1926	万宁县田头乡苏维埃主席	1930 龙滚
郭经智	男	1900.8	龙滚上城斗牛	1928	琼崖红军三团战士	1930 定安母瑞山
谢汉召	男	1902.2	龙滚上城田头	1927	琼崖红军三团排长	1930 琼山县
陈凤朝	男	1905.3	龙滚城罗黎城	1927	琼崖红军战士	1930 万宁龙滚
梁安日	男	1906.6	龙滚治坡	1927	琼崖红军三团排长	1930 万宁
梁安坤	男	1903.2	龙滚治坡	1927	工农红军战士	1930 福建省
杨世瑄	男	1893.3	龙滚水坡云路头	1928	琼崖红军五连战士	1931 万宁上城
黄会云	男	1908.8	龙滚端熙新周园	1929	琼崖红军三团战士	1931 六连岭
黎家林	男	1910.5	龙滚端熙苏园	1928	万四区共青团书记	1931 六连岭

续表

姓　名	性别	出生年月	籍　贯	参加革命时间	所在单位职务	牺牲时间、地点
陈业龙	男	1901.8	龙滚端熙芳园	1928	万四区工作人员	1931 万宁上城
杨业富	男	1902.2	龙滚端熙	1928	琼崖红军三团战士	1931 万宁上城
何国荣	男	1891.4	龙滚挑园南岸	1927	汕头地委书记	1931 海陆丰
岑永克	男	1893.4	龙滚市黄锦园	1927	琼崖红军三团连长	1931.1 龙滚
陈明甫	男	1901.4	龙滚上城揽溪	1926	万四区工作人员	1931.4 乐万县
王学靠	男	1900.5	龙滚上城揽溪	1926	琼崖红军三团连长	1931 琼山县
郭儒位	男	1904.5	龙滚上城	1928	琼崖红军三团战士	1931 定安母瑞山
廖熙启	男	1900.3	龙滚上城田头	1927	琼崖红军三团医务人员	1931 乐会县
曾照煌	男	1895.2	龙滚坡罗内林	1927	万四区区委委员	1931 万宁长埇岭
廖熙吉	男	1910.2	龙滚坡罗熊仔	1930	琼崖红军三团战士	1931 定安母瑞山
李修松	男	1898.8	龙滚端熙芳园	1927	万四区苏维埃委员	1931 六连岭
陈星月	男	1905.3	龙滚河头上坡	1928	琼崖红军三团排长	1931.2 万宁红新岭
何世太	男	1896.6	龙滚福塘	1929	万四区交通员	1932 万宁上城
林昌兴	男	1900.2	龙滚文渊坡尾	1930	红军营长	1932 东江
陈开河	男	1910.3	龙滚端熙芳园	1927	万四区工作人员	1932 万宁上城
陈业川	男	1913.9	龙滚端熙芳园	1929	琼崖红军三团战士	1932 六连岭
陈大军	男	1909.9	龙滚端熙芳园	1931	琼崖红军三团战士	1932 万宁上城
曾宪元	男	1900.2	龙滚多格大罗	1928	琼崖红军三团战士	1932.1 万宁上城
林宏瑞	男	1888.8	龙滚市黄锦园	1929	琼崖红军战士	1932 龙滚
唐育颜	男	1890.6	龙滚市龙生水	1929	琼崖红军三团护士	1932 六连岭
郭汉江	男	1910.1	龙滚排园上村	1929	琼崖红军秘书	1932.2 万宁县
梁生永	男	1902.4	龙滚和顺大群	1927	琼崖红军战士	1932 龙滚
符俄清	男	1892.4	龙滚上城田头	1926	万四区委员	1932.6 万宁黄土墩
谢汉迫	男	1895.5	龙滚上城田头	1926	万四区乡苏维埃主席	1932 万宁上城
黄辉山	男	1907.4	龙滚上城长	1927	琼崖红军三团战士	1932 琼山县
邢保熙	男	1897.4	龙滚坡罗外村	1927	万四区交通员	1932.5 万宁上城(病故)
陈翠英	女	1908.3	龙滚坡罗边村	1927	万宁港北支部宣传委员	1932 万宁北埇岭
邢英容	女	1905.4	龙滚坡罗边村	1930	万四区工作人员	1932 万宁分界岭
韩国元	男	1896.4	龙滚治坡	1926	琼崖红军三团战士	1932 乐会县
卢业卿	男	1898.9	龙滚凤园	1926	琼崖红军三团排长	1932 万宁上城
王兴仁	男	1903.3	龙滚水坡	1927	琼崖红军五连战士	1933 万宁
谢文姬	女	1906.6	龙滚端熙	1931	琼崖红军三团炊事员	1933 六连岭

续表

姓　名	性别	出生年月	籍　贯	参加革命时间	所在单位职务	牺牲时间、地点
杨业梓	男	1910.1	龙滚端熙	1927	琼崖红军三团战士	1933 六连岭(病故)
李德三	男	1905.5	龙滚端熙金满	1927	琼崖红军三团战士	1933 六连岭(病故)
黄辉原	女	1907.3	龙滚上城长埇	1930	琼崖红军女子军特务连班长	1933 琼中县
郭儒倍	男	1903.5	龙滚上城	1930	琼崖红军三团战士	1933 琼山县
陈业轩(除)	男	1899.6	龙滚上城	1927	琼崖红军三团战士	1933 六连岭
曾宪瑞	男	1891.2	乐内	1927	琼军三团战士	1933 年中原
邢保汉		1904.4	福塘斗山	1927	四区赤卫队员	1933 南崖溪
何子炳	男	1904.2	芳园村	1927	万四区委书记	1934 福建
黄辉兰	女	1910	上城	1926	红三团战士	1934 乐万县
黄昌虎	男	1901.12	龙滚	1926	红三团连长	1934 万城
卢宏泮	男	1885.5	龙生水	1927	四区赤卫队员	1935 万城
郭汉金	男	1905.5	长埇	1927	独立师战士	1935 琼中
符家林	男	1910.3	田头	1929	红三团战士	1935 加积
陈明新	男	1910.2	田头	1930	红三团战士	1935 琼山
陈大学	男	1900.2	和顺大群	1927	红三团战士	1936 加积
邢国连	男	1912.2	治坡排园	1931	万四区委书记	1936 龙滚
黄开新	女	1907.3	仁造	1928	游击队排长	1937 加积
黄光谋	男	1907.4	上城	1927	游击队指导员	1937 加积
陈大有	男	1907.4	坡罗排坑	1927	地下工作人员	1937 加积
梁居林	男	1901.5	治坡	1927	红军营长	1937 东江
许福保	男	1900.4	新赛	1928	游击队副中队长	1938 六连岭
许世瑞	男	1900.2	新赛	1931	游击队战士	1938 龙滚
陈大焕	男	1909.2	乐内	1927	游击队连长	1938 海口
黄会雅	男	1908.8	仁造	1937	地下工作者	1939 龙滚
曹德忠	男	1905.3	福塘	1931	琼崖独立战士	1939 万宁
陈业锦	男	1909.8	文曲	1927	琼崖独立战士	1939 文曲
曾宪富	男	1908.4	上坑	1928	万二区委员	1939 田头
符家泮	男	1914.6	上城	1932	三支队战士	1939 六连岭
李慕琼	女	1916.3	青山园	1935	北龙妇女主任	1939 琼东
卢家彬	男	1900.8	龙生水	1939	三支队战士	1939 龙滚
郭仁英	女	1905.2	三品埇	1927	三支队护士	1940 分界坡
黄裕典	男	1905.3	龙岗	1939	副乡长	1940 龙岗

续表

姓　名	性别	出生年月	籍　贯	参加革命时间	所在单位职务	牺牲时间、地点
黄庆财	男	1917	龙滚	1939	地下交通员	1941 口南
李大新	男	1915.3	凤园	1939	三支队指导员	1941 罗鼓坡
许辉清	男	1903.3	新赛	1927	三支队班长	1941 万宁
黄兆军	男	1917.4	龙岗	1939	乡政府队长	1941 乐内
符俄安	男	1911.4	田头	1938	三支队战士	1941 北埇岭
廖熙鉴	男	1913.3	熊仔	1938	三支队排长	1941 万宁
冯秋鸾	女	1917.4	大群	1935	一支队战士	1942 田利
谢维浩	男	1900.3	文渊	1939	乡救国会主任	1942 万宁
颜成军	男	1920.5	端熙	1938	地下工作者	1942
许清农	男	1908.8	新赛	1927	三支队排长	1942 万宁
文㚢花	女	1913.8	乐内	1942	三支队炊事员	1943 六连岭
符永炳	男	1918.8	和顺	1937	三支队战士	1943 大群村
李会有	男	1907.8	大群	1935	大群保长	1943 大群村
卢家民	女	1905.4	凤园路下	1938	地下工作者	1943
杨旺轩	男	1910.4	仁造	1937	四区交通员	1943
林东平	男	1909.7	凤园路下	1940	文龙乡乡长	1943 乐会
陈凤惠	男	1900.9	多格	1941	二支队班长	1943 琼中
卢宏元	男	1911.4	龙生水	1941	地下工作者	1943 六连岭
龚林泰	男	1920.4	水坡南庄	1938	救国会主任	1943
符德容	女	1913.3	岭后	1942	三支队战士	1943
王先年	男	1915.7	福塘	1938	三支队战士	1943 青山园
曹显法	男	1908.4	福塘	1942	三支队战士	1943 万宁
曹显拨	男	1923.3	福塘	1941	龙文乡副乡长	1943 福塘
周志光	男	1920.2	端熙	1940	三支队战士	1943
李光姬	女	1916.6	端熙金满	1942	三支队战士	1943
梁桂生	男	1903.3	多格上坑	1936	乡政府乡长	1943 上城
陈文翠	男	1900.6	田头	1943	三支队战士	1943 上城
符家统	男	1918.5	田头	1938	三支队警卫员	1943 万宁
邢翠英	女	1908.4	坡罗内村	1939	三支队战士	1943 丁狗园
林国昌	男	1923.7	烟墩	1939	三支队指导员	1943 龙江
符开棠	男	1903.9	坡罗青山	1927	万四区委员	1943 坡罗
杨善林	男	1919.5	端熙	1940	三支队战士	1943 六连岭

续表

姓　名	性别	出生年月	籍　贯	参加革命时间	所在单位职务	牺牲时间、地点
岑居贵	男	1907.5	黄锦园	1932	三支队班长	1943 文昌
黄开梓	男	1905.5	龙生水	1934	三支队班长	1943 六连岭
李大保	男	1909.4	三品埇	1941	三支队战士	1944 南面岭
郭义甫	男	1914	乐内军僚	1942	三支队排长	1944 北大
林天汉	男	1900.3	大群	1938	乡保长	1944 大群村
冯锦标	男	1914.4	和顺	1937	驳壳排长	1944 大群
黄昌保	男	1904.7	龙滚	1928	三支队中队长	1944 龙滚
林尤桂	男	1907.4	黄锦园	1927	区执行委员	1944 龙滚
曹盛宣	男	1914.4	福塘	1942	地下工作者	1944
翁志新	男	1922.6	端熙	1940	乡征收委员	1944 万宁
李修校	男	1920.7	端熙	1939	三支队副中队长	1944 六连岭
陈学臣	男	1918.5	文曲福山	1940	三支队战士	1944 六连岭
吴坤南	男	1920.5	坡罗	1939	中队指导员	1944 角子岭
卢业恒	男	1906.6	龙生水	1933	民救会主任	1944 龙滚
曾昭学	男	1906.6	排园分界	1927	民救会副主任	1945 万宁
黄辉朝	男	1920.6	上城	1938	三支队排长	1945 门山坡
廖朝门	男	1920.3	上城	1938	三支队副连长	1945 乐会中原
谢汉兴	男	1915.5	上城	1943	三支队警卫员	1945 水园
李琼文	男	1915.4	上城	1938	三支队排长	1945 门山坡
邢福秀	男	1915.5	治坡	1935	长线交通员	1945 琼山
何世位	男	1915.6	凤园	1941	乡党支委员	1945 和顺岭
黄文球	男	1910.2	新市	1931	先锋队长	1945 龙滚
黄光城	男	1920.5	乐内	1942	三支队战士	1945 灵山园
陈大升	男		坡罗新村			1945 坡罗
陈大汉	男		坡罗新村			1945 坡罗
谢芳周	男	1913.5	仁造	1929	地下党干部	1946 福建
卢家美	女	1900.2	排园	1940	地下工作者	1946 万宁
李大官	男	1916.4	端熙黄园	1944	三支队战士	1946 万宁
李张氏	女	1901,1	端熙章溪	1943	乡工作人员	1946 龙滚
文星雅	男	1920.2	端熙岭枝	1941	三支队事务员	1946 万宁
符昌臣	男	1916.6	和顺	1941	三支队战士	1946 陵水
陈兆和	男	1924.4	龙岗	1944	二支队交通员	1946

续表

姓　名	性别	出生年月	籍　贯	参加革命时间	所在单位职务	牺牲时间、地点
韩锡亢	男	1915.5	治坡	1827	五总三团班长	1947
陈星伍	男	1920.4	多格	1940	三支队战士	1947 乐会
梁垂生	男	1903.3	文渊	1944	三支队通信员	1947
李琼南	男	1911.3	青山园	1941	乡工作人员	1947 龙滚
郑冯爪	女	1902.2	乐内	1927	乡炊事员	1947 万宁
符家美	女	1902.4	和顺	1942	乡炊事员	1947 万宁
周济封	男	1919/5	双沟	1947	三支队战士	1947 万宁
卢业存	男	1912.2	李排园	1942	区组织委员	1947 海口
陈家富	男	1910.5	排园南岸	1938	三团政委	1948 岭口
何君轩	男	1920.9	排园母甲	1941	区委员	1948 石烟
莫国乐	男	1915.5	当仁	1937	三支队副中队长	1948 阳江
谢门书	男	1910.4	文渊	1946	三支队战士	1948 文昌
许福伍	男	1918.8	端熙	1942	三团排长	1948 乐东
黄光成	男	1916.4	上城长埇	1938	三团战士	1948 乐会西山
林逢全	男	1923.3	烟墩	1943	坡罗征收员	1948 龙滚
周志帮	男	1910.4	金满	1943	三团战士	1949 乐会
何忠	男	1924.3	凤园路叻	1940	龙文乡乡长	1949 福塘
王文才	男	1911.3	文渊上坡	1947	三团战士	1949 澄迈福山
王富琼	男	1921.4	端熙	1941	三团连指导员	1949 乐会阳江
黄于民	男	1920.4	龙生水	1938	三团营长	1949 乐东九所
黄于华	男	1919.4	龙生水	1943	三团营长	1949 广州
颜吾三	男	1900.3	乐内青山	1937	南山乡乡长	1949 龙滚
谢式颜	女	1925.2	田头	1946	医务人员	1949 乐会
曾庆元	男	1924.4	多格上坑	1946	三团连长	1949 定安
廖熙维	男	1925.5	坡罗熊仔	1947	三团战士	1949 乐会
李培川	男	1926.2	端熙	1945	三团战士	1950 乐会
符德海	男	1928.7	治坡	1948	三团战士	1950 文昌
陈兆顶	男	1923.5	多格	1948	志愿军战士	1951 朝鲜

第二节　对祖（籍）国经济发展的贡献

早期的万籍华侨，都有故土难离、安土重迁的情结，都有“海外孤儿”的痛切感受。这种朴素的乡土感情，在世代相传的传统文化观念中，成了以土地为基础的人生本位价值取向。

家乡是老一代华侨灵魂深处的“根”。即使身在异域，他们都心系祖国，情牵故乡，希望凭借自己的聪明才智和勤奋劳动，创造充裕的经济条件或发财致富后，回归故里、振兴家乡、报效祖国，实现“落叶归根”的夙愿。

一、投资家乡

华侨资本对海南的投资，从晚清时期就开始。清朝康熙年间解除海禁，康熙二十四年（1685）在海南分设铺前、清澜、万州、儋州、北黎、崖州等关口，以海口为总关口。当时，海外华侨受“实业救国”思想影响，总想为建设家乡多尽点力。另外，海南地理位置得天独厚，自然条件较好，地处亚热带，资源丰富。因此，许多华侨纷纷组织各种公司，筹集资金回海南投资实业。《海南省志》记载：从 1862 年至 1937 年，华侨在海南投资的共 1495 户，投资总额达 2600 余万元；从 1900 年前后到 1949 年，华侨在琼投资兴办实业总户数达 1813 户，投资总额达 2900 万元。

1862 年—1937 年华侨在海南投资情况表

年份	1862—1919		1920—1927		1928—1937	
行业	户数	金额（元）	户数	金额（元）	户数	金额（元）
商业	4	29,600	6	64,700	18	701,325
服务业	9	248,390	5	1,089,890	8	1,325,450
金融业	26	474,000	19	198,000	1	2000
交通业		2,392,200	15	615,000	1	120,000
工业			3	65,000	1	15,000
农矿业	16	2,392,200	9	314,698	44	1,213,594
房产业			800	9,702,600	510	6,616,800
合计	55	5,536,390	857	12,049,888	583	9,994,169

（一）投资航运业

万宁通航的河流有太阳河、龙滚河、龙头河、龙尾河。太阳河航道上游可达祖生村，下流出港北港，解放前，沿河两岸有运输船 20 多只，解放初期发展到 100 多只，人货混载，年运输量有 1 万多吨。龙滚河航道上游可达藤赛，下流出博鳌，经万泉河直达加积、万泉、石壁等地。解放前沿河有运输船 60 多只，解放初期发展到 100 多只，人货混载，年运输量达 1.5 万吨。龙头河航道上游可达北大礼兴村，下游达港北小海，解放前有运输船七八只，解放前发展到10只。龙尾河航道上游可达北大打磜村，下游抵港北小海，解放前有运输船四五只，解放后发展到七八只。

至清代，万宁的渡口有官渡、民渡之分。民国时期，共有渡口27个，其中太阳河渡口10个；龙滚河渡口6个；龙头河渡口4个；龙尾河渡口7个。万州的莲塘港、乌场港为沿海商业港口，南渡江、万泉河、龙滚河、太阳河等之间，取海道彼此相通，为客商往来和物资流动提供便捷。万宁在一个漫长的历史时期，大都"陆路少通，多由河达"。至新中国成立初期，河道航运仍然为万宁的主要运输渠道。龙滚河的航运，直至20世纪60年代，公路畅通，航运才逐渐停止。

清代至民国时期，龙滚河航运中的许多船只是海外华侨投资经营。据龙滚村老人回忆："龙滚河运输船，大船多数是'番客'或'地主'的。龙滚村、河头村、文曲村、多格村的船最多。"太阳河的航运船中，客货混载的大船，有万城商人投资经营的，也有沿河的北坡、集庄、保定村的华侨投资的。

（二）投资种植业

民族民主革命时期，一批支持辛亥革命，在事业上有所建树的华侨，怀着振兴中华的爱国热情，纷纷集资返乡创办企业。1902年，马来亚华侨曾金城从马来亚运回第一批橡胶苗，在儋县洛基乡西领村培植，但收效甚微。1906年，乐会华侨何麟书筹足5000银元，成立"琼安公司"，从马来亚带回巴拉橡胶种苗，在定安县落河沟买地250亩，试种4000余株，成活3200株，1915年开始采胶，1918年采胶3000斤，运销新加坡。何麟书在海南植胶成功使南洋侨商闻风而动，许多侨商纷纷组织公司投资到海南发展植胶事业。据琼崖实业局的调查，至1934年，琼岛大小橡胶园共有94家，面积达10万余亩，共有树胶24.65万株，当时可收胶汁株数达18.7万余株，为旧中国橡胶种植的最盛时期。

1916年，马来亚华侨冯运时、曾达泉、卢子明等投资兴办"南兴公司""振兴公司""培林公司"，开始在万宁南桥、东兴、牛漏一带垦殖橡胶。

1930年，马来亚华侨郭新、王漠仁、郭巨川、王兆松等人返琼组建"琼崖实业投资股份公司"，派王漠仁到万宁禄马地区购买荒地种植橡胶数千株，至1938年该公司垦辟橡胶园200多亩，种植橡胶树近万株（现东岭农场）。

1938年，马来亚华侨载德润等3人投资8000元（其中本人投资7000元）在南桥（时属陵水辖）购地150亩创办橡胶园，种植胶树2300株。乐会县梁定春在东兴（现东兴农场田茂队）种胶1000多株。迫于抗日战争爆发，植胶才告停止。这些是华侨规模性投资万宁较早的股份公司。

新中国成立初期，1950年10月，根据当时的国际形势，海南第一届人民代表大会，通过了《关于保障华侨投资垦植橡胶业的发展》决议案，并号召海外华侨来琼投资垦殖发展橡胶。是年，华南垦殖局成立。下半年，万宁县垦殖所成立。

1952年初，万宁县委在中兴地区成立了白茶、架岭、打磜、下水4个垦殖场，动员组织万宁5个区近10万人，分期分批进入垦殖场，掀起垦荒种植"爱国橡胶"的热潮。其间，龙滚、后安、乐来有些华侨、归侨也利用侨汇合资、独资垦荒种植橡胶，创办新的橡胶园。1951年至1956年，万宁华侨投资新建立和恢复老橡胶园有6家，种植橡胶13,228株；此外，华侨还在万宁投资创建了槟榔园8家，种植槟榔12,400株；椰子园2家，种植椰子10亩。1957年至1976年，由于受"左"的影响，这些华侨橡胶园、槟榔园和椰子园，有的被无偿并入农场，有的实行公私合营，有的当作封建财产予以没收，造成了华侨政策遗留问题。

（三）造厝置业

近现代，万籍华侨资本直接投入办企业为数不多。其原因，一是万宁海外华侨，大多数人以“三刀”为业，从事粗重和低微的工作维持生计。诸如割胶、当苦力、杂役、店员、踏三轮车、拉人力车，在的在海轮上当厨师、烧锅炉、擦甲板、打杂等重活脏活，有幸的开间咖啡茶档、饮食店或摆摊设点卖冰水。他们收入微薄，生活困苦，居宿简陋，经济上富足者不多；二是万籍华侨看重于改变家庭贫困局面，多数侨资被用来盖房子、购置田地发展祖居，缺少投资意识。

随着海外华侨增多，返乡的华侨也随着增多。旧时，万籍华侨回乡的目的是兑现出洋初心。往往要办3件事，一是娶妻成家，二是建造房屋，三是购田置业。19世纪中期以后，稍有余资的华侨，纷纷携带或汇款回家买田造房。万宁侨乡的农村和墟市，随处都可以看到具有南洋格调、中西融合特色的侨房。这些侨房在建设过程中，华侨们引入了当时在国际上先进的钢筋混凝土技术和空间形式，但又结合本地传统文化，这种中西结合的新型侨房，在当时的农村显得鹤立鸡群。

龙滚镇分界山村马来亚华侨梁俊实，20世纪20年代初，携款回乡建造一座富丽堂皇的住宅，有20多间小屋围绕两幢正室，前门建门楼，所有建材均从新加坡和香港地区购进。1939年日本飞机在他家投下一颗炸弹，仅门楼部分受损，其他房屋安然无恙。文曲村星洲华侨陈先生，早期返乡建房，前为一幢二层骑楼，后为宽敞庭院和正室，正室两侧各有厅房、厨房、卫生间和储藏屋。解放初期文曲（时称文山）乡政府借用为乡政府办公室和活动场所。仁造村印度尼西亚华人黄会彩回乡建起两幢占地400多平方米的二层骑楼住宅，庭院里种着南洋带回的热带花果。1973年特大台风袭击龙滚，全镇70%以上房屋倒塌，全村人躲进他家避风免遭一劫。万城及侨乡墟市原有的街市铺店，也以骑楼为多。侨乡北坡墟仍留“南洋第一楼”遗址。该楼是南洋客所建，清朝为民间兑换钱币和存钱的地方。抗日战争年代，被日军占用为炮楼。解放初期借用为区、乡政府办公场所，而后改设北坡卫生院、食品站等。万宁侨乡新颖的建筑大量出现，随处可见中西结合、别具一格的侨房。

与此同时，侨资、侨汇购田置业也逐年升温，有些华侨出洋时家贫如洗，归国后则在土地改革时被评为“华侨地主”“华侨富农”“小土地出租”等所谓的“家庭成分”。侨汇、侨资的注入也直接促进家乡经济发展。

万宁县侨乡房屋建设基本情况(选年)

项目 地区	房屋建设 (平方米)					
	新中国成立前		1950—1970		1971—1991	
	合计	其中楼房	合计	其中楼房	合计	其中楼房
万城镇	26,143	4743	221,500	41,142	339,560	218,540
龙滚镇	21,392	4927	21,595	11,280	72,874	50,980
和乐镇	24,321	1821	36,530	9472	50,438	40,723
北坡镇	12,448	1420	15,428	7204	17,481	11,583
后安镇	10,286	1870	10,869	4864	33,146	11,174
港北镇	12,386	985	14,642	9643	21,179	12,634
礼纪镇	8592	1050	10,482	5462	16,218	10,642
东澳镇	7285	1087	73,252	4010	20,189	16,870
乐来镇	14,072	1820	9580	4648	25,384	8141
大茂镇	11,027	1105	9410	4736	31,214	18,838
山根镇	3027	682	5480	2142	19,638	8174
长丰镇	8464	665	11,430	5864	20,135	13,360
合计	159,443	22,175	440,198	110,467	667,456	421,659

(四)投资工农商业

宋、元时期,万宁县城为州(军)治所,东门口设市肆,上市物资不多。明代,农业、手工业有所发展,州(军)治所(县城)东门、南门逐渐发展成为附近乡村土特产物资的集散市场。大宗土产经商人转手,从港门、南港水运而北上。据《海南省志》记载,正德年间(1506—1521),琼州府有 122 个较大的商业墟市,其中万州 6 个、乐会 3 个,这些墟市大多设在水陆交通便利之处,朝集午散,隔日或数日一大集不等。

清康熙二十三年(1684)以后,海禁解除,外邦货船、商贾往来频繁,东门、南门市场发展成为街市,沿街有各种店铺和酒肆茶棚。至 1936 年,万宁县城发展为“八街”(八条街道),典当铺、布匹、百货、副食干杂店、中药店共有 20 多家,各种收购货栈、手工业店 20 多家,饮食、茶肆、理发、染摊、小五金 10 多家。街市中归侨侨眷坐商、侨资店铺也逐渐增多,侨资兴建经营的较大商号有 “永福堂”“乐兴昌”“国记”“源隆”“香英利”等,当时,侨资、侨属店铺约占万城街市店铺的 45%。

侨乡龙滚、和乐、后安、乐来、北坡、东澳、礼纪等墟集也迅速形成或扩展。龙滚地区在清末民初就建起了“分界市”“龙滚营”“端熙墟”3 所墟集,商业贸易已显活跃,墟集初具规模。日军侵琼后墟集一度瘫痪。

1951 年 6 月,中央华侨事务委员会(简称中侨委)召开第一次侨务扩大会议,会议制定了“对于华侨回国投资的私营经济,凡有利于国计民生者,国家都采取积极的帮助,使他们做出成绩,用于示范”的方针,同年,由中侨委和中财委组成华侨回国投资委员会。1955 年 8 月全国人大常委会通过并公布《华侨申请使用国有荒山荒地条例》,1957 年 8

月，国务院颁布了《关于华侨投资于国营华侨投资公司的优待办法》。1956 年，国营华侨投资公司海南分公司成立。同年 5 月，万宁县也成立华侨投资公司代办处，归侨陈凤槐、李琼辉、李学泰分别任代办处主任和常务理事。

20 世纪 50 年代初期，万宁县许多华侨归国后，响应政府号召，为了生产自救和解决就业问题，利用侨汇集资创办了碾米厂、粮油食品加工厂、小手工业合作社、旅馆、饮食店等企业 20 多家，共计投资折合人民币 10.31 万元。当时，国家对华侨的投资方式、经营范围、优惠政策都作了规定。1956 年，这些华侨企业在公私合营时被清产核资纳入改造，成为国营企业。“文化大革命”期间，投入国营华侨投资公司的资金被冻结，停发利息，华侨投资陷于停顿。

万宁县退还归侨集资办企业股金(部分)表

姓名	原侨居地	归国年份	入股时间	入股企业	入股金额	政府文号
徐光德	马来西亚	1953	1953	万粮加工厂	200.94 元	〔85〕167 号
冯邦熊	马来西亚	1953	1954	和乐粮所	491.0 元	〔85〕199 号
陈大宁	马来西亚	1952	1953	万城粮所	840.66 元	〔85〕200 号
何君志	新加坡	1953	1955	乐来粮所	520.46	〔85〕211 号
周家麟	马来西亚	1953	1956	乐来粮所	282.8 元	〔1986〕25 号
许开德	新加坡	1951	1952	北坡粮所厂	854.7 元	〔1986〕26 号
何达深	新加坡	1953	1953	龙滚加工厂	182.8 元	〔1986〕35 号
谢善伍	新加坡	1952	1953	乐来粮所	219.34 元	〔1986〕27 号
许福珍	新加坡	1950	1951	北坡粮所	611.6 元	〔1986〕32 号
肖启明	马来西亚	1954	1956	和乐粮所	196.4 元	〔1986〕34 号
李新统	新加坡	1952	1953	和乐粮所	697.4 元	〔1986〕33 号
周家基	新加坡	1951	1953	北坡粮所	854.7 元	粤侨政(86)119 号
许世东	新加坡	1951	1953	北坡粮所	216.5 元	
谢汉松	新加坡	1951	1953	龙滚粮所	1061.41 元	
周家邻	马来西亚	1953	1953	乐来粮所	182.8 元	
何国贤	新加坡	1952	1953	龙滚供销社	1010.87 元	
陈锡钦	马来西亚	1953	1953	龙滚供销社	755.88 元	
王影萍	新加坡	1953	1953	县饮食公司	1010.55 元	
陈成育	马来西亚	1953	1953	县百货公司	800.00 元	
李仕传	印度尼西亚	1953	1953	万城加工厂	354.03 元	粤侨政字(87)第 21 号
谢汉熙	新加坡	1953	1953	万城加工厂	123.88 元	
顾兴春	印度尼西亚	1951	1953	县饮服公司	150.6 元	

党的十一届三中全会后，万籍海外乡亲投资家乡已形成新的格局。

1985年，侨乡龙滚镇政府立足高起点，着眼长远规划，绘就了《龙滚墟镇建设规划图》。祖籍龙滚的海外乡亲，积极投资、捐助支持新墟镇的建设。至2018年，龙滚镇海外乡亲累计投资、捐资10,332万元，建起了601幢楼房，总建筑面积79,300平方米，拥有人车分道、街道宽畅、亮化绿化的8条街道，总长4.8公里。城内建有综合农贸市场、多功能文化中心广场等配套基础设施。龙滚镇新墟的建成，为海南省集侨资建新墟开了先河。

1991年，台胞谢德源先生投资4000万元，在万宁东星工业区创办了第一家绿藻厂；

1992年，印度尼西亚归侨郑文泰首期投资2100万元，创办"兴隆热带花园"。至2018年累计投资1.6亿元；同年，马来西亚的黄桂春、黄成福、黄名镇及香港同胞李嘉伟合资1000万元，创办了"海南万隆房地产开发有限公司"，并在万宁购地80余亩，建成了万城第一条华侨新街；

1993年，马来西亚的祝清坤投资300万元，在万宁建起了第一间"万昌发"机械化养猪场；台胞陈台神投资200万元，在家乡礼纪兴建"日月湾度假村"；

1994年，香港同胞曾庆彪投资810万元，兴建万宁二月花酒店；次年再投资300万元，在万宁创办"海南钻茂超声波工程有限公司"生产超声波振荡清洗设备；

1995年，新加坡侨胞王明川投资25万美元，在万城文明街建设文明大厦酒店；

1996年，马来西亚的赖天恕投资24万美元，在龙滚创办"万宁赖氏兄弟农业有限公司"，发展畜牧养殖业；

1998年，香港同胞任良广投资460万美元，在万宁创办"海南任氏实业有限公司"黄河(集团)家具厂；

2001年，新加坡的林春光投资1940万美元，成立"海南好士敦海洋生物科技公司"落户万宁英豪半岛。

1994年，万宁采取"以侨引侨、以侨引外"和"走出去、请进来"等方式进行招商引资。1995年，先后组团到美国、日本、韩国等国家招商，美国"雄鹰农牧示范场项目"、日本"青山纤维制品项目"等相继落户万宁。1997年，借助万宁市设市一周年庆典活动，邀请国内外300多位商客参加，会议期间共签订意向项目12个。2004年，万宁市利用第八届世界海南乡团联谊会的契机，设立万宁分会场，邀请回乡参加联谊会的华侨、华人、港澳台同胞200多位到万宁开展联谊活动，借机宣传万宁、推介项目。

2005年，万宁市政府先后组团参加首届"泛珠三角'9+2'经贸洽谈会"、海南(香港)经贸洽谈会等招商活动。在海南(香港)经贸洽谈会上，与香港中信集团、华润集团、

万宁县政府为海外乡亲举办经济建设情况介绍会
(市侨联供图 2004年)

万宁海外乡亲参加重点项目启动仪式
(市侨联供图 2007年)

恒隆集团、恒通集团等香港知名公司进行项目洽谈。同年,中信泰富集团投资万宁神州半岛项目,华润集团启动石梅湾艾美五星级酒店建设。神州半岛项目总体规划面积18平方公里,是海南省开发项目中规模最大的滨海度假综合体之一,也是《海南省国际旅游岛建设发展规划纲要》的重点项目。总建筑面积406万平方米,总体容积率为0.34。中信泰富集团计划投资200亿元,对神州半岛进行统一规划建设、运营管理。聘请全球著名的规划设计公司——AECOM为神州半岛做整体规划:全岛共规划4个商业中心、六大主题俱乐部、六大高端品牌酒店、八大主题公园,9种交通体系,规划常住人口7万人。

自1991年以来,万宁相继出台一系列招商引资政策,加大投资环境的力度。1997年出台《关于鼓励境内外投资的若干规定》,1999年出台《关于进一步鼓励投资的若干意见》,2003年出台《关于工业项目建设用地出让金优惠办法》《万宁市鼓励投资建设工业项目的优惠办法》等优惠政策。在出台优惠政策的同时,万宁加大投资环境的整治力度。

据统计,1994年至2014年,万宁共批办的侨、港、台资企业(项目)98家(不包括成片开发项目),合同总投资15.7亿元,其中侨资企业共32家,总投资人民币9.62亿元。

至2018年,全市企业累计3265家,注册资金172.82亿元,实收资本153.22亿元。全市农民专业合作社累计923家,注册资本29.13亿元,全市个体工商户累计16,479户,资金数额8.73亿元。

改革开放以来,万宁市越来越多的归侨侨眷,在海外亲戚的支持下,利用侨资、侨汇和闲散资金,采取独资、集资、合股、联营等形式,兴办各种企业,活跃了侨乡经济。侨属企业已经成为振兴侨乡经济的一支重要力量,侨资在促进家乡开发建设上发挥着越来越大的作用。如龙滚、山根菠萝基地,和乐、东澳、北坡、后安的海水养殖,礼纪、长丰的种植业,等等。侨属企业蓬勃兴起,侨资投入不断增多,经营范围逐渐扩大,万宁侨属侨资企业曾一度成为万宁经济发展的半壁江山。华侨华人、归侨侨眷是改革开放的开拓者、参与者和贡献者。

1992年—1993年万宁侨属企业实际投资情况统计表

	企业(家)	注册资本(万元)	实际投资(万元)	其中(万元)				
				工业	农业	商业	服务	其他
龙滚	74	386	464.6	250	35	125	46	8.6
山根	33	181.2	150.5	100	50	20	4	3.5
和乐	72	309.6	388.5	160	100	108	14	6.5
后安	47	155	215.8	60	87	54	9	5.8
北坡	58	501	570	400	98	44	18	10
礼纪	43	277.5	301.7	200	45.5	40	12	4.2
万城	102	353	492.8	200	20	176	87	9.8
大茂	41	164.8	142.6	80	40	14	6.2	2.4
乐来	31	78.4	71	30	10	21	7	3
东澳	56	584.8	636.1	500	100	19	9.9	7.2
长丰	31	133.2	122.3	60	32	21	7.1	2.2
合计	588	3124.5	3555.8	2040	617.5	642	220.2	63.2

1992年—1993年万宁侨(港澳台)资企业一览表(部分)

(单位:万元)

项目名称	投资方	批准机关	总投资	注册资本	外资实投资
海南东山彩印中心	中侨合资	万府函(92)34号	27.4	21.9	24.1
海南嘉泰摩托车有限公司	中侨合资	琼经(92)429号	298	298	119.2
海南贝海羽绒有限公司	中侨合资	万府办(92)66号	73.0	55.0	22.0
海南万利油气炉具有限公司	侨港资	琼经(92)2281号	256.0	238.0	256.0
海南海迪食品发展有限公司	印度尼西亚	琼经(92)133号	55.0	55.5	44.5
海南万兴土石方工程有限公司	侨港合资	琼经合(92)133号	92.2	79.3	79.3
海南万昌发实业有限公司	马来西亚	琼经(92)1316号	100.0	100.0	78.6
海南世昌矿泉饮料实业有限公司	中外合作(台)	琼垦保字(92)119号	100.0	100.0	100.0
海南罗川琼生化新产品实验厂	港资	琼经(92)65号	50	50	50
海南万隆房地产开发有限公司	马来西亚	琼经合(92)909号	100	77.4	77.4
海南富国旅业有限公司	美国	琼经合(92)3201号	120	120	120
海南日月湾台湾度假村	台资	琼经合(92)824号	100	70	70
海南星河菠萝种植有限公司	港资	琼经合(92)824号	73	73	73.1
海南万顺橡胶木家具有限公司	港资	琼经合(92)887号	32	32	32
海南万盛旅游开发有限公司	侨港合资	琼经合(92)3125号	90	90	90
海南奥奇木业有限公司	英国	万府函(93)73号	130	104	104
海南华日织造有限公司	合资	万府函(93)179号	100	100	49
海南东华鞋厂	港合资	琼经合(93)200号	432	432	86
海南南利有机肥有限公司	美合资	万府函(93)187号	93	74	48
海南马港华侨装饰有限公司	马港合资	琼经合(93)1639号	50.0	50	50
海南新力豪旅业发展有限公司	侨港合资	琼经合(93)679号	150	120	150
海南皇氏矿业有限公司	侨港合资	琼经合(93)631号	70	50	70
海南宜皇针织有限公司	台资	琼经合(93)1983号	110	100	100
海南千水装修有限公司	港资	琼经合(93)2073号	50	50	50
海南兴隆玉源土方工程有限公司	港资	琼经合(93)2229号	128	129	129
海南琼辉汽车修理有限公司	港资	琼经合(93)2161号	40	40	40

链接:兴隆旅游开发区

兴隆是万宁最早开发也是重点开发地区之一,1993 年 2 月, 海南省人民政府正式批准在兴隆兴建“兴隆华侨旅游度假城”, 兴隆开发进入一个新的发展时期。至 1996 年,到兴隆旅游开发区投资建设的中外客商已达 110 余家,协议建设资金达 21 亿元,转让土地 21300 亩,兴隆发展成为海南著名的华侨旅游城。2009 年国家海南国际旅游岛建设政策出台后,兴隆是海南国际旅游岛建设发展规划的三大重点区域之一,在万宁市“一带两区”的发展战略中,也是重点发展区域,侧重于开发旅游房地产业,将兴隆建设成为休闲度假区和理想的第二居住地, 相继引进 10 多家大企业到兴隆投资。至 2010 年,石梅山庄、绿中海、北纬 18 度、长春城、太阳谷温泉城等高端旅游地产先后开工建设。兴隆旅游开发区逐步发展成为集温泉疗养、华侨文化体验、旅游观光、休闲度假、娱乐购物于一体的综合性旅游度假胜地。

(选自《兴隆华侨农场简介》)

兴隆全景(兴隆华侨农场供图 2016 年)

二、捐赠公益

捐资献物,从财力、物力上支援祖国革命和故乡发展,是万籍华侨爱国爱乡表现的一个重要方面。长期以来,大凡家乡的文化教育、救济赈灾以及各种慈善事业,从辛亥革命到抗日战争,从解放战争到新中国的诞生,从维护国家主权完整、民族独立到振兴中华、支援祖国经济建设,他们都作出了从物质的到精神的无可估量的贡献,以实际行动诠释热爱桑梓的赤子之心。据不完全统计,仅 1984 年至 2018 年,万宁市累计接受万籍华侨华人、港澳台同胞捐款捐物折合人民币 28,637.86 万元。

万宁华侨捐赠活动始于华侨产生之后。早期,乡民“去番”较多的龙滚、后安、和乐、北坡等地区,均有组织海外乡亲、地方绅士捐助建祠纂谱,办私塾学堂,修路筑坝等公益活动。查阅万宁姓氏谱牒,宋代已经有了华侨资助宗族修谱建祠和馈赠乡里的记载,至清代,此类记载就更多。万陵古道,北起龙滚分界墟,经龙滚、山根墟、和乐墟、后安墟、万城、由白芒渡过踢容河(太阳河)经东澳墟、茄新、牛岭至陵水,全长 200 里左右。“此道由官民修建”,在多次修建及扩建中均获分界、龙滚、后安、北坡、万城等沿途地区的华侨、地方绅士和侨商捐助。

(一)捐资办学

自古以来,万宁人就较为注重于修族谱、建祖祠、兴教化。明、清至民国时期,万宁修谱建祠之风盛行,不仅同一族群合建族祠、宗祠,族内各分支往往也建支祖祠。

至抗日战争前，万宁许多村庄都有祠堂，其时，祠堂不仅是祭祀祖先之场所，也是该族或该村的私塾学堂。这一时期，城乡兴办私塾甚为普遍，人口集中的汉区，几乎村村办，或联村办。

修谱、建祠、办学堂是一项耗资、费时而又需要合力才能完成的大工程，但它牵连着血缘宗族的每个人，因此，出洋谋生的宗亲也乐于捐助。万宁侨乡村庄早期的捐助活动，大多从修谱建祠开始，在血缘宗族之中进行。

万宁教化较早，唐、宋就置学田、建学宫、办儒学。明万历年间，建万阳书院，开办州学。万安书院，万州学馆（也称文庙）多次迁建、维修至乾隆十九年（1754）扩建时均获地方绅士、乡民、华侨商人捐助纹银 1300 两。扩建后的万安书院新建一幢土洋合壁的二层骑楼。清雍正年间，建社学。其中民社学 8 所均建于侨乡，周峣社学在会通都（现龙滚地区）；马吴社学在仁孝都（现礼纪合山地区）；青浦社学在福泽都（现北坡地区）；槟榔村社学在明德都（现北坡宾王地区）；海英社学在东北厢（现港北地区）；谢来社学在庆云都（现长丰、礼纪地区）；莲塘社学在广城（现和乐地区）；南山社学在富仁都（现东澳四维地区）。光绪三十一年（1905），清政府发表上喻：从丙午年（1906）起，废科举制度。当年，万宁办起了 4 所高等学堂，分别为万州高等学堂、龙滚戎庙高等学堂、曲冲宏文高等学堂、礼纪云兴高等学堂。除万州高等学堂由县衙主办外，其余属民办，也都办在侨乡。侨乡的私塾、社学、高等学堂，大部分的经费来源主要依靠华侨和乡绅捐助，其中不少是华侨、归侨集资创办的。华侨慷慨解囊对万宁兴学重教的形成，起到了积极促进作用。

龙滚镇龙滚村是万宁著名的侨乡村庄，清代，该村乡贤就组织、发动海外宗亲捐助修族谱、建祠堂，而后又在海外募集资金回乡修村道、建桥梁、筑码头。龙滚文渊村是一个自古闻名的侨乡耕读村庄，该村的文渊阁建于古代（准确时间无法考证），清光绪年间重修时，获该村海外乡亲踊跃响应，慷慨解囊。

后安镇山梅村早在乾隆、嘉庆年间，就创建了苏氏支祖会（现称基金会），购置公产良田，用其收入资助族里优秀的读书人和习武人，嘉奖村里的寿星和孝子。购置公产田之义举，获得该村 20 多位旅居马来亚海外宗亲的大力支持。

和乐镇红旗村（原名水淋村），1911 年，水淋村假吕氏祠堂创办村私塾时，就获得海外乡亲的资助。1918 年私塾更名为“广城图第”，并成立了海内外乡亲共同参与的董事会，次年，董事长温起俊发起募捐活动，海外乡亲纷纷慷慨解囊，扩建校舍，增设高小班，聘请名师执教，随后，学校更名为“温泉小学”。1935 年，温学孔掌教该校时，再次发动海外乡亲捐助增建教室。1939 年 8 月，日军侵占万宁，校舍被毁，学校停学，温学孔避往南洋。日本投降后，温泉小学复办。1966 年改为“红旗小学”。

1931 年九一八事变至解放战争胜利，万籍华侨始终以高涨的爱国热情，组织抗日宣传、建立抗日救亡团体，组织“援八”“援冯”及筹赈会、义卖义演筹集资金和物资，支援祖国及家乡的抗日战争和解放战争。上至工商富贾，下至平民布衣，各阶层人士以各种形式慷慨解囊，捐款捐物。有些人回国参战，血洒疆场。他们在万宁华侨史上写下了光辉篇章。

新中国成立前，万宁村庄的私塾、小学多是利用神庙、祠堂办学。新中国成立初，政府兴建一批新学校，同时对破旧危房进行修缮。但由于教育经费紧缺，校舍等设备除几所重点学校外，全县学校整体上是比较差的。党的十一届三中全会后，万宁县政府提出："再穷不能穷孩子，再紧也不能紧学校"。自 1979 年始，采取"三个一点"（国家拨一点、群众出一点、学校筹一点），实施"多形式、多层次、多渠道办教育"的办法，逐渐改善办学条件。随之，万籍华侨华人捐资办学出现前所未有的热潮。据统计，自 1980 年至 2018 年，万宁共有 185 所中小学接受海外乡亲捐款捐物。侨乡龙滚镇共有 21 所中小学，均由海外乡亲捐助改建、扩建、迁建，校园设计、校舍布局、教学设备等逐渐形成现代化。

龙滚镇中心小学（旧址龙滚戎庙高等学堂），1906 年创办，为万宁最早兴建的 4 所高等学堂之一。1912 年，国民政府成立，龙滚地区撤销清朝图治，划为万宁县第四区，学堂易名为"万宁县第四区国民高等小学"。1939 年 8 月，日军侵占龙滚，学校、私塾停办。1941 年 9 月，日伪在戎庙学堂旧址南侧重开龙滚小学，授日本教科书，进行"东亚共荣"奴化教育。1943 年，学校迁龙滚大路园村荒坡（现龙滚中心小学）。该校从诞生直至现在，龙滚地区的海外乡亲慷慨捐助从来没有间断。

1947 年，龙滚坡罗高级小学创办。1950 年，龙滚文渊村高级小学开学。海南解放后，政府相继在龙滚办起了文曲、端熙、旧村、龙楼、水坡、上城、田头、治坡、海滨、多格、龙滚村、排园、河头、宝树等高级小学；凤尾、上坡、南岸、南庄、大群、和顺、分界、文朗等初级小学。

1973 年，百年未遇的强台风袭击龙滚地区，所有校舍和教学设备损失惨重。在党和政府、当地群众和海外乡亲的大力支持下，修建了校园，恢复了上课。但教室矮小，设备简陋，甚至尚有不少危房。改革开放后，全镇 25 所小学（其中完全小学 17 所，初级小学 8 所）进行改建扩建，建成教学大楼 21 幢，教室 152 间，宿舍 92 间，办公室、图书室、教仪室等 32 间，同时增添教学设备，建设校门、围墙，绿化亮化校容校貌等，其中 85％资金来源为海外乡亲的捐助。

分界昭才小学，前身是分界市（墟）小学校，日军侵琼时学校停办。1946 年复办为分界初级小学，解放后转为公办学校。但校址狭窄，场地低洼，周围是居民区，学校环境较差。1994 年，该村父老提出迁移学校到分界坡重建新校的建议，得到海内外乡亲的一致赞同。时任马来西亚柔佛州万宁同乡会主席曾昭才，在海外带头发动乡亲赞助人民币 17 万元，其中曾昭才捐助 14.4 万元，共筹建校基金 22 万多元。1996 年春新校落成，经万宁县政府批准，学校更名为"分界昭才小学"。

河头小学创办于 1954 年，原为一所初级小学。1983 年，河头村旅居新加坡华侨王琨牵头发起重建河头小学的募捐活动，数月时间，仅河头、岭下村 128 名海外乡亲共募集建校资金 43.45 万元。学校新建教学大楼一幢，内设教室 8 间，办公室、图书室等 12 间，总建筑面积 860 平方米。1984 年 4 月 2 日，河头小学举行 1000 多人参加的新校落成典礼，海外乡亲代表王琨、时任海南区教育局副局长张盛虎、万宁县县长周德天、副县长陈开岩以及县教育局、侨务办、侨联、龙滚镇等 30 多位领导应邀出席剪彩典礼。

1951 年，万宁县五区（龙滚区）成立由归侨陈业植、李琼辉、陈凤槐、冯朝拔、唐大川、李我周、卢家民、李玉雄、梁居卿、梁炳生等为委员的龙滚中学筹备委员会，推举陈业植为主任委员，全面负责建校筹备工作。同年，筹委会向海外开展募捐活动。1952 年，旅居新加坡、马来西亚、印度尼西亚、美国、香港等国家和地区的龙滚乡亲莫昌炳、李大仍、李琼兰、李大楠、李城燕、张学杰、何君泰、曹贤宗、曹世万、许开华、李琼旭、李香泰、何麟经等共计200多人，为建校共捐人民币2万多元。其中莫昌炳、李大仍各捐人民币3500元，兴建教室2间。龙滚地区的归侨、侨眷也掀起“有钱出钱，有力出力，有料献料”的建校热潮。此时，旅居美国的李香泰回乡筹建祖宅，他为家乡群众兴办中学的热情所感动，毅然决定把自己备好建祖宅的母生木桁全部捐给学校，出国后再向学校捐助人民币2000元。1954年，学校建起了6间教室和6间校舍。1955年下半年，招收2个升中补习班。同时委托龙滚小学附设2个初中班，代招学生100多人。

1956年8月，经万宁县人民政府批准正式成立了“万宁县龙滚初级中学”，委任归侨莫骄为校长，归侨曹昭明为教导主任，教师由县教育局调配。至1957年8月，学校发展到初中6个班级，有学生300多人。

1958年9月，改为“万宁县龙滚中学”，增设高中两个班，招收高中学生100多人。1962年3月，经广东省华侨委员会同意更名为“万宁县华侨中学”。同年报请全国人大副委员长、中侨委主任、著名书画家何香凝题写“万宁县华侨中学”校名。至此，学校发展到教职员工40人，教学班级14个，学生800多人，其中高中班3个，高中生186人。

1966年“文化大革命”初期，校名改为“东方红中学”。党的十一届三中全会以后，1978年10月，万宁县教育局将校名改为“万宁县龙滚中学”。1980年，万宁县委、县政府批准恢复“万宁县华侨中学”。同时重新成立学校董事会，报请国务院侨办主任廖承志题书校名。改革开放后，海外乡亲捐助华侨中学又进入一个高潮，据不完全统计，至2018年，“万宁市华侨中学”（现为龙滚华侨学校）海外乡亲累计捐款400多万元；此外，海外乡亲还捐赠学校设立奖学基金会、捐建学校图书馆、教学设备、办公器材、丰田汽车、发电机等折合人民币130余万元。

（二）医疗卫生

新中国成立前，侨乡龙滚地区诊病治疗主要靠民间中医、中药和草药，行医者分居各村庄，常具一技之长。清光绪年至民国年间，龙滚墟集有坐堂诊病办中药铺者。分界市繁华时期曾有如意堂、长春园、和生堂、意生和、恒安园、致中和、万安园7间中药铺；龙滚营有天然堂、同安堂、万春和、保宁4间中药铺；端熙墟有陈家园1间中药铺，各中药铺均设坐诊医生。

1953年，万宁县政府卫生科在万五区（龙滚）和顺成立卫生所。1955年卫生所从和顺迁到龙滚墟。1956年“龙滚中西医联合诊所”归属龙滚卫生所领导。1958年龙滚卫生所改名为“龙滚人民公社卫生院”。1964年在龙滚墟北门新建卫生院。1973年受第十四号强台风袭击，医院房屋全部倒塌，医疗器械损失殆尽。是年，县委决定将卫生院迁往青山村附近山坡（现址）重建，次年新建卫生院竣工投入使用。

1995年，龙滚海外乡亲捐款30多万元，海南省卫生厅拨款30万元，龙滚镇政府拨款11万元，在龙滚地区干部群众的大力支持下，卫生院开始扩建，同时更名为“龙滚华侨医院”。至2018年底，龙滚华侨医院占地面积15,926.6平方米，其中业务用房面积2414平方米。现有职工62人，其中高级技术职称1人、中级技术职称3人、初级师13人、初级士31人。医院配有救护车、200AMX光机、纤维胃镜、B型彩色超声诊断仪、12导联心电图机、半自动生化分析仪、尿液分析仪、电子显微镜、麻醉呼吸机、自动洗胃机、蓝光治疗仪、新生儿抢救台、婴儿培养箱等设备。24小时开通120急救服务。

万宁市政府表彰海外乡亲(市侨办供图 1997年)

2006年,全市华侨捐赠793.07万元,其中教育事业313.02万元、医疗卫生7.95万元,文化体育31.6万元、镇村建设及其他公益事业440.5万元;

2007年,全市华侨捐赠762.46万元,其中教育事业337.97万元、医疗卫生5.65万元、文化体育8.3万元、镇村建设及其他公益事业410.54万元;

2008年至2018年,全市华侨捐赠累计2189.56万元,其中教育、医疗卫生、文化体育967.61万元,镇村建设及其他公益事业1221.95万元。

万宁市(县)海外乡亲捐赠公益事业统计表
(1984年—2006年)

单位:万元

项目 单位	教科文卫	镇村建设	慈善事业	其他	捐款总数
龙滚	1542.6	669.1	391.2	11.9	2614.8
山根	59.1	10.2	9.1	4.2	82.6
和乐	334.3	113.5	80.6	13.5	541.9
后安	513.5	192.4	103.2	12.3	821.4
大茂	55.9	8.5	4.2	3.5	72.1
万城	1357.1	582.7	381.9	24.6	2346.3
长丰	52.2	10.1	4.2	1.7	68.2
东澳	65.2	20.6	7.7	4.9	98.4
礼纪	183.5	93.3	15.2	10.5	302.5
农场	194.8	–	83.4	20.1	298.3
南桥	68.6	–	6.8	–	75.4
三更罗	36.9	–	3.9	–	40.8
北大	21.3	–	–	–	21.3
其他	41.3	–	32.5	13.1	86.9
合计	4526.3	1700.4	1123.9	120.3	7470.9

万宁市华侨华人、港澳台同胞捐赠情况统计表
（2008 年—2018 年）

单位：万元

受赠区域	受赠项目			捐赠捐物折合总额
	教科文卫	乡村建设	公益事业	
万城镇	167.91	131.65	158.12	457.68
龙滚镇	180.4	114.43	97.71	392.54
后安镇	136.41	79.14	68.09	283.64
和乐镇	36.32	28.4	64.72	129.44
礼纪镇	36.1	30.9	25.1	92.1
东澳镇	20.18	21.2	29.04	70.42
山根镇	17.5	18.61	20.47	56.58
长丰镇	14.52	11.35	12.36	38.23
大茂镇	11.96	10.25	8.2	30.41
南桥镇	8.1	3.2	1.9	13.2
三更罗镇	5.4	4.6	1.72	11.72
北大镇	3.2	2.6	3.44	9.24
农场系统	45.9	18.2	33.12	97.22
科教系统	176.2	22.5	39.91	238.61
卫生系统	65.7	30.12	86.51	182.33
文旅系统	41.81	31.2	13.19	86.2
合计	967.61	558.35	663.6	2189.56

三、侨汇赡家

侨汇，旧称“侨批”“洋批”“番批”。“批”，闽南语即“信”之意。侨批，指华侨寄回家乡的书信和款项的合称。侨批是赡养国内眷属、置家立业等的私人汇款。至今，龙滚人仍然把海外侨汇称为“侨批”。

在万宁，自华侨产生，就有了侨汇。从近代起，侨汇便开始输入侨乡。旧社会，侨汇是侨户主要的生活依靠。19 世纪前，万宁侨汇进入的渠道：一是由“水客”经营（约占总额 75%）；二是华侨返乡随身携带（约占 20%）；三是托付回乡的亲朋好友、同乡顺带（约占 5%）。19 世纪中后期，随着侨批局的产生，“水客”逐渐退出历史舞台。海南最早经营侨汇业务的是“琼州侨批局”，创办于清光绪八年（1882），设在海口。1900 年后，海南经营侨批业的队伍逐渐增多。来自各国的侨汇，经由海口再转汇各县乡的汇取店号或代理店。1928 年至 1932 年，万城设有“慧龙”邮差业兼管侨批，龙滚、和乐、北坡均设“代理店”。1939 年，日本占领海南岛，继而进犯东南亚，海路被日军封锁，侨批业被迫停止。1945 年抗战胜利后，万城 2 间、北坡 1 间、龙滚 3 间私营侨批站恢复营业，其间，侨批站除了负责侨汇派送、兑换外，还帮助侨户书写信件等，收汇人也会视其侨汇的数量，酌情给予送批者些许小费，侨批站

(店)与侨户关系较为融洽。万宁侨乡在生产、生活、习俗等方面虽有各异,但侨批是侨乡共有的特产。

早期,万宁出洋的都是青壮年,他们只身闯荡海外,家里留下了老弱妇孺,寄钱养家是华侨肩负的责任,侨汇也成为侨眷赖以生存的主要经济来源。当时交通落后,赡家费往往趁回乡时亲自携带,但大多数人几年、十几年才能回一趟家,无法及时递送财物,所以更多的是委托回乡的亲友或同乡携带。随着华侨的增多,侨汇的需求增大,逐渐产生了收取佣金、专门为华侨递送侨批的职业人群。因为从事这种职业的人也是华侨,经常远渡重洋,所以被称为“水客”。“水客”从南洋带回侨汇和亲人的信息,海外的华侨又从“水客”的口中了解更多有关家人情况。“水客”不仅能带钱带物,还能带人往返南洋与万宁之间。有的还可以帮助南洋侨民回乡物色对象,并带往侨居地成亲。有的帮助南洋华侨回乡购置田地及其他产业。“水客”成为侨乡与海外华侨传送信息、解付侨汇的桥梁,受到广大华侨和侨眷的欢迎而盛极一时。随着侨汇业务的不断发展,“水客”已不适应解付侨汇的需要,于是逐渐被沿袭“水客”经营方式的“侨批局”所取代。侨汇、“水客”和侨批局,是侨乡在一段较长的时期里所呈现出的特有优势。

新中国成立初期,由于受到一些国家实行限汇、禁汇的影响,加上侨乡在民主改革中,没有处理好侨户的特殊情况,在工作中挫伤了一些华侨、归侨侨眷的情感,致使侨汇呈现大幅度下降。为了争取更多的侨汇,1950年,中央人民政府颁布了《侨汇业管理暂行条例》,并制定了一系列具体措施。1951年,海南区经济委员会和中国银行海口支行等部门,组成了“海南区侨汇管理委员会”,贯彻执行“服务侨胞,便利侨汇”的政策,在全区开展争取侨汇和保护侨汇工作。同年7月,万城设立第一家储蓄所。至1953年,又先后在龙滚、和乐、北坡、乐来、东澳、长丰、礼纪和兴隆等侨乡设立8间营业所。为争取更多的侨汇,万宁县委及银行部门贯彻中央和海南区委、海南区侨汇管理委员会的指示精神,执行“稳定物价,合理牌价,集中存款和原币存单”的方法,稳定侨汇收入。1955年2月23日,国务院下发了《关于贯彻保护侨汇政策的命令》,1956年下半年,万宁私营侨批站改造为集体所有制企业。1956年和1961年万宁县侨联、侨务局相继成立,其时,为争取侨汇和保护侨汇,万宁

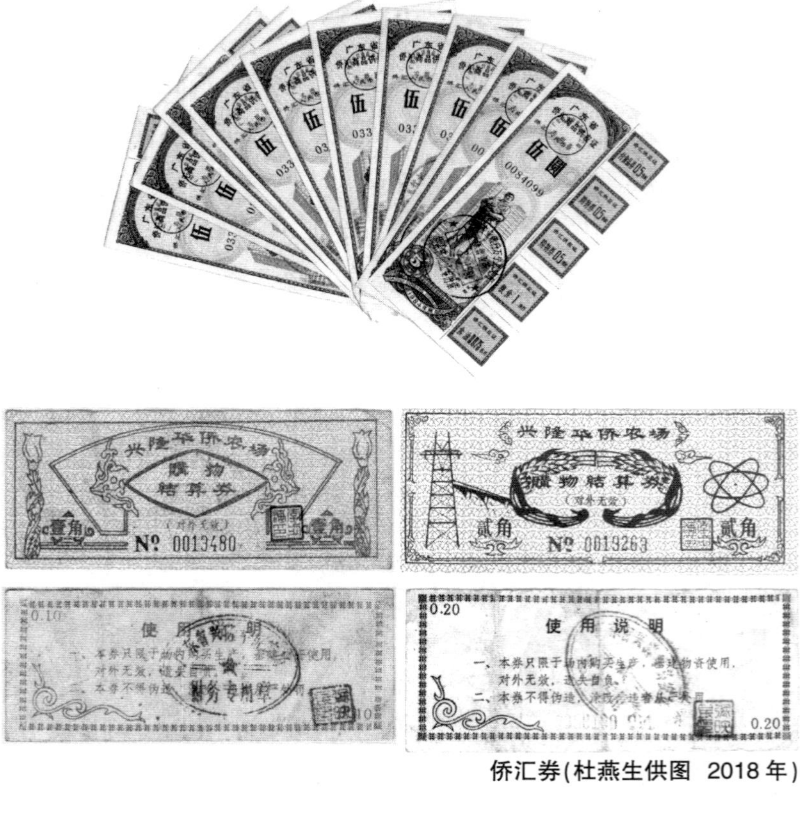

侨汇券(杜燕生供图 2018年)

县侨务部门深入侨乡开展调查，协助县委扭转土地改革中产生对侨汇认识的偏差，纠正土改时一些以侨汇多少给归侨侨眷确定成分的错误，撤销了“华侨地主”“华侨富农”户，侨务部门还主动与归侨、侨眷和原私营侨批业沟通，从而获得了归侨、侨眷和海外侨胞的支持，万宁侨汇存款逐渐出现回升的态势。据万宁银行部门统计，1952 年至 1957 年，万宁县侨汇收入为 741,300 美元。

据万宁人民银行统计，2018 年全市本外币各项存款余额为 246.1 亿元，比 2017 年增长 3.5%；全市本外币各项贷款余额为 149.7 亿元，比 2017 年增长 10.5%。

据中国银行万宁支行统计，至 2018 年 12 月末，外币存款时点余额为 307 万美元，较上年减少 2 万美元。

侨汇是侨乡的特有产物，在保障归侨侨眷生活、促进侨乡建设、推动国家经济社会发展等方面，具有较大作用。新中国成立初期，侨汇又是增加国家外汇收入的重要来源之一。

随着国内经济发展，侨乡地区生活水平不断提高，以往“雪中送炭”的侨汇，更多扮演着“锦上添花”的角色。侨汇的用途也逐渐扩展为投资实业和捐建慈善公益事业。侨汇在促进侨乡经济的发展中发挥了积极的作用。

1952 年—1957 年万宁县侨汇收入统计表

单位：美元

年 份	侨汇金额	年 份	侨汇金额
1952	83,200	1955	152,470
1953	87,610	1956	153,300
1954	136,120	1957	128,600
合计	306,930	合计	434,370

1995 年—2010 年工商银行万宁支行外汇收支情况一览表

单位：万元

年份	1995	1996	1997	1998	1999	2000	2001	2002
收支	2.6	3.1	2.9	2.6	2.1	2.4	5.1	4.9
年份	2003	2004	2005	2006	2007	2008	2009	2010
收支	4.4	5.8	7.9	9.0	11.0	13.9	14.8	17.6

1991 年—2010 年中行万宁支行外币存款情况一览表

单位：万美元

年份	1991	1992	1993	1994	1995	1996	1997	1998	1999	2000
存款	97	134.7	235	243.14	226	219	226	258	340	408
年份	2001	2002	2003	2004	2005	2006	2007	2008	2009	2010
存款	437	514	509	503	428	410	322	261	249	300

1991 年—2010 年建行万宁支行外汇收支情况一览表

单位:万美元

年份	1991	1992	1993	1994	1995	1996	1997	1998	1999	2000
收支	–	–	–	–	–	–	–	–	31	46
年份	2001	2002	2003	2004	2005	2006	2007	2008	2009	2010
收支	67	66	45	100	2840	2262	480	1194	1176	3653

第五篇　万宁侨乡

侨乡是历史的产物，侨乡的形成是以众多人移居海外为前提，以华侨的地缘、血缘为基础的。近、现代，万宁出洋人数逐年增多，区域不断扩大，与之相对应，出现了庞大的眷属群体，他们始终与华侨保持着密切的联系，经济上获得华侨的资助，生活上与华侨休戚相关。侨乡在社会生活、经济发展、家庭婚姻、教育卫生、民俗风情、文化娱乐等方面都显现出与非侨乡不同的特点。

侨乡是万宁行政区中极具特色的地域，其变化和发展不仅与国内时代变化相关联，而且对国外变化的反应也极为敏感。随着中华民族从站起来、富起来到强起来，万宁侨乡日新月异。中国特色社会主义进入新时代，侨乡也必将发挥自身的优势，为实现中华民族伟大复兴的“中国梦”作出新的贡献。

第一章 形成与分布

万宁最早出洋者是为了经商，数量不多，又囿于当时的政治环境和交通条件，许多出洋者杳无音讯。部分华侨与当地女子通婚、同化于当地民族，其后裔演变为“峇峇娘惹”（海峡华人）。

1893年清朝政府解除海禁，海口被辟为通商口岸，各国船只往来万宁港湾日趋频繁，万宁对外交往的大门被打开。早期出洋者纷纷返里认祖归宗，或与家乡联系。当时，国内封建社会动荡不安，战祸频发，民不聊生，海外信息与封闭的家乡相碰撞，人们认为海外迁徙抑或是谋求生存的一条出路，万宁随即出现了向海外迁徙的热潮。有的通过早期出国的亲属、同乡引介；有的任由殖民主义者有组织地贩卖；沿海地区村民凭借航海经验，结伴漂洋过海，浪迹异邦。出国人数逐年激增，与其相应，华侨故乡出现了一个庞大的眷属群体。卜居海外谋生的华侨，在故乡仍有双亲、妻子儿女，赚钱赡家是华侨出洋的初心。因此，有人为了团聚、叶落归根、成家立业回乡；有人为了参加祖国的革命和建设归国；有人受排华浪潮的冲击返里。种种的主客观因素，构成了归侨、侨眷、侨汇增加，于是，侨乡逐渐显露出与非侨乡不同的特点。

第一节 形 成

万宁市地处海南省的东南部，濒临南海，古称万州，是琼崖古代四大州之一。史籍记载，海南岛处于中国古代“海上丝绸之路”的交通航线上。马六甲海峡是古代阿拉伯、波斯和中国交通的枢纽。西汉时期，中东、南海诸国船舶，须途经海南进入中国。万宁109公里的南海沿岸线上，散布着众多的自然港口及海湾。海域区的大洲洋（岛）是通往东南亚国家的海上必经要道，乃中国古代以来一直沿用的航海标志。唐朝，万安州就与波斯、阿拉伯商人交往、贸易。据推算，唐代，万宁已有人随“番船”出洋，唐宋时期已有商人去洋经商，成为万宁早期的华侨。独特的地域构成了万宁华侨的悠久历史。

一、侨乡雏形

万宁人大批向海外迁徙是在咸丰十年（1860）。英法联军入京，第二次鸦片战争结束，中国陷于半殖民地状态，清政府允许外国人在国内招收劳工，海南被列为通商口岸，在海口设立“招工馆”，其间，万宁乡民到南洋谋生的人数直线上升，出现了一股向海外移民的热潮。至20世纪初的1900年，万籍华侨在东南亚已初步形成群体。

辛亥革命时期，孙中山先生对“华侨是革命之母”的华侨加以关注。民国初期，万宁社会有过短暂的平稳，华侨回乡的人数及侨汇不断增多，邑人的购买力也随之提高。早年出洋的华侨也纷纷回乡置业造厝，成家立业。龙滚、北坡、后安等一些地区，在华侨的支持捐助下，私塾改办小学，华侨较多的地区逐渐有了生气。如昙花一现的稳定，促生了初具雏形的万宁侨乡。

二、侨乡形成

万宁侨乡社会形成的重要时期是民国建立后至抗日战争前。促进万宁侨乡社会形成有几个主要因素。

（一）出洋人数不断增多

清廷解除海禁后，早期出洋的万籍华侨逐渐恢复了与家乡、亲属的联系。特别是禁止妇女出洋的习俗解除后，华侨回乡更为频繁。有的返乡置业、完婚；有的回乡带其妻儿老小往居住国团聚；有的回乡带其亲戚出洋谋发展；而大部分人为摆脱生活的困境漂洋过海讨生活。他们通过亲戚、同乡的携带，形成了出洋恒温，出洋人数逐年激增。如龙滚家家有人去南洋；北坡、后安等沿海地区的一些村庄，村村有人出洋谋生。

（二）华侨同家乡的联系紧密频繁

华侨与国内的眷属有千丝万缕的联系，他们出洋后，传统观念根深蒂固，田园、庐墓是他们的精神基础，就连新生代，都能将从父辈流传下来的宗源牢记于心，追踪溯源，成为广大华侨与故乡亲人联系必然所在。第一代华侨，在异域胼手胝足求生存的同时，他们都担负赡养家人的责任。条件好的华侨，三年五载积足资费回乡看望亲人，平时逢年过节更多是靠“水客”捎带钱物给家乡亲人。

万籍华侨寻根认祖之风很浓，他们认为，祖屋是祖宗旧业，就算是空着，也要保存，作为睹物思乡之象征。他们回乡首件事是扫墓祭祖，慰藉一片眷念之心。有些出洋年久、故乡已无血亲者，也要委托亲友邻居照料祖屋祖坟。还有许多华侨都愿意把子女送回家乡读书，不忘中华文化。衣锦还乡，光宗耀祖，是华侨漂洋过海、浪迹天涯的初衷，他们与故乡的亲情舍不下、割不断。

（三）侨汇、侨资企业增多

随着华侨的增加，为适应赡家汇款的需要，“水客”和侨批业也应运兴起，成为华侨与侨乡传送信息、解付侨汇的桥梁。民主革命时期，一批支持辛亥革命，在事业上有所建树的华侨，响应孙中山先生的号召，怀着振兴中华的爱国热情，纷纷集资返乡创办企业。自1916年始，马来亚华侨就投资在万宁创办公司、开垦植橡胶。侨资企业落地，侨汇增多，激活了当时侨乡经济社会。

（四）热衷捐助社会公益事业

明清至民国时期，万宁修族谱建宗祠盛行，城乡兴办私塾甚为普遍。塾的生源，多是本村学童，塾址多设祠堂或家室。清光绪三十二年（1906），清政府废除科举制度。当年，万宁兴建了万州高等学堂、龙滚戎庙高等学堂、曲冲宏文高等学堂、礼纪云兴高等学堂。除万州高等学堂由县衙主办外，其余属民办，都建在侨乡。从建社学、建祠堂、修族谱到兴私塾、办学堂以及村庄的道路桥梁等，其中华侨、归侨的捐助占较大的份额。有些地区的私塾、学堂，大部分的经费来源于华侨和乡绅捐助，其中不少是华侨、归侨集资创办的。华侨慷慨解囊对侨乡社会的形成起了积极促进作用。

第二节 分 布

万宁是海南省重点侨乡之一。全市12个镇和兴隆华侨农场、新中、东和、东兴3个国营农场都有数量不等的华侨、华人、归侨、侨眷、港澳台同胞及其眷属。

万宁重点侨乡主要分布在沿海地区的龙滚、万城、和乐、后安、山根、大茂、东澳、礼纪镇。侨乡形成的途径大致相同。

1951年，为妥善安置回国的归难侨，兴隆华侨农场应运而生。自创场以来，先后安置了来自马来亚、印度尼西亚、越南、泰国、缅甸、柬埔寨、老挝、美国、英国、法国等21个国家归难侨和港澳台同胞共13,482人，而后又相继接纳了复、转、退伍军人和归侨侨眷下放干部、归侨侨眷知识青年等。至2018年农场现有常住人口3.5万余人。兴隆华侨农场是归侨侨眷聚居地，80%以上为客籍归难侨，是特殊时期在万宁境内形成的特殊侨乡。

万籍华侨华人在海外的分布，各个历史时期是不平衡的，都在动态变化中，但也有其共同特点。

"二战"前，万宁海外迁徙仅限于周边邻国，以东南亚国家为主。出洋后，他们往往按宗乡关系集居分布于某一区域。历史上，万宁人向海外迁徙或由先出去的亲属、同乡引领；或结伴漂洋过海等。为图相互照应，同宗、同乡往往集结在同一地区，而后形成了基于地缘、族缘关系的会社、宗亲组织。

"二战"后，随着时间的推移，生存、发展环境的变化，祖籍万宁华侨华人对居住地也不断进行调整，有的在当地安家立业，有的在所在国迁移，有的返回故乡，有的辗转到第三国家发展，致使许多海外华人家庭成员分别具有不同的国籍。

20世纪50年代末至60年代中期，东南亚一些国家先后发生反华排华事件，新加坡、马来西亚、印度尼西亚、缅甸的华侨有的被迫回国定居，有的移居第三国家。1975年越南南北统一后，越南当局实行反华排华政策，其后，柬埔寨、老挝也开始全面排斥华侨，大量的华侨华人流离失所。从1979年起，印支三国大批华侨华人被迫返回中国或迁往世界各地，形成了历史上时间最长、规模最大、人数最多的华侨华人再移民。其间，万宁海外乡亲的布局也发生了较大的变化。

万宁海外乡亲的人口数量，向无精确的统计数据。因为不少华侨华人与当地各民族通婚，华裔血统关系较为复杂，人们对华人的概念所涵盖的范围没有统一的标准。此外，受种种条件的限制，无法对散居世界各国的华侨华人进行全面、详尽的人口调查。虽然万宁侨务部门曾于1985年、1992年和2003年进行了3次侨情普查，但目前掌握的华侨华人的人口数量，也只是大约数据。

1992年，万宁侨办、侨联再次开展全县性侨情普查，并把华侨华人和归国华侨分开登记造册。但普查结果仍然是一个大约数据，实名入册的华侨华人共126,950人，比1985年调查登记数据增加16,987人(1985年调查数据为：华侨华人109,963人，港澳台11,350人)，其中包括党的十一届三中全会后出国出境的新侨和移居国外的归侨。

2003年，为贯彻落实海南省《关于在全省开展侨情调查的通知》精神，在市委、市政府的统一部署下，各镇、各单位分别成立调查小组，指派专人负责调查工作，万宁市侨务部门成立专门领导小组分赴各镇，会同各镇调查员开展工作。自 2003 年至 2005 年（其中，2005 年为补查阶段），万宁市侨情调查工作基本结束。并按“实施方案”分门别类登记造册。调查结论：万宁市有 30 多万华侨华人和港澳台同胞分布在世界 26 个国家和地区。境内有 20 多万归侨侨眷和港澳台属。

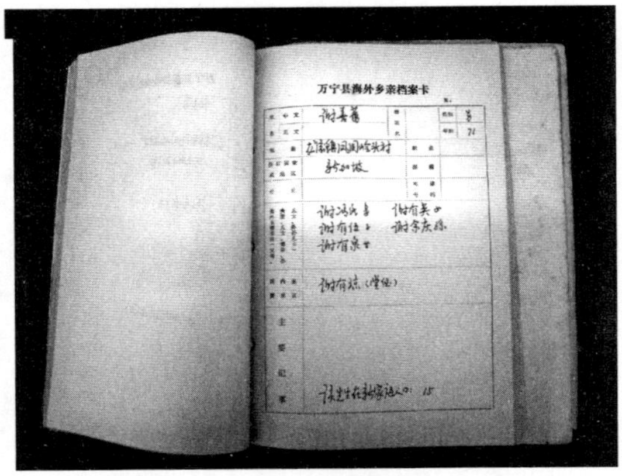

万宁侨情普查档案（部分）（杜燕生供图　2018 年）

广东省海南区万宁县侨情调查统计表

1985 年 3 月 18 日

国别（地区）	华侨	华人	合计	归侨	侨眷	合计
马来西亚	1650	48,950	50,600	6842	38,570	45,412
新加坡	1400	37,200	38,600	4967	21,360	26,327
泰国	576	5824	6400	825	4160	4985
印度尼西亚	100	6100	6200	669	3200	3869
柬埔寨	0	860	860	472	680	1152
汶莱	220	410	630	3	346	349
缅甸	12	108	120	331	197	528
美国	63	387	450	28	240	268
英国	28	137	165	0	87	87
加拿大	35	215	250	2	190	192
瑞士	0	60	60	0	46	46
印度	5	280	285	120	153	273
澳大利亚	65	265	330	0	293	293
新西兰	4	72	76	0	57	57
菲律宾	0	1540	1540	462	895	1357
日本	178	531	709	8	597	605
德国	14	82	96	0	54	54

续表

国别（地区）	华侨	华人	合计	归侨	侨眷	合计
法国	39	221	260	1	170	171
越南	0	2300	2300	574	1065	1639
西班牙	22	10	32	0	21	21
合计	4411	105,552	109,963	15,304	72,381	87,685

（来源于万宁侨情普查档案）

第三节 特 色

万宁侨乡在生产、生活、习俗等方面虽有各异，但也有许多共同的特点。

一、侨汇水客

从华侨产生开始、特别是近现代，侨汇便源源不断地输入侨乡。新中国成立前，侨汇是侨眷赖以生存的主要经济来源。侨汇也衍生了递送侨批的职业人员——水客。水客不仅能为华侨带钱带物，还能带人往返南洋与万宁之间，是侨乡与海外华侨传递信息、解付侨汇的桥梁。侨汇、水客，是侨乡共有的“特产”之一，深受广大华侨和侨乡侨眷的欢迎。

二、新颖侨房

19世纪中期以后，在万宁侨乡的农村和墟市，随处可以看到具有南洋格调、中西融合的侨房。这些侨房在建设过程中，华侨引入了当时在国际上先进的钢筋混凝土技术和空间形式，并结合本地传统文化，别具一格的新颖侨房，在时下的农村显得鹤立鸡群，也构成了万宁侨乡特色。

龙滚镇福塘村侨房

龙滚仁造村侨房（杜燕生摄 2017年）

三、兴文重教

侨乡的教育相对比较发达。老一辈“去番”的，文盲占绝大多数，他们在海外深感没文化的苦楚，甚至与家人的书信来往亦要请人代笔，故而希望自己的下一代有文化。这样就形成了华侨重视文化教育事业的观念，这种观念逐渐演变为侨乡共有的传统。早在明朝，万州共有 8 间民社学均办在侨乡。明清至民国时期，侨乡兴办社学、私塾、学堂较为普遍，大凡文化教育事业，华侨都踊跃捐助。民国元年(1912)，取消学堂后，侨乡的学堂迅速改办小学。至民国十四年(1925)，全县小学已由民国元年的 13 所发展到 140 所，其中私立小学共 134 所，办在侨乡的私立小学有 113 所，占全县私立小学总数 84.3%。

教育发达也带动了侨乡的文化事业的发展。清代，龙滚地区就组织“琼顺班”，琼剧活跃于侨乡。1850 年，艺人庆寿兰(李琼顺，龙滚村人)，因官府所逼，带“琼顺班”逃往星洲坡并创立了星洲剧社，成为南洋传播琼剧先驱者。1878 年，民间艺人在万城乐保扶村叶氏祠堂开办“燕字”科班馆传艺，弟子叶方清、叶庆清后来成为“发”“水”字科班的班主。1881 年，“洪字”科班在万宁旧州开办，徒弟林洪秀成为“彩”“乐”“秀”“益”字班的名师。清末民初，万宁侨乡地区兴办科班馆培养了大批琼剧人才。万宁县著名的琼剧艺人庆寿兰、黄瑞兰、陈万金、郑洪明、林洪秀、八指生、李彩文、李织锦陈乐元、陈乐春、三升半等等都出自侨乡。他们都曾前往南洋组班演出，均获海外侨胞的好评。

四、舶来习俗

万宁海外乡亲主要分布在东南亚一带国家，这些国家受欧洲殖民者的统治，其文化组成具有当地和欧洲文化混合特点，华侨也受到了这种多元文化的熏陶。随着大批侨胞一次次往返故土，一代代侨民外迁、回乡。一些早期出国的华侨，还带回了“番婆”“番子”，叶落归根。因此，侨居地的多元文化也传入了故乡，如脱鞋入室，以咖啡、茶水、点心待客等，这些“舶来”的南洋文化直接影响侨乡民情风俗。

万宁侨乡在语言上也传入不少外来语，如铁桶叫作“善”，借自英语 tin，咖啡叫“哥比”，看赛球时，界外球叫“懊赛”；菜市场叫“巴萨”，借自印度尼西亚语；肥皂叫“沙闻”，借自马来语；等等。解放前，家乡人们多穿唐装，而归侨、侨眷却穿西装、戴毡帽、着皮鞋，女的穿大红大花的衣裙；侨乡人爱喝咖啡、特别是不加糖的黑咖啡，喜欢咖喱饭。遍布侨乡市墟都有咖啡店、茶店，侨乡人有喝早茶、喝下午茶的习惯，在红茶中加入少许糖和牛奶。在资讯不通畅的年代，人们聚集茶棚、咖啡店，一壶茶或一杯咖啡，天南地北、海内海外聊以自慰。他们在这里交流、探听海外信息，从中了解、获悉海外亲人的近况。回乡探亲的华侨，也喜欢在这里品味家乡的咖啡、茶艺，并将托带的侨批交付给有关华侨眷属。

兴隆归侨服饰(杜燕生供图 2018 年)

兴隆华侨农场聚居着21个国家和地区的归难侨，他们祖籍又分别在不同的省份和地区。既有“外洋舶来文化”，又有各自祖籍传统的地缘文化。多国家、多地区的语言融合在一起，逐渐形成了兴隆特有的公共交流语言——“兴隆普通话”。兴隆普通话不是两者简单地叠加，而是附加了兴隆归侨、侨眷的新创造，这种新创语言，具有一大特色：四声调字音多，语速快，还保留着许多东南亚词汇。如“莲雾”称“水翁”，炒好的花生放置受潮变软言“漏气”，儿子即“赖”，椰啫为“挪糯”，咖啡叫“哥比”，上街市曰去“巴萨”，等等。

华侨在国外受西方的影响，也将其先进的东西带回家乡，使之“洋为中用”。20世纪20年代，龙滚、北坡、后安、万城等侨乡有些华侨回国，带回单车（自行车）在家乡代步，而后又带回缝纫机、手表、收录音机等，这些对乡人有极大的吸引和向往的物件，时被称为“三转一响”，风靡一时。

兴隆华侨农场的归侨侨眷来自不同国家，其着装爱好也不相同，可谓五花八门。

菲律宾的男士穿的上衣，叫作“巴隆”。款式像敞领衬衫，白色，两边腰际开点岔，腰部略窄，前面有两个大口袋，胸前两边各有一条织出来的垂直白色花纹。女士们爱穿西式裙子，也有穿叫“马隆”民族服装，样子有点像印度的纱丽。

越南的爱穿“奥黛”（aodai），多为丝绸制作，是融入多种文化元素的服饰，它能体现越南男子淳朴的性格，又能展示越南女孩子柔美的身材。

马来西亚、新加坡的喜欢“娘惹”服饰。多为轻纱制作，典型的热带风格。其颜色，不仅有中国传统的大红粉红，还有马来人的吉祥色土耳其绿。服装上点缀装饰的图案，则是中国传统的花鸟鱼虫、龙凤呈祥。

印度尼西亚的穿“纱笼”。纱笼是东南亚一带用以围裹身体的长布，为服饰之一。印度尼西亚归侨来到兴隆后，当地人们才经常看到一些穿着纱笼的归侨妇女。

兴隆人最普遍的着装是“峇蒂”。大街小巷，随处可以看见身着“峇蒂”的人。虽然这种花衬衫具有浓郁的马来风情，可是在兴隆，无论是哪一个国家的归侨，或是本地土生土长的海南人，都喜欢穿这种花衬衫。除了着装者面部特征略有不同外，人们已经无法辨认谁是“正宗”的华侨、归侨了。异域的风情、特殊的语言、优雅的举止，构成了被誉为“小小联合国”的兴隆华侨农场一道亮丽的人文风景线。“我是兴隆人”也是兴隆归侨、侨眷引以为荣的自称。

第二章 侨乡发展

万宁侨乡是万宁社会的缩影。封建社会，侨乡与危难深重的祖国一样，满目疮痍，饱经辛酸。民国初期，社会有过相对的短暂稳定，在孙中山先生领导的民国政府感召下，侨批、侨资企业、回乡的华侨逐渐增多，侨乡的购买力也不断升温。然而，社会的稳定如昙花一现，稍纵即逝。当时地方政府官吏置人民痛苦于不顾，与乡村土豪劣绅狼狈为奸，鱼肉乡民，侨乡社会的基本保障得不到保护。新中国成立后，万宁侨乡才获得真正意义上的稳定、发展，侨乡人民生产、生活日新月异。

第一节 民国以前

万宁侨乡虽然受到南洋、西方文化的影响，但民国以前仍深受封建思想、封建势力的影响。侨乡的妇女受“政权、族权、神权、夫权”的束缚，饱受“贞节”传统观念的约束。自亲人离家“去番”后，她们便挑起家庭的重担，成为家庭的主要劳动力，耕作农田，操持生计，谨言慎行，扶老携幼，过着“守活寡”的生活。

1985 年，万宁侨务部门曾对龙滚侨乡一个自然村 46 位男性华侨(归侨)进行抽样调查，其中，成家生子后出洋的有 10 人，出洋后返乡结婚的有 22 人，“叶落归根”的有 8 人，杳无音讯的有 6 人。调查显示，一般三四年能回乡一次属正常状况。有 3 位出洋时儿子才 5 岁，返乡定居时儿子已结婚；有 2 位回乡完婚后的第二天就随船往居住国，直到客死他乡，连最后见一面的机会都没有。“青春守活寡”是侨乡妇女较为普遍的现象。

在封建礼教的束缚下，侨乡也出现一些离奇古怪的事。有些父母不待儿子回乡，就自作主张为其订婚、完婚；有些女生从来没见过男生一面，只知道他在南洋，就成了“过埠新娘”；虽然侨乡教育起步较早，但女生教育仍受男尊女卑的影响未能普及，如龙滚、北坡、后安、万城等本是文化较发达的侨乡，但妇女文盲仍然较为普遍。

第二节 民国时期

民国时期，万宁如正常年景，中农可勉强维持生活，贫雇农租地耕作，除交租外，还要缴纳捐税，度日艰难。值得庆幸的是，民国时期，万宁侨乡的侨汇还算畅通，虽没具体的统计数据，但据海南有关部门调查统计，1927 年至 1929 年 3 年间，海南每年仅从新加坡寄回的赈家侨汇，分别为 1245.32 万元、915.68 万元和 876.09 万元。侨眷持有侨汇，除用于改善家庭生活外，还将多余部分用于建房置地，其间，万宁侨乡新建侨房较多。华侨家庭成为时下乡民向往的家庭，过埠新娘也逐渐增多。

侨汇增多后在万宁侨乡也产生了一些负面影响。有些侨眷逐渐养成不同程度上依赖侨汇的习惯，在一些青少年侨眷中出现了“吃靠洋，穿靠洋，白天想洋夜梦洋，游手好闲懈洋洋”的坏习气。侨汇成为他们赖以生存的唯一。因此，人们形象地把侨汇比喻为“输血功能”，倘若功能受阻，这些人就会因血液循环不畅而竭。

第三节 抗战时期

抗日战争爆发，侨汇途径受阻。1939 年海南沦陷，日军侵占万宁，侨乡侨汇断绝。日本侵琼期间，实行烧光、杀光、抢光的“三光”政策。1939 年 10 月至 1945 年日本投降前夕，日军在万宁侨乡龙滚、和乐、东澳、万城、山根、北坡等地区进剿扫荡，大肆屠杀村民，制造“无人村”。全县侨乡有 900 多间房屋化为灰烬，600 多名无辜者死于日军屠刀之下。

沦陷后，万宁学校全部停办，仅有日军在万城、和乐、龙滚侨乡办了 3 所“平民小学”教日语，实施奴化教育。其间，万宁侨乡近 1000 名归侨侨眷携老带幼逃往湛江西霞(法租界)，伺机往南洋投靠亲戚朋友，致使许多侨房成为空巢。

1944 年，万宁发生了旱、虫、风、水四大灾害，全县农村田地荒芜，颗粒无收，饿殍遍野。据日伪维持会当年统计，全县饿死 4 万多人。抗日战争时期，万宁侨乡满目疮痍，到处残垣断壁，一片荒凉。

第四节 新中国成立初期

万宁是农业县，新中国成立前万宁农业基础差，农田基本上是“望天田”，作物品种差劣，生产工具简陋，耕作技术落后，加上自然灾害频繁，农业发展缓慢。1949 年，全县农作物种植业总产值仅 868 万元，粮食作物亩产仅 180 斤左右，农民生活极度贫困。

1950 年 4 月万宁全境解放。次年 4 月，万宁开展土地改革试点工作，1952 年土改运动全县铺开。由于受“左”的思想干扰，在划分阶级成分时，未能完全执行中央及政务院的文件精神，全县有 815 户侨户，被错划为华侨地主、富农、小土地出租、工商业者。1953 年和 1955 年按中央指示精神，先后进行二次土改复查，纠正解除华侨地主 305 户、富农 124 户、小土地出租 9 户、工商业者 6 户。

1956 年，万宁掀起合作化高潮，至 1957 年底，全县 90%归侨侨眷申请加入了农业生产合作社。1958 年下半年成立了万宁、东风、东兴 3 个“政社合一”的人民公社，全县归侨侨眷成为公社社员。同年，各地发挥所谓“一大二公”的优越性，办起公共食堂，社员免费在食堂吃饭。有些地区还移民并村，无视科学搞“大跃进”共产风。仅半年时间，农业生产受到挫折，粮食供应不上，公共食堂被迫停办。1959 年全县农作物总产值仅 889 万元，比 1957 年下降 32.5%。

1962 年贯彻《农村人民公社工作条例(修正草案)》(即 60 条)，农业生产开始回升。1966 年农作物种植业总产值达 2138 万元，比 1957 年增长 62.3%。1965 年至 1978 年，全县农村每年人均分配 49.5 元至 51.1 元，年均提高 0.12 元。从 1950 年至 1978 年，万宁侨乡的农业生产正如全县各地一样呈波浪式发展。

第五节 “文革”期间

1966 年“文化大革命”开始，给万宁侨乡归侨侨眷带来了一场挫折。“海外关系复杂论”致使归侨侨眷的正当权益受到践踏，许多侨户家庭被抄查，财产被没收，侨房被挤占、接管。侨务干部靠边站，一些有海外关系的人被戴上“特务”“叛徒”“反革命”“里通外国”等帽子，冤、假、错案在侨乡时有发生。其间，侨汇中断，海外联系绝缘，侨乡农业生产发展缓慢。万宁县 1976 年农作物种植业总产值 2162 万元，比 1966 年仅增长 1.0%。

第六节 改革开放

党的十一届三中全会以后，侨乡万宁得到长足的发展。

1979 年，万宁进行联产承包责任制的试点工作，是年，全县农业总收入 2535.53 万元，比 1978 年增加 264 万元，增长 11.6%，人均收入 60.6 元，比 1978 年增加 9.4 元。

1982 年，实行包干到户的生产责任制，农业总收入 9018 万元，比 1979 年增加 6482.47 元，增长 2.57 倍；人均分配 239.4 元，比 1979 年增加 178.8 元，增长 3.9 倍。实行农业承包责任制后，侨乡农村经济快速发展。

1990 年，农业总收入 23,596.27 万元，比 1978 年增加 21,324.74 万元，增长 10.39 倍；人均收入 449 元，比 1978 年的 51 元增长 7.81 倍。

1996 年，经国务院批准，万宁撤县建市。建市后的 10 年，社会经济、人民的生活水平及各方面都取得了较大的发展。

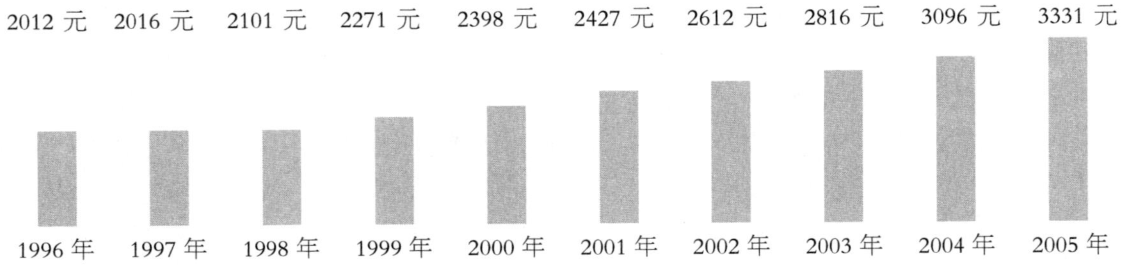

建市十年侨乡万宁农民人均纯收入

2008 年全市总产值 32.7 亿元，农业增加值完成 21.28 亿元，比上年同期分别增长 9.6%和 12%；农民人均纯收入 4601 元，比上年同期增长 12%。

2012 年万宁市实现地区生产总值 135 亿元，增长 10.1%。地方公开财政预算收入 10.32 亿元，增长 25.6%。固定资产投资 112.1 亿元，增长 25%。城镇居民人均可支配收入

19,980 元，增长 14.4%；农村居民人均纯收入 8017 元，增长 15.6%。

2015 年，面对经济下行压力增大、增长方式逐步转型的新形势下，万宁市紧紧围绕“建设滨海花园城市、打造清新度假胜地”这一目标，坚持实施“一带两区三组团”空间发展战略和“四轮驱动”产业发展战略，主动适应经济发展新常态，着力稳增长、促改革、调结构、惠民生，真抓实干，务实创新，经济运行整体呈现“稳中向好”态势，各项事业取得新进展。全市实现地区生产总值 165.53 亿元，增长 7.8%。地方公共财政预算收入 16.4 亿元，增长 8.4%；固定资产投资 158.06 亿元，增长 7.7%；社会消费品零售总额 63.66 亿元，增长 11.2%；城镇常住居民人均可支配收入 25,523 元，增长 7.8%；农村常住居民人均可支配收入 11,513 元，增长 10.4%。

2015 年—2018 年万宁市城镇居民人均可支配收入

2015 年—2018 年万宁市农村居民人均可支配收入

改革开放后，万宁侨乡不仅在农业方面年年增长，而且侨乡的优势凸显。

第一，侨乡与海外乡亲联系更加密切。改革开放后，万宁侨乡与海外乡亲恢复了联系，来往逐渐频繁。从 1979 年起，万宁海外乡亲返里人次逐年增加。1980 年回乡人数为 730 人次，1989 年回乡人数 6850 人次，平均每年增长 600 多人次。1990 年至 1999 年，万宁回乡的华侨侨人及港澳台同胞人数，每年均在 5000~7000 人次。进入 21 世纪，回乡人数渐趋于平稳，每年约有四五千人次。

改革开放初期，万宁回乡的海外乡亲，绝大部分是第一代华侨华人或对故乡有所了解的第二代老侨胞，他们都带有试试看的心态。而后，以老带新的家族式、同乡式和以地缘、业缘的名义组团的回乡寻根祭祖、观光考察、联谊交流等团队增多，侨乡与海外的联系、沟通的大门全面敞开，海外乡亲回乡逐渐形成高潮。进入 21 世纪后，万宁海外乡亲往返故乡已成为常态化，每年春节、清明节、中秋节及地方一些如军坡等传统节日，都是海外乡亲返乡的旺季。

第二，捐赠兴办公益事业热情高涨。1979 年至 1984 年，万宁全县海外乡亲捐资兴办公益事业 222.74 万元，其中办学 194.16 万元，村庄建设 12.895 万元，墟镇公共设施建设

13.678 万元。

1985 年，海外华侨华人捐款 102.934 万元，捐物折合人民币 6.28 万元，其中建校款 65.1 万元，物资折合人民币 6.28 万元，捐助万宁新建电视台 22 万元，捐建村庄码头 1 座、修路 4 条、建桥 2 座共 15.84 万元。至 2006 年，万宁海外乡亲捐助家乡公益事业总金额为人民币 5380.6 万元。其中捐款 300 万元以上有 2 人；50 万元以上至 100 万元以下有 5 人；50 万元以下 20 万元以上的有 8 人；10 万以下 5 万元以上的有 40 人。至今，海外乡亲捐助家乡公益事业的义举从未停止。

第三，侨资侨眷企业蓬勃发展。至 1986 年全县利用侨资办种养业 710 家、商业 81 家、小工业 8 家、运输业 14 部丰田小车。侨资侨属企业发展迅速。侨汇从输血转变为造血。

第四，侨乡建设日新月异。侨户利用侨汇购房、建房逐年增加。北坡保定村 1985 年利用侨资侨汇建造新房有 26 间，其中拆除旧房重建 19 间，新建 7 间，二层以上有 5 间。万城利用侨资购置、新建房 12 间，投入侨资 236.8 万元，其中有 6 户新、马华侨归侨集资 54 万元购地建起一幢四层华侨联合商场。新加坡华人投资 40 万元建起一间华侨旅社。1986 年一年时间，龙滚海外乡亲投资在龙滚新墟建房 127 间，投入侨资 350 万元，其中建起三层楼房 68 间、二层 35 间、一层 24 间。

龙滚镇海外乡亲捐助公益事业统计表
（1984 年—1993 年）

单位：万元

地区	捐赠教育事业	捐赠镇村公益	捐款合计	捐款人数（人）		
				0.5万元至1万元	1万元至5万元	10万元以上
凤园	36.67	31.65	67.33	10	8	1
治坡	34.28	5.62	39.6	19	5	
河头	20.15	5.25	25	4	9	
文曲	25.46	8.13	33.53	9	5	
端熙	8.43	20.71	29.1	3	3	
新市	11.75	3.64	15.35	8	2	
文渊	10.93	4.47	14.4	3	6	
龙楼	4.35	5.82	10.1	1	1	
水坡	7.86	12.39	19	2	3	
多格	10.74	2.36	12	2	2	
坡罗	8.29	4.21	12.2	13	2	
福塘	2.34	3.26	5.2	4	1	
排园	7.92	3.51	10	1	2	
乐内	4.15	1.63	5.76	3	2	
和顺	3.68	6.49	9.49	0	0	
合计	197.0	119.14	308.06	82	51	1

（市侨办、侨联统计档案）

万宁县侨乡房屋建设基本情况(选年)

地区	房屋建设 (平方米)					
	新中国成立前		1950—1970		1971—1991	
	合计	其中楼房	合计	其中楼房	合计	其中楼房
万城镇	26,143	4743	221,500	41,142	339,560	218,540
龙滚镇	21,392	4927	21,595	11,280	72,874	50,980
和乐镇	24,321	1821	36,530	9472	50,438	40,723
北坡镇	12,448	1420	15,428	7204	17,481	11,583
后安镇	10,286	1870	10,869	4864	33,146	11,174
港北镇	12,386	985	14,642	9643	21,179	12,634
礼纪镇	8592	1050	10,482	5462	16,218	10,642
东澳镇	7285	1087	73,252	4010	20,189	16,870
乐来镇	14,072	1820	9580	4648	25,384	8141
大茂镇	11,027	1105	9410	4736	31,214	18,838
山根镇	3027	682	5480	2142	19,638	8174
长丰镇	8464	665	11,430	5864	20,135	13,360
合计	159,443	22,175	440,198	110,467	667,456	421,659

万宁县(市)侨乡人口分布情况表(选年)

地区	1982 年人口数	人口密度/平方千米	1990 年人口数	人口密度/平方千米	2018 年人口数	人口密度/平方千米
万城	24,720	3531	52,244	2902.4	157,719	1448.3
环城	13,869	925	并入万城	–	–	–
龙滚	18,946	126	20,175	134.5	25,702	169.1
山根	9221	154	10,651	177.5	15,137	252.3
和乐	27,561	689	34,282	857.1	66,969	832.9
港北	11,120	397	13,860	495	并入和乐	–
后安	23,028	822	27,739	990.7	56,118	688.9
乐来	11,127	242	13,326	289.7	并入后安	–
大茂	22,216	383	27,334	471.3	29,748	552.8
北坡	37,480	646	44,065	789.1	并入万城	–
东澳	29,620	362	36,199	441.5	54,898	536.9
礼纪	24,239	172	27,082	235.5	44,278	–
长丰	17,192	287	21,782	363	50,959	542.5
兴隆农场	25,766	234	25,708	233.7	29,442	–

第三章　重点侨乡

第一节　侨乡镇

万宁市重点侨乡镇主要分布在沿海一带。按旅居海外华侨华人数量为序，其排列为：龙滚镇、万城镇、和乐镇、后安镇、礼纪镇、东澳镇、大茂镇、山根镇、长丰镇。

一、龙滚镇

（一）位置政区

龙滚镇位于万宁市北部，距万城33千米，离海口省会105千米。东濒浩瀚南海，南与山根镇接壤，西依革命根据地六连岭东麓，北与琼海市中原、博鳌镇毗邻。全镇区域总面积152平方千米。可耕作面积3600公顷，共辖17个行政村和1个镇农场，162个自然村，常住人口2.55万人，以汉族为主，有少数民族（苗族）612人。至2018年，旅居世界五大洲17个国家和地区的海外乡亲近10万人。是海南省著名的侨乡。

据传，龙滚是先有了龙滚河才得其名的。相传，远古这个地方，大地干旱龟裂，草木不长，赤地茫茫，民不聊生。有一天，忽然，乌云密布，狂风大作，一声巨响，天开地裂，人们看见一条巨龙翻滚而起，直下云天。从此，大地上留下了一条深深的弯弯曲曲的龙身痕沟，山涧野岭的水都流到这里，汇成了日夜奔腾的河流。河水驱除了大地的干旱，解救了村民。人们便把这条河命名为龙滚河，其地名也称为龙滚。

龙滚依山傍水，有12.9千米的海岸线及山钦湾；有绵延秀丽的金牛岭、北埇岭；有碧波荡漾、绿山环绕的加坦水库和熊仔水库；有自西而东、穿越龙滚注入南海的龙滚河。2015年，全镇有57平方千米土地已列入博鳌亚洲论坛二期建设规划区。

龙滚镇远景（杜燕生摄　2017年）

（二）市政建设

龙滚，清代为典图、寮图、港图所辖。民国时期划为万宁县第四区，设立区公所。新中国成立后，曾设乡、公社、区公所，1986年撤区改为龙滚镇。

1.分界市

分界墟，古称分界市。现龙滚镇排园村村委会境内。此地原有一条通往琼海嘉积及乐会周边村庄的便道，初时仅有几间乡民茅舍。清代，善商者、华侨纷纷在此地建房开铺，至民初，两旁各建起砖瓦铺宇60多间，逐渐形成一条当时颇有规模的街墟，成为乐（会）万（宁）边界人民主要的墟集。因处乐万的交界，故称“分界市”。极盛一时繁华的分界市，曾为兵家必争之地，中共地下党在此设联络站，假陈氏宗祠创办龙滚农民训练所，开展革命活动。1927年5月，琼崖国民党军黄镇球团一部驻扎分界市，墟上有敌伪民团。1928年2月4日晨，琼崖工农革命军东路总指挥徐成章带领9个连1000余人，围攻分界墟民团据点。经过1个多小时的激烈战斗，敌伪民团损失惨重，工农革命军也伤亡30多人，总指挥徐成章颈部中弹，翌日牺牲。抗日战争时期，曾昭旭带领“琼崖华侨回乡服务团”一支医疗小分队在此进行抗日宣传、义务为抗日军民诊病医疗。日寇占据龙滚时，强行将分界市移迁大路园集建新墟（称新市）。

2.龙滚营

龙滚墟，俗称龙滚营。坐落龙滚河北岸，为龙滚第二个墟集。清朝末年形成。民国初期，当地华侨及乡绅在此分两排各建起10多间瓦房，形成狭窄街道，有理发、小饮食、布匹、日杂、咖啡、“侨批”站、中药铺等店铺。1939年受日军飞机轰炸，是年8月，日寇占据龙滚时强行拆迁搬至大路园村附近建墟（新市）。日军投降后，龙滚营重建起30多间瓦顶木板楼宅。店铺恢复经营。

3.端熙墟

古为端熙辅仔。地处端熙村及龙滚西北部村民往龙滚墟的一条交通要道，背靠鲤跳溪畔，小船能通龙滚河、万泉河达加积市。1931年逐渐形成小墟集，周围村庄下南洋谋生者众，端熙、鲤跳及附近村庄的华侨也在墟集建起店铺，至1939年，端熙墟已建成一条街道20多间商铺，墟上有布匹、杂货、咖啡、饮食、中药铺等店铺和一个小菜市场。1940年，日本侵略者强行拆毁铺店搬往龙滚墟建日军据点和伪维持会，店中财物也被洗劫一空。

4.龙滚新墟

1973年，百年未遇的强台风袭击龙滚地区，龙滚乡村60%以上的房屋坍塌，人畜伤亡，损失惨重。灾后2年方全部修复。与此同时，龙滚营向北延伸扩建龙滚新墟（现址）。

1985年，龙滚镇委、镇政府在省、县建设部门的指导下，立足高起点，用1年时间完成了新墟镇建设的长远规划，绘制了《龙滚墟镇建设规划图》。至1998年，共筹集资金12,600万元，其中侨资占82%，建起楼房601间，总建筑面积7.5万平方米，拥有7条街道，总长3150米。

至2018年，龙滚新墟城区面积2.2平方公里，主街道侨兴街长2.5千米，侨中、龙西等7条支街道长2.3千米。人车分道，街道宽畅，实现了亮化绿化。城区建有2个综合农贸市场，占地1.5万平方米。全镇16个村委会、162个自然村已创建省级文明生态村13个，市级文明生态村99个。龙滚镇连续三届荣获“全国文明村镇”称号，同时先后获得“全国侨务工作先进单位”“海南省文明生态镇”“海南省卫生乡镇”“全国十佳环境优美小城镇”“全国先进基层党组织”“海南省文明生态镇”等荣誉称号。党和国家领导人曾亲临龙滚镇视察。

（三）经济

1.侨汇

新中国成立前，侨汇是龙滚主要的经济来源。早期，龙滚华侨浮寓孤悬于异域，举目无亲，他们本是为了摆脱困境只身出洋谋生的，家庭一分为二，留在国内的亲属多为老弱妇幼。因此，侨汇是龙滚侨眷的主要收入，直接的生活来源，侨汇正常时，一家温饱尚可维持，倘若侨汇中断，生活就发生困难。19 世纪 80 年代以前，龙滚的侨汇主要依赖“水客”传递。随着华侨人数和侨汇的激增，19 世纪中后期，“侨批局”（经营信、款组织。也有称民信局、侨汇局）在侨乡开始出现，并取代“水客”。清光绪八年（1882）海南第一家“琼州侨批局”在海口设立，来自各地的侨汇，经由海口转汇到各县乡的汇取店号，再由店号带往收汇侨眷户。1928 年至 1939 年，文昌、乐会两县的侨批业发展到 50 多家。龙滚侨汇除归乐会中原解付外，分界市、龙滚营分别设有侨批店号。在漫长的国运不济的一段时期，侨批是侨眷赖以生存的依靠。

龙滚早期的华侨普遍存在“落叶归根”的恋乡情节，出洋时绝大多数衣食无着，为了光宗耀祖，他们把在国外辛苦积攒的钱汇回家乡，购田、置地、建房，有的变成自耕农者，有些上升为雇主、（华侨）地主。随着侨汇的增多，购买力和消费水平日渐提高，大大刺激了龙滚商业的发展，促使出现新的以消费为主的新集墟。据有关资料统计，新中国成立前，龙滚侨汇中，用于家庭生活的占 58%，建房占 23%，婚丧 15%，社会公益及其他 4%。

改革开放后，龙滚侨汇发生了“质”的变化，侨乡人民把侨汇当成产业资本，搞开发性生产，创办侨属企业。1997 年全镇淡水养殖面积达 3250 亩，水产产量 1905 吨，总产值 1656 万元；全镇运输业已发展到拥有 10 轮大卡车 18 部，大巴、中巴豪华车 16 部、丰田车 22 部、各种机动车 375 部。侨资企业 3 家，投资额达 3000 多万元，总产值 8304 万元。这些企业的原产业资本 80%来自侨汇。侨汇，似乎是一家一族的小事，而实际上，海外乡亲的经济援助对家庭的兴盛、地区的安定和繁荣，以至侨乡的富裕发达，都有着极大的作用。

2.农业

农业是龙滚镇的主要产业，农业收入占总收入的 70%，农民收入主要靠种养和捕捞，小部分从事二、三产业。菠萝、胡椒、橡胶、槟榔是龙滚镇的四大主导产业，菠萝为支柱产业，菠萝种植是全国最大的冬季生产基地，享有海南菠萝之乡美称。曾被国家誉为“南亚热带作物名优产品示范基地”，已具备良好的品牌效应，产品已销往全国各地并远销港澳、俄罗斯、韩国等国内外市场。“海南菠萝甲天下，龙滚菠萝冠琼岛”，1998 年龙滚全镇仅菠萝收入就达 4650 万元，人均达 2000 元。至 2014 年，全镇菠萝种植面积达 2 万多亩，亩产量 3000 多公斤，产值 4000 万元。橡胶种植面积达 13,000 亩，槟榔种植面积 15,000 亩，胡椒种植面积 5300 亩，其他热带水果种植面积 3000 亩，冬季瓜菜常年种植面积保持在 8000 亩以上。近年来，镇委、镇政府引导农民调整农业产业结构，发展特色热带高效农业，扩建柠檬、香水菠萝、莲雾、山柚等种植示范基地和黄牛养殖等示范基地。有效地拓宽了农民增收渠道，促进农民致富。

1991 年，全镇人均年纯收入 1512 元；1993 年全年生产总值 22,600 万元，农民人均年纯收入 2800 元。

2010 年，全镇生产总值 55,258 万元，农民人均年纯收入 5998 元；2014 年全镇农村常住居民人年平均纯收入 9914 元。

2018 年，龙滚镇地区生产总值 10.56 亿元，同比增长 7.5%；农民人均收入 13,893 元，同比增长8.0%。2018年7月,总投资2889.3万元的万宁市侨乡小镇开工建设,至年底已经完成侨乡小镇立面基础设施建设(一期)项目已竣工。

(四)教育

龙滚教化较早,宋代已有学宫。清代至民国时期,龙滚兴办私塾甚为普遍,几乎村村办,或联村办。龙滚"文渊阁"创建于清光绪年间,讲坛上刻有对联曰:"文教辟鹅湖士子均沾化雨,渊源泉鹿洞儒林并坐春风。"清光绪三十二年(1906),清政府废除科举制度。是年,龙滚创办了戎庙高等学堂。

1.龙滚戎庙高等学堂(现龙滚镇中心小学)

1906年创办,因选址在龙滚戎庙,故称龙滚戎庙高等学堂,为万宁最早兴建的4所高等学堂之一。龙滚戎庙,是1900年龙滚人民为了纪念抗击黎患战亡的24名戎士,集资建起的一座祠庙。1906年假戎庙办高等学堂,招生60余人,学制3年,设经学、国文、算术等课程。1927年"四·一二"反革命政变后,校长林斯和带领一批学生奔赴六连岭参加革命斗争,同年4月学校停办。

2.分界昭才小学

前身是分界市(墟)小学校,日军侵琼时学校停办。1946年复办为分界初级小学,解放后转为公办学校。但校址狭窄,场地低洼,周围是居民区,学校环境较差。1994年,时任马来西亚柔佛州万宁同乡会主席曾昭才,牵头发动本村海外乡亲募捐17万元,曾昭才捐助14.4万元,在乡的归侨、侨眷和外出干部职工赞助下,1996年春搬迁分界坡重建教室5间、宿舍4间,还建有校门、围墙等。经万宁县政府批准学校更名为"分界昭才小学"。

3.河头小学

创办于1954年,原为一所初级小学。1983年,河头村旅居新加坡华侨王琨主动在海外发起重建河头小学的募捐活动,家乡干部群众也踊跃加入捐建学校活动。数月时间,仅河头、岭下村128名海外乡亲共募集建校资金43.45万元。其中海外乡亲王琨、王辉昌、王辉耀、陈家贵各捐2.7万元,捐助1万元以上的有10人。学校新建教学大楼一幢,内设教室8间,重建宿舍、办公室、图书室等12间,建筑面积860平方米。

河头小学从初级小学发展为完全小学,教学质量不断提高,曾连续被评为万宁市二级文明学校。

4.宝树小学

原为龙滚岭上园村谢氏宝树郡宗祠私塾,解放后改为公办"岭上园高级小学",办校以来,在当地海外乡亲的资助下曾多次扩大了校园。1973年14号强台风袭击,校舍毁坏,灾后修复,但学校的环境仍然较差。

1984年,学校校董事会提出集资迁校重建的建议,得到了海外乡亲的赞同和全力支持。同年,28位海外乡亲共捐款15万元,及乡亲的大力支持下,本村谢门熙(新加坡估价师学院首席院士)亲自设计学校布局和施工图纸,建起教学大楼一幢,教室7间,宿舍7间,办公室、图书馆各一间和校门、围墙等,总建筑面积986平方米。

5.万宁市华侨中学

1951年,万宁县五区(龙滚区)成立由归侨、侨眷陈业植、李琼辉、陈凤槐、冯朝拔、唐大川、李我周、卢家民、李玉雄、梁居卿、梁炳生等为委员的龙滚中学筹备委员会,陈业植为主任委员。同年，筹委会向海外开展募捐活动。1952 年，旅居新加坡、马来西亚、印度尼西亚、美国及中国香港等国家和地区的龙滚乡亲莫昌炳、李大仍、李琼兰、李大楠、李城燕、张学杰、何君泰、曹贤宗、曹世万、许开华、李琼旭、李香泰、何麟经等共计 200 多人，为建校共捐 2 万多元。其中莫昌炳、李大仍各捐 3500 元，兴建教室 2 间。龙滚地区的归侨、侨眷也掀起“有钱出钱，有力出力，有料献料”的建校热潮。此时，旅居美国的李香泰回乡筹建祖宅，他为家乡群众兴办中学的热情所感动，毅然决定把自己备好建祖宅的母生木桁全部捐给学校，出国后再向学校捐助 2000 元。1954 年，学校分 3 幢建起 6 间教室、6 间校舍。1955 年下半年，利用新建的教室办起 2 个升中补习班。同时委托龙滚小学附设两个初中班，代招学生 100 多人。

1956 年 8 月，经万宁县人民政府批准正式成立了“万宁县龙滚初级中学”，委任莫骄为校长，曹昭明为教导主任，教师由县教育局调配，至 1957 年 8 月，学校发展到初中 6 个班级，学生 300 多人。

1958 年 9 月，改为“万宁县龙滚中学”，增设高中两个班，招收高中学生 100 多人。1962 年 3 月，经广东省华侨委员会同意更名为“万宁县华侨中学”。同年报请全国人大副委员长、中侨委主任、著名书画家何香凝题写“万宁县华侨中学”校名。至此，学校发展到教职员工 40 人，教学班级 14 个，学生 800 多人，其中高中班 3 个，学生 186 人。

1966 年 9 月，校名被改为“东方红中学”。党的十一届三中全会以后，1978 年 10 月，万宁县教育局将校名改为“万宁县龙滚中学”。1980 年，万宁县委、县政府恢复校名“万宁县华侨中学”，同时重新成立学校董事会，报请国务院侨办主任廖承志题书校名。党的十一届三中全会后，海外乡亲捐助华侨中学又进入一个高潮，据不完全统计，至 1996 年万宁撤县设市，学校随之更名为“万宁市华侨中学”时，计有 375 人次海外乡亲共捐 200 多万元；此外，捐赠学校设立奖学金、教学设备、办公器材、丰田汽车、发电机、学校办公室家具等折合近 100 万元；2001 年，李会章夫人为华侨中学捐建一幢二层楼，建筑面积 320 平方米的图书馆兼电脑室，命名为淑英楼。

2009 年 9 月，万宁市政府进行教育布局调整，龙滚镇中心小学与万宁市华侨中学合并创办九年一贯制学校，校名改为“万宁市龙滚华侨学校”。至 2018 年学校占地面积 114,350 平方米（172.5 亩），建筑面积 13,075 平方米，基础设施完善，教学

海外乡亲参观万宁华侨中学（市侨联供图 2000 年）

设备配套齐全，布局合理，环境优美。现有教学班 38 个，学生人数 1544 人，其中寄宿生 600 多人，教职工 137 人，其中中学高级教师 17 人、一级教师 21 人，小学高级教师 48 人、一级教师 20 人、省级骨干教师 2 人。2011 年曾被称为“万宁市规范化学校”，2012 年 12 月被评为“海南省规范化学校”。

改革开放以来，全镇共有 25 所中小学进行扩建或重建，建成教学楼 21 栋，教室 125 间，宿舍 92 间，办公室、图书室、教仪室等 32 间，同时增添教学设备、校门、围墙、球场、绿化亮化校容校貌等，其中 85%资金来源于海外乡亲捐赠。

2001 年，龙滚镇新加坡乡亲李崇冠独资捐建龙滚华侨中学一幢二层图书馆，命名为“淑英楼”，同年出资创设龙滚镇“李会章奖教学基金会”，每年一次，连续表彰优秀教师和品学兼优的在校中小学生已愈 100 多人次。

2013 年 6 月 11 日，龙滚镇教育文化促进会成立，该会为民间社团组织。其宗旨是广泛争取社会各界人士的资助，扶持该镇中小学特色课程、师资培训的开展，奖励优秀教职工和品学兼优的在校学生，资助困难学生完成学业，挖掘具有特色的红色文化、华侨文化和乡土文化。第一届会长唐镇乐（原海南省委党校教授），常务副会长何君才（原万宁市政府副市长）。第二届会长冯清雄，常务副会长林明居。该会自成立以来先后获得社会各界人士捐款 180 多万元，每年用于奖教奖学资金近 20 万元，为促进侨乡龙滚镇教育文化事业作出了贡献。

（五）医疗卫生

新中国成立前，龙滚地区诊病治疗主要靠民间中医、中药和草药，行医者分居各村庄，常具一技之长。清光绪年至民国年间，龙滚较有名气的行医者有冯辉琼（文渊）、翁之富（青山园）、王绍华（岭头、后为红军医院院长）、陈学始（福山）、何君昌（河头）、何麟书（文甲）等。也有在龙滚墟集坐堂诊病办中药铺者。

分界市繁华时期曾有如意堂、长春园、和生堂、意生和、恒安园、致中和、万安园 7 间中药铺；龙滚营有天然堂、同安堂、万春和、保宁 4 间中药铺；端熙墟有陈家园 1 间中药铺，各中药铺均设坐诊医生。

1951 年，台湾同胞赖有山、罗玉金在龙滚墟东门街办起西医诊所；何月琼（坡罗青山村人）开设“真光助产院”；蔡朝和陈兰香夫妇（和乐人）在北门街开办“淑芳助产院”。1956 年公私合营时期，龙滚私人中药铺和诊所联合成立“龙滚中西医联合诊所”。

1953 年，万宁县政府卫生科在万五区（龙滚）和顺成立卫生所。1955 年卫生所从和顺迁到龙滚墟。1956 年“龙滚中西医联合诊所”归属龙滚卫生所领导。1958 年龙滚卫生所改名为“龙滚人民公社卫生院”。1964 年在龙滚墟北门新建卫生院。1973 年受第十四号强台风袭击，医院房屋全部倒塌，医疗器械损失殆尽。是年，县委将卫生院迁往青山村附近山坡（现址）重建，次年新建卫生院竣工投入使用。

1995 年，在龙滚海外乡亲的慷慨解囊（捐款 30 多万元），海南省卫生厅（拨款 30 万元）、龙滚镇政府（拨款 11 万元）及干部群众的大力支持下，卫生院开始扩建，同时更名为“龙滚华侨医院”。至 2018 年，龙滚华侨医院占地面积 15,926.6 平方米，其中业务用房面积 2414 平方米。现有职工 62 人，其中高级技术职称 1 人、中级技术职称 3 人、初级师 13 人、初级士 31 人。医院配有救护车、200AMX 光机、纤维胃镜、B 型彩色超声诊断仪、12 导联心电图机、半自动生化分析仪、尿液分析仪、电子显微镜、麻醉呼吸机、自动洗胃机、蓝光治疗仪、新生儿抢救台、婴儿培养箱等设备。24 小时开通 120 院前急救服务。

(六)侨务工作

龙滚人迁徙海外历史悠久,早期主要迁徙马来亚、泰国、印度尼西亚和越南。据史料记载,龙滚人出洋可上溯南宋时期。至元末明初,南洋半岛已有不少龙滚人。至 2018 年,龙滚镇旅居海外的乡亲分布世界五大洲 17 个国家和地区,村村有华侨华人,家家有归侨侨眷、港澳台眷属。是万宁市旅居海外人数最多、侨乡社会形成较早的重点侨乡镇。龙滚海外华侨华人热心社团工作,不仅踊跃参加乡团活动,而且在海外各种社团担任主要职务者颇多。有些父子、祖孙数代、有的兄弟数人均在乡团中担任主要职务,为社团服务。

龙滚文化教育发展较早,明朝办社学,清代建学堂。从社学、私塾、学堂到中小学校不断增多和扩展,其中不少是华侨、归侨集资创办的。墟集从分界市、龙滚营、端熙墟的形成到新镇墟的逐渐扩大、完善;从乡村建设到交通的发展,处处都有华侨的足迹。侨乡的建设、经济发展与华侨息息相关,侨乡民情风俗也受南洋较深影响,早期出国的华侨,有的稍有积累即回乡娶妻成家,有的回乡定居,因此,海外的民情风俗也跟着“引进”而来。

新中国成立以前,龙滚地区侨务工作主要由民间组织。从同宗同族的血缘开始,逐步发展到同村、同乡、同区域的地缘。

1961 年,龙滚归国华侨联合会(简称龙滚侨联)正式成立,自此,龙滚率先拥有协助政府专司侨务工作的团体组织。“文化大革命”期间,龙滚侨联停止活动。1978 年龙滚侨联恢复活动。党的十一届三中全会后,龙滚镇委、镇政府从本镇的侨情出发,把发展战略的重点放在争取侨心之上。1981 年至 1987 年,龙滚镇侨联共接收海外侨胞捐款 8 万多元,在镇政府大力支持下,在镇政府院内建起一幢二层侨联招待所。1990 年至 1993 年龙滚侨联又收到海外侨胞捐款 21 万余元。为使侨联更好地开展工作,镇政府采取置换方式,在龙滚新墟闹市区无偿拨给侨联 229 平方米的地皮和 4 万元,帮助侨联重建起一幢三层楼,建筑面积 680 多平方米,集办公室、经营店铺、芳名馆和招待所于一体的综合大楼。招待所投入使用后,龙滚侨联采取“来自于侨,用之于侨”的方式,免费接待回乡的海外乡亲,有声有色的侨联工作,深受海外侨胞及社会各界的称赞。1994 年,龙滚镇侨联被评为“全国侨联先进集体”。

至 1995 年止,龙滚率先完成全镇历史遗留侨房的落实工作和各项侨务政策的落实工作。先后退还侨房 43 间,补偿、赔偿 86,500 余元;纠正各种涉侨冤、假、错案件 18 宗,回收归侨干部、职工 15 人,安置归侨、侨眷 12 人;自 1990 以来,龙滚镇政府每年拨出专款,组织专门队伍,利用广播、有线电视、墙报、标语、宣传车等在全镇范围里大力宣传侨务法律法规,强化全镇干部、群众“为侨服务”意识,致力使全镇上下形成理解、尊重和爱戴侨胞的良好社会风气。每逢春节、清明节、中秋节等侨胞回乡旺季,镇政府组织召开回乡侨胞座谈会,倾听侨胞对家乡各项工作的建议和意见,增进侨胞对家乡的了解,密切海内外的联系。坚持把处理涉侨来信来访视为服务于侨的平台,书记、镇长亲自抓,做到热情接待,有信必复,有求必应。在全镇范围里动员归侨、侨眷开展“一人一封信”联谊活动;先后与 17 个国家和地区的海外侨领、知名人士,同乡会、宗亲会等沟通了联系;为调动海外乡亲建设家乡积极性,镇委、镇政府还制定、推行“谁投资、谁受益”和“低地价、高让利、求发展”的优惠政策，打破了过去地方财政单一投资搞建设的格局，促使墟镇建设走上一条良性循环的发展道路。

改革开放后，龙滚镇委、镇政府就关注着侨汇的挖掘和利用问题。为掌握发展农村经济的第一手材料，合理配置资源，他们对各个区域进行全面调查研究，聘请专家对水文、土壤、气候等进行科学分析、论证，把龙滚划分为东、中、西三种类型区域，引导归侨、侨眷摒弃传统的小农经济思想，更新观念，把手中的侨汇转变为产业资本，滚动运作，变输血为造血。为增强归侨侨眷对发展区域经济的信心、减少风险和盲目冒进，镇委、镇政府组织镇干部分片包点，拨出专款聘请专家、农艺师、技术员实地讲学，办培训班，同时，还在各村委会建立科技站或科技小组，建立健全村镇科技网络。菠萝成为龙滚镇的龙头产业，被海外乡亲誉为“造福工程”，这个工程不仅丰富了侨乡人民的腰包，改善侨乡人民的生活，又给侨乡人民带来了种植热潮的效应。龙滚镇曾被评为“全国侨务工作先进单位”。

龙滚镇行政区划表

序号	村委会	自然村名称
1	端熙	端熙、文堆、金满、芳园、黄竹塘、后村、僚村、僚市村、岭支溪
2	多格	大格、大罗、上卿
3	凤园	乐礼、云梯、上园、文田、龙滚、加迈园、仁造、路下、路叻、岭上园、龙山、岭头
4	福塘	斗山、当仁、德孚、福塘
5	和顺	上磉、山内、和顺、青田、大群、高田头
6	河头	岭下、河头、官仓、椰子园、上湘、上坡
7	乐内	三品埇、长久坡、乐内、军僚、教坡、青山、下一、下二
8	龙楼	北雅、北吉、宛岭、大埇、龙岗岭、龙岗、福德、吉地园、岭后、下坡园、李排塘
9	排园	排园、文甲、南岸、横岭、分界市、横埇、分界、红山
10	坡罗	青山、烟墩、熊仔、礼城、加尧、内村、外村、边园新村
11	上城	双沟岭、红寨、城下、加荣、城上、加作、长埇、曲寨、灶尾、榄淡
12	水坡	上坡、南牛、山鸡埇、下埇、下灶埇、南牛路、水坡一二、红连、牛路头、大炉、南敲、石井园
13	田头	九埠、田头、松罗、长埇下、福址、黄金堆、斗牛
14	文曲	文朗、文西、文东、大征、秋岭、福山
15	文渊	坡尾、金山、文渊、上坡
16	新市	明坡、黄锦园、龙生水、岭山、新寨、学仕园、排溪、老市、青内、青外、下园、新星
17	治坡	治坡、蓝田、胜卿、钦文
18	镇农场	龙楼村、农场
合计	18	132

链接：龙滚军坡

民间传说，盛况空前、别有风味的龙滚军坡节与龙滚艺人庆寿兰演戏有关。

清咸丰年间，海南岛民间琼剧盛行。能编、能导、能演的龙滚艺人庆寿兰(原名李琼顺，龙滚村人)组建的“琼顺班”在各地演出，因演艺精湛，名噪一时。由于清朝腐败，反清情绪高涨，他编导、演出的《颐和园》《北洋狗》等剧目讽刺慈禧太后，引起官府非议，屡遭盘查禁令。为避免祸起萧墙，庆寿兰决定出洋逃难，约于1852年农历六月廿一日带班回家，在龙滚村搭起土台，连续上演《颐和园》《北洋狗》《窦娥冤》和《怒沉百宝箱》来告别乡亲父老。庆寿兰带“琼顺班”回乡演戏的消息传遍乡村及邻县，四面八方的村民结伴慕名而来，为求看戏方便，攀亲道故、走访亲戚的人也就多了起来。是日，好客的龙滚村民，家家户户大排宴席，宴请到龙滚村看戏的亲戚朋友，他们白天在亲戚朋友家休息、饮酒，夜间看戏，直至通宵。第三天，“琼顺班”离开龙滚，从西营乘船抵达星洲(新加坡)。庆寿兰在星洲又创立了“星洲剧社”，成为琼剧在海外传播的创导者和组织者。多年来，为了纪念这位家乡著名艺人，龙滚乡亲父老，每年农历六月廿一日必定杀鹅排席，演琼剧，邀请亲戚朋友来家欢聚一堂。久而久之，六月廿一宴请宾客成为龙滚村民的习俗，或许是习俗的缘故，龙滚把六月廿一日定为军坡节。

解放后，龙滚军坡经常上演双台戏，周边村民、邻县的商人乘军坡节到龙滚贸易。当天，看戏的、集市贸易的、走访亲戚的，人山人海，附近农家、店铺敞开迎客，亲也来朋亦来，来者不拒，有吃有饮，热闹非凡。尔后，龙滚军坡便形成贸易交流中心，它不仅是文明大集市，又是情系海外亲人的纽带，海外亲人也常常选择军坡节之时返里探亲。

(选自《万宁县志》)

龙滚军坡节(龙滚镇供图 2000年)

二、万城镇

(一)位置政区

万城镇位于万宁市中部，东濒南海，南与东澳镇接壤，西与长丰镇毗邻，北与大茂镇交界、与和乐镇隔小海(泻湖)相望。市政府驻地，万宁市政治、经济、文化中心。境内有乌场港、保定海、春园湾、小海，海南第一山(东山岭)坐落其间，太阳河、东山河自西向东，流入港北小海。

唐高宗龙朔二年(662)万安县改设万安州，州治设通化都(今大茂旧州村)。唐玄宗开元年间(713—742),移州治于陵水。唐德宗贞元元年(785),州治迁回万安。北宋神宗熙宁七年(1074),万安州更名万安军,移军治于博辽(今陵水境内)。宋朝大观年间(1107—1110)军治移于后朗村水口(今万城)。州治原土筑成城。绍定年间(1228—1233),改砖砌城墙,开城南一门。元朝至正三年(1343),砌石修城,开东、南、西三门。明洪武七年(1374),重修城池,城门增至4个:东门称朝阳,南门称镇南,西门称德化,北门称拱北。明成化七年(1472),在东、南、西三门外增筑月城门楼。明朝嘉靖六年(1527),沿城墙挖池,池水环流,筑石桥通行。崇祯十五年(1642),以石筑月城,在东、南、西三面筑城楼。清朝、民国时期沿袭其置。

1950年万宁解放,县人民政府进驻万城,同年成立万城镇。1957年编入万城乡。1960年为万城公社。1962年编入环城公社。1965年成立万城镇人民政府。1969年并入环城公社。1979年11月分开,1987年4月环城区公所并入万城镇人民政府。

2002年7月,万宁乡镇调整,将原北坡镇及大茂镇的周家庄、东星村委会和长丰的滨湖、裕民、南山村委会及马坡村委会的山坑自然村并入万城镇后,辖区土地总面积109平方千米,东西最长距离14.3千米,南北最长距离7.6千米。海岸线长28千米。辖管32个行政村、10个社区、2个镇农场、198个自然村。2002年乡镇合并后,全镇总人口93,177人。2010年总人口为154,072人。至2018年,总人口157,719人。其中汉族人口占99.4%;黎、苗等少数民族仅占0.46%。

(二)市政建设

新中国成立前,万城整个轮廓是“八街二市九巷”,即:东门朝阳街、迎恩街、南门镇南街、西门德化街、渲胜街、北门仙河街、城内武丁街、永福街;朝阳街设东门市、镇南街设南门市;罗宅巷、徐宅巷、杨宅巷、唐宅巷、陈宅巷、半斗米巷、彭宅巷等。街道弯曲狭窄,为砖石和土路面,房屋低矮,卫生落后。旧时八街总长5.3千米,路面最宽的8.9米,最狭的4米。九巷总长2.1千米,路面宽度约1.5米。

1950年至1955年,县城几乎没有新的建筑物。1956年,迎恩街改建为东风街;1958年改建朝阳街、镇北街,仙河街改为前进街,成为万城主要商业街。1965年修建红专街,铺设柏油路,兴建工人文化宫。1972年,重新规划万城镇,确定“原城以西为主要市区,控制扩大南面,延伸建设北面,逐步改造旧城,重点建设新区”的城镇建设总原则,绘制城建规划图。首先改建海榆东干公路引入万城镇路段,在人民路和文明路交叉处建起万宁影剧院,在文明路西侧建万宁县委机关大院和办公楼(1992年改建9层办公楼),继而市场、商店、民房随之日逐增加,新城区形成新规模。

万城旧街一角(杜燕生摄 2018年)

1982年开始,各届政府反复审议、充实完善规划,全面进行万城市政整顿建设。改建扩建旧街道,增建新街道。改建扩建解放街、红专(东)街、支农街、镇南街、胜利街、西门街等。增建光明街、人民街、建设街、人民街等。

1991 年至 2002 年，万宁坚持科学发展，以“建设滨海花园城市，打造清新度假胜地”、与自然生态有机融合、功能完善为发展目标，围绕“做大城南，做优城北”的整体部署，先后完成万隆街、华侨街、万州大道、迎宾大道、万安大道的工程建设。2003 年至 2018 年，新建设纵一路、环市一、环市二、环市三路、滨海景观大道、万海路、新海街、丰南街、中央街、万昌街、县社街、北坡城街、广场等工程，完成路灯排水配套工程建设，实现了人车分流的宽阔大街、纵横交错的城市路网，以及完善了城北新区、商业区、生活小区，万城已进入一个具有现代文明、充满青春活力的智能城市序列。

（三）城乡经济

1950 年以前，万城镇以农业生产为经济主体。1949 年经济总收入 490,692 元，粮食总产 2323 吨。新中国成立后，工业、商业、建筑业、手工业以及服务行业逐步发展市场渐趋活跃，1956 年以后办起农业机械修造厂、缝纫厂、印刷厂、副食品加工厂等。

党的十一届三中全会后，万城镇相继办起了运输公司、手工业服务站、建筑公司、农工商联合公司、物资贸易公司等 20 家，农民进城经商、办厂，个体经济异军突起，市场活跃。至 1991 年，镇办企业总收入 6460 万元，粮食总产量 5720 吨，经济总收入 7024 万元，人均收入 822 元。

1991 年至 1996 年，万城镇农业生产以个体承包责任田为主，主要种植水稻，小部分近城区居民种植蔬菜用于零售，生产虽然不成规模，但农业生产效益有所提高。1996 年，年人均收入 2200 元。

1997 年至 2002 年，万城镇调整产业结构，在抓好粮食种植的同时，因地制宜，引导外商投资建设毛豆、苦瓜等瓜菜基地，进行规模化种植生产，转变农村单一分散生产模式。2002 年，全年农业产业总产值 11,387.7 万元，年人均收入 2568 元。

2010 年，全镇农业生产总值 21,763.4 万元，年人均收入 4590 元。至 2018 年，万城镇城镇常住居民人均可支配收入 32,329 元，同比增长 8.3%；农民常住居民人均可支配收入 14850 元，同比增长 8.5%。

（四）文物保护

万城镇有放文灯、放风筝、西门龙、宾王龙、舞狮队等地方特色民间艺术。至 2018 年，全镇有省市文化遗产保护单位 16 处。其中省级 3 处，东山岭摩崖石刻群、青云塔、潮州会馆。市级 13 处，遗址 4 处：万洲城址、鲁望亭址、城隍庙遗址、万洲学宫遗址；墓葬 2 处：唐焕章墓、陈庚墓；古建筑 3 处：许敦仁故居、杨景山故居、万安书院；石刻 4 处：北坡南洋第一楼、小桃园石刻、保定岭石刻、万宁烈士陵园。

万安书院（市新闻办供图 2018 年）

（五）海外乡亲

万城镇旅居海外乡亲有 7.8 万人，散居在世界 16 个国家和港澳台地区，是万宁县重点侨乡之一。有数十位海外乡亲在各自居住国和地区担任各类社团主要侨领。保定村朱桢华、黄名光、黄桂春、蔡劲军，后排村唐敏儒，白沙坡村顾兴光，月塘村朱鸿养、朱开芳父子等，先后担任同乡会及各种社团主席、名誉主席等职务。1954 年，北坡保定马来西亚归侨李学泰，在万城新街（现解放街）开设“和平饭店”。1956 年与龙滚归侨陈凤槐、李琼辉等发起成立万宁县归侨联谊会。同年，通过时任马来西亚雪隆万宁同乡会主席、同乡朱桢华的支持，发动保定籍华侨捐款创办“保定村华侨初级中学”，因学校地处农村，生员匮乏，1958 年与北坡溪边村苏国瑜联手，发动北坡地区海外乡亲捐款，选址东山岭创办万宁县第一所华侨初级中学，华侨初级中学合并北坡中学后，又继续向海外乡亲募捐，支持北坡中学办学的同时，在北坡墟兴建了“北坡华侨电影院”。1992 年，时任马来西亚万宁同乡会总会、雪隆万宁同乡会主席，祖籍保定村的黄桂春及旅马、旅港等海外乡亲，投资万城兴建万隆街和华侨街，该街连接文明街和光明街，现已成为万城繁华的商业街。

1991 年万城新旧街道对比表

街道名称	长度（米）	宽度（米）	原名	曾用名
朝阳街	350	12	朝阳街	正街
镇南街	250	12	镇南街	晚街
镇北街	200	12	镇北街	新街
西门街	1500	16	西门街	
南门街	250	4	南门街	
东风街	200	5	迎恩街	
前进街	320	6	仙河街	后街
解放街	250	12	迎恩街	
新兴街	120	10	新兴街	
胜利街	180	8	武丁街	前街
支农街	250	6	永福街	城内街
红专街	4100	30	扩建	
跃进街	400	26	扩建	
人民街	1000	30	新建	
光明街	1400	30	新建	
文明街	2100	30	新建	
建设街	1400	30	新建	

2018年万城镇行政区划表

序号	社区(村)	自然村名称
1	新海	后朗、排溪
2	仁里	仁里、上灶
3	番村	番村
4	万隆	第一、二、三、四、五、六、七、八、片区
5	丰园	第一、二、三、四、五、六、七、八、九、十片区
6	裕光	北门、吴排、裕后、后营、圣塘
7	朝阳	东风片、吴关片(第一、二、三、四、五、六、七、八居民组)
8	西门	后田、第一沟、田边、南门路片区、西门街片区
9	光明	第一、二、三、四、五片区
10	镇南	第一、二、三、四、五、六居民组
11	长星	后涧、坡顶、瓜园、宿车、深路仔、长水
12	东星	旺达居、下边田、剪岭前、面前坡
13	周家庄	上坡、周家庄老村、周家庄新村
14	永范	后塘、东山岭头、凤头、乐英坡、芳排、后城、母仔山、后塘仔、余宅塘、大坡、裴家、上坑陈宅、上坑张宅、东塘
15	群庄	白沙坡、港尾村、大路门
16	东方	高田、下埠、吴村仔、高田坡、北马罗、苏杨宅、温宅、祁宅、塘仔、下东山、下村仔、祖坡
17	红山	山外、后溪、岭边、边仔、田坡园、后山
18	联山	乐善、上山尾、下山尾、田头
19	滨湖	滨湖、后田、山坑
20	裕民	滨林、铜鼓中、铜古前、铜古后
21	南山	上边田、铺仔、田尾、双溪、志粿、启丰、边田、槟榔园、肖宅、边坡、上下边园、和昌坡
22	车头	车头、苏宅、禄益仔、巷仔坡、车头仔、山尾坑、边岭、西村
23	益民	乐益、洪圮坡
24	乐山	乐山
25	月塘	月塘
26	新兴	周公园、上禄保扶、下禄保扶、白湾
27	三联	书田、洋尾、前溪、下洋沟、内村、上坡、曲湾
28	水边	水边上、水边下
29	宾王	上村、中村、卓宅
30	红荣	禄家、上砚田、下砚田、调股、调股下
31	红光	北排、刘家、上村、外田、田尾、南排、小芒、后边、村仔园
32	联星	东坡、后排、上溪边、清溪、新溪、下溪边、文前、溪口、石桥、墩山
33	大芒	大芒、西村、东排、宝田、溪头
34	流溪	流溪村
35	北坡	云头、百家、王梨、道古、仕仔、云路头仔、云路头、北坡、坡上
36	新庄	新村、下村
37	南星	市头、市头仔、夏欣、后排、西村、圣母
38	南岛	岭东、扶峰、南坡、市头
39	集庄	西村、安内、海尾、桥头、潮洋、岭田、朝业、村尾、村头、窝仔
40	保定	保定、上山后、下山后、溪口市
41	乌场	仁惠、苏宅、乌下、乌上、上坡、港边、港边园、港仔园、下坡、白路坡、横龙
42	春园	春园
43	镇农场	镇农场
合计	43	223

链接一:原北坡镇概况

北坡镇位于万宁市之东,太阳河下游,东濒南海,西与万城为邻,南与东澳镇接壤,北与港北隔小海相望。总面积 58 平方千米,耕地面积 21028 亩,其中水田 19547 亩。

1950 年至 1957 年属万宁一区辖,后成立北坡区,1958 年 10 月属万宁公社,1959 年成立北坡公社,1987 年改为镇。下辖 18 个行政村,91 个自然村和 1 个镇农场,总面积 58 平方公里,1991 年总人口 48277 人。北坡镇政府原设北坡墟,1973 年办公机关搬迁后山岭东麓。2002 年乡镇撤并,北坡镇并入万城镇。

北坡地处太阳河下游的冲积平原,地势平坦,大奶洋、保定洋是万宁境内的大田洋,太阳河从境内流入港北小海。乌场港、春园湾,保定海坐落其中。

北坡墟清代形成。清乾隆年间,民间集市日趋发达。初时,北坡地区人民曾先后在三梦、大溪、南福等村赶集,皆因地域狭小,四周河泾环阻,交通不便而多次易地。清末迁至北坡村东侧,故名北坡市(墟)。北坡墟东濒太阳河河道,与南福村隔河相望,北离港北小海 1 公里,南有公路通行万城,相距 7 千米,东有公路通往乌场港码头,相距 5 公里。由于近海倚河,水产丰富,每天清晨,集市就开始,多为海鲜上市。至民初,北坡墟已有南北走向一条街,均瓦房,长约 300 米、街道宽约 6 米。布匹、当铺、杂货、土产、中药、饮食、咖啡、茶馆、理发等各种铺店 80 多间。1948 年以后再建起东西走向一条街,约长 250 米,中心市场在十字街头。1958 年在墟市北面的坡地上创办了北坡中学,并将华侨捐助创办的万宁华侨初级中学(校址东山岭西麓)并入北坡中学。而后相继办起农械厂、华侨影剧院、北坡小学、北坡卫生院。

从清代至今,每年农历十月初十至十二大集市,称为北坡"军坡",20 世纪 50 年代以前,逢"军坡"必作"缘"、演琼剧,农副产品大交易,客商云集,热闹非凡。

北坡是万宁重点侨乡之一。有海外华侨华人、港澳台同胞近 4 万人分布世界 16 个国家和港澳台地区。每个行政村都有海外乡亲,其中较多地区为沿海一带的:保定、乌场、集庄、南星、群庄等村庄。

(选自《万宁县志》)

链接二:北坡南洋第一楼

万城镇北坡村(原北坡墟),一条向南延伸的古老街道,两边井然排列着土木结构陈旧的铺面房,街的尽头为太阳河出海溪口,临南是一片石头群,其中有一块巨石部分座落水中,面北为北坡墟老街口,巨石上有被称为"南洋第一楼"废楼遗址,斑驳的砖墙之间,虽长满了藤蔓植物,但仍然可以感受到昔日的辉煌。

"南洋第一楼"的巨石上刻书(从右往左)"惠福社"。另一边刻着"皇路清夷"。旁边还有一些小字,可以看出"清""臣"等字样。石刻被鉴定为清代"南洋第一石刻",列为"万宁市文物保护单位,南洋第一楼石刻"。

经考证,"南洋第一楼"是清代从南洋回来的商人所建,地基上巨石西面刻着"惠福社",横排阴刻,未署名,光绪六年(1880)刻。曾为清朝民间金融机构,兑换钱币,或存钱的地方。"皇路清夷"四字,阴刻横排,每字大 37 厘米,唐汝梅(鼎巨)题刻于光绪丁酉年(1897 年)。原"南楼"前墙还嵌着"洪溪第一陂碑记"一块,现在存放在万宁市博物馆。从该碑记上看到,部分字迹为"制所未备,俾今人为古人,且俾后人为古人"。

据当地老人陈述，“南洋第一楼”的房子建得很好，建筑风格与当地不同，是从南洋回来的商人所建。战争年代，“南洋第一楼”曾成为炮楼，还关押过“犯人”，解放初期此处设立区、乡政府办公机构，而后改设北坡卫生院，巨石东侧被当作屠宰场。20 世纪 90 年代，北坡卫生院重建搬迁，此处也慢慢废弃。

（选自《万宁县志》）

链接三：海南第一山——东山岭

东山岭距万宁市区 1.5 公里，面积 10 平方千米，海拔 184 米，三座山峰相依相偎，形似笔架。素有“海外桃源”“海南第一山”之称。东山岭摩崖石刻为海南之最，宋朝宗宣和四年（1122）宋人题刻“华封岩”1 处，明、清时期题刻约 25 处，民国时期题刻约 20 处，另有 45 处题刻无年款。据史料记载，明朝正德七年（1512）东山岭区域曾降雪，这是万宁有史以来第一次降雪。

东山岭是海南的佛教圣地，山上最大的寺庙为潮音寺，为纪念南宋抗金名将李纲而修建。东山岭的佛教文化源远流长，自古就有“仙山佛国”之称。唐代，东山岭就有了佛事活动。据史料记载，唐朝僧人雷真海最早在东山建寺，传法讲佛，于是便有了华封寺，唐天宝七年（748），唐代高僧鉴真大师第五次东渡日本，海上遇风飘流到振州（现三亚）。鉴真一行从陆路到崖州（今琼山）时途经万安州（今万宁），鉴真率弟子上东山岭讲经弘法。返回崖州后成功东渡日本。

万宁东山岭（市新闻办供图 2018 年）

1985 年 3 月，泰国高僧隆高奉大师弟子韩扬元大法师（祖籍海南文昌）归国到东山岭考察，发现东山岭与其师父所描述的梦境中情景一样。1986 年 3 月，韩扬元大法师偕弟子 80 多人从泰国护送五尊金身佛到潮音寺供奉，并举行了盛大的开光典礼。1991 年，泰国僧王柏深班耶武里率礼佛朝拜团 70 多人再次向潮音寺赠送佛像。1995 年，柏深班耶武里再次率朝拜团到潮音寺朝拜，并为潮音寺全部佛像贴金。

（选自《万宁市志》）

三、和乐镇

（一）位置政区

和乐镇位于万宁市东北部，南接后安镇，东濒南海，西依六连岭，北与山根镇相连，总面积 80.4 平方千米，现常住人口 66,969 人，辖 22 个村委会、115 个自然村、210 个村民小组和 1 个农场。境内海岸线长 18 千米，古代莲塘港坐落其中，有 23 年红旗不倒的革命根据地六连岭，太阳河、龙首河、龙尾河、白石河、溪九河流经境内的港北港，汇入南海。至 2018 年，该镇约有 4 万多海外乡亲人分布世界 12 个国家和港、澳、台地区，为万宁市重点侨乡镇之一。

和乐镇，1951 年属万宁三区管辖，1952 年至 1957 年属四区，1957 年 8 月成立和乐乡，1958 年 10 月 1 日归属东风人民公社，1959 年 12 月成立和乐公社，1960 年 6 月和乐公社划出港北公社，1983 年 9 月和乐公社改设区，1987 年改镇。2002 年 7 月万宁市进行乡镇撤并调整，港北镇并入和乐镇。

（二）墟镇建设

和乐镇政府驻地和乐墟。原称“和睦市”，其前身系正堂街（今泗水村委会正堂村口，因设置衙门公堂得名），始置于宋代。明初内乱遭劫，街道毁废，商贩乃迁往莲塘村东搭寮为铺。附近有大渔村，渔市甚旺，故称和睦市。“睦”与“乐”为方言谐音，清末改称“和乐市”。1974 年，因旧市囿于地盘，又北迁正堂村前新建，街道呈十字形，南街向旧市延伸连接。1984 年新旧市墟重新规划，拆旧建新，拓宽街道，整改市容，随着海产品购销量增大，市场繁荣，逐渐成为万宁地区海鲜品集散中心、万宁第二大墟镇。

为适应市场发展需要，镇委、镇政府通过多渠道、多形式筹措资金，不断完善墟镇基础设施建设，先后新建、扩建和乐墟购物街、永和街、富南街、振兴街、和平商贸街等 8 条街道及和港大道、和乐大道。2001 年被列入海南省小城镇建设“示范乡镇”；2004 年被国家六部委定为“全国发展重镇”，曾被评为“海南省文明生态镇”和“特色魅力镇”。2018 年，和乐镇路网健全，道路通达，镇墟商铺鳞次栉比，井然有序，贸易发达。和乐疏港大道、港北一级渔港，港北大桥、南洋印象房地产等各大项目相继交付使用，历史悠久的风情小镇展露新颜。

（三）经济发展

和乐镇是以种植业为主，渔业、乡镇企业、林业、畜牧业为辅的农业镇。种植以橡胶、槟榔、椰子、胡椒、菠萝、荔枝、龙眼等热带经济作物为主。和乐镇是万宁市主要渔业产区，从事渔业生产的有 8 个村委会，以海洋捕捞、水产养殖鱼、虾、蟹并形成养殖、育苗、加工、运输、销售一条龙的生产经营模式。1991 年，原和乐镇产品加工厂已发展到 1200 家，从业人员达 5500 余人，占总劳动力的 30%；乡镇企业总产值 2515 万元；原港北镇水产品加工企业有 282 家。至 2010 年和乐镇规模较大的工厂企业有 86 家，运输流动联合体和专业户 40 个，从业人员 7552 人，全镇乡镇企业总产值 27,194 元。1991 年，全镇人均纯收入 531 元；2003 年，人均纯收入 3000 元；2010 年，人均纯收入 4180 元。

2011 年开始，和乐镇相继举办中华龙舟大赛、万宁海钓国际精英赛等顶级体育赛事。至今，连续多年成为国内级别最高的中华龙舟大赛举办地。 近年来，在市委、市政府的大力支持下，和乐镇根据本地资源优势，合理规划区域布局，以建设港北“龙舟小镇”为契机，对和乐墟、港北墟进行全面升级改造，着力实施港北“龙舟小镇”、港北一级渔港、水上飞机场、三角路粽子一条街等项目的建设，为该镇培植了新的经济长点。同时，加大产业结构调整力度，努力打造特色品牌，形成了东边沿海村庄以海水养殖和海洋捕捞业为主，西边丘陵村庄以种植槟榔、胡椒、菠萝、橡胶等经济作物为主，中部平原村庄以种植辣椒、苦瓜、青瓜等"无公害"蔬菜为主,全镇已注册成立的各类专业合作社52家;稳步推进农村危房改造、精准扶贫、村村通、文明生态村、教育文化卫生等民生工程,以人为本,全面提升了城镇居民居住环境和生活质量。

2008年,全镇生产总值94,736万元,农民人均纯收入3696元。2012年,农民人均纯收入4910元,比上年增长12.0%。

2013年,全镇地区生产总值达98,456万元,同比增长6.2%,其中,农业总产值55,380万元,同比增长7.0%;第三产业总产值15,284万元,同比增长5%,全镇城镇居民人均可支配收入19,472元,同比增长6.5%;农村居民人均纯收入10,866元,同比增长12%。

2018年,地区生产总值137,409.64万元,农业生产总值78,513.6万元,同比增长7.0%;乡镇企业总产值58,896.04万元,同比增长6.9%,第二产业总产值41,434.2万元,同比增长6.9%,第三产业总产值17,461.84万元。

链接:港北龙舟小镇

原港北镇,三面环海,总面积28平方千米,耕地面积5178亩,其中水田面积3279亩。1957年前,港北划为万宁第四区,1957年设港北乡,1958年属东风公社辖,1960年从和乐公社划出设港北公社,1983年改为港北区,1987年改区设镇。管辖7个行政村,3个村民小组,24个自然村,总人口13579人,60%以上劳动力从事海洋捕捞和养殖业。港北是革命老区又是侨乡。土地革命时期,发生盐民大罢工,声震全岛。

港北海抱水绕,原没有墟市。20多个村庄被港北内海划为两部分,大部分在三面环海的沙滩上,跟北坡为邻,部分与和乐相接。以往交通不便,人民群众出门爬沙滩、渡水乘船。1957年设港北乡于港上村,后迁现址,渐形成墟市。

20世纪50年代,广东省考古专家组来万宁普查,在港北白沟发现新石器时代(时间为公元前7000年–前3000年)文化遗址。

白沟,位于和乐镇(原港北镇)新龙村(又名沟尾村)西侧,大塘岭北麓,北距港北小海300米,东临南海4千米。遗址分布在大塘岭前至小海山坡上。岭上多山洞,有泉水长年涌出流经遗址,故称白沟。该遗址面积1000米,文化层广布在距地表20至70厘米。从文化层中出土的有石斧、石凿、菱形穿孔陶网坠、陶器残片等。陶片夹砂为褐色和黑色两种。器表有蓝纹和细绳纹,边缘部有弦纹。有盘口器缘,圈足器底等,均为手工制作。

这些遗物,均属原始锄耕农业和渔捞文化遗留。是万宁市内发现面积最大的新石器时代的文化遗址。

据史料记载,宋代阿拉伯商船已经常往来、停泊万州莲塘港(港北港)。有些阿拉伯人停留、居住莲塘港周边,随后逐渐向万州城旁转移聚居。自宋代开始,港北人就与外邦接触、开始商贸活动。明代,洪武二十二年(1339)后,海寇常犯莲塘港(和乐)。清乾隆十年(1745)7月,番人商船被台风毁没,港北海岸漂上许多番人尸体。二十九年(1764)10月,番人商船毁于港北,70余人幸存,所载铅砖沉入海底。知州雇人捞起上报。

自宋朝开始,以河、海捕捞为业的万州村民,为了祈求龙王赐予捕捞好收成,庇佑出海下河平安,就有端阳节划龙舟的习俗,沿海傍河的村庄,每逢端阳节往往都会举办村与村之间的划龙舟比赛，特别是港北小海周边的港北、和乐、后安、北坡等地区，龙舟比赛深受群众的喜爱，这种习俗逐渐演绎为传统文化保留至今。为了弘扬传统民俗风情，丰富当地群众体育文化活动，2011 年万宁市政府首次在和乐镇港北港举办龙舟赛，将民间的体育纳入政府举办的赛事活动中，并在 2012 年首次引入了中华龙舟赛首站在港北港举办。

2013 年，万宁市借助赛事平台，整合龙舟、海产品、旅游休闲等资源，打造独具风情的龙舟小镇，带动城镇化发展。是年，万宁市委、市政府科学规划，整合资源，对和乐镇港北墟及港北渔港进行全面升级改造，扩建港北大道，装饰市政道路、完善休闲广场，绿化亮化墟市；立足自然景观，因地制宜，新建港北龙舟小镇商业街，全面改造龙舟小镇两旁原有的沿街铺面，将海洋风格与龙舟元素的有机结合，彰显出小镇的风情和内涵。

2015 年，笔直宽阔、长达 5 千米、直达龙舟小镇的和港大道竣工通车。同年 3 月 21 日，在万宁举行的中华龙舟大赛首站比赛上，和乐镇被中国龙舟协会授予“中国龙舟小镇”的称号。6 月 20 日，农历五月初五，端午节，全国唯一的“中国龙舟小镇”在万宁市和乐镇揭牌。

（选自《万宁市志》）

中华龙舟大赛首站比赛（市新闻办供图 2018 年）

中国龙舟小镇牌楼（杜燕生摄 2016 年）

四、后安镇

（一）位置政区

后安镇位于万宁市东北部，东临港北小海，南靠万城，西与大茂镇交界，北邻和乐镇。总面积 81.45 平方千米，海岸线长 7.2 公里，龙尾河、白石溪从境内穿过流入港北小海。下辖 23 个村委会、2 个镇办农场和 1 个镇办林场、276 个自然村、298 个村民小组，总人口 56,118 人。

1957 年以前有部分村庄属万宁四区管辖，部分属一区、三区管辖。1957 年成立后安乡，1958 年属东风人民公社，同年 12 月撤销东风人民公社后，归和乐公社辖。1960 年底，和乐公社划出后安公社，1983 年改社为区，1987 年改区为镇。2002 年乡镇撤并时，原乐来镇并入后安镇。

（二）村镇建设

镇政府驻地后安墟，距万城约 12 千米。后安原称“后蛋”，濒临港北小海，鱼虾丰饶，由征收海鲜税款渐成墟市。宋朝，冯吴两姓人家从外域渡海流寓设摊铺于此，有“冯吴渡铺”之谓。随后小商小贩交易活跃。清道光年间形成集市。居民80%是闽粤移居。当年外地一些“江湖仔”，也流入闯荡，有的贱买贵卖刮削油水，或私征民税胡作非为，致使居民难以谋生。武艺高强的后蛋村民陈学礼为首赶走了“江湖仔”，墟市始得安定，市场再度兴盛。人们为纪念这件事，故改“后蛋”为“后安”。墟市集散时间很短，每天清晨到早饭时分，素有“饭沸市”之雅号。

1962年后安扩建，街道总长900米，有肉行、鱼行、米行、布行、菜行、果行、茶馆、铁器行、畜兽行、木竹和杂货等12行。因位于沿海，人口稠密，又临近海榆干线公路，小商贩南来北往，每天集市，逢农历初二、十六为大集。海鲜每天早、晚两次面市。“后安鲻鱼”是海南四大美味之一，时常销往广州、上海、香港、海口等大中城市。历史悠久的传统名产——后安刀器（菜刀、钩刀、剪刀、胶刀）由于淬火功夫好，锋利耐用，价格适宜，曾远销岛外，享有盛名。

1975年，后安政府迁建于后安分洪桥闸旁。1991年，在桥闸北侧规划筹建新市场和各类商铺。1992年正式开市，称后安新市，早上集市。下午集市仍在旧市场。

近年来，为夯实农村基础设施建设，后安镇统筹资金新建国土管理所、建设镇便民服务大厅和村庄便民服务点；投入专项资金，实施农村危房改造，扩建教育文化场所、生态文明村；完善村庄道路硬化、亮化等惠民工程，改善全镇居民居住和生活环境，推进农民实现小康的进程。

（三）经济发展

后安镇是以农业为主，养殖、加工为辅的农业镇。1991年，后安镇以种植水稻为主，间隔期种植薯、豆、花生类作物。1993年，引进台湾直田公司落户乐来七星，在公司的带动下，当地农民开始大力发展瓜菜、水果种植，至1996年，种植面积达933.3公顷。2010年，全镇瓜菜种植面积1133公顷，各类水果种植220公顷，同年，海南口味王科技有限公司落户后安，带动槟榔产业的发展。海南开泰东山羊产业有限公司落户后安，带动当地东山羊饲养业。至2018年，后安镇创出了“东山羊”“后安鲻鱼”“后安海鸭”及“口味王槟榔”等知名品牌。

近年来，后安镇为确保农业、农民增收，大力发展农业基础设施建设，投资专项资金进行田洋综合整治、渠道清淤工作；开展种植大户调查登记，实施二维码追溯、电子交易，为辖区企业、专业合作社、种养专业户提供保

后安旧街（杜燕生摄 2016年）

后安大街（杜燕生摄 2017年）

姆式服务；着力扶持发展柠檬、瓜菜生产基地，扩大东山羊、后安海鸭养殖规模，拓展特色品牌市场。全镇现有79个农民专业合作社，为适应市场发展的需求，后安镇先后成立了镇农业技术协会、科学技术协会、农产品质量安全监管站，坚持科学引导、技术培训，以质量和诚信提高产品知名度。

1991年，后安镇社会总产值仅1688万元，农民人均纯收入385元；2002年，社会总产值1.5亿元，人均纯收入2243元；2008年，后安镇农民人均纯收入3102元，同比增长7.5%。2010年，社会总产值5.508亿元，人均纯收入4410元；2012年农民人均纯收入6278元，比上年增长7.8%。2013年全镇实现国内生产总值3.72亿元，增长7.1%。其中，工业生产1.18亿元，增长6%，农业生产总值1.75亿元，增长7.8%；第三产业0.79亿元，增长7.5%，完成地方公共财政收入581.77万元，农民人均收入7320元。

后安镇有海外乡亲2万余人，散居在美国、澳大利亚、英国、德国及东南亚一带国家和港澳台地区。万宁海外著名的侨领、经济学家、大学教授、作家、商业巨擘，如林崇椰、祝清坤、祝友成、林国华、文怀朗、林明贵、萧洋等，他们的祖籍都在后安。

链接：清坤小学

坐落在万宁市后安镇，被万宁县政府命名为"清坤小学"的落成典礼于1992年12月2日举行。时任海南省省长刘剑锋、副省长王学萍、省侨务办、省侨联、省教育厅、万宁县"四套班子"及有关单位主要负责人，祝清坤偕同夫人、儿女以及学校师生和乡亲数千人参加庆典活动，盛况空前。

祝清坤出生于后安镇松塘坑村，因家境贫寒，11岁随乡亲往马来西亚，卜居槟榔屿，当过童工、咖啡店伙计、商行店员，为求学上过夜校补习，他克勤克俭，任劳任怨，事业有成后献身社团，成为马来西亚杰出的社团领军人物。1990年首次返乡省亲时主动与乡亲商定由他筹资重建家乡小学。1991年首期工程总投资80多万元的教学大楼破土动工，祝清坤个人赞助72万多元。紧接着二期工程投建师生宿舍、运动场、校门校道及围墙等；第三期工程建设项目有学校科学馆、配齐全套教学设备、学校绿化、亮化，同时设立30万元奖学基金会等。至2018年小学总投资300多万元均由祝清坤个人捐助。

（据《万宁县志》及市外事侨务办上报资料整理）

清坤小学（杜燕生摄 2017年）

五、礼纪镇

（一）位置政区

礼纪镇位于万宁市西南部，东与东沃镇毗邻，西与兴隆农场交界，南濒南海，北邻长丰镇。总面积182平方千米，耕地面积30,210亩，水田15,150亩，旱田3735亩，海岸线长25千米。全镇总人口4.39万人，管辖15个村委会、2个镇办农场、168个自然村、225个村民小组。旅居海外的华侨华人、港澳台同胞约有1万余人。223国道、东线高速公路、东环铁路从境内穿过，全镇共有 4 个高速公路出口处，有火车站 1 座。

境内有“南燕湾”“石梅湾”“日月湾”，有一道长 20 千米、面积约 1000 公顷的青皮林带，并拥有面积 4666.7 公顷的国有自然林保护区，境内森林覆盖率达 56.5%。辖区内还有海拔 879 米的吊水岭、733 米的尖岭、620 米的猴子公岭，有碑头、老荒、博冯、南场、杨梅 5 座水库。丰富的自然资源、山海相融的优美环境，是万宁市的主要旅游休闲度假区之一 。

1950 年至 1957 年属万宁一区辖（万陵墟西南部分村庄属陵水县，1960 年划归万宁）。1957 年 8 月撤区并乡，成立礼纪乡和合山乡，同年合山乡并入礼纪乡。1958 年属万宁公社辖，1959 年 12 月成立礼纪公社，1983 年 9 月改为区，1987 年 2 月改区为镇。2002 年 7 月，新梅乡撤销并入礼纪镇。

镇政府驻地礼纪墟，亦称黎圮市。早期墟址在礼纪村，10 多家民房排列两旁形成街道连接大道，经万陵市通往陵水。虽说是墟市，但居民多种田、砍柴烧炭。市面除了土糖、日杂商店外，盛销木炭，此外还有制淀青染衣服。新中国成立初期，市墟没有新的建设，依然萧条冷落。1973 年所在地政府机关搬迁礼纪坡，继而建商店、街道、农贸市场等，逐渐形成市墟规模。改革开放以来，市墟发展较快，现已成为万宁市一类乡镇之一。

万宁石梅湾（市新闻办供图 2018 年）

（二）经济发展

改革开放以来，礼纪镇高速发展。1990 年全镇开始种植反季节瓜菜，是万宁最早种植反季节瓜菜地区，也是万宁最大的蔬菜集散地。2008 年，瓜菜种植在全镇仅种豆角就达 300 公顷。至 2010 年，全镇种植面积 1613.3 公顷，农村总收入达 29,126 万元。

1993 年，海南新能源股份有限公司进驻礼纪石梅湾，开启石梅湾开发区建设。2006 年，南燕湾开发区、桥海开发区动工兴建。2008 年，海南保利置业有限公司进驻礼纪桥海……礼纪镇进入大开发的黄金时期，大公司、大项目接踵而来，随后，日月湾、石梅湾、桥海、莲花、礼纪墟五大片区项目建设如火如荼。大企业进入，促进了礼纪镇经济发展。在为落地公司、建设项目征地、补偿、拆迁、安置等系列工作跟踪服务的同时，镇委、镇政府坚持把“三农”工作放在首位，因地制宜，科学调整农业产业结构。平原村庄大力发展以冬季瓜菜为主和禽畜饲养为辅的种养业；丘陵村庄发展以高效水果、热带作物作为重点的种植业；沿海村庄重点发展海水养殖业。以“一村一品”“一洋一品”为发展规划，帮助农民成立技术协会和专业合作社，筹措资金整治田洋，加固灌溉系统，治理水土流失，建立了瓜菜生产基地。扶持农民专业户和合作社，成功引种泰国莲雾，泰国菠萝密，扩大种植贡蕉、菠萝、荔枝、龙眼等名优水果和胡椒、槟榔、橡胶等经济作物。合理的产业结构调整，提升了“三农”发展速度。

1991 年，礼纪镇社会总产值 1435 万元，人均收入 530 元；2002 年，社会总产值 2.3 亿元，人均收入 2398 元；2010 年，全镇社会总产值 3.9 亿元，地方财政收入 2307.2 万元，人均收入 4319 元。

2018 年，全镇财政总收入完成 10,185.32 万元，同比增长 43%，其中，地方一般公共预算收入 7276.92 万元，增长 33%，固定资产投资 1333 万元，增长 25.6%。2018 年全镇地方财政总支出 10,094.37 万元，70%以上用于保障和改善民生支出，实现城镇和农村居民人均可支配收入增长 8.0%。

链接：世界冲浪胜地——日月湾

日月湾海门游览区是国家 AAA 级旅游景区，位于万宁日月湾海边，从东线高速公路日月湾互通口进入景区约有 500 米，是一处具有特色自然海洋文化、海门石景和台湾风情文化的风景区。日月湾游览区，分为海门公园和台湾民俗文化游览区台湾村两部分。海门公园主要景观和配套服务项目有海门奇观、休闲广场、沙滩娱乐等；台湾民俗文化在一条蜿蜒小河为主线，将“天长地久”大拱门、清水造雾、外婆家、台湾兰苑、盘古掌、人造瀑布、快活柳林、风情演艺等，依次展现在游客面前。

1992 年，礼纪镇台湾同胞陈先生投资开发日月湾，建成以台湾历史文化以及民族风情为主题的台湾村。此后，以台湾村为基础，逐渐发展成为现在国家 AAA 级旅游景区。

日月湾是世界上拥有高质量定点浪型和沙滩浪型的海域之一，水质清澈，海水年平均温度在 26.5 摄氏度左右，全年适宜冲浪。2 米的大浪从 10 月到次年 3 月，长达半年，海浪绵长且有力，起浪频率高，是中国冲浪资源最优的海湾，备受国内外冲浪运动爱好者的喜爱。2010 年，万宁政府在日月湾成功举办了首届中国海南万宁国际冲浪赛，这里开始受到来自全世界冲浪爱好者的关注，至 2018 年，在这里连续举办了 8 届世界顶级的冲浪赛事，日月湾成为世界冲浪界的聚焦点，并被写入了世界冲浪胜地地理图片。当下，借冲浪进入奥运会比赛的东风，万宁的冲浪旅游产业正进一步谋划升级，目前万宁已经完成日月湾冲浪风情小镇整体规划。

（选自《万宁市志》）

万宁日月湾（杜燕生摄 2018 年）

六、东澳镇

（一）位置政区

东澳镇位于万宁市的东南部。东、北部与万城镇为界，西部与礼纪镇接壤，南部与南海毗连，距离市政府驻地 10 千米，海岸线长 21 千米。辖 19 个管理区、1 个镇农场、64 个自然村、74 个村民小组。土地总面积 89 平方千米，常住人口 54,898 人，居民多为汉族。旅居海外乡亲 8000 余人。境内近海岛屿有洲仔岛、大洲岛；山岭有大埇岭、凤壕岭、大环岭、牛庙岭，此外还有风景秀丽的老爷海和神州半岛。

1950 年至 1957 年，东澳属万宁一区管辖(海圯、桥仔等一些村庄属陵水县辖，1960 年划归万宁县)，1957 年 8 月成立东澳乡，1958 年加入万宁公社，1959 年 12 月成立东澳公社。1961 年东澳公社划出龙保公社，1962 年又并入东澳公社，1983 年改社为区，1987 年 2 月改为镇。

东澳镇政府驻地东澳墟，原名“东渥市”。清代中期因盛产盛销食盐、石灰而形成墟市。至清末民国时期仅有 2 条狭小的街道，呈丁字形。日常销售海产品、食盐、石灰、槟榔、日杂和捕鱼网线等。因靠近东渥村，故名。“渥”与“澳”方言同音，民国时改称“东澳”。至新中国成立初期，市墟仅有三四十家瓦顶板楼和平房。1973 年，镇政府机关搬迁东澳坡(现址)，新辟 2 条新街道，与旧街道相衔接。改革开放后，东澳墟发展迅速，现已走在万宁市镇级集墟建设的前列。

(二)区域优势

东澳镇 21 千米海岸线沿海沙滩贮藏丰富的钛矿资源，其储藏量占万宁市的 73%，被誉为“钛矿之乡”。“老爷海”(泻湖)和神州半岛坐落其中。被誉为“东方夏威夷”的神州半岛，三面环海，自东至西排列着东渥湾、辽前湾、西渥湾、南荣湾 4 个海湾和牛庙岭、石门岭、凤岭、渥仔岭、马鞍岭、南荣岭 6 座起伏跌宕的山岭。半岛面临海南近海最大的岛屿、郑和下西洋所带的船队曾七次停泊歇息的天然良港——大州岛，距东澳近处仅4 海里。大州岛是著名的东方珍品“大州燕窝”的产地。

(三)经济发展

1991 年前，东澳镇农业基本上为传统作业，水稻一年两熟，其间种植瓜菜等经济作物。2000 年后，东澳镇实施产业结构调整，冬季瓜菜种植、海产品养殖和禽畜饲养逐渐成为主要产业。2002 年，东澳镇引进海南运庄公司在新群沙滩投资开发高位虾池 26.7 公顷；引进三亚海胆养殖公司在新华南田湾创办海胆养殖场；引进万宁伟胜水产养殖公司在蓝田沙滩投资 250 万元。征地 3.3 公顷建设虾苗孵化厂。公司拉动使东澳镇农民利用滩涂建池塘开发对虾养殖，利用海域开发网箱养殖石斑鱼，海水养殖业逐步成为东澳沿海地区发展农村经济的一大支柱产业；西部和北部有大田洋、坡地、沙滩适宜种植冬季瓜菜。西部开发“岛光香芋”的生产基地，是东澳农村经济发展的一个新亮点；禽畜养殖在东澳是一个新兴产业。经过数代的繁育“东澳鹅”已具有独特的风味，饮誉岛内外。海洋捕捞业、海水养殖业、瓜菜种植业和禽畜养殖业。已经成为东澳镇四大优势产业。2002 年，东澳镇农业生产总值 15,700 万元，农民人均纯收入 2398 元；2004 年，全镇农业生产总值 18,656.9 万元，农民人均纯收入 2772.4 元。

2005 年 9 月，万宁市政府与中信泰富集团公司签了开发神州半岛框架协议，2006 年省政府批准神州半岛开发建设布局结构为“一轴两区”(“一轴”指由老爷海水体和两侧的红树林湿地等生态绿地共同构成的自然生态轴；“两区”指生态轴西南侧的滨海休闲旅游度假区以及生态轴东北侧的现代化新市镇社区)。开发建设神州半岛是万宁市的重点项目。东澳镇在做好神州半岛及境内企业、项目开发建设，服务的同时，为确保农业、农民增收，注重扶持优势产业，从资金上帮助农民建设禽畜孵化和肉鹅养殖基地，建设菜篮子工程大棚种植基地，成立农业技术协会和专业合作社，以基地化推进规模化，以科学引导、技术培训，确保产品质量，提高产品知名度。近年来，东澳镇产业结构持续朝着协调合理的方向发展，大力推进“一村一品”的发展模式，强化农产品质量安全四级监管。加大以神州半岛旅游度假区为核心的旅游业开发，整合滨海旅游观光公路沿途村庄资源，积极探索农旅融合。以旅游业为代表的现代服务业主导作用不断增强，又成为拉动东澳经济增长和增加就业的重要支柱行业。

2010 年，东澳镇地区生产总值 26,032 万元，农民人均纯收入 3667 元；至 2018 年，全镇生产总值达 18 亿元，同比增长 8.0%；财政收入 8077.5 万元，占年初预算 211.8%。接待过夜旅游人数 5.2 万人次，同比增长 9.2%；旅游收入 1463 万元，同比增长 10.7%。

神州半岛（市新闻办供图 2018 年）

链接：国家级海洋自然生态保护区——大洲岛

大洲岛位于万宁市东南部的东澳镇海面上，距东澳镇新群村海岸 4 千米，由南北对峙的大小两岛组成，大岛主峰海拔 289 米，小岛海拔 136 米，总面积 4.36 平方公里。两岛之间有一条长 578 米、宽 50-100 米的白沙滩，形成二岛三峰。岛上峭壁险隘、奇岩幽僻、林木森翠，岛上有一目淡水泉，东西两侧是船舶避风的天然良港，与相隔 6 浬的乌场港相望，素有“南海明珠”之称。

大洲岛，古代曾被称为“独珠岭、独洲岛、独猪山”……是海南沿海最大的岛屿，唐宋以来一直成为航海的标志，是通往东南亚国家的海上必经航道。据史料记载，郑和下西洋 7 次途经或停泊大洲岛。1990 年 9 月，国务院批准万宁大洲岛为国家级海洋自然生态保护区，也是环海南沿海线上最大的一座无人居住的岛屿。大洲岛及周边海域奇特的环境构成了一个完整的平衡的海岛海洋生态系统，是生物多样性显示地区，这种基本保持着原始状态的热带海岛生态系统在中国非常稀少，具有很高的保护价值。

大洲岛是中国唯一的金丝燕栖息地，盛产燕窝。中外闻名的东方珍品——大洲燕窝产于此岛。

（选自《万宁市志》）

大洲岛航拍图（市新闻办供图 2018 年）

七、山根镇

（一）区域概况

山根镇位于万宁市东北部，东濒南海，西靠六连岭，南与和乐镇相接，北与龙滚镇毗邻。海南东线高速公路山根互通口距山根墟仅 2 千米，海榆东线公路从镇区穿过，山根溪、冯门溪、溪九溪经境内流入南海，有 7 千米海岸线。全镇总面积 60 平方千米，耕地面积 19.47 平方千米。

1950 年至 1951 年，山根属万三区管辖。1952 年至 1957 年属万五区。1954 年组建山根小乡，1957 年成立山根大乡，1958 年 10 月归属东风人民公社。1960 年成立山根公社，1983 改社为区，1987 年改区为山根乡，2002 年 7 月，山根乡改为山根镇，辖立岭、华明、横山、山根、排溪、扶提、多扶、水央掘、大石岭 9 个村委会和 1 个镇农场、60 个自然村。至 2018 年，辖区共 3012 户，总人口 15,137 人，以汉族为主，黎族占 1.03%，其他民族占 0.22%。

镇政府驻山根墟，距万城 30 千米。山根原为贫困地区，大部分村庄分布在沙滩和六连岭下，解放前没有设墟市，沿海村庄的青壮年结伴往南洋谋生。解放后，1957 年设山根乡，乡政府机关驻山根村西（现墟址）随后邮电、供销、粮食、食品、水产、金融等部门在此间设所、站、店和门市部。1959 年，“全民大办钢铁”，万宁县在这里建起炼铁厂。20 世纪 60 年代水产部门在这里兴办鱼苗场，随着人口增加，道边排起摊点，逐渐形成集市。

（二）经济发展

山根镇的经济以农业为主，养殖业、渔业为辅。改革开放后，山根镇坚持以人为本、民生为重的执政理念，加大社会民生投入。1991 年，引进水稻新品种汕优，全镇种植 310.7 公顷，年粮食总产量达 4288 吨，农业总收入 556 万元；1997 年，引进包括台商在内的 4 家企业，投资开发滩涂发展高位养虾 36.7 公顷，在公司带动下，至 2006 年山根沿海高位虾塘、淡水养殖初步形成规模化发展；2006 年，山根以菠萝种植为“龙头”产业，创办万亩标准化菠萝基地 666.7 公顷。近年来，山根镇以项目促发展，在稳步推进项目建设的同时，根据区位优势，着力发展菠萝、胡椒、槟榔，以及建立对虾、东风螺养殖基地等，打造种植养殖数据库，做活特色产业，积极推动“农业 + 互联网”的农业电商发展，夯实农业基础，确保全镇各项社会事业稳步发展，加快了农民致富的步伐。

1991 年，全镇农村总产值 1747 万元，农民人均年纯收入 382 元；

2002 年，地方生产总值 15,207 元，农民人均年纯收入 3289 元；

2008 年，全镇生产总值 14,693 万元，比上年增长 11.1%，农民人均年纯收入 4738 元，比上年增长 9.3%；

2010 年，全镇生产总值 21,947 万元，农民人均收入 5628 元；

2012 年，农民人均年纯收入 6139 元，比上年增长 12.6%；

2013 年，全镇实现国内生产总值 33,177.6 万元，比上年同期增长 8%。全镇农民人均纯收入 7759 元，比上年同期增长 10%；

2017 年，全镇生产总值 45,464.2 万元，同比增长 7.3%；农民人均年纯收入 11,244.9 元，同比增长 10.2%；

2018 年，山根镇生产总值 48,840 万元，同比增长 7.1%，农民人均可支配收入 14,392

元，同比增长7.5%。

八、大茂镇

（一）政区概况

大茂镇位于万宁市中部，东与后安镇相邻，南与万城交接，西北与长丰镇、北大镇相邻。境内东南部为平原，西部为山区，北部为丘陵地带。土质主要为沙壤土，较贫瘠；龙尾河从镇区流过。1950年至1951年属万宁二区管辖，1952年至1957年属三区，1958年10月归万宁公社，1959年成立大茂公社，1983年改社为区，1987年改区为镇。2002年并镇调整时周家庄和东星村委会划归万城镇辖。至2018年，全镇区域总面积52.1平方千米。辖11个村委会、1个镇农场、134个村民小组、148个自然村，总人口29,748人。海外华侨华人、港澳台同胞约有5000人。

镇政府驻地大茂墟，俗称大茂市。明代置，当时有几间茅舍为铺。清末渐成集市。1903年，后田村琼剧艺人郑洪明（原名郑大茂）从南洋返乡，秘密组织“三点会”任首领，提出“红旗飘飘，人马征召，革命起义，推翻清朝”的纲领。并组织琼剧班在各县演出，抨击官府，开展反清宣传。1905年组织义军300多人攻破万州城，开仓放粮，赈济贫民。旋转攻陵水不破，后被官府抓捕并杀害。当地人民为纪念这位义军英雄，以他名字“大茂”命名市集，故称为大茂市（墟）。

（二）经济发展

大茂镇农业生产沿袭历史，以种植水稻、番薯、甘蔗为主，农业生产模式单一，规模小，效益低。1997年开始，镇政府多方筹措资金，投入农田改造、水利建设，大力发展冬季瓜菜种植，至2010年，以水稻、甘蔗、冬季瓜菜、水果、橡胶及畜牧成为六大支柱，产业多元化生产规模逐步形成。2010年，农民人均纯收入4668元。

大茂墟紧挨万城，为实施市委市政府“做大城南，做优城北”的整体部署，2010年，大茂镇着手开展辖区内117个自然村的规划修编工作；统筹资金加快镇墟基础设施建设，整体推进墟市升级改造；跟踪服务落地项目，妥善处理项目的征地和推进工作；筹措资金开展农村危房改造、硬化乡村道路、文明生态村的建设和完成土吉村搬迁重建新区配套设施建设，改善农村居住环境和生产条件；利用专项资金完善农村基层党组织活动场所，凸现先进基层党支部示范作用。为促进农业农民增收，近年来，大力推进农业向产业化、科技化和效益化发展。以“一村一品、一镇一业”为目标，成立农业专业合作社，扶持农业重点建设项目。扩大海巴戟、荔枝、菠萝、槟榔、胡椒、橡胶等经济作物种植面积；投入资金建设农业大棚种植设施，做好农业大棚种植的推广工作，带动农民利用水田种植冬季瓜菜。

编织竹器是大茂镇传统手工艺，农村家庭的传统副业，“腰间一把刀，走遍天涯肚不饿”。为使传统手工艺发挥新优势，大茂镇成立了民间竹器编织协会，带动传统手工业发挥新效益。此外，全镇共有木材加工厂45家，废旧品回收点26个以及环保机砖工厂，橡胶加工厂各1家。镇委、镇政府坚持以人为本，跟踪服务，推动各类专业户增收增益。全镇经济发展年年呈现良好态势。经济建设和社会各项事业稳步发展，人民生活水平逐步提高。

九、长丰镇

长丰镇位于万城之西。东与万城镇毗邻，西与兴隆华侨农场、三更罗接壤，南与礼纪镇隔河相望，北与大茂镇为界。是汉族、黎族、苗族人口聚居的半山区，黎族人口主要集中于牛漏地区，苗族人口分布在山架村和黄山村。2002年，牛漏镇并入长丰后，辖有2个墟（长丰墟和牛漏墟）、12个行政村、2个镇农场 、199个自然村、163个村民小组。土地面积218平方公里，总人口50,959人。西部6个行政村和1个 镇农场为黎、苗族聚居区，东部6个行政村和1个镇农场为汉族区。西部和北部为山岭丘陵地带，万宁水库坐落南部，中部地区为平原。散居海外华侨华人、港澳台同胞有3000余人，主要分布于中部汉族平原村庄。

长丰（原名长安），1950年至1957年属万宁二区辖，1957年8月成立长安乡，1958年属万宁公社，1959年12月成立长安公社，1980年12月更名为长丰公社，1983年改为长丰区，1987年撤区为镇。

牛漏，1957年前曾设牛漏小乡，属万宁二区管辖，部分村庄属三更罗乡，归琼中县辖；部分村庄属兴隆乡，归陵水县辖，1960年划归万宁县。1959年属万宁公社，1961年从长安公社划出牛漏公社。1966年并入国营东和农场，1971年场社分开为东和公社。1980年12月更名牛漏公社，1983年9月撤社为区，1987年改为镇。主要民族是黎、苗等少数民族，也有部分汉族人口。2002年并入长丰镇。

牛漏墟是万宁少数民族地区重点集墟之一，明末清初形成。旧址有两株老榕树，人们纷纷在树荫处集市。民国时期只有茅舍铺子几间。是商贾来往万宁、陵水等地的歇脚处。解放后，开通的海榆公路从墟市穿过，尔后公社政府机关设置于此，市墟逐渐扩大。

长丰镇政府驻地长丰墟。原名长坡市，清代设置，民国年间建成街道一条，有20多间瓦房近百人口，海榆公路从市墟穿过。新中国成立初曾为万二区、长安（大）乡政府驻地，随着相关机构设置，市墟规模逐渐形成。改革开放后，长丰墟发展迅速，主要街道现已与万城连接。

链接：长丰镇文通村

文通村位于长丰镇西南部，与兴隆华侨农场毗邻，相距约2千米，是一个黎族聚居的革命老苏区。2009年以来，该村依托优异的自然生态资源、浓郁的黎族风情，酌加文化创意，以农（业）旅（游）融合的方式，走出了一条兼顾生态和发展的新路。2014年被命名为“中国少数民族特色村寨”，荣获“中国十大美丽乡村”提名和“海南省十大美丽乡村”等称号。英国、德国、韩国、挪威、坦桑尼亚等国家代表团，曾临该村参观考察。慕名而来的海内外观光游客达到2万多人次。

文通村共有56户208人，村庄总面积800多亩，拥有良好的资源条件，但由于思想观念等因素制约，村里产业单一，发展滞后，村中可见的都是破旧的瓦房或茅草房。2009年开始创建省级文明生态村以来，文通村以“清洁家园 ，美丽乡村”活动为载体，广泛发动群众参与村容村貌建设，并依靠政府主导，科学编制村庄发展蓝图，以景区理念规划乡村建设，在改造环境中加入文化创意，在创建生态文明村中引进工商资本，培育新产业，解放思想，走农旅相互融合的发展新路。采取统一规划、村民自建的方式，将全村简陋破旧房屋改造成具有黎族风情特色的楼房、平房；因地制宜，新建一批村庄绿道和休闲景点，组织群众在自家房前屋后种植咖啡、可可、莲雾等生态经济作物，发展庭院经济。村道两旁栽种各色花木，着意打造“移步换景、相互因借”的景观效应；修建村庄污水处理系统和人工湿地，运用复合垂直流人工湿地技术有效净化处理村庄生活污水。同时，依托兴隆旅游区的大开发，深度发掘文通村的区位优势，将该村纳入兴隆绿道休闲体系建设，把村里原有的鱼塘改造设计为淡水垂钓基地，并成功引进了海南梦想休闲农业有限公司，以土地入股、企业投资、营利分红的村企合作开发模式，发展建设休闲观光农业种植体验、农家垂钓、乡村休闲度假、农家乐等乡村旅游项目。

现今，村中绿树掩映，装饰着甘工鸟图案的民居，黎村特色厚重；洁净规整的村间小道，芳草如茵；意趣盎然的休闲景点，高脚屋、槟榔树、椰子树、稻田、水塘、小桥、水车浑然一体；村中有文化室、戏场、篮排球场；读书看报，打球下棋，跳健身舞等已成为村民闲暇时新的生活方式。文通村富有时代气息的农家田园风情，正在呈现出一派欣欣向荣的美丽乡村新风貌。

（选自《万宁市志》）

文通村（杜燕生摄 2018年）

2018年万宁市数字统计表

名称	数据	名称	数据
市域面积	4433.6平方公里	社会消费零售总额	84.3亿元
年末常住人口	57.86万	对外贸易进出口总值	2098.5万美元
地区生产总值	224.33亿元	城乡居民储蓄存款余额	157.1亿元
第一产业增加值	65.27亿元	城镇常住居民人均可支配收入	32,329元
第二产业增加值	49.44亿元	农民常住居民人均可支配收入	14,850元
第三产业增加值	109.62亿元	城镇居民家庭恩格尔系数	50.0%
工业增加值	11.57亿元	农民常住居民家庭恩格尔系数	46.5%
农林牧副渔增加	62.27亿元	社会保险基金收入	22.09亿元
全市人均地区生产总值	38,940元	社会保险基金支出	20.95亿元
全市固定资产投资	99.57亿元	普通高中在校学生人数	8712人
接待过夜旅游人数	468.55万人次	卫生技术人员	2906人
旅游总收入	47.55亿元	卫生机构	480家

（选自《万宁市2018年年鉴》）

第二节 兴隆华侨农场

兴隆华侨农场，位于万宁市东南部太阳河畔。东经110°1′，北纬18°4′。地势西高东低，属热带季风气候。海南东线高速公路、东线高铁横跨全境，处于海口至三亚两大旅游核心城市的中间。

万宁市兴隆华侨旅游经济区成立

有关领导参加万宁市兴隆华侨旅游经济区挂牌仪式
(兴隆华侨农场供图 2011 年)

一、建置沿革

兴隆昔称“鹧鸪峒”，古乃蛮荒之地。清代乾隆年间形成兴隆墟，光绪三十一年(1905),清政府在兴隆墟建立“兴隆抚黎局”,统一管理万(宁)、陵(水)、保(亭)等少数民族地区事务。

民国时期,兴隆墟属万宁县,沿用兴隆抚黎局管辖兴隆地区。1928 年,军阀龙济光过琼,龙军部属龙椿任万宁县长时,将主管扶黎局的钟启桢诱骗至万城杀死,兴隆抚黎局的历史到此结束;此后,兴隆属国民党万宁县第二区第九甲管辖。至新中国成立初,海榆东线公路从兴隆墟穿过,公路两旁有几间低矮破旧的砖瓦房和茅草屋,构成一条长仅 20 多米的小墟。

1950 年 5 月 1 日,海南全岛解放后,兴隆行政管理沿用解放前的区、乡、保、甲制。

1951 年,为安置好归难侨,国务院侨务办公室与万宁县委商定选址兴隆,创办归难侨安置点,由国务院侨务办公室直接管理。

1952 年 9 月 1 日,成立兴隆华侨集体农庄,属中央归国难侨处管理委员会海南归国难侨处管理。

1956 年 2 月 1 日,集体农庄改制为国营兴隆华侨农场,直属中央侨务委员会、广东省侨务委员会领导,为县团级建制。

1958 年 9 月,国营兴隆华侨农场被并入兴隆人民公社,归崖县辖,改制为兴隆生产大队。

1959 年 6 月,兴隆人民公社从崖县划归万宁县,兴隆生产大队恢复为国营兴隆华侨农场。

1969 年 4 月,国营兴隆华侨农场改制为广州军区生产建设兵团 2 师 8 团,实行军事化管理,直属广州军区领导;同年,兴隆革命委员会成立。

1974 年 9 月,撤销兵团体制,更名为“国营兴隆农场”,归属广东省农垦总局管理。

1978 年 9 月,国营兴隆农场划归广东省华侨农场管理局领导,更名为“广东省兴隆华侨农场”。

1988 年 4 月,海南建省办经济特区,兴隆华侨农场归海南省人民政府侨务办公室管理,更名为海南省兴隆华侨农场。

1998 年,归属海南省外事侨务办公室管理。

2005 年 6 月，归属海南省国资委管理。

2007 年 8 月，兴隆华侨农场划归万宁市，实行属地管理。2011 年 3 月 24 日，成立中共万宁市兴隆华侨旅游经济区工作委员会和万宁市兴隆管理委员会，隶属中共万宁市委、万宁市人民政府，副处级事业单位，同时保留兴隆华侨农场牌子，实行“两块牌子、一套人马”，内设 6 个正科级行政管理机构，下辖 17 个直属单位，至今不变。

二、安置归难侨

兴隆华侨农场是在特殊的历史时期，由政府接收、安置归难侨，组织归难侨生产自救逐步发展所形成的新侨乡，是中国最大的华侨农场。

(一)马来亚归难侨

1945 年 8 月，抗日战争胜利后，日本战败退出马来亚，于是马来亚继续沦为英国的殖民地。1948 年 6 月，英国殖民当局颁布了“紧急状态法令”，大肆逮捕了参加马来亚共产党领导的抗日、抗英斗争的华侨达 3 万多人。其中包括抗日军队的退伍军人以及进步人士和一些无辜群众，分别关押在“木扣山”“新山”“怡宝”“居峦”等集中营。

1949 年，刚成立的中华人民共和国中央人民政府在极其困难的情况下，仍然关心着被关押在马来亚集中营中的华侨，决心要把他们接回祖国。通过外交途径与英国殖民当局谈判，双方达成协议，同意中国租用外国籍船只分期分批将被关押在马来亚集中营的难侨送回祖国。1951 年 10 月 13 日，756 名马来亚归难侨由海南侨务局干部带领抵达兴隆安家落户，政府给难侨们送来了蚊帐、棉被等日用品，发放安家费、生活费，归难侨的生活得到保障。同时，组织归难侨们开荒造田，种植水稻、番薯、木薯等农作物进行生活自救。

(二)印度尼西亚归难侨

1959 年，印度尼西亚苏哈托政府突然发布第 10 号总统令，规定在省、县自治区和州首府以外地区经营的华侨零售商必须在 1960 年 1 月 1 日之前停业，由印度尼西亚民族企业家或印度尼西亚人组织的合作社接管经营；此令一出，顿时令数十万华侨生计无着，排华恶浪由此而生，众多印度尼西亚华侨生命财产受到威胁。同年 12 月，中国国务院副总理兼外交部长陈毅在致印度尼西亚外长的信中，提出全盘解决在印度尼西亚华侨问题的建议，着手接待安置愿意回国的印度尼西亚华侨。1960 年 2 月 2 日，国务院颁布《关于接待和安置归国华侨的指示》，成立了“中华人民共和国接待和安置归国华侨委员会”，负责统筹归国华侨的接待和安置工作。是年，兴隆接到了安置印度尼西亚归难侨任务。3 月 10 日，首批印度尼西亚归侨 60 多人到达兴隆，被安置在第 35 队和第 32 队，继后，第二批、第三批印度尼西亚归难侨也先后在兴隆落户。兴隆共接纳、安置印度尼西亚归难侨 2035 人。至此，兴隆的归难侨有两大部分：马来亚归难侨和印度尼

安置归难侨(兴隆华侨农场供图 1960 年)

西亚归难侨，兴隆人口近 1 万人。

(三)越南归难侨

1976 年，中越关系进一步恶化，越南国内大举排华，大部分华侨被迫逃离越南。1978 年达到高潮，有 10 万多名越南华侨被驱赶出境。兴隆华侨农场根据国务院侨务办、广东省革命委员会的安排，从 1978 年 3 月至 1979 年底，先后接待安置越南归难侨共 1073 户、5720 人，其中劳动力 2693 人。为了有组织、有计划地做好接待安置越南归难侨工作，兴隆华侨农场专门成立了接待安置办公室，场长主管全面工作，副场长兼任安置办公室主任，下设政治思想工作、安置、后勤、基础建设等小组。为解决在接待安置难侨时遇到住房暂时困难，广大老归侨职工都主动地让出自己的住房给难民住宿，宁愿自己住到小厨房或者茅草房中去。仅几天时间，全场老职工让出房子 567 间，加上新建成的 47,399 平方米的房子，很快地解决了难民暂时住房的困难。

自 20 世纪 50 年代初，马来亚首批 756 名归难侨在兴隆安家立业、落地生根开始，到 60 年代印度尼西亚归难侨被安置在兴隆，70 年代越南归难侨在兴隆落户，华侨农场初步形成了多国归难侨聚居的模式。

至 2018 年，兴隆华侨农场总共接收、安置了来自马来西亚、新加坡、泰国、缅甸、柬埔寨、美国、日本、印度尼西亚、文莱、毛里求斯、越南、朝鲜和中国香港、中国澳门、中国台湾等 21 个国家与地区的归难侨和同胞共计 13,000 多人。此外，来自中国内地和海南本岛的干部及琼崖纵队老战士、复转退伍军人、上山下乡的归侨侨眷知识青年来到兴隆安家落户，附近农村的黎、汉、苗族农民也并入农场，逐渐形成兴隆华侨农场的人员构成结构。兴隆也被誉称为万宁市境内的“小联合国”。

三、砥砺奋进

兴隆华侨农场从举步维艰、百废待兴到成为经济、社会、人文全面发展的新型农场，经历了华侨集体农庄时期的开荒式建设，走过了国营兴隆华侨农场、兴隆人民公社、生产建设兵团、国营兴隆农场 4 个时期，最终形成了今日农、商、贸、旅全面发展的现代化特色兴隆华侨旅游经济区(兴隆华侨农场)。

(一)兴隆华侨集体农庄

1951 年 10 月，第一批马来亚归难侨被安置于兴隆。为了使安置在兴隆的归难侨在短期内达到自给，兴隆临时成立了生产指导委员会。陈家廉当主任，并从难侨中推选一些积极分子任副主任和委员。在指导委员会的带领下，组织起 17 个集体开荒队，分成 73 个生产小组，采取“集体开荒，个体生产”的自救方法，在兴隆的北区、南区、中区、合口、沙田、古村等地进行开荒。数月后，开垦荒坡 1000 亩、水稻田 700 亩。种上水稻、花生、玉米、高粱、番薯、木薯、番茄、木瓜、南瓜、水瓜、芹菜、角豆、豇豆、柳豆等，生产自救使归难侨们在这里安下了家。

1952 年 8 月 28 日，第二批 210 名马来亚归国难侨又被安置到兴隆落户。同年 9 月 1 日，兴隆华侨集体农庄成立(这一天后来被定为建场节)。刚成立的集体农庄，各项管理制还不完善，对生产劳动实行“统一出工、统一收工、同工同酬”管理。

1953 年，广东省人事厅调曾广到兴隆担任副场长，主管全面工作。曾广上任后，广泛听取各方面的情况汇报，深入各个作业区了解情况。5 月中旬，召开兴隆华侨集体农庄第一届庄员代表大会，民主选举产生农庄的主席、副主席和农庄理事会及监事会。大会选出了由场长、科室领导 20 余人组成的理事会，选举产生了农庄主席，并从职工中选出 2 名代表为副主席。选出 10 余人的代表组成监事会。代表大会召开后，兴隆华侨集体农庄正式宣布成立。庄员们的主人翁意识大大加强了，生产和管理也日趋完善。

1953 年 11 月，中央人民政府为了支持华侨集体农庄发展生产，特别拨给 4 台拖拉机。中央侨委会调配了 3 辆进口汽车给兴隆。随着集体农庄的生产逐步发展扩大，安置归难侨数量逐渐增加，中央政府多次利用国家外汇进口汽车拨给兴隆。

1954 年 2 月，第二届庄员代表大会召开，大会上表彰了一批劳动模范，重点讨论了当年的分红方案和生产计划。同年 12 月，兴隆集体农庄召开第三届庄员代表大会，会议主要围绕开展增产节约，反对浪费的运动和制定 1955 年的生产计划，同时还讨论决定提高劳动日值等问题。兴隆集体农庄蒸蒸日上的生活深深吸引了一些单干户参加集体农庄。

1955 年 9 月 9 日，中共广东省委作出了《关于兴隆华侨农场集体农庄的性质应是国营农场的性质》的批示；同年 11 月 14 日，中共海南区党委作出了《关于执行省委指示对兴隆华侨集体农庄转为国营农场的几项决定》，明确兴隆华侨集体农庄从 1956 年 1 月起实行国营农场管理制度。至年底，兴隆华侨集体农庄达到 3789 人，开荒面积由 1954 年的 8846 亩增加到 16,280 亩，香茅油的收入由 1954 年的 7 万元增加到 38 万元，当年的总收入比 1954 年增加 2.6 倍。

1956 年 1 月 12 日，农庄又召开以改制为专题的临时代表大会，确定开始实行国营农场管理制度，把集体的盈余资金全都上缴国家。

兴隆集体农庄(兴隆华侨农场供图　1952 年)

兴隆华侨集体农庄是在国家困难时期的一种过渡性组织形式，这一时期，农庄建立并扩建了基建工程队、山工砍伐队、砖瓦厂、火锯厂、碾米厂、石灰厂、打铁厂、木工厂、香茅加工厂等，农庄的各项建设发展都逐步走上了轨道。

(二)国营兴隆华侨农场

1956 年 2 月 1 日，兴隆华侨集体农庄改制为国营兴隆华侨农场，仍由中国侨务委员会直接管辖。国营兴隆华侨农场建立后，广大农场干部职工共同努力，狠抓生产，种植业快速发展。发挥侨居东南亚国家种植热带经济作物的技术和专长，扩大种植了橡胶、胡椒、椰子、槟榔、咖啡、油棕、可可、榴莲、菠萝蜜、人心果、面包树和其他各类热带水果面积，同时种植水稻 8000 多亩。国营兴隆华侨农场的归难侨们真正做到了“自己动手，丰衣足食”。同时在第二、第三产业上也取得佳绩，形成了具有当地特色的产业结构。

(三)兴隆人民公社

1958 年 9 月，原国营兴隆华侨农场并入兴隆人民公社，成为兴隆生产大队，归属崖县管辖。是年，中共中央提出全国的钢铁产量要翻一番。兴隆也掀起了大炼钢铁的热潮。据统计，1959 年兴隆生产大队经济亏损达 57.90 万元；从 1959 年 3 月开始，兴隆生产大队干部每月每人定量大米 6 公斤，工人、教师、中学生 9 公斤；后来粮食供应不上了，每斤米只好折 4 斤地瓜进行搭配，许多人因营养不良而双脚浮肿。周恩来总理在听取了中央华侨事务委员会主任廖承志汇报后，得知兴隆归侨们严重缺粮，便从湖南省给兴隆调拨了 15 万公斤大米。

1959 年，兴隆、南桥、南林、东和、牛漏从崖县划归万宁县管辖，兴隆生产大队也从兴隆公社剥离出来，恢复为国营兴隆华侨农场。其后，中央华侨事务委员会为了加强领导，委派在北京任中国华侨事务委员会干部学校校长的张奋担任国营兴隆华侨农场党委书记，詹力之为场长。农场提出“热作为主，粮食并举”的方针，以应对当时的实际困难。接着，又提出“空地不闲、寸土必争、每个劳动力种一亩粮食作物”的口号，鼓励职工和家属在房前屋后、田间地头都种植上杂粮、瓜豆、蔬菜，并养殖家禽家畜。仅用半个月，农场就种下了粮食作物 3000 亩，当年收获粮食达 1393 吨。终于度过了兴隆华侨农场历史上最困难的时期。

（四）生产建设兵团

1969 年 4 月，兴隆华侨农场改编为广州军区生产建设兵团 2 师 8 团。当时，每个农场改制为一个团。二师师部设在原兴隆华侨农业学校（华侨大学热作系校址），团部设在原来的农场场部。原场领导均为副团长，各管区主任、副主任改称营长、副营长，生产队队长、副队长均为连长、副连长、指导员、副指导员。1974 年 9 月，广州军区生产建设兵团撤销，海南农垦局负责接管。

（五）国营兴隆农场

撤销生产建设兵团后，兴隆归农垦系统领导。农场名称为“国营兴隆农场”，恢复“三级管理，二级核算”的体制（三级管理为农场、管理区、生产队，农场和生产队为核标单位，管理区是农场的派出机构）。农场机关也基本恢复了“文化大革命”前的组织机构。1978 年 1 月，国营兴隆农场改归广东省农场管理局领导，农场再次更名为“广东省兴隆华侨农场”。

（六）兴隆华侨农场与兴隆华侨旅游经济区

1984 年，兴隆华侨农场进行体制改革，实行联产承包责任制，打破“铁饭碗”制度，取消职工工资级别，将农场农作物和经济作物，承包给职工经营管理。与此同时，把原行政编制的部分科室，如农牧科、基建科、机务科、供销科、供电所等，按其职能转变为自负盈亏的四大公司，即畜牧公司、基建公司、水电公司、供销公司，商业经理部也改为商业公司。

1988 年 4 月，海南建省办经济特区后，兴隆华侨农场先后归海南省外事侨务办公室、海南省国有资产委员会管理。

1993 年 2 月，经海南省人民政府批准，兴隆华侨农场创建兴隆旅游度假城，兴隆华侨农场的建设进入了一个崭新的发展时期；先后兴建了温泉宾馆、华侨旅行社、兴隆饭店和一座占地面积为 5000 平方米、内设 502 个摊位的华侨购物城，既为下岗职工及其家属提供了良好的就业机会，又促进了墟镇市场商品交易的发达繁荣；同时引进外资，办起了内联采矿厂、钛矿精选厂、铁钉厂、农塑胶厂、沙发厂及椰子育种有限公司、咖啡种植公司等工农企业；先后建起工人俱乐部、灯光球场、图书馆等，电视卫星地面接收覆盖全场各生产队；德意志联邦共和国援建的兴隆红十字医院，使广大归难侨职工看病治疗有了保障。1986 年起，农场实行九年制义务教育，小学、初中学生全部得以免费入学。

2007 年 3 月 13 日，国务院制定了《关于推进华侨农场改革和发展的意见》(国发(2007)6 号)，明确华侨农场归地方政府管理。按照国务院该意见精神，海南省人民政府也于 2007 年 6 月 25 日制定了《海南省推进华侨农场改革和发展工作方案》。万宁市政府也相应制定了《万宁市推进华侨农场改革和发展工作方案》和《兴隆华侨农场改革发展初步方案》，认真做好兴隆华侨农场移交地方政府管理的各项工作，2011 年 3 月 24 日成立万宁市兴隆旅游经济区(保留兴隆华侨农场牌子)，设置中共万宁市兴隆旅游经济区工作委员会和管理委员会，作为中共万宁市委、万宁市人民政府的派出机构，副处级建制。

(七)开发南旺

1956 年，兴隆青年突击队成立，突击队受命在南旺开辟第八作业区的任务，青年突击队开山辟地，环山修筑了一片片梯田，一直持续三年多的时间，终于使南旺“荒山变良田”。

1968 年，兴隆华侨农场规划在南旺修建一座水库，灌溉河东的大片农作物，以保障水稻、胡椒等农作物的收成。下半年开始，来自各管区的青壮年和兴隆中学 1967 届、1968 届两届的毕业生，以部队编制组织，一个管区为一个连，连下再分排、班。共分成了 6 个连队，总人数有 700 人。进驻工地，他们采用“三班”制轮流工作，每隔八小时换一次班，使用锄头、扁担、铁铲、钢钎、簸箕、手推车等原始工具，人挖肩挑，劳动强度非常大。1969 年下半年完成主大坝工程后，90%的工人撤离水库回到本单位，只留下 10%的工人继续填筑附坝和做其他收尾工作。改革开放后，南旺水库成为兴隆热带花园的一个景点。浩瀚的水面或波光粼粼，随风荡漾；或水平如镜，倒映蓝天。青山环绕，山水相连。美丽的湖光山色吸引了众多游客光顾。

(八)万亩胶园大会战

1977 年春，兴隆华侨农场为了加快改变橡胶植管的落后面貌，集中全场主要劳动力，组织了万亩橡胶园大会战。把第一、第二管理区的橡胶林段修建成高标准化的梯田。

为了搞好这次大会战，农场成立了大会战指挥部，由场长担任总指挥，副场长副总指挥。指挥部下设宣传组、质量验改组和后勤组、医疗卫生组。参加会战的各管区和直属单位的队伍，按指挥部分配的战斗林段安营扎寨。这次会战，仅用 20 天时间就完成了万亩橡胶管理标准化梯田的修建工程。使一、二管理区的橡胶林段面貌一新，同也为各管理区的橡胶管理作出了样板。

青年突击队参加农场大会战(兴隆华侨农场供图 1977 年)

(九)兴建沉香湾水库

1982 年，联合国世界粮农组织给兴隆华侨农场援助 31.8 万元兴建沉香湾水库。农场党委会议决定后，立即着手做好准备工作，组织技术人员勘测库区集雨面积、水库总容量、主坝的地质情况以及排水渠道走向、各级水电站的厂址等详细数字，然后请海南行政区水利电力局工程师和设计人员协助设计。

沉香湾水库属中型水库，1980 年 1 月，开始建设沉香湾水库。从会战的第一天开始到大坝填土完工，4000多名干部、职工、民工，日夜拼搏在大坝工地上，于1983年4月终于完成拦洪断面，安全度过洪水期，至此，沉香湾水库大建设会战胜利结束。建成后的沉香湾水库控制集水面积33.46平方公里，大坝均为土质坝，坝顶高程162.0米，最大坝高50米，坝顶长280米。至1984年，沉香湾水库拥有玻璃湾水电站、五队水电站都建成发电，加上十队水电站和石栏门水电站发电，不仅供应农场工农业生产所需电力和农场职工生活用电，还供应周边一些单位生活用电。

(十)教育事业

1952年，兴隆华侨农场始创第一所小学，学制一年级至四年级，学生100多人；随后，又在第四、第五管理区办了2所小学；1956年在南区再办1所设有初中班新小学。其时，兴隆华侨农场拥有4所学校。但教学设施简陋，教室、教师办公室、宿舍均为茅草屋，课堂桌椅为木板简单钉成，办学形式属半工半读。

1962年创建兴隆初级中学并建起10间土木结构教室。1968年秋，创办高级中学。1984年兴隆中学被评为“国务院侨办系统普教先进单位”。1993年，农场投入巨资建成拥有50间教室的兴隆中学教学大楼。至2008年，兴隆华侨农场拥有学校12所，其中小学11所、中学1所。在校学生5000多人，教师326人。1986年起，农场实行了九年制义务教育。

2008年底，万宁市教育局为整合教育资源优势，对学校进行撤销合并，将兴隆中学高中部并入万宁民族中学。调整后，兴隆华侨农场中学仅留初级中学1所、小学5所、幼儿园4所。初中教育普及率达到100%。已形成学前教育、小学教育、中学教育体系，并不断地得到巩固与发展。

1960年，为加快培养农业技术人才，中侨委创办兴隆华侨农业中专技术学校。1962年，正式招收第一届学生100人，设热作、会计2个班。1964年扩建学校基础设施建设全部竣工后，继续招收第二届学生4个班共120人，增设农业作物、植物保护共4个专业。1965年，该校撤销并入兴隆华侨农学院中专部，毕业生被分配到广东、广西、福建、云南、贵州等省区华侨农场工作。

1964年，中侨委决定将设在福建省华侨大学的热带作物系迁到兴隆，与海南兴隆华侨农业学校(称农校)合并为华侨农学院，热作系为学院大专部，农校为中专部，同年扩大规模，建设新校舍。1965年新校竣工，热带作物系开始搬迁，至1966年初搬迁完成，随迁有200多人迁到兴隆。受“文革”影响，1968年兴隆华侨农学院宣布撤销解散。

1980年，兴隆华侨农场业余体育学校正式成立，体校主要开办游泳班，学员多为农场职工子弟和兴隆中小学在校学生。业余体校先后在各类游泳比赛中获得167项第一名、154项第二名、142项第三名，为国家队、广东省队、海南省体育学校、解放军体育队等输送了运动员52人。

1989年9月，在兴隆成立海南广播电视大学兴隆教学班。次年，成立海南广播电视大学兴隆分校。并与海南大学联合创办旅游、酒店

兴隆建场60周年联欢晚会(杜燕生摄 2011年)

管理大专班。直至2005年该校停办。

(十一)文化活动

为了丰富农场职工的文体活动,农场还兴建了文化中心广场、工人游泳场、灯光球场、图书馆等文化娱乐设施。各基层单位设有文化室、阅览室、文艺和体育活动场所。2010年兴隆投资200多万元建成职工文化活动中心,内设农场历史展览馆、图书室、博物馆和职工健身、儿童游乐园、影视厅等活动场所;文化广场设有自动升降台幕、舞台、大型归侨文化浮雕墙、雕刻、灯光篮排球场,是一个多功能活动中心,也是兴隆"三个文明"建设的主阵地之一。此外,区直属单位有广播、电视、有线电信、党员远程教育等,基本实现"村村通、户户通"的两级网络,公共文化服务体系已形成。

兴隆人文荟萃,文化艺术气息浓厚,已出版的作品有《南洋风雨》六卷、《太阳河的故事》上下集,《太阳河之歌》《中国近代史》《东南亚史简编》《泰国史略》《林明贤彩墨山水画集》《辉煌五十年》《岁月如歌》《兴隆华侨农场专辑》《春花秋实》等一批图书。在兴隆拍摄电影有《红色娘子军》《南海明珠》《海外赤子》和电视剧《郑和下西洋》《中国维和警察》等。

(十二)医疗卫生

1953年,兴隆华侨农庄在太阳河边建起了第一所茅草屋卫生所。1956年,华侨农庄卫生所改名为兴隆华侨农场职工医院。兵团时期在医院旁边兴建4幢平顶房,设有妇产科、外科、内科、儿科。1975年更名为国营兴隆华侨农场职工医院。1982年,德国红十字会援助扩建兴隆华侨农场医院和医疗设备,医院增设了心电图室、脑电图室、手术室、化验室、超声波、B超室等,并从德国购买187种医疗器。根据中国红十字会建议,1982年易名为"海南兴隆红十字医院"。海南兴隆红十字医院移交万宁市卫生部门管理后,又斥资建起一幢新的医务室。至2018年兴隆华侨农场已建立起三级医疗体系,农场有红十字医院1所,有病床100张,医护人员208人。管理区设卫生所10间,生产队设卫生室15个。

(十三)兴隆华侨农场敬老院

创建于1958年,始建有一幢两层别墅式木板楼,共有10多间住房,是当时兴隆最好的建筑物之一。1961年至1994年,几经择址重建。1994年,兴隆华侨农场投资88万余元,选定于兴隆医院至24队之间的公路(古村路)东侧(现址),辟地新建一所建筑总面积912平方米,拥有宿舍楼,文化室、办公室、食堂、仓库等的新型敬老院。

兴隆敬老院(杜燕生摄 2018年)

2006年,兴隆农场拨款15万元,对敬老进行全面装修,完善安全设备、整治周围环境，重新装饰二层宿舍楼 20 间住房、40 个床位。配设管理人员 6 人，其中院长 1 名、护理员 3 名、炊事员 2 名。安置农场归难侨孤寡老人。

2008 年，北京中邦亚集团董事长史维学在有关部门的陪同下，慰问敬老院老人，为敬老院捐赠 10 万元，购进健身器材、割草机、办公桌和更新床上用品等，同年，再捐资为敬老院建设院门竖牌。

2009 年，国务院侨办把敬老院列为“侨爱工程——万侨助万村活动”项目——“侨爱敬老院”，是年 2 月 2 日举行授牌典礼，原全国政协副主席、致公党主席罗豪才，时任海南省副省长林方略，国务院侨办国内司司长程铁生，海南省外事侨务办副主席王胜及万宁市委、市政府、兴隆农场等领导参加揭牌仪式。

2012 年，海南省民政厅、万宁市民政局在此基础上累计投入资金 2000 万元，增建 3 幢 2 层楼房，计 99 个房间，占地面积 17,209.841 平方米，建筑面积 6293.04 平方米。全院配备管理人员 6 人，院长 1 人，后勤人员 2 人，护理人员 3 人，电工 1 人。至 2018 年兴隆华侨农场敬老院是一所设备齐全、环境优美的现代化敬老院。

四、经济发展

(一)工农业

建场初，兴隆华侨农场大力开荒垦植，种植水稻等粮食作物和橡胶、槟榔、咖啡、香茅、剑麻等热带经济作物。

1952 年，开荒面积 5179 亩，工农业总产值为 2.94 万元，基本上达到了当年提出的生产自救的目标。

1954 年，开荒面积发展到 8864 亩。当年经济收入由上年的 42,114 元增加到 205,711 元，增长了近 4 倍。

1956 年，兴隆耕地面积较上年增加 69.5%，收支对比获利 25 万元。建场以来第一次上缴利润 14 万元。

1965 年，兴隆种植的咖啡、胡椒、水稻、橡胶等农作物全面收益，全年工农业总产值达 307.97 万元。

1980 年，实行家庭联产承包责任制后，兴隆的经济发展进入快车道。至 2004 年，工农业总产值为 8203 万元，利润达到 900 万元。

2010 年，兴隆工农业总产值 10,220 万元，实现利润 2126 万元。

2014 年，兴隆继续推进现代农业发展，科学规范管理橡胶生产，发展立体经济。橡胶、咖啡、胡椒、椰子等热带作物种植面积达 84,000 多亩，有登记法人单位和产业活动单位 363 家，个体经营 1871 户。

2017 年，兴隆华侨农场橡胶干胶产量 1111.57 吨；槟榔总产量 5678.13 吨；瓜菜总产量 691.91 吨；水果总产量 579.50 吨。

2017 年主要经济作物生产情况一览表

单位(分公司)	连队(个)	户数	橡胶		槟榔		瓜菜		水果	
			种植(亩)	产量(吨)	种植(亩)	产量(吨)	种植(亩)	产量(吨)	种植(亩)	产量(吨)
第一	9	512	9425.92	262	533.2	952.57	—	—	527	231.5
第二	7	741	8644.92	256.13	477.25	839.05	—	—	460.11	128.9
第三	16	2575	4293.73	96.5	1152.91	2143.64	568.8	185.9	418.5	122.8
第四	11	2056	5676.08	154.24	263.21	487.43	28.1	33.7	167.18	96.3
第五	24	2788	16,405	342.7	1352	1255.45	207.67	472.31	—	—
第六	8	912	—	—	—	—	—	—	—	—
第七	75	9584	44,445.66	1111.57	3778.57	5678.13	804.57	691.91	1572.79	579.5

(选自《万宁市 2017 年年鉴》)

(二)旅游业

1987 年,兴隆华侨农场开始发展旅游业,至 2013 年,兴隆旅游业收入已成为兴隆另一个经济支柱产业。经过 30 余年的发展,兴隆已建成集温泉,娱乐、购物、旅游观光于一体的休闲度假中心,兴隆华侨农场已成为海南旅游市场中著名的旅游品牌之一。2014 年至 2017 年,共接待过夜游客 813.932 万人次;旅游总收入 51,648.74 万元。其中,2017 年,旅游总收入 15,368.92 万元。

2018 年,兴隆华侨农场企业经营收入 4237 万元,职工年劳均收入 17,704 元,人均可支配收入 16,160 元。

五、侨务工作

兴隆华侨旅游经济区内设置了侨务与外联办公室，负责经济区侨务和外联工作、协调经济区重要涉外活动、处理或协助处理经济区涉侨事件、并维护归侨侨眷权益;同时兴隆华侨农场先后成立了兴隆归国华侨联合会、兴隆华侨农场印度尼西亚侨友会、兴隆华侨农场新马泰侨友会等。

(一)兴隆归国华侨联合会

兴隆归国华侨联合会(简称“兴隆侨联”)于 1982 年成立,历届主席为张小兀、吴金铎、陈德福、杜燕生、曾石花等;侨联全力支持下属两个侨友会(印尼侨友会和新马泰侨友会),根据各自特点,组织归侨职工开展文艺、体育健身和海内外联谊活动,拓展了侨联的工作面,使侨联的工作更充满活力。

2001 年 9 月，兴隆侨联邀请时任中国侨联主席林兆枢参加兴隆华侨农场 50 周年场庆,并为爱国主义教育基地暨兴隆华侨农场陈列馆揭牌。2011 年底，时任中国侨联主席林军到兴隆

兴隆温泉宾馆(杜燕生摄 2018 年)

华侨农场视察、慰问归难侨，应时任万宁市委书记孙新阳、兴隆华侨农场场长冯炜的邀请，分别为万宁市、兴隆华侨农场、兴隆热带花园等题词，2018 年，中国侨联主席万立骏到兴隆考察、慰问，参观了兴隆咖啡谷。此外，中国侨联林明江、郭麟恭、林淑娘、李祖沛、李本钧、王永乐等历届副主席曾先后到兴隆华侨农场视察慰问。

海外联谊（杜燕生摄 2016 年）

2002 年 10 月，兴隆侨联被海南省侨联授予“1996—2001 年度全省侨联系统先进集体”；2004 年 6 月，被中国侨联授予“中国侨联工作先进集体”；2007 年 8 月，海南省侨联授予“2002—2007 年度全省侨联工作先进集体”；2009 年 7 月，被中国侨联授予“全国侨联系统先进基层组织”。黄炳松、梁森奎、冯炜、郑文泰等先后荣获“全国归侨、侨眷先进个人”荣誉称号；陈德福、杜燕生先后荣获“全国侨联系统先进个人”和海南省“侨联先进工作者”荣誉称号；郑文泰和朱德民被海南省政府授予“赤子楷模”荣誉称号，农场侨联委员余永华当选为第十一届、第十二届全国人大代表。

（二）印尼侨友会

兴隆华侨农场印尼侨友会成立于 1999 年 9 月 26 日，会员有 300 多名，为兴隆华侨农场归国华侨联合会团体会员，属民间群众团体。首任会长杜登波，第二任会长杜添江，现任会长蓝日兴。创会以来，先后与海南省、云南省、广东省、香港、台湾等地的印度尼西亚归侨联谊会、侨友会、校友会和印度尼西亚驻中国使馆、印度尼西亚侨团建立并保持联系。曾邀请印度尼西亚驻华大使苏德拉查、驻广州总领事苏维托、印度尼西亚客属总会主席吴能彬等参加兴隆印度尼西亚侨友会座谈和联欢活动。2000 年，成立印度尼西亚侨友会“华韵”文艺团，邀请印度尼西亚教师到兴隆执教舞蹈、举办印度尼西亚语培训班，演出印度尼西亚歌舞和东南亚风情歌舞等，活跃侨友们的文化娱乐生活，并出版《印尼侨友》会刊，舞蹈《太阳河风情》荣获 2005 年海南省“国资杯”一等奖。

（三）新马泰侨友会

兴隆华侨农场新马泰侨友会成立于 2001 年 5 月 26 日，第一任会长李清泉，现任会长黄永坚（女）。现有会员 615 人，为兴隆华侨农场归侨联合会团体会员，属民间群众团体。该会创建以来，坚持为农场建设发展服务，为广大归侨侨眷服务。围绕维权、联谊、关爱、办实事做好事、营造和谐社会氛围等主题，开展形式多样的活动。每年春节、三八妇女节、九九重阳节等节日，分别组织会员座谈、联欢、团拜、参观游览，多次组织侨友外出游览观光。坚持上门拜访、慰问，开展送温暖、献爱心活动。配合侨联开展联谊、接待和依法维权活动。2001 年自筹资金出版会刊《新马泰侨友报》，坚持每季度出版一期，赠送国内外侨友会，并与香港新马研究社合作编辑《新马归侨抗日抗英名人录》。2004 年组建侨友会文艺宣传队，分设工厂文艺小组、夕阳红文艺小组。

(四)归侨侨眷代表大会

兴隆华侨农场第一次侨代会合影
(兴隆华侨农场供图 1982年)

第一次广东省兴隆华侨农场归侨、侨眷代表大会于1982年11月4日在兴隆华侨农场大礼堂召开,参加会议的有归侨、侨眷代表255人,由张小兀主持会议。大会选举产生委员16人、常委11人,张小兀当选为第一届侨联主席,吴金铎为副主席。

第二次海南省兴隆华侨农场归侨侨眷代表大会1988年12月22日召开,大会选举产生了兴隆华侨农场归国华侨联合会第二届委员会,委员21名,常委10名,吴金铎当选为第二届侨联主席,黄汉德为副主席。

第三次归侨侨眷代表大会1992年12月10日召开,会议选举产生了兴隆华侨农场归国华侨联合会第三届委员会,委员21名,常委10名,马拔海当选为第三届侨联副主席,主席缺如。

第四次归侨侨眷代表大会1999年4月15日召开,122名代表出席了会议,大会选举第四届侨联委员26名,常委11名,陈德福当选为第四届侨联主席。

第五次归侨侨眷代表大会2004年4月30日召开,海南省侨联副主席陈经雄、省外事侨务办国内处处长李少敏、省侨联办公室主任王佳、农场场长冯炜、党委书记梁森奎、党委副书记陈明源等应邀出席了大会,参加会议有112名归侨、侨眷代表。大会由农场党委委员、侨办主任杜燕生主持。大会选举产生了第五届侨联委员会,委员25名,杜燕生当选为侨联主席,曾少芝为副主席。

第六次归侨侨眷代表大会2014年3月5日召开,会议选举产生了第六届侨联委员17名,常委9名,曾石花当选为主席,黄日平、丘晓锋为副主席。

六、兴隆民俗

兴隆华侨农场聚居来自21个国家和地区的归侨,初始,他们延滞着各自侨居地的生活习俗和民族文化,经年融合,潜移默化衍生出独特生活风俗,谓之“兴隆侨乡文化”,他们自称“兴隆人”。

(一)服饰

在兴隆可以看见归侨们身着具有浓郁的南洋风情的服装,男的叫“峇蒂”(BatiK),女式的叫“纱笼”(sarong),服饰已经成为兴隆的特色与符号。

(二)小食

兴隆归侨服饰(杜燕生摄 2016年)

兴隆独具特色的东南亚风

味小吃，如千孔糕、七层糕、九层糕、情人糕、火红饼、椰香脆饼、咖喱鸡、咖喱蟹、巴东牛肉、沙爹肉片、咖哆咖哆等色彩艳丽、味道醇香的精美糕点及美食。

（三）语言

普通话是兴隆人通行语言，也常以侨居国的语言交谈，有说马来或沙捞越语的；有说印度尼西亚或文莱语的；有说越南、泰国、柬埔寨、缅甸语的。也有说粤语，客家语，闽南语，儋州、临高军语和少数民族黎、苗语的，南腔北调，可谓一个"小联合国"。

（四）建筑

兴隆街衢纵横，车龙马水，绿树成荫，楼房鳞次栉比，其建筑糅合了南洋风情，欧式风格，美洲韵味。有新加坡五龙戏珠、越南民居、泰国四面佛、马来西亚高脚屋、缅甸古寨、印度尼西亚船型屋等。望着那些中西合璧的精美绝伦建筑物，游客无不由衷地发出赞叹。

（五）东南亚歌舞

兴隆归侨侨眷大多能歌善舞。他们跳舞时的欢乐，往往感染着周边的人群。印度尼西亚的"盘舞""椰壳舞"；马来西亚的"鹿舞"；泰国的"南蓬舞"；印度的"蛇舞"、越南的"竹标杆"等优美舞蹈，别处难觅。在艰苦创业的年代，能歌善舞的归侨们总喜欢在辛苦劳作之余，三五成群地聚在一起，唱一首动听的印度尼西亚歌曲，跳一段优美的东南亚舞蹈，缓解一天的疲劳。随着兴隆旅游业的发展，兴隆的东南亚歌舞已不再是孤芳自赏。现在，兴隆每天都有数千名自祖国各地的游客慕名而来，归侨所表演的东南亚歌舞，使游客们不出国门，便能领略到异国风情。有些归侨家庭，祖孙三代都是弹奏歌舞能手，他们把甜酸苦辣都当歌，以歌舞寓教抒情，表达对中国梦的执着追求。

七、华侨农场标杆

兴隆 1951 年创办农场以来，先后安置了来自 21 个国家和地区的归难侨 1 万多人，是中国各华侨农场中安置归难侨人数最多、分布的国家最为广泛的华侨农场，也是万宁市境内以客籍归难侨为主聚居的重点侨乡。选址之初万宁县委就规划了 16 万余亩土地作为兴隆发展的空间，在全国各华侨农场中兴隆的土地面积位居前茅。被安置在兴隆的归侨们，满怀报效祖国的热情，披荆斩棘、开荒垦植、重建家园，砥砺奋进，在近 70 年的艰苦创业中，取得了巨大成就：第一棵可可树在兴隆培植成功、中国第一家咖啡加工厂在兴隆创办、香茅油的出口为国家换回了大量外汇、橡胶的大面积种植成为中国战略储备物资的原料供应基地之一。

兴隆是当时全国各华侨农场中经济最为发达的农场，成为"全国华侨农场的一面旗帜"。

兴隆以拥有丰富的旅游资源，如咖啡文化、温泉文化、美食文化和东南亚歌舞文化等，获得"中国华侨之乡""中国特色旅游名镇""中国东南亚风情小镇""海南最美小镇""海南十大文化名镇""海南美食天堂""南药之都""中国咖啡第一镇""植物王国""温泉之乡""咖啡之乡""水果之乡""花卉之乡"，被誉为"东方夏威夷的一颗明珠"。

（一）兴隆咖啡

兴隆地处热带、亚热带区域，雨水充沛，种植的咖啡醇香带有水果味，很多品牌的咖啡原料都取自兴隆咖啡豆，使得兴隆咖啡闻名遐迩，美名享誉海内外。周恩来总理评价:“兴隆咖啡是世界一流的,我喝过许多外国咖啡,还是我们自己种的咖啡好喝。”领袖情怀、华侨情结,使得兴隆咖啡蜚声四海、香飘世界。前来兴隆的八方游客,在太阳河畔,喝着现磨的兴隆咖啡,尝着椰香薄饼或东南亚美食小点,成为兴隆一处亮丽的风景线。

兴隆华侨农场咖啡厂是“新中国第一家咖啡厂”,生产的“太阳河”牌兴隆咖啡是海南省著名的“名优产品”,兴隆咖啡已成为兴隆人日常生活的必需品。兴隆咖啡选用的品种优良,炒制采用东南亚华侨传统工艺,特别重视掌握火候,精心焙炒,加之小石磨耐心现磨,文火慢煮,保留了咖啡的原香原味,香浓滑口、风味独特。世界著名评论家梁玳宁曾在香港报刊上发表文章《上帝赐给中国人的财富》中归纳出这个结论:世界最好的咖啡不在世界咖啡王国巴西(因气温高气候干旱而咖啡味浓烈,带苦味),也不在非洲的埃塞俄比亚,而是在海南的兴隆!

兴隆咖啡

兴隆可可(杜燕生供图 2020 年)

2018 年兴隆咖啡产品系列一览表

<table>
<tr><th>类别</th><th>品类</th><th>级别</th><th>产品名称</th></tr>
<tr><td rowspan="9">传统兴隆咖啡</td><td rowspan="9">炭烧类</td><td></td><td>老字号兴隆咖啡</td></tr>
<tr><td></td><td>特惠兴隆咖啡粉</td></tr>
<tr><td>顶级</td><td>南忘炭烧兴隆咖啡豆</td></tr>
<tr><td>顶级</td><td>南忘炭烧兴隆咖啡粉</td></tr>
<tr><td>一级</td><td>沉香湾炭烧兴隆咖啡豆</td></tr>
<tr><td></td><td>兴隆咖啡炭烧豆</td></tr>
<tr><td></td><td>兴隆咖啡炭烧粉</td></tr>
<tr><td></td><td>沉香湾(二级炭烧)咖啡豆</td></tr>
<tr><td></td><td>沉香湾(三级炭烧)咖啡豆</td></tr>
</table>

续表

类别	品类	级别	产品名称
传统兴隆咖啡	纯品类		古村纯品
		顶级	古村纯品兴隆咖啡豆
		顶级	古村纯品兴隆咖啡粉
		一级	牛古田纯品兴隆咖啡豆
			兴隆咖啡纯品豆
			兴隆咖啡纯品粉
			牛古田(二级纯品咖啡豆)
		特制	山坳即溶兴隆咖啡
			即溶兴隆咖啡
			山谷兴隆咖啡
椰奶咖啡	椰奶口味	一级	沙田椰奶兴隆咖啡
		特制	排田椰奶兴隆咖啡
			沙田兴隆咖啡
脆饼			兴隆咖啡饼(清香)
			兴隆咖啡饼(浓香)
糖果			兴隆咖啡糖

(选自《万宁市 2018 年年鉴》)

(二)兴隆咖啡谷

兴隆咖啡谷是一家以原产地有机咖啡为主题,集华侨文化、咖啡种植、加工销售、旅游观光、休闲度假、科普体验等于一体的综合性侨居企业。咖啡谷与中国热带农业科学院香料饮料研究所合作,开展咖啡高产栽培、科教开发等研究,倾力于有机种植和原生态保护,传承兴隆咖啡特优品牌,以名牌效能带领周边归侨侨眷和农户奔小康,共享共圆中国梦。海南省侨联在咖啡谷创立了首家“侨胞创新创业服务联系点”和省级“侨胞之家”。万宁市侨联在咖啡谷中创办“侨梦苑”和“侨梦广场”等涉侨活动基地。

兴隆咖啡谷侨梦广场(杜燕生摄 2020 年)

(三)热带植物王国

兴隆地处神奇的北纬 18°,汇集了山、海、河、湖、崖、石、岛、林等自然景观,由植被覆盖率达 78.78%的自然山体、湿地、农田以及人工滨水绿地、道路绿地、防护绿地、公园等构成的生态化的绿地系统,和原国家林业局批复认定“拥有我国保存完好的低地热带雨林原始林，风景资源质量达到了一级标准”的热带雨林风景，让游客们流连忘返。兴隆为热带作物宜种区，热带作物如橡胶、胡椒、椰子、槟榔、益智、咖啡、可可、香草兰等的种植规模大、品质高。为系统保护和开发森林旅游资源，打造品种众多的热带生物物种基地作出巨大贡献。

（四）兴隆热带花园

1992 年由印度尼西亚归侨郑文泰出资亿元创建的热带花园，是融自然、人文、园艺、园林与环境生态于一体，集观光旅游、休闲度假、科普教育、联谊交流、涉侨活动等为一身的巨大的热带珍稀植物活体博览园，有超过 4000 种热带植物在这里保存、繁育，其中珍稀濒危植物有 65 种，党与国家领导人以及世界各国来访的政要人物，“第 54 届世界小姐”总决赛的佳丽们都曾在这里亲手栽植花木，留下珍贵的足迹。是中国政府向联合国推荐为“全球环境 500 佳”，世界旅游组织称为“世界自然生态保护最完美的植物园”。兴隆热带花园以环境保护为全新理念，先后被国家、省部委及国务院侨办、中国侨联选定为“青少年生物科普基地”“生物多样性保护基地”“青少年环境知识教育基地”“科教兴国示范基地”“中国华侨文化交流基地”“侨爱热带花园”……

海南省侨联与万宁市侨联在园区内创建“侨心林”活动基地，每年数批世界海南青少年、世界华裔青少年、海南寻根之旅、华校侨团等在热带花园兴办夏冬令营及各种活动，体验生态环境保护、科普教育、植树留根之乐趣。

兴隆热带花园侨心林（杜燕生摄 2016 年）

（五）兴隆热带植物园

兴隆境内的热带植物园是集科研、科普、生产、加工、观光和生物资源保护于一体的综合性热带植物园，是中国政府环保教育基地、海南省十大重点旅游风景区之一。该园收集保存了 2300 多种独具特色的热带、亚热带植物，有 1200 多种珍贵或稀有的热带植物，是我国重要的“物种基因库”。

（六）农场展览馆

为了保存、展示兴隆归难侨爱国爱场的赤子情怀和艰苦创业的珍贵历程，留下乡愁，牢记初心，增强责任担当，1991 年农场创办了展览馆。展览馆分为：伟人志、赤子情、展宏图、铸辉煌 4 大部分，馆内收藏展出的文物史诗，翔实叙说兴隆沧海桑田故事，展现兴隆归难侨的爱国情怀和艰苦创业的峥嵘岁月。时任中国侨联主席林兆枢应邀到兴隆参加展览馆揭牌仪式，并在仪式上致辞。2001 年，兴隆华侨农场展览馆被中国侨联授予“爱国主义教育基地”。

(七)邮票上的兴隆

2004年,中国邮政局首次发行了一套反映侨乡风貌的系列邮票《侨乡新貌》,这套邮票仅4枚,兴隆华侨农场从全国84个华侨农场中脱颖而出,其中的一枚选择的就是兴隆华侨农场。创作者以简约的艺术手法,概括了兴隆华侨农场种植的各类热带植物,在方寸之间,突出了兴隆的特色,充分地展示出被誉为"植物王国"的兴隆风采。邮票发行之日,还在兴隆召开了隆重的首发仪式,兴隆幸运地成为一张"国家名片"。

兴隆邮票(兴隆华侨农场供图 2004年)

(八)领袖关怀

兴隆华侨农场自创办以来得到了近百位党和国家领导人的深切关怀,他们亲临兴隆体察侨情,精准解决农场的实际问题,为兴隆华侨农场励精图治、放飞梦想注入了无穷的动力。此外,还有越南民主共和国主席胡志明,柬埔寨王国诺罗敦·西哈努克亲王,密克罗尼西亚联邦总统约瑟夫·乌鲁塞马欠及前民主德国、波兰、匈牙利、前捷克斯洛伐克、保加利亚、澳大利亚等国领导和贵宾到兴隆参观访问。他们心系归侨,情牵兴隆,亲临兴隆视察和调研、慰问归侨,带来党和国家的亲切问候。是他们,勾勒了兴隆的发展蓝图;是他们,描绘了兴隆的美好前景;是他们,撒播了兴隆希望的种子,才有了今日兴隆的勃勃生机、欣欣向荣、全面小康!

链接:兴隆特色建筑

兴隆归难侨,不仅把侨居国的饮食文化、异国风俗、歌舞带回兴隆,而且还把一些富有南洋特色的建筑元素带到兴隆,如马来西亚的高脚屋、印度尼西亚的船形屋、越南的民居、泰国和缅甸的尖进房舍等。

船形屋:为印度尼西亚米南加保族世代祖居的高脚大屋,其屋脊两端翘起,状如牛角,屋顶呈船型。印度尼西亚素有"千岛之国"之称,船是当地的主要交通工具,因而印度尼西亚的高脚屋,其顶部都是船形。兴隆街道两旁的楼房、公交站候车亭都融入了印度尼西亚船形屋的红瓦雕龙建筑

兴隆特色建筑(杜燕生摄 2017年)

元素。

泰国村寨:村寨建筑用红砖筑墙,外抹黄色涂料,红色棱形琉璃瓦盖顶,造型美观雅致。屋内以黄色木板间隔成房,设有客厅、卧室。房屋四周栽种热带水果,一年四季花红果香,环境宜人。泰国村寨在兴隆57队。

越南居舍:越南居舍多为砖瓦结构。居舍的飞檐多为宽大,建筑的高度较为低矮,四面面窗,这些设计是为了更好地降温和通风,以适应湿热的气候。越南居舍主要分布在兴隆58队。

(选自《万宁市志》)

第三节 侨乡村庄选介

一、龙滚镇福塘村

福塘村东临大海,北依分洪河,西面的青山重峦叠嶂,郁郁葱葱,村委会共有303户1898人,包含了福塘、德孚、当仁、斗山4个自然村8个村民小组。

2010年4月,时任国家副主席的习近平来到福塘村村委会调研,与村民和基层党员代表座谈,听取了关于福塘村基层党组织建设及经济发展等情况的介绍。2006年福塘村党支部被海南省委授予"全省先进基层党组织"称号,2003年、2005年和2010年,福塘村3次荣获"海南省文明生态示范村"称号。2011年,福塘村党支部再次被海南省委授予"全省先进基层党组织"称号,被中央文明委评为"全国文明村镇",2015年3月被评为"全国民主法治示范村"。

龙滚福塘村党支部活动(市新闻办供图 2018年)

福塘村不仅景色宜人,更有深厚的文化底蕴,她是革命老区,革命时期村民们掩护共产党、资助物资,甚至有的投身革命热潮,谱写热血壮歌;她是著名侨乡,20世纪初,有的村民为谋生计,漂洋过海,现旅居印度尼西亚、新加坡、马来西亚等地,他们心怀故土,情系家乡。

龙滚福塘村(市新闻办供图 2018年)

在福塘村中心的正北面,有一座带有南洋建筑风格的纪念亭。亭子里面有一口老井,老井背后的墙壁上镶嵌着一块黑色大理石的芳名榜,上面镌刻着当年为掘这口水井而慷慨捐资的侨胞曹世勋等10余人的名字。

1950 年的春天，旅居印度尼西亚的华侨曹世勋、曹世东两兄弟回到了阔别多年的家乡。当得知乡亲们饮水困难时，兄弟俩就商议动员在国外的侨胞捐资在村中挖一口可供全村人饮用的水井。10 余名侨胞的慷慨捐资，不几日便打成了这眼水井，乡亲们高兴地给它取名为“奇香泉”，村里人从 20 世纪 50 年代至 80 年代一直都在饮用这口井里的水，“福地人家千秋娇艳，塘池泉水万代甘甜”，井水饱含着归家游子的思乡情谊，清冽甘甜、沁人心脾。

村里现还保留着两座较为完整的南洋风格建筑，其中一座是占地面积达 730 多平方米的古宅。十几间灰色瓦房围成一个宽敞的四合院，虽然历经风雨洗礼，但这里的每一砖每一瓦依然坚固如初。

在福塘村，还有着一栋二层南洋楼。100 多年前，福塘村村民曹圣彪、曹圣参、曹圣彬三兄弟和早年去印度尼西亚谋生的祖父曹世勋归乡后，用自己辛苦攒下的钱在村里建起了第一栋南洋楼。这栋砖木结构的南洋楼如今已跨越一个世纪，但仍不失最初的绰约风姿。

二、龙滚镇水坡村

水坡村村委会距龙滚墟 5 千米，北与琼海市接壤，辖 12 个村民小组 250 户，常住人口 1100 多人。早期，许多村民通过各种乡邻裙带关系结伴往南洋谋生。1910 年水坡村陈达洲(家运)已在印度尼西亚邦戛琼崖会社任侨领，1944 年因发动各界募捐支持抗日，被汉奸出卖遇害。至 2018 年旅居海外华侨华人约 800 多人。民国时期，该村海外乡亲捐助创办了“南牛帝阁学校”，龙滚沦陷时被日军拆搬建炮楼，1945 年日本投降后海外乡亲募捐重建学校，更名为“南庄小学”，1984 年海外乡亲再次捐助重建新校，更名为“水坡华侨学校”。

水坡村委会属半丘陵地带，四面环山，风景秀丽，气候宜人。乐红线 014 乡道贯穿而过，交通便利。耕地面积约 13,000 多亩，水田面积 2100 亩。主要种植菠萝、橡胶、胡椒、槟榔等热带经济作物，其中菠萝种植是水坡村的主要支柱产业，巴厘菠萝是主要品种之一，种植已有 30 多年历史，年产菠萝果可达 1750 万吨，果实香甜，富硒可口，品质上乘，畅销国内外，是海南菠萝的拳头产品，全国闻名的“菠萝之乡”。1996 年 4 月 31 日，时任中共中央政治局常委、书记处书记胡锦涛在省市领导的陪同下视察了水坡菠萝生产基地。至 2018 年，水坡村几乎户户都种植菠萝，可谓是村中无闲地，家家户户也都盖起了新楼房。

侨乡水坡菠萝基地（市侨联供图 2020 年）

整村迁建的水坡石井园新村（市侨联供图 2020 年）

三、和乐镇红旗村

和乐镇红旗村，原名水淋村，1966年更名为红旗村。位于和乐镇东北部，现辖5个村民小组、12个自然村，耕地面积1060亩，常住人口2380人，以耕种水稻、瓜菜等为主的农业村庄。

第二次鸦片战争后的19世纪90年代，该村已经有乡民随外邦船只往南洋半岛的马来亚、印度尼西亚等地讨生活。民国初年出洋人数逐渐增多，直至海南解放前夕向海外迁徙从未停止。20世纪50年代，为谋求新的发展，红旗村的海外乡亲，有些向第三国再移民，有些后裔在其他国家留学毕业后在该国工作、定居。据不完全统计，2018年红旗村已有海外乡亲500余人，散居于马来西亚、新加坡、印度尼西亚、泰国、日本、美国、英国、澳大利亚等国家和港澳台地区。

红旗村海外乡亲，历来关心、支持家乡公益事业。1911年，水淋村假吕氏祠堂创办村私塾时，就获得海外乡亲的资助。1918年私塾更名为“广城图第”，并成立了海内外乡亲共同参与的董事会，次年，董事长温起俊发起募捐活动，海外乡亲纷纷慷慨解囊，扩建校舍，增设高小班，聘请名师执教，随后，学校更名为“温泉小学”。1935年，温学孔掌教该校时，再次发动海外乡亲捐助增建教室。1939年8月，日军侵占万宁，校舍被毁，学校停学，温学孔往南洋。日军投降后，温泉小学复办。1966年改为“红旗小学”。

1982年，旅马乡亲，时任马来西亚万宁同乡会总会置理主席、雪隆万宁同乡会主席黄雄忠，携全家捐款50余万元，并发动温学孔等旅外同乡捐资共计60余万元，重建一所集教学大楼、办公楼、文化长廊及科学馆为一体的新校。黄雄忠先生先后为该校捐资达80余万元 。1988年6月，经万宁县人民政府批准命名为“兴华小学”(兴华，为黄雄忠父亲的名字，曾任马来西亚雪隆万宁同乡会副主席)。

红旗村兴华小学(杜燕生摄 2016年)

四、龙滚镇河头村

河头村村委会下辖“河头”“岭下”两个自然村，原隶乐会县。1959年11月划入万宁县(市)。据乡贤考证，河头，原名“河图”。源出《易经·系辞》曰：“河出图，洛出书，圣人则之。”“河图”为吉祥之意。先贤用含有吉祥之意的“河图”命其村名。因后人图其方便，依据谐音称为“河头”，久而相沿，“河图”被 “河头”所取代。

“行夏”同样含有祥瑞之意。因行夏村位于金牛岭南面的岭脚下，后人图其方便，称为“岭下”。其村名的演变与河头类似。

2018年，河头村委会常住人口1700人，散居海外华侨华人及港澳台同胞约有1000余人。自1982年至2003年，该村海外乡亲捐助乡村建设的项目有：重建小学、村庄大门、村路、防潮堤、村庄照明、文明村建设、祠堂、亭阁、庙宇等，累计2105人(次)，捐款捐物折合人民币95.6万余元。为了彰显捐助家乡建设事迹，讴歌乡亲无私奉献精神，2003年10

月，由该村王辉勤（原万宁市侨务办主任）发起编撰河头村委会《流芳谱》纪念册。《流芳谱》由新加坡侨领王琨任主编、王日盛任副主编，王辉勤任策划，王辉民（海南大学教授）主笔兼责编，王芳宁摄影。在众位乡贤的共同努力下，《流芳谱》于 2004 年 11 月由香港银河出版社出版。

《流芳谱》代序

王辉民

爱心汇翰章，入册永流芳。
厚德臻宏业，精诚献热光。
新颜舒望眼，美誉慰炎黄。
寸草春晖意，拳拳傲碧苍。

龙滚镇河头村（市侨联供图 2018 年）

五、万城镇溪边村

溪边村位于万城镇东南方 5 千米处，依傍保定海，太阳河支流从村中蜿蜒穿过。小溪流水，村宇屋舍，错落有致，故名“溪边村”。溪边周围 9 个自然村常住人口 3343 人合为联星村村委会。

据族谱及史料记载，第二次鸦片战争后的 1860 年间，联星就有人往南洋群岛。大革命时期，溪边人“去番”或往外地谋生、投奔革命逐渐增多。1927 年“四一二”政变后，早年，参加革命的文惠、苏国奎、朱宏兰、朱文聘等为躲避国民党追捕逃往新加坡。1936 年至 1939 年相继从南洋返里，受中共党组织派遣，于 1939 年在联星成立党小组，文惠任组长，以溪边苏氏祠堂为秘密联络点，组织周边村庄开展抗日救亡运动，发动青年参军参战。从抗日战争到海南解放，溪边村就成为中共琼崖特委、区委的秘密活动基地。当时常驻联星开展革命活动的中共县委、区委领导有欧昭汉、周训堂、唐光辉等 26 位。文惠、苏国奎等 10 多位地下党员壮烈牺牲，在各次战斗中献出了宝贵生命的有 21 人，近百名进步群众遭杀害，30 多间房屋被烧毁。

联星既是革命老区，又是一个侨乡，所辖的 9 个自然村，村村有海外乡亲和港澳同胞。联星也是耕读之乡，“读书出人头地”具有悠久的历史传统。2011 年，溪边村成立了联星教育协会，协会以“尊师重教、奖教奖学，扶贫帮困”为宗旨，常年资助家庭经济困难学生、奖励优秀小学教师和优秀学生，在乡村中营造尊师重教、好学行善、知恩图报、兴学助学的良好风气。

近年来，溪边村以“发展合作社，创建美丽乡村”为理念，探索推进“合作社+基地+农户”的经营模式。2013年成立了溪边种养专业合作社，培育出6个三角梅品种，种植基地面积达90亩，年产量达6万株，2013年入股资金100万元，至2018年总产值达2000余万元，带动村民人均年收入从6800元增长到10,800元，并逐年攀升，成了远近闻名的海南省省花——三角梅产业村。吸引了众多海内外游客前来参观游览。

如今溪边村又以挖掘“红色文化、乡土文化、耕读文化、时尚文化”等内容为主题，相继办起了溪边客厅、溪边书屋、羊栏咖啡厅、文化长廊、孝道人家、时尚人家等休闲文化活动场所，不仅向世人展示了溪边深厚的文化底蕴，推动了当地经贸和旅游的发展，而且诠释了中国特色社会主义新农村物质文明和精神文明建设的丰硕成果。

万城镇溪边村(市侨联供图 2018年)

六、后安镇曲冲村

据史载，曲冲村始祖文天瑞，为宋朝丞相文天祥的堂弟。文天祥的胞弟文天壁就任广东惠州知府时，他随往视事，在惠州娶冼氏育有一男文应麟。宋元交战，文天祥被捕后宁死不屈，元兵下令对文氏满门抄斩，株连九族。不愿降元的文天瑞，独自一人渡琼避难，落籍万宁，再娶王氏生四子。文天瑞制定了“立德立忠能报国”严格家规，对儿子从小严加管教，并授予文武。如今，曲冲村民还保留着浓厚的读书、习武风气。

由冲村面朝港北小海，依序有四排坐落井然的民房，民房之间有宽约80米的农田隔开，并以进村道为中轴对称布局，形成了四横民房三片农田，当地乡民称之为“三层浪”村貌。据说这是文天瑞依据“风水”规划的，一个儿子一排，以田为界，这种村貌保持至今已经有700多年历史。曲冲村目前常居村民3800多人，分为14个村民小组，虽然人多地少，但村民建房时都不愿意破坏祖宗流传下来的“三层浪”村貌。

曲冲村文氏宗祠，坐北朝南，由一间“十柱屋”和一幢新建的祖祠组成。据介绍，原“文氏宗祠”建有三进三栋房子，因年久失修，后两栋损毁，现存前栋分三厢的“十柱屋”已有数百年历史，用料讲究，雕刻精细。1999年8月18日“文氏宗祠”被万宁市列为文物保护单位。

据说，海南的文姓居民都是从曲冲村搬迁出去的。文天瑞的后裔至今约有30万至40万人，分布各省市以及世界多个国家。马来西亚槟榔屿万宁同乡会创始人之一、首届主席、毕业于北京大学的文怀朗祖籍在曲冲，仅在马来西亚，就有文清海、文亚苏等多位曲冲后裔担任万宁同乡会及其他社团侨领。新祠堂是文天瑞散居海内外后裔们于2008

年捐资 600 多万元所建。

曲冲村还有多间保存完好,至今已有 300 多年历史的“十柱屋”民居。村民把“十柱屋”视为祖先遗留下来的珍贵文物加以保护,并以此缅怀先人。

后安镇曲冲村(杜燕生摄 2017 年)

第六篇　侨务工作

侨务工作是党和国家以华侨华人、归侨侨眷为主要工作对象所开展的各项工作的总称。长期以来，党和国家十分重视侨务工作。中华人民共和国成立后，侨务工作列入党和政府的一项长期性、战略性工作。侨务组织机构、侨务工作也随着党和国家中心工作的发展而不断调整、日益完善，形成了多层面、立体式的“五侨”机构格局，是中国特色社会主义政治制度和治理体系在侨务领域的体现。

第一章 新中国成立前涉侨活动

第一节 晚清前

万宁涉侨活动始于华侨产生之后。宋代以来，龙滚、北坡、后安、和乐等华侨较多的地区，就有了群众性涉侨活动。如发动番客、南洋客捐助办私塾、学堂、修路筑坝及建宗祠、续谱牒等，但是，这些涉侨活动仅见于民间组织。

自古以来，万宁人就较为注重于修族谱、建祖祠、兴教化。明清至民国时期，万宁修谱建祠之风盛行，不仅同一族群合建祖祠，族内各分支往往也建支宗祠。至抗日战争前，万宁较大的村庄都有宗族祠堂和庙宇。其时，祠堂不仅是祭祀祖先之场所，也是宗族或乡村的私塾学堂。清光绪三十二年（1906），清政府废科举制度。当年，万宁办起了 4 所高等学堂，除万州高等学堂由县衙主办外，其余 3 所属于民办，均设在侨乡。修谱、建祠、办学堂是一项耗资、费时而又需要合力才能完成的大工程，但它牵连着血缘宗族的每个人，因此，出洋谋生的乡亲也乐于捐助。

万宁早期的涉侨活动，大多从修谱建祠开始，在血缘宗乡之中进行，而后逐步引申。据记载，明代，北坡溪头市（该集墟在太阳河下游河边），龙滚村（龙滚河边）就曾多次组织、发动番客、地方绅士捐助修筑码头。

后安镇山梅村在乾隆年间，就创建了支祖会（现称基金会），购置公产良田。用其收入资助村里优秀的读书人和习武人，嘉奖村里的寿星和孝子。“当时全村 20 余位番客，募捐一笔钱支持支祖会。”

龙滚镇文渊村的“文渊阁”建于古代（准确时间无法考证）。清光绪年间重修时，该村组织募捐活动，同村海外乡亲踊跃响应，解囊支持，重建起了“三进”屋（三幢）。

清光绪二十六年（1900），为纪念保卫龙滚地区社会治安和人民生命财产而英勇献身的 24 位戎士所建造的龙滚戎庙，以及光绪三十二年（1906）戎庙改办“龙滚戎庙高等学堂”，均获得龙滚地区众多的海外乡亲大力支持。

第二节 民国时期

民国十六年（1927），中共万宁县委成立后至海南解放战争时期，根据对敌斗争的形势，万宁县委连续疏散大批已经暴露的中共地下党员和进步人士，往星洲坡、马来亚、泰国等东南亚国家避难和继续开展工作，引导海外华侨及爱国团体，开展“援冯（冯白驹）援八(八路军)”和支持家乡抗日斗争的募捐活动。

民国二十六年(1937)海口侨务局成立,隶属中华民国行政院侨务委员会,掌管海南全岛及广东南路(高州、雷州、钦州和廉江)等地侨务行政事务。1939 年日本侵占海南,侨务工作停止。民国三十五年(1946)恢复工作。侨务局设局长 1 名,科员、管理员、主办会计、统计员各 1 名。其时,侨务工作粗糙,县级没有侨务机构,海口侨务局与基层县区完全脱钩,形同虚设。

中共万宁县侨务组织机构可追溯到“二战”时期。

1941 年 10 月 10 日,万宁县民主政府在六连岭加索村宣布成立,内设秘书、一科、二科、军事科。一科兼管侨务工作。

1944 年春,成立乐(会)万(宁)联合县民主政府,内设秘书、民政科、财粮科和军事科,华侨事务由民政科兼管。

1947 年 6 月 21 日,乐万县民主政府拆分为万宁县和乐会县。1949 年下半年,“万宁县民主政府”改称“万宁县人民政府”,内设民政科、财粮科、保卫科和参谋,侨务工作仍由民政科管理。

第二章 新中国成立后的侨务工作

新中国成立后，侨务工作列入党和政府长期的战略性工作。中央人民政府政务院下设华侨事务委员会。1954 年通过的《宪法》和《国务院组织法》规定，将中央人民政府华侨事务委员会改为中华人民共和国华侨事务委员会（简称中侨委）。同时在省、市、县设立侨务工作机构。新中国的侨务工作进入了中国历史上前所未有的新局面。

第一节 机构设置

一、万宁市（外事）侨务办公室

1961 年 11 月，万宁县侨务局成立，配置专职干部 2 名。

1965 年，万宁县侨务局与万宁县侨联合并，实行“一套班子，两块牌子”，专职干部职工共 4 名，陈昌、陈凤槐分别担任专职正副主任。兼职副主席 3 名。

“文革”期间，万宁县不少侨务干部、归侨侨眷因“海外关系复杂”受到冲击。侨务机构陷入瘫痪状态，侨务工作停滞不前。

1968 年 4 月 24 日，万宁县成立革命委员会（简称“革委会”）下设政工组、生产组、办事组、保卫组。政工组下设：报道、政工、组织、宣传、文教、知青、专案和统战办公室，侨务划属统战办公室。

1973 年，万宁县恢复统战部，侨务、侨联隶属统战部。

党的十一届三中全会后，全国进入拨乱反正阶段。1979 年 12 月，万宁县人民政府成立，侨务办公室列入政府序列，更名为“万宁县人民政府侨务办公室”。

1984 年机构改革，万宁县政府保留侨务办公室并核定人员编制为 6 人，调配一正二副领导班子。内设侨政股、接待股、经济股。

1990 年 5 月，万宁县增设外事办公室，专司全县外事工作。

1993 年，万宁县政府根据侨务办公室内设岗位，再次增加了 2 名干部编制，并调整和配齐了领导班子。

1995 年，万宁县进行机构调整，11 月，撤销外事办公室和侨务办公室，重新设立“万宁县人民政府外事侨务办公室”，挂靠万宁县人民政府办公室。

2006 年 5 月，万宁市委、市政府决定：外事侨务办公室与归国华侨联合会合署办公，保留两个机构、两个牌子，任命侨联主席兼外事侨务办公室主任。内部整合后，干部职工共 12 人，增设涉侨信访岗和侨务党支部。

2011 年 9 月，万宁市外事侨务办公室与万宁市归国华侨联合会分设，外事侨务办公室归属市政府办公室内设机构，对外挂“万宁市外事侨务办公室”牌子。

2018年机构改革，2019年3月25日，外事侨务办拆分为外事办和侨务办。外事办并入市委办公室，侨务办划入市委统战部，对外加挂“万宁市侨务办公室”牌子。

万宁市外事侨务办公室负责人一览表

阶段名称	正职	级别	副职（机构）	任职时间
万宁县侨务局（1961—1965）	陈 昌	正科		1961.11—1966.6
侨务局、侨联合并（1965—1967）	陈 昌	正科	陈凤槐	1965—1967
万宁县侨务办公室（1979—1981）	–	正科	王伍（主管全面工作）、周维新	1979.12—1981.1
万宁县人民政府侨务办公室（1981—1995）	周维新	正科	黄会伍	1981.1—1984.5
	梁谟生	正科	黄会伍、黄儒飞	1984.6—1987.7
	黄会伍	正科	黄儒飞	1988.1—1989.11
	冯清明	正科	黄儒飞	1989.12—1990.6
	王辉勤	正科	欧阳兴、颜成监、钟亚孙陈山柏	1990.6—1995.11
万宁市人民政府外事侨务办公室（1996年设市）(1995—2019)	黄泰章	正科	钟亚孙、陈山柏、陈厚宁	1995.11—2002.12
	符平荣	市政府秘书长（兼任）		2002.12—2006.5
	苏 斌	正科	夏可和、卢裕浪	2006.5—2011.9
	钟晓平	副科	市政府办公室内设机构	2011.9—2017.6
	陈少雄	正科	市政府办公室内设机构	2017.6—2019.3
万宁市侨务办公室（并入统战部）(2019.3—)	陈少雄	正科	市委统战部挂牌机构（陈少雄任副部长）	2019.3—

二、万宁市归国华侨联合会

万宁市归国华侨联合会是由归侨、侨眷组成的人民团体，市政协的组成单位，是党和政府联系归侨侨眷和海外侨胞的桥梁和纽带。其基本职能是参政议政、维护侨益、海外联谊，其宗旨是为侨服务，为党和政府的中心工作服务，为祖国完全统一大业服务。

1950年9月，广东省归国华侨联谊会海南分会筹委会成立，万宁县新加坡归侨陈凤槐、李琼辉等参加筹委会成立会议。会议期间，陈凤槐被推选为海南分会筹委会委员。

1951年10月，756名马来亚归难侨，被安置在兴隆开展生产自救。1953年10月成立了兴隆华侨集体农庄；1956年2月，经中侨委批准成立了国营兴隆华侨农场。其时，随着东南亚一些国家的排华浪潮的影响，万宁县回国的华侨、难侨突增，面对当时的状况，广东省归国华侨联谊会海南分会筹委会提出："万宁县迅速成立归国华侨联谊会，协助县委做好归国华侨工作。"

1956年初，新加坡归侨陈凤槐（时任万宁县工商联委员、归国华侨联谊会海南分会筹委会委员），新加坡归侨李琼辉，马来亚归侨莫骄（时任乐会县简易师范学校教导主任），马来亚归侨李学泰（时为万城和平饭店总经理）等10多名归侨，发起筹建万宁县归侨联谊会。

1956年6月，"万宁县归侨联谊会筹备委员会"正式成立，会议推选陈凤槐为筹备委员会负责人，主持联谊会日常工作。并在万城新街（现镇南街）租赁办公室挂牌办公，实行个人会员制（仅限归侨），收会员费，发会员证，当年共有会员86人，均为龙滚、北坡地区的归侨。

1958年11月，琼东、乐会、万宁三县合并为琼海县，万宁归侨联谊会并入琼海县归侨联谊会，陈凤槐任副主席。

万宁市第七次归侨侨眷代表大会
（杜燕生摄　2019年）

1959年11月，琼海县拆分为琼海、万宁二县。同年12月16日，经县委同意，万宁县归侨联谊会第一次代表大会在万城新街和平饭店举行，参加会议的归侨代表共有38人，选举产生第一届委员会，陈凤槐任主席，莫骄、李学泰、李琼辉为副主席。大会宣布：恢复成立万宁县归侨联谊会。实行个人会员制，并向全县归侨发出倡议书，广泛动员归侨参加联谊会。

1965年，"万宁县归侨联谊会"更名为"万宁县归国华侨联合会"，与侨务局合并，实行"一套班子，两块牌子"。会务经费由万宁县委定额拨付。

"文革"期间，万宁县归国华侨联合会停止办公。

1973年恢复统战部，侨联隶属统战部。

1979年9月，万宁县召开第二次归侨侨眷代表大会，选举产生万宁县侨联第二届委员会，莫国英（新加坡归侨）当选主席。

1983年11月，万宁县侨联升格为正科级。

1984年5月，万宁县第三次归侨侨眷代表大会暨侨务工作会议在万宁县委礼堂举行，出席会议共128名代表。大会选举产生了万宁县侨联第三届委员会。冯清明（新加坡归侨，原任万宁县华侨中学校长）当选为主席，副主席（兼职）：祝建坤、许志光、曾海进、谢善海、陈圣波、李冠琼。侨联常务委员 11 名 。

1993 年 6 月，万宁县第四次归侨侨眷代表大会在县委礼堂举行，出席大会共 116 名代表，大会选举产生了万宁县侨联第四届委员会。黄会伍（侨眷）当选为主席，专职副主席陈昌富，兼职副主席：谢善海、祝春林、许志光。大会还通过了聘请国内外顾问人员名单的决议 。

1999 年 7 月，万宁市召开第五次归侨侨眷代表大会，李曼（女，侨眷）当选为主席，专职副主席苏斌，兼职副主席：谢善海、梁森奎、祝春林。2004 年李曼调往市人大办公室，苏斌主持全面工作。

2006 年 5 月，万宁市侨联与万宁市外事侨务办合署办公，苏斌（侨眷）任侨联主席、外事侨务办主任。

2012 年 11 月，万宁市第六次归侨侨眷代表大会在兴隆温泉宾馆举行，出席大会共 118 名代表，大会选举产生了万宁市侨联第六届委员会。卢裕浪（侨眷）当选为主席。专职副主席黄辉，兼职副主席：邱晓峰、罗德山、曾石花。

2019 年 8 月 28 日，万宁市第七次归侨侨眷代表大会在兴隆温泉宾馆举行，出席大会共 120 名代表，大会选举产生了万宁市侨联第七届委员会。卢裕浪（侨眷）当选连任主席，专职副主席黄辉，兼职副主席：黄日平、黄海生、翁文喜。大会还通过了万宁市侨联聘请的国内外顾问人员名单的决议。

三、市人大教科文卫侨委员会

万宁市人民代表大会常委会设教科文卫侨委员会。其中涉侨的主要工作：组织协调本市有关“涉侨”的地方性法规和决定的起草、修改和说明工作；审查有关方面的行政规章、决定和人民代表大会及其常委会华侨外事以及港澳台方面的决议、决定；了解、掌握侨务工作的落实情况；对有关涉侨政策的重大问题有的放矢地组织人大代表开展调查研究；视察、检查、监督与委员会工作有关的法律、法规和上级人大常委会的决议、决定的执行情况；对本市涉侨以及港澳台方面群众关心的热点、难点、来信来访问题和相关法律法规的贯彻实施等进行专题调查研究，向常委会或主任会议提出报告；联系人大代表中的科教文卫侨代表，及时反映代表的意见和建议。联系相关部门，沟通情况，协同工作。

四、政协万宁市（县）港澳台侨外事委员会

1961 年 10 月，政协万宁县筹备委员会成立。

1962 年 3 月 13 日成立了政协万宁县委员会。

“文革”开始后，县政协停止活动，至 1980 年 5 月才恢复。

政协万宁县委员会成立以来，历届均内设华侨工作组或委员会。

第一届（1962—1981）设文史资料研究委员会和科技、文教、医卫、工商、华侨、兴隆地区、龙滚地区等 7 个工作组；

第二届（1981—1984）设学习、文史、科技、文教、医卫、妇女、侨务、对台、民族宗教等 9 个工作组。1981 年，县政协被列入县四套领导班子之一。

第三、第四届（1984—1990）设办公室、行政秘书组、文史资料组和调研联络组（一室三组）、文史资料研究委员会和科技、教育、文体、医卫、妇女、农业、经济管理、侨务、对台、民族宗教等 10 个工作组；

第五届(1990—1993)设办公室、提案审理组、文史资料组、调研联络组、文史资料研究委员会和科技、教育、文体、医卫、妇女、农业、经济管理、侨务、对台、民族宗教等10个工作组;

第六届(1993—1998)设立台湾同胞、港澳同胞、海外侨胞(称“三胞”)联谊委员会。“三胞”联谊委员会的主要任务:宣传“一国两制”的方针和各项侨务政策,督促和协助有关部门认真贯彻落实华侨政策,扩大海外爱国统一战线;开展海外联谊工作,掌握侨情;协助有关部门管好用好“三胞”捐赠项目;组织开展视察、调研活动,向有关部门提出意见建议,协助改进和做好侨务工作等。

1993年,万宁政协第六届常委会通过决议,万宁县侨联被正式列入市政协的组成单位。

第八届(2003)裁减“三胞”联谊委员会改设“港澳台侨外事委员会”至今。

五、海外交流协会

万宁海外交流协会系万宁各界人士同华侨华人、港澳同胞及海外社团发展友往来与合作的社会团体。该会宗旨是广泛联系海外华侨华人及其社团,增进友谊,开展与海外经济贸易、科学技术、文化教育、旅游等领域的合作交流,拓展万宁经济建设和对外开放。协会设理事会和常务理事会,聘请海内外有声望人士担任顾问和名誉理事。

1992年7月,万宁县侨务办公室牵头筹建“万宁县海外交流协会”。同年8月18日,万宁县人民政府批准“同意成立万宁县海外交流协会”(万府〔1992〕101号)。

1992年9月19日,万宁县海外交流协会第一次理事会议在党政综合办公楼9楼会议室举行,讨论审议通过了交流协会章程,选举产生第一届常务理事会,会议通过了聘任名誉会长和海外侨领为顾问。常务理事会办公室设侨务办。

第一届理事会(1992.9—1994.10)

名誉会长:林玉权、许秀年、陈开岩、陈金云、严国华

海外顾问:祝清坤、吴世才、朱开芳、曾昭才、黄桂春、王琨、朱仕兴、梁安云、莫彬初、郭远世、冯俊新

会长:王辉勤

副会长:颜成监、冯清明、欧阳兴

秘书长:陈山柏

副秘书长:苏斌

第二届理事会(1994.10—1995.10)

1994年10月12日,万宁县海外交流协会第二次理事会议政府办公楼9楼会议室召开,审议通过了交流协会常务理事会工作报告,选举产生第二届常务理事会。

会长:王辉勤(连任)

副会长:颜成监、欧阳兴、陈山柏

秘书长:苏斌

1996年因机构调整合并,海外交流协会停止活动。

万宁市归国华侨联合会历届负责人一览表

阶段名称	正职	级别	副职(机构)	任职时间
万宁县归侨联谊会筹委			陈凤槐主持全面工作,1958.11三县合并琼海县	1956.6—1958
万宁县归侨联谊会	陈凤槐	股级	莫骄、李学泰、李琼辉	1959.1—1961.5
万宁县归国华侨联合会(合并侨务局)	陈　昌	正科	陈凤槐、莫骄、李学泰、李琼辉	1961.5—1965.5
	何应新	正科	莫骄、李学泰、李琼辉	1965.5—1966
万宁县归国华侨联合会	“文化大革命”期间侨务组织机构归县统战部下辖			
万宁县归国华侨联合会	莫国英	股级	曹昭明、莫骄、陈国民、苏信修、祝建坤、陈凤槐	1979.9—1983.7
	王　伍	正科	曹昭明、莫骄、陈国民、苏信修、祝建坤、陈凤槐	1983.8—1984.5
	冯清明	正科	祝建坤、许志光、曾海进、谢善海、陈圣波、李冠琼	1984.5—1993.6
	黄会伍	正科	陈昌富、谢善海、祝春林、许志光	1993.6—1996.8
万宁市归国华侨联合会	黄会伍	正科	陈昌富、谢善海、祝春林、许志光	1996.8—1999.7
	李　曼	正科	苏斌、谢善海、梁森奎、祝春林	1999.7—2004.9
	苏　斌	正科	梁森奎、祝春林、曾良	2006.5—2012.3
	卢裕浪	正科	黄辉、邱晓峰、罗德山、曾石花	2012.3—2019.8
	卢裕浪	正科	黄辉、黄日平、黄海生、翁文喜	2019.8—

六、海外联谊会

万宁海外联谊会成立于1988年8月。

万宁海外联谊会是万宁各界人士与港澳台同胞、海外侨胞加强联谊合作的民间团体。主要任务是:交流海内外各种信息,沟通万宁与港澳台同胞、海外侨胞等人士与社团的联系;举办有关活动,为海外朋友的交往提供服务;配合有关部门开展经济合作和文化交流;听取并反映海外人士对万宁建设和发展的意见和建议,配合有关部门做好海外人士来万宁探亲、观光、旅游的接待工作;协合有同有关单位组织海内外互访、考察等活动。万宁海外联谊会办公室设在万宁市委统战部。

七、场(镇)侨联

(一)兴隆华侨农场归国华侨联合会

1982年11月4日,兴隆华侨农场归侨侨眷第一次代表大会在兴隆召开,有255名代表参加会议,选举产生了“兴隆华侨农场归国华侨联合会”(简称兴隆侨联)第一届委员会,张小兀当选为第一届侨联主席。

兴隆华侨农场侨联机构负责人一览表

名称届别	主席	副主席	任期
兴隆侨联(第一届)	张小兀	吴金铎	1982.11—1988.12
兴隆侨联(第二届)	吴金铎	黄汉德	1988.12—1992.12
兴隆侨联(第三届)	–	马拔海	1992.12—1999.4
兴隆侨联(第四届)	陈德福	–	1999.4—2004.4
兴隆侨联(第五届)	杜燕生	曾少芝	2004.4—2012
兴隆侨联(第六届)	曾石花	黄日平、邱晓锋	2014.3—

(二)龙滚镇归国华侨联合会

1960年8月,龙滚侨联筹备小组成立。1961年6月龙滚侨联正式成立(时称龙滚公社侨联)。莫骄被选任第一届主席,李琼辉为副主席。“文革”开始后,龙滚侨联停止办公。1978年10月,龙滚侨联恢复活动,莫骄任主席,曹昭明、陈凤槐等任副主席。

龙滚镇“侨胞之家”(杜燕生摄 2017年)

龙滚镇归国华侨联合会机构负责人一览表

名称届别	主席	副主席	任期
龙滚归侨联谊会筹备小组	李琼辉	莫骄、曹昭明、陈凤槐等任小组成员	1960.8—1961.6
龙滚公社归侨联谊会	莫　骄	李琼辉	1961.6—1963.10
龙滚公社归国华侨联合会	莫　骄	李琼辉	1963.10—1965.12
龙滚公社归国华侨联合会	“文化大革命”运动开始后,停止办公		
龙滚公社归国华侨联合会	莫　骄	李玉雄、曾海进	1978—1980(恢复成立)
龙滚镇归国华侨联合会	曹昭明	许蓊书、黄业超	1980—1994
龙滚镇归国华侨联合会	李玉雄	许蓊书、黄业超	1994—2001

续表

名称届别	主席	副主席	任期
龙滚镇归国华侨联合会	–	黄业超、冯崇序、纪学安	2002—2004
龙滚镇归国华侨联合会	黄会伍	黄业超、冯崇序、纪学安	2004—2008
龙滚镇归国华侨联合会	–	黄业超(主持工作)	2008—2019.7
龙滚镇归国华侨联合会	何书才	李永前、陈谟清	2019.7—

八、侨友会

(一)兴隆华侨农场印尼侨友会

兴隆华侨农场印尼侨友会成立于1999年9月26日，至2018年会员有300多人，为兴隆华侨农场侨联团体会员，属群众团体。始创会长杜澄波，第二任会长杜添江，现任会长蓝日兴。

该会创会以来，广泛开展联谊交流活动，2000年，成立“华韵”文艺团，出刊《印尼侨友》会讯，通过具有兴隆特色文化娱乐活动开展海内外联谊交流。印尼侨友会文艺团演出的舞蹈《太阳河风情》荣获2005年海南省“国资杯”一等奖。

(二)兴隆华侨农场新马泰侨友会

兴隆华侨农场新马泰侨友会成立于2001年5月26日，至2018年已有会员620多人，为兴隆华侨农场侨联团体会员。首任会长李清泉，现任会长黄永坚(女)。

创会以来，坚持每年春节、“三八”妇女节、“九九”重阳节等节日，开展团拜会、座谈会、组织参观游览及“送温暖、献爱心”等活动。2001年创办季刊《新马泰侨友报》，与香港新马研究社合编《新马归侨抗日抗英名人录》。2004年组建侨友文艺宣传队，分设工厂文艺小组和夕阳红文艺小组，至2018年，文艺宣传队参加各种联谊演出近500场次。

兴隆印尼侨友会合影(杜燕生供图 2009年)

兴隆新马泰侨友会合影(杜燕生供图 2011年)

第二节 接待安置

华侨回国定居与海外迁徙一样，都是人类社会发展的历史现象。在中国封建社会，朝廷实行“不许片帆入海，一‘贼’登陆”的海禁政策，致使华侨有国不能归、有家不能回。鸦片战争后，国门被打开，中国沦为半殖民地半封建社会，其时，华侨回国也常受“官长之责究，胥吏之侵扰”。光绪十九年（1893）清廷被迫废除“海禁”后，华侨才有回国返乡的自由。

一、按籍安置

新中国成立后，回国华侨不绝于途。据不完全统计，万宁海外华侨先后回国定居的约有2万余人。海南解放后的1950年至2018年，回国仍然健在的归侨有6517人。回国定居的华侨大致有两种形态：一是自愿回国；二是被迫回国。具体可分为4种主要原因：一是新中国成立后希望回家乡参加社会主义建设；二是带其下一代回国读书、就业，脱离寄人篱下的异域生活；三是因年迈回乡度晚年，叶落归根；四是受侨居国排华浪潮冲击，被迫归国。

热情接待，妥善安置归侨、难侨，是党和国家的一贯政策。20世纪50年代初，一些周边国家对华侨进行迫害和驱逐，大批华侨被迫回国。1950年6月，政务院发出了《好好安置难侨，不使其流离失所》的通知。中央要求：“接待安置归难侨工作由党委统一领导，把安置归侨的工作，纳入各地有关部门的规划之内。”随着“排华”浪潮不断增升高，回国人数日益增加。当时，被我国租船接回的难侨，接待安置处分别登记造册，对回原籍定居华侨，由接待处发给每人路费和100万元（旧币，折合人民币100元）安家费，以及棉被、蚊帐等日常用品，并开具证明，介绍回原籍地方政府安置。

1951年10月，万宁县委在万城朝阳街设立了“华侨接待站”，安排3人值班，接待零散归难侨。根据“按籍安置，主要面向农村，量才而用”的政策，根据归难侨的不同情况，派员将其带回原籍，动员他们回乡参加生产，参加土改分田地，享受农村社员待遇，从事农业生产；对有专门技能的，量才录用，实行专项人才对口安置；同时县委发出通知，要求县内各中小学校对回国求学者给予照顾、提供方便。据不完全统计，1951年至1962年间，全县安排归难侨在农械厂、钛矿等厂矿工作的有146名；安排在邮电、商业、轻工、粮食等系统和药材公司等企业就业的有128人；被教育、卫生部门录为教师、医务工作人员的有63名；被农植所、社办企业和其他行业吸收为职工的有51名。绝大部分则直接回祖籍农村安家落户。

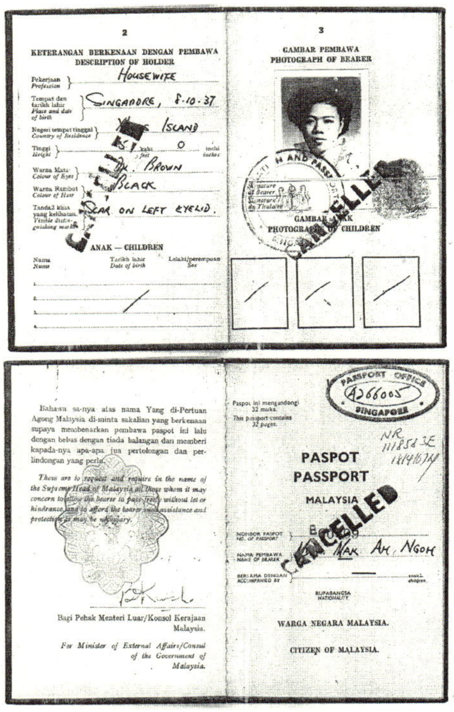

回国证件（市侨联供图 2018年）

万宁县散居归国华侨统计表

1992 年 10 月 8 日

乡镇	民主革命时期	抗日战争时期	解放战争时期	新中国成立初期	“文革”时期	改革开放后	合计
	1935 年前	1935—1945 年	1946—1949 年	1950—1965 年	1966—1976 年	1977—1991 年	
龙滚	74	304	548	972	56	42	1996
北坡	56	196	335	439	42	21	1089
和乐	39	75	210	325	31	9	689
礼纪	32	36	73	168	6	6	321
长丰	20	18	54	42	2	2	138
港北	31	22	52	56	0	3	164
东澳	46	41	96	157	6	6	352
万城	48	72	201	351	14	13	699
大茂	22	24	64	52	4	3	169
乐来	16	18	35	41	2	2	114
后安	48	51	87	253	16	6	461
山根	23	28	56	72	5	2	186
南桥	6	2	0	0	0	0	8
牛漏	5	4	3	2	0	0	14
北大	8	3	4	1	0	0	16
三更罗	3	0	0	0	0	0	3
东岭	2	0	2	0	0	0	4
新梅	5	2	8	0	0	0	15
小计	484	896	1828	2931	184	115	6438

（注：华侨农场、农垦系统及定居万宁境外不在统计中）

二、集中安置

兴隆华侨农场创办于 1951 年，是中国规模最大的集中安置归难侨的华侨农场，因建场选址于万宁兴隆地区而得名。

兴隆华侨农场是特定时期产生的特殊历史产物。1945 年抗日战争胜利后，马来亚又重新沦为英国的殖民地。1948 年 6 月，英国殖民当局颁布了《紧急法令》，肆无忌惮地逮捕参加马来亚抗日、抗英斗争的华侨和马来亚共产党员数万人，分别关押在“木扣山”“新山”“怡宝”“居峦” 等集中营。新中国成立，中央人民政府经过与英国殖民当局交涉、谈判，致使对方同意中国将关押的难侨接回中国。为解决大批归国难侨的安置问题，中国首先创办了广东东莞万顷沙和陆丰华侨农场作为归难侨安置点，但这两个农场受地域的限制，难以承受陆续而至的大批难侨的安置工作。于是，时任中央华侨事务委员会主任何香凝委派中央华侨事务委员会生产救济司吴凤副司长，在难侨处宣传科科长陈仁熙陪同下到海南考察，筛选建立归难侨安置新地。时任海南区党委书记兼行政公署主任的冯白驹等区委领导对此事非常重视，指派海南区侨务局局长陈平专程陪同考察组实地考察。初定在万宁、琼中两县交界的南平一带建立华侨农场。时任万宁县委书记的周训堂，原为泰国归侨，1940 年参加“琼崖华侨回乡服务团”回海南，从抗日战争至解放战争，长期在万宁等地开展工作，他不仅熟悉万宁情况，而且深知难侨在东南亚的生产生活状况，因此，他建议在兴隆建立农场安置归难侨，并列举了选址兴隆的有利条件。周训堂的建议立即得到中央侨务委员会的批准，随后，万宁县委全力配合海南行政区开展筹建系列工作，兴隆华侨农场由此应运而生。

马来西亚归难侨与当地黎、苗族群众合影
(兴隆华侨农场供图 1951 年)

1951 年 10 月 13 日，第一批 756 名马来亚难侨在中央难侨处和海南分处的干部带领下，从广州出发，分三批先后抵达兴隆。为配合有关部门做好难侨的安置工作，万宁县委书记周训堂亲任领导，抽调机关干部组织专门队伍，协助难侨处开展安置工作。

集中安置在兴隆华侨农场的归难侨，除发给每人一张蚊帐，一条棉被等日用品和 110 万元(旧币，折合人民币 110 元，下同)安家费外，到兴隆后，每人每月发放生活费 8 万元(旧币)，成年人加发 2 万元(旧币)作为零用钱。按当时的物价水平，生活上不但可以维持，且略高于当时当地人民生活水平。

被安置在兴隆农场的印度尼西亚归难侨
(兴隆华侨农场供图 1960 年)

自 20 世纪 50 年代初首批马来亚归难侨在兴隆安家立业开始，至 20 世纪 60 年代第二批印度尼西亚归难侨和 70 年代第三批越南归难侨被安置在兴隆，而后又接纳了数批包括老挝、柬埔寨、缅甸等印支难民和各国归侨。至 2018 年，兴隆华侨农场共接收安置了来自 21 个国家和港澳地区 13,482 名归难侨。兴隆华侨农场是政府集中安置的多国归难侨聚居地，是特定时期产生的万宁特殊侨乡，被誉为“小联合国”。

第一批安置的马来西亚归难侨住宅区和幼儿园(茅草屋)
(兴隆华侨农场供图 1951 年)

据海南侨务办统计，1978 年 5 月至 1986 年，累计全海南区共安置印支难民、难侨 2.56 万人，除安置到兴隆、彬村山、文昌、澄迈、东方等 5 个华侨农场 10,932 人外，海南农垦系统 42 个国营农林场共安置了 14,698 人。其时，万宁境内 5 个国营农场都分别接纳、安置了印支难民、难侨。

兴隆华侨农场的人口主要来源于海外归难侨。他们来自不同国家和地区，被安置到各个管区和连队，但有些管区或连队，人们习惯以国别称谓，如“印尼队”“越南队”“马来西亚队”等。其实，这些连队并非清一色同一个国家的归难侨聚居，只是因为同一个国家的归难侨集中安置到该队人数比较多而已。

兴隆农场侨队安置归难侨情况简表（部分）

单位	马来西亚		印度尼西亚		越南		其他		备注（其他）
	户数	人数	户数	人数	户数	人数	户数	人数	
24 队	22	25	30	37	58	100	5	8	泰国、新加坡和香港地区
27 队	57	69	48	61	48	104	4	5	柬埔寨、泰国和香港地区
32 队	19	30	42	57	47	74	2	2	泰国、新加坡
55 队	8	8	66	88	27	40	2	2	柬埔寨、泰国
54 队	1	1	3	4	46	72	0	0	
57 队	4	4	2	2	34	49	0	0	
47 队	2	3	64	81	25	34	1	1	新加坡
合计	113	140	255	330	285	473	14	18	

（一）印尼队（也称印尼村）

处于兴隆华侨农场南旺作业区的 55 队。1955 年前，南旺仍属原始荒山野林，是兴隆集体农庄（1956 年成立国营兴隆华侨农场）青年突击队和场员，餐风饮露，用辛勤的双手，新辟的第八作业区。1959 年，南旺新区已具雏形，茅草屋和砖瓦房相间的一排排宿舍，已住进了被安置到南旺的各国归难侨。1960 年，兴隆华侨农场分 5 批共接纳 2035 名印度尼西亚归难侨，各个管区都有安置任务，而被安置到南旺 55 队和西关 47 队的人数最多，分别为 66 户 88 人和 64 户 81 人。

安置到南旺和西关的印度尼西亚归难侨，大多数从印度尼西亚东爪哇而来，有的侨居已经五六代，他们只会说印度尼西亚语，只知道自己的姓名和祖籍，其他一无所知。初被安置到南旺和西关时，他们用印度尼西亚语交流，如厕用水冲洗，吃饭用手抓，生活习惯和衣着服饰完全印尼化。因此，在人们的视野中，这些作业区仿佛就是一个印尼村。

兴隆印尼村归侨原住宅区（兴隆华侨农场供图 1960 年）

(二)越南队(越南村)

越南的难民潮从 1976 年开始,1978 年达到高峰。

在越南排华浪潮中,华裔政府官员被解职,商人被停业,华文学校被关闭,境内的华侨受尽凌辱、惨遭驱逐。为了活命,越南华侨被迫举家逃亡。有的乘船漂洋过海,惨遭海盗抢劫和杀害;有的因船只不负荷量,船翻人沉,葬身鱼腹,其情景惨不忍睹。面对大量逃亡的难民,我国政府紧急启动安置机制,并与联合国难民署和其他相关安置国家和地区沟通和合作。1978 年 5 月 8 日至 10 日,国务院在北京召开了接待安置回国难侨专门会议,确定了安置原则:一是归难侨基本上集中安置现有的或新建的国营华侨农场,或者安置在其他国营农场和工矿企业;二是难侨中的技术人员和专业人员,尽量做到因才使用,合理安排;三是个别在原籍农村有亲人,要求回原籍生产队安家,当地应热情欢迎,妥善安排。在联合国难民署的合作下,中国政府启动了大规模的接侨工作。为妥善安置大批被越南当局驱逐的难侨,1979 年 1 月 17 日,国务院同意在海南增建东方、澄迈和文昌 3 个华侨农场,与原有的兴隆华侨农场共同作为安置越南难侨的基地。

1.兴隆农场越南村

兴隆华侨农场遵照国务院侨办和广东省革命委员会的安排,从 1978 年至 1979 年底,先后接纳安置印支难侨共 1073 户 5720 人,其中劳动力 2693 人。他们大部分来自越南北方的谅山、芒街、鸿基、白龙尾岛、海防等地,在越南从事农业、渔业、手工业、教师、医务等职业。兴隆华侨农场根据他们各自的专长和技能,“量才录用、适当照顾”安排其工作,而安置到 24 队和 27 队的越南难侨人数较多,分别为 58 户 100 人和 48 户 104 人。这两个连队也被称为越南队或越南村。

此外,兴隆华侨农场的 56 队被称为马来西亚队;57 队被称为泰国队,这些都有其缘由。

2.东兴农场越南队

国营东兴农场创建于 1952 年,位于万宁市北部的六连岭西南山麓。1978 年共接纳安置印支难民 334 人,其中难民劳动力 137 人。大部分来自越南北部从事农业生产劳动和小商人,均为第三四代华裔。为照顾难侨的工作学习,方便他们的交往和生活习惯,东兴农场选择依山傍水、交通便捷的水声队作为主要安置点。因此,农场以及周边群众习惯称水声队为“越南队”。

自 2006 年以来,每年万宁市外事侨务办、侨联或配合省侨务部门联合开展送科技、送文化、送法律、送医药“四下乡”活动,进场入村,为侨服务。

2009 年 6 月,海南省外事侨务办、万宁市外事侨务办联合开展“送医送药”服务活动,聘请省人民医院专家到该连队为归难侨义诊、免费送医送药。

2012 年至 2018 年,万宁侨联侨办每年开展一两次“四下乡”活动,举办 2~3 期农业技术培训班,每期培训不少于 60 人次。先后聘请了华南热作学院教授、广西玉林地区科技处教授、万宁畜牧局农艺师等专家授课,指导归难侨以科学植管促使农业高产高效。

1998 年难民培训班（兴隆点）开学典礼

专家指导越南归难侨科学植管胡椒

技术员指导越南归侨植管荔枝

越南归侨手工作坊

（杜燕生供图 1998 年）

海南省侨联、万宁市侨联举办生产技能培训班

海南省侨联、万宁市侨联举办海水养殖培训班

（市侨联供图 2016 年）

三、侨生安置

新中国成立后，在东南亚一些国家的华侨青年学生中，涌动着一股回国读书的热潮，特别是初中、高中学生，他们把回国读书作为自己的愿望，寻找机会回国回乡求学。一些华侨，也纷纷将自己的儿女带回家乡继续学业。

从 20 世纪 50 年代开始，万宁县华侨学生回国求学的人数不断增多。据统计，1950 年下半年至 1965 年，除由亲属直接带回家乡的侨生外，经海南区侨务部门接待登记的侨生共有 4600 余人，这些侨生的祖籍分别为文昌、琼东、乐会、万宁、琼山等县，其中万宁侨生有 684 人。当时，中侨委对归国侨生的升学和就业采取“包下来”的政策。万宁县委根据 1953 年 5 月经政务院批准的《长期收容处理华侨学生工作方针与方案》和海南区委及侨务部门的指示精神，把辅导、安置归国侨生升学和就业作为一项重要工作。万宁县委和教育科分别作出决定：凡要求在本县上学的侨生，各学校要“优先照顾”；对错过学校招生时间的，准予插班就读；侨生入学年龄放宽，不受班级名额限制；适当解决贫困的华侨学生生活和学习方面的困难等。

1963 年 6 月 30 日，海南行署侨务局、海南教育处发出《关于做好对归国华侨学生和侨眷子女就学问题的联合通知》，要求各县进一步贯彻落实中央对归国侨生升学就业“包下来”的政策，能升学的就升学，不能升学的安排就业。是年下半年，万宁中学、大同中学、龙滚中学、北坡中学等侨生较多的学校，分别增办了辅导班和补习班，加强侨生的升学指导。万宁各学校对侨生的录取标准，坚持贯彻“同等成绩，优先录取”的办法，对侨生给予适当照顾。1963 年秋季招生中，万宁县为不想继续补习升学的 12 名初、高中毕业落榜侨生安排了工作。

四、自主安置

新中国成立之初，百废待兴，需要各类人才，在国家“欢迎华侨回国定居”的感召下，万宁华侨出现了一股回国热潮。形成这股热潮有几个主要原因：一是国内眷属强烈要求海外亲人回国团聚，兴家置业。据侨乡北坡保定村，现已 87 岁高龄的退休蔡老师回忆：“当年（指 1953 年至 1955 年间），我在村里小学当教师，常代那些华侨家属写信。记得，信的内容都是叫海外亲人回来。信写多了，我在每封信中都写上‘新中国成立了，家里的生活比过去好了，有田有地，你不要在那里受苦了，快点回家吧。’信的内容几乎一样……”其时，万宁许多孑然一身在海外谋生的华侨纷纷打点返里。二是受反华、排华浪潮的影响。第二次世界大战后，东南亚一些国家先后发生反华、排华事件，造成华侨动荡不安，万宁在东南亚的华侨、华人到第三国谋生的再移民现象日益突出。万宁许多华侨选择了回国定居，过安稳日子。三是青少年一代回国求学。有许多当年回国读书的归侨回忆：“那个时期，我们这些在国外的青少年把回国求学当成时尚，引以为豪。”四是返里工作，报效祖国。在国外受过教育，有一技之长的华侨知识青年及青壮年，受新中国的感召，也与兄弟朋友相邀结伴回国，从而形成了新中国成立后万宁华侨回国的一轮高潮。

这部分归侨是自愿零散回国的，他们往往不需政府安置，自主决定去向。绝大部分直接返乡与家庭团聚，成为农村新的劳动力；回国求学的学生，有的到当时中侨委创办的北京、集美、广东、汕头等华侨学生补习学校，有的在本县、本地区或邻县学校插班就读，考取各类学校，毕业后，有的返回原侨居国，有的选择留在国内工作，有些已成为教授、博士、学科的精英。

长期以来，党和国家对归难侨实行“适当照顾”的一贯制原则。被安置到万宁兴隆华侨农场和境内各国营农场的难民难侨，初至时一无所有，各个安置场点，为他们备齐了生活和家庭日用品，兴建或倾出住房，帮助他们安家。万宁地方政府及农场对归难侨无偿提供土地、资金、技能培训等方面的援助，支持归难侨发展生产，重建新家园。海南建省后，省委省政府和侨务部门加大投资力度，从人力、财力、物力等方面支持难民难侨的安置工作。地方政府、侨务部门和安置场点，结合农场经营体制的改革，以提高归难侨的生活水平为导向，举办各种类型培训班、学习班，聘请教授、专家授课、实地指导、解惑释疑。

五、归侨知青落户兴隆

兴隆华侨农场创办以来，几乎每年都有归侨知识青年到兴隆工作、落户。1962 年至 1965 年间，北京、天津、广东、福建和海口等省市的归侨青年学生共 450 余人，积极响应中侨委的号召，先后主动报名到兴隆华侨农场落户，参加农场建设。这些归侨知识青年中，大部分具有中学文化程度，有些还是在校大学生。他们朝气蓬勃，有一股初生牛犊不怕虎的闯劲，立志为兴隆华侨农场添砖加瓦。兴隆华侨农场根据到场知青各自学业情况安排其工作，有的派任中小学教师、医务人员，充实教育卫生队伍；有的委任作业区、管区的技术骨干和管理员，加强农场基层实力。有的奔赴农场第一线，踊跃报名参加青年突击队。他们在各自岗位上发挥聪明才智，为农场增添了新的活力。

在落户兴隆的归侨知青中，后来有倾其身家、斥数亿元巨资，为保护生态环境，扎根兴隆，创办热带花园的海南省“赤子楷模”、全国“侨界杰出人物”“感动海南十大年度人物”“全球华侨华人年度人物”的郑文泰；有的调任领导干部，任职至厅局级，如许丽华、黄军灵等；有的回城后自创企业，成为知名企业家；有的移居港澳、广州、珠海、深圳等地。他们不论身居何地、职务高低均把兴隆华侨农场当作自己的第二故乡，桑梓情浓，时时关注着兴隆的变化。并自发成立了“珠澳兴隆农场场友会”“澳门海外兴侨联谊会”“兴隆归侨知青广州联谊会”等团体。组团“回乡”已经成为兴隆归侨知青不可缺少的联谊活动。

兴隆归侨知识青年回农场举办联谊活动
（兴隆华侨农场供图 2016 年）

六、创办侨校

（一）兴隆华侨农学院

1960 年，中侨委决定在兴隆创办“海南兴隆华侨农业学校”，是年组织学校基建工作，1962 年招收学生 90 名，设热作、栽培两个专业班。1964 年，教学楼、礼堂、图书馆、实验室、师生宿舍及学校食堂全部竣工，学校招收第二届学生 3 个班共 112 名，增设农作、会计专业。1965 年招收第三届学生 84 名，开设农作、植保、会计 3 个专业班。

1964 年，经时驻兴隆华侨农场任“四清”运动工作团团长、中侨委副主任林修德和工作队长、中侨委农场司司长李振农等领导的提议，中侨委批准将福建的华侨大学热作系并入“海南兴隆华侨农业学校”组建“海南兴隆华侨农学院”。1965 年，福建的华侨大学热作系师生 200 名学生正式迁到兴隆设大学部，原兴隆华侨农业学校为中专部，中委会组建学院临时领导小组，张凡任组长，后选调汕头华侨补习学校校长王义其任学院副组长。

“文化大革命”开始后，学院停课，广州军区生产建设兵团成立后，撤销“海南兴隆华侨农学院”。

兴隆华侨农场农业中学

归侨知青学习咖啡种植技术
（杜燕生供图 1965 年）

（二）华侨初级中学

1954 年，旅居马来亚的华侨李学泰举家归里。1956 年，他发动家乡北坡保定村海外侨胞捐助，创办“保定村华侨初级中学”，同年招收学生 40 名设 2 个班。1957 年，在县委的支持和海外乡亲的资助下，移校于东山岭头，并将“保定华侨初级中学”并入学校，更名为“万宁县华侨初级中学”。1958 年招收新生 2 个班 65 人，其时学校共 4 个班，全校师生 120 余人。1960 年，万宁县华侨初级中学搬迁合并北坡初级中学。

（三）万宁县华侨中学

原为龙滚初级中学。1951 年筹建，1955 年利用新建教室开设 2 个升中补习班，1956 年正式招生，1962 年 3 月，经广东省华侨委员会同意更名为“万宁县华侨中学”。原校名为全国人大副委员长、中侨委主任何香凝题写。

龙滚华侨中学一角（杜燕生摄 2016 年）

第三节 引导投资

鼓励引导华侨回国投资创业，在孙中山领导的辛亥革命胜利后初现端倪。中国共产党在延安时期就明确提出：“欢迎海外华侨来边区求学、参加抗日工作，或兴办实业。”在《陕甘宁边区三十一年度经济建设计划大纲》中提出“应积极欢迎海外华侨来边区投资，颁布优待华侨投资办法，帮助在延华侨兴办工商实业，造就华侨来边区投资的基础”。为了加强对海外侨胞的联系和宣传，组织华侨回国参战，参加边区建设和兴办各种事业，1940年9月成立了“延安华侨救国联合会”（后为中华全国归国华侨联合会）。1951年6月，中央华侨事务委员会召开第一次侨务扩大会议，会议制定了“对于华侨回国投资的私营经济，凡有利于国计民生者，国家都采取积极的帮助，使他们做出成绩，用于示范”的方针，同年，由中侨委和中财委组成华侨回国投资委员会。1955年8月全国人大常委会通过并公布《华侨申请使用国有荒山荒地条例》，1957年8月，国务院颁布了《关于华侨投资于国营华侨投资公司的优待办法》。该办法第4项规定：投资于国营华侨投资公司的投资人，如果要求工作，可以根据公司有关企业的需要和投资人的具体情况，优先录用。

新中国成立初期，党和国家出台了鼓励华侨回国投资政策，一方面是考虑保护华侨的利益，另一方面是出于推动新中国建设的需要。优待政策和办法，吸引了不少华侨投资家乡建设。为保护华侨的投资合法权益，1956年，国营华侨投资公司海南分公司成立。1960年5月，万宁县也成立华侨投资公司代办处，万宁县侨联主席陈凤槐任代办处主任，侨联副主席李琼辉、李学泰任代办处常务理事。

一、垦荒植胶

1950年10月，根据当时的国际形势，海南第一届人民代表大会，通过了《关于保障华侨投资垦植橡胶业的发展》决议案，并号召海外华侨来琼投资垦殖发展橡胶，颁布保护老胶园和橡胶树的法令。是年，华南垦殖局成立。下半年，万宁县垦殖所成立。

1952年初，万宁县委在中兴地区成立了白茶、架岭、打磉、下水4个垦殖场，动员组织万宁5个区近10万人，分期分批进入垦殖场，掀起垦荒种植“爱国橡胶”的热潮。其间，万宁有些华侨、归侨也利用侨汇合资、独资垦荒种植橡胶，创办新的橡胶园。原在万宁境内，早期由华侨创办的老胶园也迅速恢复和扩建。1951年至1956年，万宁县华侨投资新建立和恢复的橡胶园有6家，种植橡胶13,228株；1916年华侨投资万宁创办了“南兴公司”“振兴公司”“培林公司”和1930年华侨集资创办“琼崖实业股份有限公司”等的橡胶园全面恢复。此外，龙滚、山根、乐来等地华侨还投资创办了槟榔园8家，种植槟榔12,400株；椰子园2家，种植椰子10亩。1957年至1976年，由于受“左”的影响，这些华侨橡胶园、槟榔园和椰子园，有的被无偿并入农场、社队接管经营，有的实行公私合营，成为国营胶园，还有的当作封建财产予以没收，造成了华侨政策遗留问题。

橡胶园（杜燕生摄 1996年）

二、集资入股

至民国时期，万宁粮食全靠人工加工。将谷子加工成糙米，然后经过多次舂臼加工成为白米，每百斤稻谷出米率65%。油料加工是用木制油槽，全靠人工锤打、力榨，出油率很低。1950年初全县仅有万城、和乐2间私营粮油加工作坊。海南解放后,万宁县归侨逐年增多。许多归侨、侨眷为解决生产自救和就业问题,分别在侨乡龙滚、和乐、北坡、乐来、礼纪、后安、环城等地利用侨汇集资创办了碾米厂、粮油食品加工厂、小手工业合作社、旅馆、饮食店等企业20多家,共计投资折合人民币10.31万元。

1956年,这些侨资企业,实行公私合营,成为国营企业,分别归属粮食、供销、商业等系统。根据中央文件精神,其中属于生产自救的,随后撤销改造,发还归侨投资者本息。"文革"期间,这些投放于国营华侨投资公司的资金被冻结,停发利息。华侨投资陷于停顿。

第四节 拨乱反正

1978年,中国共产党十一届三中全会胜利召开。

以党的十一届三中全会为起点,中华人民共和国开启了改革开放历史新时期。侨务工作"柳暗花明"进入一个崭新的春天。

一、打破禁锢

1976年粉碎"四人帮"后,万宁县委召开万人大会,举行庆祝活动,继而举办各种类型的学习班、培训班,组织学习党的十一届三中全会精神。利用广播、图片、墙报、专栏等各种宣传工具,宣传党的路线、方针、政策,揭批"四人帮"罪行。按照中央和海南区党委的部署,拨乱反正,逐步清除"左"的影响。

在以"阶级斗争为纲"和"海外关系复杂论"的"文革"中,侨务系统是一个"重灾区"。其时,万宁县有"海外关系"的人,不能加入中国共产党和共青团,不能提干、升学、参军、就业,甚至连婚姻也受干涉。因"海外关系"制造了各种莫名其妙冤假错案。海外关系"紧箍咒",致使万宁许多归侨侨眷,有海外亲人不敢认,侨汇不敢收,侨批不敢寄,华侨回乡不敢接,造成海内外隔绝的局面,给归侨侨眷、海外侨胞以及侨务系统的干部职工蒙上层层叠叠的阴影,心灵严重创伤。因此,彻底打破"海外关系复杂论"的禁锢是侨务工作拨乱反正的关键。

二、恢复机构

随着侨务领域的拨乱反正工作全面展开,1978年1月,国务院侨务办公室成立。1978年4月,全国侨联恢复活动。随后,各省、市侨务、侨联组织机构相继建立健全。1978年12月22日,全国侨务会议在北京召开,廖承志在会上作了《认真落实党的侨务政策为建设现代化的社会主义强国而奋斗》的工作报告。会议明确了改革开放初期侨务政策基本原则和主要内容:一是确立国内侨务工作"一视同仁,不得歧视,根据特点,适当照顾"的基本原则;二是重申新中国成立以来国外侨务政策。1978年10月,万宁县重点侨乡龙滚镇侨联恢复活动;1979年9月,万宁县召开第二次侨代会,选举产生第二届侨联委员会。同年12月,万宁县侨务办公室成立。1982年11月4日,兴隆华侨农场侨联成立。在县委、县政府的重视和大力支持下,万宁县侨务工作,抹平了历次运动极"左"思想造成的严重创伤,走出了困境,步入了正轨。

三、落实政策

中国共产党最初的侨务政策，就强调了维护侨胞的利益，充分调动侨胞力量参与抗战，积极吸引海外侨胞回国投资创业，参加边区建设。

侨务机构瘫痪，侨务工作停滞，许多归侨侨眷遭受不同程度的歧视、迫害和打击，造成了一大批冤假错案，侨务系统成为"重灾区"。因此，改革开放初期，拨乱反正，全面恢复和落实侨务政策，解决历史遗留问题成为侨务战线的首要任务。

落实侨务政策主要包括两个方面的内容：一是落实涉侨历史遗留问题的政策；二是贯彻落实现行的侨务政策。具体而言，主要包括落实历史上被非法没收、挤占、改造的华侨私房问题；复查、平反历史上遗留的冤、假、错案；清理干部职工档案中各种歧视性的结论、评定；落实归侨侨眷知识分子政策等。

万宁县落实侨务政策自 1978 年开始。

（一）落实侨房政策

侨房是指华侨、归侨在国内的私有房屋，是侨胞在国内主要财产之一。

1979 年，万宁县委传达了中央有关落实侨房政策，在组织各项政策落实的工作中，同时开展了侨房的调查摸底工作。

1984 年，中共中央办公厅、国务院办公厅转发《关于加快落实华侨私房政策的意见的通知》下达后，万宁县成立了"落实侨房政策领导小组"，由分管侨务工作的副县长任领导小组组长，抽调侨办、侨联、统战、房管所等有关部门的干部组成专项工作组，以调查、宣传同步进行，全面开展侨房落实工作。

万宁县落实农村侨房一览表（选年）

户主姓名	侨居国（地）	侨房原址	建筑面积	补偿金额	政府文号
朱精华	马来西亚	北坡保定	176.8m²	5200 元	〔1985〕335 号
钟江书	中国香港	礼纪礼明	141.2m²	2500 元	〔1986〕29 号
陈为珠	马来西亚	东澳岛光	90.35m²	2360 元	〔1986〕30 号
裴启志	马来西亚	后安六合	70.5m²	1000 元	〔1986〕31 号
文祥光	马来西亚	后安曲冲	240.2m²	4000 元	〔1986〕152 号
冯尤吉	新加坡	龙滚排园	120.6m²	3000 元	〔1986〕154 号
陈玉芳	新加坡	山根立岭	148.16m²	3000 元	〔1986〕155 号
肖家英	马来西亚	长丰南山	96.58m²	2700 元	〔1986〕156 号
韩球元	马来西亚	长丰南山	72.43m²	2100 元	〔1986〕157 号
许日强	马来西亚	龙滚龙滚村	100.5m²	2560 元	〔1986〕158 号
冯学卿	马来西亚	龙滚治坡	120.5m²	2960 元	〔1986〕159 号
陈开楷	新加坡	山根模山	30.8m²	600 元	〔1986〕160 号
王裕兰	中国香港	龙滚新市	132.6m²	3000 元	〔1986〕184 号
文绪江	马来西亚	后安吴村	47.8m²	900 元	〔1986〕185 号
符献仁	马来西亚	山根华明	30.5m²	600 元	〔1986〕186 号

续表

户主姓名	侨居国(地)	侨房原址	建筑面积	补偿金额	政府文号
黄成吉	马来西亚	和乐村	160.5m^2	3500 元	〔1986〕187 号
周仲南	马来西亚	乐来七星	186.8m^2	3350 元	〔1986〕188 号
黄帮梅	马来西亚	北大中兴	51.5m^2	1000 元	〔1986〕189 号
文亚德	马来西亚	北大中兴	160.6m^2	2400 元	〔1986〕190 号
吴秋旧	马来西亚	乐来坡头	79.5m^2	1000 元	〔1986〕195 号

万宁县落实退还城镇侨房一览表(选年)

户主姓名	侨居地	侨房原地	建筑面积	退还时间	政府文号
王开诚	新加坡	镇南街 21 号	124.12m^2	1989.6.30	万府〔1989〕45 号
韩龙驹	美国	镇北街 19 号	51.68m^2	1989.6.30	万府〔1989〕46 号
陈祖荣	美国	朝阳街 12 号	81.73m^2	1989.7.11	万府〔1989〕48 号
		朝阳街 14 号	55.68m^2		
		朝阳街 25 号	50.14m^2		
彭正传	新加坡	朝阳街 17 号	123.66m^2	1989.7.11	万府〔1989〕50 号
		朝阳街 3 号	83.16m^2		
王大桐	新加坡	朝阳街 20 号	68.55m^2	1989.7.11	万府〔1989〕51 号
何琴楠	新加坡	朝阳街 31 号	141.6m^2	1989.10.7	万府〔1989〕84 号
吴琼花	马来西亚	镇南街 13 号	185.6m^2	1989.10.7	万府〔1989〕85 号
王贻炎	新加坡	龙滚旧墟	56.58m^2	1989.10.7	万府〔1989〕86 号
李会棠	新加坡	龙滚旧墟	67.4m^2	1989.10.22	万府〔1989〕94 号
何文溢	新加坡	龙滚旧墟	67.4m^2	1989.10.25	万府〔1989〕95 号
李琼育	马来西亚	龙滚旧墟	63.14m^2	1989.10.25	万府〔1989〕96 号
冯锦娴	马来西亚	龙滚旧墟	38.18m^2	1990.1.23	万府〔1990〕9 号
刘桂兰	马来西亚	镇北街 16 号	71.61m^2	1990.2.10	万府〔1990〕11 号
		镇北街 18 号	69.19m^2		
		镇北街 20 号	73.34m^2		
		镇南街 25 号	144.96m^2		
吴家居	马来西亚	镇南街 71 号	84.6m^2	1992.4.20	万府〔1992〕59 号

(二)落实归侨侨眷知识分子政策

“一视同仁,不得歧视,根据特点,适当照顾”,也称“十六字”方针,是党和国家侨务工作的基本原则。正确对待使用归侨侨眷干部和知识分子是落实侨务政策的重要组成部分。1982 年,中央组织部、国务院侨办发出了《关于充分发挥归侨干部作用的意见》。1983

年国务院侨办《关于全国归侨侨眷知识分子工作座谈会纪要》和1985年《关于抓紧落实归侨侨眷知识分子政策工作的意见》。这些文件形成了落实归侨侨眷干部和知识分子政策的主要内容，即要正确认识归侨侨眷干部和知识分子的特点，在政治上“一视同仁”，给予充分的信任和尊重，在生活上“适当照顾”，优先解决他们的实际困难，工作上人尽其才，根据他们的专长，合理安排，放手工作。

根据中央文件精神和海南区侨务办公室的部署，1985年10月，万宁县委、县政府决定：县侨办、侨联牵头，开展全县归侨侨眷干部和知识分子的调查，协调有关部门落实归侨侨眷干部和知识分子政策。至1986年5月底调查统计，全县归侨侨眷知识分子（中专以上，不含农场）共357人，归侨96人。其中大专（含大学）毕业的有86人，中专毕业的有214人，高中毕业的有57人。根据统计材料，万宁县侨办、侨联配合有关部门再次复查清理归侨侨眷知识分子档案。对1964年开展打击流氓犯罪分子活动处理的36名教师重新复查评议，认定事实不符或量刑畸重，全部收回安排工作，其中有19名为大、中专毕业的归侨侨眷教师。至1989年底，万宁县帮助6081人（次）专业技术干部、知识分子解决夫妻分居、子女就业、住房困难等问题，办理1708户（人）专业技术干部、知识分子家属农转非。并遵循中央“对归侨侨眷知识分子归应给予更多的尊重和照顾”的政策，万宁县归侨侨眷知识分子的入党、提拔、晋级、住房、分居、子女就业等问题都得到了逐步解决。至1989年，在县内任副科以上职务的归侨侨眷有24人，其中副处级2人；晋升高、中级职称的有16人；加入中国共产党的有7人；被选为各级人大代表有26人，选为各级政协委员的41人；被国家、省、县表彰的有19人。此外，万宁县还为王伍、陈凤槐、陈严克、吴大森、林明高、李玉雄等27名归侨干部确定国外工龄，恢复工资待遇。

（三）收回安置20世纪60年代初被精简归侨侨眷职工

20世纪60年代初，我国国民经济遇受严重困难，万宁县和全国各地一样，部分工矿企业下马，不少单位精简、压缩职工回乡生产。1983年，国务院侨办、劳动人事部（1983）侨政字第058号《关于处理六十年代初被精简的归侨职工问题的意见》下达后，万宁县侨办、侨联会同劳动局、人事局及相关部门，贯彻执行收回60年代初被精简的归侨职工政策。1985年4月，国家有关部委又发出补充通知，将精简的华侨和归侨的直系亲属职工也列入收回安置范围。至1991年12月30日，万宁县共收回归侨职工和归侨侨眷直系亲属职工128人，其中收回重新安排工作的有79人，其余年老体弱不能参加工作的，作退休、退职处理。

收回被精简的归侨干部职工名单表（部分）

1986年10月30日

姓名	性别	籍贯	参加工作时间	原工作单位	工人或干部	审批机关
李琼志	男	龙滚乡	1951	县商业局	干部	县人事局
陈月兰	女	龙滚乡	1952	龙滚区公所	工人	县劳动局
王芳梅	女	龙滚河头	1952	龙滚信贷社	职工	县劳动局
黎才科	男	琼海温泉	1950	万城粮所	工人	县劳动局
周经妹	女	北坡	1958	和乐供销社	工人	县劳动局
符月连	女	龙滚	1957	县农机厂	工人	县劳动局

续表

姓名	性别	籍贯	参加工作时间	原工作单位	工人或干部	审批机关
柯万銮	女	琼海东海	1959	北坡木具厂	工人	县劳动局
符树侑	男	文昌宝芳	1956	县克香厂	工人	县劳动局
何大森	男	龙滚	1953	万城粮所	工人	县劳动局
李光火	男	牛漏七甲	1957	南旺小学	教师	县人事局
潘爱花	女	环城车头	1958	教育局	教师	县人事局
陈君才	男	北坡南岛	1960	教育局	教师	县人事局
黄美雅	女	大茂长星	1961	万城粮所	工人	县劳动局
冯文颜	女	龙滚	1959	县总社	工人	县劳动局
李必礼	男	北坡	1960	保定小学	教师	县人事局
蔡育雄	男	北坡	1959	县农业局	干部	县人事局
冯锦花	女	龙滚	1958	县建筑公司	工人	县劳动局
黄运民	男	和乐封浩	1961	尖岭小学	教师	县人事局
黄文宽	男	山根	1959	尾潮小学	教师	县人事局
黄光育	男	北坡保定	1960	山后小学	教师	县人事局
顾大美	男	北坡联星	1958	排溪小学	教师	县人事局
蔡冠雄	男	北坡保定	1960	县农业局	干部	县人事局
梁道昆	男	环城仁群	1951	县建筑社	工人	县劳动局
林志川	男	北坡水边	1958	教育局	教师	县人事局
肖文南	男	北坡宾王	1960	教育局	教师	县人事局
陈永新	男	长丰福田	1960	七星小学	教师	县人事局
陈星波	男	龙滚龙岗	1958	区公所	干部	县人事局
冯锦宁	男	龙滚	1960	外贸局	干部	县人事局
陈业銮	女	龙滚	1960	坡罗小学	教师	县人事局

(四)落实华侨橡胶园政策

1952年初，万宁县委在中兴地区成立了白茶、架岭、打磉、下水4个垦殖场，动员组织5个区(现为镇)近10万人，分期分批进驻垦殖场，掀起垦荒种植“爱国橡胶”的热潮。其时，万宁有些华侨、归侨也乘此热潮，利用侨汇合资或独资在南桥南水，禄马上溪，东兴乌鸦岭，以及东兴、东岭地区的山牛田、红坎坡、估地、乐来、打磉等地垦荒创办新的橡胶园、槟榔园、椰子园。1916年，冯运时、曾达泉、卢子明等投资万宁分别创办“南兴公司”“振兴公司”“和培林公司”垦荒种植的橡胶园，1930年，马来亚琼籍华侨王模仁、郭新、郭巨川、王兆松等集资创办“琼崖实业股份有限公司”，派王模仁到万宁县禄马地区购地8000余亩，投资叻币50余万元，1938年垦辟橡胶园200多亩，种植橡树7000余株，抗日战争爆发，植胶被迫停止。抗日战争胜利后，1948年又植橡胶树8000余株(这批橡胶树海南解放后开割)。华侨梁定春也在万宁北大田茂地区(今东兴农场田茂队)垦荒30多亩，种植橡胶 1000 余株，这些侨资企业的原橡胶园也迅速恢复和扩建。至 1956 年，万宁县境内有 6 家华侨投资的橡胶园，共种植橡树 20,628 株。在土地改革、资本主义工商业改造和农业合作化运动时期，因经济体制改变和受“左”的影响，这些华侨私营橡胶园，有的被并入农场或人民公社，有的被社、队无偿接管，有的实行公私合营，还有的被当作封建财产予以没收，交农场或社、队经营。这些错误做法，侵犯了华侨园主的合法权益。

为解决这一政策遗留问题，1981 年，海南行政公署发了海行函（1981）74 号《关于儋县华侨投资垦植橡胶园遗留问题的批复》，制定了处理华侨橡胶园的具体政策。1985 年 7 月 1 日，广东省人民政府办公厅批转了广东省侨办《关于海南岛华侨投资垦植橡胶园政策遗留问题的调查报告及处理意见的请示报告》，作出认真处理海南岛华侨橡胶园政策遗留问题的决定：“对于并场入社时尚未折价的原华侨橡胶园，重新折价补偿；对于折价并场入社的原华侨胶园，当时折价确实偏低的，重新折价，给予合理补偿；过去已作没收处理的，给予合理折价补偿；1958 年已实行公私合营的原华侨胶园，其定息发至 1966 年 9 月底止，应领而未领取的定息可以补发。如 1958 年前未实行公私合营，但已并入国营农场的作折价补偿处理……”按照上述政策规定，万宁县落实华侨政策办公室，经调查核实分别对 6 家华侨胶园作了折价补偿处理，按照“谁得利，谁补偿”的原则，至 1986 年，相关单位已付清补偿款和应付的定息。此外，华侨、归侨在万宁投资创办了槟榔园 8 家，种植槟榔 2400 株；椰子园 2 家，种植椰子 10 亩，也一并折价补偿或将原园退还业主。

20 世纪 50 年代初期，万宁县许多华侨归国后，他们响应政府号召，怀着开发建设家乡的愿望，投资于国营华侨投资公司，有的为了生产自救和解决就业问题，利用侨汇集资创办手工业，工业，旅店和饮食业等企业。当时，国家对华侨的投资方式、经营范围、优惠政策都作了规定。1956 年，这些华侨企业在公私合营时被清产核资纳入改造，有的实行公私合营，成为国营企业，其中属于生产自救的，随后撤销改造，发还归侨投资者本息。“文革”期间，投放于国营华侨投资公司的资金被冻结，停发利息。根据国务院侨办《关于对五十年代初被归侨用侨汇集资办的企业的资金退还问题的意见》，1986 年，万宁县政府作出决定，退还归侨利用侨汇投资的全部股金 13,780.35 元。

万宁县退还 20 世纪 50 年代初归侨集资办企业股金表（部分）

姓名	原侨居地	归国时间	入股时间	入股企业	入股金额	政府文号
徐光德	马来西亚	1953	1953	万粮加工厂	200.94 元	〔85〕167 号
冯邦熊	马来西亚	1953	1954	和乐粮所	491.0 元	〔85〕199 号
陈大宁	马来西亚	1952	1953	万城粮所	840.66 元	〔85〕200 号
何君志	新加坡	1953	1955	乐来粮所	520.46	〔85〕211 号
周家麟	马来西亚	1953	1956	乐来粮所	282.8 元	〔1986〕25 号
许开德	新加坡	1951	1952	北坡粮所厂	854.7 元	〔1986〕26 号
何达深	新加坡	1953	1953	龙滚加工厂	182.8 元	〔1986〕35 号
谢善伍	新加坡	1952	1953	乐来粮所	219.34 元	〔1986〕27 号
许福珍	新加坡	1950	1951	北坡粮所	611.6 元	〔1986〕32 号

续表

姓名	原侨居地	归国时间	入股时间	入股企业	入股金额	政府文号
肖启明	马来西亚	1954	1956	和乐粮所	196.4 元	〔1986〕34 号
李新统	新加坡	1952	1953	和乐粮所	697.4 元	〔1986〕33 号
周家基	新加坡	1951	1953	北坡粮所	854.7 元	
许世东	新加坡	1951	1953	北坡粮所	216.5 元	
谢汉松	新加坡	1951	1953	龙滚粮所	1061.41 元	
周家邻	马来西亚	1953	1953	乐来粮所	182.8 元	粤侨政
何国贤	新加坡	1952	1953	龙滚供销社	1010.87 元	(86)119 号
陈锡钦	马来西亚	1953	1953	龙滚供销社	755.88 元	
王影萍	新加坡	1953	1953	县饮食公司	1010.55 元	
陈成育	马来西亚	1953	1953	县百货公司	800.00 元	
李仕传	印度尼西亚	1953	1953	万城加工厂	354.03 元	
谢汉熙	新加坡	1953	1953	万城加工厂	123.88 元	粤侨政字(87)第 21 号
顾兴春	印度尼西亚	1951	1953	县饮服公司	150.6 元	

第五节 行稳致远

侨务工作是党和国家一项长期的战略性工作。侨务工作的发展变化,历来同国家发展大局和国际大环境息息相关,与海外侨胞的生存发展状况紧密相联。在历次“政治运动”中,万宁侨务工作受到挫折停滞和严重创伤。不少归侨侨眷干部职工因有“海外关系”受到歧视和排挤。广大海外侨胞对家乡的行为产生不解和畏惧,致使海内外沟通渠道枯竭,侨务工作曾一度陷入困境。

1978 年党的十一届三中全会召开后,万宁县在侨务工作领域中展开了拨乱反正,正本清源一系列工作。至 1992 年 10 月党的十四大召开时,基本完成了侨务政策的落实工作,肃清“左”的影响,逐渐愈合了广大海外侨胞、归侨侨眷心灵的创伤,删除了他们心中的阴霾;以光明磊落、有错必纠的博大胸怀和举措,换回了海外侨胞、归侨侨眷对党和政府的信任,对祖国、对家乡的情感。万宁侨务工作以党的十一届三中全会为标志,在拨乱反正、落实侨务政策中重新起步,在改革开放、为实现中华民族伟大复兴的“中国梦”征程中,发挥独特的作用,行稳致远,与时代发展的脉搏同频共振。

一、依法护侨

1990 年,第七届全国人大常委会通过并颁布了《中华人民共和国归侨侨眷权益保护法》。这是我国第一部侨务法律,不仅意味着我国保护归侨侨眷权益工作走上法治化轨道,也标志着侨务政策法规已经成为我国法律体系中不可或缺的重要组成部分。1993 年,国务院又制定了《中华人民共和国归侨侨眷权益保护法实施办法》。两部法律、法规成为保护归侨侨眷合法权益的主要依据。2004 年,国务院重新修订《中华人民共和国归侨侨眷权益保护法实施办法》，适应了侨情的变化和新时期保障归侨侨眷合法权益工作的需要，进一步充实完善了保护归侨侨眷权益的内容。1991年8月，海南省政府出台了《海南省关于华侨港澳台同胞投资捐赠奖励办法》。1992年，海南省政府也颁布了《海南省实施〈中华人民共和国归侨侨眷权益保护法〉办法》。依法保护归侨侨眷和华侨华人在国内的合法权益，是侨务部门的重要职能，也是侨务部门为侨服务的重要内容。

2006年，全国人大常委会开展《保护法》颁布以来的第一次执法大检查。同年4月14日，执法检查组抵达万宁，先后召开了侨界代表、相关单位负责人座谈会，听取了万宁市政府工作汇报。检查组对万宁市政府贯彻实施《保护法》的工作予以肯定。

链接：

万宁市人民政府关于贯彻实施《中华人民共和国归侨侨眷权益保护法》的情况报告

2006年4月14日

（节选）

根据海南省人大常委会办公厅《关于做好归侨侨眷权益保护法执法检查工作的通知》精神，万宁市人大、市政府联合召开了市外事侨务办、市侨联、国土、工商、税务、公安、人事劳动等有关单位负责人以及归侨侨眷、侨资、侨属企业代表座谈会，认真听取了有关部门的执法汇报和对执法工作的意见和建议，现就我市近几年贯彻实施《中华人民共和国归侨侨眷权益保护法》（下称《保护法》）主要工作综合汇报如下：

万宁市是海南省重点侨乡之一，自《保护法》颁布实施以来，我市在省委、省人大、省政府的领导和省外事侨务办、省侨联及有关部门的大力支持下，结合本市的实际，采取多种形式，通过多种渠道，在学习宣传《保护法》，依法维护侨益；以及围绕《保护法》开展专项活动等做了一些具体的工作，取得一定成效。

一、坚持学习宣传《保护法》，营造知法守法，维护侨益的氛围

《保护法》颁布十五年来，我市将学习宣传贯彻《保护法》纳入侨务工作的日常事务。每年《保护法》颁布周年，由市政府牵头，市人大科教文卫工委、市政协港澳台侨外事工委、市外事侨务办、市侨联联合举办宣传周活动，在宣传周中，我们利用市内有线广播电视，出动宣传车、挂横幅、贴宣传广告、印发宣传册子、出刊宣传栏，同时，市政府还召集市有关部门、各镇分管侨务工作的领导及侨界代表座谈会等形式开展学习宣传活动，通过制造声势，营造氛围，掀起学习宣传贯彻《保护法》的热潮。几年来，为宣传《保护法》，分管侨务工作的副市长发表广播电视讲话5场次，重复播放时长共计50小时，编制宣传栏12期，印发宣传册子1000多册，出动巡回宣传车30辆次。由于我们注重宣传的广度和深度，广辟宣传渠道，并经多年常抓不懈，因而《保护法》和《实施办法》已深入人心，家喻户晓，广大市民遵守侨法、自觉维护侨益、而归侨侨眷也逐渐学会运用法律来保护自身的合法权益。

二、深入贯彻落实《保护法》，拓宽依法维护侨益的渠道

贯彻实施《保护法》以及相关的法律法规是一项长期的重要工作，我市作为海南省重点侨乡市，市委、市政府始终把贯彻侨法、依法维护侨益摆在重要的位置。

（一）认真维护归侨侨眷在政治、生活方面的权益。近年来，市委市政府十分重视归侨

侨眷工作,责成外事侨务办、市侨联对全市归侨侨眷特困户、丧失劳动能力的孤寡户和无经济来源的贫困户进行调查,登记造册,尽管市财政并不富裕,但每年市政府都要拨出专款对他们在生活上给予照顾,每年春节、中秋节,市政府都要组织侨务部门开展慰问活动,把党和政府的温暖送到归侨侨眷家中。自2001年以来,每年由市侨联牵头组织的侨属企业"送温暖献爱心"和资助优秀高考特困生上大学的活动从未停止过,仅去年,市侨联就组织慰问36户特困归侨侨眷,送去慰问金18000余元,发动侨界捐款24000元,资助6名特困生上大学。几年来,市侨务部门配合上级相关单位实施"侨居工程"战略,积极筹措资金,为散居农村归难侨改造危房750平方米,解决25户归侨侨眷住房难问题。同时,市委市政府始终把落实归侨侨眷养老保险、医疗保险、失业救济、最低生活保障等作为"侨心工程",从实处着手。据统计,至2006年3月底,全市归侨侨眷已参加养老保险的有7590人,占应参保总数的85%,已参加医疗保险的有5610人,占应参保总人数的85%,已获最低生活保障的有5344人,占应参保总人数的80%。全市162名孤寡归侨侨眷,已全部纳入"五保",1949年10月1日以后回国的退休困难职工,已办理生活补贴手续,并领取生活补贴的有60人,其他的正在办理中。此外,市政府时时关注归侨侨眷下岗职工,责成就业局及有关部门积极为归侨侨眷下岗职工创造再就业机会。据有关部门统计,全市下岗归侨侨眷职工317人,已解决就业问题298人,19位解决不了就业的职工也纳入了低保,生活得到了保障。

对归侨侨眷我们不仅在于生活上给予照顾,而且在政治上给予关心。万宁市归侨侨眷干部除在各个行业、各个领导班子中占有一定的配额外,在历届人大代表、政协委员中均占一定比例。万宁市第十二届人大代表中,归侨侨眷代表11人,其中省人大代表2人,市人大代表10人;万宁市第八届政协委员中,归侨侨眷委员12名,其中常委3名。

(二)落实侨务政策,妥善处理涉侨遗留问题。截至2005年12月底止,我市已落实侨房面积9335平方米,退还使用权9243平方米,占应退还使用权总数的99%。其中1995年前落实侨房8510平方米,是当年海南省基本完成侨房落实任务的先进市县。近几年,我们又连续落实了2间华侨祖祠(建筑面积562平方米)和3间城镇侨房(建筑面积263平方米),至今,万宁市已完成了历史遗留的侨房落实任务,解决了长期困扰侨务工作的老大难问题。

(三)重视涉侨信访工作,释疑解难凝聚侨心。信访工作是我们了解接触归侨侨眷和海外乡亲的一个重要渠道。近几年来,我们把抓好信访工作作为贯彻实施《保护法》的工作平台,要求涉侨部门负责人亲自抓来信来访工作,并严格涉侨信访工作程序,做到来信来访事事有着落,件件有回音,要求有关部门认真依照《保护法》及相关的法法规,妥善处理信访案件。据侨务部门统计,截至2005年12月底,累计受理侵犯侨益案件89宗,其中办结86宗,尚未办结3宗。2003年至2005年,共受理涉侨信访件8宗,已办结6宗,占受理案件的75%,其中,办理省人大转交信访件5宗,已办结4宗,占80%,办理省外事侨务办公室转交3宗,已办结2宗,占67%。当中未办结3宗已经进入司法程序。近几年,万宁市信访件越来越少,全市没有一起涉侨集体上访或越级上访的事件发生,有力地促进了侨乡构建和谐社会的进程。

三、强化发展意识,服务归侨侨眷和侨资企业

近年来,我们以贯彻侨法为切入点,做如下几项工作:

(一)扶持引导,壮大侨乡经济。至2005年底,全市侨属企业已发展到850家,实际投入资金近亿元,成为侨乡经济的重要支柱。近年来,市委市政府在扶持侨属企业工作中,主要做好资金、技术上的扶持,在政策和经营管理方面给予帮助,在提高企业内在素质和增强企业的市场竞争能力上下功夫,使侨属企业逐步走上联合、合作的道路,逐步形成多元化、规模化。

1.转变观念,着力培养归侨侨眷的"造血"功能。结合万宁市开展的"三农"工作,引导归侨侨眷转变"等、靠、要"的坐享其成思想,立足本地资源,把侨汇变为生产资本,用在开发性生产上,走劳动致富之路。

2.资金援助,科技帮扶。近几年,除市民政、扶贫办、银行等部门给予资金上的援助外,市政府还拨出扶贫专款100万元。同时,侨务部门还争取上级对口资金、发动侨资侨属企业开展帮扶活动等累计近200万元。目前,全市大部分归侨侨眷已基本脱贫,部分已步入小康行列。

(二)建立依法护侨的长效机制,促进侨资企业健康发展。至2005年底,在万宁市注册成立的侨港澳资企业共36家,实际投资3.4亿美元,占外资企业总数的66%,占投资总额的80%。为做好跟踪服务工作,保护其合法权益,促使其健康发展,我市先后采取一系列措施:一是制定优惠政策。先后出台了《关于外来投资优惠待遇的若干规定》《关于鼓励招商引资有功人员暂行办法》等。二是优化投资环境。出台了《关于进一步改善投资环境的决定》《万宁市行政首长问责办法》,成立了"万宁市投资环境监督工作领导小组""万宁市投资治安环境治理工作领导小组"等各种相应机构,并启用"问责制度",加强政务环境建设,实施阳光操作,建立效能政府。三是加强与侨资侨属企业的联系和沟通,主动为企业解决具体问题,为企业创造一个良好的经营环境。仅去年,市侨联、外事侨务办会同有关部门为侨资侨属企业解决了13宗具体问题。市委市政府组织二次专题调研和侨界代表座谈会,倾听意见,现场办会,解决问题。

(三)树立典型,打造品牌,充分发挥示范辐射作用。侨属企业是万宁市的一大亮点,在万宁经济发展中起到了一定作用。近几年,我们注重总结先进经验,抓好示范点,树立典型,以点带面。

(一)侨务信访

侨务部门接待、处理华侨华人和归侨侨眷的来信、来访称之为"侨务信访"。凡属华侨华人和归侨侨眷的来信、来访习惯统称为"涉侨信访"。

侨务信访工作的任务是:接待、办理华侨华人和归侨侨眷的来信、来访;协调有关部门处理涉侨案件,保护华侨华人和归侨侨眷的合法权益,并根据其特点以及客观条件给予适当照顾;综合整理华侨华人和归侨侨眷的建议、意见和其他信息,报送领导机关和有关部门;为华侨华人和归侨侨眷提供方针政策、法律法规以及办事程序的咨询服务。通过接待来访和办理来信,妥善处理侨界的困难和问题,为社会和谐、实现中华民族伟大复兴和祖国统一大业服务。2005年5月1日后,各级政府部门都贯彻执行国务院《信访条例》(2005年1月5日国务院第76次常务会议通过,2005年5月1日起施行)。

万宁涉侨信访古已有之,但在不同的社会形态里,其内容、方式及管理者对它的重视程度不同而已。中华人民共和国成立前,万宁涉侨信访件,却被当局者"一批二转三不管”。华侨回乡财产不故被扣被没；归侨无端被辱被抓；侨乡的华侨、归侨、侨眷许多合理诉求遭阻、遭拒，等等。纵使信访者有理有据，但最终也是“无钱无势告不来”。

清宣统元年(1909)，侨乡龙滚地区的归侨、侨眷以及周边村庄的村民，多次联名上书县府，请求帮助修筑文曲防潮坝，治理近万亩农田常遭海潮患问题。可当时的封建政府只顾横征暴敛，哪管农民生产生活，侨乡农民的合理要求被县府搁置不理。无奈，龙滚地区自发成立了“修筑文曲水坝筹备处”，海内外筹集资金，发动 2000 多名村民利用两个多月的时间建成了文曲防潮坝，当年，晚造水稻获得空前大丰收。岂料水坝建成后，给一些投机取巧的商人造成了行船小障碍，他们把文曲防潮坝视为眼中钉，并用巨款贿赂县官，以“目无政府，私塞河道”为名，雇用 100 多人带着枪炮往文曲毁坝，在护坝群众的针锋相对阻止下，他们又用金钱买通了前来调停、阻止械斗的驻军，在官府、驻军的暗箱操作下，文曲防潮坝被强行破毁。直至 1955 年万宁县委、县政府重新修建了文曲拦潮坝，龙滚地区的海潮患才得到根治。

中华人民共和国成立初期，万宁涉侨信访工作由县委管理。侨务机构成立后划归侨务部门管理。侨务信访工作是侨务部门联系侨界、体察侨情的对外窗口，是直接为侨服务的桥梁和纽带，有助于保护侨界权益、维护侨界稳定和谐、制定和修订侨务政策、法规、法规，从而凝聚侨心、发挥和调动海外侨胞、归侨侨眷的积极性。因而，万宁市委和市政府历来都将侨务信访工作确定为侨务部门的一项长期、重要的工作。

万宁侨务信访工作，从历年的来信来访情况看，在不同的历史时期，呈现出不同的内容，大体可分为以下几个阶段。

1960 年前后，安置、就学、就业、救济等问题较为突出。其阶段为万宁海外侨胞回乡的高峰期。

1976 年至 1981 年，反映政治上、工作上、生活上受歧视的问题较多。“文革”中因有“海外关系”受到不公平的待遇等是该时段申诉较多的问题。

1981 年至 2000 年，这是涉侨来信来访的高峰期。一是要求落实各项侨务政策、平反冤假错案、解决工作生活待遇问题；二是落实退赔华侨私房、“文革”中被抄没的财物，回收、恢复工作，出国出境探亲定居；三是工资福利、子女升学就业、夫妻分居、粮食户口、职称等。

1981 年至 1985 年，万宁县侨务办公室、万宁县侨联(其时合署办公室)年均接信接访 320 人次，年均调处各类涉侨来信来访件 280 宗，结案率达 87.5%。1986 年万宁县侨务办公室、万宁县侨联分别被称为“万宁县信访工作先进单位”。

2001 年以来，侨务信访件逐年减少。主要有政策法律法规的咨询、投资环境、各类经济案件纠纷、侨房拆迁、向政府提出意见和建议等。

据统计，自 1986 年至 1995 年的 10 年间，万宁市共受理涉侨来信来访 3477 件(次)，为万宁涉侨来信来访高峰期，且呈逐年上升的趋势。从该时期的信访件内容分类，虽然五花八门，但更多的是反映历史遗留问题，要求落实侨务政策为主。

2005 年以来，万宁市涉侨来信来访逐年减少。从信访分类可见，其内容逐步转变到关心现实工作生活中的切身利益，依法维护自身合法权益的内容为主。

1996 年，万宁市(县)基本完成落实历史遗留的涉侨问题。随之，万宁县“落实侨务政策领导小组”“万宁县落实统战政策领导小组”“万宁县落实侨房小组”等落实政策专门临时机构相继撤销。调处涉侨来信来访工作归属万宁市侨办(外事侨务办)、侨联负责。

2006 年至 2012 年,万宁市外事侨务办公室和万宁市归国华侨联合会联合成立了“万宁市涉侨信访工作小组”。2008 年涉侨信访工作小组发起与市人大、市政协科教文卫侨工委建立横向联系机制,形成合力,相互配合调处涉侨涉外信访案件。2008 年至 2012 年 5 年间,累计联合接待涉侨来信来访 316 人次,提出诉求 98 宗,除 3 宗进入司法程序外,调处办结 95 宗,结案率达 100%。“涉侨工作小组”,做到了年度工作有筹划,季中有分析,年终有总结。在调查处理涉侨信访工作中,坚持一视同仁,实事求是,热情接待,有求必应,不推卸不拖延,用心、用力依法维护国家、集体、侨胞三者利益;坚持属地管理,分级负责和谁主管、谁负责的基本原则。为实现有效维权,科学维权,市侨联、外事侨务办主动与镇、村建立纵向联系,以村委会(社区)为载体,经常派员深入侨乡镇、村开展调研和矛盾排查、化解矛盾工作,并在龙滚、万城、兴隆等侨乡建立了 5 个侨法宣传角。

2009 年 6 月, 马来西亚第三代华裔张先生来信, 请求帮助寻找祖籍祖居及亲属,他来信提供的有效信息仅是“海南省万州万宁,先祖张某某,坝头村”15 个字。而重名坝头村、张姓在万宁市有 10 多个村庄。“万宁市涉侨信访工作小组”历经数月,跨越 3 个镇,查访了 17 个张姓村庄,终于圆了张先生认祖归宗的梦。

2007 年至 2018 年,万宁侨务部门每年开展一次侨法宣传周或宣传月活动,举办 1 ~ 2 次送侨法、送科技、送医药、送文化“四下乡”活动。有求必应,不推卸不拖延,人人都是侨务信访工作者,用心、用力、用情,和风细雨、迎难而上、善于协调、为侨解忧排难是万宁市涉侨信访总的工作要求。2010 年,万宁市外事侨务办被评为“海南省侨务系统信访工作先进单位”。

(1986 年—1995 年)万宁县侨务系统信访情况统计表(一)

年份	总数件次	按来源分类(件次)					按问题分类(件次)								结案率(%)
		华侨华人		归侨侨眷		上转信件	侨房落策	冤假错案	退赔财物	工作就业	工资待遇	生活救助	出入国境	其他	
		来信	来访	来信	来访										
1986	274	72	19	46	129	8	28	91	12	36	24	36	35	12	90.6
1987	307	75	13	98	109	12	32	98	31	38	21	44	20	23	91.7
1988	311	68	21	112	104	6	35	63	24	30	30	21	16	92	92.3
1989	341	37	53	131	116	4	39	75	31	35	32	30	21	78	96.6
1990	306	35	65	137	62	7	26	72	16	28	46	18	18	82	96.4
1991	356	32	73	201	47	3	48	42	28	72	39	34	16	77	97.8
1992	347	46	41	195	24	1	43	37	36	80	35	27	9	80	98.5
1993	402	42	76	197	86	1	59	66	37	75	37	29	5	94	97.6
1994	401	31	69	204	95	2	65	72	41	68	34	57	8	56	96.3
1995	432	28	74	215	113	2	79	71	42	55	38	63	14	70	98.2
小结	3477	466	504	1536	885	46	454	687	298	487	336	359	162	664	95.6

(资料来源:万宁市外侨办、市侨联档案)

(2006年—2015年)万宁县侨务系统信访情况统计表(二)

年份	总数件次	按来源分类(件次)					按问题分类(件次)								结案率(%)
		华侨华人		归侨侨眷		上转信件	侨房落策	冤假错案	退赔财物	工作就业	工资待遇	生活救助	出入国境	其他	
		来信	来访	来信	来访										
2006	193	39	42	48	60	4	64	13	15	11	38	3	7	42	95.2
2007	205	41	32	62	68	2	47	26	32	15	27	13	20	25	95.4
2008	184	33	28	54	69	0	58	11	25	6	32	2	12	38	98.7
2009	175	24	15	47	87	2	52	8	36	12	24	9	16	18	95.6
2010	138	26	19	42	46	5	50	4	7	5	22	18	9	23	95.3
2011	121	20	17	39	39	6	38	10	18	6	10	10	11	18	96.5
2012	97	19	13	26	27	1	43	5	6	2	7	5	8	21	97.2
2013	113	16	19	35	43	0	34	3	9	8	16	5	15	23	98.5
2014	106	15	22	37	31	1	27	7	14	5	12	2	13	26	98.5
2015	98	9	31	39	19	0	18	2	16	8	13	2	28	11	98.8
小结	1430	242	238	429	489	21	431	89	162	78	207	69	139	245	97.0

(资料来源:万宁市外侨办、市侨联档案)

(二)保护侨汇

侨汇(旧称侨批、番批、洋批)。侨批伴随着近代中国移民的形成而出现,主要分布在侨乡。侨批是赡养国内眷属、置家立业等的私人汇款。在万宁,自有华侨产生,就有侨汇出现。旧社会,侨汇是侨户主要的生活依靠。19世纪前,万宁侨汇进入的渠道:一是由“水客”经营(约占总额75%);二是华侨返乡随身携带(约占20%);三是托付回乡的亲朋好友、同乡顺带(约占5%)。19世纪中后期,随着侨批局的产生,水客逐渐退出历史舞台。海南最早经营侨汇业务的是“琼州侨批局”,创办于清光绪八年(1882),设在海口。1900年后,海南经营侨批业的队伍逐渐增多。来自各国的侨汇,经由海口再转汇各县乡的汇取店号或代理店。1928年至1932年,万城设有“慧龙”邮差业兼管侨批,龙滚、和乐、北坡均设“代理店”。1939年,日本占领海南岛,继而进犯东南亚,海路被日军封锁,侨批业被迫停止。1945年抗战胜利后,万城2间、北坡1间、龙滚3间私营侨批站恢复营业,其间,侨批站除了负责侨汇派送、兑换外,还帮助侨户书写信件等,收汇人也会视其侨汇的数量,酌情给予送批者些许小费,侨批站(店)与侨户关系较为融洽。

侨汇是侨乡的特有产物,在保障归侨侨眷生活、促进侨乡建设、推动国家经济社会发展等方面,具有较大作用。新中国成立初期,侨汇又是增加国家外汇收入的重要来源之一。

新中国成立初期,由于受到一些国家实行限汇、禁汇的影响,加上侨乡在民主改革中,没有处理好侨户的特殊情况,在工作中挫伤了一些华侨、归侨侨眷的情感,致使侨汇呈现大幅度下降。为了争取更多的侨汇,1950年,中央人民政府颁布了《侨汇业管理暂行条例》,并制定了一系列具体措施。1951年,海南区经济委员会和中国银行海口支行等部门,组成了"海南区侨汇管理委员会",贯彻执行"服务侨胞,便利侨汇"的政策,在全区开展争取侨汇和保护侨汇工作。同年7月,万城设立第一家储蓄所。至1953年,又先后在龙滚、和乐、北坡、乐来、东澳、长丰、礼纪和兴隆等侨乡设立8间营业所。为争取更多的侨汇,万宁县委及银行部门,贯彻中央和海南区委、海南区侨汇管理委员会的指示精神,执行"稳定物价,合理牌价,集中存款和原币存单"的方法,稳定侨汇收入。1955年2月23日,国务院下发了《关于贯彻保护侨汇政策的命令》,1956年下半年,万宁私营侨批站改造为集体所有制企业。1956年和1961年万宁县侨联、侨务局相继成立,其时,为争取侨汇和保护侨汇,万宁县侨务部门深入侨乡开展调查,协助县委扭转土地改革中产生对侨汇认识的偏差,纠正土改时一些以侨汇多少给归侨侨眷确定成分的错误,撤销了"华侨地主""华侨富农"户,侨务部门还主动与归侨、侨眷和原私营侨批业沟通,从而获得了归侨、侨眷和海外侨胞的支持,万宁侨汇存款逐渐出现回升的态势。据万宁银行部门统计,1952年至1957年,万宁县侨汇收入为741,300美元。

1977年8月起,万宁侨批业归属银行管理。1977年至1984年,万宁县每年侨汇解付都在70万至90万元之间。

1989年11月18日,中国银行万宁县支行成立,逐而与新加坡和中国香港、澳门等国家和地区的16家金融机构建立直接通汇关系,办理美元、港币、日元、英镑、法国法郎、德国马克等10多种外币的存款和兑换人民币的各种业务。1990年,万宁外币存款余额折合366.8万美元,解付外汇人民币925.6万元。是年,万宁县工商银行、农业银行也相继办理各种外币存款和其他外汇业务。

1991年海南省政府发出《海南省照顾侨汇购房者亲属入户的暂行规定》。1993年5月5日,海南省人民政府侨务办公室、海南省计划厅、海南省公安厅、海南省粮食局又联合发出《海南省华侨用侨汇在城镇购买住宅照顾亲属入户暂行管理办法》。至1998年,侨乡龙滚镇共筹集资金12,600万元建设龙滚新墟,其中侨资10,332万元,占总投资额的82%。

1952年—1957年万宁县侨汇收入统计表

单位:美元

年份	侨汇金额	年份	侨汇金额
1952	83,200	1955	152,470
1953	87,610	1956	153,300
1954	136,120	1957	128,600
合计	306,930	合计	434,370

1956年,广东省开始实行侨汇商品供应,规定对归侨、侨眷特殊需要给予临时供应。各县粮食局印刷不定期的1斤、5斤面额的"华侨特殊用粮供应票",省商业厅印刷"华侨用糖、油、棉布供应证",票证交各县侨务部门掌握发放。华侨或侨眷凭票证向当地华侨商店、粮站或供销合作社购买规定的商品。

1960年,广东省规定:凡有侨汇(外币及兑换外币)收入的侨眷、归侨、归国华侨学生、港澳同胞眷属及海员眷属、国际友人,都属供应对象。1960年1月,广东省人民银行印刷面额分别为 100 元、50 元、40 元、10 元、5 元、1 元的“侨汇增加统销商品供应证票”,用于定量供应统销商品,全省华侨商店通用。印刷“华侨特种商品供应证”,用于供应一般商品,各县、市内使用。1961 年广东省规定:侨汇年收入 20 万美元以上的市、县设立华侨专业商店,50 万美元以上的设立华侨专业公司。1962 年 7 月,广东省人民委员会重新修改华侨商品供应办法,规定由广东省商业厅华侨特种商品供应公司统一印刷“华侨特种商品供应证”,面额为 100 元、40 元、20 元、10 元、5 元、1 元,由银行根据侨汇额发给收汇人。票证使用期限为 1 年,限于本县、市使用。海口等口岸兑换外币领取的侨汇供应票,经加盖口岸银行侨汇专用章后可在全省通用。根据广东省的规定,1964 年,万宁县在万城镇南街设立了华侨商店。“文革”时期,万宁华侨商店停止营业,所有侨汇票证一律作废。

1978 年,万宁成立了“华侨特需商品供应公司”,同年,万宁华侨商店恢复营业。票证由广东省统一印刷。1982 年,全省统一发放新版的侨汇票证,使用期限 2 年。侨汇票证面额有 100 元、50 元、30 元、10 元、5 元,每 100 元面额票证供应大米 10 斤、面粉 10 斤、食油 1.5 斤、食糖 2 斤,购特券 30 张(涤纶布券、工业品券、副食品券各 10 张)。

1982 年全县侨汇收入 186.7016 万元,比上年增加 46.4109 万元。为方便侨汇兑现,加强侨汇解付工作,万宁侨办、侨联积极协助银行部门,分别在侨汇较多的龙滚、和乐、万城设立侨汇解送点,配备解送员,及时将侨汇送到侨户。1982 年至 1985 年,90%以上的侨汇均由解送员送款上门。同时派员驻点侨汇商店,加强组织管理和供应工作。万宁华侨商店营业至 1985 年下半年止。

(三)侨务宣传

侨务宣传的内容是在围绕党和政府的各时期的中心工作,全方位开展的基础上,以传递乡音、联络乡情、宣传家乡、增进乡谊为主。侨务宣传工作对于传承和弘扬中华文化、维系华侨华人与祖籍国的亲情联系、促进中外交流、凝聚侨心、涵养侨力资源等具有独特的作用,被广大侨胞誉为“精神食粮”“留根工程”。

万宁侨务宣传是在党委和政府的领导下,由侨办、侨联担负主要责任。万宁县是海南重点侨乡,在海外有 30 多万华侨华人,侨务宣传由此而具有特色和丰富内涵。

中华人民共和国成立以来,万宁侨务宣传工作大体经历三个不同发展时期。

“文化大革命”前 17 年(1950—1966)。侨务宣传工作的主要内容是党和国家的各项侨务方针政策,指导性文件,引导归侨侨眷积极参加社会主义革命和建设,根据党的“统筹兼顾,适当安排”的方针和“一视同仁,不得歧视,根据特点,适当照顾”的原则,以正确的舆论导向,引导各职能部门正确处理华侨问题;认真贯彻党的各项侨务政策,引导华侨回国投资和保护侨汇等。

“文化大革命”时期(1966—1976)。由于受“左”的影响,侨务宣传工作处于停顿状况。

改革开放以后(1976—2018)。侨务宣传工作为适应新时期党的中心工作需要,一方面从理论宣传上澄清被颠倒的华侨历史、华侨的贡献,宣传侨务方针政策,正确引导落实侨务政策,拨乱反正。配合市委、市政府“打好侨牌”“为经济建设服务”的发展战略,多形式、多渠道、全方位开展侨务宣传工作,引导华侨、华人、归侨、侨眷积极参加祖国和家乡的现代化建设,在中国特色社会主义新时代,为实现“两个一百年”奋斗目标、实现中华民族伟大复兴的“中国梦”砥砺奋进。

20世纪80年代，万宁侨办、侨联开展对外宣传的主要途径是：利用民族、民间传统节日和市内重要庆典活动，向境内外寄发贺卡、贺信，进行节日祝贺、问候和述说家乡的新变化，传递乡音，沟通侨情；利用接待、上门拜访回乡侨胞的机会，介绍万宁的建设和发展情况，宣传侨务法律、法规和相关政策，赠送家乡相关的宣传刊物；1986年至1992年，曾在侨乡归侨侨眷中连续发起“一人一封信”，向海外乡亲开展宣传联谊活动。

1.专题宣传片

1988年，万宁县侨务办、侨联聘请海南华侨摄像服务公司制片组到万宁，以侨乡新风貌为背景，以万宁县落实侨务政策、服务侨胞，海外乡亲捐资办学和归侨、侨眷建设家园的新人新事为主题，摄制了《东山岭下故园情》专题宣传片，并制作1500张录像带，分别赠送新加坡、马来西亚、美国、澳大利亚、泰国、印度尼西亚、日本、法国等国家和港、澳、台地区的社团、侨领、知名人士和万宁海外乡亲。

2013年至2018年，市侨联三次聘请中央电视台、海南电视台到兴隆热带花园拍摄《郑文泰“绿色梦想”》等人文纪录片，向全球宣传“全国侨界十佳人物”“感动海南十大年度人物”“全球华侨华人年度人物”兴隆热带花园董事长、归侨郑文泰事迹。

2.侨务刊物

《侨务简讯》。1992年6月10日，由万宁县侨务办公室创办。万宁市外事侨务办成立后，1996年更名为《外事侨务简报》。它是以报道万宁侨务、外事工作为主，阐述侨务政策，探讨为侨服务等问题的月刊。每期出刊100份，发送县“四套班子”领导和各镇各单位。

萬州鄉音
海南省万宁县归国华侨联合会主编
1994年9月第一期（内部刊物）
抓住机遇　再造辉煌
县委书记、县长　林玉权
创刊词

侨报《万州乡音》创刊号（市侨联供图　1994年）

《万州乡音》。1993年5月12日，由万宁侨联创办的4开4版月报。其主旨是宣传侨务政策，报道侨乡建设新成就、新风尚，归侨侨眷和海外乡亲、港澳台同胞在家乡投资、捐赠的先进事迹，传递乡音，沟通乡情。每期印刷200张，发送市（县）领导和各乡镇各单位外，每期定向国外社团、侨领、知名人士等寄赠100份。

3.部分出版物

1995年由万宁县委、县政府主持，朱逸辉（作家、原海南文化局副局长、文联副主席）主编的《万州乡情人物》（东西文化事业公司出版）向外发行。1997年6月，万宁市侨联苏斌执编《万宁设市纪念册》，向海外赠送300本。2002年11月，万宁市文史工作者、作家协会会员蔡德佳主编《万宁华侨华人史料》（上下册）出版。2004年11月，由原万宁侨务办主任王辉勤策划，王琨（新加坡）主编，王辉民（教授）主笔兼责编的《流芳谱》出版。图文并茂，全面记述了侨乡龙滚镇河头村委会海外乡亲捐资助学、建设新农村的实况。2016年6月和2018年6月，苏斌（万宁市侨联原主席、外事侨务办主任）、卢裕浪（市侨联主席）为主编的侨乡万宁系列丛书《故乡梦》《桑梓情》由中国华侨出版社出版发行。

4.万宁侨界部分出版物

《辉煌五十年》（兴隆华侨农场建场50周年献礼图书）梁森奎主编；《兴隆华侨农场简

史》雷远炎、陈宇锋编著;《兴隆华侨农场建场专辑》政协万宁市委员会编辑,吴淑香主编,冯炜、梁森奎等副主编;《南洋风雨》《东南亚史简编》《泰国史略》陈宇锋著;《太阳河的故事》符福胜著;《太阳河之歌》章沙红著;《沧桑拾忆》黄和军著。

部分涉侨出版物(杜燕生供图 2018 年)

5.教育基地

(1)兴隆华侨农场展览馆

中国侨联原主席林军(右三)在省侨联原主席何云霞(左三)、原副主席王小玉(左二)及万宁市委、兴隆华侨农场的领导陪同下,参观兴隆华侨展览馆 (杜燕生供图 2011 年)

展览馆始建于 1991 年,2001 年建场 50 周年前夕,展馆资料进一步充实改版后,在农场原工会二楼重新开馆,时任全国侨联主席林兆枢为该馆揭牌,同年被中国侨联授予“中国侨联爱国主义教育基地”。展馆共分为伟人志、赤子情、展宏图、铸辉煌 4 个部分,浓缩了兴隆华侨农场发展的历史,是一部归侨、侨眷报效祖国、艰苦奋斗、创建家园的壮丽史诗。展览馆从征集 3000 多件文物和 2 万多张图片中,筛选、整理展出了 1800 多件文物和 500 多幅图片。开馆以来,共接待了各级领导、社会各界、海外社团及华侨华人 5000 多人次。万宁市侨联和兴隆侨联每年组织一两次万宁归侨侨眷、侨界青少年学生参观展馆、开展爱国传统教育。

（2）兴隆热带花园教育基地

兴隆热带花园2002年被中国侨联命名为“科教兴国示范基地”；2008年国务院侨办列入“侨爱工程项目——侨爱热带花园”；2015年被命名为“中国华侨文化交流基地”等。

2012年万宁市侨联在该园创建“侨心林”基地，每年不定期在热带花园举办学习、宣传、联谊活动。2012年至2018年，累计有700多人次归侨侨眷和海外青少年，在基地参加各类活动。

兴隆咖啡谷是一家以原产地咖啡为主题，集华侨文化、咖啡种植、加工销售、旅游观光、休闲度假、科普体验于一体的综合性侨属企业，是万宁市农业示范、涉侨活动基地之一。2015年，市侨联与其联合创建涉侨活动基地“侨梦苑”“侨梦广场”，是海南省侨联“侨胞创新创业服务联系点”和省级“侨胞之家”。

兴隆热带花园（杜燕生供图 2018年）

（3）侨务宣传角

2007年以来，万宁市外事侨务办、市侨联先后在侨乡龙滚镇的水坡、凤园村委会和镇侨联，万城镇南居委会、仁里居委会，兴隆华侨农场创建了6个侨务宣传角和宣传栏。通过创建侨务宣传角，实施侨务宣传进农村、进社区，进一步推动侨法学习、宣传的普及，提高全社会侨法意识和法治观念，营造良好的社会环境和氛围。

6.宣传活动

《中华人民共和国归侨侨眷权益保护法》（简称《保护法》）1991年颁布实施以来，万宁市（县）侨务办、侨联把学习宣传和贯彻实施侨法作为侨务工作的一项重要任务，每逢《保护法》颁布周年，均举办“侨法宣传周”“侨法宣传日”活动，在全市范围掀起了学习、宣传侨法的热潮。

2006年，国务院侨办会同全国人大华侨委、全国政协港澳台侨委、致公党中央和中国侨联（简称“五侨”）联合召开新闻发布会并下发通知，要求在全国范围内掀起开展“侨法宣传月”活动的热潮。同年，根据海南省“五侨”联合通知精神，万宁市开展了“侨法宣传月”活动。活动期间，通过市分管领导广播电视讲话，利用巡回宣传车、发放宣传手册，举办学习座谈会、广场咨询等活动，并借助广播、电视、网络、报刊等新闻媒体，广泛宣传侨法，营造学习、宣传侨法的浓厚氛围。据市侨务部门统计，至2018年，全市每年发放各种侨法宣传材料2000份，参加各种侨法宣传活动1500多人次，参加侨法培训班、座谈会等4000多人次。

二、凝聚侨心

新中国成立初期，党和国家就制定了“根据特点、适当照顾”的国内侨务工作方针。党的十一届三中全会后，党中央和国务院又重申了“一视同仁，不得歧视，根据特点、适合照顾”的侨务工作十六字原则。当前，在进入中国特色社会主义新时代，面对新形势、新要求、新挑战，不忘初心、牢记使命，以人为本，为侨服务，凝聚侨心发挥侨力，共同致力于中华民族伟大复兴，为实现“两个一百年”奋斗目标作出应有的贡献是时代赋予侨务工作的新任务。

（一）侨情调查

侨情是侨乡市的基本市情。了解侨情、掌握侨务资源，是开展侨务工作的前提。

1956 年，刚成立的万宁县归侨联谊会筹备组，曾开展一次侨情调查。因为当时侨联组织机构尚未建立，筹备组人手少，调查工作只在龙滚、北坡和县城局部地区进行，调查的对象仅限于归侨，登记入册者有 412 人。这次调查的主要目的是筹建万宁县归侨联谊会。

随着组织机构的建立健全和侨务工作不断拓展，为了适应侨务工作面临的新形势、新任务，进一步把握优势，服务大局，服务侨胞，党的十一届三中全会以后，万宁侨务部门于 1985 年、1992 年、2004 年和 2014 年开展 4 次“华侨华人、港澳台同胞情况普查”。

1985 年的侨情普查工作由侨联、侨务办联合开展，此次调查普及全县各乡镇（华侨农场和国营农场除外），历时 8 个多月，调查统计数据为：海外华侨华人 109,963 人，分布五大洲 21 个国家和地区，其中华侨 4411 人，华人 105,552 人；县内归侨 15,304 人，侨眷 72,381 人；香港同胞 6500 人，澳门同胞 2700 人，台湾同胞 2150 人；港澳台眷属 8520 人。此次普查出现较多的“空档”：其一，有些华侨华人较长时间与家乡失去联系，国内侨眷对海外亲人近况了解不多，仅登记第一代华侨，其后裔为空白；其二，有些侨眷对调查认识不足，有说要征求海外亲人意见，有的不肯提供信息，有些一户只提供一个人；其三，国内侨眷分不清国外亲属的华侨华人身份；其四，有些旁系眷属只知道另一支系有很多人在南洋，可是实况不清楚。综合情况分析，1985 年侨情普查所获数据显然偏低。

1992 年的调查由万宁县侨务办公室组织，涉侨单位配合。此次调查是在 1985 年侨情普查的基础上，由全县各乡镇统一进行，填表登记。调查的主要对象是海外华侨华人。这次调查关注到了 1985 年调查时出现的“空档”，同时参考了海外万宁同乡会及琼侨社团提供的基本资料，在统计处理上渗入了估算数据。

2004 年侨情普查为全省统一部署。万宁市的普查工作由市政府统一筹划、部署和实施。市政府专门向乡镇及各单位下发了《关于开展侨情调查工作的通知》，并成立了以分管副市长为组长、市涉侨部门负责人参与的“万宁市侨情调查领导小组”，召开全市侨情普查工作动员大会，以会代训的方式组织培训工作，外事侨务办成立专门调查机构，采取属地管理的方式，各乡镇、各部门成立调查小组，纵向到底、横向到边。调查分为：海外华侨华人、海外重点工作对象、归侨侨眷、港澳台同胞。2004 年的普查工作历时 1 年多（2005 年补查），直至 2006 年上半年才进行归类统计，调查结果显示：华侨华人共 276,357 人，分布五大洲 26 个国家和地区，其中新华侨华人 507 人；归侨侨眷、港澳台属 193,520 人；登录重点工作对象 1518 人，大多为在国境外事业有成、任过社团侨领或知名人士，他们与家乡交往联系较多，关心并致力于万宁建设发展，慷慨资助家乡公益的新老侨胞。

2011 年 10 月，万宁市侨联开展“散居归侨侨眷分布情况调查”，此次调查是结合侨务扶贫工作开展的一次全市性普查。

侨情普查是一项复杂的工程，所涉及的对象是一个特殊的群体，他们在国(境)外，有着不同的历史背景与情感需求，不受约束，有些被调查者感到调查的内容涉及个人隐私，不愿透露，个别层次较高的不希望别人来打扰。侨情普查有别于国内的人口普查，况且，侨情普查工作是通过国内调查国外，由于多数侨眷对于海外亲人的详情不是很清楚，或仅了解家庭中的部分人；有些华侨华人在国内已经没有近亲眷属；等等。受诸多因素的制约，侨情调查工作难于获得较为确切的数据，万宁市的侨情普查工作只能纳入常态管理，随时随地了解情况，做好信息登记，因此，每次普查的数据仅为公约数，其中部分数据来自海外社团提供。

在开展海外华侨华人、港澳台同胞常态化调查的同时，万宁市侨务部门结合市委、市政府各时期的中心工作，几乎每年都有调查、调研项目，先后建立了《海外乡亲档案集》《海外知名人士通讯录》《散居归侨花名册》《归侨侨眷知识分子花名册》《散居归侨侨眷分布情况调查统计表》《落实侨务政策分类档案》《特困归侨侨眷调查登记表》《鳏寡孤独归侨登记表》《侨资侨属企业调查登记表》《华侨华人港澳同胞捐赠项目情况登记表》等系列侨情调查档案。通过调查，了解海外侨胞、港澳台同胞新变化，掌握本市归侨侨眷的新诉求，建立侨务资源共享和精准服务的平台。

万宁县华侨华人分布表

	新加坡	马来西亚	印度尼西亚	日本	澳大利亚	泰国	美国	越南	文莱	加拿大	法国	其他国家	合计
龙滚	30,000	40,000	15,000	2000	1000	1000	2000	1000	1000	1000	1000	15,000	110,000
北坡	20,000	30,000	4000	1500	1000	1000	500	400	300	200	200	5000	64,100
后安	10,000	17,000	1000	400	1000	200	150	130	20	50	50	2000	32,000
和乐	11,000	4000	1000	200	500	300	700	500	500	200	600	20,000	39,500
港北	2000	2000	2000	1000	100	300	20	10	1010	15	50	1495	10,000
万城	2000	3000	4000	1000	500	600	500	1000	200	400	100	4000	17,300
山根	1000	1000	300	200	200	300	200	300	250	840	250	160	5000
乐来	1000	1000	900	300	100	200	230	460	520	35	30	225	5000
大茂	1000	1000	400	300	100	200	500	400	400	460	20	220	5000
礼纪	1000	1000	300	400	300	200	200	300	200	800	100	200	5000
东澳	1000	1000	800	400	200	200	300	200	300	200	100	300	5000
长丰	1000	1000	300	300	200	300	200	200	300	700	100	400	5000
合计	81,000	102,000	30,000	8000	5200	4800	5500	4900	5000	4900	2600	49,000	302,900

(摘自《万宁县志》)

万宁市散居归侨侨眷分布情况调查表

乡镇名称	归侨侨眷情况				贫困归侨侨眷情况				当地总人口
	户数	人数	其中		户数	人数	其中		
			归侨	侨眷			归侨	侨眷	
龙滚	3926	19,629	2178	17,451	307	1836	78	1758	24,233
万城	11,695	58,474	2968	55,506	412	2058	136	1922	153,872
山根	684	3982	184	3798	82	468	26	442	14,228
和乐	3409	16,547	792	15,755	138	726	57	669	62,160
后安	3197	15,982	1064	14,918	261	1382	82	1300	53,145
大茂	743	3785	124	3661	62	279	28	251	27,912
长丰	812	3901	109	3792	25	131	9	122	30,834
礼纪	1438	6764	317	6447	76	379	34	345	42,309
东澳	2039	9786	253	9533	124	618	67	551	46,681
北大	532	2955	69	2886	9	55	2	53	23,762
合计	28,475	141,805	8058	133,747	1496	7932	519	7413	479,136

（填表日期：2012 年 4 月 16 日）

(二)联谊接待

万宁侨务组织机构自成立以来，就围绕着海外关系、服务侨胞开展工作，为赢得侨心、促进对外交往，引导归侨侨眷利用侨汇、侨资入股创办企业，参加社会主义建设，宣传、联谊、接待便成为侨务工作常态化，因此，侨务部门被誉为归侨侨眷和海外侨胞之家。

改革开放后，万宁侨务部门深入宣传和全面落实党和国家的各项侨务政策，为“海外关系”正本清源。坚持把宣传、接待与联谊融为一体，大胆探索，根据对象，采取不同的工作方式：对老侨胞以亲情、乡情为主，加深他们对故土的眷恋；对新一代华裔、层次较高的知名人士和受过西方教育的青少年则开展中外文化交流，介绍万宁的悠久历史、发展前景和侨务政策、法律法规，既讲亲情，又讲乡情，潜移默化地激发他们对祖籍的认同和了解，增强“血浓于水”的情感。每年春节、清明节、中秋节等侨胞回乡旺季，侨务部门都要上门拜访，选择适当的时间、合适的地点召开回乡侨胞座谈会、恳谈会，邀请当地党政领导和有关部门负责人到会与海外乡亲交流，倾听侨胞的意见建议，沟通相互之间的情感联系，采取多层次、多渠道，全方位开展海外联谊工作。

1.迎来送往

党的十一届三中全会后，随着各项侨务政策的贯彻落实，万宁海外侨胞回乡的人数逐年增多。20 世纪 80 年代初，万宁城乡之间的交通车辆较为紧缺，为解决回乡侨胞的交通瓶颈问题，自 1984 年始，在县委、县政府的大力支持下，每年春节前夕，万宁侨办、侨联均联合成立接待工作小组，组织车队前往海口机场、港口码头和车站接送回乡侨胞。节后，根据侨胞的返程时间及要求，分别将其送往机场、港口。据统计，1984 年至 1988 年 5 年间，共组织 215 辆次专车，接送回乡海外华侨华人、港澳同胞 3700 多人次。

1991 年清明节期间，马来西亚万宁同乡会总会和新加坡琼侨咖啡餐商公会首次组团到万宁访问、考察，为做好来访考察团及清明节回乡侨胞的接待工作，万宁县成立了“清明节接待海外侨胞领导小组”，由时任副县长、分管侨务工作的严国华为组长，时任侨办主任王辉勤、侨联主席冯清明为副组长，下设宣传接待组和后勤管理组，侨办、侨联全体工作人员分为县南、县北两大组，领导小组正副组长亲自带队，利用 5 天时间，组织车辆开展接送工作。访问团抵达当天，领导小组正副组长带队前往海口迎接，全程陪同访问团考察侨乡龙滚镇新墟建设和华侨中学，游览东山岭，县委、县政府在东山岭设宴招待了全体团员 60 人，随后分别将他们送达祖籍地。清明节后，侨务部门召开了 4 场回乡侨胞恳谈会，参加恳谈会共 310 人次，县经济合作局、县计委等部门的负责人到会介绍万宁的物产资源、投资优惠政策和有待开发项目等情况。 同年 12 月 29 日，万宁举行建县 1360 周年庆典活动，侨办、侨联协助县委县政府，邀请并负责接待回乡参加庆典活动的新加坡、马来西亚、文莱、印度尼西亚、泰国、美国、法国、澳大利亚等国家和港澳同胞共 206 人。马来西亚万宁同乡会醒狮团 50 多名团员也应邀回乡参加庆典和表演。

王和源（左二）和乡亲们受到毛志君（中）、黎良端（右二）等领导热情接待 （市侨办供图 1991 年）

新春座谈会（市侨办供图 1993 年）

1992 年 3 月新加坡琼联声剧社访问万宁并与万宁县琼剧团结为姊妹团。同年 10 月，王和源副会长（祖籍万宁）带领的法国海南同乡会访问团返里，受到时任海南省副省长毛志军、省侨办主任黎良端和万宁县党政主要领导的热情接待。

1997 年 2 月 27 日，万宁举行撤县设市庆典活动。受市委、市政府委派，时任市侨联主席黄会伍、外事侨务办副主任陈山柏赴新加坡、马来西亚、香港邀请海外乡亲回乡参加庆典及受表彰等活动。庆典活动期间，市外侨办、侨联共接待海外乡亲、港澳同胞 162 人，接受海外乡亲为撤县设市庆典活动捐款 59.21 万元，侨资侨

马来西亚万宁(祖)籍青少年到万宁交流联谊（市侨联供图 2013 年）

属企业捐款 37.52 万元。时任马来西亚万宁同乡会总会主席黄桂春，代表海外乡亲在大会上致祝词。

随着万宁乡村交通运输流畅便捷，万宁市侨务部门接送回乡侨胞的工作也进行了相应的调整，有的放矢，精心策划，坚持接待联谊、交流合作一体化的接待方式却持之以恒。

2.民间联谊

归侨侨眷与海外乡亲有着血缘、亲缘关系，以民间渠道为载体，组织归侨侨眷参与海外联谊活动，这是万宁侨务部门开展的一项颇有成效的工作。1986 年，万宁侨办、侨联首先在龙滚侨乡归侨侨眷中发起“一人一封信”联谊活动，而后向北坡、后安、和乐、万城、礼纪、东澳等侨乡推广。这种联谊方式获广大归侨侨眷的认可和响应。至 1992 年 12 月 30 日，全县归侨侨眷向海外寄出信件 7 万多封次，邮寄各种宣传品 4 万多件，收到回复信件并夹带向侨办侨联及政府部门问候的信件有 5 万多封。许多与国外亲人多年失去联系的归侨侨眷，通过信件委托海外同乡会查找，也恢复了联系。“家书抵万金”的民间联谊工作取得了事半功倍的作用。

3.搭建平台

自 1984 年开始，万宁县侨办、侨联就有的放矢地组织一些回乡华侨华人参观家乡开发建设项目、名胜古迹、召开座谈会、接受县委县政府领导接见和宴请等活动，通过回乡侨胞开展海外联谊工作。1986 年 9 月，新加坡海南会馆副主席李城燕首次返乡，万宁县委特意安排在他家乡龙滚镇会议室为其先父李琼辉举行追悼会，平反李琼辉在“文革”中蒙受的冤案，恢复其名誉，李城燕非常感动。而后，李城燕、韩春梅夫妇为家乡公益事业慷慨解囊，均被海南省人民政府授予“爱琼赤子”称号。

1987 年 9 月 12 日，新加坡琼州会馆访问团一行 28 人应邀来访万宁，县委、县政府非常重视这次接待工作，责成县政府办公室和侨办、侨联共同拟定接待活动方案。在访问团来访期间，县四套班子领导成员集中接见并宴请访问团全体团员，县政府主要领导在座谈会上详细地介绍了改革开放后万宁发展情况，并全程陪同访问团活动。精心的安排、热情的接待给访问团留下深刻的印象。

1991 年，万宁县先后邀请 8 个华侨华人社团及一批知名人士共 362 人次回乡参观访问，其中以马来西亚雪隆万宁同乡会主席吴世才为团长的“马来西亚万宁同乡会观光考察团”一行 50 人；以马来西亚万宁同乡会总会总务黄桂春为团长的“马来西亚万宁同乡会第二、第三代寻根问祖探亲团”一行 30 人；以马来西亚槟城万宁同乡会主席祝清坤为团长的经济考察团一行 5 人；以香港新广南餐室总裁郭远世为团长的“香港万宁同乡观光团”一行 8 人；以马来西亚万宁同乡会总会主席朱开芳为团长的“马来西亚万宁同乡会观光团”一行 103 人；泰国海南会馆考察团一行 80 人；新加坡琼侨咖啡餐商公会访问团一行 60 人；新加坡琼州青年会考察团一行 10 人及美国、澳大利亚、印度尼西亚等国家的一批祖籍万宁的华侨华人知名人士应邀回乡访问考察。而后，每逢万宁大型庆典活动都设定“请进来”项目，邀请海外侨领、知名人士及海外乡亲回乡分享家乡的喜乐。

1995 年 11 月，万宁县撤销外事办公室和侨务办公室，成立万宁县外事侨务办公室，此后，万宁外事工作与侨务工作融为一体。

2004 年 3 月 30 日，第八届世界海南乡团联谊大会在海南博鳌亚洲论坛国际会议中心举行，来自 19 个国家和地区的 1500 多名海南乡亲出席大会。大会在万宁设分会场。主会场会议结束后，万宁市政府主要领导亲自接回来自马来西亚、新加坡、美国、澳大利亚、新西兰、泰国、柬埔寨及中国香港、澳门、台湾10个国家和地区的82位万宁海外乡亲，同时邀请回乡度清明节的侨领、知名人士共120余人，参加以“寻根、联谊、合作、共赢”为主题的万宁分会场活动。为期两天的活动，内容丰富，主题鲜明，既有隆重的欢迎仪式，又有推介会、茶话会和联欢晚会；不仅组织参观考察，而且举办话桑情、献良策的恳谈会。万宁市四套班子主要领导，自始至终陪同参观万宁市政建设、万宁中学、兴隆旅游区，游览兴隆热带花园和家乡名胜古迹，考察了东澳碧海情深等新开发项目。周密策划、精心组织、热情接待，使他们亲受家乡对海外乡亲的深情厚意，领略了家乡政府一心一意谋发展的决心。时任市委书记丁尚清在致辞中说：“家乡对你们永远是真诚的，在家乡不需拘泥于形式，月是故乡明，水是故乡甜，故乡永远是游子心中的圣地……”马来西亚雪隆万宁同乡会主席黄雄忠说：“爱乡是人的本性，在海外，我常常‘举头望明月，低头思万宁’……”台北市万宁同乡会会长刘明说：“虽居台湾54年，但我对家乡不陌生，心系故里，回乡看看始终萦绕心中，近几年回乡几次，每次感觉都不一样，家乡已长上了腾飞的翅膀……”新加坡侨领王琨说：“这次活动安排十分科学，听到的看到的都使我们心花怒放……”浓郁的乡情，亲身的感受，使海外乡亲对家乡的了解获得了升华。

2006年至2011年，万宁市先后邀请和接待了瓦努阿图政府总理；密克罗尼西亚总统；韩国前政要、韩国济州道特别自治岛济州市代表团；澳大利马卢奇市、奥本市代表团、维多利亚州专家访问团；美国华盛顿州亚太裔事务专员、美国华盛顿州巴克利市代表团；德国司法部访问团；越南顺化省代表团；坦桑尼亚革命党副主席带领的访问团；俄罗斯犹太州、独联体总工会代表团；瑞典哥德兰省代表团、瑞典专家访问团；日本经贸代表团；非洲葡语国家安哥拉、佛得角代表团；斐济共和国团结的斐济党代表团；挪威专家代表团；阿联酋沙迦王国卡斯米家族访问团；印度尼西亚苏北省代表团；德国、英国、荷兰、智利、印度、巴西、瑞士、意大利、西班牙、马来西亚等27个国家36个访问团队共522人次；接待外国驻华大使或驻穗领事馆领事访问考察团、外国（17个国家和地区华文）高层新闻媒体参观访问团、驻港（外国）外交官代表团；文莱、马来西亚、新加坡、泰国、印度尼西亚、日本、美国、澳大利亚、加拿大华侨华人社团代表团及中国香港、台湾社团等1640余人次。

2007年至2010年，万宁市政府与美国华盛顿州巴克利市签署了缔结友好城市协议书；与澳大利马卢奇市、奥本市签署了缔结友好城市意向书；与韩国济州市、印度尼西亚苏北省当比尔达盖县签署了缔结友好城市倡议书。

2009年2月20日，英、韩、德、日、挪威、新加坡6个国家专家代表团来访万宁、参观考察长丰镇边肚村、南桥镇新农村建设。4月29日，德国司法部部长一行25人来访万宁。

2010年9月23日至24日，外国（华文）高层新闻媒体一行30多人在省外侨办新闻处的陪同下到万宁参观访问。10月21—22日，驻港（国外）外交官代表团一行50人在驻港澳专员、省外侨办的陪同下来访万宁。

2010年12月17日，应中共邀请，坦桑尼亚革命党副主席一行20人在中联部，省外侨办友城处的陪同下来访万宁，考察北大车田村草室改造，参观太阳河咖啡厂。

2011年6月21日，俄罗斯犹太州副州长，独联体总工会代表等30多人在俄驻广州领事馆总领事的陪同下来访万宁，参观“山钦湾”中俄文化交流中心。同月25日，独联体(10国)联合新闻团20多人在省外侨办新闻处的陪同下到万宁市考察访问，参观热带花园。

2014年4月1日，万宁市政府会同海南省侨联，邀请美国、泰国、新加坡、越南、文莱、印度尼西亚、澳大利亚、新西兰、日本和中国香港、澳门11个国家和地区的52位海外侨领、社团负责人、专家学者聚集兴隆，参观考察，举行座谈会，就兴隆华侨农场发展规划、侨文化特色建设等进行研讨、出谋献策。省侨联主席何云霞，万宁市委书记丁式江，市政府市长，市委常委、统战部长以及兴隆华侨农场、市住房和城乡建设局负责人全程参加研讨活动。

2018年，万宁侨务部门累计接待马来西亚万宁同乡会总会团组、非洲媒体记者团、加州女企业家代表团、尼日利亚驻华大使馆代表团、斯里兰卡主流记者团、香港碧珍歌舞团、印度尼西亚西爪哇牙律华谊访问团、新加坡华友会等共10批124人次。

美国南加州海南乡亲访问万宁(市侨办供图 2017年)

万宁市通过“请进来”的渠道，搭建对外交往和深化海外联谊的平台，夯实了外事侨务工作的基础，提高了万宁的知名度。

4.走出国境

党的十一届三中全会以后，万宁首先“走出去”的是归侨侨眷，他们多以探亲名义获批出国(境)。每当获悉有归侨侨眷出国境，侨务部门均上门饯行，委托其带上侨务部门“致海外乡亲的公开信”和宣传资料，嘱咐“走出去”的归侨侨眷广泛联系海外乡亲，开展联谊活动。

1991年，万宁县首次组织3个访问团“走出去”：由县长林玉权为团长的“万宁县经济考察团”一行4人赴马来西亚考察；由县人大常委会主任许寿年为团长的“万宁县海外联谊会赴马考察团”一行14人；由县政协主席陈开岩为团长的“万宁县海外交流协会赴新加坡考察团”一行5人。

1992年，先后出访的有：以许寿年为团长的万宁县赴马来西亚参加雪隆万宁同乡会成立45周年庆祝活动访问团一行21人；以严国华为团长的万宁县赴越南经济考察团一行16人；以林玉权为团长的考察团一行3人，分别对马来西亚、越南、泰国和中国香港地区进行经济、旅游业考察。此后，每年都有“走出去”任务。1994年组团6个38人次出访新加坡、马来西亚、印尼、美国，访问香港、澳门等。

2006年10月25日至10月31日，市委书记胡光辉为团长一行3人，应韩国济州岛济州市市长金荣训邀请访问济州岛，就缔造友好城市进行洽谈。2008年，应韩国济州市邀请，万宁市组织各镇书记和市农综办分两个团组出访济州岛，考察韩国“新乡村运动”及济州岛旅游项目。

自2006年至2010年，万宁市每年计划出国(境)团组10~12个，年执行出访计划10~11个(不含临时出国境)，出访人数每团组不越出6人。出访执行任务为：大项目投资洽谈会；缔结友好城市互访洽谈、签署意向书或备忘录；出席世界海南乡团联谊会、海外万宁同乡会庆典活动；参加经贸活动；派遣出国境学习考察等。

2006 年至 2018 年共组团 72 个。2011 年后出访团组及出访人数大幅度减少。

万宁县政府组团访问马来西亚万宁同乡会

万宁县政府组团访问马来西亚柔佛州万宁同乡会
（市侨联供图 1991 年）

三、品牌活动

在东南亚国家的万籍华侨华人中，20 世纪 50—60 年代出生的，大部分已是第三、第四代，在北美或欧洲以及较发达的国家和地区也是第二、第三代。他们在父辈奠定的生活和事业基础上成长，较父辈生活教育境况良好，发展机遇较多，从事职业多元化，已经成为华侨华人的主力军。他们以及他们的后裔，均为生长在所在国的新生代，由于从小受着不同国度的语言、文化教育、社会环境影响和熏陶，对地缘意识较为淡化，与祖籍国的情感产生了一定的“距离”。处于海外华侨华人新老交替时期，开展新生代工作，对于海外侨胞承前启后、侨务工作可持续发展，有着十分重要的意义。1984 年始，万宁侨务部门就着手于华侨华人新生代工作，并在工作中探索、创新，逐步形成品牌活动。

（一）以老带新，开展新生代联谊活动

在新老交替时期，万宁海外侨胞结构发生了很大的变化，老一代逐渐步入晚年并陆续将其事业交付子孙，新生代活跃在居住国各个领域，成为华侨华人社会的主力军，部分人已崭露头角，跻身于当地社会精英阶层。相对而言，新生代对故乡观念较为淡薄，很多人从未回过家乡，对家乡缺乏基本了解。自 1984 年万宁侨务部门组织车队接送回乡海外侨胞时，就极力推荐“以老带新”联谊活动，并承诺在交通等方面提供方便。

1986 年，以老带新的局面基本打开，是年，配合侨乡龙滚新墟建设，动员龙滚镇海外侨胞回乡投资建设，许多老侨胞带着子孙三代返乡选址建铺宇。1991 年新加坡、马来西亚华社组团返里考察，团组中 45%为新生代。同年万宁举行建县 1360 周年庆祝活动，配合县政府邀请 98 名海外新生代回乡参加庆祝活动，占邀请海外侨胞总数的 52%。

1994 年，马来西亚第三届万宁嘉年华会在万宁召开，回乡的参加会议的马来西亚侨胞有 467 人，美国、文莱、新加坡等其他国家的特邀嘉宾 56 人，其中 314 人为第二、第三、第四代华裔，有 12 人为第五、第六代，年龄最高的 85 岁，最小的仅有 6 岁，还有三代同场的代表。1997 年至 2011 年，万宁撤县建市、海南椰子节、博鳌亚洲论坛、万宁建市 10 周年、欢乐节主会场等大型庆典活动，万宁市五次大规模邀请海外侨胞回乡参加活动，总人数达 1097 人次，邀请的对象主要为重点人士、侨领和新生代。

1991 年万宁首次组团“走出去”，此后，组团出国（境）考察、访问、洽谈、经贸等逐年

增多，侨务部门要求“走出去”人员，要寻找机会，通过老侨胞、侨领引进广泛接触新生代，把海外联谊当作一项重要任务来完成。长期以来，万宁市侨务部门在市委、市政府的大力支持下，坚持做到了在“请进来”中充分考虑新生代；在“走出去”中广泛接触新生代；在境内侨资企业中适当照顾新生代；举办各种座谈会中尽量邀请新生代。

(二)海外青少年夏令营

1999 年 6 月，在万宁市政府的支持下，万宁市外事侨务办、市侨联和马来西亚万宁同乡会总会联合举办首届“万宁籍(祖)青少年夏令营”活动。这次夏令营以“万宁儿女一家亲”为主题。4 位老侨领亲自带领 22 名祖籍万宁的马来西亚青少年回乡，与万宁中学 22 名学生共同参加为期 3 天的夏令营活动。开营仪式在东山岭举行，时任万宁市副市长莫翠岗全程参加活动，并分别在开营和闭营仪式上致辞。夏令营安排游览东山岭，参观万城市容市貌、万宁中学和兴隆华侨农场，举行营员联谊交流座谈会、联欢晚会和回乡认亲拜祖等形式多样，乡情浓郁的活动。首届夏令营活动取得圆满成功。在闭营仪式上马来西亚营员代表说：“在参加夏令营之前，‘故乡’给我们的概念只是一个名词，我们从祖父、父亲口述中把‘故乡’当作一个故事，很难理解他们为什么对故乡难于割舍，今天我理解了前辈对故乡的深情。我为我的故乡在万宁而自豪……”他们表示返回马来西亚后，要把夏令营的收获与同学、朋友们分享。

(三)海外青少年冬令营

2000 年 12 月 13 日至 19 日，万宁籍(祖)青少年冬令营由万宁市外事侨务办、万宁市侨联和马来西亚万宁同乡会总会主办，共青团万宁市委员会、马来西亚雪隆万宁同乡会、马六甲万宁社、槟榔屿万宁同乡会、柔佛州万宁同乡会协办。海外青少年 47 人、万宁学生及工作人员 48 人共 95 人参加冬令营活动。活动分为三大部分：在海口活动两天，受省侨联主席潘建和副主席陈经雄、部长邢福孝等接见，参观海南大学科技园、召开座谈会。在万宁活动 3 天，住兴隆中水宾馆，参观兴隆植物园、热带花园并植纪念树，游览东山岭、参观万宁中学与万宁中学师生交流联谊；举办恳谈会(介绍马来西亚华社发展情况和通报万宁抗击百年不遇的特大洪灾纪实)；日月湾沙滩拔河赛、放风筝；举办“万宁一家亲”联欢晚会和“兴隆之夜”文娱晚会；12 月 17 日送营员回乡寻根祭祖。在三亚活动一天，参观三亚旅游景点，次日上午从三亚返回马来西亚。时任副市长何君才全程陪同活动。

(四)海内外师生联谊交流活动

2007 年至 2013 年，万宁市外事侨务办、市侨联会同新加坡海南会馆、新加坡海南协会，4 次组织新加坡华裔中学生到万宁中学开展联谊交流活动。2007 年 12 月 2 日，由新加坡海南会馆副会长陈学汉带领新加坡茂桥华文中学师生一行 45 人到万宁中学举行“红彩带、心连心”活动，两校师生开展中英文、中文书法学习交流，进行排球、乒乓球友谊赛、参加万宁中学升国旗等活动。时任万宁市政府副市长赵微、万宁市教育局、万宁中学主要领导陪同活动。通过学习交流，促进华裔新生代加深对祖籍国和家乡的乡根情怀以及中华文化的认同感。2011 年 5 月 17 日，万宁侨联与新加坡海南协会联合举办“新加坡华裔青少年学生故乡行”活动。新加坡华裔青少年学生一行 20 人，在万宁中学开展“一对一”学习交流，他们在学生食堂一起用餐，观看万宁中学文艺队训练、表演，参观学校图书馆、教室、学生宿舍、校容校貌，听取万宁中学校长介绍学校的发展历史等，在学习交流中潜移默化地加深海外新生代对祖籍国和家乡的乡根情怀以及对中华文化的认同感。

2010年，万宁外事侨务办通过印度尼西亚驻广州总领事馆帮忙，聘请2名印度尼西亚歌舞教师到万宁举办印度尼西亚歌舞培训班，共办3个培训班，参加培训有125人。2015年11月，马来西亚槟城万宁同乡会主席、拿督祝友成带领马来西亚槟城协和小学师生一行24人来访万宁后安小学、清坤小学，与该校开展学习交流活动。

为深化海内外学校师生的联谊交流活动，万宁侨务部门和万宁中学联合组织“走出去”活动，2009年和2010年先后挑选24名师生分两批赴新加坡华校学习交流，他们在新加坡与华裔学生同住、同食、同学习、同活动，亲身感受新加坡学校环境、学习气氛、管理制度等，收获颇丰。

印度尼西亚泗水林丽华排舞团来兴隆教印尼舞蹈
（杜燕生摄 2010年）

（五）“亲情中华·海外青少年寻根之旅”

由海南省侨联、万宁市侨联和马来西亚万宁同乡会总会联合组织的“亲情中华·2013马来西亚万宁籍（祖）青少年寻根之旅”于2013年12月6日至12日13日在万宁万城、兴隆举行。这次活动宗旨为：通过寻根之旅活动，让海外新生代实地感受博大精深的中华文化和独特的海南地方文化，加深对中华文化的认同感，培养他们故乡的乡根情怀，促进两国青少年文化交流和联谊，进一步涵养海外侨务资源。这次活动总人数为69人。马方42人，领队及青少年导师5人，其中大学、大专生23人，中学生15人，小学生4人；海南归侨侨眷学生22人（含领队，省、市侨联工作人员和记者）。开营仪式在万宁中学举行、闭营仪式在海口举行。活动内容：学习海南历史文化，学讲海南话，与万宁中学师生座谈交流，观看中学生和万宁书法家汉语书法展，参观万宁及三亚景点和历史古迹，植树活动，故乡之夜联欢晚会，回祖籍地寻根祭祖等。省侨联主席何云霞，副秘书长莫洪，万宁市委常委、统战部长卓林梅等领导及万宁市侨联全程陪同活动。马来西亚万宁同乡会总会主席、拿督吴世才不仅亲自带队，而且还把自己的儿子儿媳、女儿女婿和内孙外孙都带回家乡寻根祭祖。

同年，马来西亚槟城万宁同乡会主席、拿督祝友成带领恳亲团一行91人回乡寻根访祖，受到省外事侨务办、万宁市政府的接待。

（六）世界海南青少年夏（冬）令营

自2000年开始，世界海南青少年夏（冬）令营，以国务院侨办和海南省外事侨务办合作办营的模式开展，每年一届，夏、冬不定，每届少则数十人，多则200余人，至今已是第十八届。第十届世界海南青少年冬令营共有营员208名，2009年12月10日至11日在万宁活动，安排参观了兴隆热带花园、热带雨林博物馆，并在万宁兴隆温泉宾馆举行联欢晚会，兴隆印度尼西亚归侨歌舞队应邀与会表演印尼歌舞。

兴隆热带花园是世界海南青少年夏（冬）令营植树点，也是海外青少年把“根”留住的象征，是他们参加夏（冬）令营的永久记忆之一。有些老营员曾委托新营员在植树点帮其寻找当年种下的树，有的海外青少年甚至亲临兴隆热带花园，寻找当年自己所种下的那棵树。植树活动是夏（冬）令营的亮点之一，每年万宁市外事侨务办和市侨联积极主动配

第十一届世界海南青少年冬令营联欢晚会前领队合影
（兴隆华侨农场供图 2010年）

合省外事侨务办，邀请市政府领导会见世界海南青少年夏（冬）令营营员，妥善安排在万宁期间的植树、联欢、参观等各项活动。

（七）海南省归侨侨眷子女冬令营

首届“关爱工程——海南省归侨侨眷子女冬令营”，于2010年2月4日在海口市开营，2月7日在万宁市兴隆华侨农场圆满闭营。万宁市外事侨务办、侨联组织10名归侨侨眷子女由侨联冯学燕同志带领，参加冬令营活动。

4天的行程安排紧凑有序。开营前的晚上听取了侨史讲座，较系统地了解自己的祖辈们为祖国、为家乡所作的巨大贡献。开营仪式上，省外事侨务办王胜副主任的致辞，使营员们深刻地体会到，党和政府对归侨侨眷、海外侨胞以及下一代无微不至的关心和爱护。冬令营安排参观美兰机场、海口市中小学生教育培训基地、海马汽车制造厂、海口火车站、秀英轮渡码头、省历史博物馆、文昌侨属企业、文昌华侨中学、琼海娘子军纪念园、博鳌亚洲论坛会址，晚上观看美国电影《阿凡达》。第4天参观兴隆华侨农场华侨展览馆、游览兴隆热带花园并在热带花园植树留念，晚上在兴隆华侨宾馆举行联欢晚会。

4天冬令营活动，收效显著。营员们不仅拓宽了视野、增长了知识，在一起生活、学习、交流，结交来自其他市县的新朋友，建立了珍贵的友谊。真正感受到在祖国日新月异的新时代，作为新一代归侨侨眷子女肩上所担负的责任。本次活动共收到营员日记34篇，作文7篇，字里行间可以看到，他们用不同的视角和独特的方式来诠释参加冬令营活动的收获和体会，表示回去后要更加努力学习，将来报效祖国，为海南的建设添砖增瓦。

海外青少年夏（冬），以寻根为主题，突出中华文化熏陶，加强乡音乡情培养，并针对年轻人个性，在内容和形式方面精心设计和策划，力求做到形式多样，内容丰富。万宁市侨务部门把这项活动当作品牌开展，取得了显著的效果。

首届海南归侨侨眷子女冬令营活动（杜燕生供图 2010年）

四、为侨解忧

以人为本，为侨纾忧解难是一项长期、重要的侨务基础工作，也是国内侨政务实性工作。其主要任务是依据侨务法律法规，遵循“一视同仁、不得歧视，根据特点、适当照顾”的十六字原则，在保护归侨侨眷和华侨华人在国内合法权益的前提下，根据他们的需求和特点，为其提供服务和适应照顾。

新中国成立初至20世纪60年代，万宁从国外回国定居的归侨，绝大多数分散在原籍农村。这时期的归侨，大致可分为3种类型。

第一，自主返里与家庭团聚。这部分归侨来自不同国家，属于零散类型，从未间断，他们大多是家庭一分为二。有“去番”时家眷留在故乡；也有“去番”后回乡完婚又只身重返侨居国。“叶落归根”或“荣归故里”是长期思想准备，他们选择新中国成立后最佳时机归里与家庭团聚，一般有点积蓄，或变卖侨居地的财产，携款回乡。这部分归侨有一定的经济基础，其家庭生活一般高于当时当地居民。

第二，回乡上学、求业。新中国成立后，海外乡亲纷纷将自己的子女送回故乡读书，许多华侨青年响应祖国召唤选择回国参加新中国建设，当时国家实行适当照顾的政策。回乡求学的学生既有国外亲人的接济，又有当地学校照顾。回乡求业者多数为知识青年，或有所专长，当时家乡百业待兴，各类建设人才需求量大，一般就业无忧，生活、工作环境相对良好。

第三，被迫归国。这类型的归侨多数来自东南亚国家，约占万宁归侨总数的65%。他们在国外受排华浪潮的冲击，无法维持生活，被迫出境或被驱逐出境。回乡时身无分文，有些妻离子散、孤身只影，国家和当地政府虽然给予一定补贴帮助其安家，但因家底薄，缺乏生活基础，生产力水平低；有些在国外受长期监禁，失去活动的自由，体弱多病；有些所在的家乡处于贫困边远地区，生产生活水平仍然较落后，种种原因构成此类的归侨中有相当部分处于贫困状态。

万宁侨务扶贫工作始于新中国成立初期。1950年，政务院发出了《好好安置难侨，不使其流离失所》的通知，后来又形成了“按籍安置，主要面向农村，对有技能者量才录用”的方针。万宁县委在全力协助中侨委、广东省委和海南行政公署创建兴隆（华侨农场）归难侨的安置点的同时，把安置、扶贫的重点放在农村，抽调大批人员，拨出相当的经费，设立专门机构，解决回原籍的归难侨的实际困难，动员侨乡人民帮助其安居乐业，带领他们入组入社，逐步融入社会主义新农村建设热潮之中。但因政治运动不断，华侨利益受到严重侵害，“海外关系”被扭曲，归侨侨眷下岗失业、蒙冤受屈、吃尽苦头，这就极大地影响和制约了归侨侨眷的发展，散居农村的归侨侨眷困难户也随之逐渐增多。

改革开放后，万宁归侨侨眷生活水平均有不同程度的提高，但由于区域自然条件的差异及其经济发展不平衡等多种原因，仍有部分归侨侨眷处于贫困状态。虽然国家每年都下拨一批专款给予救济，但靠救济很难从根本上解决他们的贫困状况，因此，帮助他们尽早摆脱贫困，走上致富之道，不仅是当地政府和侨务部门的一项务实性工作，更是政府和侨务部门的责任。自1986年始，万宁侨务部门在县委、县政府和上级侨务部门的大力支持下，把扶持困难归侨侨眷脱贫致富列入侨务工作的议事日程，常年作为一项重要任务来抓。

（一）挖潜力造新血

党的十一届三中全会后，中断多年的侨汇逐渐恢复。万宁侨乡大部分归侨侨眷都有一笔侨汇收入，他们把侨汇作为日常生活消费，满足于现状，部分归侨侨眷也养成了“等、靠、要”的习性。有限的侨汇在旧的生活生产方式包裹下，相对制约着侨乡的生产发展，因而致使许多归侨侨眷仍然在贫困线上徘徊。

1986 年后，为使扶贫工作真正取得实效，万宁侨务部门改变了过去单纯救济的办法，采取“扶志、扶资、扶技”多项并举的做法，先后聘请荷兰、日本、泰国、印度尼西亚等国家和省、市农业专家到万宁办班传授淡（海）水养殖、水稻旱育稀植和热带作物的种植及防病治病等技术，每年参加培训的有乡镇干部及归侨侨眷 500 多人次。同时，每年利用省侨办下拨的扶贫和配套资金，专款专用，因地因人制宜，以贷代赈的方式无息贷给贫困归侨侨眷，定期回收循环使用，扶持归侨侨眷以个体户、专业户或联合体等形式，发展种养业、加工业、运输业等，促使有限的救济资金和归侨侨眷手中的侨汇转变为发展生产的“造血”功能。

1987 年，万宁侨务部门利用省侨办下拨扶贫救济款 6.5 万元，以扶持特困归侨侨眷为主，坚持“扶前调查、扶时审查、扶后检查”的“三查”制度。是年扶贫开发菠萝生产基地 300 亩，鱼塘养殖 50 亩，至 1988 年，仅侨务扶贫创利润 17.6 万元。

1988 年国务院侨办下发了《关于大力开展扶持归侨侨眷治穷致富工作的通知》。1989 年又下发了《关于归侨侨眷在经商办企业中给予优惠照顾的通知》，之后海南省也出台了《海南省侨属企业管理条例》。1990 年，万宁侨务部门在投放回收循环扶贫款 16.9 万元的同时，引导归侨侨眷利用侨汇和闲散资金，集资创办了菠萝基地、热带水果基地、槟榔、胡椒、椰子等种植基地、淡（海）水养殖及各种服务行业等。

至 1994 年，侨乡龙滚镇的运输业已经发展到拥有 10 轮卡大货车 18 辆，大巴、中巴豪华车 16 辆，丰田车 22 辆，各种机动车辆 375 部，其中 85%的资金来源于侨汇。侨汇的充分利用为侨乡经济发展注入了新的活力。为总结经验，市侨联以题为《发挥优势，因地制宜，开创侨乡经济建设新路》的调研报告向全市推广。

万宁县侨属企业投资情况统计表(选年)

年份	实际投资(万元)				合计(万元)
	工业	农业	商业	服务业	
1985	170.2	55.3	10.8	51.4	287.7
1986	730.1	36.8	114.3	54.2	935.4
1987	485.4	92.1	59.4	10.9	647.8
1988	115.1	117.0	49.1	21.6	302.8
1989	89.5	42.7	58.1	10.7	201.0
1990	88.1	55.2	90.7	28.7	262.7
1991	328.0	142.5	85.5	27.5	583.5
1992	35.2	78.1	175.2	14.8	303.3
合计	2041.6	619.7	643.1	219.8	3524.2

(侨务办档案资料)

1992年万宁县侨属企业实际投资情况统计表

地址	企业（家）	注册资本（万元）	实际投资（万元）	其中（万元）				
				工业	农业	商业	服务	其他
龙滚	74	386	464.6	250	35	125	46	8.6
山根	33	181.2	150.5	100	50	20	4	3.5
和乐	72	309.6	388.5	160	100	108	14	6.5
后安	47	155	215.7	60	87	54	9	5.8
北坡	58	501	570	400	98	44	18	10
礼纪	43	277.5	301.7	200	45.5	40	12	4.2
万城	102	353	492.8	200	20	176	87	9.8
大茂	41	164.8	142.6	80	40	14	6.2	2.4
乐来	31	78.4	71	30	10	21	7	3
东澳	56	584.8	636.1	500	100	19	9.9	7.2
长丰	31	133.2	122.3	60	32	21	7.1	2.2
合计	588	3124.5	3555.8	2040	617.5	642	220.2	63.2

（侨务办档案资料）

1997年万宁市侨乡新增侨属企业投资情况统计表

地址	企业（家）	注册资本（万元）	实际投资（万元）	企业分类（万元）				
				工业	农业	商业	服务	其他
龙滚	78	486	613	217	168	109	98	21
山根	23	81.2	95.4	23	42	15.4	15	0
和乐	64	380.6	462	162	157	104	34	5
后安	47	355	364	102	113	95.6	46.4	7
北坡	68	561	570.3	307	98	84	76.3	5
礼纪	35	277.5	290.5	203	53.5	18	16	0
万城	59	353	483	137	46	186	105	9
大茂	13	38.8	40.2	11	15.2	9	5	0
乐来	15	63.4	68	30.2	21	10.2	6.6	0
东澳	57	504.8	604.9	194	236.5	83.5	86.9	4
长丰	26	100.2	120.1	58.2	32.6	16	13.3	0
合计	485	3201.5	3711.4	1444.4	982.8	730.7	502.5	51

（侨务办档案资料）

(二)送温暖,献爱心

万州人刚直憨厚,淳朴尚义。重情谊、敬尊长、扶贫济困、互帮互助是万州人自古以来所形成的优良传统民风,这种民风在海外也得以传承。华侨回乡探亲时,往往会登门探望村中的困难户、年迈体弱的乡亲父老,给他们送些礼品或红包。村中所倡议创办的公益事业,华侨也会尽力而为。这种"送温暖献爱心"的乡村民风,在万宁侨乡乃至各个村落屡见不鲜。

1927年,刚刚成立的中共万宁县委就连续派员往新加坡、马来亚、泰国等东南亚国家开展海外华侨工作,在海外他们走区串户,宣传慰问,组建华侨爱国团体,开展"援冯(冯白驹)援八(八路军)"和支持家乡开展革命斗争的募捐活动,受到万宁海外乡亲的积极响应,万宁海外乡亲义卖义演,采取多种形式募捐筹款,曾出现捐款不落户的局面。抗日战争时期,琼崖华侨回乡服务团在万宁活动期间,深入农村访贫问苦,为万宁抗日军民免费送医送药,救死扶伤。解放初期,万宁县委县政府抽调大批的人力财力,安置扶持回乡的归难侨,有些村民捐砖献瓦、派义务工帮助回乡定居的困难归侨盖房安家,这种扶贫帮困的工作从未间断。

党的十一届三中全会后,万宁各级地方政府认真贯彻《中华人民共和国归侨侨眷权益保护法》,在加强对贫困归侨侨眷政策性的扶持力度的同时,根据各地区和各部门的实际,认真开展"送温暖,献爱心"活动。自1980年始,国务院侨办、中国侨联和海南省外事侨务办、侨联,每年春节期间均由领导带队到万宁开展侨界慰问、调研活动。万宁侨办侨联把"送温暖,献爱心"活动当作为侨服务不可或缺的重要工作任务,并逐渐从春节慰问发展为春节、国庆节、中秋节等多个节日慰问,同时把节日单一性慰问提升为大病救助、抗灾救灾、资助上学、扶贫帮困等全方位和日常性的"送温暖献爱心"活动。

时任中国侨联主席林军(右一)在万宁慰问归侨(杜燕生供图 2011年)

时任国务院侨办副主任赵阳(前排中)在万宁慰问归侨(杜燕生供图 2009年)

时任海南省外事侨务办主任王胜(前排左一)到兴隆慰问(杜燕生供图 2016年)

海南省侨联主席黎才旺(中)到万宁慰问南侨机工遗孀(杜燕生供图 2018年)

2010年国庆节期间，万宁市遭受特大洪涝灾害，市外事侨务办、侨联按照市委、市政府的部署，组织全体干部奔赴受灾侨乡龙滚镇，配合镇、村两级干部和群众开展抢险救灾工作。其间，市外事侨务办、侨联全体干部，夜以继日地配合当地村委会，认真做好险情排查和低洼地群众转移工作，加固防潮堤2个，转移群众600多人。同时，主动将万宁受灾情况向海外通报，海外乡亲纷纷来电来函，捐款捐物，至11月，万宁市共接受海外乡亲、社团等捐款142万元，捐赠大米60吨。

2011年，万宁侨务部门慰问特困和救助受灾归侨侨眷共178户，发放慰问金和救济款共126,600元。是年春节、国庆节、中秋节期间，省侨联在侨乡龙滚镇召开座谈会，市政府在兴隆华侨农场召开座谈会，市外事侨务办、侨联在侨乡后安镇召开座谈会，采取集中方式进行慰问活动。

2012年后，市侨联根据市委、市政府中心工作的整体部署，先后进驻龙滚镇水坡，后安镇坝头，东澳镇四维，三更罗镇加苗，和乐镇红旗、英豪、盐墩等村村委会开展"联村进企""三联三问三解""精准扶贫"等工作。至2015年，市侨联在驻点村委会资助归侨侨眷高考子女上大学，救助大病患者、困难老党员，扶持特困归侨侨眷等"送温暖、献爱心"活动就投入资金48万元。此外，还协调相关单位引资130多万元，完成了驻点村道建设、饮水工程和危房改造等项目。配合省侨联和新加坡海南会馆健康义诊团开展"微笑工程"活动，组织万宁市29名唇腭裂患者接受免费康复手术，让患者摆脱痛苦，家庭重获欢笑。

改革开放以来，万宁侨务部门每年有计划地组织邀请涉侨部门、侨乡镇、村干部及侨界人大代表、政协委员深入侨乡，拜访老归侨、归侨侨眷老党员、特困户等，通过走访慰问开展调研活动，了解侨界群众所思、所需、所急以及他们的诉求，创造条件为侨解忧排难。

（三）推进"侨居工程"

新中国成立初至20世纪60年代，万宁的归侨绝大多数分散在原籍农村。过去，国家每年都下拨一批专款给予救济，但杯水车薪，未能从根本上解放他们的贫困问题。1986年以来，万宁侨务部门把单纯救济改变为"扶志、扶资、扶技"，对缺乏脱贫信心的进行扶志教育，由政府给予必要的扶助，主要依靠自身摆脱贫困；对缺乏生产资本的，给予无息或低息贷款，重点扶持；对缺乏生产技能的，帮助进行技能培训，传授各种专业知识，还根据贫困归侨侨眷的实际情况，因地因人制宜，引导他们宜农则农、宜工则工、宜商则商。至1991年万宁部分贫困归侨侨眷，通过政府、侨务部门的扶持和自身的努力，已经摆脱了贫困。

进入21世纪，海南省外事侨务办公室每年下拨帮助特困归侨侨眷改造居住条件的专款，被称为"侨居工程"。实施"侨居工程"以来，在市委市政府的大力支持下，万宁外事侨务办、侨联利用上拨专款和争取海外华侨华人及侨资侨属企业的帮助，每年有的放矢地扶持特困归侨侨眷改建危房、维修住宅，改善居住条件。

2006年万宁外事侨务办利用省外侨办专项资金3万元和自筹资金2万元，帮助龙滚、后安、和乐、万城9户归侨特困户进行住房加固维修。

2007年5月10日，海南省外事侨务办公室、海南省扶贫开发领导小组办公室联合下发《关于做好散居农村贫困归侨侨眷扶贫工作的通知》，同时根据海南省外事侨务办公室《关于做好"侨爱工程——万侨助万村活动"工作通知》精神，万宁市外事侨务办、市侨联积极与市扶贫办沟通和配合，将贫困归侨侨眷纳入当地"十一五"扶贫开发规划，在贫困户劳动力转移培训、产业化扶贫、侨务教育扶贫、旧房改造等项目中，对贫困归侨侨眷对象实行同等优先，优先列入年度规划，优先安排扶贫资金，优先实施扶贫项目，优先安排旧房改造。

至2009年，万宁“侨爱工程——万侨助万村活动”初见成效。龙滚镇乐礼村利用香港同胞任良广捐助21.3万元及海外乡亲捐款建设乡村文化室、新建环村道、创建文明村；礼纪镇旧村利用侨属企业和海内外乡亲捐款30.5万元建设新乡村。在侨乡龙滚、北坡、后安和兴隆华侨农场“侨爱工程”迅速兴起。兴隆华侨农场敬老院、红十字医院、热带花园等侨爱基地，相继挂牌成立。万宁市外事侨务办在省外事侨务办的支持和帮助，先后争取国外无偿援助和小额援助资金共计143万元，建设了南桥镇小管小学教学楼、南桥镇中学学生宿舍楼、三更罗镇石福小学教学楼和万城镇溪边小学无公害厕所等项目并投入使用。

2010年，市外事侨务办、侨联协调相关部门，采取市政府出一点、省外侨办出一点、镇政府出一点、村委会和受益人出一点的“四个一点”的办法，筹集12万元，帮助龙滚镇水坡村特困归侨冯德臣新建钢筋混凝土配套房屋一幢，建筑面积130平方米；筹集资金4万元，帮助该村委会8户归侨侨眷维修受灾房屋。同时，协助水坡村委会策划、着手整村迁建长期受水灾的石井园村。

2012年至2018年，万宁市侨务部门累计投入资金108.4万元，帮扶了南侨机工遗孀和83户贫困归侨侨眷进行危房改造，为74名贫困归侨侨眷子女高考新生提供资助。

侨眷拆除旧侨房改建的住宅小楼

万宁市外侨办、市侨联为特困归侨新建的住宅
（杜燕生摄 2012年）

（四）开展“四下乡”活动

党的十一届三中全会是我国开启改革开放新时期的标志。万宁侨务工作在拨乱反正、落实政策中重新起步。落实侨务政策不仅逐渐愈合了广大海外侨胞和归侨侨眷的心灵创伤，而且增进了他们对祖国、对家乡的感情，激发了他们投身改革开放和现代化建设的积极性。20世纪80年代后期以来，万宁改革开放的成果逐步凸现，人民生活总体上实现了由温饱到小康的历史性跨越。侨胞较多的地区，捐资兴办公益事业、扶贫济困、利用侨汇侨资创办非公有制经济实体等如雨后春笋。“海外关系”成为侨乡大发展的“独特机遇”。世情国情侨情的发展变化，对侨务部门的工作方式、方法提出了新的要求。

1989年5月，国务院侨务工作会议就明确提出：“侨务工作要审时度势地改变一些已不适应当前形势的传统做法，适时转变为着重做经济的、文化的、教育的工作，更好地促进我国与各国友好与合作交流的发展。”

1990年《中华人民共和国归侨侨眷权益保护法》颁布实施。1992年8月，国务院侨办下发了《关于进一步加强侨务工作为加快改革开放和经济建设服务的意见》。1993年国务院又制定了《中华人民共和国归侨侨眷权益保护法实施办法》，海南省也相继出台了

“实施办法”和指导侨务工作的法规、政策。依法护侨，以经济建设为中心，引导归侨侨眷依靠自身内力脱贫致富成为各级侨务工作的中心任务。2004 年国务院重新修订《中华人民共和国归侨侨眷权益保护法实施办法》进一步充实完善了保护归侨侨眷权益的内容。2005 年全国侨务工作会议明确提出了侨务工作的指导思想：“以邓小平理论和‘三个代表’重要思想为指导，坚持以人为本、为侨服务的宗旨，坚持以国内侨务工作为基础、以国外侨务工作为主导，坚持为国家大局服务和为侨服务的统一，与时俱进、开拓创新，努力在海外发展一支宏大的对我友好力量，促进侨务资源的可持续发展，充分发挥海外侨胞和归侨侨眷的独特作用，为全面建设小康社会、促进祖国统一和发展同各国人民的友好合作而奋斗。”为推进侨务工作规范化和法治化，2006 年，全国人大常委会开展了《中华人民共和国归侨侨眷权益保护法》颁布以来的第一次执法检查。

《中华人民共和国归侨侨眷权益保护法》及《中华人民共和国归侨侨眷权益保护法实施办法》颁布以来，万宁市侨务部门依照省外事侨务办、省侨联的部署，把每年开展的侨法宣传月活动，升格为以送科技、送文化、送法律、送医药为主题的“四下乡”活动。

2010 年 4 月，海南省“五侨”在万宁兴隆华侨农场、后安镇、国营东兴农场开展“四下乡”活动，共接受涉侨咨询 136 人次，解决历史遗留信访 3 件，发放侨法宣传资料 360 册，农业科技书籍 330 册，接受诊疗人数 650 余人。

2011 年 5 月，万宁市外事侨务办，侨联，市人大、市政协侨工委“四侨”联合组织在侨乡龙滚、后安和兴隆华侨农场开展“四下乡”活动，集中举办 3 个科技培训班，参加培训人数 250 人次，发放资料、光碟 360 余册（张），为侨乡群众义诊 630 余人，为 150 余人（次）相关提供法律咨询。

2013 年 8 月，市侨联自筹资金，聘请市 3 名科技专家在兴隆华侨农场利用两天时间集中开班授课，讲授科学植胶、割胶和瓜菜种植防病等知识，并实地指导示范、赠送书籍；在驻点村委会开设养殖、种植培训班，参加培训班共 100 多人，发放各类书籍 200 本。资助 22,000 元引进山寮鸡种苗，购买饲料和农具，帮扶当地群众创办经济实体。

2014 年至 2018 年的 5 年间，仅万宁市侨联在开展“四下乡”活动中累计送医送药 5.2 万元；举办农业科技讲座和培训班 10 场，赠送科技类、文化类书籍 6000 多册；开展法律咨询服务 5 场次，接受咨询 73 人次，收到涉侨信访件 32 件，调处解决了 30 件，结案率达 93.8%；举办侨法知识讲座 6 场次，发放普法宣传资料 3000 册；联合市文体局举办琼剧下乡 5 场，累计观看琼剧演出近 4200 多人。

国务院侨办、暨南大学医学院到兴隆华侨农场开展送医送药送温暖活动　（杜燕生供图　2004 年）

海南省侨联与万宁市外侨办、市侨联联合举办“四下乡”活动　（杜燕生供图　2012 年）

第七篇　侨乡艺文

第一章 诗 词

第一节 古代诗词

京邸思亲

曾镒[1]

三月韶光五月天，莱衣罢舞士经年。
草心寸寸春晖里，鹤发时时夜梦边。
组绶羁身祇自苦，蓼莪兴感却谁怜。
圣朝幸喜颁恩命，乐得双亲五福全。

东山雪

王世亨[2]

（一）
撒盐飞絮随风度，纷纷著树应无数。
严威寒透黑貂裘，霎时白遍东山路。
老人终日看不足，尽道天家雨如玉。

（二）
越中自古元无雪，万州更托天南绝。
岩花开发四时春，葛衫穿过三冬月。

（三）
风冽天寒水更寒，死鱼人拾市中卖。
优渥沾足闻之经，遗蝗入地麦苗生。

① 曾镒，万州明代进士。
② 王世亨，万州明代举人。《万州志》载：“明正德元年丙寅冬雨雪。”

仙河云影

那天章[①]

长河枕石水涓流，河上仙翁有迹留。
雨霁波光晴美影，涧潺泉涌碧浮邱。
离离禾黍村城绕，淡淡香风林径幽。
仙子乘槎何处去，临河怅望使人愁。

八景总会

林大任[②]

仙榻从龙锁雾轻，象眠坦处北郊坪。
河拖云影浮空汉，石荡湖光湖底澄。
饮海金牛窥月啸，排山天马驾霄行。
连峰叠叠雄州概，昆诸洪流比渭清。

我爱东山

张玉[③]

为爱东山景致幽，携琴载酒任遨游。
云迷路径人烟少，翠拥峰峦树木稠。
丹灶无存仙已往，华封有迹字空留。
管它世上尘凡事，春自春来秋自秋。

东山登高

唐焕章[④]

（一）

秋高山报回浮空，胜节登临兴会雄。
足踏云烟神觉爽，人借童冠乐还同。
瑶台旷瞩千层浪，仙洞凉生两废风。

① 那天章，万州明朝岁贡。
② 林大任，万州明代岁贡，曾任夔州通判。
③ 张玉，明朝广东都司。
④ 唐焕章，万州清代举人。

即此便参元妙境，摘花何必醉篱东。

（二）

行行不觉叩禅关，淡疲黄华亦解颜。
漫道身轻由岭峻，应知步健为心闲。
逼吟一任催租至，清兴何须落幅还。
英保留香三月后，尘中回首认兹山。

春夜值雨（排律）

苏书香①

昨夜雨声拂古坛，古坛松冷鹤巢寒。
长苗不藉宋人拔，大旱何须夏日叹。
洗净中原专制毒，洒清世界自由汗。
天空月亮云还湿，日出风和雀未乾。
牧竖快吹宁戚笛，渔翁禾弄子陵竿。
聊将颓笔亭中记，笑抒寒梅案上看。
绿柳烟迷山路滑，黑云影散洞门宽。
泽深三千农夫庆，时局从兹策治安。

忘怀

仕途成败总堪怜，那若逍遥世外仙。
毛拂扫开千障雾，芒鞋踏破万山烟。
壶中岁月还不老，袖里乾坤别有天。
安得金丹从尔乞，慧莲台上乐参禅。

第二节　现代诗词

六连岭

朱德

六连岭上现彩云，竖起红旗革命军。
二十余年游击战，海南人民树功勋。

① 苏书香，万州清代中医代表人物。

兴隆华侨农场

郭沫若

去国迢迢作客佣，归来重做主人翁。
卧薪尝胆同舟乐，自力更生创业雄。
多种经营多并举，一手垦殖一兴隆。
太阳河畔歌声起，物内桃源在此中。

游东山岭

费孝通

初上东山岭，胜地我来迟。
尝得鹧鸪茶，遥揖李公祠。
琼岛多珍宝，腾飞待何时。

兴隆华侨农场寄语
——调寄《清平乐》

赵朴初

白头重到，景物千番好。
创建日新新未了，世世光腾宝岛。
天涯游子归，同心共展雄才。
喜见鲲鹏变化，冲天万里云间。

题橡胶树

杨朔

南海珊瑚千万支，枝枝波底斗奇姿。
自从琼岭生银橡，宝岛声华更一时。

咏咖啡花

昨宵春雨湿苍苔，破晓浓香袭梦来。
绿树枝浮千朵雪，咖啡花昨满园开。

咏东山

李尔重

云霞出海尾，丽景壮东山。
珠跳含烟树，金溶九曲川。
竹摇木弄影，月落水生寒。
最是清幽景，林中屋几间。

游兴隆农场诗明志

梁羽生

游子归来矣，兴亡动客心。
隆民思国富，农垦胜淘金。
场景观不尽，诗篇咏古今。
明珠出南海，志气欲凌云。

游兴隆观感

关山月

行程最后到兴隆，再醉橡胶林海中。
画叟贪游意未定，俯看绿浪连朦胧。

兴隆神秘果

艾青

这真是天下奇谈：
“吃了神秘果，再吃黄连也不苦；
吃了神秘果，再吃什么是甜的。”
莫非它比黄连更苦？
莫非它比蜂蜜更甜？
莫非它能消灭味觉？
莫非它使我们麻木不仁？
吃了苦的，才知道有甜的；
吃了甜的，才知道有苦的；
要是我们不知道甜酸苦辣，
活着还有什么滋味？

只有尝尽了悲欢离合，
才知道什么是幸福。

菩萨蛮

蔡若虹

访兴隆华侨农场

轻黄嫩绿间浓碧，太阳河畔新林密。
极目望侨乡，红泥路一湾。
爱林如爱国，心同乡土阔。
意深荒沙，持助人似花。

咖啡园

白玉镂花青玉叶，珊瑚珠子团团结。
冒雨看咖啡，流连不忍归。
花开常带雨，香味浓如乳。
山鸟夜来呼，明朝拾落珠。

赞南海明珠

蔡楚生

南海明珠漾金波，太阳河上起雄歌。
兴隆今日成乐土，万户侨亲幸福多。

访兴隆华侨农场题诗

欧外欧

山常绿，水常青，日月正光明。
太阳河上咖啡树，红透了海南天。
剑麻胡椒与油棕，叶茂也枝繁。
天涯何处寻芳草，还是故园香。

赞太阳河

傅天琳

在田野里追逐，在水渠中歌唱。
在绿叶间跳动，在枝头上闪光。
啊！红了荔枝，黄了菠萝。
绿了槟榔。
啊！熟了爱情，甜了生活，
美好愿望！
可爱的海南岛为啥这般明亮，
天上有一个太阳，河里有一万个太阳。

咏诸公祠步许士杰同志原韵

朱逸辉

神州吹拂海南风，五指摩云倚太空。
迷雾初开观日影，诸公祠内礼征鸿。

访保城

春风催我入山城，沿路频闻布谷声。
七指山峰披锦绣，三丫河畔出梯田。
红棉赳赳舒怀笑，山鸟嘤嘤自在鸣。
当年弹坑何处觅，保城气象胜蓬瀛。

鹧鸪天
夜观平湖秋月

陈业轩

秋落平湖月色迷，轻舟倒影漾苏堤。
孤山烟风凌空去，寂寞凉亭水上栖。
追往事，会有期，秋风染白两胡髭。
此行日后堪回忆，惟读平庸一首诗。

乡愁

文怀朗①

我临着夜风把胸膛披开，
让仲夏凄清的气息，
浸渍我那颗怀乡的忧郁的心。
我轻轻地嘘出一口怨气，
默嘱马来亚的椰风，
把它吹送到西太平洋的边缘。
十月里的浮云比一张纸还要簿；
在黯淡的夜空下，
赤道圈内也感不到温暖。
无可奈何地温一温旧梦，
让一盏孤灯和一只孤影
伴我再读古罗马兴亡史。
深夜的犬吠声里，
再不会有一只熟悉而轻灵的手，
来轻轻地叩一叩我的门。
我厌倦地丢掉书，
熄了灯，
让黑夜里的幽灵齿吃着
我那颗怀乡的忧郁的心。

东山寄语(二首)

魏宗周

(一)

东山探胜伴君游，物换星移六十秋。
四海风雷惊噩梦，九州生气壮新猷。
深居养晦岂所愿，此夕同舟赖运筹。
老去放翁定怅望，天涯何事不绸缪。

(二)

儿时师友叹凋零，一纸音书喜欲颠。
六十年华浑梦境，八千里路望云天。
青春不负劳人愿，皓首何伤白发添。
安得东山重聚日，相逢共把酒频斟。

① 文怀朗，马来西亚华人，祖籍万宁，原诗刊载于 1950 年 10 月《南洋月报》。

雄心万丈

冯学良①

浩瀚之风
南中国海上翱翔
绎停神山脚下
不是乡土
却盘根交错
深扎血脉流传
一种乡缘千年延续
族音清亮
声声飘荡
风下之乡
解不开黄炎春秋

撇不去黄河底呼唤
汇流像浪
奔跃舞起
雄心万丈
谁响起震撼底鼓声
唤醒沉寂
牢记千年底怒吼
铿锵在心头

石狮情伤

杨善勇②

全是你们所雕
一种象形文字
横写直书
据说讲的是
两岸之情长
而我从来没有开口
任由刀起笔落
在我身上留痕
任由旅客指点什么
不合国情

① 冯学良,马来西亚华人,祖籍万宁,原诗刊载于 1995 年 5 月《亚洲时报》。
② 杨善勇,祖籍万宁,原诗刊载于 1994 年 4 月《南洋商报》。

为郑文泰欢呼

章沙红

电视屏幕上，
出现了郑文泰的身影。
我看到他，
高举那支受祖国重托的奥运神圣火炬。
轻步慢跑在
兴隆
这块他为之无私奉献的热土上。
他微笑地，
向场员们挥手；
微笑地，
向全国人民挥手；
微笑地，
向港澳台同胞挥手
微笑地，
向他在海外的亲友们挥手
我很激动，
很高兴。
因为他挥动着手微笑地，
告诉人们；
在他身后，
那成千上万挥手欢呼的人群，
就是开拓兴隆，
建立新侨乡；
美化祖国山河的
兴隆人。

第二章 民间歌谚

第一节 民 调

（一）

阿爹去南洋，多寄钱回乡。
吃穿全靠你，侬人日夜看。

（二）

青春守生寡，无日无夜心慌乱。
细想儿他爹，远在天边云脚下。
半夜梦公爹，明天早早就还家。

（三）

吃鱼吃肉新寨村，
瓜花煎蛋龙生水，
姜姆配饭青山园，
文渊上坡吃蟹水，
治坡咸水浸屁股。

（四）

吃筒烟来做肚困，唱支歌来解心闷；
吞入都如龙滚水，吐出都如风送云。

（五）

槟榔烟丝过口宝，有候便吃无便饿；
有候角钱三二口，无候角钱口都无。

第二节 令 节

（一）

有心拜年初一二，无心拜年初三四；
初五鸡鸭早宰了，亲戚来家难操持。

（二）

五月来到人绑粽，家家都绑无家空。
人也绑个分给侬，侬也绑个分给人。

（三）

六月来到人发窘，贫苦人家心里闷。
男人有衣又无裤，女人有鞋又无裙。

第三节 民 谚

东海无鱼走西溪。
怕死不去番，住番不怕死。
船过必经大洲。
二月绿水泛悠悠，飞鱼头汛到大洲。
人而不信，牛皮写字也不灵。
坐人不知站人苦，饱人不知困人肚。
有钱人吃人参燕窝，没钱人吃鸡屎藤粑仔汤。
夜夜做贼也不富，日日待客都不穷。

清代至民国三十二年（1943），万宁疟疾、天花、霍乱肆虐，期间流传民谚：
南桥陵水，有命去，没命回。
香根加朝，一个去，一个了。
北寒鬼（疟疾）进门，全家腹胀脸青黄。
只见娘怀孕，不见娘抱孩。

第三章 文 赋

游东山记

杨景山①

余曩者抵郡，适邑人徐君，亦旅于郡。始交而善，己而别。迨客秋间，徐君以故抵万，于重阳先一日，至余庐而面焉。叙毕，逐定登高之计。

明早命童子饮餐，余与徐君启扉而出。散步道间，见皎日东升，浓烟遍野，懒鸟吝树，力农刈烟。秋风刺肤，怪云出岫，天洒未乾，蔓草珠泪。

步稍远，烟稍散。徐君举目纵望，见三峰并峙，巍立云端，问曰："此何山也？"余曰："东山也。"徐君惊曰："嘻嘻！吾闻之熟矣，何不早言之。"余曰："将游之矣！"徐君遂促余疾步。

抵东山下，樵歌聒耳，牧笛横云。峰峦巍巍，怪石矗矗，石泉锵锵，皎然奔坠，瘦木叶枯，嫩草寻牛。乃折南而上，经石胡胡，至一岩，徐君远瞠而叹曰："美哉！此何岩？"余曰："华封仙岩也。石上下构成，古名人常隐居此矣！"环视毕，由岩后门循级而抵会心处。凭栏西眺，耕刈杂野，肩摩撞撞。狂犬吠花，猛鹰觅兔，牛角两峰，云间出没，九曲流水，迤逦而前。

复转东游。石菊粧诱蝶之容，古树作寒雁之态，举目远瞩，天水一色，浴日涵星。渔人劳擢，鱼跃鸟飞。余指而示曰："此地图所谓南海是也！"

既然则北游，关峦伏起，木石行列，高高下下。抵石冢前，余又指北溟而告之徐君曰："此吾土所谓小海是也！产盐利，景颇佳。昼则舟楫出没，夜则渔吟遥唱。"言未毕，忽见晚村饭烟蔽空，小海之舟迷岸。余曰："日将潜矣！可以归矣！"徐君徘徊不忍去，曰："吾素闻此山，今游焉，可不一志乎？"乃吟诗一首而勒石。其诗曰："伏波栉沐百回艰，筚路蓝缕辟此间。五岳三川赏客过，东山归去不看山。"

毕而散步归。童子以盈酒于樽，陈蔌以席以待。余与徐君，面饮而醉。

建戎庙记

李毓滋②

昔先王重酬戎之典，懋功与懋赏兼施。尼山操笔削之权，用褒与贬并寄。诚以古人论功行赏，因义定名。显之，固蒙朝廷厚赐；隐之，亦在央册定评也。况当时德著乡邻，功深里舍，勇超流俗，气壮山河，真觉肝胆之坚贞，岂容声名之寂寞也哉！24 位戎士委身赴敌，

① 杨景山，万州乾隆二十八年(1763)进士。

② 李毓滋，万宁龙滚人。1899 年秋，端熙村杨老月(清廪生)带领护村队等 24 人抗击"黎患"，因寡不敌众均战亡。为纪念遇难者，龙滚乡绅上书琼州道台，转奏清廷。光绪二十六年(1900)夏清廷批建龙滚戎庙。

奋力防黎，振军威以直上，犯金刀铁甲而拂扰其胸；鼓锐气以长驱，救众妇多男，而得全其命。无如众寡久战，而竟落重围，背胸交攻被困，而尘塘俱殁金满池塘之内。顷刻而尸满一塘，存亡危地之间，须臾而身亡战地。全众而致命，众尽寒心；救人生而捐生，人皆惨目。堂堂义气填邱壑，而鱼鳖含冤；浩浩忠肝殁尘埃，而风雷失色。十余家父号母哭，鹤代泪也，猿大哀。千万人目击心伤。念其功，宜表其义。但恨权非卿相，难言诏爵诏禄之班；学愧纯儒，独寓论赏论功之笔。幸蒙州主仁廉，道台明察，既转入奏，还批建庙流芳。

逢龙截角 遇虎敲牙
——谈先贤海瑞

朱桢华①

人类社会，是个半争的社会；人类历史，是部斗争的历史；社会的发展，历史巨轮的推移，其原动力就是“斗争”。这“斗争”包含着两个部分：一是人跟自然界的竞争；二是人与人之间的斗争。任何能够经受得起历史考验的人物，他们的名字都是跟这两种斗争分不开的。这些历史人物，有的有正史传于后世，有的被某些统治集团的喜怒哀乐任意加以篡改和抹煞，但他们的名字，他们的功业，却由历史的主人，历史的最公正的裁判员——人民大众世世代代地流传下来，他们永远活在人民心里，真正达到流芳百世，永垂不朽！

我们琼州的先贤海瑞，正是这样一位能够经受得起历史严正的考验的人，他的一生，是斗争的一生，他的名字不仅传之于正史，在人民大众中间，更得到大幅度的传诵。

海瑞一生的斗争是属于人与人之间的斗争范畴的。（虽然，他在任应天府巡抚时，也曾领导当地人民疏通苏州河，被誉为“海龙王”，但他毕竟没有成为水利学专家。）这种斗争又有为私人利益和为大众利益而斗争之分。前者是卑鄙的、可耻的，是令人唾弃的；后者是光明正大的，可贵的，令人敬佩的。海瑞则是为了人民大众的利益，不怕苦，不怕难，甚至置生死于度外，坚决跟黑暗恶势力进行顽强的斗争，表现了“逢龙截角，遇虎敲牙”的大无畏的精神。他深得人民的爱戴，被时人称为“海青天”，直至现在仍成为人民所熟知，所乐道的著名历史人物之一。

明正德九年（1514），海瑞出生在琼山的一个没落官僚家庭里，4 岁时父亲去世，只留下十多亩田产，靠着母亲做针线补贴过日子，家道可说是清寒的。大凡出生于没落户的人，对于人间的炎凉世态，总是感受得最深刻。也许就是这个缘故，幼年的海瑞便养成了一种疾恶如仇的刚正性格，他所处的朝代是明朝，其实当时的社会情况，跟这个朝号“明”字，却沾不到一点亲，而是黑暗之极。从最高的统治者到最小的官吏，多是昏庸无能，拍马阿谀的奸刁之辈，他们搅乱朝纲，祸国殃民，贪污勒索，弄得社会满是乌烟瘴气，民无聊生。嘉靖廿八年（1549），海瑞考中举人，逾五年开始做官以后，便展开了跟这些贪官污吏的斗争。还在任福建南平县教谕时，他的耿直的性格便露了头。有一次，御史诣学宫，属吏咸伏谒，瑞独长揖。曰：“台谒当以属礼，此堂师长教士地，不当屈。”这种刚正耿直的性格和“逢龙截角，遇虎敲牙”的大无畏精神，在他以后的生活中，更放射了耀眼的光芒。

① 朱桢华，祖籍万宁，毕业于北京大学，马来西亚教育界著名人士，雪隆万宁同乡会创始人及首任主席。

海瑞在任淳安知县时，浙江总督胡宗宪是海瑞的上司，是奸臣严嵩的死党之一。他滥用权力，大肆贪污勒索，但是表面上却装成一幅伪君子相。他出巡时，故意命令所过的地方，不要铺张招待，其实这是“此地无银三百两”欺人自欺的做法。海瑞却捉住他这副伪面具，狠狠地教训了他一顿。他的儿子过淳安，为非作歹，海瑞搜查他的行装，得千两金子，没收归库。后缚送胡宗宪查办。曰：“袭胡公按部令，所过毋供张，今其行盛装，必非胡公子。”弄得胡宗宪如哑子吃黄连，有苦难说，奈何不得。都御史鄢懋卿，也是严嵩的同党，他以钦差大臣的身份出巡各地，派夫派款，贪污受贿，加深了人民生活的痛苦，弄得各地鸡狗不宁。当他到扬州时，海瑞就派人打听到了他的贪污行径，为了维护淳安人民的利益，不让鄢懋卿进入淳安城。当鄢懋卿到达淳安之前，海瑞便带领县丞，典史，教谕等大小官员一起到城外四十里的边界上去接。在那里海瑞跟这位拥有上方宝剑的钦差大臣展开了面对面的斗争，海瑞借口淳安地小民穷，容纳不下这许多显贵和车马，阻止鄢懋卿进入淳安城；并且当面揭露了鄢懋卿的收贿害民的罪恶，还命县衙差役和看热闹的百姓搜查鄢懋卿的行船，弄得鄢懋卿只好狼狈而逃。正气终于压倒邪气，美善战胜了丑恶，淳安人民的利益得到了保护。

海瑞不仅敢于向奸臣作斗争，甚至对最高的统治者——皇帝也做了坚决的斗争。他在任户部主事时，曾出现过“买棺谏君”的事迹。那时明王朝已趋于衰落，土地大量集中，社会矛盾日益尖锐。做官的只顾贪污勒索，军备不整，外族不断侵扰，人民生活痛苦不堪，而作为最高统治者的明世宗，却一心修道，大兴庙坛，采访仙草，不理朝政。目睹此况，海瑞满怀愤激，便冒着生命危险，写了历史有名的“治安疏”来劝昏君。这章奏疏是海瑞花了一个多月的夜晚在孤灯淡光下写成的，它用尖锐的措辞，大胆地揭发了统治者的罪恶，这是历史上少有的。他首先指责明世宗迷信道教，妄想长生，昏聩误国的过失，指出天下弄得“吏贪将弱”“民不聊生”，都是由于他的“误举”所致。甚至讽刺他的年号“嘉靖”，意味着“家家皆净而无财用”。另一方面对一般官吏阿谀逢迎，只顾个人身家禄位的卑鄙自私行径，也尽情地加以揭露。最后提出自己改革政事的具体意见，希望采纳。他清楚地知道，这章奏疏将会给自己带来怎样的后果，于是事先便做好事后的安排，买下了棺材。“治安疏”将明世宗气得死去活来，果然将他拘捕入狱，判处死刑。看，海瑞明知此举必死，但为了国家和人民，他已将生死置之度外，这是何等伟大，何等崇高啊！试翻开历史一看，有否曾出现过如此买下棺材而谏君的忠贞之臣！

在政治上，海瑞是清廉刚正的清官和好官，在生活上，海瑞也是节俭朴素的。他做官了，还“布袍脱粟，令老仆艺蔬自给”，给老母贺寿，也只买了两斤肉。到了 72 岁，出任南京吏部侍郎，还是穿着那一套被老鼠咬过、打了补丁的旧袍。对于私人的感情，海瑞也是公私一丝不苟。他因谏下狱以后，在昭狱中，得到宰相徐陛等人的照顾，免于一死。明世宗死后，他从死囚中被赦出狱复职，又得到徐陛的极力提拔，不到两年工夫，便从户部主事的七品官升到正四品的南京通政。徐陛罢相归里前夕，又保荐他为应天巡抚。按理说，徐陛该是海瑞的大恩人。但是徐陛的家人弟子，却是一群奸刁小人，在家乡为非作恶，霸占民家土地财产，祸及大众，海瑞行巡到此，还是铁面无私地将徐府重重惩罚了一番，拘押徐府 20 多人问罪，遣散徐家 800 多个奴仆，清丈退回民田 40 万亩。海瑞就是这样抛开了私人的一切，按真理来生活，凭良心来谋事。

海瑞这样不辞千辛万苦为民造福的举动，直接触犯了权贵的利益，受到他们攻击迫害。好几次都被调职、罢官,甚至置之于死地。但是海瑞并没有因此而畏缩、退却。相反地,更使他正视了现实,正视了人生,增添了不屈不挠的斗争勇气。现在,他虽然离开人间300多年了(他死于万历十五年,即1587年),但他光辉的名字,崇高的品质,伟大的斗争精神,却永远照耀着史册。南宋民族英雄文天祥说过:"人生自古谁无死,留取丹心照汗青。"海瑞正是做了丹心永垂青史!

人为万物之灵

文怀朗①

"人为万物之灵"。所以人是最聪明的动物;但,同时却又是最愚蠢的动物。因为最聪明的人,或是最有权势的人,往往同时又是最愚蠢的人。

这种理论并没有什么矛盾,同时既不是什么稀奇的"怪论",也不是惊人的"伟论",它只是一些很平凡的事实罢了。

婴儿初生的时候,不但没有找寻食物的能力,而且除了嘴巴能吮啜液体以外,脚不能走路,手不能拿物;如果没有人喂乳,便会饿死。他不像别种动物,身体一着地,便能够站起来行走,自动吃食物,甚至能够找寻食物。在许多动物当中,人的长成最迟缓,旷日费时;从初生到独立生活,其间经过一长串时间,完成依靠父母或家庭。除掉社会寄生虫的二世祖不谈,至于一般正常状况的人,家庭环境优越的子弟,有些甚至到了30岁,才所谓"学成",从学校里出来秋从外国戴一顶家士或博士的方帽子回家,荣祖耀宗之后,才开始在社会上过独立的生活,而自食其力。在这阶段以前,生活的泉源,是完全仰仗于家庭的。拿"三十而立"这句名言来赠送给这一类的人们,真是名副其实。

普通的人,要到了20岁,才算是成人。古代的人,还在20岁的时候,特别为着那个"人"而举行"成"立典礼,叫作"冠礼"。冠礼举行以后,才算是"成人",而不再是童子了。于是才有独立的人格,而且事以应该在社会上过独立的生活,不要再依靠父母而有能力独立谋生了。至于贫苦的人家,或孤哀的儿童,未成年而勉强自力谋生,那是属于不幸的一群,而不是正常的人类生活了。

一个人出生于这个世界里,要20岁这么悠长的岁月,才能够长成,如果和其他的动物的"早成"比较起来,人类难道不是最愚蠢的动物,最笨拙的动物吗?

但是,人类又是最聪明而善于用花言巧语来掩饰自己愚蠢的动物。于是,只要造二一句"大器晚成"的话来当作理由,便可以轻轻的把这愚蠢的面子遮蔽,而保持了人的尊严。

而今,物质文明已经发达到了登峰造极的状态,但是,人类的物质生活却越来越苦,一天比一天艰难,几乎大多数的人,都一天一天的降低生活水准。降低到最低限度,弄到维持不下去而自杀或铤而走险,为非作歹,真是屈指难算。这种现象,不是矛盾吗?为什么物质文明越来越发达,而人类却不能享受物质生活,反而要降低生活水准呢?那些发达的物质、那些"剩余物质"都到哪儿去了呢? 这难道不是咄咄怪事吗?

在历史上。像秦始皇那样的雄主,有一统古代中国河山的能力,可是还要生出长生不

① 文怀朗,祖籍万宁,毕业于北京大学,马来西亚学者、作家。槟榔屿万宁同乡会创始人、首届主席。本文发表于1955年5月新加坡《南洋商报》。

老的愚蠢的妄想，而命方士去求长生不死的药物。汉武帝可说是汉代的雄主，也和秦始皇一般的生出这等愚蠢的妄想。

在西洋历史上，拿破仑、威廉第二、希特勒，这些不可一世的大英雄，都是给权力迷惑了而发生统一世界的愚蠢的梦想的。

这不是可以证明越有权势的人物，越要显得愚蠢吗？

大发明家牛顿，也会闹出给大猫和小猫造大洞和小洞来让它们进出的笑话，实在令人莫解！（相传牛顿有一个轶事：他养了两只猫，一只大的，一只小的。有一天，他在房子的板壁上凿了两个洞，也是一个大的，一个小的。一位朋友看见了，问他那个洞有什么用途？他回答说，是给猫进出的，大猫走大洞，小猫走小洞。他的朋友说，小猫不是可以走大洞吗？他听了才恍然大悟到凿那个小洞是多余的愚举。）

人类发明了许多的机械，却拿去从事战争。难道人类努力所收获的成果，其目的是在乎加快地消灭人类的吗？人类愈觉得生命的宝贵，却偏要做没有价值的牺牲，人物愈觉得自由的宝贵，却偏要奴役别人和受别人奴役而不自觉。在一句标语或口号的蛊惑之下，便献出生命受人利用，至死不悟。人类从给神权、君权，而至极权所统治，就表面上看来，似乎是逐渐进步，可是实际上又绕圈子回复到了野蛮时代的残暴统治。聪明的人类，为什么到了20世纪50年代，还是这么极端的矛盾呢？

第二次世界大战的血痕犹新，大家又在忙着准备第三次世界大战，难道地球上的人口已经过剩，不能再容纳，而非利用战争来大量消灭不可吗？人类为什么不能和平共处而确保世界的和平呢？人类为什么要处处互相疑忌而做着毁灭自己的愚举呢？

最有权势的人和最聪明的人，往往会做出平常人所不会做的愚蠢的事情，这是什么缘故呢？

原来聪明的人，是很会装傻的。所以有“大智若愚，大巧若拙”的态度出现，而做到使人“智也可及，愚也不可及”的程度，那便是上乘的“最聪明的傻子”了。不装傻子，便难在乱世生存。这是聪明人的消极处世哲学。于是聪明人和傻子之类，真是使人觉得扑朔迷离、雄雌难辨了。为什么聪明人不去积极的努力从事使乱世平治起来的工作，而只消极的寻求躲避乱世的方法呢？我以为这是聪明人“过于聪明”的愚蠢！所谓“明哲保身”者，不是自私自利的人物，便是懦弱无能的匹夫！人，到底是最聪明的动物呢？还是最愚蠢的动物呢？真的，“人为万物之灵”吗？我不禁地要发出这个疑问了！

华人经济困境如何突破

祝清坤[①]

华人并不是不懂团结，而是有太多的领导中心、太多的小团结局面，如果这些小团结的局面能够被打破，不各走极端，而是联合起来，同舟共济，为华人社会的基本利益与目标，一致行动，相信要解决当前的难题，要纠正偏差，将不是困难的事，要突破当前华人经

① 祝清坤，祖籍万宁，先后担任马来西亚广东会馆联合会会长、海南会馆联合会会长、槟榔屿中华总商会会长、马来西亚中华工商联合会副会长、万宁同乡会总会主席等职。

济以及各方面的困境，也不是困难的事。

华裔公民的经济困境是华族社会面对的主要问题之一，不只是华族工商界人士感到关注和忧虑，也是一般华人社会所关心的共同课题。

华人经济困境，随着政治、文化教育之困境而来，对华人社会产生普遍的呼声，使他们普遍觉醒起来，认清当前的地位与情势，并且不得不探索应变之策。

由于华族传统经济地位受到挑战，更由于自由的发展机会受到限制，加上原有在其他经济领域所面对的种种困难，遂产生一种悲观的看法与情绪，消极地认为虽然华人已是本邦的公民，但前途却是黯淡的。一旦在经济领域中华人的地位被压倒或超越，在马来西亚的立足点也将随之消失了。

这种悲观的看法的产生，有它的一定根据。最主要的论据是，在与友族进行经济竞争时，华人是处于非常不利的劣势。土著有政治权作为后盾，有强大的财政资源来实现他们向经济领域进军的长征。在教育及人力训练方面，土著所拥有的优先机会将确保他们能够巩固在经济竞争中所赢得的每一成就。但是华族在另一方面，除了依靠传统的财力以外，还受到诸多“先天不足”的条件限制，在政治上四分五裂，在文化教育上也未见得有统一的方针与目标，在社会上分道扬镳的现象比比皆是，甚至在经济上，自相残杀和排挤的事情也是屡见不鲜的。因此，在长期竞争中，华族公民的经济地位必将江河日下，最后可能只在较次要的行业中扮演有限的角色。

事实也正在加强这个观点的影响力。在与友族经济竞争中，华人的经济发展显然已告缓慢下来，而且在许多重要的部分已被土著利益所超越。国家投资公司最近在伦敦以闪电手法收购了牙直利集团的股票，控制了国内最大的园丘公司，就是一例。但这只是土著资本向现代化园近业务大规模进军的一个里程碑，相信将会是有更多外资园丘和工商业机构会在重组或“被收购”的方式下，将其大部分股权转移至土著利益之中。

更早的一些例子显示，在我国的银行业中，土著资本已拥有本地银行七十七点四巴仙的股权，这也是通过一连串收购的结果。在 27 间本地银行中，土著已拥有其中 9 间的绝对控制权(超过股份的五十巴仙)。所有本地银行缴足资本达 5.96 亿元，其中土著权益拥有 4.11 亿元，超过七十七巴仙。

在锡矿业方面，伦敦锡矿公司被国企控制后，主要拥有权已由外国转移到土著利益手中，伦敦锡矿拥有 50 多只铁船，占我国铁船总额七十巴仙，产量占我国锡矿总产量的一半。随着伦敦锡矿易主后，国内的许多大锡矿公司，如马矿务、马来亚锡矿、新街场、亚依淡、端洛、美罗、南近打、加拉岸、八丁燕带、拉曼等，都成为土著利益囊中之物。

国家投资公司的成立与活动，对于引导土著资金进入工商领域，是一项极重要的发展。该公司于 1978 年成立，在第三大马计划下，获五亿元拨款作为资本。第四大马计划下将再拨款 10 亿元。据该公司主席敦依斯迈阿里称，到去年底为止，国家投资公司已购置四十多宗价值 2.4 亿元的股票，其市价达 3.96 亿元。这些公司的股票被购买后，将转移到其子公司国家股票信托有限公司的手中，以信托股票方式售给土著。

政府为了提高土著在工商界中拥有的股权，经常请土著热烈投资信托股票。同时为了实现新经济政策所规定的到 1990 年土著拥有公司股权卅巴仙的目标，今后这家投资公司将扮演重要的角色，它必须通过交易收购的方法，收购国内公司的股票，然后转到股票信托公司的手中，再以信托股票的方式转售给土著。国家投资公司收购牙直利，就是其中一项成就。国家投资公司发售信托股票将可吸纳大量游资，同时更能够获得政府的拨款支持，因此这个财团以后将会成为土著资本进军工商企业领域的主要工具。

除此以外，为配合新经济政策而颁布的法令条例与措施，着重于社会重组之目标，在扶助土著参与工商业等经济领域的同时，无可避免地限制和影响到非土著的既有利益。尽管政府一再保证新经济政策旨在促进调整高速的经济成长来实现重公经济蛋糕，不使任何种族之原有权益受到剥夺和束缚，但在执行过程中，偏差迭次发生，使非土著工商界人士感到彷徨与忧虑。加上土著社会中一些偏激的言论接连出现，更加深非土著社会的恐惧，虽然极端的建议与要求经受到开明的政府的拒绝，但在非土著社会当中，已经留下阴影，对前途更产生悲观与茫然之感。

非土著社会的这种悲观情绪是可以理解的，却是必须加以改变的，消极的态度不以解决问题，更无法带离华族公民摆脱当前的困境。所以，在迅速变动的时代中，华族公民必须认清几项事实：

一、新经济政策是既定的政策，它是以强大的土著政治力量为后盾而被制订和执行，旨在改变他们经济地位的基础。这个政策所标明欲重组社会的目标，是要消除经济领域上的种族不平衡。在推行此政策时，由于偏差屡见不鲜，而引其他非土著之不满和抗议，但政府是不可能放弃或放缓其欲重组社会的步伐，反而在土著社会的要求下，有加速之趋势。首相马哈迪医生不久前曾说过，修改或削弱此一政策或有关法令，将会引起不安，是发人深省之言。

二、成长和重组这两个目标是可能发生冲突的，尤其当政策的执行发生偏差时，更可能影响到成长。非土著私人部分是经济成长之一大支柱，政府期望他们能在发展计划下扮演更大的角色，因此它将会积极支持和制造健康和良好的投资机会，以鼓励私人企业参与发展，这个诚意是不应怀疑的。而政府准备纠正偏差以及抗拒过分极端之要求，俾政策推行时不致于乖离原定目标，其诚意也是不应怀疑的。例如土著社会一部分人士要求把土著经济拥有权之比率提高至五十一巴仙，即未受到开明政府之接纳。

三、在政府的大力扶助下，土著机构与个人向工商经济领域之进军的步伐只有加强而不可能放慢下来，国家投资公司的收购牙直利以及国内许多大公司的重组行动都证明这一点。土著利益在股权方面的增长将会更迅速地上升，远超非土著之股权增长率。这个发展是应该受到欢迎的，因为这基本上是使更多土著人民拥有股权（包括通过信托股票），对制造一个稳定的社会很有帮助。因此当土著社会以雷霆万钧之势向规模更大的土著企业进军时，华人工商界无须抱着妒忌的心理，而应奋起直追，以争取新经济政策所预定的三十、四十、三十的股权分配率在 1990 年时可以实现，更正确的说，是要保持非土著包括华族公民能够维持四十巴仙的权益。

华族公民应该怎样突破困境，这是大家关心的问题，认清到新经济政策下所产生的新情势后，我们相信华人社会要在经济上维持现有地位以及保持应有的地位，虽面对很大的挑战，但并非不可能。问题是，我们是否能从以下各个途径去寻求突破：

（一）动员华社各部分资源，集中力量向现代化大企业进军；这个问题其实已在行动中。华人社会当中不论是政党、工商界团体、乡团组织或其他联谊性质团体，都在积极组织大企业，这是好的现象。马华工商联合会经成立商联控股，不久当可开始活动，代表国内华人工商界合资向大企业进军的一个里程碑，意义深长。至于其他如合作社、控股等，已经如雨后春笋设立，只要将来互相配合，合力发展，前途必是一片大好。

（二）打破华人社会与政府之间的隔膜，积极参与发展主流。华人社会不像土著社会，在政府当中有一个强力的巫统作为他们的代表。华人社会与政府之间几乎还保持着一段距离，这段距离造成许多问题无法在应该谅解的基础上达致圆满解决，这种不良现象理应及早纠正。代表华族社会的领导机构，如中华大会堂、工商联合会、乡团联合会等，都可以在这方面起带头作用，促进政府与华人社会各部分之间的联谊与谅解，更应该积极参与政府旨在促进全民利益的发展计划，避免自我孤立，不应放弃争取发展的机会。

（三）促进华族与其他种族社会之间的联合。华族人民也可在这方面负起带头作用，在社会、文化、经济、政治等方面，与友族进行更多的接触与交流，使彼此之间有更好的谅解，因而为和谐之关系铺下道路，这尤其对抗拒极端主义思想的滋长有很大的帮助。马华工商联合会成立的控股公司，以及各地华人乡会社团所组成的控股、企业和合作社，都可以在一定的范围内，与友族联营合作，分享经济成长的成果，这也就有助于实现新经济政策的目标。

（四）在政治上寻求能够代表华族人士总体利益的大联合。华人社会在政治上的歧见和分裂，是今日华人无法突破困境的一大阻力，这个障碍必须尽快移除。华人并不是不懂团结，而是有太多的领导中心、太多的小团结局面，如果这些小团结的局面能够被打破，不各走极端，而是联合起来，同舟共济，求同存异，为华人社会的基本利益与目标，一致行动，相信要解决当前的难题、要纠正偏差，将不是困难的事，要突破当前华人经济以及各方面的困境，也不是困难的事。

论华人社团与其发展态势

*顾兴光*①

人类是群体的动物，尤其是当世界人口达到目前这个程度，再加上种种社会结构错综复杂的严密联系后，地球越来越小，人类的群体性已提到更高的一个层次，罗宾逊孤岛独居式的脱离群体的生活方式，几乎是完全没有可能。因为地球这弹丸之地，没有一寸不受到管制或受到现代文明的直接或间接的冲击与影响。

人类的生命，已全部的投入群体，连生前死后，仍然脱不了群体的密切联系。

就因为这种群体的需求性，乃出现了团体的组织。在目前我们这个世界，大大小小的各类团体组织，真是五花八门，千丝万缕。同样在马来西亚，这种团体组织的情况，当然亦跟随着世界性空气同呼吸，原因是没有类似组织，无法与外界进行活动。

马来西亚华人，对群体活动与团体组织不但不落人后，有些地方且别具一格。这种现象，充分表现了华人的团体生活的性格。

中华民族在历史的长河中，经历过种种的灾害、种种变迁，对生活环境的适应，逐蜕化塑成一种顽强的韧力，无论在任何条件的熬炼下，都能适应生存，繁衍拓展，其生命力的旺盛，适应环境与改变环境的动力，正是这个民族成长不绝的根由。

① 顾兴光，祖籍万宁，曾为马来西亚最年轻的民选市议员、马六甲市市长；马来西亚资深报人，作家，商界知名人士。

就因为上述这两种群体性与适应性，到世界上有水与土的地方，都有华人。本此民族根性，这个民族不论到那里去，都忘不了血缘与地缘的认同，而有各种血缘和地缘的宗社组织，再加上为适合当地环境的需要，更有各种应的团体组织。一个没有严格宗教信仰的民族，而能如此扩散而仍具凝聚力，似乎应归因于此类团体组织。

在马来西亚，这种形态并没有两样。因此，在马来西亚，华人社团竟达到 4000 多个，根由在此。

大致地说，华人社团的组织，可分为六大类：同乡社团、同宗社团、同业社团、同道社团、同学社团、同好社团。

在这六大类团体中，以头三类的地缘、血缘与业缘性的组织较多。但近年来血缘与地缘性的社团似已呈衰退的迹象，有人甚至主强废除这两类团体。

这的确是愤世嫉俗的错误观点。

诚然，血缘与地缘性的团体，近年来由于华人教育背景的改变、观念的更易，其活动已渐见萎缩，但这两类团体，是万万变动不得的，因为这两类团体，正是华人对根的认同的维系力。假如连姓氏连地缘籍贯都连根拔起，华人就真的全变成香蕉人了。原本的血缘、原本的生产地的确定，是有条不紊地确保千秋万代后华人仍不致迷失的有力归类法。

对根的认同，是人类的本性，也是一种动物的本能。许多的动物，也懂得寻根，是最好的说明。纽西兰有一种 Stout Infantfish 的鱼，每年都沿逆流力游而上，甚至死于其发源地。正是这寻根的动物性表现。

虽然世事与环境都已有极大的变迁，但不要忘记，华人之有今日在世界各地的成绩与贡献，正是由于本文上述的那种团体组织性与环境性的缘由。而因应这两种性格而成立的团体组织，即肇端于血缘与地缘性的组织。这两种组织，是民族性与民族活动的根由，无论在任何情况下，也万万舍弃不得。

血缘与地缘性团体，纵有其缺点，但这并非不可革进的。目前的任务应只是针对有关的缺点，切实地进行纠正，务使这两类团体，保持其原貌。可以这么说，这两类团体，应作为华人团体的基层组织。华人的各种团体形成一股华团力量，而血缘性与地缘性的团体，正是这股力量的基层支柱，它是大团结中的基因，是小团结中的单元力量。

由这单元力量，层层上推，作金字塔形的发展，正是马来西亚华人社团今天的发展模式。这种发展模式，最能适应当前马来西亚环境的需求。因为，在多元化社会的马来西亚，任何一个社群，都有需要各自的凝聚力，作为群体性的争取与融合，无论经济、政治、文化等领域，这种结合模式，都是到目前为止的最佳公式。国阵的结构，正是本此概念发展的结果。

因此，同样，华人社团亦有需要向此模式推进。而事实上，目前华人社团的发展趋势，亦自然而然地向这途径发展。

这种金字塔尖端结合形态，在华人社团中，就是所谓的综合性社团之出现。华人大会堂就是这种社团的典型。在可见的将来，华人大会堂即将扮演更重要的角色，是殆无疑义的。

时代的变迁，有飞速的态势。所有华人社团，除了保留其特性外，亦须作相当程度的改变，以适应最新潮流的发展。

万宁同乡会，作为一个地缘性华人社团，在面对这个千变万化的世界，亦应审时度势，提高其警觉性。配合上述的社团演变，作出其睿智的判断与行动。

琼州帆船逃难到星州

李蕴朗[①]

（稍微留心报纸的人，当会知道今年有不少琼州同胞，乘帆船逃难南来的消息。逃难而乘帆船，不是一回奇事；但乘帆船而漂度过一片汪洋，把生命在险恶的波涛和饥渴中，消磨了十几天，却会使一般人感到有点儿莫名其妙。记者为给读者解释这莫名其妙，特拨出一天下午，在海南街一间隆帮馆中，和几位乘帆船逃难的同胞，做一次详细的谈话。这篇东西便是这次谈话的记述。）

又瘦又黑的几张脸孔，不用人家介绍，记者一眼便看出他们是从敌人血嘴逃出来的，在帆船上折磨了几十天的亲人。这些人中，有一位看来已经有 50 多岁了，他的眼神呆滞而迷惘，一种中国农民所特有的善良，在他的老皱的脸孔上流露着，给记者带来一阵酸楚的感觉。啊！谁人在这个时节，不会想起祖国，成千成万的被敌人杀害了的这种善良的人类！

我们还是先听这位善良的老人，用他的颤抖的声音，诉说一个短短的悲惨故事吧。

“我在今年正月，还是一个有老婆媳妇和两个孙子的人，但现在只有一个儿子，他幸亏是来了南洋，不然……”他说到这里哭了，眼泪流过他脸上的皱纹再滴到地板上，他继续说：

“我记得清楚，是二月初一的早晨。日本军队来了，用大炮轰击我们村庄。我的屋子中了一弹，一家 4 人便死在里面。我有事到邻村去，才活了这条命，但……还……有……什……么……用？”

他无法再支撑自己了，一下子倒在楼板上，用手把脸掩了起来！

整个隆帮馆，这时候卷入一种难堪的沉默里面，眼泪在每个人的眼眶汹涌着。老人抽噎的声音，和其他几声冗长的叹息，就像坟墓里送出来的。

忘记了究竟过了多久，老人忽然停止了抽噎，对身旁的几位说：

“你们为什么不告诉这位先生，关于我们在帆船上的事情？说给他听啦！”

“我们的那只帆船载重只有 200 多担，但却挤了将近 50 个人，船舱里只能容纳 30 个，其他的只好睡在舱面，让日晒雨淋(谁在逃命时还管这些)！”

“船上的米很少，只有 8 天，我们把船放洋之前，必须到陵水(琼州南面一个港口)去装米。但多讨厌，我们的船驶了两天，都还不到那儿。因为没有西北风，加以白天又不敢大胆地驶，敌人的军舰时时在海面巡弋着。”

“到了陵水时，我们不敢驶进港去。陵水已经给敌人占据了，不少在海面捕鱼的渔家船都被强迫挂了红日旗(日本旗)。我们只好驶进一个比较偏僻的港湾泊下，派几个人上岸去探听虚实再定行止，而这几个人一去就没回来，无疑地，是给敌人抓去杀害了。”

“我们乘着黑夜把船驶开那儿，远处的陵水港口，敌人军舰上探照灯正射向我们，啪啪啪……机关枪的声音一阵阵随风送了过来，掺杂着人的哀号声。火光起了，把海照得通红。我们知道那一定是无数只帆船又遭了殃，无数同胞又遭屠杀，说不定会马上落到我们身上。我们只希望我们的帆船驶得远点……”

“但就在这个夜里，海上忽然刮起大风，我们船上的帆被风吹去了，桅也折成两段，船像婴孩睡在摇篮似的在海面浮着，不少睡在舱面的人被抛到海水里。我们充满绝望。很惭

① 李蕴朗，新加坡记者，本作发表于 1939 年 5 月 15 日。

愧，没跟敌人拼，我们却要丧失在大海里！”

“奇怪！我们的船，没有翻覆，天明时却漂流到一个岛上——大概是西沙群岛的一个。这个岛上有不少结满果实的椰子树，一群白色的海鸟在上面下蛋，大海龟一只一只懒散地躺着。想不到这岛上有这么多的食物，使我们不致于饿死。”

“我们在那里停了几天，把船修理好了，也装下不少的椰子、鸟蛋和海龟肉，便向安南出帆。半途中，我们遇到一只法国军舰。军舰上的人叫我们停下盘问。我们不会说法话和安南话，只能用手比画。当他们晓得我们是逃难的人之后。脸上都表示出很同情，还给了我们一些食物和一纸证明书，让我们的船驶开。”

“到安南的一个渔港，我们泊了船，买了一些米和装了水。”

“多使人心里感到烦闷和焦躁啊。面对着一片浩荡无垠的海水，好容易才一天挨过了，明天摆在前面的，又是海水辽阔的湛蓝，太阳热得厉害，舱里一点风都没有，舱面又像烈火在烧。我们的口渴得要命，但没有水喝。因为我们还不知道要在海上生活多久，用水不能不尽量地节省。”

“等到我们的船在海上航行了半个多月后，水柜里连一滴淡水都没有了。我们只能用海水煮饭吃。海水煮的饭，怎么吃得下？饥渴让不少人生病。死了，尸首推去饲鱼虾。”

“幸好这情形只继续了几天，我们看到马来亚的海岸线了。以后的情形，这儿的报纸上已经登载过，不需要再说。”

“但我们不能不感谢这儿的同乡，如果没有他们的帮助，我们当然不会这样自由自在地在新加坡的街道上行走。而他们这种的救乡热情，更使我们惭愧到了极点。我们实在不应该逃来南洋，我们应当拿起刀枪来保卫家乡，家乡有我们的田舍和祖坟啊。然而这已经迟了，迟了！唉！”

那年轻人用一声冗长的叹息结束了他的叙述之后，他把脸孔转向窗外。家乡，敌人的屠杀的火焰，在熊熊地燃烧着；仇恨的火焰，也在他的眼睛中熊熊地燃烧着。

此情可待成追忆

朱仕兴[①]

万宁县有史以来的第一次“县庆”活动，终于在 1991 年 12 月底举行。

1991 年 12 月 29 日是万宁建县 1360 周年，全县城广大人民皆努力整顿市容，清洁街道，张灯结彩，创造优美良好的环境气氛来迎接。为了进一步推动万宁的经济建设，特邀请广大海外侨胞回来参加庆典活动。马来西亚万宁同乡总会赴会人数众多，共有 130人。

12 月 23 日晚 9 时许，班机抵达海口市。我们步出机舱，蒙受鹄候的许寿年先生等的热情接待。诸多熟悉的面孔再次相见，顿时大家之情绪沸腾了起来。我们与大家一一问好，然后被送至下榻的饭店。

翌晨，鉴于离开庆典日子尚有几天，庆典筹委会代表建议送我们回家乡探亲，或到三亚市、通什市度假。这样的行程安排，我们都觉得很开心。招待小组不辞劳苦，奔南闯北，

① 朱仕兴，祖籍万宁，曾任马来西亚雪隆万宁同乡会主席。

终于一一把马来西亚的代表们送到目的地。

在乡下要度过3天并不难打发日子，但庆典筹委会招待组担心我们在乡下会感到寂寞，入晚，又特地驱车把我们送到港北出海捕捞。在船上，我们又烤鱼，又清蒸港北虾、和乐螃蟹，品尝海南的海产，仰望天空细数天空星星，啤酒在手，海上凉风徐徐吹过，大家谈笑风生，的确度过一个难忘的夜晚。

天寒地冻，冬风凛冽，一时真的不能适应突然变化的天气，于是很多代表们都留宿宾馆。12月29日早上7时，我们被安排到市中心参加一项游行庆典，各学校的迎宾队依宣传组划定的位置在文明路两旁排好队。在摩托车队的开引下，少年先锋队奏起热情洋溢的迎宾曲，小学生给我们献上绚丽芳香的鲜花，天气的确很冷很冷，马来西亚队每个团员冻得指头发僵失去知觉，双脚颤抖，难于步行，在锣鼓声中，受到当地人民夹道欢迎。

马来西亚队被安排在海外侨胞组为队首，随后的有新加坡和中国台湾、香港、澳门等地区的万州乡亲，众多乡亲扶老携幼从乡村赶来参加庆典。万人空巷，争睹盛况。众多海内外乡亲亲切问候，热泪盈眶哽塞难语，随行代表团的泪水洒落在故乡的土地上。

庆典的高潮是在影剧院举行，仪式由县长主持，致辞使我们团员明了这次庆典的意义。我们还听取了县经济合作等部门作了有关万宁开发建设的介绍，观看了录影带，了解乌场开发区与其他旅游区。

下午，我们又安排出席投资项目研讨会，很多团员都是相寻访问合难的对象，大家达成了初步协商，并取得良好效果。

夜幕低垂，熙来攘往，万人竞睹，把整个万城挤得水泄不通。马来西亚贵宾被安排在一家著名的天台上观看烟花燃放与花车游行。花车游行队伍中舞龙舞狮，多姿多彩。从高楼望下，有一种新奇的感觉。大大小小的花车，模仿各式海产，特别是后安鲻鱼、和乐螃蟹，雕工神奇，特别生动。身历其境，有如进入梦幻的童话世界。花车行列添加了马亚西亚民族土风舞蹈，增添两国的友谊，我们代表队引以为荣。

天气虽冷，但抵不过乡亲的热情，“噼噼啪啪”的炮竹声与烟花声使我们忘记了夜晚的严寒。时间飞逝，我们很快要离开了。

对于这次的安排，我们非常满意，希望来年再接再厉，百尺竿头，更进一步。就让那份乡情、亲情、友情的花，永远永远记在你我心头。

近乡情怯（节选）

苏凤歧①

万宁县古名万州，自唐贞观五年（631）立县迄今已逾1360年，为海南省历史悠久的其中一个县。万宁位于海南省的东南面，全县面积1883平方公里，人口（1990年）近50万。万宁县西南部多山峦，东北部地势平坦，东面濒临南海，多海湾，海岸线长109公里。万宁县土壤肥沃，天然资源如农林、水源、海产极富饶；特产有咖啡、胡椒、椰子、橡胶、槟榔、菠萝蜜、凤梨、西瓜、益智等经济价值颇高的农作物，还有蕴藏量颇丰富的矿产如锰、钛等。中国

① 苏凤歧，祖籍万宁，本文选自1991年《雪隆万宁同乡会四十五周年纪念特刊》。

政府近10年实行了一连串的大胆改革开放，并致力将海南建设成为中国最大的经济特区，故这几年海南省城乡的面貌也跟随着发生了变化，人民生活水准相应提高。

去年初，我到海南省万宁县乡下探亲并趁清明节拜祭祖坟。我是取道香港从陆路进入广州，然后从空路飞抵海口的。事前我并无写信通知在万宁乡下的亲人，故当抵达海口机场时，我并不像其他与我同机从马来西亚来的旅客般，有着一簇簇的亲戚或朋友围绕在机场终点站外给予热烈的欢迎和接待，显得有点孤零。办完海关手续，取出行李后，便租了一部车子直回万宁县乡下。车子驶离海口市后，沿着东线主干公路进入琼山，经过文昌、定安，越过琼海直驱万宁县的北端乡镇龙滚。全程约320公里，车程费时3小时又35分钟。这是我平生第一次踏上祖先的故土，一路上感触良多，思潮起伏。当车子驶经琼海南端的中原镇进入万宁境内时，我抑不住体内奔流着的感情，鼻子一阵酸，眼睛湿润了。车子在龙滚镇停下，探问了回乡下的方向，再继程朝乡下行走。当车子还在田畦上一颠一踬地行驶时，消息便不胫而走，很快地传遍了整个村子。人们都在传言着村里某人家有南洋客回来了，顿时整个村子都闹得热烘起来！我不是少小离家老大归的游子，故无游子归乡的那一类感触。在这里，一切的一切，景、物、脸庞对我来说都是陌生的，但说也奇怪，这时我对着这面前的景、物、脸庞又好像曾相识似的，有着一丝丝剪不断的亲切感！甫踏入亲人的家门还没坐定，乡亲们都围拢了上来，大家这时也不知怎么的，你望着我，我也望着你，都呆着了。良久，各人嘴唇才颤动着，双眼红润着，不相信出现在自己眼前的就是自己多年来渴望相聚一见的亲人，然后才以低沉颤抖着的声音问道你是……接着下来便是嘘寒问暖，闲话家常。这时妇女们却围着厨房里忙成一团，不一会儿饭菜便上桌了。在乡下住了几天，不是这家亲人拉你去和他们一起吃饭，便是那家亲人要你过去和他们坐坐，忙得不亦乐乎。夜晚更是大家促膝长谈至深夜方才就寝。

在马来西亚常听人说，中国乡下的人很不懂礼节，贪得无厌，可我在乡下的体验却有力地驳斥了这些无稽之谣言！

万宁县的建设已搭上海南特区的经济列车，再不是一片落后、贫困的旧面貌而是经济发展、地方建设皆已上轨道的好地方。

缅怀南侨机工的光辉业绩

——慰问南侨机工记述

林明江①

3000多名南侨机工，响应华侨领袖陈嘉庚的号召，高唱着"再会吧南洋"的悲壮歌曲，义无反顾，回国抗日，在1146公里长的滇缅公路上浴血奋战，留下了光辉业绩。硝烟已远去，南侨机工精神永存！

由于在中国华侨历史学会主持过南侨机工（南洋华侨机工服务团）后代陈达娅、陈勇著述的《再会吧南洋》一书的编辑出版工作，并在中国侨联慰问过健在的南侨机工及处理过有关历史遗留问题，我对南侨机工怀有特殊的感情。2010年3月31日，我回海南岛，看望、

① 林明江，第十一届全国政协常委、中国侨联原副主席，本文原载于中国文史出版社2010年版《政协委员一日》。

慰问3位年过九旬的南侨机工谢章农、吴惠民、吴开进。

南侨机工是抗日战争时期回国参加抗战的南洋华侨的一个特殊群体。1938年10月，广州沦陷；至1939年初，中国沿海港口相继被日军占领或封锁，对外的重要供应线——滇越铁路也因越南海防港被占而被切断。在1938年8月，为打通新的国际通道，以应对日军的封锁，云南省10个民族、20万父老乡亲用血肉抢筑的滇缅公路全线通车，大批由华侨、国际救援组织援助的军火、汽车、汽油等急需物资源源不断地从缅甸运往中国各个抗日战场。大量的抗日物资亟须运送，而当时的汽车司机与修理工十分缺乏。于是，国民政府军事委员会西南运输处致函“南侨总会”（南洋华侨总会）主席陈嘉庚，要求在南洋代为招募所需的华侨机工。

陈嘉庚先生急祖国之所急，于1939年2月7日以“南侨总会”名义发出《征募汽车修机驾机人员回国》的通告，广大南洋华侨青年纷纷响应。据有关方面统计，1939年2月至9月，“南侨总会”从9个国家和地区共招募九大批共3193名机工回国参加抗战，包括此前回国的机工共计3260人，其中海南籍的机工800多人。他们当中，有的瞒着父母，有的放弃家产，有的虚报年龄，有的女扮男装，高唱着“再会吧，南洋！你海波绿、海云长，你是我们的第二故乡……你不见尸横长白山，血流着黑龙江。这中华民族的存亡。再会吧，南洋……”的悲壮歌曲，回到战火纷飞的苦难祖国，在崎岖艰险的1146公里长的滇缅运输线上浴血奋战。至1942年5月初，滇缅公路因惠通桥炸毁而被切断，南侨机工共将45万吨以上的军火物资抢运至昆明，日均运输量超过300吨。共有1800多名南侨机工长眠于滇缅公路上。中华民族抗日战争的胜利，南侨机工功不可没！

3月31日上午，风和日丽，我在海南省侨联何云霞主席、王小玉秘书长和南侨机工后代陈勇、林尤奋的陪同下，从海口出发，沿着海南东线高速公路南下。一路上，椰树高大挺拔，槟榔亭亭玉立，胶林郁郁葱葱，田野硕果累累，村庄炊烟袅袅。这片当年也曾被日寇蹂躏过的土地，目前一派生机盎然，繁荣兴旺的景象。目睹这一切，我的心情十分激动，深感今天的和平、安宁、幸福来之不易，我们决不要忘记为民族独立、祖国解放作出重大贡献的先辈们，包括我们的海外侨胞。

中午11时许，我们来到万宁龙滚镇青山园村，看望慰问91岁的老机工谢章农。我们到达时，他与老伴儿已在大门口的树下等候，见到我们十分高兴。谢老后背微驼，行走不太方便，我们搀扶他进堂屋。没走几步，他便坚持自己拄着拐杖走，把我们领进屋内。谢老原名谢锦善，在新加坡报名参加南侨机工服务团时年仅19岁，不符合20岁的报名条件，便多报1岁才过关。作为家中独子的他，担心父母阻挠，临行前才让姑母转告父母。谢老系第九批机工，于1939年9月到达昆明，开始了滇缅公路的运输生涯。他经常开着汽车，载着军火物资，在大山河谷中穿行，还不时遭遇日军飞机的轰炸，有一次差点车毁人亡，在悬崖边捡回一条命。日军占领缅甸后，谢老考上了当时的滇西战时干部训练团。1949年随军起义，解放后复员回家。我询问老人家庭还有什么困难，他一再感谢党与政府对南侨机工的关心与照顾。同来的陈勇说，以前谢老的住房破败不堪，地面潮湿，空气污浊，对老人的健康十分不利。这次重来，发现房子装修过，虽然仍十分低矮，但坚固干净，空气新鲜，老人气色很好。陪同的万宁市侨联主席介绍，是侨办、侨联争取政府拨款帮助谢老修整的。因此，谢老一切都感到满足。

下午，我们又北上往琼海中原镇九曲江看望92岁的老机工吴惠民。吴老也是第九批从新加坡回国，也将原名吴东彪改为吴惠民而前往“南侨总会”报名的，目的是不让他的叔叔知道。吴老3岁时父亲去世，母亲含辛茹苦把他拉扯大，15岁时，把他送到新加坡，随叔叔打杂工生活。他虽有满腔热情，但没有驾驶技术，一报名便受拒。于是他每晚就去租车，跟一位的士司机学习驾驶，一周就学会了，报名也比较顺利。吴老在滇缅公路开车时间不长，1940年被派到重庆机械厂第二厂当修理工、驾驶工，后被保送到黄埔军校学习，毕业后历任排长、连长、伞兵队长，到广西打过日寇。战争胜利后奉母命回乡结婚便留在家乡。吴老记性很好，他还记得他是1939年8月14日离开新加坡的，“当时场面相当隆重，我们身着机工制服，新加坡各行各业为我们送行”。我们见面时，吴老也是一眼就认出了我，还记得我们是去年4月6日见面的。2009年4月6日，海南省有关部门召开“纪念海南南侨机工回国抗日70周年大会”，我与陈嘉庚的孙子陈立人先生分别应邀赴会。会上，吴老、谢老以及现仍居住在云南省的96岁海南籍老机工翁家贵也光临大会。他们在会上唱着“大刀，向鬼子的头上砍去……”的抗日歌曲，讲述着南侨机工的抗战史迹，给人们留下深刻的印象。这次重逢，吴老十分兴奋。吴老浓眉大眼，声音洪亮，豪气十足，有着军人的气魄；而一身西装，常戴宽沿礼帽，爱喝咖啡，又具有华侨特色。吴老的儿子、儿媳十分孝顺，照顾周到，自己与家人还在镇上做些小生意，政府对老机工也有固定补贴，住的是二层楼房，生活十分富足。当我们询问吴老还有什么愿望和要求时，吴老爽快地说，他去过许多地方，但还没有去过北京，唯一的愿望是能到北京天安门参观。我给他留下我的手机号码，欢迎他到首都北京来。

从吴老家出来，我们一行又驱车往一百多里外的文昌市奔去。海南的中午，阳光高照，暑气逼人，满头大汗的我们于下午4时到达文昌市头苑镇坑尾村，看望新发现的南侨老机工吴开进。吴老现年96岁，在新加坡时是一位电镀工人，既不会开车，也不懂修理，抗日心切的他，只好通过车行的老乡，开出一份学徒工的证明信，才报上了名，并于1939年7月17日参加第八批南侨机工服务团回国，被安排管理汽车配件。1940年10月，吴老等38名南侨机工报名到黄埔军校合川分校学习。1942年毕业后，在保密局云南站站长沈醉手下做搜集日军在越、泰、缅三国的活动情报工作。抗战胜利后又编入川鄂边区警卫连，担任过连长职务。1949年10月随部队在四川万县起义，1950年复员回家。在“三反”运动与“文革”中，吴老被打成“历史反革命”而二次入狱。直到1980年，文昌县人民法院宣判：“恢复吴开进的公民权利，按起义人员对待。”吴老历史问题平反后，试着给在全国政协文史委工作的老上级沈醉先生写信，沈老还记得这位学生，回信说：“多年不见，没想到还能取得联系”，“你的问题得到落实，说明党的英明和实事求是。”至今，吴老还珍藏着这封信。由于各种原因，吴老至今没有享受到党和政府给予南侨机工的生活补贴待遇：直到2009年12月间，吴惠民在一次黄埔军校同学会议上认出了吴开进，南侨机工后代、热心人士叶军同志也积极为吴老奔走，云南省有关部门也寄来档案材料。与此同时，我也收到吴老堂侄吴平老师寄来的详细材料，我也于2010年元月间向来京参加中国侨联八届二次会议的中国侨联委员、海南省外事侨务办公室的王胜副主任反映，希望尽快调查落实，吴老的生活补贴正在解决之中。这次见到吴老，他对补贴之事只字不提，只希望国家加强法制建设。面对这位饱经风霜、无怨无悔的老人，一种同情、愧疚的心情油然而生，我们给吴老送上慰问金和慰问品，并再三告慰吴老，国家的法制建设正在加强，祝愿吴老健康长寿。

全国政协与南侨机工有着不解之缘。我们看望3位南侨老机工时，他们都异口同声地说，是陈嘉庚先生的声望和感召，他们才义无反顾回国参战的，而嘉庚先生是全国政协第二届、第三届副主席。庄明理副主席与全国政协第六、第七届常委、全国侨联顾问张楚琨还陪同陈嘉庚之侄陈共存先生专程慰问留居于云南省的南侨机工，促成“云南省南洋华侨机工抗日纪念碑”的建立。2007 年 8 月，全国政协港澳台侨委员会与中国侨联联合组织侨务界委员赴云南省考察，全国政协办公厅考察报告转报中办与国办，反映了南侨机工遗孀生活困难问题。

2008 年 3 月在全国政协十一届一次会议上，南侨机工后代、侨联界委员林晓昌作为第一提案人，同侨联界其他委员联名提出解决此问题的提案。国务院侨务办公室接到考察报告与提案材料后，于 2008 年 8 月 21 日下发了《关于对生活困难的南侨机工遗孀给予专项生活补助的通知》，在海内外产生良好影响，也使南侨机工及其遗孀、后代强烈感受到党和政府的关怀和爱护。硝烟已远去，南侨机工的精神永存！

太阳河畔的乡情

李亚平①

在我家乡的村头，有一条小河汩汩流过，人们都管它叫“后排溪”。这名字平凡而乏诗意，又不见经传。它静寂地、永不停息地流淌着。后来，我长大了，才知道它是太阳河畔的一条支流，一路穿村过镇，滋润着这一带广袤的土地。

那年，我从县城回到了乡下。几个朝夕，我就被故乡太阳河畔的这条小溪吸引住了。我爱她常被夕照和朝晖染红的清波；我爱她弹拨的淙淙流韵。她引我追寻着自己儿时的梦。那纯真的童心里，印上了多少快活而又欢乐的回忆：伙伴们骑在背上打“水战”；河面上打渔人撒网的身姿；堤岸边人力水车发出的古老音韵；以及深夜里渔夫敲起的节奏急促的赶鱼梆声……这一切，组成了一幅美妙的立体感很强的风情画，泼染在我心头。

船，是故乡人的“宠物”。在这太阳河畔河网纵横的水乡，人们出入都离不开船，就连那些几岁大的小孩要相约到野外“捉迷藏”，也会撑着小船，颤悠悠地滑过河面。当农忙、鱼汛的季节快要来临之时，人们便把船从河里抬上岸来整修。村前村后的椰树下、翠竹旁，从早到晚，“叮叮咚咚”的斧凿声响遍了村落。此时，居住在沿海一带的渔民，就会出来走村串户，开始买卖船只交易。这里的乡民，平时是渔耕混作的。家家有网，户户有船，那翠竹和小麻掩映的溪堤旁，一串一串船只停泊着，排了长长的一溜儿，威风得很呢！

都市人出门办事儿，没有车可就不方便了，然而在我的家乡，人们走亲戚、赶墟集、运东西、接客人，还有出外耕作、出海捕鱼，都是“以船代步”的。没有船才是寸步难行哩。村里的父老乡亲们也保持着祖辈传下来的善良天性——对陌路人乐于相助。不管是大人小孩，只要听到对岸有唤渡船声，他们会到溪头看看，设法找船撑过河去。纵然是风雨交加之夜，乡亲们也会亮起风灯，披上蓑衣，冒雨划船过去助人。

多少次，我伫立在门槛边，清风快活地从河面上吹过来，拥入家门，像一丝丝带着清甜味的香片。那是多美的时光哟！是牧歌般的浪漫，是田园山水诗般的写意。我痴痴地望

① 李亚平，万宁市人，本文选自作者的专著《浪迹天涯》。

着前方,那悠悠河水,寂寞沙洲,百里平畴,条条青带,似乎都煽起了动人的情思,迷恋于这块土地上。一大早,出工的乡亲们,纷纷从岸边划出小船,流泻在宽阔的河面上,仿佛一支无形中编起的纵队,壮观而有节奏地流动着,在河面上书写了下串串美丽的诗行。而在那水草漫植的堤岸边,一架架木制的灌溉农田的人力踏车,正艰难而欢快地滚动着,发出声声"吱呀、吱呀"的声音。这原始、古老的工具,那粗糙、破哑的声音,多少年来,一直是和着乡亲们的辛勤汗水,织进了他们对生活的希冀和追求。

故乡的河溪,就像乡亲们的性格般善良、热情。当有朋自远方来,村里人是用不着像都市人家那样忙忙碌碌,到市场上去张罗采购,他们只是提起那张丝网,划着小船在河里兜上几圈,个把小时光景,便乐呵呵地提着几尾蹦蹦跳跳的鲤鱼回来了,让客人美美地品尝一餐丰美的鱼宴。直到现在,我还常常会记起家乡——太阳河畔这特别的生活情韵。乡村的夜是寂静的。没有冲动,没有灯色,没有车水马龙。只见淡淡的月光,流泻银辉,渲染了一溪碧水。远方的河面上,捕鱼的小船隐约驶来,渔火点点。偶尔还听到捕鱼人断断续续的琼曲小调,袅袅地从河面上飘过来,划破了夜空的沉寂。那渔夫们敲响的赶鱼槌声,节拍快捷,力点刚劲。在夜空里回荡萦绕着,轻轻抚慰着乡亲们的梦。

啊！多少年过去,"逝者如斯夫"。多少年了,那"吱呀、吱呀"的人踏水车声,那渔火,那槌声,还有那一番"日影桑柘外,河明间井间。牧童望村去,田犬随人还"的乡俗画,都永不磨灭地留在我记忆深处。

故乡——太阳河畔那醉人的乡情呵！

龙滚赋

唐镇乐①

琼东地界,滨海一隅,龙滚河两岸,龙滚镇是也。龙,乃中华图腾,源远流长;如腾空飞翔,神通广大。夫吾龙滚,美丽传说千年,寄托希望无限。然河因龙而冠名、地因龙而毓秀、镇因龙而显赫、人因龙而风流。古属乐会乐城范围,今处琼海万宁接壤。西望五指,东临大海,北牵万泉,南眺东山。金鸡报晓,一声长啼闻二市。民俗属万泉河流域,文明侨乡;行政归万宁市管辖,北门重镇。南风北韵,融汇万宁琼海精华;英杰辈出,谱就奋斗图强华章。

遥想洪荒岁月,追忆亘古春秋。斯士先民,择此风水宝地,领金牛之浩气,承龙脉之华滋,渔猎耕樵,休养生息,且蔚人文。自然之赐,泽惠一方;人工之利,造福家邦。念天地融通,享天时之惠、占地利之优、得人和之功,古镇所以千载如磐。凭山相谐,人文殊盛,文明侨乡,而翘楚乎万宁。

文明侨乡,岁月如歌。朝晖晚霞,映近水远山,云烟苍茫;潮涨潮落,听渔歌野调,雀鸣鸥唱。歌曰:"龙滚龙起身,乐礼多格对文渊……"唱响博鳌流域,彰显着地域文化;谣曰:"吃鱼吃肉新寨村,姜母蘸盐青山园……"吟遍龙河两岸,抹不掉历史记忆。龙滚潭之龙滚庙,荫龙河两岸民生之幸;山钦湾有侯王庙,祈浩瀚南海安澜之福。然龙神侯王同居此,山山水水必出尘。山形胜兮:金牛啸月、正门迎日、六连耸翠;水韵长兮:龙潭倩影、九坚激

① 唐镇乐,万宁市人,中共海南省委党校经济学教研部原主任、二级教授,海南省有突出贡献优秀专家。

浪、南海波光。村庄美兮:龙岗龙楼,凤园凤尾,龙凤呈祥。福山福塘,文渊文曲,福星高照;鲤跳龙生水,熊仔椰子园;金满金山仁造官仓,钦文乐礼当仁和顺。军坡闹兮:鲤跳军坡、龙楼军坡,由来已久;分界军坡、龙滚军坡,遐迩闻名。龙滚河承载历史变迁,金牛岭见证沧海桑田。1939 年,日寇入侵,毁分界墟而民众逼建龙滚镇;1973 年,台风肆虐,政府留旧市而规范崭新街。当年小镇,广厦如笋;街衢纵横,车水马龙。

文明侨乡,文脉恒昌。承名镇之厚俗,焕重教之淳风。莘莘学子乐学,耕读传统不废。戎庙学堂,新式教学之滥觞;万宁侨中,地方文化之高地。村村办学,书声琅琅;教育兴盛,桃李芬芳。神龙文化、华侨文化、红色文化,身怀数脉;文明乡镇、华侨之乡、菠萝之乡,身份叠一。龙籍华人,遍布东南亚几百年;海外赤子,三倍于祖籍七万多。历险重洋,谁知数百载之辛酸;建功域外,尽显龙滚人之胆魄。侨心侨力共济,乡音乡亲同牵。华侨兴学,功德流芳;教育强镇,政府方略。更有甚者,“万宁县华侨中学”,金字招牌,熠熠生辉。何香凝赐字于建校创业之初,廖承志挥毫于“文革”浩劫之后。在中国,同为国家领导人之母子,先后为一所农村中学题写校名,可谓宠爱有加,华夏罕见。

文明侨乡,红色热土。危险之时,方显革命本色;历经艰辛,更显赤子情怀。土地革命,遍野赤旗,遥应井冈山;抗日救亡,中流砥柱,挽国之危难;解放战争,风雨兼程,拯民于倒悬。军寮会师,打响乐万革命第一枪,镰刀斧头迎风招展;青田战斗,诱敌伏击日寇小分队,抱头鼠窜壮我军威。北有陕甘宁边区,南有琼崖根据地,武装割据红旗不倒,中国革命耀眼双星。延安,党中央所在地,革命心脏举世驰名;龙滚,琼崖特委曾驻此,“小莫斯科”颇有名气。莫谓地方小,却有栋梁才。革命先驱莫同荣与李大钊同赴国难献身京华,农讲所英才杨树兴首播燎原火种农运风生水起;东路总指挥徐成章浴血分界墟壮烈垂直,红军参谋长郭天亭母瑞山舍身突围视死如归;谢育才首任万宁县委书记受命于危难之际,陈克邱主政乐万政府自始至终经住考验;黄康留苏归来几经辗转勇挑琼崖革命重担,开国中将庄田南征北战逐鹿南疆琼岛烽烟。英文岭下,万宁传奇英雄唐光辉倒在日寇投降之后;旧市南楼,龙滚不少仁人志士遇难于黎明之前。96 个村庄兮雀为苏区,史册彪炳;253 位烈士兮长眠于此,灿若群星。革命传统,薪火赓续;老区精神,光裕后昆。

文明侨乡,满目琳琅。长于农经兮五谷丰,小桥流水,不失田园景色;兴以工商兮繁华景,大厦摩云,更添都市风情。漫步街头,于浓荫之下看花团锦簇,在繁华之地听车马喧嚣,令人备感希望萦怀,生机勃勃,活力骤增。移步乡间,树下童叟,村外稻垅,八哥耕牛相伴;门前池塘,屋后竹丛,布谷声声悠扬。无山不绿、无水不清,莺歌燕舞;无路不通,无村不靓,着意随心。亦村亦景,天然氧吧,其心畅畅;亦工亦农,生态农业,其日蒸蒸。华侨华裔,难觅当年故里;游子逸民,青春未老还乡。听不厌南海渔歌,历经磨难而未歇;看不够侨乡新貌,半村绿树半村楼。村民怡然成常态,游客临此顿还童。前贤有知,当欣薪火不断;后人有感,应以吾乡为豪。

文明侨乡,菠萝飘香。山川锦绣之地,一年三熟美沃野;物产丰饶之乡,百果常挂香枝头。槟榔成行,硕果累累;菠萝遍野,举国畅销。中央领导纷纷踏访,阳光雨露屡屡润泽。胡锦涛视察菠萝园,山水欢腾春风拂面;习近平亲临福塘村,椰子树下谈笑风生。朱镕基、温家宝,两任总理留足迹,几多佳话暖人心。

文明侨乡,续写辉煌。无数峥嵘岁月,众多优秀儿女,为历史勇于担当,为家乡增彩添光。加坦水库,高峡出平湖,清流润万亩良田;雷公滩电站,深谷架电缆,光明送千户农家；文曲闸桥，防海水倒灌于百年不遇；分洪工程，治河水泛滥而十分安然。一堵一疏，效果显著；鱼米之乡，实至名归。今朝龙滚，物阜民丰，风淳俗厚，和谐安宁。不忘昨日光彩无限、喜看今日生机无限、展望明日希望无限。既有海榆东线，复建环岛高速，再修环岛高铁，皆穿全境而过；既有美兰机场，复建凤凰机场，再修博鳌机场，越修越近家门。精于科学发展兮硬道理，力推产业提升；明于适度超前兮求大同，共享改革硕果。发展与环境兼美，山水开画境；经济共文化并重，弦歌立文心。立心于天地，察民情晓民意集民智，筑执政之基，日月同表；受命于民生，兴实事育实绩彰实效，树为官司之道，山水共鉴。亚洲论坛大放异彩，“中非论坛”落户在即。精心打造软硬环境，锲而不舍；全力追求效益速度，持之以恒，天时地利，再臻人和，续写辉煌，史页翻新。

吾生于斯长于斯，心为之动，魂为之牵，一字一句，亦骈亦散，苦吟成篇。歌之赋之，欲勾描千百所历史文化而笔拙焉！咏之唱之，当追述载记新时代之变迁而情至真。谨以此文，赋予龙滚。

溪边记

*苏君运*①

乙未岁末，重踏旧地，阔别卅载有余，昔之荒芜萧条，今之繁花似锦，实难叙旧之情怀，只能发今之惊叹。

吾观溪边胜境，虽为农家院落，却不失大家风范。南望良田万顷；阡陌纵横，碧波荡漾，瓜果飘香，已冬胜春；北枕笔架，文脉不断，代出英才，地灵人杰；西承文峰，曲水九转，虽小尤佳，不逊兰亭之雅致；东迎丽日，椰风海韵，有狮岭雄姿，威仪相护，堂堂然、浩浩然，此乃紫气东来之福地也。

置身溪边凉亭，满目青翠，红花簇簇；微风轻拂，鸟语花香；袅袅炊烟，村人唱晚，好一派田园胜景，乡居仙境，令人忘返而流连。非桃花之源，胜桃花之源。看曲水东流，潺潺而过，圈圈漩涡，湾湾水草，鱼儿嬉戏，鸟儿低翔；渔夫蓑衣，休闲独钓；满溪花香，银波闪闪……虽无高山之流水，亦有知音之传世，足可叙幽情雅兴也。不是晋贤，胜似晋贤，问一声陶公今在?右军安否?宾朋远来，款待有咖啡之美香，贺年红之清醇。主客之间，坐列无序，不论时弊，不言是非，寄情自得，陶然自乐。或画笔轻描，或狼毫狂舞，举手抬头之间，足以泼墨丹青，挥写春秋。极目蓝天，阳光明媚，悠悠白云，鹭鸟翩翩；低眸乡野，田埂交错，渔耕贾读，丰衣足食。无闹市之攘攘，有乡村之悠悠。品农家佳肴，呷村人自酿，不是神仙，好比神仙，特借农家之乐也！今人以物质丰满之乐而乐，却不识农家之乐尤乐也。

时如溪水流淌，沉思忘形之际，不得不归，留下野芳佳木，择日再品，可否？可否？

时乙未年腊八日记之。

① 苏君运，万宁人，中国散文家协会会员。

第四章 书 画

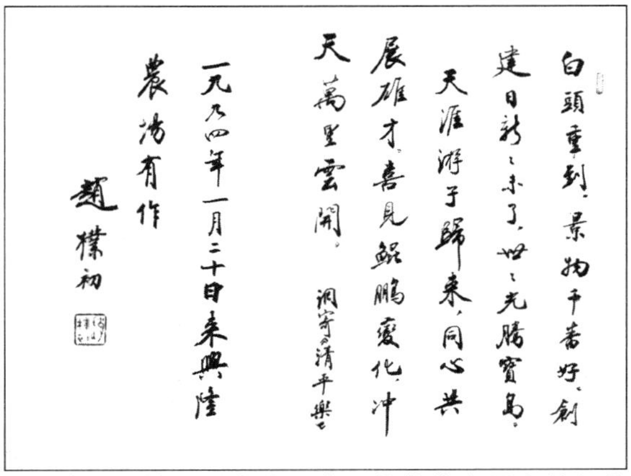

全国政协原副主席、中国佛教协会原会长赵朴初题词(1984 年)

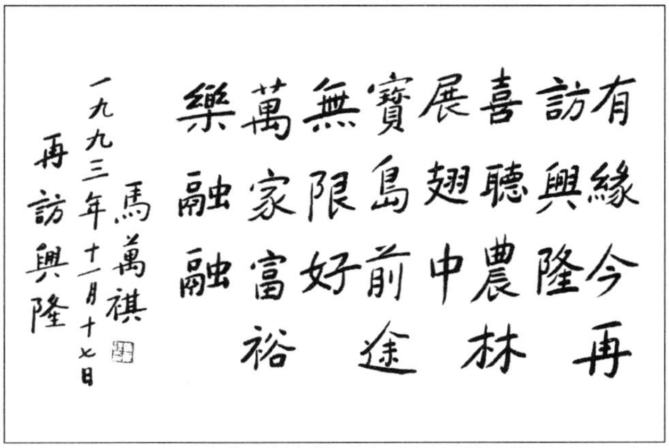

全国政协原副主席马万祺题词(1993 年)

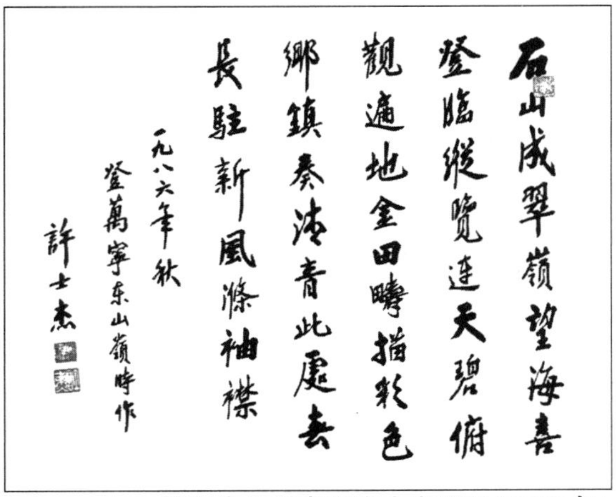

海南省委原书记许士杰题词(1986 年)

原国务委员、国防部原部长张爱萍题词(1986 年)

中国侨联原主席林军题词(2011 年)

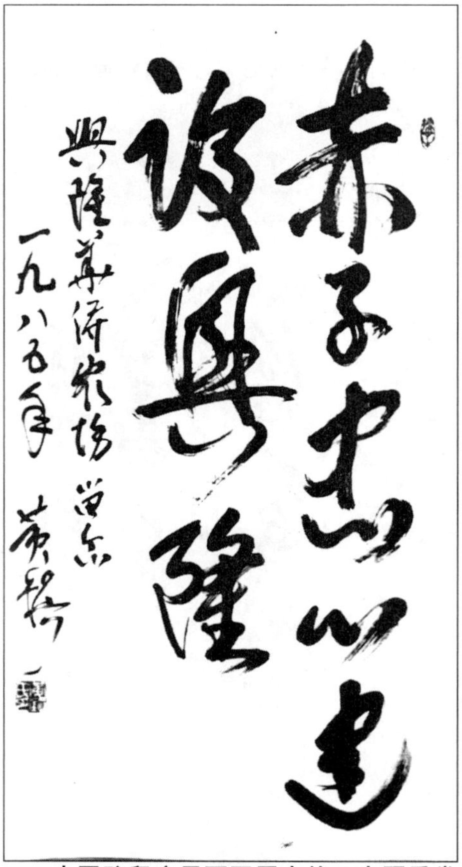

中国驻印度尼西亚原大使、中顾委常委黄镇题词（1985 年）

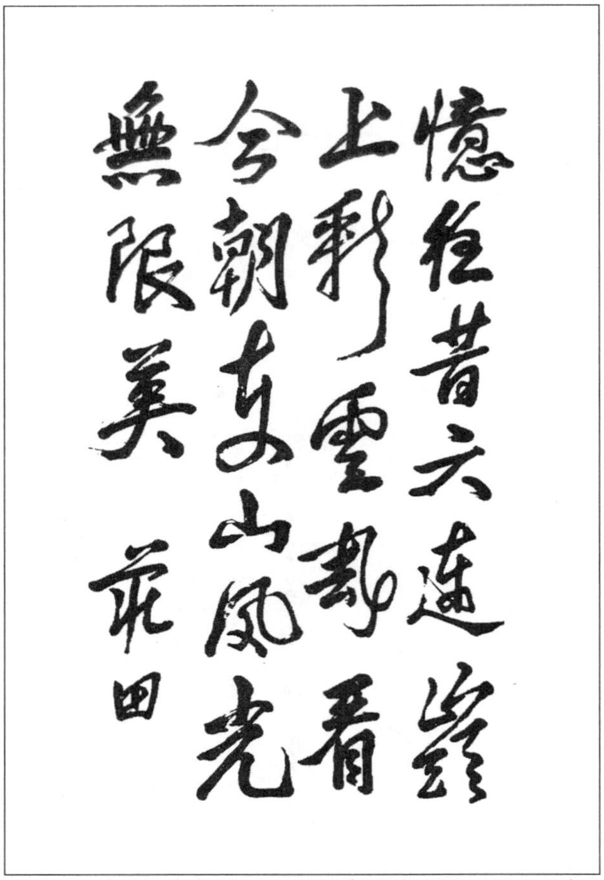

归侨、广州军区原副司令员庄田题词(1982 年)

最高人民法院原院长江华题词(1987 年)

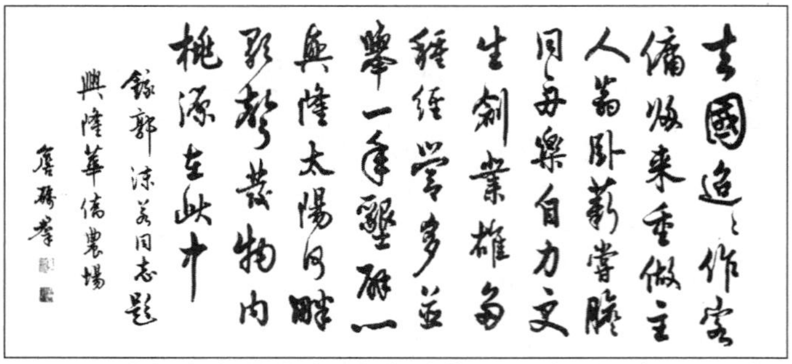

全国人大原副委员长郭沫若题词,詹砺群书(1961 年)

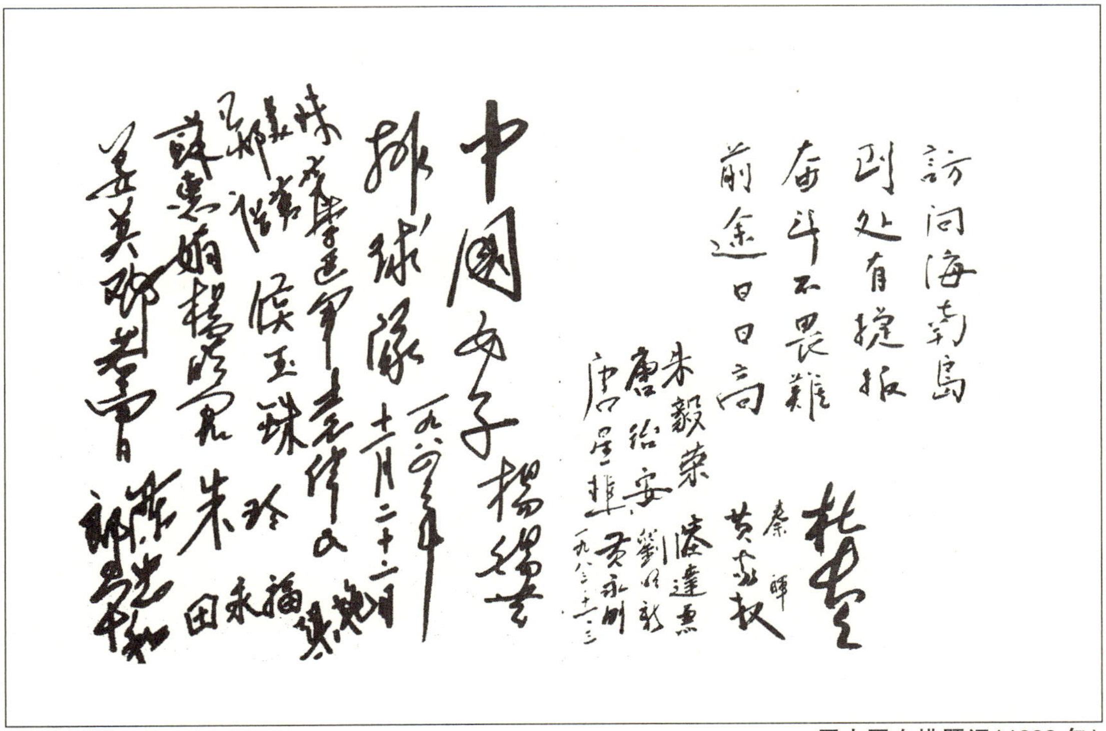

原中国女排题词(1982年)

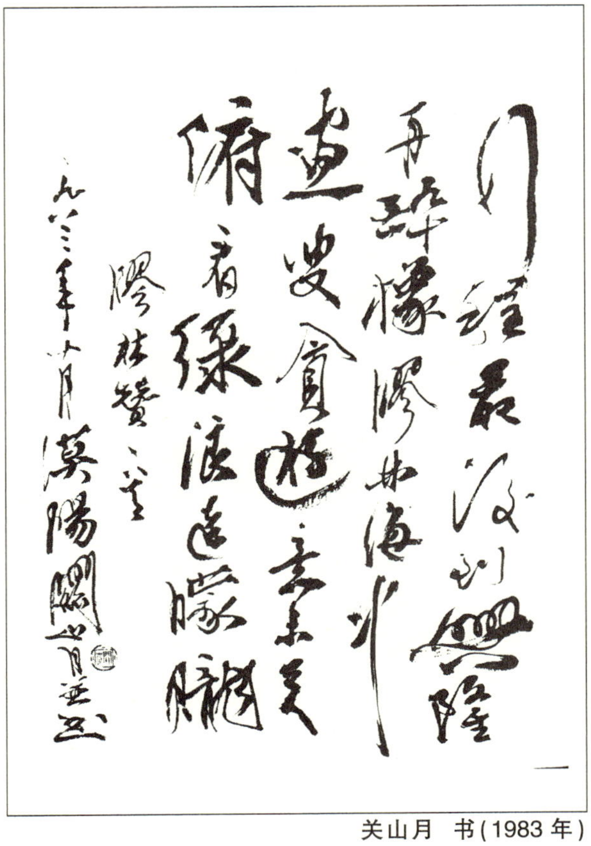

关山月　书(1983年)

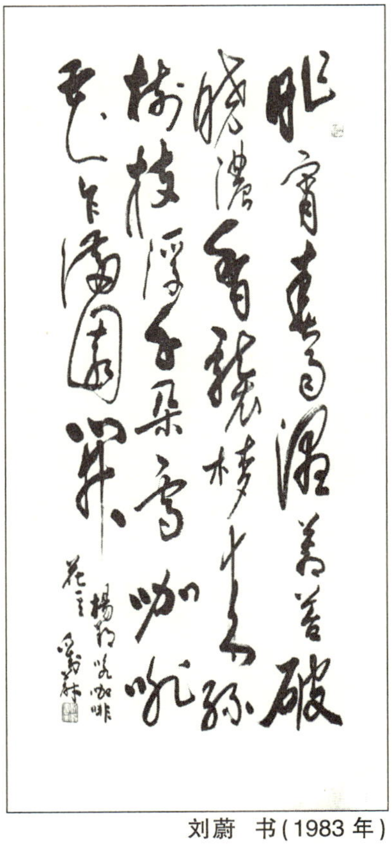

刘蔚　书(1983年)

唐镇乐撰联 陈家明 书（2015 年）

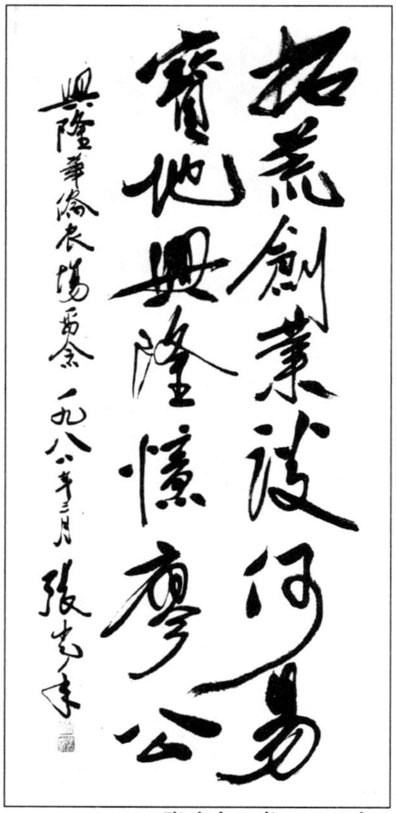
张光年 书（1988 年）

谢式邱 书（2015 年）

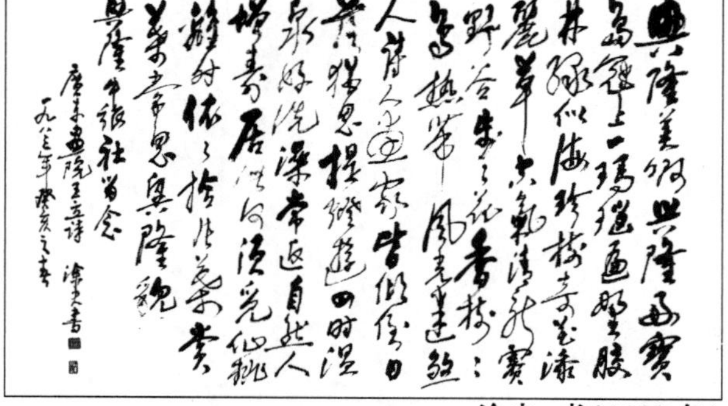
涂夫 书（1983 年）

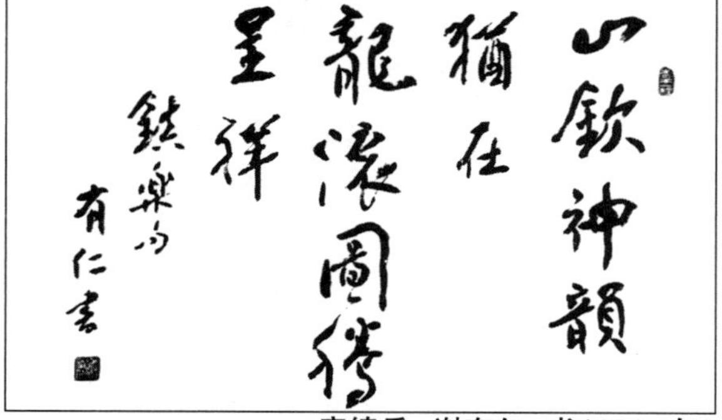
唐镇乐 谢有仁 书（2015 年）

吴齐 书(2015 年)

仲起 《清气》 国画(1985 年)

卫民 仲起 《富贵万年》 国画(1985 年)

《春染桃源图》 国画(1983 年)

仲起 《钓台风烟》 国画(1985 年)

仲起 《山中一夜雨》 国画(1985 年)

文桢 辑木(1986 年)

维宝 国画（1983 年）

严云《江村渔歌》国画（1983 年）

关立《太阳河畔》国画（1983 年）

万籁鸣 《奔马图》 国画(1983 年)

《南疆帆影》 国画(1982 年)

钟育淳 《奋飞》 国画(1983 年)

文桢 辑木(1986 年)

恒诚 《山石蛙戏》 国画(1982 年)

林墉 《可可熟了》 国画(1982 年)

关伟 《幽谷清韵》 国画(1985 年)

王立 国画(1983 年)

曾祥熙(1985 年)

第八篇　侨界俊彦

第一章　侨贤传略

（以卒年先后为序）

郑洪明（1867—1905）

郑鸿名，字大茂，艺名洪明，万宁市大茂镇后田村人。童年曾在家乡私塾启蒙，但因家境贫寒辍学，到财主家牧牛。他天赋聪慧，从小喜爱琼剧，大凡有琼剧演出都想方设法“钻”进剧场观看，细察演员唱、念、打演技，次日放牛时模仿演练，日积月累，惟妙惟肖。1881 年，他斗胆自荐，被当时在万城演出的琼剧班纳为学徒，在班主的指导下，演艺突进，文旦、刀马旦都在行，很快成为武旦名角，在同行中逐有声望。

1893 年，因受万州官府迫害，他逃往南洋，在新加坡、马来亚等埠搭班演出反清琼剧，在南洋加入“三点会”。1903 年与结拜兄弟黄家清、黄家熙返回万宁，在家乡组织“三点会”，郑洪明自称“母亲”（首领），提出“红旗飘飘，人马征召，革命起义，推翻清朝”的纲领，组织 40 多位艺人在各县演出，以演戏抨击官府，开展“反清”宣传，秘密发展义军。以大茂望天塘、黄竹塘、鸡衣岭等地为据点，联络各县“三点会”，发展会员，凝聚力量。清光绪三十一年（1905），郑洪明集结义军 300 多人，星夜攻破万州城，州官张存楷逃遁，郑洪明指令开仓放粮，赈济贫民，宣布揭竿起义。时隔不久，转战陵水，数月攻城不下，屯兵岭门、米埇一带。10 月中旬，清朝广东总督调大批清兵围剿，经昼夜激战，义军终因寡不敌众，郑洪明被捕，被官府杀害时年仅 38 岁。据民间传说，现在万宁市大茂镇的“大茂”之名，就是当地老百姓为纪念他，采用他的名字（郑大茂）起的。

庆寿兰（1808—不详）

庆寿兰，原名李琼顺，万宁市龙滚镇人。他能编、能导、能演，早期在海南组织“琼顺班”，因编导、演出讽刺慈禧太后的《颐和园》和《北洋狗》，引起官府非议。不久（约 1850 年），前往星洲（新加坡）组织南洋第一个琼剧团——“星洲剧社”。把琼剧种子撒在南洋，为南洋琼剧传播的先行者。新加坡史料记载，庆寿兰在南洋首本戏有《颐和园》《北洋狗》《槐荫记》《骊姬杀申生》《窦娥冤》《坡子铺》《昭君恕》《浣纱记》《怒沉百宝箱》等，最受琼侨欢迎的是反清讽刺慈禧太后的《颐和园》和《北洋狗》。庆寿兰病逝新于新加坡，卒岁不详。

刘中悟（1889—1926）

刘中悟，字子琨。出生于万宁市东澳镇桥子村。1907 年考入琼州府中学堂（后改为琼崖中学），受孙中山民主革命思想的影响，1909 年同徐成章、梁秉枢等进步青年秘密加入琼崖第一同盟会支部，成为琼崖早期同盟会革命先驱者之一。翌年赴日本士官学校读书。1911 年受同盟会委派返琼，同刘信初等在陵水县组织第二个同盟会支部。武昌起义后，带领本县同盟会会员和青年 30 余人，协同赵仕槐、陈策等组织学生军、炸弹队共 200 余人，攻占琼崖兵备署。1913 年参加组织“人民起义讨袁军”，1914 年 5 月至 1915 年 12 月，与陈侠农领导的讨袁军配合，先后攻克琼山、澄迈、定安、文昌、乐会、琼东、万宁、陵水、崖县等县城及重要墟镇，曾任陵水临时县长。后离琼到上海拜见孙中山，被介绍到南京政法大学学习，旋赴日本早稻大学攻读政治经济学。1920 年，学成归国。1921 年后历任万宁县县长、陵水县长、北海白石盐场知事。其间，曾筹资修东山岭风景区，留有“自我”“海外桃源”等亲笔题词。1923 年，调到广东省在廖仲恺直接领导的财政厅工作。1924 年调到国民党广东省党部工作，在国民党广东省第一次代表大会上当选为执行委员兼任商民部长。曾在《新商民报》上发表《不平等条约的税率与我国商业》《帝国主义之经济侵略与我国商民应有之觉悟》等文章。廖仲恺遭杀时，他写下挽联“报国丹心照日月，先生风范入神州”，前往吊祭。1926 年 9 月 18 日深夜，撰写檄文声讨“万县惨案”的制造者时，突然口吐鲜血，卒于任所。

谢翰华(1898—1929)

谢翰华，万宁市龙滚镇上城田头村人。14 岁随同族伯父赴新加坡谋生，1922 年返乡。1924 年，在广东省农会特派员杨树兴的引导下参加革命。1926 年冬加入中国共产党，次年任琼崖特委特派员到万宁指导农民运动，创建农民协会，筹建乡村苏维埃，领导万四区农民开展土地革命运动，是万宁四区早期农民运动的主要领导人之一。1928 年 1 月 29 日，他与时任万宁县委书记谢育才等率领武装农民配合琼崖工农革命军两个营进攻万宁县城，因暴动时间更改，联系失误，攻城战斗失利，受到特委严重警告的处分。

1928 年秋，国民党军队对老苏区进行“围剿”，杀害了他的妻子，烧毁他家的房屋，捕其父亲作人质，悬赏缉捕在六连岭一带坚持斗争的谢翰华。面对胁迫，他说：“愿为中华民族解放事业，或折臂断足，或泊血于原野，或拼死于山沟，也在所不辞。”1929 年 5 月任中共特委常委。是年秋赴香港向广东省委汇报工作，途中不幸被捕，省委曾多方设法营救无效，被害时年仅 31 岁。

陈文荣(1901—1930)

陈文荣，原名陈更豪，字华平。出生于万宁市万城镇南街铁匠家庭。3 岁时，父母双亡，随胞兄生活。10 余岁进入万宁县立高等小学读书，毕业后考入广东省立十三中(今嘉积中学)，后转读广东省立国音师范学校。学生时代经常和进步学友上街演讲、贴标语、写文章抨击时弊、宣传革命思想。师范毕业后，1924 年秋出任万宁县立高等小学校长。1925 年任国民党县党部执行委员。同年冬，成立万宁县青年工作团(此系国民党左派组织)，陈文荣任团长。1926 年与魏宗周等筹建万宁县青年工作团办事处(设万城德昌公馆)，组织万城地区进步青年和学生上街头、下农村宣传教育群众。1926 年 6 月，经符光东、杨树兴介绍加入中国共产党。次年 7 月，任县委委员兼任第二区委书记。1929 年随一批中共党员转往南洋。1930 年初，被委任为马来亚海员工会秘书。不久派任国际东方局驻香港联络员。11 月中旬，往澳门途中被捕押送广州南石头监狱。在狱中他始终大义凛然，就义时年仅 30 岁。1988 年 10 月，他生前的老战友文德才在追述陈文荣革命斗争的英勇事迹时，曾赋诗颂曰：“万宁陈豪记，潇洒且滑稽。临危无惧色，遇难狱笑嘻。议论惊四座，文章震一时。献身为革命,其名留青史。”

杨树兴(1896—1932)

杨树兴,字毓山,出生于万宁市龙滚镇仁造村。为万宁早期农民运动的主要领导人和中共万宁县地方组织的创始人之一。小时,在龙滚戎庙小学读书,因家境贫寒辍学务农。1919年初,随乡亲往新加坡谋生,次年返里。1923年考取琼崖第六师范就读。不久,离开学校到广州,接触了广东农民运动领袖彭湃,并获得赏识。1924年加入了中国共产党。8月进入广州农民运动讲习所第二期学习,参加了农民自卫军。1925年7月,作为中共广东省委特派员回琼崖开展农运工作,先到省立十三中、万宁县立初级中学、戎庙高等小学校,开展宣传活动,引导进步学生庄田、陈克邱、谢育才等组织学生运动,而后到家乡创办夜校,亲任教员,宣传、发动、组织农民运动。1925年秋,在龙滚成立了万宁县第一个农民协会,不久全县各地农会相继成立。1926年,万宁县成立农民协会筹备处,他和谢育才分别被选为正、副主任。在县农筹处的领导下,全县农民掀起轰轰烈烈的反封建、反压迫、反剥削斗争。同年4月,他与符光东、谢育才、李国民等领导港北盐墩农会和盐民开展大罢工斗争,并成立“万宁县援助罢工筹备处”,组织队伍到盐墩支援罢工,坚持数月的罢工取得胜利,震惊全琼。1926年底主办分界农民训练所,培训来自全县各地的70多位党团骨干和进步青年。

1927年4月22日,琼崖国民党发动反革命政变,他和党组织的领导人及时带领万城、龙滚等农训所学员转移六连岭,以六连岭为根据地坚持斗争。5月12日,与围剿六连岭的国民党部队进行激战,揭开了万宁人民武装斗争的序幕。6月,他被选为中共琼崖特委委员。7月,中共万宁县委成立,他被选为县委领导成员和县肃反委员会主席。8月中旬赴陵水,同刚成立的陵水县委同志争取黎族首领王昭夷的武装力量攻打陵水县城。1928年初组织发动几千名农军,与东路革命军相配合,于农历正月初七攻打万城,重创国民党驻军。6月,万宁县苏维埃政府成立,他被选为主席。1929年春节前夕,国民党枪杀了他妻子陈桂兰。同年冬,他的母亲及亲属12人也死于敌人的屠刀之下。1931年,任万宁县高级列宁学校校长,致力于干部的培训工作,为革命队伍输送了一批训练有素的干部。1932年初,琼崖党内“清党”,他被指控为“社会民主党”分子,被捕入狱后遇害,年仅36岁。新中国成立后追认他为烈士。

吴邦康(1904—1934)

吴邦康,又名吴文清,出生于万宁市和乐镇高龙村。幼年在私塾读书,后进北坡小学。1922年秋考进广东省六师(师范班)就读。在琼崖学联的领导下,积极投入反对军阀邓本殷的斗争,成为学生运动的骨干。1925年终返回万宁,在高龙、英文、英豪、故村一带召集进步青年,举办平民学校识字班,组建农民协会,带领群众破除封建礼教。1925年冬加入中国共产党,次年秋任中共万三区区委书记,1929年春任中共万宁县委委员。不久因身份暴露,经组织安排逃往星洲坡。1931年被英当局逮捕驱逐出境。回国后,中共党组织安排到福建省搞民运工作。1934年在一次执行任务时遭土匪杀害。

黄会聪(1909—1936)

黄会聪,字伯恩,出生于万宁市龙滚镇仁造村。1925 年往马来亚,不久加入马来亚共产党,而后受马共委派到吉打埠州华侨子弟学校当教员,以学校为阵地,开展活动。1929 年调马共机关工作,曾任霹雳州地委委员。1930 年初,马共机关遭受破坏被驱逐出境归国。由中共地下党组织安排到厦门中心市委工作。1930 年 4 月,以市委巡视员身份派往泉州重建泉州和晋南特别支部,任泉州特支书记,建立了共青团泉州特支、赤色农会、妇女会等群众组织,主持创办《群众报》。1934 年 4 月,以市委和市总工会负责人的身份赴瑞金,出席中共中央六届五中全会和中华苏维埃共和国第二次工农兵代表大会。同年,任闽粤边区特委书记,其时,国民党调集了福建省保安团数千人,围剿靖和浦苏区。黄会聪和特委领导红三团挺出外线,深入敌后,粉碎了敌人"围剿"计划。1935 年 8 月,潮澄饶浮凤苏区遭国民党邓龙光师 3 个营兵力的"围剿"时,组织部队向福建乌山转移,开辟乌山革命根据地。同年底至翌年初,国军 80 师又纠集地方武装对乌山等革命根据地进行扫荡,黄会聪与特委一班人指挥红军以攻为守,打到白区去,又一次粉碎了敌人的"围剿"。抗日战争前夕,他与边区特委一班人主动改编红三团、独立营,成立了漳州抗日义勇军任总指挥部。在工作中,因操劳过度身患哮喘病和肺病,经常咳嗽咯血,病情日益严重。1936 年 10 月,特委派黄会聪偕同妻子郑静其到上海寻找党中央。由于上海中央局遭破坏,准备改赴北平找北方局,但肺病严重发作,无法动身。他忍受着病魔带来的极大痛苦,写完了两万五千言的报告,详尽地汇报了闽粤边区的情况。中共党组织将他转送香港治疗,经医治无效,是年冬于香港去世。

罗绣春(1907—1936)

罗绣春,又名罗光麟,万宁市万城镇北排罗村人。先后就读万宁县立高等小学,县立初中。在中学时和熊侠、杨学哲等人掀起择师运动,成为学生骨干。1926 年秋加入中国共产党,年底被推荐到黄埔军校第六期学习。1927 年夏返回万宁组织武装斗争。7 月,中共万宁县委成立后,被派往万宁一区的山外、后山、北坡一带村庄发展中共基层党组织,先后组建了城东、乌场党支部,同时成立乡农民协会和苏维埃政府。1929 年秋,经中共万宁县委同意往马来亚,初期与何文汉等人在一家橡胶园当工人,不久加入马来亚共产党。1931 年夏任马共青加巴度区委书记,其间发动和带领工人群众与反动当局作斗争,促使青加巴度区的工人运动蓬勃发展。1934 年因身份暴露被驱逐出境,归国时直赴厦门,由党组织安排在中共厦门党务机关工作。1936 年被害于厦门。

唐惠洽(1908—1937)

唐惠洽,字熙如,出生于万宁市万城镇南福村,清代举人唐焕章之裔孙。1927年,中学尚未毕业,越级考取国立中山大学预科。旋东渡进入日本陆军士官学校研读军事,以期扶危救国。1931年学成归国,受白崇禧之邀,在广西南宁军校当教官,稍后,任南京中央步兵学校少校军事理论教官,兼任国民政府军事参议院编辑。他锋芒初露,声誉大振,深得各方垂爱。1932年与当时军事参议院院长唐生智之内侄女凌燕珠结为夫妇。婚后获准带薪考入南京陆军大学正科生班深造。1935年毕业返回国民政府军事委员会任中校参谋,参加了由张治中主持的吴江到福山、无锡到江阴、乍浦到嘉兴三道国防工事的修筑工程,并兼任江阴要塞设计专员。1936年奉命赴沪升任上海保安总团上校参谋主任。在任期间,积极致力于上海民众抗日救亡工作,兼任上海市公民训练处副总队长,仅用一年多时间,把3万多上海青壮年、知识分子和其他公民训练成一支初具御敌本领的民众队伍。

1937年8月13日,日军进攻上海时,请缨率部驻守吴淞至虹桥区一带。面对凶残的敌人,他身先士卒,亲临前线指挥,并为家属留下了遗书;"日方尚不悔祸放下屠刀,我为国家民族争图生存,决心牺牲抵抗到底,万一发生意外,于我殊不足惜,惟望协力抚育儿女长成,教续我志,扑灭彼獠,复仇报国,则我死之犹生也。"淞沪战役历时3个月,敌我双方投入兵力之多和攻守作战的激烈程度,在抗战史上都是罕见的。11月上旬,奉命率两个团官兵与敌鏖战昆山一带。1937年11月11日黄昏,唐惠洽在安亭战场指挥部队作战时遭敌机轰炸,不幸被弹片击中壮烈牺牲。时年29岁。

1938年5月20日获国民政府令追记战功,授为陆军少将军衔。不久,噩耗传至烈士故里,万宁县政府主持召开了追悼会。上海公安总局秘书文尚炯写的挽联为:"为国家民族争取生存马革裹尸君无憾,念淞沪苏常相继奋斗岘山堕泪我衔哀。"

何鸣(1903—1939)

何鸣,原名何君熙,出生于万宁市龙滚镇黄竹塘村。1927年12月加入中国共产党,曾任共青团万宁县委书记。1929年转移到马来亚从事工人运动。1931年回国,历任闽南边区特委委员、常委、代理书记等职。初到闽南,被派到漳州南、北乡一带开展土地革命斗争。在靖和浦中心区发动和领导群众分田分地,建立人民卫队,同时建立乡村革命委员会,号召青年参军,扩大红军队伍,进行工农武装的整编工作,担任红三团第四连指导员。

1932年底,漳州中心县委改组,何鸣任县委书记兼红三团政委。1934年8月,中共闽粤边区特委成立,何鸣任常委,主持军事工作。在与党中央失去联络的三年游击战争中,与黄会聪、何浃、张长水等特委领导人,紧密依靠群众,开展游击战争,粉碎敌人的军事"围剿"。1936年6月,兼任红三团团长。同年冬,特委书记黄会聪北上寻找党中央汇报工作,何鸣代理特委书记。

抗日战争初期,何鸣作为中共闽粤边区特委的代表,与国民党粤军"157师"进行合作抗战的谈判,由于急于求成,没有执行南委的指示,将队伍带离根据地,使红军游击队在漳浦县城被国军强行缴械，他被扣留。1938 年初，何鸣与共产党组织取得联系，随新四军赴苏皖抗战。1939 年 6 月，何鸣在安徽泾县新四军驻地，被错误划为“叛徒”“特务”等罪名死于非命。后已平反昭雪，被追认为“革命烈士”。

王文松(1910—1943)

王文松，祖籍万宁，侨居新加坡柔遮街 48 号，为新加坡英国摩尼汽车公司机械工程师。他技术精良，能讲一口流利的英语，在当地较有名望。1939 年 3 月 18 日，为响应“南侨总会”召募南洋华侨机工回国服务团(简称南侨机工)回国抗日的号召，他告别父母、妻子和 3 个孩子，作为第二批回国“南侨机工”的副总务、修机队领队，带领 207 名南侨机工，从新加坡启程，踏上了回国抗日的征程。在王文松一行启程回国前夕，陈嘉庚主席特地再次致函西南运输处，“迳启者：此次机工回国服务人员，计有 207 人。其中……修机领队王文松君，每月薪水国币 100 元，其余每名月薪 50 元……特再修函奉达，谨希查照是荷……”在陈嘉庚的心目中，王文松是位重量级人才。

南侨机工到达昆明接受短期军事训练后，王文松被派到国民政府西南运输处设在缅甸仰光的汽车修配厂任厂长，任务是装配大批美国道奇、欧姆汽车，加强滇缅公路的军事运输能力。其间，王文松带领陈宗儒、黎家明、韩瑞丰、林鸿经等数 10 名琼籍机工，以娴熟的技术，将美国工程师原计划的每组 5 天装配 1 辆提升到 1 天装配 2 辆，最快时 1 天可装配 4 辆。这种惊人的速度和高超的技术，使美国工程师目瞪口呆。时任西南运输处主任宋子良得知后，特地前往嘉奖王文松及全体机工。并说：“我也是海南文昌人，你们琼侨机工为海南人争了光。”经过半年的苦战，近千辆美国道奇、欧西姆汽车逐批装配完成后，王文松又先后调任西南运输处大理修理厂、缅甸腊戌修理厂厂长，抢修滇缅公路上的受损车辆。随着日军铁蹄的步步深入，缅甸局势岌岌可危。12 月初，在缅甸腊戌的南侨机工奉命撤离回国，王文松则坚守到最后。1943 年，王文松在撤离的途中不幸因车祸以身殉职。时年仅 33 岁。陈嘉庚在其《南侨回忆录》中曾写道：“有一修机工在洋十余年，每月收入坡币 200 余元(坡币二百元折合当时国币 700 多元)，自甘牺牲，并招同伴十余人，带其全副机器前往。”这名修机工就是王文松。王文松以抗日救国为己任，将生命留在了祖国西南边陲。

欧照汉(1901—1943)

欧照汉，字育行，化名陈仲华，万宁市东澳镇欧排村人。1924 年，因家境贫困，邀集村里几位青年往马来亚谋生。1929 年加入马来亚共产党。经常用一口流利的华语(普通话)向工人演说，传播革命思想和中国革命斗争形势，因而暴露了身份，是年春被驱逐出境，返乡后，他白天到田间劳动，晚上到欧排村立初级小学夜校以补习文化为名，开展革命活动。1930 年，往母瑞山与中共琼崖特委取得联系。4 月，当选为特委委员，后被委任为万宁巡视员。8 月，任特委常委，受派遣往中共广东省驻香港联络机构联络处任干事。同年 10 月，因叛徒告密被港英当局逮捕，押送广东南石头监狱。在监狱里秘密联络党员成立党支部，读书会、绝食委员会，坚持斗争。卢沟桥事变后，欧照汉等一批政治犯获释。抗日战争期间，先后担任香港中共南方工作委员联络员，团琼崖特委负责人、中共琼崖特委常委兼民运部长、组织部副部长等职。因积劳成疾，1943 年秋因病医治无效于任上去世，时年 42 岁。新中国成立后被政府追认为烈士。

章礼（1902—1943）

章礼，原名章传礼，出生于万宁市礼纪镇太阳上章村。1923 年高小毕业后，回乡在村私塾执教。1925 年被聘任太阳村初级小学教师。其间和蔡仕英等进步青年组织宣传队，自编话剧《起来饥寒交迫的人们》在周边村庄巡回义演宣传，协助中共党组织建立农民协会。1926 年加入中国共产党，同年冬，任中共太阳党支部副书记。1928 年间，当选为庆云下图苏维埃政府主席。任上带领群众缴获太阳村团董陈开拨 30 多支枪和一批弹药，与蔡士英组织起农民自卫军上争来岭驻扎。1929 年初，驻万城国民党军和各地民团联合进攻争来岭，在敌我力量悬殊的情况下，他和蔡士英带领农军转移六连岭革命根据地。同年夏，随万宁部分党员骨干往马来亚，加入马来亚共产党，不久当选为马共中央常委、星洲坡市委书记等职。因身份暴露被英当局逮捕，1940 年 12 月被逐驱出境，途经香港与中共驻香港办事处廖承志、连贯等接上关系。中共党组织原拟送他与一批同志去延安学习，因皖南事变，交通受阻，改派回琼崖工作。1941 年 6 月，琼崖特委创办抗日军政大学，章礼任政治教员，配合校长李振亚工作。1942 年，被任命为琼崖特委民运部副部长。1943 年冬，受琼崖特委派遣往吕感当特派员，在一次出发到居多村（今东方县）时，被日敌伏击身受重伤，因医治无效而牺牲，时年 41 岁。

曾昭旭（1906—1945）

曾昭旭，出生于万宁市龙滚镇分界村。1921 年，随母亲往新加坡投奔父亲。1926 年，他毅然返回万宁参加革命活动。1928 年国民党蔡廷锴部队抵琼，继续对琼崖革命实行高压政策，大革命进入低潮。曾昭旭因身份暴露，被迫再潜往新加坡，继续从事革命活动。1938 年秋，他从新加坡赶回香港，加入了“琼崖抗日救护队”。1939 年 4 月 12 日，随团秘密潜渡琼州海峡，踏上回乡抗战征途。

1940 年，曾昭旭所在的服务队分为 3 个外勤组，挺进乐（会）万（宁）县开展抗日宣传和医疗服务工作。曾昭旭任万宁组组长，他带领全组团员，回到家乡龙滚沦陷区的村庄，开展抗日宣传和医疗服务活动，发动青年组织青抗会、妇救会。1941 年，因香港沦陷，“琼崖华侨回乡服务团”与“琼崖华侨联合总会”失去联系，服务团团员分散安排到中共领导的琼崖抗日纵队、特委机关及各县继续坚持抗日斗争。刚刚加入中国共产党的曾昭旭，被派任中共乐万县民救会委员，后调任青年抗日救国会主任。

1945 年 2 月 19 日，曾昭旭从龙滚北龙乡黄岗村出发执行任务时，被该村汉奸告密，日军包围了黄岗村，曾昭旭冲出村外时，不幸身中数弹，光荣牺牲。时年 39 岁。

唐光辉(1899—1946)

唐光辉,原名唐朝森,出生于万宁市龙滚镇分界山村。1925年嘉积仲恺农工学校毕业后回乡,在广东省农民协会特派员杨树兴的引导下投身革命,组织农民协会,成为万宁县早期农民运动骨干之一。1927年琼崖"四·一二"反革命政变,他随农训所全体学员转移到六连岭北麓的军寮村参加工农红军,同年加入中国共产党。

1928年1月,他参加万宁县城武装暴动,而后又带领万四区赤卫队配合琼崖工农红军攻打龙滚分界墟。同年初夏,组织安排唐光辉等一批身份已暴露的同志,南渡星洲,参加第三党支部(当时新加坡有7个党支部)工作,以华侨身份继续开展革命活动。1931年,为躲避英殖民当局搜捕,他取道香港回国,经中共党组织安排赴广东参加东江纵队,曾任连长等职。1934年,受派返回万宁秘密开展革命斗争。越年,因叛徒告密被国民党逮捕关进万城监狱。在狱中,他与中共党员文德才、梁森生、庄家督等人秘密组织难友开展绝食斗争,并取得胜利。西安事变后,1937年国民党释放政治犯,唐光辉出狱后很快与组织取得联系,并筹资在分界墟开设"乐天园茶店"作为党组织联络点。1938年春恢复了万四区,他调任区委书记。1939年2月,日寇占领海口,海南沦陷,唐光辉带领驳壳班李烈等10人加入万宁县政警队,任指导员,带领政警队锄奸。1939年8月日军占领万宁,县政警队解散,他被派到国民党第四区任巡官,利用合法身份宣传抗日主张,争取抗日力量。1941年10月10日,万宁县抗日民主政府成立,唐光辉被选为县府党组织成员兼任保安科(后改为军事科)科长。1942年10月,万宁成立一、二联区区署,唐光辉任区长。1943年秋,为开辟陵水三区新梅一带抗日根据地,成立了陵水三区抗日民主政府,他被委任该区区长。1946年2月,国民党46军大举进犯中共解放区,琼崖内战全面爆发。是年7月的一天,他到仁德乡传达中共万宁县委反内战斗争指示时,被国民党万宁驻军发现包围,突围时身中多弹,牺牲时年47岁。

冯敬文(1906—1952)

冯敬文,原名冯朝洲,出生于万宁市龙滚镇文曲村。少年时在龙滚戎庙高等小学读书,因家境贫困,跟随乡亲到新加坡,在堂伯父的商店里当店员。而后加入了马来亚共产党。抗日战争爆发后,1938年,冯敬文赴香港与琼侨进步青年文竞平、符思之、朱明、范清等,在香港九龙上海街612号三楼——"海生俱乐部"开展爱国抗日活动,并发起组织"琼崖抗日救护队"。1939年"琼崖华侨联合总会"成立后,"琼崖抗日救护队"更名为"琼崖华侨回乡服务团",冯敬文被推荐任委员兼医疗队队长。同年秋,"琼崖华侨回乡服务团"冲破日军严密封锁的琼州海峡,登陆琼北,并在文昌、琼山一带开展抗日工作。1940年4月,文昌县公坡乡农民符功济的母亲和妻子惨遭日军刺杀,母亲当场死亡,妻子被刺8刀,血流如注,生命垂危,冯敬文带领"琼侨回乡服务团"医疗队及时赶到抢救,经一个月的精心护理终于痊愈,被当地群众誉为"神医"。医疗队先后在文昌、琼山、乐会、万宁等地开设医疗所,送医送药,救死扶伤,分文不取。

1941年,日寇侵占香港后,琼侨服务团与琼侨总会的联系中断,符克、陈琴等100多位服务团成员相继遭日寇杀害。幸存者分散到琼崖抗日纵队、特委机关及各县继续坚持抗日斗争。冯敬文调往昌感县任县委宣传部长。1943 年 9 月，琼崖特委将昌江、感恩、崖县组成联合县委(昌感崖联合县委)，冯敬文继任宣传部长；1945 年，日本投降后调回琼崖特委工作。1946 年至 1949 年，历任中共陵保特别区委书记、乐万县委组织部长、万宁县民主政府民政科科长、县委书记、琼崖临时人民政府民政科科长等职。海南解放后曾任海口市委书记，任上到华南党校学习期间，因患病治疗无效，1952 年去世。

朱润深(1894—1957)

朱润深，出生于万宁市和乐镇勤寨村。在加积觉民学校读书时获得教会赏识，被送杭州之江大学就读，后转湖南湘雅医学院学医，获美国耶鲁大学医学博士学位，为海南岛最早获得医学博士的学者。

曾任加积福音医院医师、北平协和医院医师、沪江大学(上海圣约翰大学的前身)校长。1927 年，返琼筹建海南医院，为海南医院创始人之一、首任院长兼外科和妇产科主任。1930 年 7 月 1 日，海南医院举行落成典礼，参加典礼的有不少外宾，朱润深在会上用英汉两种语言发表讲话。1937 年，抗日战争爆发，他应任中国红十字会救护总队副队长、救济总署柳州伤兵医院院长。日寇投降后，任救济总署广东分署组长、广东省政府卫生处处长、广东省卫生人员训练及高级助产士学校校长等。 1946 年，海南一批有志之士发起筹建海南大学，朱润深被推举为海南大学筹建委员会委员兼筹募组组长。1947 年任广东省红十字会副会长。1950 年移居香港，1957 年在香港病故，终年 63 岁。

陈平(1911—1960)

陈平，又名陈时文。文昌迈号镇白玉村人。1924 年在新加坡育英学校读书。高中毕业后，回上海暨南大学读书。1929 年重返新加坡，协助父亲经营茶店。1937 年参加马共，1939 年任新加坡洋业工友互助会党团书记、新加坡“励志社”秘书长、新加坡琼侨救乡会常委兼救济部主任、新加坡华侨援助琼纵委员会主任。1940 年经马共中央介绍转为中共党员，同年任琼崖纵队驻港代表。1945 年冬被调任琼崖纵队驻马来亚代表；1949 年任琼崖临时政府工商厅副厅长。新中国成立后，历任海南区军政委员会华侨事务委员会副主任、海南军政委员会侨务局局长、区党委统战副部长等职。1952 年 9 月 1 日，兴隆华侨集体农庄成立，陈平兼任负责人。

林经纬(1882—1961)

林经纬，字星伍，号迈夫，榜名汝杰，世称老星。出生于万宁市万城镇禄善村。其家族四代行医，为世人所称道。1917 年毕业于广东省立法政专校法学士班，从政 4 年，深感官场腐败，决心继承父亲遗愿，丢政从医。专心攻读古代名医经典著作，尤其得益于张锡纯著《衷中参西录》，对中医的辩证论治诸法和方剂、药理都深有研究和运用，并开始采用中、西医药相结合治疗疾病。在准确辩证基础上，大胆使用重剂量的验方，如“人参白虎汤”等,时称有“起死回生之妙”。医成之后,先后到马来亚、星洲坡、香港、广州、海口、琼资等地行医20多年。在这期间,曾参加广东省中医会考,成绩列第三名,海口惠爱医院考选名列第一。充当过上海、北平各医院学报刊选述员、《国医警钟》半月刊编辑主任。论著甚丰,现存《血症论治》《杂病论治》《妇科论治》等书稿。1949年,年近古稀时,返回乡里,在万城镇开设“普宁药房”,后退居家宅禄善村,一面整理书稿,一面为人诊治疾病。城乡群众,登门求医者络绎不绝,治愈者众,颇享盛名。

王秀明(1903—1965)

王秀明,原名王留养,派名秀明,艺名三升半。出生于万宁市后安镇关墓村(祖籍和乐镇乐群村)。1923年加入“秀字”科班馆,从师林洪秀班习小生,后进彩文班。1927年,偕同李积绵、陈成桂、新妹、林春刚、莫和章等艺人经泰国抵新加坡演出,在观众中声望很高。1936年再次出国,在新加坡与韩文华演出对台戏,备受观众赞赏,华侨赠“秀其文明”金字彩幅等。曾主演过《林攀桂》《广东开科》《爱河潮》《爱情与黄金》《审三妻》《二堂放子》等几十部戏。他扮演的角色,从形象、唱腔到心理刻画,都很成功。他采用数字板和中板相结合以及低、沉、郁、激的迂回唱法,常常获得台下热烈掌声、倾倒了观众。“三升半”艺名由来是有一次他巡演中患病,托人找来三升半红米配药调服。后来病好了,有人逗他“肚子大,吃了三升半”。他笑着说:“就叫我‘三升半’吧。”三升半在演出生涯中,以演文戏为主,擅演公案戏,尤其侧重于演受辱激愤的戏。是具有真才实学的琼剧行家,也是早期出国传输琼剧者之一。他所设计的唱腔、台步、架子,为后来艺人所沿袭。1965年因病去世,享年63岁。

陈明文(1909—1965)

陈明文,祖籍万宁市礼纪镇礼纪墟。少年买棹南渡,寓居马来亚峇株巴辖,后迁往巴力士隆,由工而商。先是经营海源茶室,后投资种植业。20世纪50年代初,橡胶价格扶摇直上,他巧遇机缘,渐致富厚。20世纪60年代初,在永平购置胶园,后转让他人,又于武吉购买一片芭地,披荆斩棘,敦力亲为,越数年,胶园厥成。种植业有所成就后,他转而参加金融企业,与友人联营万裕银业有限公司,任董事财政之职,从此平步青云,财源逐月而渐增,声名随商誉而日盛。他对社会公益事业无不尽力而为。曾任马来西亚巴力士隆树人学校董事长,马华支会主席,柔佛州万宁同乡会副主席等要职多年。因积劳成疾,药石无灵,1965年逝于新加坡中央医院。

朱文聘(1904—1968)

朱文聘,雅号“白毛爹”,能工巧匠,万宁县北坡镇溪口村人。童年在乡村私塾读书。少年时跟随父亲朱宏兰学习木工。1923年,其父朱宏兰在万城南门街开设木工店,他白天在店里学做木工,晚上到夜校补习,文化进步很快。1924年琼崖工农学商各界罢工罢学,爆发了反对军阀邓本殷以本岛森林矿产为抵押向美国借款3000万美元的斗争,朱文聘积极参加当时万宁县城游行示威等活动。1926年4月,万宁县总工会成立,朱宏兰、朱文聘父子同时加入工会,朱宏兰被选为万宁县总工会执行委员。1927年“四·一二”政变后,他为躲避追捕逃往新加坡。1929年他父亲去世后,返乡重操旧业,辗转城乡为人盖房子,制作家私,雕龙刻凤,活灵活现,手艺精湛,被誉为“今世鲁班”。木雕刻代表作有:“鹊鸟催梅”“荷塘鸳鸯”“松林鹿鸣”等,其作品独具风格,栩栩如生。现被收藏在海口朱逸辉“春泥斋”。他热心慷慨,凡家乡公益事业如修路架桥均尽力而为之。

朱文聘多才多艺,在新加坡时从师马共技师,学就了枪支、钟表等修理绝活。1936年,在万宁县城南门街,白天以木工店做掩护,进行地下活动,夜晚秘密为共产党修理枪支。1939年,邻村下溪边中共老党员文惠从南洋归来,受党组织的派遣,回乡开展抗日救亡运动。联星七个联村成立了党小组,文惠任小组长,朱宏泰、朱文聘为成员。1944年,经地下党员苏直明介绍,到六连岭琼纵第三支队兵工厂(代号“新民村”)当技工,制作手榴弹的木柄和修理枪支。后因患疟疾及脚疾,行走不便,组织派返县城重操旧业做掩护,为党搜集、输送情报。因他和胞弟朱逸辉参加革命,他家的房子被日本鬼子烧毁。朱文聘性格憨直,乐善好施,广交朋友。当时国民党万宁县议会副议长陈之镛、万宁县自卫队总队长龙步云等的短枪有毛病,都是送来给他修理。1949年,国民党耿若天师驻万宁,同村的国民党副乡长杨永昆告发他“通共”,他和女儿朱春莲,堂叔朱宏杰、朱宏泰等4人被逮捕,进行严刑拷打,软硬兼施,逼他招供,并逼迫他叫参加革命的胞弟朱逸辉出来投降,他坚强不屈,同敌人进行针锋相对的斗争。后经朱国聘、朱耀聘等找陈之镛、龙步云等说情、干预,才获释放。出狱后,他又继续在县城做木工。万宁解放前夕,大批国民党兵从乌场港逃往台湾,沿路遗丢很多枪支弹药和两门野炮,朱文聘同溪边村的苏国瑜(时任民救会会长)等积极收集上交政府,受到万宁县政府的表扬。

1952年,万宁县合作总社创办万城农具加工厂,不久该厂更名为万城铁器生产合作社。1958年改为地方国营万宁县通用机械厂,朱文聘在厂里任技术员。由于工作积极,思想进步,被选为万宁县第一届政协委员。1968年12月25日,在拆除日军遗留的一颗野炮弹时,不慎炮弹落地爆炸,他的腹部受伤,经医生抢救无效而牺牲。

翁桂清(1887—1968)

翁桂清,又名翁经哲,字明轩,出生于万宁市后安镇坡仔村。童时就显聪颖,与友玩耍常出奇点子。以优异成绩毕业于琼崖中学后,曾担任宏文学校校长,治学严谨,教学相长。后远渡南洋,跟杨曾甫(黄埔军校办公署长)共事。1926年回国从军,跟随陈铭枢军队,受陈器重被推荐任海陆丰县县长,继任龙岩、南清两县县长。不久任粤海关监督、广州市政府秘书长、黄埔开埠督办公署主任等职。抗日战争时期,广州沦陷,辗转于西江、东江等地,积极抗战,其间在盐务署任两广盐运使,严惩囤盐奸商。1945 年抗战胜利后,受广东省政府主席宋子文委任为汕头市市长。1949 年,携小妾经香港赴南洋各地,后在澳大利亚定居。1968 年 4 月 25 日在新西兰病逝。

文怀朗(1913—1969)

文怀朗,辈名文绪祐,笔名姜太公、老太婆、徽徽等,出生于万宁市后安镇吴村,北京大学文学士,为文尚炯(新中国成立前历任文昌、澄迈、万宁县长、上海市公安局秘书)次子。曾任万宁县简易师范学校教导主任。赴马来亚后被聘为马六甲培风中学教师、居銮中华学校训育主任、古来中华公学校长及多间中学教师。1947 年至 1950 年,执教于槟城钟灵中学,兼任教务主任。20 世纪 50 年代,写作甚勤收获颇丰,经常用姜太公、老太婆、徽徽等笔名,在《南洋商报》的"商余"(彭松涛主编)副刊发表杂文、随笔等体裁文章,受到当地社会的关注。1955 年 5 月,南洋报社印行其杂文集《文人的气质》,列为"南洋商报丛书"。全书 130 页,内收 40 篇杂文。彭松涛在《文人的气质》的序文中写道:"文怀朗的杂文并不尖酸刻薄,亦非专求清丽洒脱,却自成一个风格。这个风格,正是文人的贞刚之气的自然表现。他在文内曾引述魏徵在隋唐文学传序所说的'江朔词义贞刚,重乎气质。气质,则理胜其词,……理深者便于时用。'从他的每篇文章去看,可以发现他不做消极的破坏,不做无谓的讥讽,他表现积极的建议,理智的批评。"

文怀朗既是马来西亚知名文化人、作家,又是槟榔屿万宁同乡会创始人之一,槟榔屿万宁同乡会首届主席。1969 年 3 月 11 日在马来西亚柔佛州峇株巴辖因病去世。

杨少民(1907—1972)

杨少民,原名杨汉英,又名江亭,万宁市大茂镇多荫外坡村人。1928 年 2 月,加入中国共产党,任党支部宣传委员、支部书记。其间,发动和组织曲西乡农民暴动。1929 年 3 月,受党组织派遣往马来亚,与当地党组织开展工人运动。1930 年至 1935 年,任马共麻坡地委书记。1935 年 2 月被选为马共中央委员。1938 年,当选为马共中央常务委员兼任槟城市委书记等职,多次直接参加和领导工人运动,取得胜利。中国抗日战争开始后,积极开展募捐活动,支持琼崖的抗日斗争。1940 年,因叛徒告密在星洲坡被捕,在狱中秘密组织、成立并任临时党支部书记,发动和领导狱中同志举行两次绝食。7 个月后被驱逐出境,途经香港与廖承志、连贯接上组织关系,中共南方局派返海南工作。1942 年至 1946 年,先后担任中共琼崖特委组织部副部长兼特委党校校长、琼山县委书记、澄临县委书记兼琼崖总队挺进支队政委。1946 年,国民党 46 军渡琼,在敌强我弱的情况下,他坚持执行琼崖特委的决策,带领军民与国民党军队进行决战。1947 年调任西区地委书记、海南区党委常委兼组织部长。1949 年 12 月,受命到琼山县领导支前工作,发动群众筹粮、组织民工队和运输队,支持解放军渡海作战。1950 年海口解放后,在海口市负责接管工作,此后历任海南区党委常委、海南军政委员会委员、工委书记兼广东省总工会海南办事处主任、海南行政公署劳动局局长、海南区党委副书记等职。1964 年离休。"文革"期间被划为"叛徒集团"成员,1971 年被押送回乡监管,备受政治磨难。1972 年 3 月在家中去世。1978 年 10 月，海南区党委在海口戏院举行隆重的骨灰安放仪式，为杨少民平反昭雪，恢复名誉。

李学泰（1893—1972）

李学泰，出生于万宁市万城镇保定村，年少时随父往马来亚。1947 年，被推举为马来亚雪隆万宁同乡会筹备委员会委员。1954 年，携带家眷归里，在万城新街（现解放街）开设“和平饭店”，因乐于助人，被敬称为“和平伯爹”。

1956 年，与归侨陈凤槐、莫骄、李琼辉等发起成立万宁县归侨联谊会。同年，通过时任马来西亚雪隆万宁同乡会主席、同乡朱桢华的支持，发动保定籍华侨捐赠，假保定村王氏祠堂创办了“保定村华侨初级中学”。因学校地处乡村，生员匮乏，1957 年经邻村（溪边村）苏国瑜等乡贤提议并全力帮助，发动北坡地区的海外华侨、归侨侨眷、社会热心人士捐款，选址县城附近的东山岭西山麓，重建华侨学校。1958 年万宁县第一所华侨初级中学在东山岭落成，开设 4 个班。李学泰任校董会理事长。1960 年该校合并北坡初级中学，改为万宁县北坡初级中学，李学泰仍任董事会理事长。而后，他与苏国瑜等人又继续发动华侨捐赠，支持学校建设、兴建北坡华侨电影院。北坡华侨电影院使用至 1978 年，后因台风受损倒塌。李学泰曾被选为万宁县归国华侨联合会第一届副主席、万宁县第一届政协常委。1972 年在家乡去世，享年 79 岁。

何文汉（1905—1976）

何文汉，幼名何兰孙，又名精甫，万宁市后安镇后安墟人（祖籍龙滚青山村）。是个遗腹子，13 岁在打铁铺当学徒。1926 年春，参加工会。次年加入共青团，1928 年任后安团支部书记，后调三区团委工作并加入中国共产党。经组织同意往马来亚，先在马六甲青加巴度区叔父何日新家当割胶工人，经欧照汉介绍加入马来亚共产党，先后担任党支部书记、区委书记、地委书记等职。1932 年 8 月当选为马共中央书记。在组织和领导工人运动中，身先士卒，深受工人信任。不久，在星洲坡东岭红毛屋被英殖当局逮捕驱逐出境。1933 年初经香港赴上海找党组织时，被国民党特务跟踪监视，在汕头被扣留，送东区公署和广州陈济棠军事法庭审讯未果，改押万宁监狱，终因查无证据，于 1934 年底被释放。出狱后到文昌、琼东、琼山等地，以打铁为名寻找党组织。1936 年冬返回万宁，得知文德才、庄家笃、唐光辉等共产党员被禁于万城监狱，常以亲戚的身份探监接头。1937 年 2 月，受监狱党支部委派，在后安建立分支部任书记。1938 年在琼崖特委学习结业后，返万宁一、二区工作，同年夏，任乐万县委书记、特委委员。其间，先后恢复和建立了禄马、和乐、盐墩、后安、白沙坡、万城等 10 多个党支部，并组建了青年抗日救国会、民救会等群众组织。1939 年 5 月被派到陵水、保亭开展新区抗日工作。1941 年，奉命返回万宁，因敌人封锁耽误了时间，受了党内处分。1942 年，任和乐乡民主政府乡长、县民救会主任。

解放战争时期，历任乡长、合作社长、东区公署副科长等职。解放后，先后在万宁垦殖所、海南垦殖局、海南供销社、海南医药分公司、海南中医院等单位任领导职务。1962 年秋调回万宁工作，当选为万宁县第一届政协副主席，与魏宗周等人合编《万宁县革命斗争简史》。1966 年离休。1976 年 4 月 26 日因病去世。

曾昭炳(1914—1976)

曾昭炳,祖籍万宁市龙滚镇分界西园村,在昆季中行二,友辈多称之为“二爷”。1928年间,避地海隅,在新加坡育英中学继续学业,数年后迁居马来亚峇株巴辖,创立柔华印务有限公司,至20世纪60年代,业务才显见渐进。经不懈努力,印刷公司在行列中渐露头角,争得了一席之地。遂而成为峇株巴辖印刷业界之翘楚。

曾昭炳会讲多种语言,长于周旋,为社会公益事业服务不遗余力。1963年出任峇株巴辖琼州会馆董事,1969年至1976年当选为会馆主席,其间,扩建礼堂、天后宫、安老院及组织铜军乐队等,建树良多。

他曾在马来西亚中华商会、五校董事会、广东会馆、柔佛万宁同乡会、马新琼联会等任要职,仁风雅量,功成不居,极为社会人士所敬佩。1972年至1975年先后荣获柔佛州苏丹颁赐PIS勋衔及委任JP太平局绅。1976年4月15日病逝于峇株政府医院。

谢育才(1904—1977)

谢育才,原名谢朝贤,出生于万宁市龙滚镇文渊村。就读龙滚戎庙高等小学毕业后考取广东省立十三中学,在校期间被选为学生会主席。中学毕业后,在杨树兴的引导下投身于革命活动。1925年初,任国民党万宁县党部农民部长。1926年4月加入中国共产党。万宁县农民协会筹备处成立后任副主任。其间与王天贵和陈聘等到盐墩村领导盐民进行历时50余天的罢工斗争,取得了胜利。同年底,万城农训所成立,谢育才继任所长。1927年7月,中共万宁县委成立任县委书记。1928年农历正月初七,组织全县农民大暴动,配合红军主力进攻县城,因联络失误,未能取胜。被免去县委书记职务,调任琼崖讨逆革命军第3路军党代表,琼崖工农革命军第3营营长。

1929年,受琼崖特委派遣与陈克邱往新加坡接受新任务。1930年初,他从新加坡返回香港,被国民党特务机关怀疑而逮捕,关押1个多月,因查不实据被释放后直奔上海,与中央组织部取得关系,被安排在上海闸北区第三街道工作。1931年9月至1933年11月,先后调任中央红军第12军102团第3营营长,中央红军独立第7师参谋长兼第5团团长、政委、师政治部主任,福建军区后方总医院政委、政治部主任,福建军区组织部长、军区第2分区政治委员。1934年6月至1935年4月,出任福建军区武装动员部部长、福建省组织部长、福建军区独立红9团政委,在重建闽西南军政委员会时任第2军分区政治委员兼红9团政委,为坚持3年闽西南游击战争作出了贡献。

1937年七七事变后,谢育才任闽西南中共全权代表,同国民党进行谈判取得成功,闽西南红军改编为闽西南人民抗日自卫军,他任第一支队支队长,后任第二纵队政委。1941年任中共福建省委常委兼组织部长,闽西南军政委员、闽粤赣边省委副书记。1941年5月中旬,谢育才离开闽西南到江西赴任中共江西省委书记,途经吉安时被叛徒告密,他与妻子王勖同时被捕。为挽救临危的南委和江西省委,在狱中谢育才忍辱牺牲个人的名节，以假自首骗取敌人放松监管，伺机越狱。1942 年 4 月 29 日晚，谢育才和妻子忍痛弃儿(在监狱里王勖刚产下的婴儿)，成功越狱，逃回南委。由于他在狱中签下的假“自首”书，党组织对他进行严格的审查。1944 年冬，组织派他任韩江纵队军事顾问。1945 年 12 月调任东江纵队代理参谋长。

1946 年秋，中共中央南方局安排谢育才到华南党校学习。1948 年 5 月，调任河南省许昌军分区司令员，后兼郑(州)洛(阳)警备区司令员。1950 年随军南下，任广东省支前司令部参谋长。

1952 年转业地方工作，先后任汕头市市长，华南垦殖局秘书长、供销处长、生产处副处长，海南农垦局局长、海南区行政公署副主任。“文革”中受到斗争批判，身心遭到严重的创伤。1975 年因病医治无效，在湛江逝世。1998 年 10 月 8 日，经中共中央决定，恢复谢育才连续党籍党龄，至此，谢育才的历史问题得到了彻底解决。

朱桢华(1902—1978)

朱桢华，字仲颖，谱名家实，出生于万宁市万城镇保定村。幼年师从蔡凤翔就学于县立第一高等小学校，后读广东省立琼崖中学毕业。1926 年秋，考取北京大学文学院中国文学系。1928 年应友之请休学任广东省立第十三中学(今加积中学)训育主任兼文史地教师。越一年，重返北大继修学业，曾著《鲍明远评传》一书。1931 年北大毕业后，曾任北京精业中学高中部国文教师、上海市公安局警士教练所党义教官、局长助理秘书兼《警声》月刊编辑、广东琼崖中学教师，万宁县简易师范学校校长。1939 年赴南洋，先后担任马六甲益华中学教务主任，吉隆坡尊孔中学华文主任兼首席教师，侨南学校校长，林明中华中学校长，芙蓉振华中小学教务主任、校长，森美兰华校教师协会主席，森州华文师训班国文讲师，立卑中华中学华文导师、校长，槟城韩江中学首席华文主任，马来亚华校教育总会理事等职。1978 年 12 月 11 日心脏病猝发辞世。

朱桢华热心公益事业，1947 年发起筹建雪兰莪万宁同乡会，被选为首任主席并连任 11 届，后为该会永远名誉主席，又任马来西亚万宁同乡会总会、槟城琼州会馆顾问。20 世纪 50 年代，发动旅马华侨捐资兴建万宁县东山岭华侨初级中学。1958 年马《虎报》载文侮辱万籍华侨，激起旅马万宁同乡极大义愤。朱桢华带领同乡与报馆抗争，迫使该报于全马各报显著位置刊文赔礼道歉，并闭馆停刊。他生前著有《鲍明远评传》《词海拾贝》《南口游记》等。所撰并书的《槟城琼州会馆百周年纪念碑序》《雪兰莪万宁同乡会筹备委员会宣言》和《马六甲万宁社史略》，石刻珍藏于马来西亚。为雪兰莪万宁同乡会所撰并书的楹联“万里怀宏志，宁心致远图”，至今仍然悬挂于该会馆门口，并被录入会歌《万宁一家亲》，广为传唱。

莫昌炳(1896—1978)

莫昌炳,出生于万宁市龙滚镇青山园村。童年在故里接受教育,年甫弱冠,远渡南洋,初在马来亚马六甲当店员,并与同事共研记账。1912年迁居东甲埠,时人地生疏,重作冯妇,克勤克俭,稍有所积,乃创设琼源发茶室兼旅店于东巴也挽路52号。事业日上,进而又向种植业发展,购置胶园,叨蒙愿望,一帆风顺,奠下良好基础。

他胸怀豁达,举凡社会公益、同乡福利以及文化教育等素具热诚,出钱出力向不后人。抗日战争前,历任东甲琼崖会馆副主席及产业信托人,启明学校、中华公会、华人义山理事等职。战后复兴,始被选为东甲琼崖会馆副主席。1954年被选为主席,发动重修旧馆宇二次;设立会员善后福利金,会员子女奖学金,创组百人铜军乐队。尤以领导同乡建设新会馆大厦,矗立于东甲大街之旁,光吾乡梓。会馆念其事功,乃将会馆二楼命名为“昌炳堂”。他连任主席23年,1976年因健康关系辞去主席一职,被授予永久名誉主席兼会务顾问。

他热心社会公益,连任南展俱乐部主席4年,曾被选任启明学校董事长、马六甲万宁社理事长、华人义山委员会主席、马华公会副会长、培华独中董事兼建校委员、琼联会常委、东甲政府医院巡察员。1968年荣膺PPN有功勋章;1976年荣获马来西亚国家最高元首颁予PPM勋章。1978年因病去世,享年82岁。

陈克邱(1906—1980)

陈克邱,原名陈学梅,又名陈之润,出生于万宁市龙滚镇福山村。1926年6月加入中国共产党,曾任龙滚党支部书记、“龙滚农民训练所”政治教员、县委组织部长、县肃反委员会成员。1929年夏,经组织同意往新加坡,负责中共南洋临时委员会和海员党支部的交通联络工作,同年12月,被派往泰国共产党特委机关工作,在一次特会会议上,与会22位同志全部被泰国当局逮捕入狱。以“企图颠覆泰国政府”的罪名判处16年徒刑。后经3次赦免,1938年7月被泰国当局驱逐出境。经广州时参加中共广东省委举办的党员训练班。1939年初,被派回海南琼崖总队政训室工作。同年5月任乐万县委书记。1941年10月,万宁县民主政府成立,陈克邱被选任县长。1944年,撤销万宁县民主政府,成立乐(会)万(宁)联合县抗日民主政府,陈克邱任县长。其间,领导乐万人民生产自救,坚持抗日斗争,组织武装力量挺进陵保边区,建立陵三区署和南桥、杨梅茄新等边远乡民主政权,粉碎了日军的“蚕食”扫荡,击退了国民党的反共逆流,保卫了六连岭抗日根据地,壮大了抗日力量。抗战胜利后,1947年5月,乐万联县分设,陈克邱任万宁县委书记兼县长;不久调任东区地委宣传部副部长、地委副书记、琼崖人民政府秘书长。

海南解放后,陈克邱先后历任海南区中级人民法院院长、广东省高级人民法院副院长等职务。1958年被错误划为“地方主义分子”,下放湛江地专机关农场任副场长;1960年6月任茂名市人民银行行长;1962年12月任海口市副市长;1963年10月任海口市政协副主席。1980 年广东省委撤销对陈克邱的错误处分,恢复其政治工资待遇。1980 年 12 月 24 日因病医治无效在海口市去世。享年 74 岁。

卢成(不详—1980)

卢成,原名莫川泰,又名莫泽香、亚莫。出生于万宁市龙滚镇杰地园村。小时到马来亚巴生埠当小店员谋生。抗日战争时期,加入了马来亚共产党,曾任马来亚人民抗日军第四独立队第一中队党代表。1944 年受任为第四独立队副队长。日本投降后,曾任新加坡总工会主席、马来亚全马总工会秘书长。1946 年 2 月被英帝当局逮捕驱逐出境,其时当地报纸誉之为“十君子”之一。回国后,参加东江纵队并随队北撤山东,而后加入中国共产党和中国人民解放军,被派到中共中央马列学院学习。1949 年 12 月,曾率领“马来亚工总代表团”出席“世界工联”在北京举行的“亚澳工会大会”,在会上他以《马来亚工人运动概况》为题作了报告,用大量事实揭露英殖民当局疯狂和残酷镇压马来亚工人运动,枪杀和暗杀工人群众和工会领导人的罪行。列了特务暗杀马口大园丘工人、谈判代表黄新,绞刑处死全马总工会主席威纳斯南等案件。大会通过决议,“严厉谴责英国政府和马来亚殖民当局武装镇压马来亚工人运动,坚决支持马来亚工人阶级为改善生活状况,争取民主自由权利而斗争”。新中国成立后历任北京橡胶厂厂长、全国侨联委员等职。1980 年因病去世。

蔡镇华(不详—1983)

蔡镇华,原名蔡亲松,出生于万宁市万城镇保定村。抗日战争时期,考读黄埔军校第十七期,毕业后随其叔公蔡凤翁(国民党少将)在军队服役。

20 世纪 50 年代初到香港当海员,为船长所赏识,荐往美国深造,攻读物理学,获亚利桑那大学硕士和爱荷华立大学核子工程博士学位,曾任纽约工艺学院军校讲师、美国德拉波原子能工厂技师。1976 年被联合国原子能委员会聘为顾问,选派往马来西亚、伊朗等国,协助建立核子能发电厂。1987 年访问香港时,针对香港某些居民对建立大亚湾核发电站的恐怖心理,就该站的安全性发表演讲,刊于香港《大公报》,产生较好的效应。1977 年以后,蔡镇华多次回国访问,曾受时任中国科学院院长方毅亲切接见和合影留念;并被邀请到海南大学等校讲学。1993 年 2 月 17 日,因心脏病复发,在纽约医院救治无效辞世。

莫骄(1906—1983)

莫骄,原名莫昌浩,出生万宁市龙滚镇青山园村,早年随胞兄赴马来亚。1929年在马来亚华文中学毕业归国,其后就读于广州中山大学教育系,毕业后在广州任教;1939年在广东乐昌县任教;1946年返回家乡;1947年至1949年被聘任万宁县初级中学校长;1950年被聘为乐会中学教导主任;1951年被聘为海南琼台师范教师;1953年调任乐会县简易师范学校教导主任;同年被推举为万宁龙滚中学筹建委员会董事长;1956年调任万宁龙滚中学(后为万宁县华侨中学)校长;1961年选任万宁县侨联第一届副主席、龙滚镇侨联第一届主席。为万宁县政协第一届委员。1964年退休,1983年因病去世,终年77岁。

冯业新(1902—1983)

冯业新,出生于万宁市龙滚镇水坡南敲村。在家乡接受中文教育,曾肄业于广州黄埔军官学校。为摆脱纷争时局,谋求更大发展,他南渡马来亚。初期,从事橡胶厂工作,经营过饮食业,克勤克俭,拥有资金后,在槟榔屿葛尼道黄金地带之风景区,独资创设"新西兰茶餐室",他思维敏捷,为人和善,经营有道,生意如日中天。嗣后又投资橡胶园,成就遂其所愿。

曾历任社团要职有:槟榔屿万宁同乡会多届主席、财政及产业信托人;槟城海南会馆多届主席、财政及产业信托人;槟威咖啡茶商公会多届主席、财政及产业信托人;槟城冯氏始平堂多届主席及产业信托人;槟城益华学校董事会主席;马来西亚万宁同乡会总会顾问;槟榔屿万宁同乡会永远名誉主席。冯业新秉性敦厚、谦逊和善,乐善好施,热心社会公益和社团慈善福利事业,为各方人士所敬重。1983年因病辞世,享年积闰84岁。

陈乐元(1899—1983)

陈乐元,原名陈献瑞,琼剧名丑角,出生于万宁市礼纪镇青云村。7岁丧父,家境贫苦。童年替邻村陈家放牛。14岁到乐山戏馆为徒,改名乐元。"乐"字班解散后,进入子番班。他勤学苦练,初露锋芒,后加入郑长和、陈成桂、王昌华等组成的大戏班。在《刘保充军》中饰演主角刘保。仿效老师传授的表演技巧,发挥自己独创,获得观众的称赞。从此,他在艺坛声名突起,别具一格的"乐元板"广为流传。

1935年,陈乐元同三升半等搭班抵星州演出,所到之处获琼侨赞赏,为早年带领琼剧班在星州坡演出和传授琼剧者之一。海南解放后,琼剧队伍发展,陈乐元重登舞台。1952年参加新群星剧团,塑造了不少动人的艺术形象,具有较高的造诣,积累了丰富的表演经验。所演角色栩栩如生,各具特色,无论唱功、表功、做功诸方面,都表现出独特艺术风格,其精湛表演,饮誉海内外。陈乐元于1966年退休。卒于1983年。

陈大鋆(1900—1985)

陈大鋆,出生于万宁市龙滚镇岭后村。早年只身南渡谋生,辗转多地。1924年卜居马来亚马六甲,经过数年的艰苦拼搏,创办了恒芳茶室。他为人耿直,济困施贫,忠诚而具侠义,20世纪30年代初期就积极参与乡团社务活动。1945年秋,马六甲万宁社复兴,被选任万宁社建修复兴筹备委员会委员、万宁社总务,为力克社务经费之困难,他竭尽全力,慷慨解囊。1957年,发起筹款于榴莲洞葛区购买胶园十余英亩以充万宁社产业;1959年,发起创立万宁社会员子女奖贷学金,并主持动用乡贤捐款在峇冬地区购买上等驳枝胶园10英亩作为奖贷学金固定资产,经多次转售、更新,使马六甲万宁社在马接地区拥有21英亩的上等胶园,每月生产可获利数百元。1982年,与执委们再次发起重建万宁社新社宇,被选任筹募基金会副主席、募捐小组副主任。在任马六甲琼州会馆馆主其间,尽其职责,竭诚服务,并筹建靖园义山福德祠,深受同乡敬佩。

陈大鋆投身同乡社团工作50多年,在职期间,尽其所能,贡献卓著,深获呷坡各界人士的佳评。1985年2月11日病逝于马六甲中央医院。

王道平(1908—1987)

王道平,原名王德俊,万宁市后安镇冯村人,因家境贫寒,15岁才入学。小学毕业后考入广东省立十三中就读,在校参加爱国学生运动。1926年加入中国共产党。1928年经党组织同意,往马来亚投靠父亲。数月后,与爱国华侨组织取得联系,先在夜校工作,后转橡胶园从事工人运动,任爱国华侨组织支部书记。1934年8月被英殖民当局逮捕驱逐出境返乡。1935年8月,再次出洋到泰国,在阁昌岛以理发为生。1942年,日军入侵泰国,他逃到曼谷,担任抗日组织地下交通和宣传工作,参加印刷发行进步华文刊物《真话》和《全民报》。1946年,转到华侨进步组织开办的"友谊餐厅"工作,当年朱学范代表中华总工会到泰国时,曼谷职工总会在这里举行接待聚会。1948年6月,泰国当局对华侨进步团体大围捕,餐厅遭泰当局监视,他转当洋务工人,继续从事革命活动。1950年10月,新中国成立一周年国庆,他以女儿周岁生日为由,柬请爱国华侨在一家酒楼聚餐,巧妙地组织一场规模较大的庆祝新中国国庆座谈会。

1953年王道平回国,先后在中共中央对外联络部招待所和广州华侨大厦工作。1958年,受命带领一批归侨到海南岛保亭县创建三道华侨农场,任场长。1960年7月,调任保亭县总工会主席,当时正是"三年困难"时期,他经常跋山涉水,深入工厂、场队、矿山等基层单位,同工人群众同甘共苦,帮助基层解决发展生产、改善职工生活的问题。"文革"期间,王道平蒙受不白之冤,1969年被下放到边远的山沟大本岭五七干校"劳动改造",其间他患了严重胃病。1987年因久病治疗无效去世,终年78岁。

黄兴华(1908—1988)

黄兴华,出生于万宁市和乐镇坡斗村。1937 年别离妻儿随乡亲到南洋谋生。初至印度尼西亚在养鸡场当雇工,稍后辗转新加坡、槟城,在吉打州亚罗士打与数位同乡合资创办“琼南香咖啡粉厂”。其间,他心系桑梓,稍有积蓄,就返家探亲。原配因病去世后,为照料年幼儿女,他回乡续弦。事业基础稳定后,陆续将其继室及儿子带到马来西亚吉打州团聚。1961 年,为谋更大的发展,黄兴华南下吉隆坡,在增江新村独资创办“精美茶庄咖啡粉厂”,并且召回当时正在执教的长子雄忠,协助他管理市场促销,让其幺子雄銮负责生产和技术改进,父子同心协力,生意如日中天,声誉鹊起。20 世纪 50 年代,他加入吉打琼州会馆,并担任多届财政职务。60 年代移居吉隆坡后,便活跃于雪隆万宁同乡会,先后被推举为同乡会执委、福利、财政、副主席。由于对社会公益事业有较大的贡献,1968 年荣获时任首相敦拉萨颁赐 PPM 有功勋章。1988 年 8 月病逝于吉隆坡,终年 81 岁。

黄兴华桑梓情浓,1982 年,他欣然身体力行带领全家捐资,极力协助长子雄忠完成在故乡捐办学校使命。1988 年,新校落成,儿子们商定并经万宁市人民政府批准,将其捐建的学校命名为“兴华小学”。

叶虎(1905—1989)

叶虎,原名叶必文,出生于万宁市和乐镇盐敦村。1926 年 6 月加入了中国共产党,曾任盐敦乡农民协会委员、中共盐墩乡党支部书记。组织和领导过盐墩乡盐民举行罢工取得胜利。1928 年 1 月 (农历十二月廿八日)清晨,国民党调集驻军、民团约 5000 人,从南北两路围剿盐敦村,制造了骇人听闻的“盐、涛、和、港惨案”。在这次惨案中,叶虎和盐敦乡党支部、农民协会带领农民、农军突围到后鞍岭坚持斗争。1929 年春,中共乐万县委以大塘岭、后鞍岭为据点,成立万六区党委和团委,叶虎任团委组织委员。1929 年冬组织安排往马来亚,加入马共从事革命活动。1932 年 9 月被英殖民当局驱逐出境返乡。1937 年 6 月与党组织取得联系,恢复盐墩乡党支部任书记。抗日战争时期先后担任中共万六区党委组织委员、区党委书记、万三区委员、万宁县合作社主任、万三区和乐乡党总支书记、陵水县三区亮新乡、万宁县和乐乡党总支书记、万宁县和乐乡副乡长、南乐乡乡长等。中华人民共和国成立后,历任万宁县税务局局长、中国人民银行万宁县支行行长、万宁县人民委员会副县长、中共万宁县委常委,曾兼任县委财贸部长、县人委党组成员、县财经战线党组书记、县委统战部长、万城公社党委书记、政协万宁县第一届委员会副主席等职。1978 年 6 月离休,享受地专级待遇。1989 年 8 月 13 日病逝,享年 84 岁。

吴运琳(1901—1989)

吴运琳,别名吴德琳,出生于万宁市龙滚镇军寮村。1920 年跟随家乡华侨商人到马来亚槟城做杂工,1927 年 2 月返回家乡。经中共党组织培养,参加农民运动和武装斗争。同年 7 月加入中国共产党,先后任中共新寮乡党支部委员、乡共青团书记、乡农会主席、赤卫队队长等职。1929 年万宁革命处于低潮，吴运琳再次离开家乡到新加坡，1931 年 9 月在新加坡参加了马共，先后任大坡小贩党小组组长、地下小贩工会主席。1932 年 8 月 1 日，党组织派吴运琳领导工人纠察队攻打新加坡伪国民党部遭失败，被英警察逮捕入狱，拘禁 3 年后被驱逐出境。1934 年 6 月，吴运琳回到福建，组织安排其在闽南游击区工作。同年 7 月任闽粤边区特委交通总站站长，不久调任闽南特委机关经济委员会副主任。梁山等地区开辟新区后，被派到新区组建党支部、赤卫队。1937 年春调任文峰区区委书记。1938 年 3 月任平和区区委书记，4 月任漳州市委组织部部长，后任平和县委组织部部长。1951 年任漳浦县老区办主任。1954 年秋当选漳浦县副县长。1968 年退休，后改办离休。1989 年 4 月 6 日病逝，终年 88 岁。

李城燕(1919—1989)

李城燕，新加坡琼籍知名侨领之一。出生于万宁市龙滚镇龙滚村。童年在村塾读书，后进入乐会县(今琼海)乐城简易师范学校就读。1939 年，日本入侵海南后，被逼离乡下南洋谋生。刚开始在马来亚丁加奴一间商店做财务。1941 年转往新加坡，在新界文具书店当店员。日本投降后，凭借自己的积蓄，租赁星洲坡五马路大方二楼经营钟表生意。继而创建“大方表行有限公司”，任董事长兼总经理。

他宽厚为怀，热心公益慈善事业。曾当选为新加坡琼州会馆第一副主席，新加坡钟表业公会名誉会长，琼州天后宫财政理事，琼崖李氏公会副主席，育英中学董事等职。先后捐款建设万宁县华侨中学、龙滚华侨医院、东山岭公园、县广播电视台、龙滚中心小学、龙滚村小学、龙滚侨联招待所、琼海县华侨敬老院、故乡墟镇及村庄建设等公益事业，累计 30 多万元。1992 年 6 月，被海南省政府授予“爱琼赤子”称号。1989 年 6 月因病去世。1992 年 6 月，时任海南省委书记阮崇武率团访问新加坡时，特将“爱琼赤子”奖状奉送府上，对李妻韩女士及其子女表示慰问。

1996 年李城燕遗孀韩春梅为万宁设市庆典活动捐款 20 万元。1997 年韩春梅荣获万宁市人民政府授予“万宁市特等荣誉市民”称号。1998 年海南省政府授予“爱琼赤子”称号。

张世英(1918—1990)

张世英，1918 年 2 月 13 日在泰国出生，6 岁时回家乡，读完初小，外出当泥瓦工，后续读高小，接受革命思想。1936 年 3 月，加入中国共产党。1937 年在培党小学当教师，开展中共党的工作，并担任党支部书记。1939 年日本军队侵琼后不久，参加琼崖游击队抗日独立总队，任第二大队政工队队长。1940 年秋，任独立总队第一支队第七中队指导员。1941 年冬至 1945 年春，先后任第一支队第三大队政治委员和第一大队大队长，参加大水战斗，并率领第三大队挺进琼山二区，建立新的抗日根据地，为主力部队挺出外线作战创造了条件。1945 年夏，任琼崖抗日独立纵队挺进支队副支队长、支队长，与李振亚、符荣鼎一起率领部队向白沙县腹地进军，打垮国民党军守备二团和县游击大队，创建了白沙县抗日根据地。1946 年率领挺进支队在澄迈地区，保护了总部机关的安全转移。1947 年先后在红土坎、高田坡、金沟岭等地作战，粉碎国民党军在澄迈地区的“清剿”计划。1947

年冬,任琼崖纵队第一总队副总队长,指挥第二、第三支队在儋县、白沙一带活动。1948年秋,调任琼崖纵队第三总队总队长,率部参加秋季攻势和1949年春季、夏季攻势,取得了重大胜利。1949年12月,率部于定安县岭口一带,首创琼崖纵队作战史上消灭国民党军近1个团的战例。1950年4月,指挥第三总队接应野战军渡海作战,率部参加解放海口、府城的战斗。后又带领第三总队第一、第三团与野战军第四十军5个团组成中路追击部队,一直战斗到海南岛解放。同年7月,部队整编,改任中国人民解放军华南军区独立二十六团团长。12月被选送到南京军事学院基本系学习。毕业后,历任榆林守备区副司令员兼参谋长、守备二十一师第一副师长、海南军区司令部副参谋长、副司令员、顾问等职。1955年被授予中国人民解放军上校,获中华人民共和国二级独立自由勋章和二级解放勋章。1962年晋升为中国人民解放军大校。1988年被授予二级红星功勋章荣誉。1981年10月,离职休养。离休后积极参加社会活动,并撰写革命回忆录,为研究海南革命斗争史留下宝贵的资料。1990年3月26日,在海口市病逝。

黄运进(1915—1991)

黄运进,出生于万宁市龙滚镇仁造村。1932年,参加共产主义青年团,后转为中国共产党,在龙滚地区秘密开展革命活动。革命低潮时,他离开家乡到马来亚继续开展革命活动。1935年被英属当局逮捕,次年被驱逐出境回国。而后在福建省新四军教导营学习。1939年12月派往新四军政治部秘书处当收发员、油印员。1940年后历任新四军江南指挥部特务连指导员、江抗三团二连指导员、苏北行署财政部黄桥税务所总局警卫营教导员、西港税务处处长。其间,敌伪纠集地方土匪围攻税务处,他率领干部携带税款突围渡河转移。是年7月,苏北财政部奉命撤退,途中遭敌袭击,他不顾个人安危,渡河救出了受困的同志,获盐阜军区财政处的表扬。1942年至1947年,先后调任苏中一师卫生部后方医院教导员,苏中军区反情报站指导员,供给学校指导员,苏中军区政治处组织股股长,党总支书记等职。1948年10月赴华东局党校学习,结业后调任华东局财委党委直属机关党总支书记,不久任南下纵队第一大队政委、华东军政委员会直属机关党总支书记。

新中国成立后,历任华东政法委党委办公室主任兼直属机关党总支书记、上海市纺织局办公室主任、厂长等职。1983年离休,享受地专级待遇。1991年1月20日在上海病故,终年76岁。

庄田(1906—1992)

庄田,原名庄振风,万宁市龙滚镇文渊村人。1923年随乡亲往星洲坡谋生,打过杂工、当过工人。1926年在荷兰“生计”号货轮当烧炉工,同年8月加入中国共产党,10月被派到英“丰平”轮任党支部书记。曾两次组织、领导海员举行罢工斗争,取得了胜利。1933年春,先后调任中央红军模范团政治处主任、中国工农红军第三师政治部主任、东南战役第二纵队政治部组织部部长、红九军团第3师第7团政委、红九军团第3师补充团团长兼政委。1934年春,调任红军独立第22师第55团政委,率部参加中央革命根据地第四、第五次反“围剿”作战。同年,任红五军团第13师第39团政委、第四方面军红军大学组织科科长、红九军团第3师第7团政委。10月,率部随中央红一方面军开始举世闻名的长征。1936年10月下旬率部随西路军总部渡黄河西征,次年3月辗转到达延安,任红军抗日大学教导师第3团政委。12月,离职参加红军大学第二期学习,结业后,任抗日军政大学第一大队大队长,不久升任第三分校教育长。1940年1月,任陕甘宁边区考察团团长,提出保卫和建设边区的意见和建议,圆满完成党中央的任务。1940年9月,受中共中央派遣,回海南协助冯白驹领导敌后抗日战争,曾任琼崖特委常委、琼崖抗日独立总队副总队长、东区军政委员会主任、琼崖抗日纵队副司令员等。其间带领一支精悍部队到万宁六连岭革命根据地,加强琼东南地区抗日战争的领导;指挥部队自西南而东南向五指山挺进,开辟了白沙根据地,扩大解放区和琼崖革命武装。1946年初,在琼东南地区领导第三支队反击国民党军队的进攻时负伤,康复后又赴琼文地区指挥部队作战,同年冬,离琼经香港赴南京向周恩来汇报海南革命斗争情况,得到中央的肯定。1947年10月,奉命赴越南,训练撤到越南的广东游击队,曾任越南国防部军事顾问。11月,任粤桂滇边部队司令员。1948年8月,任中共桂滇边工委前委书记,其间,率桂滇边部队挺进云南省南部和东南部地区,建立革命根据地。1949年1月,任桂滇黔边纵队司令员。1950年任云南军区副司令员等职。1988年7月,被授予一级红星功勋荣誉章。

庄田性格豪爽、光明磊落。著有《琼岛烽烟》《逐鹿南疆》长篇回忆录及《琼崖纵队史》《桂滇黔边纵队史》等。1992年4月25日在广州因病逝世。

谢志德(1907—1992)

谢志德,原名谢门堂,出生于万宁市龙滚镇岭上园村。就读加积农工职业学校(后改“琼崖仲恺农工学校”)期间,以“同志同德”之意改名“志德”,并加入青年团。毕业后返乡,在扶堤、坡罗地区组织农民协会,不久加入中国共产党。1927年,国民党大肆缉屠共产党人和进步人士,他被列入通缉名单。1929年,受党组织派往新加坡找到了马来亚中共党支部,被安排参加码头工人运动。1930年底,在一次转运货物中被告密,身份暴露后,以当剪草杂工潜伏于荷兰人的家园,数月后,组织派往香港。1931年8月间,经中共广东省委安排,随“港琼线”地下交通员返海南,在停留海口得胜沙路的中民旅店时,因多次联系党组织不果,被国民党便衣盯梢,一行4人同时被捕,谢志德被判15年徒刑,囚禁海口监狱,后转押琼东县(今琼海)塔洋监狱。1939年,抗日战争爆发,谢志德被释出狱,经党组织安排到当年海南党校当教员。1940年至1949年曾任中共美合特区书记、万宁三区宣传委员、区委书记、万宁县支前委员会委员、县委宣传部部长。

海南解放后,在海南监察、劳动、人事等部门工作。后调任海南行署专卖管理局局长、海南铁矿(钢铁公司)工会副主席。1973年离休,享受地专级待遇。1992年因病逝世。

魏宗周(1902—1993)

魏宗周,原名魏家仁,出生于万宁县万城镇裕后村。1919 年就读县立高等小学时,五四运动席卷全国。学校当局抵制新文化运动,引起广大师生的极端不满。1920 年夏,他和刘克正(又名刘执弋,曾任国民党陆军少将)等组织全校同学掀起择师运动,被开除出校,转读北坡高等小学。1922 年,考入广东省第六师范学校(今琼台师范),次年被选为该校学生会主席。1925 年选任琼崖学联理事长。其间,组织学联通电全国揭露邓本殷卖国行径,受邓本殷当局通缉,被迫离开六师,潜回万宁秘密组织青年工作团。是年,孙中山先生逝世,他组织琼崖学联在“五公祠”开展悼念活动;五卅惨案发生后,组织琼崖后援会,抵制日货,封锁琼崖至香港的航线,支援省港工人罢工。1926 年 6 月,加入中国共产党,被委任是时成立的共青团琼崖地方委员会秘书。1927 年被派到万宁县组建共产主义青年团并任县部书记,兼任万城农训所政治教员。上海反革命政变后,魏宗周随同万宁党、团领导干部和农训所全体学员赴六连岭军寮村开展武装斗争。11 月,被选为琼崖特委候补委员、团琼崖特委常委兼秘书。1929 年 6 月受组织派遣往新加坡,任南洋临时委员会秘书。1930 年冬,由于叛徒告密,被捕引渡到香港,转押广州国民党监狱。1937 年被释放回乡,以乡村教师身份为掩护,继续参加地下革命活动。

中华人民共和国成立后,历任万宁县人民政府秘书、教育科科长兼大同中学校长、万宁县副县长。1958 年被划为“右倾分子”,下放万宁中学任副校长兼语文教师。1961 年平反。1962 年被选任万宁县政协常务副主席。1966 年离休。先后编写《万宁县革命历史简编》(初稿)、《红军初建时期游击战回忆史料》、《万宁红军的创建和六连岭根据地的形成》及为《广东青运史》撰写琼崖青年学生运动和共青团的建立发展等一批史料,曾被授予《广东青运史》优秀作者称号。1993 年辞世。

林明华(1933—1994)

林明华,出生于万宁市后安镇攀元村。1935 年,随母亲往马来亚投靠父亲。1949 年,考进吉隆坡尊孔中学。海南解放后,1951 年 2 月,他告别父母返里。越月,进入海南中学初中班为插班生。1952 年 7 月继读海南中学高中班,在校加入了共青团,被选为学生会干部和篮球队长。

高中毕业后,林明华考取武汉水利电力学院本科。1961 年 9 月大学毕业被分配到北京市水利局工作。先后在北京市水利局、水利规划队、水利勘测设计处和水利规划设计研究院等岗位工作,从水利技术员晋升为工程师、高级工程师、高级审核和主任工程师等职务职称。历任北京清河治理工程和拒马河引水工程负责人之一,永定河左堤抗洪工程、沙河闸改建工程、南护城河分洪闸工程、莲花河治理工程等设计负责人,以及永定河护险工程审核工程师、凉水河整治工程设计负责人兼审核工程师、南水北调中线工程进京城段审核工程师。他参加清河治理工程荣获北京第四届优秀设计三等奖,土工织物及混凝土联锁板应用于永定河护险工程荣获北京市水利规划设计研究院科技进步二等奖。曾兼任北京市侨联委员、北京市水利局侨联组长,多次被评为优秀侨务工作者。1993 年被授予“八五计划,十年规划作贡献”的北京市侨联系统先进个人,同年被选为北京市政协第八届委员。

1994 年 3 月 18 日,林明华因病在北京去世。

林烈光(1917—1994)

林烈光,原名林帮经,出生于万宁市后安镇冯村。大革命失败后,由于叔父参加革命,家庭遭受国民党反动派迫害,1929 年父亲带他逃往马来亚。1933 年参加马来亚共产主义青年团。1935 年被英殖民当局逮捕,1937 年 8 月被驱逐出境。回乡后,在村中共党支部的领导下,参加抗日救亡活动,1938 年 4 月加入中国共产党。1939 年先后任万三区、万一区、万二区、保亭区委书记,定安县委常委、组织部长等职。

新中国成立后,林烈光先后调任海南区党委暑期学习团班主任,区党委政策研究室科长,海南工委科长,海南垦殖局干部科科长、人事处副处长、局办公室主任,海南区党委组织部办公室主任兼干部科长,行署人事处副处长。1962 年,调任海南黎族苗族自治州党委组织部副部长兼人事局局长。“文化大革命”期间受极“左”路线的迫害,被迫离职近 10 年。1978 年平反后任自治州民政局局长、路教办副主任、农村部副部长、州党校副校长。1983 年 4 月离休,地专级待遇。1994 年 12 月 24 日去世,终年 77 岁。

吴金铎(1930—1994)

吴金铎,曾用名吴家璇,祖籍福建省南安县,出生于马来亚彭亨州劳武吉公满埠。1949 年在武吉公满埠当矿工,同年 7 月参加马共地下民运工作,运粮食、贴标语、收月捐、剪电线等,后转移到新加坡。1952 年 3 月返马时被英国殖民当局暗探抓捕,关在叻州怡堡集中营,同年 12 月被逐出境,返回祖国。

1953 年 7 月被安置在兴隆香茅厂当职工。有一次蒸汽锅炉烟囱发生堵塞,影响了香茅油加工厂正常生产,他自告奋勇,不顾安危,钻进发烫的烟囱道里清除了障碍物,使烟囱畅通,确保了香茅加工厂生产正常运行,挽回了农场的经济损失,并深受全场广大干部和职工的尊重和赞扬。1955 年被评选为“全国青年建设社会主义积极分子”和“广东省社会主义建设积极分子”,赴北京、广州参加了全国和广东省青年建设社会主义积极分子大会。

1961 年调任兴隆海边渔业工作站党部书记。1963 年他和海边站副主任兼兴隆海边站民兵连长温如风等带领民兵连,配合东澳公社新华大队民兵营长陈蕃良等,抓获了一股在坡头港登陆的台湾美蒋武装特务。而后历任广州军区生产建设兵团 2 师 8 团 5 营营长、兴隆联合厂副厂长、工交科副科长、兴隆华侨农场工会副主席等职。为全国侨联第一、第二、第三、第四届委员。1994 年因病去世,终年 64 岁。

黄康(1909—1995)

黄康,万宁市龙滚镇仁造村人。1931 年受中共党组织派回上海从事党的地下工作。1932 年夏,赴苏联莫斯科国际列宁学院学习。1935 年重返上海搞地下工作。1937 年春转福建省闽西南游击区,历任中共闽西南特委宣传部长、闽西南漳州中心县委组织部长等职。皖南事变后,调任中共广东省委常委、宣传部长。1942 年 5 月,省委遭受破坏,省委书记和组织部长被捕,黄康和其他部门的同志秘密撤往东江游击区,不久奉中央之命重建广东区党委任常委,分管宣传和城市工作。

1945 年日本投降后,黄康奉命回海南传达中央指示并留在海南,先后担任琼崖纵队副政委兼政治部主任、琼崖区党委书记。海南解放后,曾任海南区党委书记兼行署主任、海南军区第一副政委。1951 年初调任华南军区政治部秘书长。1952 年转地方工作,历任粤西区委书记兼粤西行署主任,广东省委委员、组织部副部长、党校党委书记兼校长。1957 年后,党内出现“左”的干扰,黄康多次受到株连,被撤职、开除党籍,“文革”中被扣上“叛徒”“特务”等莫须有的罪名。1979 年广东省委为黄康恢复党籍和职务,此后,曾任广东省委统战部副部长兼省民族事务委员会主任、党组书记、省政协第四、第五届副主席。1985 年离休,1995 年 11 月 20 日在广州去世,享年 86 岁。

陈严克(1922—1995)

陈严克,原名陈兴洲,出生于万宁市龙滚镇文渊村。幼年在本村私塾读书,1937 年 10 月往新加坡,在星洲水电公司做工。1942 年 5 月参加星洲义勇军任班长,不久加入马来亚共产党。1947 年 10 月回家乡参加革命工作,不久加入中国共产党。曾任万三区环龙乡民主政府干事、万宁县民主政府干事、财政科会计,1954 年 9 月到广东省财经训练班学习,结业后任万宁县人民财政科副科长,不久调任长安区公所代理区长。1957 年 7 月后历任万宁县藿香厂厂长、县机械厂厂长、机电厂厂长、县工业局副局长等职。“文革”期间下放“五·七”干校劳动,1972 年 7 月恢复工作,任万宁县农机局副局长、局长。1995 年逝世。

韩健(1916—1995)

韩健,原名韩藻光,万宁市龙滚镇文曲治坡村人。11 岁前往南洋。1931 年秋加入马共青年团组织,而后,被安排在马共雪兰莪州委联络站负责收发文件。1933 年负责学联、青工和反帝大同盟等工作。1939 年 5 月,经马共组织选送回国,原拟赴陕北抗日大学学习,因广州沦陷,交通受阻,经廖承志指示,改由八路军香港办事处转送东江游击大队,编入曾生抗日新编大队特务队。1940 年被任命为中队指导员兼支部书记。1941 年 6 月在东莞县百花洞对日、伪战斗中受伤,左臂骨折(被评为二等甲级伤残军人)。1943 年秋“东江抗日游击纵队”成立，韩健所在的中队和护航大队合并编为“东纵护航独立第四大队”，他任大队政治主任。1944年冬，受命配合曾源同志赴海丰组建“东纵第六支队”，任第六支队第五大队政委。1945年10月中旬，奉命转道香港回海南工作。曾任琼崖纵队第二支队政治部主任、中共定安县委书记、中共琼崖东区地委常委兼宣传部部长、《群众》报社社长。海南解放后，历任海南区党委宣传部理论教育科科长、副部长兼海南师专副校长、海南行署文教处处长。

1964年后历任广东省科学委员会副主任、广东省科委革委会主任、省科技局副主任、省科协副主席、省标准计量局局长、省计量测试学会会长。1983年10月离休，享受副省级待遇。1995年在广州病逝，终年79岁。

陈坚(1917—1996)

原名陈传禄，万宁市龙滚镇福山村人。11岁随胞兄到新加坡谋生。初时在一家冰店当小学徒，白天做工，晚上夜校读书。其间，他加入工人俱乐部，参加为祖国抗日救亡宣传、募捐活动。1937年，抗日战争全面爆发，他决意投身祖国的抗日救亡行列。是年底，毅然离开南洋直赴西安，并乘18集团军西安办事处的汽车到达延安。先进入陕北公学第八大队(后转十三大队)学习。1938年3月，在延安陕北公学加入了中国共产党。同年5月，转入中共中央组织部党员训练班学习并担任组长，9月分配到中共中央警卫教导队(后扩建为大队)任教员兼文书工作。其间，他负责编写油印《生产战线》小报，宣传延安大生产运动，获得李富春的赞扬。

1940年夏，参加会计人员训练班学习并任组长，后在财政经济研究处工作。同年冬，中共中央组织部派他到18集团军重庆办事处工作。皖南事变后，党组织为加强地下工作，他被介绍到伪贸易委员会复兴公司任英文会计，以公司为掩护开展地下经济工作。抗日战争胜利后，1946年春，组织安排他将大量美钞捆绑全身秘密乘飞机回上海，继续在公司担任财会工作。上海解放，负责接管伪中国纺织总公司会计、财务、稽核等处事宜，后调任接管伪银行、联合征信所的军事代表，负责接管工作。成立上海工商调查所后，组织任命他为经理。1954年2月，出任上海市第二轻工业局副局长，局党组成员。1957年，任上海市轻工业局副局长、党组成员。

1957年反右运动和“文化大革命”期间，陈坚蒙冤，下放车间参加劳动，被撤销党内外一切职务。1979年，党组织为其恢复名誉、职务，任命他为上海市轻工业局顾问。1982年，经上海市和中央外贸部批准，奉命带领有关人员赴香港筹建申海股份有限公司(经营船舶用品进出口业务和国内外有关产品的代理业务)，他任董事经理。陈坚勤于笔耕，他的著作和译文颇丰。主编出版了《上海私营工商业概况》(约200万字)、《国际上的技术转让对经济的影响》(译文)、《上海工业的发展方向和改造》、《海南岛的开发和建设》等。1996年8月28日病逝，终年75岁。

郭曼果(1910—1997)

郭曼果,原名郭经俊,出生于万宁市龙滚镇乐内旧村一个中医家庭,父亲郭裕吾早年曾赴东南亚国家行医。1927 年 6 月,加入中国共产党,从事党的秘密工作。同年 12 月 11 日,参加了举世闻名的广州起义。曾任上海江南学校中共支部书记。1940 年回国后,在中共中央社会部上海办事处工作。

新中国成立后,历任上海公安局副处长、副主任、处长,广东省公安厅副厅长、广东省人民检察院检察长、党组书记。“文革”后,出任广东省民政厅厅长、党组书记,广东省委委员,中央公安部华南办事处主任,广东省政府副秘书长,省政府第一办公室主任,广东省人大常委、法制委员会主任,第六届全国政协委员等职。他任省民政厅厅长期间,为了加快全省革命老区村庄建设,1977 年亲临万宁县老区农村蹲点, 深入调查研究, 听取了老区人民的意见,解决老区的实际困难问题,帮助修建海南革命根据地六连岭北麓的上城、和顺、乐内、端熙等老区村庄公路和桥梁。1983 年离休后,享受副省级待遇。离休后仍发挥余热,被任命为国家公安部、国家安全部咨询委员等职。1997 年 1 月 25 日因病于广州去世,享年 87 岁。

曹昭明(1907—1997)

曹昭明, 原名显宣, 号祚汉, 出生于万宁市龙滚镇福塘村。1928 年往印度尼西亚投靠父亲, 在印度尼西亚日惹中华学校补习。1931 年回国进上海暨南大学附中读书,在校被选为学生会执委。1934 年考进北京中国大学政治经济系,1937 年转学广州中山大学政治经济系,1941 年毕业获法学学士学位。同年 10 月任国民政府西南运输处少校政训员, 参加抗日大后方的运输行政工作。1944 年随中国、印度孟拱运务所人员赴印度密支那组建运输站,任人事股长;1945 年回国, 历任云南呈贡美国空军招待所电灯厂厂长、云南盈江设治局代理局长;1948 年返乡任万宁中学教员,1950 年任万宁中学校长;1954 年先后执教于万宁中学、和乐中学、北坡中学、华侨中学;1978 年选任万宁县侨联副主席、海南侨联委员;1980 年始连任龙滚镇侨联第一、第二届主席,第三届名誉主席。曾为万宁县第一届人民代表大会常务委员会委员、副秘书长,万宁县一、二、三、四届政协委员;万宁县中国民主同盟副主委。

任龙滚镇侨联主席期间,发动海外侨胞捐建龙滚镇华侨招待所,1991 年再次发动海外乡亲筹集 20 多万元,在龙滚墟闹市区重建一幢占地面积 229 平方米的二层侨联大楼,设有 3 间经营铺面和 6 间设备齐全的客房,为镇级侨联创出自我发展的新路。1997 年因病去世,享年 90 岁。

许廷良(1915—1997)

许廷良，万宁市和乐镇乐群村人。少年在家乡参加少先队。1934 年往星洲坡谋生并加入星洲坡工会。1938 年春，参加“琼崖华侨回乡服务团”回琼，先在警卫排工作，后入中共琼崖军政学校学习。

1941 年，乐(会)万(宁)县联合抗日民主政府成立，许廷良被派任和乐乡乡长。1945 年基干队改为永胜大队，许廷良负责大队政治工作兼第一中队队长和指导员。1946 年 5 月，国民党 46 军 188 师两个团和地方武装包围六连岭，第一大队和永胜大队在六连岭地区的槟榔园伏击，歼敌 1 个连。此后，永胜大队编入第三总队，许廷良调回乐万县政府工作。曾任和乐、禄圹、南山联合乡乡长、区委宣传部、组织部干事，乐万县第三区委书记。1948 年夏调东区地委组织部任干事。

1950 年 5 月，海南岛解放，东区地委迁入海口，许廷良留在加积搞工委工作。加积镇政府成立后，调任琼东县总工会主席兼县政府劳动科科长。1951 年后历任海南垦殖处人事科长、农垦人事科长、邮电局人事科长、海口邮电局局长、海南邮电局代局长、局党委书记、海南外贸局副局长(正处级)。1976 年离休，1997 年 9 月 24 日因病去世，享年 82 岁。

陈凤槐(1910—1998)

陈凤槐，出生于万宁市龙滚镇多格村。1927 年往新加坡谋生，1931 年回国，同年参加中共地下党工作，1932 年加入中国共产党；1934 年再赴新加坡，曾任新加坡理发工会总务，并加入马来亚共产党；1937 年为南侨筹赈及抗日援后会负责人之一；1945 年历任马共指委会委员、星洲总工会执行委员、琼崖救乡委员会主任。1948 年被英殖民当局驱逐归国，继而参加中共外围工作；1951 年任万宁县工商联委员；1953 年任万宁华侨中学董事；1956 年任万宁县归侨联谊会筹备组负责人；1958 年任琼海县侨联副主席、海南区侨联委员；1959 年任万宁县侨联第一届主席，1960 年任广东省投资公司董事、万宁县华侨投资代办处主任；1962 年为万宁县第一届政协常务委员。1978 年为万宁龙滚镇侨联副主席，享受离休待遇。1998 年去世，享年 88 岁。

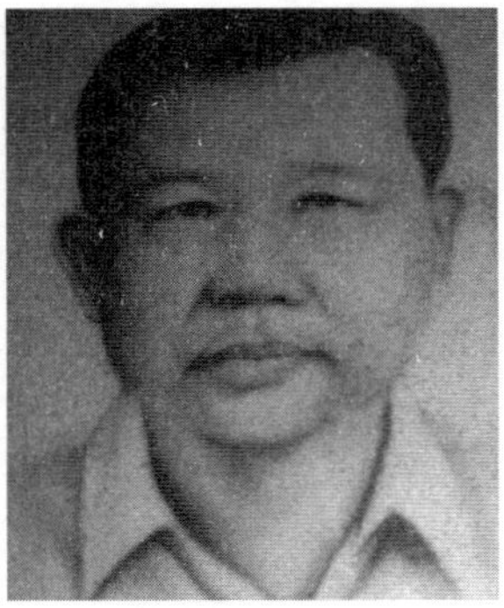

黄会彩(1912—1998)

黄会彩，祖籍万宁市龙滚镇仁造村，出生于印度尼西亚雅加达。童年回乡求学，高小毕业后重返印度尼西亚继续学业。1931 年考取印度尼西亚雅加达国立大学工学科，大学毕业后，进入印度尼西亚政府投资商务公司工作。1942 年日军侵占印度尼西亚，他辞职返里。其间，为贫困乡亲发放救济粮、提供善款，扶助族亲。1944 年初，他从国外引进建筑材料，在自家宅基地上，建起一幢别具南洋风格、蔚为壮观的骑楼，在当地成为美谈。

“二战”结束后，黄会彩重返印度尼西亚，投资创办“友诚汽配城”公司，集汽车、配件销售和修理为一体，公司经营如日中天，逐为印度尼西亚华人商圈的知名企业，1970 年至 1991 年出任印度尼西亚总商会理事。

改革开放以后，他多次往返家乡，慷慨解囊，资助家乡社会公益事业。仅 1988 年至 1994 年累计捐资 22.9 万元和丰田车 1 辆；1994 年投资在龙滚墟建设 16 间商业铺面，以铺面出租所得款充当家乡仁造村公益事业基金。1998 年 6 月，在印度尼西亚雅加达病逝，终年 86 岁。

许启甲(1911—1999)

许启甲，出生于万宁市山根排溪外坡村。童年在故乡青山营国民小学读书。南渡马来西亚初当海员，稍有积蓄后自创饮食业。他秉性慈祥、平易近人，为同行所器重。1946 年被推举为马来西亚槟州厨业公会主席，蝉联此职 26 届直到 1969 年。他热心服务乡梓，凡举乡团之事均积极参与，1948 年偕同数位乡贤发起成立槟榔屿万宁同乡会，为该会创始人之一，1951 年至 1954 年出任该会主席(4 届)，让贤后留任该同乡会总务，1950 年至 1958 年被推选为槟城海南会馆理事及互助部主任。他为人热情、和蔼可亲，处事尽心尽力，颇受敬佩，退休后，仍为同乡社团发挥余热，现任马来西亚万宁同乡会总会顾问、槟榔屿万宁同乡会永远名誉主席。1999 年于马来西亚去世。

杨儒伯(1945—2000)

杨儒伯，祖籍万宁市龙滚镇凤园仁造村。出生于马来亚彭亨文德甲，1949 年随父母移居新加坡，1951 年冬从新加坡归国。1953 年至 1959 年在家乡龙滚村小学读书。1959 年至 1965 年在琼海华侨中学读初中、万宁华侨中学读高中，其间加入中国共产主义青年团。1965 年至 1969 年 9 月在广东暨南大学中文系汉语言文学专业学习。1969 年 10 月至 1970 年 7 月在湖南西湖部队锻炼。1970 年 8 月至 1975 年 1 月在广东三水县中学任教员、副校长。1975 年 2 月至 1988 年在海南行政区教育局历任中小学科副科长、大中专科科长、高(中)等学校招生办公室副主任、中招办主任、职改办主任、师范教育处处长。1988 年至 1993 年 9 月任海南省教育厅师范处处长、中招办主任。1993 年 10 月以后任海南广播电视大学校长。

杨儒伯长期从事教育行政管理工作，先后发表了《市场经济对电大教育的影响及其关系》《加强师德修养，提高队伍素质》等多篇论文，出版《海南师范教育 12 年》《教师道德教育简明教程》《直呼音节训练》等著作、教科书。多次被评为海南省先进教育工作者、先进党务工作者、优秀党员。2000 年 8 月 20 日因病去世，终年 55 岁。

蔡如秋(1919—2001)

蔡如秋,原名蔡美光,出生于泰国。1939年他从报纸上得知陈嘉庚在新加坡招募侨机工回国服务的消息,为了报效祖国,他和同学文永丰专程学习并掌握了汽车驾驶技术。由于当时泰国华侨抗日救国活动不能像新加坡那样公开。于是,他求助当地《华侨日报》主编老丁,弄清了前往昆明的方法和路线,自筹旅费,与文永丰又邀集了郑庆光(郑亚泉)、吴镇初、陈如陵、章文育4位志同道合的青年朋友,于1939年8月3日离开曼谷,途经柬埔寨金边、越南河内,8月15日抵达昆明,被接纳并编入第九批机工服务团参加集训,被誉为“编外南侨机工”。

集训结束后,蔡如秋被分配到越南海防的西南运输处分公司,抢运美国援助的军用物资回西南镇南关。1940年10月,蔡如秋一行奉命调回昆明,编入第9大队27中队,同年西南运输处改为滇缅公路运输局,第9大队与12大队合并编为第15大队,驻扎保山。1941年,蔡如秋又被调往缅甸腊戌西南运输处分公司车队,赴仰光将组装的各类外援汽车驶回国内遮放、芒市一带。1942年,中国远征军入缅作战,但局势并未挽回,仰光沦陷,国民党守桥部队奉命炸断惠通桥。滇缅公路被切断后,南侨机工也被国民政府解散,蔡如秋只得依靠早些时候撤回昆明的旧友接济维持生活。1943年,在朋友的资助下,他到了柳州考取了驾驶执照,并进入捷和钢铁厂开车。不久,日寇进攻湘桂,柳州紧急疏散,他随着人流又流浪到了昆明。1944年,经泰国同埠朋友黄拔如介绍,顶着别人的名字进入川滇公路运输局陆良机场驳运队开车,勉强维持着半饥的生活,直至1945年日本投降。

1946年7月,蔡如秋在昆明侨务局领得200美元的复员费,又变卖衣物等才筹足路费,取道河内,由老挝渡河返回曼谷,与离别多年的父母和兄弟团聚。

中华人民共和国成立之后,1953年,蔡如秋毅然携带全家再次返回汕头,为新中国建设服务。1954年,他响应党的号召,来到了兴隆华侨农场,直至2001年因病去世,为兴隆华侨农场的开发建设奉献自己的一生。

詹立辉(1923—2001)

詹立辉,出生于澄海县信宁乡。19岁时参加了乡里农民的组织“松义馆”。1946年,为躲避当地欺诈村民的恶霸地痞的追杀,在亲友的帮助下,冒充运煤工人混上一艘开往泰国的轮船。初到泰国,当过水果店店员、盐船搬运工。1946年参加曼谷航业工会,同年加入共产党。1947年后,泰国右翼军人发动政变,各行业工会领导和进步人士被警方通缉,工会被迫转入地下活动,建立新的秘密会址。1948年3月,经蔡荣同志介绍加入了中国共产党(侨党)。并受组织派遣,担负工会理事会的维持联络和组织工作,成功组织了一次码头和船务工人的联合罢工。1953年下半年,泰国侨党奉命全员撤回国内。10月,他携家带眷回到家乡澄海待命,1954年初,泰国侨党集中广州参加整党活动。同年5月,被组织安排在北京中侨委行政科任科员。

1958年初,詹立辉奉命陪送“下放干部”到兴隆华侨农场参加劳动,其间,他主动请求留场工作。在兴隆农场历任供销主任、劳资部副部长、供销科科长、管区党总支书记、农场党委副书记、副场长等职务。“四清”运动中，他被指控为“丧失阶级立场”“多吃多占”的“四不清”干部，被判赔3000多元，1972年对该案进行了复审时得于平反。其生平事迹被收入《泰国归侨英魂录》(中国华侨出版社出版)。1983年离休，2001年2月因病于深圳去世。

周全根(1919—2001)

周全根，出生于江苏省太仓市，稍大后，随乡亲往香港当小工，后被当“猪仔”卖往印度尼西亚汶岛锡矿做了3年苦工。1942年日本侵占汶岛，又被日寇抓到苏门答腊巨港做苦工2年。日本投降后，他返回锡矿公司当矿工，为接济家庭生活，他和妻子向当地人学种胡椒技术，开辟了一个胡椒园，凭着辛勤劳作，家庭生活有所改观。

1954年，他变卖所有家产，携全家回到广州，同年7月被安置到兴隆华侨农场30队工作。是年，兴隆华侨农场收到印度尼西亚爱国华侨想方设法空运回的200株胡椒苗，并将其中的一小部分交给30队种植，周全根成为最佳人选。在他的精心呵护下，胡椒种植成功，30队也很快成为胡椒队。其间，农场将胡椒园定为对外开放参观点，多位党和国家领导人以及外宾，曾到胡椒园参观。周全根携全家长年住在胡椒园，被誉为“椒园守望者”。20世纪70年代初，胡椒瘟病在海南大流行，为了战胜这场瘟疫，他带领员工逐株清查，大面积消毒，封堵病毒入侵的渠道，有效地控制了瘟病的漫延，为兴隆华侨农场80年代的胡椒振兴，提供了大量的种苗支持。常有不少单位和学校请他传授技术，而他授课方法是实地边讲边操作，易听易懂，人们都尊他为“胡椒伯”。1964年，周全根被选为第三届全国人民代表大会代表，广东省第四届政协委员。次年6月加入中国共产党。2001年因病在兴隆去世，终年82岁。

李玉雄(1923—2001)

李玉雄，又名异熊，万宁市龙滚镇新市大路园村(龙滚营)人，1936年负笈乐会县简易师范学校就读；1939年赴新加坡。1941年参加华侨文化界战时青年干部训练班。次年加入马来亚共产党，同年参加马来亚人民抗日军第四独立队任宣传委员；1945年日军投降后，出席新民主青年团全马代表大会，当选为青年团柔佛州总团宣传部长兼任古来区英英公学、平民、新青义务学校校长。1948年，随马共部队转入山区坚持斗争，后因马英殖民当局颁布紧急法令，被迫返里。1949年，被聘任龙滚青山营小学校长，其间，带领学生前往六连岭参加庆祝南京解放集会，被国民党以涉共为名逮捕，押囚加积监狱49天，后经保释出狱。是年底，再渡南洋避难。

1950年5月海南岛解放，他毅然回国参加社会主义建设。1952年初与配偶韩月梅在龙滚墟创办新文书店，为龙滚地区提供新文化教育场所。越年，在龙滚小学、龙楼小学、龙滚职工业余学校执教，后调琼海县交通邮电部，万宁县工业部、交委会，海南运输总站、新华书店，龙滚供销社等单位任职。1983年被评为广东省新华书店图书发行先进个人，赴广州参加全省图书发行表彰大会，同年办理退休，1989 年改办离休。离（退）休后，继续参加各项社会活动。为万宁县第六届政协委员，《万宁华侨华人史料专辑》编委会成员，万宁县海外联谊会、海外交流协会一、二届理事，万宁县侨联第三届常务委员，民盟万宁华侨中学负责人，海南省新马联谊会第二、第三、第四届常务理事。1990 年被选为万宁龙滚镇侨联常务副主席兼秘书长，1994 年选任万宁龙滚镇侨联主席，是年，龙滚侨联荣获“全国侨联先进集体”称号。其本人也多次被评为省、市“先进侨务工作者”“归侨、侨眷先进个人”。2001 年 9 月因病去世，享年 79 岁。

杜英（1911—2003）

杜英，原名陈玉奉，曾用名陈羽凤，出生于文昌市公坡定敦村。1920 年前往泰国，在曼谷的泰国人家当童仆。1921 年进入育民华文学校就读。1936 年初，经泰国侨党韩悦梧（文昌人）介绍在十八涌跑马场当洋务工人，并责成他在工人中秘密传阅法国巴黎出版的进步报刊《救国时报》，把跑马场建成地下党和抗日救国活动的一个地下据点。1937 年中国抗日战争爆发后，跑马场工人积极捐款支援祖国抗日，第一批捐款汇往武汉八路军办事处，周恩来亲笔复信赞扬。同年 9 月，他出任泰国曼谷洋务工人抗日后援会主席、曼谷各界工人抗日联合会监督委员会主席、泰国抗日义勇队总队部主席。1938 年加入泰国侨党（共产党）并任泰国共产党工作委员会委员、中共驻泰国总支部局委员等职务。1942 年 12 月 3 日当选为泰共代表参加泰国共产党代表大会。1942 年任《真话报》（地下党报刊）发行人；1945 年至 1948 年任《全民报》（党报）党支部委员。归国后，1953 年至 1962 年在中侨委、中共中央统战部第四处工作。1962 年调兴隆华侨农场财务科协助财务工作。“文革”期间受到冲击，被下放当农场仓库保管员。1983 年 2 月离休，享受处级待遇。2003 年 5 月 14 日去世，享年 92 岁。

梁志宏（1922—2003）

梁志宏，祖籍龙滚镇文渊分界山村，出生于马来亚槟城市。就读新加坡南洋华侨中学时被选为学生会干事。1941 年 7 月邀集同班 7 位同学，从新加坡辗转到达昆明考入中法大学文学院（从北平迁来）。大学期间，担任系学生会主席、大学合唱团团长、昆明华侨同学联合会总干事（主席）兼任《海岛》报主编。1945 年加入中国民主同盟任支部书记，毕业后留校任文学院英文助教。1947 年 8 月赴法国留学。留法期间加入中国共产党，担任“中国文艺工作社”总干事、“巴黎中国学生会”干事、“旅法华侨联合会”机关刊物《侨联》半月刊的编辑。其间，参与发动 1949 年 10 月国民党驻法大使馆 11 名官员起义。1950 年 10 月归国，在中国人民保卫世界和平委员会（又称抗美援朝总会）历任科长、组长、书记处助理书记等，被选为世界和平理事会理事。“文革”前，曾任过党和国家领导人毛泽东、周恩来、刘少奇、宋庆龄、彭德怀、彭真等会见外宾时的翻译；曾陪同宋庆龄、郭沫若、廖承志等党和国家领导人多次出国访问或参加国际会议；接待过意大利社会党总书记南尼、法国共产党副总书记杜克洛、老挝首相苏发努冯亲王、美国黑人领袖罗伯特·威廉等外国元首及代表团。1962 年 7 月,率领翻译工作者和同声传译设备的工程技术人员,赴几内亚首都,负责亚非法律工作者国际会议的英法文同声传译,这是新中国成立以来由中国首次负责国际会议的同声传译工作。1964 年 5 月,再次率队负责在朝鲜平壤举行的亚洲经济会议的同声传译工作。同年 10 月,与李越然共同负责在北京举行科学国际会议翻译处工作。"文革"期间,梁志宏受审查,下放到河南郸城县"五·七"干校劳动。1972 年至 1976 年,调任新成立的北方交通大学分校教务组副组长、学生组组长、党支部书记,培训坦桑尼亚、赞比亚的 200 名留学生,作为我国援建坦赞铁路的管理和工程技术人员。1976 年至 1979 年,调任国家劳动总局外事组副组长。其间翻译了联合国国际劳工组织(IKO)的有关章程和资料,曾被派往伦敦担任联合国政府海事协商会议(IMCO)及各种会议的中、英、法文同声传译工作。1979 年至 1992 年,调任国家计划委员会外事局处长、副局长、国家经委外事局副局长、局长、党支部书记、中国工业经济协会(后改名为中国工业经济联合会)副秘书长兼国际部部长、常务理事、党支部书记等职。其间,曾多次参加以吕东、袁宝华、朱镕基等领导为首的代表团访问北美、欧洲、澳洲、东南亚国家及参加国际会议。

梁志宏曾任国家经委侨联主席,为中国侨联常务委员、中国欧美同学会理事,留法同学会理事、沈阳市人民政府经济顾问、中国社会科学院《世界经济年鉴》编委、中国欧美同学会老龄委员会委员,秦皇岛新技术开发区经济顾问。1992 年 7 月离休,离休后被聘为中国工业经济联合会外事顾问。2003 年 10 月 18 日,因病在北京去世。

谢川周(1922—2003)

谢川周,出生于万宁市龙滚镇凤园大魁文田村。1939 年,为响应南侨总会陈嘉庚主席的号召,争取成为一名回国抗日的南侨机工,他把自己的年龄从 18 岁增改为 20 岁,与胞兄谢森周瞒着伯父和家人报了名,被录为第八批"南侨机工回国服务团",成为最年轻的南侨机工。抵达云南昆明,经过短期集训后,被编入西南运输处第 9 大队 26 中队 32 分队。他驾车往返于芒市、遮放、畹町,后转滇东马龙,行车单程要 7 天。他凭着高超技能,躲过日军飞机狂轰滥炸、塌方、桥断、路毁,沿途瘴疠肆虐、瘟疫流行等车毁人亡的危险,夜以继日地在这条"抗战生命线"上奔波 1 年多后被调往仰光。日军侵占仰光前夕,他奉命撤到八莫,抢运军用物资和运送中国远征军第六军赴缅作战。有一天,谢川周从八莫拉上一车军用物资赶回云南勐汝,途中得知勐汝已沦陷,为了不让军需物资落入敌手,他果断地将汽车连同车上的物资驶坠悬崖,跟随大批难民逃亡,历经 18 天的艰难跋涉,仅靠野菜野果维持生命,终于回到云南腾冲。

抗战胜利后,他应中国驻加尔各答领事馆陈志平总领事招募,驾驶着美国 CMC 卡车回到昆明时,正值国民政府遣散南侨机工,得知哥哥谢森周已领取复员证回马来亚。因为他在芒市成了家,则选择定居芒市。

被遣散、失业后的谢川周为了维持家计,曾帮忙驾驶汽车干临活,摆过小货摊、修理小五金。1960 年被纳入五金小组,经数次变更成为一名集体企业职工。

“文革”时期,谢川周被扣上“国民党的残渣余孽”“里通外国的特务”等莫须有的罪名,受过审查、进过学习班。1972 年撤销审查。1978 年,冤假错案得于平反,他一家人才享受到了改革开放的成果。1985 年,参加党和政府组织的南侨机工观光团赴首都北京参观游览。1986 年,时已 65 岁的谢川周办理退休手续。2003 年 1 月 3 日因病去世,享年 82 岁,五金厂专门为其召开了追悼会。

曾若空(1909—2003)

曾若空,原名曾宪鸿,出生万宁市龙滚镇大格上卿村。刚满 9 岁时叔父便带往新加坡,始当童佣,后为流浪儿被送进孤儿院。1926 年 3 月,进新加坡“养善学校”夜校半工半读,同年下半年,参加中共南委地下党领导的海员赤色工会。1928 年 4 月,加入中国共产党,被派往新加坡铁路站工作。次年 12 月 11 日,为纪念广州起义两周年,在中共南委组织新加坡工人、职员、学生等 4 万多人举行游行示威活动中被捕,1930 年 5 月被驱逐出境。途经澳门时,他找到了中共地下党委书记黎民同志。正当党组织准备送他到莫斯科学习之际,又遭广州国民党当局逮捕,并判 6 年监禁。1937 年 2 月被押回万宁监狱,其母亲求托堂兄花钱赎出监狱后,同年 5 月,曾若空随中共区委书记梁居民及 3 名女红军战士到厦门,参加了闽西南红军游击队张鼎承部任经济副官。1939 年后曾任江南司令部财经科长、代理副官主任、华中党校总务科长、粟裕部一师卫生部总务科长等,其间参加黄桥大决战。1945 年至 1948 年曾调任苏中军区政治部协理员、华东野战军前方卫生部政治处协理员、新成立的两广纵队后勤部副部长等。参加了莱芜战役、孟良崮战役、豫东大包围战、济南战役、淮海战役。1949 年夏调任 15 兵团后勤部供给部长。1950 年参加渡海解放海南岛战斗。

1950 年 5 月海南军区成立,曾若空被任命为第一任后勤部长。1953 年 12 月参加中南军区朝鲜观战团,任分团副团长。1954 年 3 月,主持后勤部正规化学习苏联后勤战略战术训练班。1956 年 7 月调任广东军区后勤部副部长。1958 年 8 月转业,任广东省土地利用局副局长。在历次政治运动中被压制 20 年,直到 1979 年才得到平反,恢复政治待遇。1981 年离休。著有《春草秋叶》诗集。2003 年 12 月病逝。

黄雄忠(1936—2004)

黄雄忠,出生于万宁市和乐镇坡斗村。1946 年随父往马来亚就读吉打州华文学校。高中毕业进入师训班,而后从事华文教师。1961 年,辞去教职,协助父亲襄理咖啡粉厂业务。1982 年 5 月,首次返回故土,主动表露捐资重建家乡小学,获得全家及乡亲父老的高度赞扬和极力支持下。是年孟秋,新校破土动工,至1985 年底,一所占地面积 1 万平方米,教学楼、图书馆、文化长廊、教职工宿舍、球场、运动场等排列井然有序,硬化校道纵横交错,教学设备齐全的初具规模的乡村现代化学校投入使用。他为这所家乡小学的基础设施建设就捐资了 80 多万元，并出捐资购置一批教学仪器和学校设备。1988 年,经万宁市人民政府批准命名为“兴华小学”。此后,他每年返乡两三次,逐年追加资助款项,在完善学校基本设施建设的同时,创立了学校董事会、奖教学基金会。1997 年,万宁市人民政府授予“爱乡赤子”称号。

1988 年后,黄雄忠被推举历任马来西亚雪隆万宁同乡会执委、交际、财政、副主席。2003 年,被推选为雪隆万宁同乡会主席。2004 年 12 月 14 日,在马来西亚因车祸不幸去世。2006 年,被海南省政府追授“爱琼赤子”称号。

许文书(1916—2004)

许文书,出生于万宁市山根镇外坡村。1931 年加入“爱国会”,次年加入马来亚共产党。七七卢沟桥事变后,他改名为许务农,参加公开的爱群体育会、洋业社、新加坡华侨抗日救国后援会和青年抗日救国后援会活动,并与吴勇组织公开合法的群众团体“青年乐心社”,与郭曼果、梁文墀等组织“琼崖励志社”,秘密组织新加坡援助八路军医药委员会,募集 3000 多元叻币汇回祖国。1939 年底,根据马共指示,领导四排坡工友罢工,由于准备不充分,罢工失利后调任马共新加坡洋业界党支部机关宣传委员。1940 年 4 月,许文书和党支部 3 位同志被捕入狱,判刑 1 年,刑满后被驱逐出境。抵达上海时,与中共上海地下党取得联系,被派往江苏省如东县掘港镇新四军一师三旅政治部工作。同年 9 月,加入中国共产党,11 月被任命为如东县掘马北区区队政治指导员。1942 年 2 月,调任如东县丰西区区委委员、区队教导员。在敌强我弱,残酷斗争形势下,他采取“麻雀战”,多次粉碎了敌人的围剿。1946 年至 1949 年曾任华野七纵队司令部、卫生部政治协理员,七纵队司令部教导团组织股长,十一纵队 87 师政治部组织科长、后勤部政委。参加过淮海战役,渡江战役,为解放南京、上海、南昌、武汉、福州等城市,立下了功勋。

1951 年至 1968 年历任福州军区警卫团政委、海军青岛基地海岸观察通讯区政委、海军东海舰队防空兵政治部主任、海军航空兵第四航校政治部主任、海军东海舰队航空兵宁波基地政委、海军东海舰队航空兵上海基地政委。1955 年 9 月,中央军委授予中校军衔,1962 年授予上校军衔,并授予三级独立自由勋章、三级解放勋章、淮海战役勋章、渡江战役勋章。1979 年 12 月离休,副军级干部待遇。1988 年授予二级红星功勋荣誉章。2004 年 1 月 9 日,因病在上海去世,享年 88 岁。

王玉尧(1908—2005)

王玉尧,出生于琼海市中原镇仙寨村,20 世纪 20 年代中期,就读于省立第十三中学。中学年代投身革命。1928 年辗转出洋谋生。后来回国在上海求学,大学毕业后开始从教,而沪而闽,执掌教鞭。1934 年九·一八事变后,在厦门因参加抗日救亡斗争被捕入狱。1935 年,潜往海外,在马来亚华人兴办的益华学校任校长。1946 年,移民印度尼西亚巨港,在华侨学校任校长。曾被推选为巨港琼州会馆主席,巨港的教育工会主席和华侨总会秘书。1953 年被印尼当局驱逐出境。

归国后，1954 年在广州华侨补校任教导员。1959 年下放海南保亭三道农场劳动锻炼。1960 年调回北京中侨委干校，同年被派往海南兴隆农校任教导主任。1962 年至 1966 年被选为万宁县第一届政协委员、常委。“文化大革命”期间，王玉尧深受蒙冤，无端被扣上“内通外国”“白专黑帮”等莫须有的罪名，遭批斗、受审查、关牛棚、进学习班。1970 年被流放到兵团 2 师 12 团当饲养员。党的十一届三中全会以后，获得平反，恢复名誉。1978 年调琼海，历任琼海侨联副主席、琼海政协副主席、广东省六届人大代表、民盟中央委员、民盟海南省委员、民盟琼海县主委、致公党琼海县主委。2005 年 12 月 29 日去世，享年 98 岁。

黄桂春(1946—2005)

黄桂春，谱名黄由文。出生于万宁市万城镇保定村，1957 年由同乡带往马来西亚吉隆坡过嗣于伯父，进入吉隆坡华文学校就读。1962 年伯父病故，中断学业承其遗业，逐而创立南泉贸易公司、美美洗衣中心、龙山影像中心、仕嘉吉隆(马)有限公司等多家企业。1973 年后被推举历任雪隆万宁同乡会青年部副主任、主任、总务、副主席、主席，雪隆海南会馆理事，马来西亚万宁同乡会总会副主席、主席，雪隆咖啡酒餐商公会副主席，八打灵咖啡酒餐商公会总务，吉隆坡孟沙区盂兰盆会主席、名誉主席，增江崇真堂理事，乐圣华文小学董事等职。在任期间，4 次组织马来西亚万宁后裔回乡举办青少年“夏(冬)令营”“寻根之旅”和 万宁建县 1360 周年庆典等活动。万宁遭受“达维”台风和洪涝灾害期间，2 次带领马来西亚万宁同乡会慰问团回乡捐款捐物，资助家乡抗灾救灾。自 1986 年以来，个人先后为万宁市教育基金会、万宁中学、北坡中学、保定小学、保定村村委会等教育、乡村道路建设、扶持贫困、修谱建祠等累计捐款 30 多万元。

1992 年 6 月，与海外同仁在万宁创办海南万隆房地产开发有限公司任董事长兼总经理，投资 1.8 亿元开发建设万隆华侨新城区，是改革开放后万宁第一家外商投资企业。连续 4 次被海南省政府授予“赤子楷模”“爱琼赤子”称号，受到中央、省领导接见。1996 年万宁撤县建市，黄桂春代表万宁海外乡亲在庆祝大会上致辞，接受万宁市政府表彰，被万宁市政府授予“万宁市荣誉市民”称号。黄桂春 2005 年因病医治无效，于三亚市医院去世。

杜考清(1927—2005)

杜考清，祖籍广东省丰顺，出生于马来亚，1942 年 4 月参加马来亚麻坡第三独立大队任通信员。1951 年 2 月被英殖民当局驱逐回国，同年 9 月被安排到万宁兴隆华侨农场工作。曾任兴隆华侨农场中区生产核心组组长、第四区生产主任、兴隆人民公社第一大队长、兴隆华侨农场六管区主任、一区开荒指挥部组长、兴隆华侨农场水利建设工程指挥部组长、兴隆华侨农场五管区主任等职务。1971 年 9 月加入中国共产党。1978 年至 1982 年历任兴隆华侨农场五管区党总支书记、农场生产科长、组织科长；1982 至 1990 年任兴隆华侨农场党委副书记、兴隆华侨农场工会主席等职。曾当选为全国侨联委员，广东省、海南省侨联委员。先后获得省、市、县及兴隆华侨农场授予的“先进工作者”“劳动模范”“优秀侨务工作者”等荣誉称号。

曾昭才(1921—2006)

曾昭才,出生于万宁市龙滚镇分界村,在家乡接受教育。1941年南渡马来西亚,初在峇株巴辖经营咖啡茶室,1950年与其兄昭经合资创办地中海咖啡粉厂。数年后,为谋求更大发展,曾氏兄弟分道创业,昭才独承咖啡粉厂为东主,而后又投资于屋业及种植业,成为马来西亚颇有名望的商界人士。

他为人诚实,热心社会工作。曾任马来西亚万宁同乡会总会主席、南马咖啡粉商公会总务、峇株巴辖海南会馆永久名誉主席、峇属咖啡商公会永久名誉主席、峇株巴辖海南会馆多届主席、马来西亚海南会馆执委、峇株巴辖广东会馆副主席、中华商会财政等职。1959年与其兄长昭经、昭炳及乡贤陈文明、吴鸿惠、卢国川等,发起成立马来西亚柔佛州万宁同乡会,后历任该会多届主席。由于对社会公益事业有较大的贡献,1985年荣获马来西亚柔佛苏丹封赐PIS有功勋章。

曾昭才热心故乡教育公益事业,先后捐助万宁龙滚中、小学校,龙滚侨联招待所及慈善公益事业10万余元。1994年又主持牵头移址重建家乡分界小学,带头捐款12万元,并在海外募集数十万元,学校落成后,万宁县人民政府将该校命名为“分界昭才小学”。2006年10月因病去世,享年86岁。

许革夫(1913—2007)

许革夫,原名许福篆,龙滚镇新寨村人。1937年在大学时加入中国共产党,任大同大学党支部书记,成为上海学生运动的积极参与者和组织者之一。1940年转入解放区,在苏南的苏常太游击区东路特委筹办的干部训练学校任教员,培养干部和革命的青年。1941年在苏中三分区新四军1师1旅政治部主办的《斗争生活》报工作,后任旅司令部秘书和地方青年团团委书记。1944年,在浙西公学(兼党校)任组织科长兼教员。1945年任浙西地委宣传部长。同年10月,到山东大学工作。华东局成立民运部后,调民运部第三科任科长。1949年随张云逸到广西,任广西自治区区委政策研究室主任、省委办公厅主任兼土地改革委员会秘书长。1952年任中共南宁市委书记。1954年任武汉钢铁公司党委副书记(专职)。1958年任武汉水利电力学院党委书记。1964年,任国家副主席董必武政治秘书。1995年离休,享受正部待遇。2007年,因病于北京逝世。

周训堂(1918—2007)

周训堂,原名周经详,出生于文昌市冯坡镇冯家坡村。1939年1月,他辞去教职,随乡亲往泰国谋生。刚到泰国,中日战争爆发,他毅然报名参加泰国“琼崖华侨回乡服务团”,取道香港,经广东西营,分批秘密渡海,抵达琼岛。1940年,周训堂分配在文昌、琼山一带开展抗日宣传活动,任歌剧队副队长,他发挥自己的专长,自编自导自演抗日琼剧,宣传抗日救国思想,动员青年参军参战,保家卫国。同年7月加入中国共产党。

1941年,香港沦陷,琼侨服务团与琼侨总会失联,活动中断。周训堂被琼崖特委派到党校学习,结业后安排在乐(会)万(宁)县乐西区委工作。1942年夏,奉命任万宁一、二联区区委书记,其时正值抗日斗争最残酷阶段,他带领区委一班人,深入敌占区的东澳、北坡、溪边、乌场、港尾、白沙坡等村庄,建立秘密联络站,联络进步民主人士,开展统战工作,建立恢复区、乡民主政权和“民救会”“妇救会”等抗日组织,惩办敌伪汉奸,配合琼崖纵队挫败日寇的“蚕食”和“扫荡”。日本投降后,先后调任乐万县北大新区武装工作队队长,琼崖东区土改工作团书记兼团长,定西特别区区委书记、区长。历任屯昌县委书记;万宁县委书记、县长;海南区党委委员、农村部副部长、林业处处长;海南自治州党委常委、农村部长、副州长;琼中县委书记;海口市委副书记、代市长、市委书记、市人大主任等职。

1987年离休。离休后继续发挥余热。先后获“海口市两个文明建设先进个人”“海南省优秀儿童工作者”“海南省归侨、侨眷先进个人”“全国关心下一代工作先进个人”“全国少年儿童校外教育先进工作者”“中国保护未成年人杰出公民”“全国归侨、侨眷先进个人”等称号。

周训堂于2007年2月26日在海口逝世,享年89岁。

李启新(1910—2007)

李启新,原名文德才,出生于万宁市后安镇安坡村,童年在家乡私塾启蒙,续读后安高等小学毕业。1926年,广东省农会特派员杨树兴在后安地区开展革命活动,李启新受其影响,积极参加农民运动,1927年3月加入中国共产党。曾任万三区共青团支部书记、万宁县团委委员、万三区团委书记、共青团万宁县委常委、县劳动儿童团总部主任、县肃清反革命委员会委员、共青团琼崖特委委员兼万宁县一、二联区团委书记。1929年,李启新任中共万宁县城党特支(总支)书记时,由于他的身份暴露,经党组织批准往新加坡,不久,在新加坡加入马来亚共产党。1933年在马共中央机关工作,曾任马共中央总书记(马共四届、五届之间)。1934年6月被英殖民当局逮捕驱逐出境。经香港至厦门,受中共党组织派往广州执行任务,在汕头被国民党拘捕并押广州,刑讯无果,却以“宣传与国民党三民主义不相容的主义”莫须有罪名,判处10年徒刑。而后,转押万宁县监狱。在监狱里,他和唐光辉、庄家督、李居民、曾宪富、邢国贤、韩锡元等共产党人秘密串连,组织狱友举行长达3天半的绝食斗争,迫使万宁县国民党当局接受了难友提出的7个条件,绝食斗争取得胜利。七七事变后,李启新获释出狱,任中共后安党支部书记。1938 年 2 月,乐(会)万(宁)县委为了抗日斗争的需要,派李启新和林树兰到吴村创办“吴村文化补习学校”任校长,以补习学校为平台宣传抗日,动员群众投身抗日救亡运动,并成立了万三区抗日民众救国会。是年 4 月,调往华南地区从事中共党务工作。1941 年初,在香港又遭囚禁了 4 个月。同年夏, 被派泰国从事革命活动,1946 年 7 月当选为中共旅泰总支局书记。1949 年 5 月回国,任中共中央统战部综合研究组副组长。中华人民共和国成立后,李启新历任中共中央对外联络部司长、中共中央第八办公室主任、中共中央直属机关党委副书记、湖南省委常委兼科教办主任。1978 年调任新华社香港分社副社长。1984 年离休,正部级待遇。2007 年 6 月 9 日在北京病逝,享年 97 岁。在病重期间和逝世后,党和国家领导人表示慰问和哀悼。

刘运兴(1946—2009)

刘运兴,祖籍广东省揭西县龙潭镇玉竹村。1965 年参加广东省中学生游泳比赛,获得男子甲组 100 米蝶泳第一名和 100 米自由泳等二名,被评为国家级游泳健将。是年中学毕业,被聘为兴隆华侨农场业余游泳班教练员。当时游泳设备缺乏,他带领学生上山砍竹子自制简易跳水台,克服各种困难坚持训练。1967 年,兴隆游泳队获得广州军区举办的游泳比赛团体总分第一名。1975 年兴隆业余游泳班更名为兴隆业余体校,至 1982 年,兴隆游泳代表队连续 4 年获海南区游泳比赛团体总分第一名。是年,刘运兴晋升为国家二级教练。1999 年,兴隆游泳队参加海南省游泳比赛,其中 6 人获得第一名;10 人获得第二名;16 人获得第三名。兴隆业余体校曾为国家队、解放军队及上级体校和体育队输送了 52 名运动员,其中进入国家队有 3 人,8 次参加国际比赛,曾获游泳、射箭、赛艇等项目金牌 11 枚,银牌 3 枚。刘运兴曾被评为“华侨农场先进工作者”“精神文明建设活动积极分子”“业余体校优秀教练员”,被国家体委授予“先进工作者”;国务院侨务办、中国侨联授予“全国优秀归侨侨眷知识分子”;中国侨联授予“先进工作者”,全国总工会授予“全国职工体育先进个人”等称号。为海南省第一、第二、第三届政协委员。2009 年 1 月 13 日因病去世,终年 64 岁。

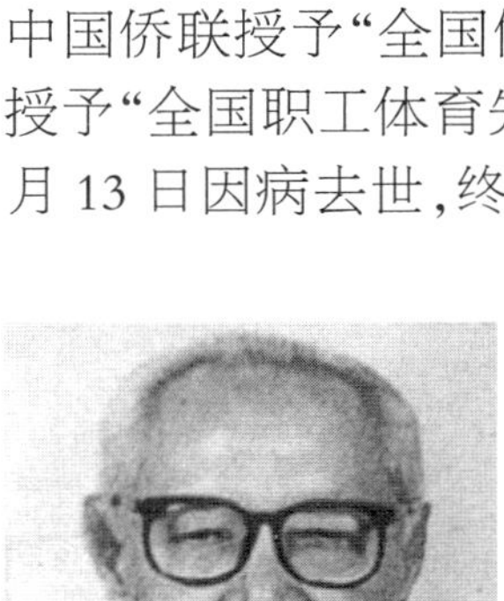

谢门熙(1918—2010)

谢门熙,新加坡估价师与估算师学院首位院士(HFSISV),英国伦敦皇家特许估价学院会员,被誉为世界第一位亚洲籍特许估价师、远东估价师之父。

他出生于万宁市龙滚镇后坡村。1935 年初,随家迁居新加坡。1936 年, 他申请函授英国伦敦估价师学院课程。 1940 年以优异成绩通过所有科目的考试, 荣获该学院特许估价师资格,被吸收为该学院会员,成为世界上第一位亚洲籍特许估价师。

1949 年谢门熙为戴维斯·隆顿与谢(东方)公司(原估价师事务馆)的合伙人,他才华超群,屡有建树,深受公司器重。1956 年接受高级合伙人总管职务，总揽所有业务长达19年之久，使该公司以1936年总人数不及10人扩展为世界第一流的估价师事务公司，业务遍及全球，在20个国家设办事处。

1962年，他出任英国皇家特许估价师学院新加坡分院主席，此后，创办了新加坡估价师学院，尔后该学院扩大为新加坡估价师与估算师学院。1972年担任英联邦新(加坡)马(来西亚)太平洋区估价师与土地经济协会理事与教育委员会成员；担任新加坡女童军协会建筑计划顾问及财产信托人多年；20世纪70年代末，被提名协助新加坡设计学院会长和英国法律专家草拟新加坡建筑合同新法令，该法令于1980年公布，1982年新加坡估价师学院推选他为首位名誉院士。1967年至1968年在会长不允许外籍人担任的情况下，他破格被选为马来西亚估价师学会会长。

他对桑梓满怀深情，先后慷慨捐助家乡龙滚侨联招待所、万宁市华侨中学、龙滚华侨医院、主持并亲自设计重建龙滚宝树小学等，累计为家乡文教卫生公益事业捐款20余万元。1996年万宁撤县设市庆典活动，谢门熙携全家为庆典活动捐款12万元。谢门熙、邢定颜夫妇荣获万宁市人民政府授予“爱乡模范”称号；其儿女谢组明、谢组安、谢组梅、谢怡金分别被万宁市人民政府授予“爱乡赤子”称号。

谢章农(1920—2011)

谢章农，原名谢锦善，生于万宁市龙滚镇青山园村。1934年，随母亲往新加坡投奔父亲。1939年，“南洋华侨总会”陈嘉庚主席招募机工服务团回国抗日，其时他仅19岁，又不懂驾车修车，不符招募条件，为了争取回国参加抗日，他拿出自己积蓄的40元，学会了开车。他是家里的独苗，为瞒过父母，在报名时，将自己的名字改为谢章农，年龄多报了1岁。谢章农被录取为第九批“南洋华侨机工回国服务团”。

1939年8月14日，谢章农和第九批全体机工，告别亲人，踏上报效祖国的征途。抵达昆明，经过短期集训后，谢章农被分配到第9大队，不久第9大队并入16大队。惠通桥被炸断以后，南侨机工被国民政府解散。失业后的谢章农依靠保山的一些朋友帮忙打零活糊口。1943年6月，谢章农考入“滇西战时训练团”(该团的团长由蒋介石兼任，教育长是宋希濂)。学习1年结业后，被分配到国民党陆军暂编汽车团辎重兵连当排长，后又调陆军野战重炮第10团。抗日战争胜利后，他不愿留在战斗部队打内战，通过海南老乡帮忙，调到兵工厂的警卫大队三中队二分队任职。1949年11月，他随军起义，被编入中国人民解放军队伍。1950年被送往中国人民解放军军政大学云南分校学习，同年12月毕业。归队后复员，回乡后当上了大队民兵连长。1956年，他被调入国营新中农场当汽车司机。1961年，经场部批准，携全家回乡务农。

1995年始，他除了享受万宁市政府每月定额生活补贴外，同时还享受着国务院发给南侨机工的生活补贴。改革开放以来，全国侨联、国务院侨办及省市相关部门领导，年年亲临慰问，万宁市侨联、侨办筹集资金，为谢章农改建房屋，改善其居住环境。

2011年6月6日，谢章农因病去世，享年91岁。

张小兀(1921—2011)

张小兀,谱名张光裕,出生于海口市琼山区三江梅坡村(今属国营三江农场)。1939 年到泰国谋生,先后在咖啡店、面包店和西果店当杂工,而后,在日本人办的牛皮厂、造船厂、冻房厂当工人时,参加反日秘密活动。1942 年任泰国抗日义勇队副队长。1944 年调任别动队特别党支部(侨党)委员,主要任务是铲除汉奸和对付国民党反动特务。1946 年担任“民盟”泰国支部机关《民主新闻》报社保卫工作。回国后被安排在中央侨务委员会工作。1958 年 2 月下放到兴隆华侨农场锻炼,3 月任兴隆华侨农场第 8 管区书记;同年12 月担任兴隆华侨农场保卫科科长;1959 年兼任农场公安分局局长和兴隆温泉招待所所长。其间,曾参加接待和保卫到兴隆华侨农场视察的多位党和国家领导人,以及越南劳动党总书记胡志明等国外政要。而后被选任兴隆华侨农场工会主席。在“文革”中受到冲击,平反后办理离休,享受副处级待遇。2011 年逝世,享年 90 岁。

杜澄波(1918—2012)

杜澄波,祖籍广东省澄海县涂城乡,出生于越南堤岸。1941 年,响应“南洋华侨总会”主席陈嘉庚号召,参加“三宝垄中华救护队”,准备回国赴抗战前线,因日军海上封锁严密,未能成行。1942 年,日寇侵占印度尼西亚,杜澄波往婆罗洲避难,是年 10 月,返三宝垄完婚,稍后与朋友合资创办“澄记商行”为掩护,继续开展抗日活动。1945 年日本投降后,受印度尼西亚中华总会委托,与原华校校长张晓明等负责开展救济安置难侨工作,并先后参与组织印度尼西亚中华教育协会,任总务主任;成立三宝垄华侨职工会(后与中华劳动会合并),任首届主席;创建潮州同乡会、潮州公会,当选副主席。1948 年 5 月,被荷印殖民情报局疑为共产党员逮捕入狱,押禁达 35 天。

1949 年 6 月,杜澄波把妻儿留在印度尼西亚,取道香港,随同南洋各地集中香港的爱国青年一起抵达北平,被安排进入中央统战部青训班学习。1949 年 10 月 1 日,他与青训班学员在天安门广场参加开国大典。1951 年 4 月青训班毕业,被派到中央对外联络部工作,次年 10 月调中央统战部工作。

“四清”运动期间,他无端被扣上“盗窃国家资源、投机倒把和贪污”莫须有的罪名,受到降两级工资和退赔处分。1978 年 12 月 9 日,海南区党委和万宁县委在兴隆华侨农场召开大会,为兴隆四大假案以及受迫害者平反昭雪。 1981 年 1 月,兴隆华侨农场恢复杜澄波职务及工资待遇,同时任命为兴隆华侨农场青年突击大队副大队长。1982 年 12 月,调任兴建沉香湾水库和发电站工程指挥部负责物资的采购供应工作。1984 初,受农场委派组建果菜公司,任公司经理。次年 11 月离休,享受处级待遇。1999 年他发起筹建兴隆华侨农场印度尼西亚侨友会,被选为首任会长。侨友会换届后被聘为永久创始会长。2012 年 3 月 21 日,病逝于兴隆华侨农场,终年 94 岁。

王伍(1926—2012)

王伍,原名王文锦,出生于万宁市龙滚镇文渊村。1945 年加入了马来亚共产党,同年 8 月任星洲新民主主义青年团一分团第一队队长,分团合并后兼任星洲小坡区团部理事。1949 年 2 月,遭英殖民当局逮捕,3 个月后被驱逐出境。回乡后,他辗转找到了万宁南面岭解放区根据地,参加了乡民主政府工作,任环龙乡干事,9 月,被送县政府行政学习班学习,结业后,派任琼崖纵队万宁县先征队文化教员(后编入保安营)。1949 年 12 月,转任万宁县政府录事。其时,国民党 131 旅一个班意图寻找人民政府投降,因当地干部不懂普通话,无法交流,乡政府派王伍去劝降沟通,促成了这个班顺利起义。1950 年 3 月,他被派任渡海解放军 189 师黄海荣师长的翻译,随其师参加解放榆林和三亚的战役。

海南解放后,历任万宁县委政工宣传队队长、北坡区政府财粮助理、万宁县人民委员会副科长、科长、万宁县卫生局局长;1962 年,加入中国共产党。1972 年下放五七干校。1979 年 9 月调任县侨务办公室副主任;1983 年 7 月任县侨联主席,为海南区侨联常委、广东省侨联委员。1984 年 7 月离休,享受处级待遇。离休后,参加筹建并被选任万宁县老干部协会副主任兼秘书长。2004 年 4 月获"海南省老年人体协开拓者"称号。2012 年因病去世,享年 86 岁。

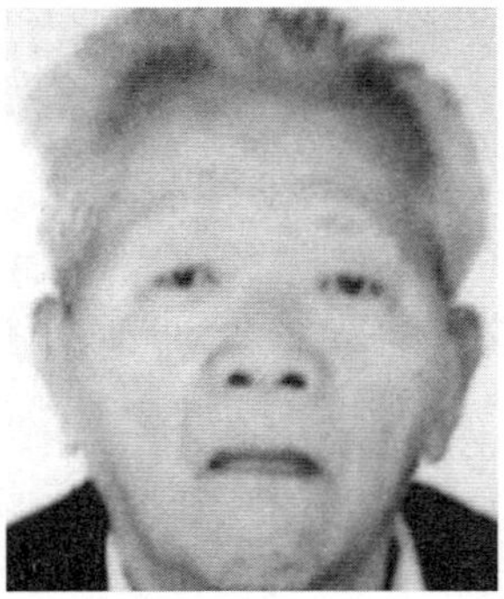

郭远世(1926—2012)

郭远世,出生于万宁市龙滚镇排园村。童年在家乡上小学。日本投降后,赴越南西贡投靠父亲及胞兄。1951 年涉足餐饮业,而后经营酒楼,逐渐扩大投资百货商行和创建服装厂。1974 年,越南时局动荡,举家迁居香港,先后创办新广南、马华、马运和马来尼亚等 4 家餐厅。

郭远世乐观淳朴,对桑梓一往情深,在香港琼籍同胞中享有较高的声望,2008 年香港万宁同乡会正式成立,他被推举为荣誉会长。1980 年至 2001 年,他牵头发动旅港万宁同胞,分别向万宁县侨联侨办、万宁华侨中学、龙滚派出所各捐赠丰田小汽车 1 辆和一批办公设备;1980 年偕同夫人捐助家乡排园小学 6.26 万元;1988 年,赞助龙滚华侨医院、龙滚侨联招待所、龙滚文曲小学、排园村委会及修建祠堂等公益慈善事业共计 13.5 万元;为琼海嘉积中学、琼海华侨中学、琼海华侨医院等捐资 10 多元。1981 年万宁华侨中学恢复董事会,他被推荐为名誉董事长;1984 年至 2005 被聘为万宁市侨联海外顾问;1997 年 2 月, 万宁市人民政府授予"爱乡赤子"称号。2012 年于香港去世,享年 86 岁。

顾兴光(1939—2012)

顾兴光,笔名梦彤、云匡、无为等,祖籍万宁市万城镇白沙坡村。出生于马来西亚马六甲。父亲早年在故乡参加革命,为避难辗转抵马来亚当木帆船船员。1939 年初,在海上遭日本军舰炮击遇难。顾兴光为遗腹子,靠母亲和叔父抚育。小学毕业后,以优异的成绩考上中学。因家庭经济拮据,辍学务工并加入了马来亚劳工党。1958 年刚满 19 岁,被选为马来亚劳工党中央委员。1960 年以高票当选为马六甲市议员，出任马六甲政府水务局主席，小贩咨询局主席，公共工程局、卫生局、人事局及财政局等常务委员。1964 年任满后再度以高票当选为马六甲市议会主席。1969 年 5 月退出政坛从事新闻业，先后出任马来西亚《新闻日报》董事总经理、《星洲日报》执行董事、《华商报》总编辑、中文《亚洲周刊》杂志马来西亚总经销；曾任一家跨国塑料工业工厂首席执行董事、立成有限公司董事长、马来西亚琼州会馆联合会执行委员、马六甲琼州会馆执行委员兼文教部主任等。

顾兴光 2012 年 4 月在马来西亚因病去世。

冯清明(1931—2015)

冯清明，祖籍万宁市龙滚镇文渊村，出生于新加坡。1956 年加入中国共产党，1958 年往广东教育学院学习，结业后被派任万宁北坡中学教师、教导主任。1970 年至 1981 年历任万宁县东澳中学校长、教育局副局长兼任万宁中学校长、万宁华侨中学校长。

1984 年，被选任县侨联主席。其间，带领侨联全体干部深入基层了解侨情，参与有关部门开展平反冤假错案；落实侨房、归侨、侨眷知识分子政策等拨乱反正工作。先后开展 4 次全县侨情普查，建立、填补了万宁侨情档案的空白。在职期间，被选为万宁县政协委员、海外联谊会副会长、海外交流协会副会长，海南省侨联第一届委员、常委等职。曾组团访问香港，出访新加坡和马来西亚；配合县政府邀请海外侨胞回乡参加“万宁建县庆典大会”“万宁嘉年华会”；邀请海外侨胞观光团到万宁考察、寻根问祖；帮助侨乡和归侨侨眷利用侨资办企业；协助侨乡接受海外侨胞捐款兴办教育及公益事业等，多次被评为海南侨联先进工作者。1995 年，冯清明退休时曾以“卅一载苦心育桃李，十二年精心做侨务”概括他的一生工作经历。2015 年因病去世，享年 84 岁。

黄名光(1938—2016)

黄名光，祖籍万宁市万城镇保定村。曾留学日本，1964 年获日本国立东京水产大学理学士学位，毕业后在该大学攻读经营学。曾任日本大企业高级职员、大企业董事主席，新加坡政府经济发展局、贸易发展局高级官员，1969 年至 1974 年在新加坡驻日本大使馆管辖经济事务；1988 年为新加坡共和国驻中华人民共和国首席商务代表(大使级)，兼任新加坡贸易发展局亚洲局长。精通中、英、日等 6 种国家语言，曾在日本、新加坡及美国发表过有关亚洲经济合作的论文，系新加坡留日大学毕业生协会创始人之一及前任会长、新加坡日本学会会长，经常被邀请赴日本等国出席国际会议。新加坡和中国建交后，他出任新加坡驻中国大使馆馆长。1991 年，随新加坡贸易与工业部兼交通部政务部长马宝山率领的新加坡政府代表团和工商代表团来海南访问，受到海南省人民政府和海南人民的热烈欢迎。2016 年因病在新加坡去世。

蒋金汉(1942—2016)

蒋金汉,生于印度尼西亚。生父是驻印度尼西亚的荷兰军官,生母为印度尼西亚人。日军攻占印度尼西亚后,父母将其送给邻居——福建人蒋安生夫妇抚养,取名蒋金汉。他没有中国血统,却会说中国话。1961年,印度尼西亚排华,蒋金汉回归养父祖国,被安置于兴隆华侨农场。曾在兴隆农校读书,而后养过猪、当过厨师、开过汽车和拖拉机。

1985年,蒋金汉被调进兴隆公安分局当干警,因工作出色,被提升为兴隆公安分局巡逻队队长。1995年6月被中华人民共和国公安部授予"全国保卫系统先进个人"光荣称号,荣立三等功,赴京参加全国公安保卫战线立功集体、英雄模范表彰大会,受到党和国家领导人的接见。翌年加入中国共产党。他先后带队抓获盗窃光缆、贩毒等重大犯罪分子,受到省、市公安部门的高度赞扬。1999年10月1日,受国务院侨办邀请,蒋金汉作为海南省归侨、公安系统唯一代表,赴京参加了中华人民共和国成立50周年盛典观礼。是年被公安部授予"保卫系统先进个人",海南省公安厅授予三等功奖章,评为万宁市"公安系统先进个人""十佳民警"。2000年5月1日,国务院授予"全国劳动模范"光荣称号。

蒋金汉不仅是警察,还是演员,曾演过《海外赤子》中的外国水手、《十天十夜》中的国王、《中国维和警察》中的美国维和代表、《郑和下西洋》中婆罗洲国王和埃及军事顾问,他扮演的荧屏角色,获得了观众的认可,成了兴隆人心目中的"大明星"。

章沙红(1925—2017)

章沙红,笔名啸宇,祖籍福建省龙岩县,出生于马来西亚沙捞越,在马来西亚华校接受教育。1950年4月归国,初被安排在广州民主改革工作队,后派兴隆华侨农场工作。1953年至1955年任兴隆农场古村区咖啡队队长、青年突击队指导员、第七管区主任。1959年调任兴隆农场业余文工团团长,其间,坚持"写侨、演侨、唱侨"的办团宗旨,带领文工团自编、自导、自演以农场现实生活为题材的相声、快板、话剧、歌剧,舞蹈等。他所创作的《太阳河之歌》《春天来到太阳河畔》等歌曲,在广东省农垦系统职工文艺汇演中获优秀奖,同时也被兴隆华侨农场职工广为传唱。1978年章沙红调任农场办公室副主任,同年被选任万宁县政协副主席。

20世纪80年代,章沙红调到广州工作。1982年任中国致公党广东省委员会办公室秘书长。1999年退休。他笔耕不辍,曾用世界语写诗、写歌词,翻译艾青的短诗并在广东省世界语协会的刊物上发表,与广州美院仆任合作以华侨英勇抗日为题材的电视连续剧《海盗刀疤华》。曾出版散文集《太阳河之歌》。2017年去世。

吴世才(1942—2018)

吴世才,祖籍万宁市龙滚镇坡罗加尧村。20 世纪 90 年代初,辞去金融界工作,创办高雅国际美容集团,业务不仅遍布马来西亚各地,而且在世界各国建立了数十家美容护理治疗院,成为颇有经济实力的美容行业精英。

吴世才热心各种社会活动,曾任马来西亚万宁同乡会总会主席、雪隆万宁同乡会主席,马来西亚华人姓氏联谊总会副会长、马来西亚乐龄总会署理总会长、吉隆坡侨南华文小学副董事长、中国海南大学理事会海外理事等职务,荣获马来西亚拿督勋衔。近 20 年间,他先后 10 多次组织马来西亚各种代表团、探亲团、寻根团、青少年夏(冬)令营回乡寻根问祖,开展联谊交流活动。他桑梓情浓,对故乡社会慈善公益事业慷慨解囊,被万宁市政府授予"爱乡赤子"称号。

谢门钦(1918—2018)

谢门钦,曾用名谢门炳,出生于万宁市龙滚镇乐内青山园村,1931 年随乡亲往星洲坡谋生,干过零活,当过店员,而后在洋轮上任海员。1939 年定居美国三藩市,倾其积蓄在旧金山经营餐饮业。奉龄退休后投身社区公益慈善事业,先后赞助三藩市东华医院重建和三藩市青年会活动经费。1983 年,与旅美同乡冯维仁、吴延寿、廖家福等人发起成立"美国北加州海南同乡会",他被选任财政。1985 年会长病故,该会由于资金短缺等原因一度中止了活动。1991 年,谢门钦与何和书、潘田、陈文岳等人再次发起组织同乡会筹备委员会,是年 11 月 7 日办妥注册,恢复了美国北加州海南同乡会,何和书当选会长,他任财政。2015 年,为推动同乡会购买新会所,他带头捐款 53 万美元,同年 7 月 26 日同乡会举行乔迁典礼,他再次捐款 52 万美元充实同乡会教育基金。谢门钦膝下无儿女,夫人邓月清 2007 年因病离世,耄耋之年的谢门钦全身心投入社团活动,被同乡会委任为永远名誉会长。至 2015 年,他累计捐资已逾 115 万美元。

谢门钦对家乡一往情深。1983 年会同新加坡谢门熙、谢乙龙,马来西亚谢明经等同乡捐助重建家乡"宝树小学"。1985 年,专程返乡参加宝树小学落成典礼时,他再次捐赠一批教学设备。2006 年又赞助文昌务明小学扩建学校及图书馆。2015 年,他被全美华裔精品刊物《美国名人录》录入珍藏版。2018 年 6 月 15 日逝于美国,享年 101 岁。

朱鸿养(1912—不详)

朱鸿养,出生于祖籍万宁市万城镇月塘村。12 岁随乡亲南渡,卜居马来亚马六甲。1943 年创设琼南发咖啡店于马六甲东佳纳街 227 号,系日治时代拥有执照的少数咖啡店经营者之一。朱鸿养自 1964 年始担任马六甲咖啡商行重要职务,马六甲咖啡商行的发展史与他的缔造精神是分不开的。

朱鸿养为马六甲资深的社会工作者,他亮节高风,德高望重,令人敬仰。曾历任马六甲琼州会馆多届财政、马六甲万宁社主席、马六甲咖啡商行多届主席,他善于理财,素抱服务社会宗旨,为马六甲琼州会馆、万宁社及马六甲咖啡商行出钱出力,任劳任怨,深获社会敬重。因服务社会有功,1975 年荣膺马六甲州元首封赐 PBM 勋衔。

第二章 人物录表

（以表彰先后为序）

第一节 先进集体

（国家侨务系统授予者）

全国侨务系统先进评比活动每五年一次，并在五年一届全国归侨侨眷代表大会上进行表彰。

万宁县龙滚镇归国华侨联合会

1994 年被中国侨联授予“全国侨联先进集体”

万宁市龙滚镇人民政府

1999 年被国侨办、中国侨联授予“全国侨务工作先进集体”

兴隆华侨农场展览馆

2001 年被中国侨联授为“爱国主义教育基地”

兴隆热带花园

2002 年被中国侨联授为“科教兴国示范基地”

2014 年获评“全国休闲农业与乡村旅游示范点”

兴隆华侨农场归国华侨联合会

2004 年被中国侨联授予“中国侨联工作先进集体”

2009 年被中国侨联授予“全国侨联系统先进基层组织”

万宁市归国华侨联合会

2013 年被中国侨联授予“全国侨联系统先进组织”

第二节　省政府表彰人物录

（以表彰先后为序）

郑文泰　出生于印度尼西亚，祖籍福建。1960 年归国在北京求学，1964 年当知青到兴隆华侨农场参加农场建设，后赴香港等地大学深造建筑和酒店管理。1992 年，放弃对殷实家业的继承，独自投资 1 亿多元，在兴隆创建兴隆热带花园，任董事长兼总经理。园内共有植物品种 4000 多个，其中珍稀、濒危植物 65 种，被国家确认为四大环境生态示范教育基地之一和物种基因库，并作为国家向“全球环境 500 佳”推荐的评选项目。先后获得中国政府颁发的“友谊奖”、中国侨联、国务院侨办“全国归侨侨眷先进个人”等数十项嘉奖。1992 年至2006 年连续 3 次被海南省人民政府授予“赤子楷模”“爱琼赤子”“赤子模范”称号，2013 年 12 月，获评中国“侨界杰出（十佳）人物”。

祝清坤　祖籍万宁市后安镇松塘坑村，11 岁南渡马来西亚槟城，为马来西亚著名侨领、商界巨擘。曾任马来西亚广东会馆联合会会长、马来西亚海南会馆联合会会长、槟州中华总商会会长、槟州华人大会堂主席、槟榔屿广东暨汀州会馆会长、槟城琼州会馆主席、槟城南华医院主席、槟屿广福宫主席、马来西亚中华工商联合会副会长、马来西亚万宁同乡会总会主席、槟城万宁同乡会主席、槟威金融贷款公会主席、槟城益群俱乐部主席等，先后获得马来西亚 PPM、PJK、KMN、DSPN 勋衔。1992 年捐巨资重建家乡小学被万宁市政府命名为“清坤小学”，至 2018 年累计为学校及慈善公益事业捐款 300 多万元。1992 年至 2006 年连续四次被海南省政府授予“爱琼赤子”称号。万宁市政府授予“特等荣誉市民”。

李城燕　祖籍万宁市龙滚镇龙滚村，1939 年下南洋。新加坡侨领、企业家。曾任新加坡海南会馆第一副主席、新加坡钟表业公会名誉会长、琼州天后宫财政理事、琼崖李氏公会副主席、育英中学董事等。累计捐赠家乡慈善公益事业 30 多万元。1992 年被海南省人民政府授予“爱琼赤子”称号。

黄桂春 祖籍万宁市万城镇保定村。曾任马来西亚万宁同乡会总会主席，雪隆海南会馆理事，雪隆万宁同乡会主席，雪隆咖啡酒餐商公会副主席、八打灵咖啡酒餐商公会总务，吉隆坡孟沙区盂胜会主席、名誉主席，增江崇真堂理事、乐圣华文小学董事，1992年与海外乡亲合资创建海南万隆房地产开发有限公司任董事长兼总经理，投资1.8亿元在万宁开发建设万隆华侨新街和在海南创办企业，累计捐赠家乡慈善公益事业40多万元。1993年、1994年、1998年分别4次获得海南省政府授予“赤子楷模”“爱琼赤子”称号。

卓训熙 中国台湾企业人士。1993年投资创建海南川裕农业开发公司任总经理，同年投资200万元在万宁万城镇兴建万州东山羊餐馆。1993年被海南省政府授予“赤子楷模”称号。

卓伟 万宁市东澳镇人，1977年定居香港，改医从商。海南建省办特区后，回琼独资在琼海创办南华皮革厂。1993年在万宁东星工业开发区置地兴建海南东华鞋厂。曾捐助琼海华侨敬老院、琼海华侨图书馆、加积中学，琼海长山园小学、琼海市政建设；万宁中学、家乡小学等。1993年和1994年被海南省政府授予“爱琼赤子”“赤子楷模”称号。

陈台神 出生于中国台湾，祖籍万宁市礼纪镇第一坡村。1992年辞去台湾公职，投资万宁创办“日月湾台湾度假村”，任董事长兼总经理，为台商投资万宁的先行者之一。而后又创办基地，引进台湾高山咖啡、淡水龙虾等新品种在万宁种植和繁殖。1993年被海南省政府授予“爱琼赤子”、1998年被海南省政府授予“杰出台商”称号。

许禄谦 万宁市龙滚镇新寨村人。1978年迁居香港，1998年在香港创立丽隆有限公司任董事总经理。1990年，投资100万美元在海南合资创办海丽丝织厂，1993年再斥资1000万元独资经营化纤厂任董事长兼总经理，为海南首家生产化纤布料的工厂。累计为家乡社会公益慈善事业捐款10多万元。1994年被海南省政府授予“赤子楷模”称号。

梁源居 出生于马来亚，祖籍万宁市龙滚镇凤尾村，在马来西亚大学毕业后，负笈英国剑桥大学攻读博士学位，学成返马来西亚工作。数年后，移居澳大利亚。1992 年首次返里寻祖探亲，主动为家乡小学、村庄美化及社会慈善公益事业捐款累计 20 万元。1994 年，被海南省政府授予“爱琼赤子”称号。

韩春梅 新加坡大方表行董事长、新加坡海南会馆副主席李城燕遗孀。其夫生前曾获海南省政府授予“爱琼赤子”称号，先生去世后，她继承夫愿，继续为家乡公益慈善事业慷慨解囊，仅为万宁撤县设市庆典活动捐款 20 万元。1998 年被海南省政府授予“爱琼赤子”称号。

潘大川 中国台湾企业人士。1995 年在万宁投资创建大兴农业开发有限公司任总经理。次年投资 100 多万元在万宁灯火岭种植 300 亩世界名贵花卉，创建万宁第一家花卉种植园。1998 年被海南省政府授予“杰出台商”称号。

任良广 出生于万宁市万城镇永福街，1982 年移居香港。为香港万宁同乡会创会会长，旅港海南同乡会名誉会长，海南省政协委员，黄河国际集团控股有限公司董事长，全国工商联家具装饰业商会、广东省家具行业协会、深圳市家具行业协会、中国国际商会东莞家具行业商会副会长，东莞市凤岗外商投资企业协会主席。任香港万宁同乡会会长期间，捐资 60 多万元为租赁会所和会务活动经费。他以其父名设立“任贞禄香港慈善基金会”，连续数年捐资在海南开展白内障复明手术、捐赠残疾人轮椅等，自 1999 年至今为家乡文化教育、村庄建设、扶贫帮困等社会慈善公益事业累计捐款捐物折合人民币 400 多万元。2006 年被海南省政府授予“赤子模范”和“赤子楷模”称号。

朱德明 出生于兴隆华侨农场，父母为马来西亚难侨。1981年辞去兴隆农场工作定居香港。1999年返兴隆合资创建“亚洲风情园”，2003年独资创建“港隆酒店”任董事长兼总经理。2006年被海南省政府授予“赤子楷模”称号。2014年投资200万元建设“兴隆侨庄羽毛球馆”被挂牌为“海南省羽毛球培训基地”。现为万宁市政协委员、常委，兴隆侨庄羽毛球馆董事长兼总经理。

黄雄忠 祖籍万宁市和乐镇坡斗村。1946年随父赴马来西亚，师训班毕业后从事华文教师。1961年，辞去教职帮助父亲襄理业务。曾任马来西亚雪隆万宁同乡会副主席、主席，万宁同乡会总会署理主席，雪隆咖啡茶餐商公会、马来西亚茶叶商公会、雪隆茶叶咖啡粉制造厂商公会等社团要职。1982年至1987年他个人捐资80多万元，发动直系亲属捐资40多万元共计110万元重建家乡小学。1988年，经万宁市人民政府批准以其父（兴华）命名为“兴华小学”。2006年被海南省政府授予“爱琼赤子”称号。

李嘉伟 出生于万宁市万城镇保定村，1983年定居香港，1987年投资家乡，与乡亲合创万宁县第十五选钛厂，1989年，与香港同乡黄胜雄合资在广东东莞创办锦辉企业发展公司、锦兴纸业有限公司，锦辉海产品贸易批发公司，1992年，与马来西亚黄桂春等乡亲合资创办海南万隆房地产开发有限公司，投资在万城置地兴建万隆、华侨两条商业新街，成为万宁第一个侨港投资企业。为香港万宁同乡会第一、第二、第三届副会长。累计捐助家乡文教卫生、村庄建设、济困扶危等公益事业20多万元。2006年被海南省政府授予“爱琼赤子”称号。

曾庆彪 祖籍万宁市礼纪镇，香港同胞。1994年投资810万元在万城兴建万宁二月花酒店。1995年投资300万元创办“海南钻茂超声波工程有限公司”落户万宁，生产超声波振荡清洗设备。2006年被海南省政府授予“赤子楷模”称号。

第三节 市政府表彰个人

万宁市特等荣誉市民

祝清坤 韩春梅(女) 任良广

万宁市荣誉市民

李嘉伟 郑文泰 黄桂春 潘大川 许清直 卓训熙 上西康青 青山康夫

爱乡模范

谢门熙、邢定颜(女)

爱乡赤子

谢组明 谢组安 谢组梅(女) 谢怡金(女) 李琼洋 符圣任 文清海 文进益 吴世才 许禄谦 王永雄 谢一龙 钟健光 黄敦礼 李琼兰 王 琨 梁崑生 刘运添 陈训才 黄雄忠 朱运吉 陈华茂 李耀平 王利华 郭远世 冯锦飞 蔡业民 冯俊新 陈启云 陈光荣

第四节 先进个人

(国家侨务系统表彰)

姓 名	工作单位	表彰年份	荣誉称号	授予部门
苏启忠	万宁医院	1984	全国归侨侨眷先进工作者	国务院侨办
黄顾华	兴隆农场	1984	全国华侨企业科技先进工作者	国务院侨办
戴利市	兴隆农场	1994	为实现“八·五”计划和十年规划做贡献活动先进个人	中国侨联
刘运兴	兴隆农场	1989	全国优秀归侨侨眷知识分子	中国侨联
		1994	全国归侨侨眷先进工作者	
陈瑞英	兴隆农场	1994	全国归侨侨眷先进个人	国务院侨办、中国侨联
刘秀琼	兴隆农场	1994	全国优秀归侨侨眷知识分子	中国侨联
苏 斌	万宁侨联	1994	为实现“八·五”计划和十年规划做贡献活动先进个人	中国侨联
		1999	全国侨务工作先进个人	国务院侨办、中国侨联
		2004	全国归侨侨眷先进个人	
	万宁外事侨办	2009	全国归侨侨眷先进个人	

续表

姓　名	工作单位	表彰年份	荣誉称号	授予部门
黄炳松	兴隆农场	1999	全国归侨侨眷先进个人	国务院侨办、中国侨联
郑文泰	热带花园	2004	全国归侨侨眷先进个人	国务院侨办、中国侨联
		2009	全国归侨侨眷先进个人	
		2013	中国侨界杰出人物	
梁森奎	兴隆农场	2004	全国归侨侨眷先进个人	国务院侨办、中国侨联
曾　良	二月花公司	2004	全国归侨侨眷先进个人	国务院侨办、中国侨联
冯　炜	兴隆农场	2004	全国社区侨务工作先进个人	国侨办
		2009	全国归侨侨眷先进个人	国务院侨办、中国侨联
陈德福	兴隆农场	2004	中国侨联工作先进个人	中国侨联
祝忠学	后安镇	2009	全国归侨侨眷先进个人	国务院侨办、中国侨联
黄业超	龙滚侨联	2009	全国归侨侨眷先进个人	国务院侨办、中国侨联
杜燕生	兴隆农场	2009	全国侨联系统先进个人	中国侨联
卢裕浪	万宁侨联	2009	全国归侨侨眷先进个人	中国侨联
		2013	全国侨联系统先进个人	国务院侨办、中国侨联
黄　辉	万宁侨联	2013	全国归侨侨眷先进个人	国务院侨办、中国侨联
曾石花	兴隆农场	2013	全国归侨侨眷先进个人	国务院侨办、中国侨联
冯学燕	万宁侨联	2018	全国归侨侨眷先进个人	国务院侨办、中国侨联
黄日平	兴隆农场	2018	全国归侨侨眷先进个人	国务院侨办、中国侨联
黄海生	兴隆企业	2018	全国归侨侨眷先进个人	国务院侨办、中国侨联
陈 霖	万宁侨联	2018	全国侨联系统先进个人	中国侨联
冯标新	龙滚镇	2018	全国归侨侨眷先进个	中国侨联

参考文献

1.《世界华侨华人词典》,周南京,北京大学出版社1993年
2.《华人华侨百科全书》,周南京,中国华侨出版社1998-2002年
3.《东南亚历史词典》,姚楠,上海辞书出版社1998年
4.《华侨史概事》,巫乐华,中国华侨出版社1994年
5.《华人英才》,冯子平,香港东西文化事业公司1998年
6.《华侨华人研究》丛刊,中国华侨出版社2008年
7.《华侨华人历史研究》,中国华侨历史学会2011年
8.《侨务工作概论》,中国致公出版社2007年
9.《侨务工作指南》,华商出版社2008年
10.《华侨与海南社会发展》,张朔人、于苏光,海南出版社2008年
11.《南侨回忆录》,陈嘉庚,中国华侨出版社2014年
12.《南侨机工档案史料选编》,中国华侨出版社2009年
13.《南侨机工英名录》,杨国贤、姚盈丽,21世纪出版社2015年
14.《狮城纪实》,朱逸辉,南海出版公司1992年
15.《万宁乡情人物》,朱逸辉,东方文化事业公司1996年
16.《万宁县志》,南海出版公司1994年
17.《康熙万州志》,[清]李琰纂修,陈智勇点校,南海出版社2004年
18.《道光万州志》,[清]胡端书总修,王若点校,海南出版社2004年
19.《海南岛志》,总纂陈铭枢,上海神州国光社出版发行1933年
20.《海南省志》,海南省地方志办公室编纂,南方出版社出版发行1996年
21.《新加坡琼州会馆135周年纪念特刊》
22.《马来西亚海南会馆联合会60周年纪念特刊》《会刊》
23.《麻坡琼崖东路同乡会》特刊
24.《槟城琼州会馆》特刊
25.《马来西亚万宁同乡会总会》纪念刊
26.《马六甲万宁社》《雪隆万宁同乡会》《槟城万宁同乡会》
27.《柔佛州万宁同乡会》等同乡会会刊、特刊
28.《兴隆华侨农场专辑》,吴淑香,海南出版社2011年
29.《万宁年鉴》
30.《万宁设市纪念册》
31.《故乡梦》苏斌、卢裕浪主编,中国华侨出版社2016年
32.《桑梓情》苏斌、卢裕浪主编,中国华侨出版社2018年
33.万宁市外事侨务办档案资料
34.万宁市归国华侨联合会档案资料

附录一 大事记

唐

唐太宗（李世民）贞观五年（631），折崖州增置琼州，折平昌县立万安县，隶属于琼州。万宁建县自此开始。

龙朔二年（661）改万安县为万安州，领万安、陵水、富云、博辽四县。州治设于今大茂镇旧州村。筑土城，遗址尚存。

天宝元年（742）改万安州为万全郡，属岭南道。县改为万全县。

唐玄宗天宝七年（748）冬十一月，唐高僧鉴真应日僧之邀。偕日僧荣浚、普照等东渡日本，于海中遇台风，被漂流至海南岛南端的振州宁远河口。由该州别驾冯崇债自备甲兵八百余人从本岛东部陆路护送北上崖州（治所在今琼山区境内）。唐代日本真人元开著的《唐大和上东征传》记载："经四十余日至万安州。州大首领冯若芳请往其家，三日供养。若芳每年常劫波斯舶二、三艘，取物为已货。"

《万宁县志》："唐代，大首领兼大奴隶主冯若芳，常在海上抢掠商船，劫夺波斯船只及其货物、奴婢，并且趁机与波斯、阿拉伯商人交往，一时货物堆积如山，财源充足。继而转输入西域、南海及广州。其时，万安州同外界贸易大门打开了。"

贞元元年（785）万全郡更名万安郡。县也改为万安县。

五代十国期间（907—960）万安地属南汉，复名万安州，废富云、博辽，仅领万安、陵水二县。

宋

宋大观年间（1107—1110），万安军治迁于后朗水口（今万城镇的城内）。

南宋咸淳年间（1265—1275），海盗陈明甫、陈公发以崖州为基地，肆行于闽广及南洋一带，劫掠商旅，抢夺民财，"岁掠数百人入外番交易"。"万安常受其劫。"这些被掠卖到外番的人，便成为居留南洋一带的华侨。

绍兴七年（1137）废万安军置万宁县，以军使任知县，隶于琼。

元

至元十六年（1279）正月，元朝为剿除南宋残余臣民，讨安南，诏发江淮、江西、湖广、云南及海外四州（指海南岛的琼州、崖州、儋州、万州）派兵南征，得黎兵五千。由于水土不服等诸多原因，南征失败。这些征讨的元军官兵，散居于南洋各地，其中的琼籍官兵，也成为移民，居留南洋。

大德元年（1297）于城东重建州学殿堂（州学为宋代徐应鉴始建，后被毁）。

明

洪武二十二年(1389)因海寇常犯境,万州所拥3艘战船巡逻沿海一线,在南港、莲岐、莲塘、大塘、乌场、新谭、杨调、陵水等八处设烽堠,有2名军人昼夜执勤,发现海寇,便放烟报警。

永乐六年(1408),苏森(万州人)戌子科举人,特授交趾快利主簿,字文笏。

永乐十一年(1413)二月,百户尹敬等追击海寇至大洲岛海面,船沉人没。

成化十年(1474)大兴土木,建社学,万州除州学外,二厢(即县南和县北)建社学六间。此后万州学风日盛。

弘治七年(1494),海南分司掌印指挥张诩为防御海寇犯境,撤万州百户所的南头、牛塘二堡,设莲塘、乌石二堡。

正德七年(1512)冬,万州全州降雪。这是万州有史以来第一次降雪。

嘉靖十七年(1538),海贼登陆新潭村抢掠,并掳走男女17人,吏目姚汝励和所千户周昂追到独州岛夺回。

万历三十三年(1605)五月二十八日夜大地震,地裂,涌出水沙数尺。

清

顺治八年(1651),海寇从潭门登陆入境,率千余人攻入万城,郡中差官及健步20余人被杀,郡招数百人与海寇大动干戈,州民深受兵祸之苦。

顺治十三年(1656),严洋禁,凡海船无号票文引及私制二桅以上大船往外洋贸易者,俱置重刑。

康熙十年(1671),申严洋禁,广东福建禁止出海。

康熙十八年(1679)冬季,知州李炎召集绅士商定,着手编纂修《万州志》,为本县第一部付梓的《万州志》。

康熙二十三年(1684)二月,准开洋禁,许各海港口贸易。是年,琼州帆船队首航暹罗。而后常年航行于暹罗、星洲坡、琼州之间,从事驳载(运输业),年往返四五个航次。

康熙五十四年(1715),琼州出远洋的帆船队,发展到排水量300担以上的三桅船只。并在航道途经的西贡、芽庄、堤岸建有12个停泊点。每年乘船出洋经商、谋生的琼州乡民有1000多人。

康熙五十六年(1717),朝廷申严洋禁,商船不许私往南洋贸易,有沦潜外国之人,督抚大吏行知外国,令解回正法。康熙五十六年以前出洋之人,准其载回原籍。

雍正十二年(1734),琼州每年乘帆船出洋谋生者不下3000人。

乾隆三年(1738),增设龙滚司巡检。

乾隆十年(1745)七月,万州刮强台风,番人商船被风浪毁没,东澳、港北等海岸漂上许多货物和尸体。台风后瘟疫流行,全州牛死殆尽,农民苦不堪言。

乾隆十六年(1751),万州春夏大旱,瘟疫流行,伤人无数。

乾隆二十九年(1764)十月,番人商船毁于港北,70余人幸存,所载铝砖沉入海底。知州廖佑龄雇人捞起上报。

乾隆三十六年(1771)春,潮州商人建会馆于朝阳街。馆现尚存。

乾隆五十四年(1789)春,大饥荒,农民饿死甚多。

乾隆五十五年(1790)秋和五十八年(1793)六月,海寇先后两次劫掠万陵市,官兵每次都追赶不及。

嘉庆四年(1799)五月,疍户方世建、方维富奉牌招安,洋匪郑一、布泽友等率众来万州投诚。

嘉庆五年(1800)五月,洋匪布泽敬率布香长、周亚五、黄亚灶等驾船进港来万州衙投诚。

嘉庆八年(1803)四月,洋匪高尚志率众30余人进港来万州衙投诚。“万州与南洋之交通渐见旺盛。万州人出洋见多。”

道光三年(1823)九月至道光四年八月,从琼州“渡者以万计”。由于琼籍华侨逐年增加,便逐渐在南洋华侨社会中形成“琼州帮”群体。

道光四年(1824),新加坡沦为英国殖民地后,有大批琼侨作为劳工抵达星、马,散居各地。许多地区发起组织“琼州会所”(早期称“公所”)。

道光五年(1825),海南岛始有船直航星洲坡。

道光五年至十年(1825—1830)间,海南岛航行与暹罗贸易之船只,皆泊于昆仑岛。此间出洋人数俱增……暹罗湾诸岛,海南人侨居不少。交趾之金矿、银矿、铁矿,皆中国人经营,矿工2万至3万人,多为海南岛人、福建人及江南人。

道光二十年(1840),鸦片战争爆发。琼州人开始了“契约华工”(即猪仔)的历史。

道光三十年(1850),万州著名艺人庆兰香(庆寿兰)率领“琼顺班”抵星洲坡并创立“星洲剧社”。

咸丰二年(1852),反清组织“三合会”秘密成立。

咸丰七年(1857),新加坡琼州会馆正式成立,在新加坡的万州人纷纷加入琼州会馆。

咸丰九年(1859),清政府解除“禁止去海外的禁令”,海口辟为通商口岸,琼州门户敞开。因生活所迫,大批万宁人随亲伴友,乘搭木帆船,漂洋过海,到东南亚一带谋生。

同治八年(1869),马六甲琼州会馆、太平琼州会馆相继成立。

光绪元年至二十三年(1875—1897),仅通过客运出洋的琼人就有244,700多人(琼·海关)。

光绪十四年至十六年(1888—1890),马六甲的“海南赊单华工有1万多人”(琼·海关)。

光绪二十八年至宣统三年(1902—1911),据琼州海关调查统计:经海关登记前往东南亚各国的海南人有166,010人。

光绪三十一年(1905),由海南帆船载“猪仔”华工数十人到新加坡,“猪仔”们不肯登岸。“猪仔头”林亚八即请荷(兰)兵在船上枪毙十余人。验看完毕的“猪仔”,则分发八港营工,有由陆路行进者,有由船载者,每人给予米菜自负,沿途之惨状不堪言矣。及将至境,或偶染疾病,不能行走,而荷(兰)兵仍鞭之挞之,无人过问(《海南华侨志》)。

是年,朝廷颁布废除科举、创办学堂。万州高等学堂、戎庙高等学堂、曲冲宏文高等学堂和礼纪云兴高等学堂相继建立。高等学堂的创办均获海外华侨和乡绅的赞助。

是年四月底,反清组织三点会首领、琼剧著名武旦郑洪明(归侨)在黄竹塘村附近的鸡衣岭召集会员数百人举行武装起义,攻入万州城。后因寡不敌众,起义失败,首领郑洪明(郑鸿鸣)、黄家清、黄家熙等被杀。

宣统元年(1909)春,旅泰华侨林文英奉孙中山之命,返回海南组织成立"琼崖同盟会支部"。万宁学生刘中悟加入同盟会。

同年五月上旬,由绅士韩瑞光(治坡村)、陈宝山(岭下村)、谢明刚(文渊村)、陈日精(碰头村)等及海外华侨发起捐资5000多光洋,在龙滚河下游兴建的文曲拦河防潮工程正式动工,七月中旬竣工。使世代深受咸潮危害的文曲、治坡、河头、文渊、岭下、上坡、官仓、文朗、福山、大祯、大锣、多格、乐礼等村庄的农田受益,当年秋季水稻获丰收。

宣统二年(1910),琼崖同盟会支部公开举起反清大旗,发动和领导了以学生为主力的武装起义。起义军兵分两路,进攻府城,以图逼清廷琼州代道台范云梯交出政权。但终因敌众我寡,力量悬殊,军械弹药不足,起义失败。

宣统三年(1911),就读于琼崖中学的万宁桥仔村青年学生刘中悟,受同盟会琼崖支部派遣,会同刘信初、郑振春等在万、陵地区发展新会员,成立同盟会陵水支部。并组织"人民起义军",后参加陈侠农领导的"琼崖讨袁军",陈继虞领导的"琼州民军"(也称讨龙军),与割据海南的军阀作战。

民国

民国元年(1912)1月中旬(农历辛亥12月),海匪率80人从乌场港登陆,进扰万城。因防范严密,后海匪从乌场港退走。

民国三年(1914)万县改为万宁县。

是年,泰国、新加坡、马六甲等地的琼籍华侨,在海外成立联络站,发动组织爱国侨胞募捐,支援琼崖讨袁(世凯)军。万籍华侨纷纷加入募捐活动。

同年,琼东"石壁琼安公司"成立。由华侨引进,试植南洋咖啡苗。试植成功后,开始繁育苗扩大种植。从此,咖啡种植逐渐普及全岛。

民国六年(1917)9月27日,龙济光派兵复克万城。仅当7天县长的王日新逃往南洋。

民国八年(1919)5月16日至17日,县立高等小学和侨乡龙滚、和乐、后安、北坡、礼纪等地区的学校师生在万城集会声援北京的"五四"运动。会后列队上街游行示威。17日,清查、销毁日货。

民国十一年(1922),据《近年英属马来籍华侨居地列表调查》,琼人之在南洋群岛侨居的人数为:1921年,海峡殖民地28,455人,1922年,25,109人;马来联邦1921年为22,553人,1922年增至23,853人。

民国十三年(1924)4月,乐会县一位华侨在万宁南桥地区的六甲投资种植2000多株橡胶。开创万宁种植橡胶的历史。

民国十五年(1926)1月下旬,广州农民运动讲习所学员、早期共产党员、归侨杨树兴以广东省农民协会特派员的身份,随同国民革命军第四军渡琼,宣传革命思想,组织农民运动。

3月,中共万宁县支部在万城建立。中旬,"万宁县农民协会筹备处"成立,归侨杨树兴、谢育才分别为正副主任。

6月,龙滚、和乐先后建立中共党支部。泰国归侨陈克邱和刘兴汉分别担任书记。

6月6日,中共万宁县委在六连岭的加荣村召开全县工农兵代表大会,成立万宁县

苏维埃政府，选举新加坡归侨杨树兴为主席，林茂亚为副主席、韩托夫为秘书长

9 月，万宁县学子朱桢华负笈京都，投考国立北京大学、国立清华大学、国立北京师范大学和天津南开大学俱被录取，乃就学北大。朱桢华后赴马来亚任中文学校教师、校长，华校教师协会主席，为马来西亚雪兰莪(现雪隆)万宁同乡会创始人、首任主席并连任 11 届。

民国十六年(1927)国民党实行“清党”，万宁民众，为逃避政治迫害，出洋人数激增。他们大多冬至以后，搭乘木帆船，沿琼州西海岸线南下，借助东北风，经印度支那海岸航行，大约 20 昼夜内，到达新加坡或泰国。是年，琼州出洋人数达 48,744 人，大部分是文昌、琼海、万宁人。

是年，第一艘汽轮“范德·卜佩伦”号，首航海口—新加坡，此后，这艘汽轮不定期航行于海口—新加坡—西贡—曼谷之间。“万宁龙滚、后安、北坡等地的华侨眷属始乘汽轮往南洋。”

民国十七年(1928)2 月 4 日，徐成章奉命率领东路军 3 个营 9 个连在北上途中围攻龙滚分界民团据点，被流弹穿过颈部，次日牺牲。时年 36 岁。

是年，6 月 6 日，中共万宁县委在六连岭的加荣村召开全县工农兵代表大会，成立万宁县苏维埃政府，选举杨树兴为主席，林茂亚为副主席，韩托夫为秘书长。

民国十八年(1929)“琼属与南洋各埠”，琼崖民众往安南、新加坡、暹罗营生者不下 10 万人(《海南省华侨志》)。

民国二十二年(1933)11 月，星洲召开各埠琼侨社团代表联席会议。出席会议者有新加坡、柔佛、安顺、吉隆坡、槟城、芙蓉、峇株巴辖等琼州会馆的 11 个华侨社团代表。会议决定，在新加坡组织成立南洋琼州总会。是年，马来亚琼州会馆联合会成立。

民国二十四年(1935)初夏，曾任中共万宁县常委的文德才从马来亚解送回穗后押回万宁县监狱，当时被关在县监狱的共产党有 300 多人，其中绝大多数是县区党政军的骨干。

民国二十六年(1937)12 月，万宁县国民政府奉命无条件释放全部政治犯。被监禁在万宁县监狱里的中共党员归侨干部文德才、唐光辉等及 160 人全部出狱。

民国二十七年(1938)夏，香港琼籍同胞响应宋庆龄领导的《保卫中国同盟》的号召，发起组织了“琼崖抗日救护队”(后改称为“琼崖华侨回乡服务团”)，因在香港成立，故称“香港团”。最早参加的有冯敬文(龙滚)、朱明等。

是年 10 月，“南洋华侨赈济祖国难民总会”(简称南洋总会)在新加坡成立。

民国二十八年(1939)2 月，日机接连二次轰炸侨乡万城周村 、和乐、保定以及龙滚的分界等村庄。

4 月 16 日，“琼崖华侨回乡团香港团”首批成员 32 人，从香港经广州湾的硇洲岛，乘帆船潜渡回琼参加抗战。该团有冯敬文等 6 名万宁人。

6 月，“琼崖华侨回乡团星洲团”潜渡回琼参加冯白驹领导的琼崖独立大队，该团有许廷良等 8 名万宁人。他们深入琼崖抗日根据地，宣传抗日救国，发动群众参军参战，救护伤病员，为人民群众送医送药。

8 月 16 至 18 日，日军从港北登录占领和乐当夜进乐群村，围杀村里男女老幼 150 多人。

10 月 14 日，日军围剿侨乡龙滚镇的乐礼、多格、大罗等村庄，在三钦岭燕鸟洞杀死无辜民众 400 多人。

是年，韩光等人发起组织“援冯(白驹)委员会”。同年，暹罗、印度尼西亚和香港等国家和地区，先后成立抗日救亡团体，并募捐大批物资和款项，支援家乡抗战。

是年，万宁人出境最多，约15,000多人。

民国二十九年(1940)11月28日，日军以不插日国旗为由，深夜包围东澳丰丁村，杀死村民42人，杀伤3人，次晨路过东澳洋，又开枪打死东澳村民8人。

民国三十一年(1942)，日军在东澳、礼纪、兴隆、南桥、袁水、后安、中兴、和乐、龙滚赠设“维持分会”，鱼肉人民。

民国三十二年(1943)8月1日，日机多架次对六连岭的加索，加荣，田丽、上城、丁古、六连等村庄进行疯狂轰炸。日伪军近1000人同时向六连岭抗日根据地扫荡，并在全县各地建起碉堡据点47个，对抗日根据地进行“蚕食”。

民国三十五年(1946)4月1日，海口侨务局从云南省回海口市正式复业。主管侨民出入国登记、发证等。

民国三十六年(1947)7月1日，撤销中共乐万县委，乐会、万宁县民主政府同时成立，新加坡归侨冯敬文任万宁县委书记，林和平任县民主政府县长。

是年，万宁侨眷携儿带女出洋寻夫团圆者众。据《东南亚华侨》一书记载：1947年调查，马来亚每1000名琼籍华侨中，就有554人是女性，是当时华侨妇女聚居最多的地区。

民国三十七年(1948)11月7日，中共万宁县委成立支前委员会，发动青年参军参战。全县共有1300多人参军奔赴前线。

中华人民共和国

1949年

10月中旬，中共万宁县委、县人民政府在中败市(今中兴市)隆重举行“庆祝中华人民共和国成立暨广州解放大会”。全县各界人士和人民群众12,000多人参加大会。

10月，海南“华侨企业社”在琼山县府城成立。并在《民国日报》上公布《归侨及港澳同胞入境的暂行办法》。

1950年

4月至6月上旬，海南岛与新加坡、泰国两地通航中断，侨汇断绝。

5月20日，海南军事管制委员会代表接管原国民党海口侨务局。

6月1日，海南区军政委员会华侨事务委员会成立。海南侨务初步规定了工作任务：(一)有重点地在各县建立侨务机构，促进华侨汇款，组织侨眷参加生产救灾；(二)接待安置归侨难侨；(三)调查华侨在国内的土地情况，辅导华侨回国投资与为归侨、难侨参加生产建设创造条件。

12月27日，“海南区军政委员会侨务局”成立。万宁县在民政科下设侨务股，管理侨务工作。

12月，政务院决定在海口市设立“海南归国华侨服务所”和“归国华侨接待站”。要求根据“热情接待，妥善安置”的方针，负责做好归侨、难侨的安置工作。

1951年

3月，“归国难侨处理委员会办事处海南分处”成立，陈平为主任。

上半年，万宁成立中苏友好协会，会员5万多名。万宁县委书记、泰国归侨周训堂任会长。同时给会员颁发会章。

9月3日至10日，海南分别接送难侨709人到5个橡胶垦殖区安置。其中南桥垦殖区安置99人。

10月13日，马来亚第一批归难侨由广东省委派员带领分三次共765名抵达兴隆，万宁县委主要负责人参与安置工作。而后成立归难侨互助组。

10月25日至27日，海南侨务局在海口召开侨务扩大会议，出席会议的有海南归侨联谊会和文昌、琼东、乐会、万宁、琼山、定安等县侨务机构负责人、归侨代表共31人。

1952年

9月1日，兴隆华侨集体农庄成立。报名参加农庄的归侨、难侨1200多人，占当时安置在场归、难侨总人数的90%。

1953年

5月，兴隆华侨集体农庄召开庄员代表大会，成立了“集体农庄临时理事会、常务理事会”，实行民主管理，建立了组织领导机构，健全生产责任制。至年底，加入农庄的归难侨增加到1856人。

9月底，“归国难侨处理委员会海南分处”撤销。接待，转送，安置归侨、难侨的工作由海南行政公署侨务局负责。

9月，海南遭受强台风袭击，广东省侨委拨给兴隆1.01亿元、万宁县3000万元(旧币，1元为1万元)。

11月26日，暹罗、马来西亚归侨难侨1100多人抵达海口，其中万宁籍286人。海南侨务局牵头各相关市县和单位组成“各界接待归侨难侨委员会”，分工负责，做好接待安置工作。

1954年

9月26日至30日，海南区第一次侨务工作会议召开。要求保护侨汇的所有权和使用权。万宁县统战部门负责人参加会议。

1955年

2月中旬，海南区第二次侨务工作会议召开。传达、贯彻中共中央华南分局关于提前改变侨户地主富农成分和争取侨汇的政策、妥善安置归难侨就业等。

3月1日，万宁县政府召开侨务工作会议，贯彻海南侨务工作会议精神，争取归侨华侨积极支援祖国社会主义建设。

1956年

2月1日，经中侨委批准兴隆华侨集体农庄改制为“国营兴隆华侨农场”。是年，兴隆华侨农场第一次上缴利润14万元，场员年平均收入增长28%。

5月5日，华侨投资公司海南分公司筹备委员会在海口召开第一次股东代表会议，万宁陈凤槐、李琼辉参加会议。

6月，新加坡归侨陈凤槐、李琼辉、莫骄，马来西亚归侨李学泰等发起成立万宁县归侨联谊会筹备组，由陈凤槐主持筹备工作。

1957年

1月22日，朱德委员长视察兴隆华侨农场。

6月，海南区归国华侨联合会筹备委员会成立，陈凤槐参加会议。

1958年

4月10日至14日，海南侨务局、广东省侨联海南办事处在兴隆（华侨农场）联合召开海南区首次归侨、侨眷建设社会主义积极分子代表大会。出席大会代表135人，列席代表48人，特邀代表11人。大会表彰兴隆人民公社等13个先进单位和归侨、侨眷、归侨学生积极分子122人。中共海南区委员会书记林树兰、区公署副主任陈乃石出席会议并作工作报告。

10月，国营兴隆华侨农场被编入兴隆大队，并入兴隆人民公社，归榆林县辖，同年榆林县撤销，归崖县管辖。

12月8日，琼东、乐会、万宁三县合并组成琼海县。陈凤槐任琼海县归侨联谊会副主席。

1959年

琼海县析分为琼海县和万宁县。

兴隆人民公社划归万宁县，恢复国营兴隆华侨农场。周恩来总理为帮助兴隆归难侨渡过粮食严重空缺的困难，从湖南省调拨大米30万斤给兴隆。

10月，万宁县归侨联谊会恢复挂牌成立，更名为万宁县归国华侨联合会。

11月29日，国家主席刘少奇视察兴隆华侨农场。

1960年

1月8日，万宁开始场社合并，原兴隆人民公社永乐、永丰、南旺3个生产大队并入兴隆华侨农场。兴隆华侨农场大规模种植的橡胶、胡椒开始大面积收获，其他热带经济作物也有较大的发展，并给广东、广西、福建、云南等省区提供大量热带经济作物种苗。初步形成了热带经济作物种植基地。

2月7日，周恩来总理偕夫人邓颖超到万宁县南门洋、南林农场、兴隆农场视察。

3月5日，中央华侨事务委员会主任廖承志到兴隆考察，对做好接待安置印度尼西亚难侨问题作出指示。

3月10日，兴隆华侨农场接收第一批印度尼西亚难侨，随后又接收4批共接收安置2035名印度尼西亚难侨。

8月底，海南召开侨批业先进单位和先进工作者代表会议。出席会议的有文昌、万宁、琼山、海口、澄迈等县市代表43人。会议研究采取措施，进一步调动侨批业的积极因素，挖潜增汇，做好侨汇物资供应工作。

10月10日，越南劳动党中央主席胡志明到兴隆参观访问，中共万宁县委书记何如伟、兴隆华侨农场党委书记张奋和场长詹力之等人陪同参观了胡椒园、油棕园。

1961年

2月，中共中央总书记邓小平偕同彭真、李先念、杨尚昆等中央领导视察兴隆华侨农场。

2月16日，全国人大常委会副委员长郭沫若到兴隆华侨农场视察。

5月，万宁县第一次侨代会在万城召开，选举产生第一届侨联组织班子，陈昌任主席、陈凤槐任专职副主席。

11月，万宁县侨务局成立。

1962年

8月17日至22日，海南区侨联筹委会举行第一次会议，选举了筹委会委员47人，其中常委 15 人。万宁陈凤槐被选为常委,李琼辉为委员。

9 月 15 日,海南区行政公署转发广东省人委《关于不宜任意更改华侨捐资兴办和投资兴办的事业》,要求各部门遵照执行。

1963 年

3 月 21 日,朱德委员长来兴隆华侨农场视察,并在温泉招待所亲笔题字“兴隆农场”,为石龟水库题名“万宁水库”。

6 月 30 日,海南侨务局,海南教育处联合发出通知,要求各县贯彻中央对归国侨生升学就业“包下来”的政策。要求各学校必须采取措施,贯彻“同等成绩,优先录取”办法,给予适当照顾。

是年,万宁照顾安排了 32 名归国侨生就业。

1964 年

3 月,万宁县贯彻中共中央 1963 年颁布的《关于在农村社会主义教育运动中对待侨户问题》的指示及各项侨务政策,派侨联侨办所有工作人员下到侨乡龙滚、北坡、后安蹲点。

8 月至 9 月,万宁县按照海南区行政公署指示,分别在侨乡龙滚、北坡、后安、和乐、环城、山根建立“公社侨属工作委员会”协助处理华侨事业。

1965 年

万宁侨联与侨务局合并。

1966 年

万宁县取消侨汇物资供应票证。侨汇物资供应票证一律作废,停止使用。

1967 年

冬,兴隆华侨农场成立专案组,审讯所谓“闽粤地下军第十三司令部”,受牵连归侨职工有 38 人,其中 12 人被关押审查。

1968 年

8 月,新加坡、马来西亚两批归侨共 196 人,从新加坡乘“海皇”轮抵达海口,海南区革委会民事组召开欢迎会和座谈会,观看文艺节目演出,全程负责接送他们回乡。其中祖籍万宁的有 47 人。

10 月,兴隆华侨农场组织专案组,对所谓“中华飞鹰救国军”一案进行审查。该案被牵连的归侨有 84 人,有 20 人被关押。

1969 年

1 月 12 日,撤销万城镇,并入环城公社。

2 月,香港一艘渔船在港北公社海岸搁浅。

1970 年

1 月 18 日,华侨华人 162 人(男 128 人、女 34 人),从新加坡乘“金华”轮抵达海口口岸入境。其中回国定居的有 72 人,祖籍万宁的有 29 人。

5 月 10 日至 20 日,新加坡、马来西亚回国定居的华侨、华人共 188 人,在海口受到热情接待。其中万籍 48 人,来自马来西亚,他们回乡后根据其意愿都得到安置。

年底,万宁县人为制造了一批大错案,其中有“反共救国军国内工作组”“中华飞鹰救国军”“闽粤地下军十三司令部”“反共复荣社”“人民党”等案件,牵连伤害 377 人,绝大部分因有“海外关系”。

1971 年

1 月，柬埔寨诺罗敦·西哈努克亲王在全国人大常委会副委员长徐向前元帅等人的陪同下到兴隆华侨农场参观访问，随访的有夫人莫尼克公主等人。

10 月 25 日至 11 月 1 日，海南区革委会政工组在文昌县召开全区侨务工作会议。会议学习、贯彻《广东省侨务工作会议纪要》，会议要求各级党委和革委会，加强对侨务工作的领导，恢复建立和逐步健全各级侨务机构，认真做好宣传、接待和归侨安置工作。

1972 年

是年，海南区侨务工作会议决定，在文昌、琼海、万宁、琼山等县开展侨乡斗、批、改工作。万宁在侨乡龙滚新市大队搞斗、批、改试点。对归侨、侨眷进行社会主义教育，开展“革命大批判”。

1973 年

9 月 14 日，第十四号强台风从琼海县博鳌港登录，持续 4 小时，万宁侨乡龙滚、山根及东岭等公社风力 12 级以上，龙滚公社死 43 人，伤 300 多人。台风后，中央组织慰问团到灾区进行慰问，并拨来大批救灾款和救灾物资，帮助灾民恢复家园。

1974 年

3 月 15 日至 24 日，海南汉区统战、侨务工作会议在海口召开。参加会议的有汉区 10 个县及相关部门代表共 230 人。会议要求各级领导进一步提高对做好侨务工作重要性的认识，克服侨务工作“危险论”“无关大局论”，扫清思想障碍，落实统战侨务政策，正确对待和处理所谓“海外关系”问题，建立和进一步健全统战、侨务机构，认真做好归侨的接待安置工作。

1975 年

7 月，万宁县成立外事办公室。万宁县按照国务院有关文件，把华侨和外籍华人加以区别，分开接待。

11 月 6 日，海南革委会外事办公室发出《关于严禁发动华侨捐献的通报》，严肃捐献纪律。

1976 年

1 月 8 日，万宁县人民沉痛哀悼周恩来总理逝世。

9 月 9 日，毛泽东主席逝世，全县人民悼念活动历时半个多月。

1977 年

全国恢复中、小学升学考试制度。年底恢复高考制度。全县有 195 名考生被高校录取。

1978 年

6 月 6 日，国营兴隆华侨农场妥善安置第一批越南难侨 93 户 528 人。

12 月 9 日，万宁县委在兴隆华侨农场召开大会，为“反共救国军国内工作组”“中华飞鹰救国军”“闽粤地下军十三司令部”“反共复荣社”等假案彻底平反。

1979 年

自 4 月 12 日起，万宁县组织 700 多人复查“文革”及历次运动发生的冤假错案，调查了 213 个案件，给 130 名受错误处理的干部平反。

8 月 8 日，恢复万宁县归国华侨联合会。

1980 年

5 月，万宁县东方红中学恢复原名“万宁华侨中学”。

是年，万宁县建立和恢复了侨汇商品经营机构，设立华侨商店。

1981 年

8 月 17 日，海南信托投资公司，万宁县矿产联营公司与泰国顺泰企业（矿山）有限公司达成合作建厂合约。

是年，联合国难民署援助 10 万美元，兴建兴隆农场学校教学楼 1 栋，面积 1911 平方米。

1982 年

6 月，万宁县医院外科主治医师、优秀共产党员、归侨苏启忠被评为全国劳动模范。被国家卫生部誉为“活的蒋筑英”。

中国红十字会、德意志联邦共和国红十字会支持和援助建设兴隆红十字会医院。

1983 年

万宁县成立落实侨务政策领导小组，平反纠正 19 宗归侨冤假错案。

1984 年

文昌籍旅泰华侨韩扬元法师给东山岭潮音寺捐赠释迦尼铜铸佛像 6 尊和佛经 1 部。

联合国难民署援助 30 万美元，兴隆农场投资 25 万元，兴建兴隆农场综合学校校舍，面积 5575 平方米。

1985 年

万宁县利用联合国儿童基金会提供的疫苗冷藏，运输设备，建立健全卫生防疫冷藏系统。

县立案查处倒卖汽车案件 14 宗，涉及县、区干部 28 人，分别受到党纪、法纪的制裁。

1986 年

年底，万宁县落实统战、侨务政策，共查清结案 659 人，纠正错案 631 宗，发还“文革”被查抄的财物金额 25 万元。

1987 年

10 月，外交部部长姬鹏飞视察万宁，在东山岭石壁上刻下“东山奇观”大字。

万宁县各区改制为乡（镇），村民委员会改为管理区。

1988 年

8 月，万宁县海外联谊会成立，统战部部长许寿年任会长。

11 月 11 日，巴基斯坦银行行长来访万宁县。

1989 年

5 月 24 日下午，龙卷风袭击侨乡北坡、万城部门地区，造成损失价值 170 多万元。

11 月，祖籍万宁的新加坡华人李城燕、林忠义先生，澳大利亚梁梅居女士等捐赠人民币 20 多万元给龙滚医院，支持家乡发展卫生事业。

1990 年

5 月，中共中央总书记江泽民到万宁县视察。

10 月，中共中央政治局常委宋平视察兴隆华侨农场。

1991 年

2 月，中共中央政治局常委李瑞环到兴隆华侨农场视察。

9 月 1 日，兴隆华侨农场举行建场 40 周年庆祝活动，召开庆祝大会，举办场史展览，出版纪念册，向 30 年以上工龄的 1600 名归侨职工颁发纪念章。

10 月，中共中央政治局常委乔石到兴隆华侨农场视察。

12 月 29 日，万宁县举行庆祝“万宁县建县 1360 周年”大会。邀请本县籍在外工作的副厅级以上干部；历届万宁县委书记、县长；祖籍万宁的港、澳、台同胞、华侨、华人及各界群众等 5 万多人参加庆典活动。马来西亚万宁同乡会总会组织 130 人并带醒狮队回县参加庆祝活动。

1992 年

4 月 6 日，海南省人民政府对投资有功的万宁籍旅港同胞卓伟授予“赤子楷模”称号，对印度尼西亚侨胞郑文泰授予“爱琼赤子”；对捐赠有功的新加坡侨胞李城燕、马来西亚侨胞祝清坤授予“爱琼赤子”称号。

12 月，祖籍后安镇的马来西亚侨胞祝清坤捐款 50 万元（首批），兴建后安清坤小学，省长刘剑锋、副省长王学萍等领导出席学校落成剪彩仪式。

是年，以黄桂春为首的马来西亚、新加坡，以及中国香港商人投资开发的万城万隆华侨新街动工兴建。

1993 年

4 月 8 日，海南省政府授予万宁市华侨华人、港台同胞：黄桂春（侨）、卓训熙（台）“赤子楷模”称号；授予祝清坤（侨）、陈台神（台）、卓伟（港）“爱琼赤子”称号。

4 月 15 日至 17 日，中共中央总书记、国家主席、中央军委主席江泽民到万宁视察。期间，看望兴隆华侨农场归侨职工，并与万宁县四套班子领导成员合影留念。

1994 年

4 月 8 日，祖籍万宁的黄桂春（马来西亚华人）、陈台神（台湾）、卓伟（香港）被省政府授予“赤子楷模”称号；梁元居（新加坡）、黄桂春（马来西亚）、许禄谦（香港）被省政府授予“爱琼赤子”“爱琼模范”称号。

11 月 4 日至 5 日，马来西亚第三届万宁嘉年华会在万宁举行。马来西亚万宁同乡会总会主席、拿督祝清坤带领马来西亚四个属会共 400 多人回乡和万宁县党政领导及各界人士近千人参加嘉年华会。

1995 年

11 月 24 日，万宁县机构改革工作正式启动，机构改革后，县委设立工作部门 6 个，县政府设立工作部门 26 个。撤销外事办和侨务办，重新成立万宁县人民政府外事侨务办公室。保留万宁县归国华侨联合会。

1996 年

3 月 31 日，中共中央政治局常委、书记处书记胡锦涛视察万宁，参观侨乡龙滚菠萝生产基地。

8 月 6 日，国务院批准撤销万宁县设立万宁市。

8 月 27 日，举行撤县设市挂牌仪式。

1997 年

1 月 5 日，兴隆热带花园被国家环境资源局命名为“全国环保教育基地”。

2月27日，万宁举行撤县设市庆典活动。邀请海外华侨华人、港澳台同胞共200多人回乡参加庆典活动。万宁市人民政府表彰并授予祝清坤（马来西亚）、韩春梅（新加坡）、任良广（香港）等“万宁市特等荣誉市民”；授予李嘉伟、郑文泰、黄桂春、潘大川、许清直、卓训熙、上西康青、青山康夫等“万宁市荣誉市民”称号；授予谢门熙、邢定颜“爱乡模范”称号；谢组明、谢组安、谢组梅、谢怡金、李琼洋、冯俊新、陈启云、陈光荣、文清海、文进益、吴世才、许禄谦、王永雄、谢一龙、钟健光、黄敦礼、李琼兰、王琨、梁崑生、刘运添、陈训才、黄雄忠、朱运吉、陈华茂、李耀平、王利华、郭远世、冯锦飞、蔡业民等被授予“爱乡赤子”称号。

是年，兴隆热带花园被世界环保组织定为中国4个环保样板单位之一。

1998年

1月7日，联合国副秘书长金永健一行在省外侨办周纲展处长的陪同下到万宁市参观考察。

1月15日，以爱沙尼亚议会议长托马斯·萨维带领的爱沙尼亚议会代表团一行17人来访万宁。考察大茂大宗坡水果基地，参观兴隆热作试验站、热带花园并植树留念。

2月13日，蒙古大呼拉尔蒙中议员小组主席额尔德奈比列格一行10人在省外办杜毓舫处长陪同下到万宁考察。

4月12日，海南省政府授予黄桂春、郑文泰“赤子楷模”；授予祝清坤、韩春梅“爱琼赤子”；授予陈台神、潘大川“杰出台商”称号。

4月14日，日本兵库县代表团副知事芦田弘逸一行6人和美国夏威夷友好代表团奴鲁市前议员杜利威一行，在省外侨办领导的陪同下到万宁市考察，参观热带花园。

6月1日，英国柏斯市前任市长阿利克塞·默里带领代表团一行5人来访万宁，莫翠岗副市长陪同参观春园湾、南燕湾、兴隆等地。

12月20日，国务院总理朱镕基到万宁侨乡龙滚镇视察菠萝生产基地。

1999年

3月24日，泰国最高检察院副检察长威他耶·北禾蓬一行18人在省检察院、省外侨办的陪同下到万宁访问，县委书记、县长林玉权及县检察院陪同活动。

6月1日，应万宁市政府邀请，日本水稻专家原正市在国家外专局吴毅明、省外专局钟天祥同志的陪同下，到万宁市进行为期一天的传授水稻旱育稀植技术。

12月12日，中共中央政治局委员、书记处书记、国务院副总理温家宝视察万宁侨乡龙滚菠萝生产基地和田头村。

2000年

乌克兰议会会长一行及陪同人员参观访问兴隆华侨农场。

韩国前国务总理金汉圭访问兴隆华侨农场。

2001年

1月，越南祖国阵线委员会主席范世阅结束在北京的国事访问之后，在有关方面人员的陪同下，到兴隆华侨农场参观访问。在参观游览热带花园时用流利华语与大家交流。

9月1日，中国侨联爱国主义教育基地暨兴隆华侨农场陈列馆揭牌仪式在兴隆举行。兴隆华侨农场成为全国20个首批中国侨联爱国主义教育基地之一。全国侨联主席林兆枢到兴隆参加揭牌仪式。

2002 年

4 月 11 日，朱镕基总理到兴隆视察，在兴隆热带花园亲手种下一棵红豆树。

7 月，全市原 18 个乡镇调整撤并为 12 个镇。

2003 年

3 月，侨乡龙滚镇获“全国创建文明村镇工作先进镇”称号。

2004 年

3 月 30 日，第八届世界海南乡团联谊大会在海南博鳌亚洲论坛国际会议中心举行。大会在万宁设分会场。来自马来西亚、新加坡、美国、澳大利亚、新西兰、泰国、柬埔寨和中国香港、澳门、台湾等 10 个国家和地区的 82 位万宁海外乡亲代表，及清明节回乡的侨领、知名人士共 120 余人，参加以“寻根、联谊、合作、共赢”为主题的万宁分会场活动。

5 月 4 日，中共中央政治局常委、全国政协主席贾庆林视察兴隆热带花园。

5 月 15 日，国家邮政局在兴隆华侨农场举行《华侨面貌》邮票首发式。这是中国邮票史上第一套以兴隆华侨农场为背景的反映侨乡风貌的邮票。

8 月 13 至 15 日，印度尼西亚驻广州总领事馆沙哈特常务领事受总领事的委托，专程访问兴隆华侨农场，他代表总领事向兴隆华侨农场赠送传统印尼竹制乐器，并进行乐器的演奏培训和指导。

11 月 21 日，第 54 届世界小姐总决赛在三亚举行。109 位来自世界各地参赛的小姐到兴隆华侨农场参观游览，并在兴隆热带花园植树留念。

2005 年

8 月 12 日，万宁市政府投入 900 多万元建设的全市最大的农村饮水工程——侨乡北坡供水工程正式建成供水，结束了北坡地区 5 万名农民长期饮水不安全的历史。

2006 年

2 月 24 日，海南省表彰 1998 年至 2004 年以来有突出贡献的华侨华人、港澳台同胞。万宁市郑文泰（印尼）、曾庆彪（香港）、任良广（香港）、朱德明（香港）被授予“赤子楷模”；任良广（香港）被授予“爱琼楷模”；祝清坤（马来西亚）、黄雄忠（马来西亚）、李嘉伟（香港）被授予“爱琼赤子”等称号。

4 月 22 日，密克罗尼西亚联邦总统约瑟夫·乌鲁塞马尔出席博鳌亚洲论坛会议前，在中国驻密大使杨强陪同下，专程到兴隆华侨农场参观访问。万宁市市长邓泽永、副市长符彩香、场长冯炜和花园总经理郑文泰等在兴隆热带花园咖啡厅举行欢迎仪式。约瑟夫·乌鲁塞马尔总统还在园区内植下一棵青皮树。

8 月 6 日，澳大利马卢奇市、奥本市代表团来访万宁，商谈与万宁市缔结友好城市事宜。

9 月 8 日，新加坡海南协会琼剧团一行 54 人，来访万宁，在万城文化广场交流演出传统琼剧《秦香莲后传》和《秦香莲〈闯宫〉选场》。当晚，市“四套班子”成员及万宁市民 2000 余人观看演出。

10 月 18 日，韩国济州道特别自治岛济州市市长金荣训带领市代表团来访万宁。

2007 年

1 月 18 日，省外事侨务办主任吴士存带队到万宁慰问归难侨。

1 月 21 日，澳大利亚马卢奇市代表团一行 3 人来访万宁、洽谈务实性结好活动。

1 月 30 日，省侨联主席何云霞带队到万宁慰问归难侨。

3 月 8 日，智利驻华大使一行 4 人来访万宁，参观兴隆热带植物园。

4 月 27 日，越南顺化省代表团一行 3 人来访万宁，倡议与万宁市结好事宜。

5 月 14 日，文莱海南会馆主席韩勉先生一行 6 人来访万宁。

6 月 30 日至 7 月 3 日，马来西亚万宁同乡会总会主席黄东山一行 3 人返乡拜会万宁市委、市政府主要领导，洽谈筹办马来西亚万宁联谊大会事宜。

12 月 2 日，由新加坡海南会馆副会长陈学汉带领新加坡茂桥华文中学师生一行 54 人到万宁中学举行“红彩带、心连心”活动，两校师生开展中英文、中文书法学习交流，进行排球、乒乓球友谊赛、参加万宁中学升国旗等活动。

2008 年

1 月，国家质检总局批准“兴隆咖啡”“和乐蟹”两个名优特产为地理标志保护产品。

1 月 16 日，日本驻广州总领事访琼，万宁与日本利民工程无偿援助项目举行签字仪式。

3 月 8 日，万宁市镇府组团参加香港万宁同乡会成立庆典活动。

5 月 8 日，马来西亚驻华大使馆大使拿督格赛德卢扎罗带领马来西亚驻广州领事馆总领事一行 8 人来访万宁。

7 月 4 日，美国华盛顿州巴克利市市长一行 5 人到万宁签署结好协议书，市委市政府、省外侨办领导及相关部门参加签字仪式。

7 月 9 日，阿联酋沙迦王国卡斯米家族代表团 8 人来访万宁。

7 月 30 日，欧盟水产品考察团来访万宁。

8 月 18 日至 22 日，万宁市政府组团参加香港经贸活动周。

12 月 18 日，在首届海南十大名镇(村)评选活动中，万宁市兴隆镇获“十大名镇”称号。

12 月 26 日，省宣传部、省文联、省书协联合授予侨乡后安镇“书法之乡”称号。

2009 年

1 月 7 日，省外事侨务办副主任王胜、副巡视员李少敏带领慰问团到万宁市开展春节慰问活动。

1 月 13 日，国务院侨务办公室副主任赵阳率慰问团到万宁兴隆华侨农场走访慰问归侨、侨眷。

1 月 19 日，省侨联副主席邢福孝带领省侨联春节慰问团来万宁龙滚镇慰问归侨。

2 月 2 日，“侨爱工程” 捐赠项目兴隆华侨农场敬老院和兴隆医院举行揭牌仪式，全国政协原副主席、致公党中央主席罗豪才，海南省副省长林方略出席并为“侨爱敬老院”揭牌，国务院侨务办国内司司长程铁生，致公党中央委员、北京中联亚集团总经理史淮学、省外事侨务办副主任王胜，中共万宁市委常委、常务副市长李志杰、政府副市长赵微等参加了揭牌仪式。

2 月 20 日，英国驻广州总领事馆领事薄乃觉先生等一行 9 人到万宁考察长丰镇边肚文明生态村、南桥镇南外文明生态村。

2 月 21 日，俄罗斯师生前来万宁与万宁中学师生开展文化交流活动。

4 月 19 日，国务院侨办主任李海峰到万宁考察兴隆华侨农场改革发展工作情况。市委书记李秀领，市委常委、市政府常务副市长李志杰，省外事侨务办副主任刘锦，副巡视员李少敏等陪同考察。

5月8日下午，市委书记李秀领主持召开市委常委(扩大)会议。讨论《万宁市兴隆华侨旅游经济区机构设置主要职责和人员编制的意见》。会议要求市编委按照会议精神修改、完成善本《意见》上报省编委。

6月3日，省侨联主席何云霞带队到万宁兴隆华侨农场开展“送科技、送文化、送法律、送健康”活动。兴隆农场党委书记梁森奎，市侨联主席、外侨办主任苏斌等参加活动。

8月13日，省外事侨务办组织省人民医院、市中医院的医疗专家到侨乡龙滚镇开展义诊活动。

8月19日，省人大华侨外事工委和省外事侨务办组成的联合调研组到万宁进行调研，重点了解万宁兴隆华侨农场的发展及各项政策措施落实情况。

8月23日，市外侨办、侨联联合举行特困归侨侨眷子女上学仪式，共有10名特困归侨侨眷子女获得资助。

9月16日，省道教协会在万宁人民广场公园举办60周年国庆庆礼慈善活动，同时对2名“南侨机工”和8名特困归侨侨眷发放慰问金。

11月3日，加拿大蒙特利尔海南同乡会会长陈婧率代表团一行24人前来万宁观光、访问。

11月16日晚，第十届中国海南岛欢乐节暨“印尼苏北省对外友好协会、印尼苏北省印华总会欢乐万宁行联欢晚会”在万宁市人民公园广场隆重举行。市委副书记、市长丁式江分别与印度尼西亚苏北省代表团团长黄印花互赠了礼物。市政府副市长吴明阳为晚会致辞。

11月26日至27日，“赢在中国，赢在海南——2009全球华商500强年会”在万宁市石梅湾隆重举行。数十位华商500强企业家、200多位中国拥有亿万资产的企业家共350多人参加年会。

12月10日至11日，新加坡、泰国、马来西亚等12个国家和地区琼裔青少年及海南大学等3所在校学生200余人组成的第十届世界海南青少年夏令营，在万宁市兴隆旅游区同当地学生开展联欢活动。

12月21日，山钦湾国际社区、中国国际友好城市促进会址暨中俄文化交流中心奠基仪式在万宁龙滚山钦湾举行。市委书记李秀领，市委副书记、市长丁式江等市领导出席奠基仪式。

2010年

1月18日，新加坡海南会馆、陈嘉庚后裔、中国南侨机工纪念馆馆长一行10人，在省外侨办、省侨联、市侨联领导陪同下到万宁龙滚慰问南侨机工谢章农。

1月23日，中国侨联副主席王永乐一行6人在省侨联主席何云霞陪同下到万宁调研、慰问。

3月3日至4日，日本政府驻广州总领事馆领事石浦慧子一行3人在省外侨办陪同下到万宁考察石福小学。

3月26日，中央外办主任裘援平带领外办、国侨办一行12人在省外侨办副主任周刚展陪同下到万宁考察。

4 月 11 日，中共中央政治局常委、书记处书记、国家副主席习近平到兴隆视察并参观兴隆热带植物园。

4 月 27 日，印度尼西亚驻广州总领事馆总领事一行 5 人到万宁参观考察。

5 月 24 日，新加坡海南会馆、印度尼西亚苏北省海南协会代表团一行 8 人来访万宁，参观石梅湾、神州半岛、兴隆华侨农场。

5 月 27 日，日本驻广州总领事馆首席领事（副总领事）小松道彦一行 6 人，在省外侨办陪同下到万宁市南桥中学参加日本无偿援助建设的学生宿舍楼落成典礼，市外侨办、侨联、教育局、南桥镇等相关部门参加典礼。

6 月 15 日，英国专家代表团一行 13 人在省外侨办的陪同下到万宁考察开发区、城市新区、兴隆华侨农场等。

7 月 3 日至 4 日，英国驻穗领馆薄乃觉先生一行 5 人在省领事处陪同访问万宁。

7 月 22 日，瑞典商务、文化代表团一行 6 人来访万宁，参观考察神州半岛，石梅湾、日月湾、热带植物园。

8 月 6 日至 7 日，日本驻广州领事馆副总领事一行 4 人在省外侨办陪同下到万宁考察大同中学。

9 月 14 日至 15 日，澳大利亚维多利亚州代表团一行 21 人在省外侨办陪同下访问万宁，举行座谈会，参观兴隆热带花园。

10 月 20 日，泰国华裔商会代表团一行 7 人来访万宁，参观考察神州半岛、日月湾和热带植物园。

10 月 28 日至 30 日，省“五侨”一行 16 人到万宁市开展侨法宣传月活动、并带领省医疗队在兴隆农场、东兴农场开展送医送药义诊活动。

11 月 4 日，澳大利亚澳洲都市系统代表团一行 6 人在省外国专家局陪同下来访万宁。

11 月 18 日至 19 日，委内瑞拉侨领代表团一行 16 人来访万宁，参观热带花园、兴隆咖啡厂、亚洲风情园。

12 月 16 日，参加全国侨办系统工作会议 216 名代表到万宁参观兴隆华侨农场安居工程。

2011 年

2 月 19 日上午，万宁市与 PAPER TIGER 公司在石梅湾艾美酒店签订协议，世界女子冲浪长版巡回赛落户万宁，并将该赛事命名为“斯沃琪世界女子职业冲浪决赛”。市委副书记、市长丁式江、法国 PAPER TIGER 公司总裁朱利奥迪博特、斯沃琪国际集团赛事活动主管马克磨等出席签约仪式。

2 月 28 日，应罗保铭省长的邀请，瑞典哥德兰省省长塞西莉亚·赛德加德带领的代表团一行 32 人，到万宁兴隆太阳河咖啡厂参加考察。

3 月 25 日 万宁市在兴隆举办侨法知识培训班，邀请省外事侨务办、国土厅、扶贫办、民政厅等专家授课。

7 月 28 日，海峡两岸青年创业夏令营在万宁市开营，来自台湾南开大学、台湾真理大学、海南大学、华南师范大学的 54 名大学生在日月湾万绿椰林开展活动。

9 月 20 日，国务院侨务办公室副主席马儒沛率领国务院督查组到万宁市，对兴隆华侨农场改革和发展工作情况开展督查。市委书记孙新阳，市委常委、市政府常委副市长李志杰等陪同督查。

11 月 12 日上午，中非友好林植树纪念活动在兴隆热带花园举行。中非合作圆桌会议理事长，中国前外交官联谊会会长吉佩定，外交部副部长吕国增，商务部前副部长孙广相，外交官协会副会长兼秘书长王永占大使，参加中非合作圆桌会议第二次大会的马里共和国前总理凯塔，马拉维共和国执政党、民进党总书记伊利亚斯·卡曼加等非洲国家政要、驻华使节等嘉宾代表参加了植树活动，万宁市委书记孙新阳，市委副书记、市长丁式江等市四套班子领导成员也参加友好林植树纪念活动。

12 月 23 日，中国侨联党组书记、主席林军一行 4 人在省侨联党组书记、主席何云霞的陪同下，到万宁市兴隆华侨农场调研、慰问。市委书记孙新阳，市委副书记、政法委书记李东屿等陪同活动。

28 日，兴隆华侨农场在康乐园大剧院隆重庆祝兴隆华侨农场 60 周年。全国政协原副主席罗豪才、省人大常委会副主席陈海波、省人民政府副省长李秀领、省政协副主席陈莉、市委书记孙新阳、市人大常委会主任符海宁、市政协主席吴淑香和市政协党组书记韦章运等及各界嘉宾共 2000 人出席了庆祝活动。

同日，兴隆华侨旅游经济区举行揭牌仪式。省侨联主席何云霞，省人大侨工委副主任邹其国，省外事侨务办副主任折志凌，市委书记孙新阳以及国务院侨务办、省旅游委、海南职业技术学院等部门领导出席揭牌仪式。

2012 年

1 月 7 日，国际冲浪节在万宁市石梅湾海滩盛大开幕。省委书记、省人大常委会党组书记罗保铭，国际冲浪协会（ISA）主席费尔南多·阿盖尔，国家体育总局党组成员、局长助理晓敏，市委书记孙新阳，市委副书记、市长丁式江等出席开幕式。来自中国、美国、阿根廷、澳大利亚、巴西、秘鲁、法国、委内瑞拉、南非等 9 个国家的 114 名顶级冲浪选手将在日月湾展开“世界冲浪协会中国赛杯”和“国际职业冲浪协会海南精英赛”两项重要赛事。

2 月 12 日，莫桑比克总理艾雷斯·阿里一行 35 人，到兴隆热带花园参观，并在园区内植树留念。

8 月 19 日，“好朋友基金”助学活动在万宁市委礼堂举行，捐赠 21.9 万元资助 89 名贫困学子圆大学梦。该基金是旅港万宁籍黄胜雄先生以及关爱万宁市教育事业的爱心人士卢思满、陈锦贤、叶校全先生共同创办。拟至 2014 年投入资金 100 万元，资助万宁市即将进入大学的贫困子女。

11 月 29 日，万宁市第六次归侨侨眷代表大会在兴隆召开。省侨联主席何云霞、副主席王小玉、市委书记丁式江及市分管领导应邀出席会议，应邀参加会议的还有海口、三亚、农垦、五指山、保亭、儋州等六市县侨联领导以及万宁群团代表等。会议选举卢裕浪为市侨联第六届委员会主席，黄辉、曾石华（兼）、邱晓锋（兼）、罗德山（兼）为副主席。

12 月 7 日，全国华侨农场文化建设工作座谈会在万宁市兴隆华侨旅游经济区召开，会议对各地华侨农场推进文化建设的经验进行了交流，并举行全国首次华侨农场文艺汇演。国务院侨办副主任任启亮出席会议。来自国务院侨办及广东、广西、江西、福建、吉林、云南、海南七个省区华侨农场的相关负责同志等 60 余人参加座谈会。海南省副省长陈志荣，万宁市委书记丁式江等市领导观看演出。

2013 年

2 月 6 日，万宁市政府与银赛控股集团有限公司在市党政综合办公楼第一会议室签署《中非合作圆桌会议永久会址落户万宁备忘录》。

4 月 10 日，美国八乐美公司代表团到国营新中农场考察可可种植，双方就合资合作环境等问题进行了洽谈，寻求更多的合作。

4 月 24 日，中共万宁市委办公室、万宁市人民政府办公室颁发《关于进一步加强和改进新形势下侨联工作的实施意见》。该意见强调，为适应侨情发展变化的需要，切实维护侨益，确保侨务资源可持续发展，在新形势下，必须改进侨联工作方法，加强侨联工作的力度。

5 月 9 日，南非共产党第二副书记素利·马派拉在万宁市委副书记、政法委书记李东屿的陪同下，就万宁市经济发展及中非合作圆桌会议等情况进行考察。

5 月 22 日至 24 日，马来西亚万宁同乡总会会长吴世才带领马来西亚侨领访问团一行 13 人回万宁进行考察、交流。市委、市政府主要领导会见并宴请了马来西亚访问团全体人员。

9 月 3 日，“2013 年‘行走中国——世界主要华文媒体海南行’活动”走进万宁。来自美国、加拿大、新西兰、韩国等 13 个国家的海外华文媒体高层人士，参观游览兴隆热带植物园和日月湾冲浪基地。市委常委、宣传部部长陈兴章等陪同参观。

9 月 18 日，瓦努阿图总理卡凯赛琪一行在万宁市委、市公安局领导的陪同下考察了万宁市槟榔加工技术、槟榔产业营销和企业管理情况。

9 月 20 日，由海南省人民政府与中国前外交官联谊会共同举办的中非合作圆桌会议第四次大会在石梅湾隆重开幕。来自非洲 40 多个国家的嘉宾与中国企业、学界人士齐聚万宁，围绕“命运与共，合作共赢”的主题进行交流。时任全国人大常委会副委员长顾秀莲、时任全国政协副主席黄孟复出席开幕式。

同日，在中非合作圆桌会议第四次大会召开之际，省外事侨务办与万宁市政府在石梅湾签订《中非合作交流促进基地合作框架协议》，省外事侨务办主任王胜与市政府领导在合作框架协议上签字。中非合作圆桌会议理事长、中国前外交官联谊会会长吉佩定、市委书记丁式江等出席签字仪式。

9 月 25 日，哈萨克斯坦 12 家旅游商共 21 人到万宁市考察旅游业。分别到神州半岛福朋酒店、兴隆热带花园、中奥戴斯温泉度假酒店、兴隆热带植物园等参观考察。

12 月 5 日，全国人大华侨委员会委员，海南省人大常委会副主任、党组副书记符兴率全国人大华侨委员会调研组到万宁市开展调研活动，重点了解万宁市开展华侨权益保护工作及归侨的基本生活等情况。全国人大华侨委员会办公室主任魏永乐、全国人大华侨委员会法案室主任毛起雄等参加调研活动。

2014 年

2 月 22 日，坦桑尼亚革命党副主席一行来访万宁，市政府领导在石梅湾艾美酒店设宴招待并就中非合作交流促进基地建设进行交流。

6 月 6 日，时任中华人民共和国主席胡锦涛到万宁视察。

6 月 15 日，侨乡万宁首条绿道——全长 108 千米的兴隆国家绿道正式开放。

8 月 22 日，马来西亚万宁同乡会总会主席、拿督吴世才率领访问团访问万宁。慰问在超强台风“威马逊”袭击中损失较为严重的万宁侨界困难群众并进行旅游和土特产方面的商业考察。访问团(马来西亚雪隆万宁同乡会)为3名应届侨界特困大学生资助学费1万元。

10月28日，在海南举办的第26期海外琼籍中青年侨领研习班学员一行30多人到万宁市考察。该研习班由国务院侨办、外事办联合举办。来自泰国、马来西亚等7个国家和地区的海外琼籍社团中青年侨领参加研习班学习。

11月13日至14日,35个非洲国家驻华使节参加的中非合作圆桌会议第五次大会在万宁召开。中国前外交官联谊会会长吉佩定、外交部副部长张明,海南省政府、万宁市委市政府主要负责人和中外嘉宾共300多人参加为期2天的大会。

11月20日,万宁市侨联在兴隆举办《万宁市志·华侨志》编纂培训班。市委常委、统战部部长卓林梅出席开班仪式并作动员讲话,培训班邀请市地方志办公室副主任授课。

12月,时任中华人民共和国主席江泽民到兴隆视察。

12月,兴隆热带花园董事长、印度尼西亚归侨郑文泰在第九次全国归侨侨眷代表大会上,被中华全国归国华侨联合会、国务院侨务办公室授予“全国侨界十大杰出人物”称号。

2015年

1月22日,新加坡海南协会戏剧团来访万宁,在市多功能活动中心演出新编经典琼剧《江山美人》。市四套班子领导成员及万宁市民1000余人观看演出。

1月25日,兴隆华侨农场被评为“2014年十大海南最美乡镇”。

3月21日,中华龙舟大赛首站万宁站比赛现场,万宁市侨乡和乐镇被中国龙舟协会授予“中国龙舟小镇”称号。

3月28日,参加博鳌亚洲论坛的华商圆桌会议在兴隆华侨农场举行。万宁市政府向代表们推介项目,寻求合作发展。

6月8日,国家司法部、国家民政部、全国普法办确定第六批“全国民主法治示范村”命名村庄,万宁市侨乡龙滚镇福塘村被命名为“全国民主法治示范村”。

8月13日,中国华侨国际文化交流基地落户万宁兴隆热带花园。这是海南省唯一一家获得挂牌的基地。中国华侨国际文化交流基地建设是中国侨联为充分发挥交流基地平台作用和资源优势,以“侨与中国梦”为主题,以中华文化为核心,以民族文化、地域文化为特色,以华侨文化为纽带,组织开展丰富多彩的文化活动,努力满足海内外华侨传承传播中华文化的需求,服务社会主义文化强国建设,促进中华文化走向世界的重要举措。

8月16日至17日,参加由中国侨联和国汉办主办、省侨联承办、市侨联协办的“亲情中华·汉语桥”夏令营活动的46名香港琼籍青少年走进兴隆华侨农场展览馆、兴隆根艺园和兴隆热带花园,感受归侨艰苦的创业历程、兴隆侨乡文化和风土人情。

10月28日,由马来西亚、俄罗斯、新加坡等国家以及全国部分省市旅游代表共48人组成的考察团,在海南国际旅游岛欢乐节期间到万宁市考察旅游产业。

11月16日,新加坡德景中学的3位老师和20名学生到万宁中学进行交流访问。

11月27日,马来西亚宽柔中学古来分校16位教师在校长黄慧珠带领下到万宁中学进行交流访问。

2016 年

1 月 15 日，中国搏击训练基地落户万宁石梅湾。16 日晚，国际赛事“英雄传说·2015 世界搏击年度盛典”在万宁石梅湾举行，来自全国各地的 300 余名观众在现场观看了比赛。活动集结了中、日、泰、英、俄、加等国搏击高手，经过 3 个多小时的决战，来自加拿大的选手加布里埃尔获此届金腰带。

2 月，万宁兴隆热带花园董事长、总经理、印度尼西亚归侨郑文泰成为中国文明网《好人 365》栏目等 533 期封面人物。兴隆热带花园是全国一块实验“绿色崛起”的示范园区。

3 月 2 日，北京师范大学万宁附中与澳大利亚领拓教育文化交流中心、欧美亚国际对外交流公司签订合作协议，成为中南五省唯一一家外国专家定点培训基地。

3 月 8 日，“兴隆咖啡地理标志保护产品专用标志”在兴隆隆苑咖啡有限公司举行揭牌仪式，该公司成为海南省首家获批“兴隆咖啡”地理标志产品专用标志使用权的企业。

3 月 20 日，由中国公共外交协会组织的来琼参加博鳌亚洲论坛 2016 年年会的“中非新闻交流中心”记者团走进万宁，赴兴隆热带花园参观访问。

3 月 24 日，缅甸联邦共和国副总统赛茂康一行，来万宁兴隆热带植物园参观，中国驻缅甸大使洪亮及万宁市政府主要领导陪同参观。

6 月 17 日，万宁市龙滚侨乡投资运营合作协议签约仪式暨项目座谈会在市多功能活动中心举行。

8 月，万宁市兴隆热带花园被海南省科学技术协会列为 2016—2020 年度海南省科普教育基地。

12 月 14 日，中非合作圆桌会议第六次大会在万宁石梅湾开幕。这是中非合作圆桌会议第五次在万宁举办。大会以“互联互通，创新发展”为主题，来自中非的政府官员、企业家、专家学者等 300 余人出席大会开幕式。

12 月 24 日，万宁龙滚侨乡特色小镇国际滑翔运动基地项目在龙滚镇正门岭举行开工仪式，拟把正门岭打造成国内唯一的、齐名世界的滑翔运动胜地。

2017 年

5 月 10 日，南传佛教高僧祜进香蜡尊者及泰国祥大有限公司总经理符开銮等一行 40 人到万宁东山岭进行考访，并开展佛教活动。

5 月 29 日，以“多彩多情，万粽和乐”为主题的首届和乐粽子节活动，在侨乡和乐镇南洋文化广场举行。

是月，兴隆热带花园董事长、印度尼西亚归侨郑文泰被中共海南省委宣传部、海南日报报业集团授予“感动海南十大人物”称号。

6 月 29 日，海南省农业厅在侨乡龙滚镇组织召开菠萝品种结构优化推进座谈会，省政府相关部门、省农业专家、龙头企业和种植大户参加座谈会。

7 月 19 日至 20 日，“美好新海南——2017 年互联网 + 城市推介”大型主题采访活动走进万宁。来自全国 50 余家重点网络站、网络媒体及编辑记者先后深入日月湾、兴隆咖啡谷、溪边村等地采访，体验万宁之美。

8 月 2 日，菲律宾国家减贫委员会主席黎萨·马萨率考察团一行到万宁考察农业扶贫、就业扶贫等情况。

10 月 18 日，中国侨商会农牧委员会考察团一行 42 人到万宁参观考察“共享农庄”项目。

12 月 24 日，俄罗斯远东华人工商联合会主席、俄罗斯华侨华人联合会暨中国和平统一促进会常务副会长、俄罗斯和轩餐饮集团董事长孙雷带领的俄罗斯华人华侨代表团参观访问兴隆咖啡谷。

2018 年

1 月 9 日　省委副书记李军到万宁市调研河道保护和治理以及河长制落实情况，实地考察侨乡龙滚河生态修复与河岸治理等情况。

29 日，由中宣部对外新闻局组织《人民日报》海外版、中国国际电视台、香港同评社、凤凰卫视等 13 家媒体到万宁市采访党的十八大以来万宁市社会经济发展、政治、文化、生态文明的成就亮点。

4 月 9 日，中央统战部副部长、国务院侨务办公室主任许又声到万宁市兴隆华侨农场调研。

10 日参加 2018 年亚洲媒体高峰论坛的非洲记者团一行 31 人参观访问万宁市、兴隆华侨农场。

10 月 27 日，由省委省政府和人民日报社主办、万宁市委宣传部协办，2018 年“一带一路”媒体合作采访团中外媒体记者到万宁采访。来自埃及、乌克兰、俄罗斯、伊拉克、奥地利等 22 个“一带一路”沿线国家 30 多家中外媒体记者、60 多名新闻工作者，前往万宁兴隆热带花园、石梅湾凤凰九里书屋参观采访。

11 月 10 日，2018 年中国技能大赛——首届全国咖啡职业技能大赛“兴隆杯”海南分赛区赛在万宁兴隆热带花园拉开序幕。市委常委、宣传部部长杨志斌，副市长陈月花出席开幕式。

28 日，全国人大常委会委员、华侨委员会副主任、致公党中央副主席曹鸿鸣率调研组到万宁市调研。国家发改委、科技部、自然资源部以及致公党中央科技委等相关负责人参加调研。

12 月 5 日，香港万宁同乡会 2018 年国情乡谊研习、拜访团，在会长卓辽志的带领下，先后在六连岭革命根据地纪念园和山根大石岭进行考察访问，以感受家乡的红色文化和乡村的巨变。

附录二 涉侨法律法规文件

中华人民共和国归侨侨眷权益保护法

(1990 年 9 月 7 日第七届全国人民代表大会常务委员会第十五次会议通过 自 1991 年 1 月 1 日起施行 根据 2000 年 10 月 31 日第九届全国人民代表大会常务委员会第十八次会议《关于修改〈中华人民共和国归侨侨眷权益保护法〉的决定》修正)

第一条 为了保护归侨、侨眷的合法的权利和利益,根据宪法,制定本法。

第二条 归侨是指回国定居的华侨。华侨是指定居在国外的中国公民。

侨眷是指华侨、归侨在国内的眷属。

本法所称侨眷包括:华侨、归侨的配偶,父母,子女及其配偶,兄弟姐妹,祖父母、外祖父母,孙子女、外孙子女,以及同华侨、归侨有长期扶养关系的其他亲属。

第三条 归侨、侨眷享有宪法和法律规定的公民的权利,并履行宪法和法律规定的公民的义务,任何组织或者个人不得歧视。国家根据实际情况和归侨、侨眷的特点,给予适当照顾,具体办法由国务院或者国务院有关主管部门规定。

第四条 县级以上各级人民政府及其负责侨务工作的机构, 组织协调有关部门做好保护归侨、侨眷的合法权益的工作。

第五条 国家对回国定居的华侨给予安置。

第六条 全国人民代表大会和归侨人数较多地区的地方人民代表大会应当有适当名额的归侨代表。

第七条 归侨、侨眷有权依法申请成立社会团体,进行适合归侨、侨眷需要的合法的社会活动。归侨、侨眷依法成立的社会团体的财产受法律保护,任何组织或者个人不得侵犯。

第八条 中华全国归国华侨联合会和地方归国华侨联合会代表归侨、侨眷的利益,依法维护归侨、侨眷的合法权益。

第九条 国家对安置归侨的农场、林场等企业给予扶持,任何组织或者个人不得侵占其合法使用的土地,不得侵犯其合法权益。在安置归侨的农场、林场等企业所在的地方,可以根据需要合理设置学校和医疗保健机构,国家在人员、设备、经费等方面给予扶助。

第十条 国家依法维护归侨、侨眷职工的社会保障权益。用人单位及归侨、侨眷职工应当依法参加当地的社会保险,缴纳社会保险费用。

对丧失劳动能力又无经济来源或者生活确有困难的归侨、侨眷,当地人民政府应当给予救济。

第十一条 国家鼓励和引导归侨、侨眷依法投资兴办产业, 特别是兴办高新技术企业,各级人民政府应当给予支持,其合法权益受法律保护。

第十二条 归侨、侨眷在国内兴办公益事业,各级人民政府应当给予支持,其合法权益受法律保护。归侨、侨眷境外亲友捐赠的物资用于国内公益事业的,依照法律、行政法规的规定减征或者免征关税和进口环节的增值税。

第十三条 国家依法保护归侨、侨眷在国内私有房屋的所有权。依法征用、拆迁归侨、侨眷私有房屋的，建设单位应当按照国家有关规定给予合理补偿和妥善安置。

第十四条 各级人民政府应当对归侨、侨眷就业给予照顾，提供必要的指导和服务。归侨学生、归侨子女和华侨在国内的子女升学，按照国家有关规定给予照顾。

第十五条 国家保护归侨、侨眷的侨汇收入。

第十六条 归侨、侨眷有权接受境外亲友的遗赠或者赠与。归侨、侨眷继承境外遗产的权益受法律保护。归侨、侨眷有权处分其在境外的财产。

第十七条 归侨、侨眷与境外亲友的往来和通讯受法律保护。

第十八条 归侨、侨眷申请出境，有关主管部门应当在规定期限内办理手续。归侨、侨眷确因境外直系亲属病危、死亡或者限期处理境外财产等特殊情况急需出境的，有关主管部门应当根据申请人提供的有效证明优先办理手续。

第十九条 国家保障归侨、侨眷出境探亲的权利。归侨、侨眷职工按照国家有关规定享受出境探亲的待遇。

第二十条 归侨、侨眷可以按照国家有关规定申请出境定居，经批准出境定居的，任何组织或者个人不得损害其合法权益。离休、退休、退职的归侨、侨眷职工出境定居的，其离休金、退休金、退职金、养老金照发。

第二十一条 归侨、侨眷申请自费出境学习、讲学的，或者因经商出境的，其所在单位和有关部门应当提供便利。

第二十二条 国家对归侨、侨眷在境外的正当权益，根据中华人民共和国缔结或者参加的国际条约或者国际惯例，给予保护。

第二十三条 归侨、侨眷合法权益受到侵害时，被侵害人有权要求有关主管部门依法处理，或者向人民法院提起诉讼。归国华侨联合会应当给予支持和帮助。

第二十四条 国家机关工作人员玩忽职守或者滥用职权，致使归侨、侨眷合法权益受到损害的，其所在单位或者上级主管机关应当责令改正或者给予行政处分；构成犯罪的，依法追究刑事责任。

第二十五条 任何组织或者个人侵害归侨、侨眷的合法权益，造成归侨、侨眷财产损失或者其他损害的，依法承担民事责任；构成犯罪的，依法追究刑事责任。

第二十六条 违反本法第九条第一款规定，非法占用安置归侨的农场、林场合法使用的土地，有关主管部门应当责令退还；造成损失的，依法承担赔偿责任。

第二十七条 违反本法第十三条规定，非法侵占归侨、侨眷在国内私有房屋的，有关主管部门应当责令退还；造成损失的，依法承担赔偿责任。

第二十八条 违反本法第二十条第二款规定，停发、扣发、侵占或者挪用出境定居的归侨、侨眷的离休金、退休金、退职金、养老金的，有关单位或者有关主管部门应当责令补发，并依法给予赔偿；对直接负责的主管人员和其他直接责任人员，依法给予行政处分；构成犯罪的，依法追究刑事责任。

第二十九条 国务院根据本法制定实施办法。省、自治区、直辖市的人民代表大会常务委员会可以根据本法和国务院的实施办法，制定实施办法。

第三十条 本法自 1991 年 1 月 1 日起施行。

中华人民共和国归侨侨眷权益保护法实施办法

中华人民共和国国务院令

第 410 号

《中华人民共和国归侨侨眷权益保护法实施办法》已经 2004 年 6 月 4 日国务院第 53 次常务会议通过，现予公布，自 2004 年 7 月 1 日起施行。

总理 温家宝

二〇〇四年六月二十三日

中华人民共和国归侨侨眷权益保护法实施办法

第一条 根据《中华人民共和国归侨侨眷权益保护法》的规定，制定本办法。

第二条 归侨、侨眷的身份，由其常住户口所在地的县级以上地方人民政府负责侨务工作的机构根据本人申请审核认定。

与华侨、归侨有长期扶养关系的亲属申请认定侨眷身份的，应当提供由公证机构出具的扶养证明。

第三条 华侨、归侨去世后或者华侨身份改变后，其国内眷属原依法认定的侨眷身份不变。

依法与华侨、归侨及其子女解除婚姻关系，或者与华侨、归侨解除扶养关系的，其原依法认定的侨眷身份丧失。

第四条 县级以上地方各级人民政府应当重视和加强归侨、侨眷合法权益保护工作。

县级以上人民政府负责侨务工作的机构应当组织协调有关部门做好保护归侨、侨眷合法权益的工作，并组织开展本行政区域内归侨、侨眷权益保护的法律、法规执行情况的监督、检查。

县级以上人民政府有关部门应当在各自的职责范围内做好归侨、侨眷合法权益的保护工作。

第五条 华侨要求回国定居的，按照国家有关出入境管理的规定核发回国定居证明。

第六条 地方人民政府和有关部门对回国定居的华侨，按照国家有关规定给予安置。

第七条 中华全国归国华侨联合会以及地方归国华侨联合会按照其章程开展活动，维护归侨、侨眷的合法权益。

归侨、侨眷有权依法申请成立其他社会团体，进行适合归侨、侨眷需要的合法的社会活动。

归侨、侨眷社会团体的合法权益以及按照章程进行的合法活动，受法律保护；其依法拥有的财产，任何组织或者个人不得侵占、损害。

第八条 各级人民政府核拨给安置归侨的农场、林场等企业的专项经费应当专款专用，任何组织和个人不得挪用、截留或者私分。

地方人民政府应当对安置归侨的农场、林场等企业给予扶持。

第九条 安置归侨的农场、林场等企业合法使用的土地、山林、滩涂、水面等资源，企业依法享有使用权，其拥有的生产资料、经营的作物、生产的产品，任何组织或者个人不得侵占、损害；国家依法征收或者征用安置归侨的农场、林场的土地的，依法给予补偿。

第十条 在安置归侨的农场、林场等企业所在的地方设置的学校、医疗保健机构，应当纳入地方人民政府的教育、卫生规划，统一管理。

第十一条 国家依法维护归侨、侨眷的社会保障权益。用人单位和归侨、侨眷应当依法参加当地的社会保险，缴纳社会保险费。参加社会保险的归侨、侨眷依法享受社会保险待遇。

地方人民政府对生活确有困难的归侨、侨眷，应当给予救济，并对其生产、就业给予扶持；依法保障丧失劳动能力又无经济来源的归侨、侨眷的基本生活。

第十二条 归侨、侨眷依法投资开发荒山、荒地、滩涂，或者从事农业、林业、牧业、渔业生产，有关地方人民政府应当给予支持。

第十三条 归侨、侨眷在国内兴办公益事业，各级人民政府及其有关部门应当给予支持，其合法权益受法律保护。

归侨、侨眷境外亲友捐赠的物资用于国内公益事业的，依法减征或者免征关税和进口环节的增值税。

归侨、侨眷及其境外亲友在境内投资的企业捐赠的财产用于公益事业的，依法享受所得税优惠。

归侨、侨眷境外亲友向境内捐赠财产的，县级以上人民政府负责侨务工作的机构可以协助办理有关入境手续，为捐赠人实施捐赠项目提供帮助，并依法对捐赠财产的使用与管理进行监督。

第十四条 国家依法保护归侨、侨眷在国内私有房屋的所有权。归侨、侨眷对其私有房屋，依法享有占有、使用、收益和处分的权利，任何组织或者个人不得侵犯。

第十五条 租赁归侨、侨眷的私有房屋，须由出租人和承租人签订租赁合同，并到房屋所在地的房产管理部门登记备案。租赁合同终止时，承租人应当将房屋退还出租人。

第十六条 依法拆迁归侨、侨眷私有房屋的，拆迁人应当按照国家有关房屋拆迁管理的规定给予货币补偿或者实行房屋产权调换。按照政府规定的租金标准出租的归侨、侨眷的私有房屋被拆迁的，补偿安置的办法由国务院建设主管部门会同有关部门规定。

第十七条 华侨子女回国就读实施义务教育的学校，应当视同当地居民子女办理入学手续；归侨学生、归侨子女和华侨在国内的子女报考国家举办的非义务教育的学校，教育等有关部门应当按照国家有关规定结合本地区实际情况给予照顾。

第十八条 侨汇是归侨、侨眷的合法收入，其所有权受法律保护，任何组织或者个人不得侵占、延迟支付、强行借贷或者非法冻结、没收。

第十九条 归侨、侨眷需要赴境外处分财产或者接受遗产、遗赠、赠与的，有关部门和我国驻外国的外交(领事)机构或者外交部授权的其他驻外机构，可以根据归侨、侨眷的请求提供必要的协助。

第二十条 归侨、侨眷的通信自由和通信秘密受法律保护，任何组织或者个人不得非法开拆、隐匿、毁弃或者盗窃归侨、侨眷的邮件。归侨、侨眷的给据邮件丢失、损毁、内件短少的，邮政部门应当依法赔偿。

第二十一条 归侨、侨眷申请出境的，有关主管部门应当在规定的期限内依法办理手续。

归侨、侨眷因境外直系亲属病危、死亡或者处理境外财产等特殊情况急需出境的，有关主管部门应当根据申请人提供的有效证明优先办理。

第二十二条 归侨、侨眷按照国家有关探亲规定享受出境探亲待遇。

第二十三条 按照国家规定退休(离休)的归侨、侨眷获准出境定居的，按照国家规定享受的退休(离休)待遇不变。其养老金可以委托他人领取，但需每年向原工作单位或者负责支付养老金的社会保险经办机构提供由我国驻其所在国的外交(领事)机构或者所在国公证机构出具的本人生存证明文件。

归侨、侨眷退休(离休)后出境定居又回国就医的，按照当地有关规定享受相应的医疗待遇。

不符合国家规定退休条件的归侨、侨眷职工获准出境定居的，按照国家有关规定办理辞职、解聘、终止劳动关系手续，按照国家有关规定享受一次性离职费及相关待遇，已经参加基本养老保险、基本医疗保险的，由社会保险经办机构按照国家有关规定一次性结清应归属其本人的费用，并终止其基本养老保险、基本医疗保险关系。

归侨、侨眷获准出境定居，出境前依法参加前款规定以外的其他社会保险的，按照国家有关规定享受相应的社会保险待遇。

第二十四条 归侨、侨眷在获得前往国家(地区)的入境签证前，所在工作单位或者学校不得因其申请出境而对其免职、辞退、解除劳动关系、停发工资或者责令退学，并且不得收取保证金、抵押金。

归侨、侨眷按照国家有关探亲规定获准出境探亲的，在批准的假期内，其工作、租住的公房应当保留。

第二十五条 归侨、侨眷出境探亲或者定居的，按照规定可以兑换外汇；出境定居的，其领取的社会保险金、住房公积金可以按照规定兑换外汇汇出或者携带出境。

第二十六条 我国驻外国的外交(领事)机构根据我国缔结或者参加的国际条约或者国际惯例，保护归侨、侨眷在境外的合法权益。

归侨、侨眷在境外有养老金、抚恤金等需要领取的，我国驻外国的外交(领事)机构可以根据其请求提供必要的协助。

第二十七条 归侨、侨眷的合法权益受到侵害的，有权要求有关主管部门依法处理，或者向人民法院起诉。对有经济困难的归侨、侨眷，当地法律援助机构应当依法为其提供法律援助。各级归国华侨联合会应当给予支持和帮助。

第二十八条 经办侨务专项经费的机构、人员，违反本办法规定，挪用、截留、私分侨务专项经费的，对直接负责的主管人员和其他直接责任人员依法给予行政处分或者纪律处分；构成犯罪的，依法追究刑事责任。被挪用、截留、私分的侨务专项经费，由其主管部门责令追回。

第二十九条 国家机关工作人员滥用职权、玩忽职守、徇私舞弊，致使归侨、侨眷合法权益受到损害的，对直接负责的主管人员和其他直接责任人员依法给予行政处分或者纪律处分；构成犯罪的，依法追究刑事责任。

第三十条 本办法自 2004 年 7 月 1 日起施行。1993 年 7 月 19 日国务院发布的《中华人民共和国归侨侨眷权益保护法实施办法》同时废止。

中华人民共和国公益事业捐赠法

（1999 年 6 月 28 日第九届全国人民代表大会常务委员会第十次会议通过 1999 年 6 月 28 日中华人民共和国主席令第十九号公布 自 1999 年 9 月 1 日起施行）

第一章 总 则

第一条 为了鼓励捐赠，规范捐赠和受赠行为，保护捐赠人、受赠人和受益人的合法权益，促进公益事业的发展，制定本法。

第二条 自然人、法人或者其他组织自愿无偿向依法成立的公益性社会团体和公益性非营利的事业单位捐赠财产，用于公益事业的，适用本法。

第三条 本法所称公益事业是指非营利的下列事项：

（一）救助灾害、救济贫困、扶助残疾人等困难的社会群体和个人的活动；

（二）教育、科学、文化、卫生、体育事业；

（三）环境保护、社会公共设施建设；

（四）促进社会发展和进步的其他社会公共和福利事业。

第四条 捐赠应当是自愿和无偿的，禁止强行摊派或者变相摊派，不得以捐赠为名从事营利活动。

第五条 捐赠财产的使用应当尊重捐赠人的意愿，符合公益目的，不得将捐赠财产挪作他用。

第六条 捐赠应当遵守法律、法规，不得违背社会公德，不得损害公共利益和其他公民的合法权益。

第七条 公益性社会团体受赠的财产及其增值为社会公共财产，受国家法律保护，任何单位和个人不得侵占、挪用和损毁。

第八条 国家鼓励公益事业的发展，对公益性社会团体和公益性非营利的事业单位给予扶持和优待。

国家鼓励自然人、法人或者其他组织对公益事业进行捐赠。

对公益事业捐赠有突出贡献的自然人、法人或者其他组织，由人民政府或者有关部门予以表彰。对捐赠人进行公开表彰，应当事先征求捐赠人的意见。

第二章 捐赠和受赠

第九条 自然人、法人或者其他组织可以选择符合其捐赠意愿的公益性社会团体和公益性非营利的事业单位进行捐赠。捐赠的财产应当是其有权处分的合法财产。

第十条 公益性社会团体和公益性非营利的事业单位可以依照本法接受捐赠。

本法所称公益性社会团体是指依法成立的,以发展公益事业为宗旨的基金会、慈善组织等社会团体。

本法所称公益性非营利的事业单位是指依法成立的,从事公益事业的不以营利为目的的教育机构、科学研究机构、医疗卫生机构、社会公共文化机构、社会公共体育机构和社会福利机构等。

第十一条 在发生自然灾害时或者境外捐赠人要求县级以上人民政府及其部门作为受赠人时,县级以上人民政府及其部门可以接受捐赠,并依照本法的有关规定对捐赠财产进行管理。

县级以上人民政府及其部门可以将受赠财产转交公益性社会团体或者公益性非营利的事业单位;也可以按照捐赠人的意愿分发或者兴办公益事业,但是不得以本机关为受益对象。

第十二条 捐赠人可以与受赠人就捐赠财产的种类、质量、数量和用途等内容订立捐赠协议。捐赠人有权决定捐赠的数量、用途和方式。

捐赠人应当依法履行捐赠协议,按照捐赠协议约定的期限和方式将捐赠财产转移给受赠人。

第十三条 捐赠人捐赠财产兴建公益事业工程项目,应当与受赠人订立捐赠协议,对工程项目的资金、建设、管理和使用作出约定。

捐赠的公益事业工程项目由受赠单位按照国家有关规定办理项目审批手续,并组织施工或者由受赠人和捐赠人共同组织施工。工程质量应当符合国家质量标准。

捐赠的公益事业工程项目竣工后,受赠单位应当将工程建设、建设资金的使用和工程质量验收情况向捐赠人通报。

第十四条 捐赠人对于捐赠的公益事业工程项目可以留名纪念;捐赠人单独捐赠的工程项目或者主要由捐赠人出资兴建的工程项目,可以由捐赠人提出工程项目的名称,报县级以上人民政府批准。

第十五条 境外捐赠人捐赠的财产,由受赠人按照国家有关规定办理入境手续;捐赠实行许可证管理的物品,由受赠人按照国家有关规定办理许可证申领手续,海关凭许可证验放、监管。

华侨向境内捐赠的,县级以上人民政府侨务部门可以协助办理有关入境手续,为捐赠人实施捐赠项目提供帮助。

第三章 捐赠财产的使用和管理

第十六条 受赠人接受捐赠后,应当向捐赠人出具合法、有效的收据,将受赠财产登记造册，妥善保管。

第十七条 公益性社会团体应当将受赠财产用于资助符合其宗旨的活动和事业。对于接受的救助灾害的捐赠财产，应当及时用于救助活动。基金会每年用于资助公益事业的资金数额，不得低于国家规定的比例。

公益性社会团体应当严格遵守国家的有关规定，按照合法、安全、有效的原则，积极实现捐赠财产的保值增值。

公益性非营利的事业单位应当将受赠财产用于发展本单位的公益事业，不得挪作他用。

对于不易储存、运输和超过实际需要的受赠财产，受赠人可以变卖，所取得的全部收入，应当用于捐赠目的。

第十八条 受赠人与捐赠人订立了捐赠协议的，应当按照协议约定的用途使用捐赠财产，不得擅自改变捐赠财产的用途。如果确需改变用途的，应当征得捐赠人的同意。

第十九条 受赠人应当依照国家有关规定，建立健全财务会计制度和受赠财产的使用制度，加强对受赠财产的管理。

第二十条 受赠人每年度应当向政府有关部门报告受赠财产的使用、管理情况，接受监督。必要时，政府有关部门可以对其财务进行审计。

海关对减免关税的捐赠物品依法实施监督和管理。

县级以上人民政府侨务部门可以参与对华侨向境内捐赠财产使用与管理的监督。

第二十一条 捐赠人有权向受赠人查询捐赠财产的使用、管理情况，并提出意见和建议。对于捐赠人的查询，受赠人应当如实答复。

第二十二条 受赠人应当公开接受捐赠的情况和受赠财产的使用、管理情况，接受社会监督。

第二十三条 公益性社会团体应当厉行节约，降低管理成本，工作人员的工资和办公费用从利息等收入中按照国家规定的标准开支。

第四章 优惠措施

第二十四条 公司和其他企业依照本法的规定捐赠财产用于公益事业，依照法律、行政法规的规定享受企业所得税方面的优惠。

第二十五条 自然人和个体工商户依照本法的规定捐赠财产用于公益事业，依照法律、行政法规的规定享受个人所得税方面的优惠。

第二十六条 境外向公益性社会团体和公益性非营利的事业单位捐赠的用于公益事业的物资，依照法律、行政法规的规定减征或者免征进口关税和进口环节的增值税。

第二十七条 对于捐赠的工程项目，当地人民政府应当给予支持和优惠。

第五章 法律责任

第二十八条 受赠人未征得捐赠人的许可，擅自改变捐赠财产的性质、用途的，由县级以上人民政府有关部门责令改正，给予警告。拒不改正的，经征求捐赠人的意见，由县级以上人民政府将捐赠财产交由与其宗旨相同或者相似的公益性社会团体或者公益性非营利的事业单位管理。

第二十九条 挪用、侵占或者贪污捐赠款物的，由县级以上人民政府有关部门责令退还所用、所得款物，并处以罚款；对直接责任人员，由所在单位依照有关规定予以处理；构成犯罪的，依法追究刑事责任。

依照前款追回、追缴的捐赠款物，应当用于原捐赠目的和用途。

第三十条 在捐赠活动中，有下列行为之一的，依照法律、法规的有关规定予以处罚；构成犯罪的，依法追究刑事责任：

（一）逃汇、骗购外汇的；

（二）偷税、逃税的；

（三）进行走私活动的；

（四）未经海关许可并且未补缴应缴税额，擅自将减税、免税进口的捐赠物资在境内销售、转让或者移作他用的。

第三十一条 受赠单位的工作人员，滥用职权，玩忽职守，徇私舞弊，致使捐赠财产造成重大损失的，由所在单位依照有关规定予以处理；构成犯罪的，依法追究刑事责任。

第六章 附 则

第三十二条 本法自 1999 年 9 月 1 日起施行。

海南省华侨权益保护条例

2020年12月2日海南省第六届人民代表大会常务委员会第二十四次会议通过。

第一章 总 则

第一条 为了保护华侨的合法权益，发挥华侨在本省经济社会发展和海南自由贸易港建设中的独特作用，根据宪法和有关法律、行政法规，结合本省实际，制定本条例。

第二条 本条例适用于本省行政区域内华侨合法权益的保护。

本条例所称华侨，是指定居在国外的中国公民。华侨身份的认定，由县级以上侨务主管部门按照国家有关规定执行。

第三条 华侨权益保护应当遵循平等保护的原则。

华侨享有宪法和法律法规规定的公民的权利，并履行宪法和法律法规规定的公民的义务。

第四条 省侨务主管部门统一管理全省侨务工作，统筹协调有关部门和社会团体共同做好华侨权益保护工作。

县级以上侨务主管部门应当鼓励华侨参与本省经济社会建设，为华侨提供法律法规、政策咨询和服务，组织开展华侨权益保护的法律法规宣传和执行情况的监督检查，切实维护华侨的合法权益。

本省各级人民政府有关部门应当按照各自职责，为华侨参与本省经济社会建设以及在本省居住、生活提供便利，做好华侨权益保护工作。

第五条 县级以上侨务主管部门负责建立本级侨务联席会议制度等侨务工作协调机制，研究协调解决华侨权益保护的重大事项。

第六条 各级归国华侨联合会应当宣传贯彻侨务法律法规和政策，密切与华侨的联系，反映华侨的意愿和要求，为华侨提供政策咨询和法律服务，维护华侨的合法权益。

第二章 基本权益保护

第七条 华侨依法享有参政议政的权利，各级侨务主管部门应当依法提供保障。

县级以上人民代表大会和政治协商会议可以邀请华侨列席会议。

第八条 在县级以下人民代表大会代表选举期间，华侨在中国境内的，可以在原户籍所在地或者出国前居住地进行选民登记，依法参加选举。

华侨可以参加原户籍所在村(居)的村(居)民委员会选举。户籍不在本村(居)，但已在本村(居)居住一年以上，本人书面申请参加选举的，经村(居)民会议或者村民代表会议同意，可以参加居住地的村(居)民委员会选举。

第九条 华侨申请在本省定居，符合本省规定条件的，由县级以上侨务主管部门受理并核发华侨回国定居证明，公安机关依据华侨回国定居证明和其他需要交验的材料为申请人办理常住户口登记手续。

国内外身份信息不一致的华侨，申请在本省落户，经核实符合规定条件的，按照前款规定办理。

符合海南自由贸易港建设需要、属于本省引进的华侨人才，按规定办理在本省落户手续。

第十条 华侨在本省办理金融、教育、医疗、交通、电信、社会保险、财产登记、住宿登记、商事登记、婚姻登记等事项，需要提供身份证明的，可以凭本人的中华人民共和国护照证明身份。

有关部门和单位应当与国家出入境证件身份认证服务平台对接，将华侨的护照纳入政务服务和公共服务等领域的身份证件选项，按照国家和省有关规定，依法为华侨办理前款规定的事项。

第十一条 华侨因境外近亲属病危、死亡或者处理境外财产等特殊情况急需出境，需要在本省办理出入境证件的，出入境管理有关部门应当优先办理。

第十二条 华侨子女可以在其省内监护人户籍所在地或者经常居住地就读义务教育学校。有关部门应当为其办理就读手续。省内监护人的选择，依照民法典的规定确定。

华侨学生可以按照国家和本省有关规定在其父母出国前或者其祖父母、外祖父母户籍所在地参加高中阶段学校招生考试，并享受与当地户籍学生同等待遇。

华侨学生可以按照国家规定报名参加普通高等学校联合招收华侨、香港和澳门特别行政区及台湾地区学生的招生考试。

第十三条 华侨报考国家工作人员的，依照国家有关规定办理。

华侨在本省从事专业技术工作，可以参加相关专业技术资格考试或者评审，享受本省同类人员同等待遇。

第十四条 华侨与用人单位依法建立劳动关系的，应当依法参加社会保险，由用人单位和华侨按照规定缴纳社会保险费用。华侨在本省灵活就业的，可以凭本人护照，按照有关规定参加社会保险。

第十五条 华侨出国定居前已经参加基本养老保险的，可以选择继续保留基本养老保险个人账户，也可以申请一次性清退；选择继续保留的，华侨再次回本省居住或者就业时，其基本养老保险关系按照有关规定接续，缴费年限及个人账户余额累计计算。

第十六条 华侨在本省参加职工基本养老保险，达到法定退休年龄时累计缴费不足国家规定最低缴费年限的，可以按照国家和本省有关规定缴费至国家规定最低缴费年限。

领取基本养老金后出国定居的华侨，可以继续领取基本养老金。境外居住的华侨应当每年向养老金支付机构提供我国驻其所在国使(领)馆或者定居地公证机构出具的本人生存证明文件，或者采取省社会保险经办机构确定的其他证明方式。养老金支付机构应当按时足额发放基本养老金。

第十七条 在本省离休、退休后出国定居的华侨回本省就医的，可以按照国家和本省有关规定享受离休、退休医疗待遇。

第十八条 华侨对其所有的房屋享有占有、使用、收益和处分的权利，任何单位和个人不得侵犯。

华侨自建、购买、继承、接受赠与的房地产，符合法律法规规定条件的，不动产登记机构应当依法办理登记。

华侨可以按照国家和本省的有关规定在本省购买住房。

第十九条 华侨原在农村使用的宅基地，以及继承房屋取得的宅基地，房屋产权没有变化的，可以依法申请不动产登记。

房屋被拆除或者坍塌，原宅基地未安排其他使用的，华侨可以申请依法继续使用原宅基地。

原宅基地已安排其他使用，村内有空闲宅基地，华侨按照有关规定申请宅基地的，农村集体经济组织可以予以安排。

第二十条 华侨出国定居可以保留持有的农村集体经济组织股份，依法享有相应权利并履行相应义务。

土地承包期内，华侨出国定居的，可以按照自愿有偿原则，依法在本集体经济组织内部转让土地承包经营权或者将承包地交回发包方，也可以依法流转土地经营权。任何组织和个人不得非法截留、扣缴或者以其他方式侵占华侨的土地流转收益。

土地承包期内，华侨整户交回承包的耕地、林地、草地、果园、鱼塘等时，其在承包地上投入而提高土地生产能力的，有权获得相应的补偿。

第二十一条 为了公共利益需要，征收华侨房屋等不动产的，应当按照法律法规给予补偿和安置。

征收华侨房屋应当依法公告，华侨不在国内的，征收人可以通过华侨在本省的亲属或者代理人协助通知房屋所有权人，也可以通过邮寄送达方式通知房屋所有权人，并与其签订补偿安置协议。无法达成补偿安置协议的，依照法律法规规定处理。

第二十二条 鼓励、支持和引导华侨及其投资企业和华侨社会团体依法参与慈善事业。对在慈善事业中作出突出贡献的华侨，按有关规定给予表彰。

华侨捐赠财产及其增值受法律保护，任何单位和个人不得侵占、挪用和损毁，不得改变其用途。确需改变用途的，应当事先征得捐赠人的同意。

为了公共利益的需要，捐赠物被依法征收、征用的，应当事先向捐赠人说明理由，国家规定应当给予补偿安置的，补偿的款物按照捐赠人意愿用于相关公益事业，同时保留捐赠人的捐赠名誉。

第二十三条 县级以上侨务主管部门应当做好华侨捐赠项目数据库建设，完善华侨捐赠信息发布和查询制度，方便捐赠人查询了解捐赠资金、物资、项目的使用和管理情况。

捐赠人要求对捐赠情况给予保密的，受赠人应当保密。需要公开报道和表彰的，应当事先征得捐赠人的同意。

县级以上侨务主管部门应当加强对华侨历史文化遗产的调查研究和保护利用，编制华侨历史文化遗产目录，制定华侨文化遗产保护、开发和利用制度，明确保护利用责任主体，落实保护措施。华侨历史文化遗产包括具有重要纪念意义、教育意义以及历史价值的重要史迹、实物、代表性建筑、手稿、文献资料等。

鼓励华侨房屋的产权人或者使用权人合理利用具有历史文化价值的华侨房屋发展旅游产业。

第三章 投资创业保护

第二十五条 鼓励和支持华侨参与海南自由贸易港建设，在建设全面深化改革开放试验区、国家生态文明试验区、国际旅游消费中心、国家重大战略服务保障区中，发挥华侨在海内外联系广泛的独特作用。

鼓励和支持华侨参与本省旅游业、现代服务业、高新技术等产业和重点产业园区建设，发挥华侨人才、技术、资金的优势。

鼓励和支持华侨参与本省开展的对外经济、科技、旅游文化、教育、卫生、体育等领域的合作交流和民间友好往来活动，发挥华侨重要桥梁纽带作用。

第二十六条 华侨回国创业、就业，符合本省人才引进条件的，按照有关规定给予相应工作条件和生活待遇。

各级人民政府及其有关部门应当为华侨人才及其家属在办理户籍、医疗、金融、教育、出入境等手续以及项目申报、资格审定、科研等方面提供便利。

第二十七条 鼓励和支持华侨以个人、企业或者其他经济组织的名义在本省投资创业。华侨在本省投资的，参照外商投资法及其实施条例执行。

第二十八条 华侨投资企业依法享有自主经营权，任何组织和个人不得非法干预和侵犯。

华侨合法投资获得的税后利润、清算后的个人资金以及其他合法收益，可以依法汇往境外。未经法定程序，不得查封、扣押华侨投资企业的财产或者责令其停产停业。

对华侨投资企业的收费项目和标准，应当依照法律法规设定。任何单位和个人不得擅自设立收费项目、提高收费标准或者重复收费。

任何组织和个人不得违反法律法规的规定，强制或者变相强制华侨投资企业参加各类培训、评比、鉴定、考核、赞助、捐赠等活动。

第二十九条 华侨投资企业可以依法参加政府采购，任何组织和个人不得以不合理的条件对其实行差别待遇或者歧视待遇。

第三十条 鼓励和支持华侨在本省依法设立研究开发机构，研究开发新技术、新产品、新工艺。华侨在本省投资设立研究开发机构的，适用政府扶持企业技术创新的相关优惠政策。

支持华侨企业与高等院校、科研院所采取委托研发、技术许可、技术转让、技术入股以及共建研发机构等形式，开展产学研用合作。

支持华侨建设或者参与建设高水平智库和软科学研究基地，提出咨询建议，为科学决策提供依据和支撑。

第三十一条 鼓励华侨及其投资的企业或者其他经济组织开展专利申请、商标注册和著作权登记等活动。

华侨及其投资的企业或者其他经济组织依法持有的科技成果，可以自主决定采用转让、作价入股等方式，开展成果转化活动。华侨利用其专利、专有技术等科技成果投资创业的，享受留学人员回国创业等相关优惠政策。

第三十二条 政府主导的人才引进及创新创业资金、科技专项资金、各类产业发展扶持资金等，对华侨投资设立的研发机构或者企业予以同等支持。

华侨可以依照有关规定申报本省各类科技计划项目，以及其他各类产业化项目。

第三十三条 金融机构应当依法为华侨投资者提供金融服务。支持华侨投资企业依法通过信贷、发行股票和债券等方式融资。

第四章 服务与保障

第三十四条 县级以上人民政府政务服务机构应当设立侨务服务窗口，集中办理涉侨服务事项，为华侨提供法律法规和政策咨询、政务信息查询、华侨人才管理等各方面公共服务。

县级以上侨务主管部门应当建立和完善为侨服务网上平台，并与海南省一体化在线政务服务平台对接，实现侨务服务事项网上咨询、网上申报、网上办理、网上反馈。

第三十五条 华侨合法权益受到侵害的，可以依法通过下列途径解决：

（一）协商和解或者调解解决；

（二）向侨务主管部门和其他有关部门、组织投诉；

（三）申请行政裁决、行政复议；

（四）申请仲裁；

（五）向人民法院提起诉讼。

经济困难的华侨可以按照国家和本省有关规定获得法律援助或者司法救助。

第三十六条 华侨的财产权、名誉权、荣誉权等合法权益受到侵害的，可以向县级以上侨务主管部门和其他有关部门、组织投诉。

县级以上侨务主管部门和其他有关部门、组织应当依法受理。对属于本部门、本组织职责的，应当及时处理，并及时反馈处理结果；对不属于本部门、本组织职责的，应当及时移交其他有关部门、组织办理，并告知投诉人。对移交的投诉事项，侨务主管部门应当督促有关部门、组织及时办理。

第五章 法律责任

第三十七条 违反本条例，法律法规已有处罚规定的，从其规定。

第三十八条 国家机关及其工作人员有下列情形之一，致使华侨合法权益受到侵害的，对直接负责的主管人员和其他直接责任人员依法给予处分；构成犯罪的，依法追究刑事责任：

（一）未按照规定对征收、征用华侨房屋以及其他不动产进行补偿和安置的；

（二）擅自查封、扣押华侨投资企业的财产或者责令其停产停业的；

（三）对华侨投资企业擅自设立收费项目、提高收费标准或者重复收费的；

（四）在政府采购、国家工作人员招录等活动中，对华侨实行差别待遇或者歧视待遇的；

（五）其他侵害华侨合法权益的行为。

第三十九条 其他组织和个人违反本条例规定，有下列情形之一的，应当依法承担民事责任或者行政责任；构成犯罪的，依法追究刑事责任：

（一）非法截留、扣缴或者以其他方式侵占华侨土地流转收益的；

（二）非法侵占华侨投资和投资收益的；

（三）其他侵犯华侨合法权益的。

第六章 附 则

第四十条 本省赴香港、澳门特别行政区定居人员在本省的合法权益保护，可以参照适用本条例。

第四十一条 外籍华人在本省的正当权益，依照法律法规和本省有关规定予以保护。

第四十二条 本条例自 2021 年 1 月 1 日起施行。

中共万宁市委办公室 万宁市人民政府办公室 印发《关于进一步加强和改进新形势下侨联工作的实施意见》的通知

万委办发〔2013〕12 号

各镇党委和人民政府，兴隆区工委和管委会，各国营农(林)场，市直各单位，省驻万有关单位：

《关于进一步加强和改进新形势下侨联工作的实施意见》已经市委、市政府同意，现印发给你们，请认真组织实施。

中共万宁市委办公室
万宁市人民政府办公室
2013 年 4 月 24 日

关于进一步加强和改进新形势下侨联工作的实施意见

为认真贯彻落实《中共海南省委办公厅 海南省人民政府办公厅关于进一步加强和改进新形势下侨联工作的意见》(琼办发〔2012〕31 号)精神，更好地团结和引导我市侨界群众为建设"开放万宁、绿色万宁、幸福万宁"服务，经市委、市政府同意，现就进一步加强和改进新形势下我市侨联工作提出如下实施意见：

一、充分认识加强和改进新形势下侨联工作的重要性

(一)加强和改进侨联工作，是适应侨情发展变化的需要。我市是海南省重点侨乡市县之一，现有 20 多万归侨侨眷和 30 多万分布在 26 个国家、地区的海外侨胞、港澳台同胞。他们为万宁经济社会发展作出了重要贡献。随着我市改革开放的不断深入和对外交流合作的日益频繁，我市侨务资源结构和规模发生了深刻的变化，归侨侨眷和海外侨胞数量迅速增加，分布更广泛，层次不断提高，实力日益增强。侨情的发展变化迫切需要我们进一步培育、保护和发展好侨务资源，凝聚侨心、汇集侨智、发挥侨力、维护侨益、壮大对我市友好力量，维护社会和谐稳定。

(二)加强和改进侨联工作，是深化改革开放，加快建成万宁小康社会的需要。侨联工作处在对外开放的前沿，要充分发挥侨联朋友多、联系广、信息灵的独特优势和联系广大群众的桥梁纽带作用。海外侨胞中大量的科技文化人才，雄厚的经济实力和广泛的商业网络，是我市引进外资的重要渠道，是落实人才强市战略的重要资源，是加快转变经济发展方式的重要力量。加强侨联工作，有利于充分发挥侨联组织在开展"以侨为桥"、"以侨引资、以侨引智"工作，吸引海外高层次人才来万宁创新创业、加快产业优化升级等方面对外联系广泛的优势，充分调动广大归侨侨眷和海外侨胞的积极性、主动性、创造性，为我市科学发展凝聚智慧和力量。

(三)加强和改进侨联工作,是巩固和扩大党的执政基础的需要。侨联组织是党领导下的人民团体,侨联工作是党的群众工作的重要组成部分。归侨侨眷和海外侨胞是建设中国特色社会主义的重要力量,要充分发挥侨联组织和侨界群众联系密切的优势,扩大团结面,增强包容性,加强对广大归侨侨眷和海外侨胞的联系、引导,把侨界群众更加紧密地团结在党的周围,保持党同侨界群众的血肉联系,巩固和扩大党的群众基础和执政基础。

二、充分发挥侨联在万宁经济社会发展中的重要作用

(一)发挥侨联在招商引资中的重要作用。各级侨联要积极搭建政府所需、侨联所能、社会欢迎的平台,立足"国内和国外"两个平台、"海内和海外"两种资源的优势,协助、参与政府举办的各类招商引资活动,邀请有实力、有影响、有地位的华侨华人来万宁考察、投资、兴业,尤其要吸引更多的海外企业来万宁发展战略性新兴产业。深入推进面向华侨华人的宣传推介、招商引资和经贸合作,引进资金、先进技术和管理经验,紧密围绕市委市政府的中心工作,着力促成大型项目落地万宁。

(二)发挥侨联在人才工作中的重要作用。在大力实施海外高层次人才引进计划中,各级党委和政府以及相关部门要重视和支持侨联以侨引才、以侨引智,推荐和引进万宁发展急需的各类华侨华人人才,开展海外留学回国人员引进工作。各级党委和政府要支持侨联建立和完善海外人才信息库和归国留学人员数据库,开展侨情调研,健全侨情资料信息库。支持侨联以"送科技、送文化、送法律、送医疗"的"四下乡"服务活动以及新加坡医疗队和中国红十字会为国内侨界唇裂腭裂患者做修复手术等服务活动为载体,广泛深入地开展侨界群众工作。

(三)发挥侨联在海外联谊中的重要作用。要充分重视和发挥侨联在对外交往中民间性、涉外性、统战性的工作特点以及服务国家总体外交方面的组织优势和工作优势,支持侨联加强开展海外联谊工作,加大"走出去"的力度扩大对外民间交往,坚持"国内、海外工作并重"和"老侨、新侨工作并重"的原则,深交老朋友,广交新朋友,深入开展海外联谊、不断拓宽工作领域和进一步做好"以侨引台"统战工作。支持侨联通过"走出去"的方式,以"亲情中华"主题活动为载体,开展文化交流活动;支持侨联开展侨界新生代冬(夏)令营和寻根问祖等活动;支持侨联参加境外社团举办的活动等等。加强与华侨新生代、新华侨华人、归国留学人员及宗亲的联谊,确保侨务资源的可持续发展,涵养对我友好力量,服务对外开放。

(四)发挥侨联在对台工作中的重要作用。各级党委、政府以及市委统战部等相关部门要支持侨联通过组团访问、邀请来访等形式,密切与台湾岛内侨团以及其他涉侨团体的联系,引导台胞回乡开展宗亲联谊、寻根问祖、接续族谱等活动,增进相互理解,促进亲情乡谊。

(五)发挥侨联在参与社会管理和创新中的重要作用。各级党委应支持建立侨联专职主席或副主席为同级人大、政协常委机制,支持侨联依法推荐侨界人大代表和政协委员人选,保障归侨侨眷在人大和政协中的席位。支持侨联通过人大议案、建议案、政协提案以及侨情简报等形式,反映侨界群众意见、建议和诉求。要重视侨联关于重点涉侨案件处理的意见,切实维护好归侨侨眷和海外侨胞的合法权益。

三、建立健全加强对侨联工作领导的工作机制

（一）健全和完善对侨联工作的领导机制。各级党委和政府要高度重视侨联工作，把侨联工作列入重要的议事日程，放到经济社会发展的全局中去部署和推进。各级党委要明确一名党委领导分管侨联工作，各级政府要明确一名领导专（兼）职负责侨联工作。市委常委会每年至少听取一次侨联工作汇报，研究解决侨联工作中遇到的突出问题。凡涉及侨界群众利益的重大决策出台前，要听取侨联组织意见，把需要侨联发挥作用、符合侨界群众愿望、符合侨联工作特点的工作交给侨联去办，并提供工作保障。

（二）重视侨联组织建设。各级党委、政府要支持侨联工作，做到"五有"（有组织、有队伍、有经费、有阵地、有活动）；指导侨联按时换届，维护《中国侨联章程》的严肃性；支持在归侨侨眷较多的镇、国营农场，如后安镇、和乐镇、万城镇、新中农场、东和农场、东兴农场等建立侨联组织，在机构、人员、经费、办公场所等方面给予大力支持。

（三）重视侨联队伍建设。各级党委要高度重视侨联干部队伍建设，把侨联干部的培养、选拔、管理和交流使用纳入干部工作的总体规划，加强对侨联干部的教育、管理和监督。要重视调查和掌握具有归侨侨眷身份干部的情况，加大培养选拔力度，为加强侨联领导班子建设奠定基础；要把热爱侨联事业、德才兼备的优秀干部选拔到侨联领导岗位上；侨联换届或其领导干部变动时，要及时配备配强领导班子；侨联的主席、副主席、秘书长人选须按照《中国侨联章程》规定的条件进行选拔，并征求上一级侨联意见，选举结果报上一级侨联备案。

四、重视保障侨联工作的环境和条件

各级党委、政府要为侨联开展工作提供必要的保障，要把侨联履行职能（群众工作、维护侨益、参政议政、海外联谊）所需经费列入财政预算，并加大专项工作经费支持力度，支持侨联对特困归侨侨眷，特别是农村散居特困归侨侨眷的危房改造、扶贫济困、"侨爱心工程"、侨乡村村容村貌整治及绿化建设、海外联谊等重大专项活动。支持侨联按照《中国侨联章程》规定，办好侨联所属企事业。对海外侨胞捐赠给侨联的活动场所或资产，给予保护并加强管理，任何组织或者个人不得侵占、挪用。

中共万宁市委办公室

2013 年 4 月 24 日印发

编后语

历时数载，数易其稿，《万宁市华侨志》终于付梓面世，几代侨联人的心愿得以实现。期间，编委会在搜集资料的空隙，先后编辑出版了《故乡梦》《桑梓情》《岁月如歌》等“侨乡万宁系列丛书”，受到广大读者好评。本志为万宁市首部侨务专志，无例可依。工作人员克服困难，集思广益，统一思想，求同存异，让这部承载着海外侨胞和侨乡人民殷切希望的志书得到面世，让侨乡文化得以传承，让华侨精神得以传播，意义深远而重大。

本志的主要人物和史料绝大部分在海外。光阴荏苒，岁月蹉跎，很多的人和事早已消失，没有留下片言只语的公私文案。海外同乡会的许多档案资料，在历史变革中，特别是第二次世界大战时期被日寇毁坏。市内涉侨档案断断续续，并不完整。镇以下单位的涉侨资料凤毛麟角(许多尚为空白)……为了厚积史料，编纂人员奔波于省、市的档案馆、图书馆、资料室，读古籍、录旧志、查谱牒，在侨界学术专著、论文中求索证据，在相关单位搜集档案、复印各类调查统计，寻找万宁“侨”的信息，在归侨侨眷家中查找资料，收集图片……与此同时，还多次举办各种类型座谈会、茶话会，广泛拜访社会各界人士、回乡海外乡亲，函询海外社团、侨领。历尽艰辛，在一定程度上解决了资料匮乏的困惑。

然而，至付梓时，尚有不少数据无法获取、难以确认。一些重要事件的具体细节和深层次的关联无法触及、无法见证，弃之不忍，用之存疑；有些古代重要人物只知其名不详其事，既无法立传也无法介绍，只能“舍弃”，我们为之遗憾，敬祈鉴谅。

本志从策划立项，篇目安排、编纂修改、审核定稿，始终得到万宁市委、市政府，万宁市史志办、南华时刊杂志社等单位的大力支持和帮助。相关领导十分关心本志的编纂工作，经常亲临指导。在征集资料过程中，市档案馆、市图书馆、兴隆华侨农场、市侨联、市(外事)侨务办、国外同乡会等单位和部门给予了秉力协助。老一辈侨务工作者、海外侨领和侨界热心人士等，提供了大量有价值的历史资料和图片。本志还参考、引用了部分作者的著述，相关单位的统计数据，疏通了编纂工作的瓶颈，使万宁市历史上第一部记载华侨、侨乡、侨务工作的志书问世，填补了万宁市华侨志书的空白。

本志是一部在中国特色社会主义进入新的发展时期，全面实现中华民族伟大复兴的“中国梦”的征程上，万宁市侨界集体智慧和力量的结晶。谨此，特向为本志编纂工作给予关心、支持和帮助的各级领导、海内外各界人士一并表示真挚的感谢！对自始至终参与、指导本志编纂工作的万宁市史志办主任陈星界、副主任吴诗亚，《南华时刊》总编辑曾海声深表谢忱！

由于万宁市侨史、侨乡文化、侨务工作源远流长，穿越世纪时空，涉及海内外，存在许多限制和制约。尽管我们竭力而为，希望翔实、客观、全面记述万宁“侨”的历史与现状，力求使其成为具有一定科学性、权威性、资料性相统一的志书，但因资料、人力、水平等有限，缺陷与不足在所难免，敬请读者谅解，希冀方家赐教。

《万宁市华侨志》编纂委员会办公室

2022 年 3 月 18 日